उत्तर तैमूरकालीन भारत

भाग-1

तैमूर के बाद के देहली के सुल्तान

[1399-1526 ई.]

[HISTORY OF THE POST-TAIMOOR SULTANS OF DELHI, PART-I]

(1399-1526)

समकालीन तथा निकट समकालीन इतिहासकारों द्वारा

[यहया, निज़ामुद्दीन अहमद, रिज़्कुल्लाह मुश्ताक़ी, अब्दुल्लाह, अहमद यादगार तथा मुहम्मद कबीर]

अनुवादक

सैयद अतहर अब्बास रिज़वी

एम.ए., पी-एच.डी.

राजकमल प्रकाशन

Source Book of Medieval Indian History in Hindi
Vol. VI

ISBN : 978-81-267-1840-5

मूल्य : ₹ 950

पहला संस्करण : 1958
राजकमल से पहली बार : 2010
तीसरा संस्करण : 2020

प्रकाशक : राजकमल प्रकाशन प्रा. लि.
1-बी, नेताजी सुभाष मार्ग, दरियागंज
नई दिल्ली-110 002

शाखाएँ : अशोक राजपथ, साइंस कॉलेज के सामने, पटना-800 006
पहली मंजिल, दरबारी बिल्डिंग, महात्मा गांधी मार्ग, इलाहाबाद-211 001
36 ए, शेक्सपियर सरणी, कोलकाता-700 017

वेबसाइट : www.rajkamalprakashan.com
ई-मेल : info@rajkamalprakashan.com

मुद्रक : बी.के. ऑफसेट
नवीन शाहदरा, दिल्ली-110 032

UTTAR TAIMOORKALEEN BHARAT (Part-I)
Translated by Saiyad Athar Abbas Rizvi

डॉक्टर ज़ाकिर हुसैन ख़ाँ

राज्यपाल बिहार

के

कर कमलों में

सादर समर्पित

नवीन संस्करण की भूमिका

डॉ. अतहर अब्बास रिजवी ने फारसी एवं अरबी के समकालीन स्रोतों (1206 ई. से मुगल सम्राट हूमायूँ तक) का हिन्दी में अनुवाद करके उन इतिहासकारों एवं भाषाविदों को अपने ऋण से आबद्ध कर लिया जो इस नवागन्तुक भाषा से अनभिज्ञ रहे हैं। उनके इस शैक्षणिक ऋण से हिन्दी भाषा-साहित्य कभी भी उऋण नहीं हो सकेगा।

इस हिन्दी अनुवाद से पूर्व सर हेनरी इलियट ने इन फारसी ग्रन्थों के अनुवाद किए जो 'History of India as told its own Historians' शीर्षक से उन्नीसवीं सदी के उत्तरार्द्ध में प्रकाशित हुए। बाद में इन ग्रन्थों को प्रो. डाउसन ने सम्पादित किया। इलियट द्वारा अनुदित इन ग्रन्थों में काफी त्रुटियाँ रह गई थीं जिसके फलस्वरूप मध्यकालीन भारत में काफी भ्रमपूर्ण धारणाओं का जन्म हुआ। फारसी भाषा के भिज्ञ इतिहासकारों ने इस अनुवाद की त्रुटियों की ओर संकेत भी किया लेकिन इसका कोई विशेष प्रभाव नहीं हुआ। फारसी से अनभिज्ञ इतिहासकार मध्यकालीन इतिहास लेखन के लिए डॉ. रिजवी द्वारा अनूदित ग्रन्थों से पूर्व इलियट एवं डाउसन द्वारा अनुदित ग्रन्थों का ही उपयोग करते रहे थे।

1953 ई. में भारत सरकार की एक योजना के अन्तर्गत डॉ. अतहर अब्बास रिजवी ने मध्यकालीन फारसी स्रोतों के ग्रन्थों के हिन्दी रूपान्तरण का कार्य अपने हाथ में लिया बाद में इन ग्रन्थों को एक शृंखला के रूप में अलीगढ़ मुस्लिम विश्वविद्यालय के इतिहास विभाग ने प्रकाशित करवाया था। इन प्रकाशित ग्रन्थों का संग्रह बहुत वर्षों पूर्व ही समाप्त हो चुका था। इतिहास में शोध करनेवाले शोधार्थियों की लगातार बढ़ती माँग के कारण विभाग ने इन ग्रन्थों के पुनर्मुद्रण की योजना बनाई जिसके अन्तर्गत चार ग्रन्थ अब तक प्रकाशित हो चुके हैं। ये ग्रन्थ हैं :

1. 'आदि तुर्ककालीन भारत' (1206-1290)
2. 'खलजी कालीन भारत' (1290-1320 ई.)
3. 'तुगलक कालीन भारत', भाग-1 (1320-1351 ई.)
4. 'तुगलक कालीन भारत', भाग-2 (1351-1398 ई.)

प्रस्तुत ग्रन्थ में 1399 से 1526 ई. के मध्य के दिल्ली सुल्तानों के इतिहास से सम्बन्धित समस्त समकालीन एवं पश्चातवर्ती फारसी के ग्रन्थों का अनुवाद संकलित है।

अनुवादक ने स्रोतों की संख्या को ध्यान में रखते हुए इस लम्बे काल को निम्नलिखित दो भागों में विभाजित किया है :

1. 1399 से 1451 ई. तक का इतिहास
2. 1451 से 1526 ई. तक का इतिहास

उपर्युक्त दो भागों को क्रमशः उत्तर तैमूर कालीन भारत-1 एवं उत्तर तैमूर कालीन भारत-2 शीर्षक से प्रकाशित करवाया, जिसका पुनर्मुद्रण हिन्दी जगत के सम्मुख प्रस्तुत करते हुए हमें प्रसन्नता अनुभव हो रही है।

डॉ. रिजवी ने अनुवाद करते समय प्रचलित नियमों का न केवल पूर्ण पालन किया बल्कि भावार्थ के साथ शब्दार्थ को भी विशेष महत्त्व दिया। उनके अनुवाद की एक अन्य विशेषता यह भी है कि उन्होंने अंग्रेजी भाषा के अनुवाद में रह गईं उन त्रुटियों को भी सुधार किया है जिनके कारण मध्यकालीन भारतीय इतिहास में अनेक भ्रमपूर्ण धारणाओं को आश्रय मिल गया था। यही विशिष्टताएँ डॉ. रिजवी के अनुवाद को उत्कृष्ट एवं प्रामाणिक सिद्ध करती हैं।

इन ग्रन्थों को पुनर्मुद्रित करके इतिहास विभाग ने मध्यकालीन इतिहास में समकालीन स्रोतों पर आधारित शोध की निरन्तरता को बनाए रखने की प्रतिबद्धता दर्शायी है। इस दायित्व को पूरा करने में राजकमल प्रकाशन, नई दिल्ली के प्रबन्ध निदेशक श्री अशोक महेश्वरी का उत्साहपूर्ण सहयोग रहा जिसके लिए मैं स्वयं अपनी एवं विभाग की ओर से उनका आभार व्यक्त करता हूँ।

नवम्बर, 2009

—बी.एल. भादानी
चेयरमैन एवं कॉर्डिनेटर
सेंटर ऑफ एडवांस्ड स्टडी, डिपार्टमेंट ऑफ हिस्ट्री
अलीगढ़ मुस्लिम यूनिवर्सिटी

भूमिका

इस पुस्तक में १३९९ से १५२६ ई० तक के देहली के सुल्तानों के इतिहास से सम्बन्धित समस्त प्रमुख समकालीन एवं बाद के फ़ारसी के ऐतिहासिक ग्रन्थों का हिन्दी अनुवाद प्रस्तुत किया जा रहा है। १३९९ से १५२६ ई० तक देहली के राजसिंहासन पर तीन वंशों के सुल्तान आरूढ़ हुए। १३९९ से जून १४१४ ई० तक तुग़लुक़ वंश के सुल्तान् देहली पर नाममात्र को शासन करते रहे। उनका प्रभुत्व एवं राज्य केवल देहली से थोड़ी दूर तक ही सीमित था। ४ जून, १४१४ ई० को खिज़्र ख़ां सिंहासनारूढ़ हुआ और उस समय से देहली का राज्य सैयिद सुल्तानों के अधीन हो गया। १९ अप्रैल, १४५१ ई० को सुल्तान बहलोल ने देहली के सिंहासन पर अधिकार जमा लिया और सैयिद सुल्तानों के वंश का अन्त हो गया। इस प्रकार उस समय से १५२६ ई० तक अफ़ग़ानों के लोदी वंश के सुल्तान राज्य करते रहे। २० अप्रैल, १५२६ ई० को बाबर ने सुल्तान इबराहीम लोदी को पानीपत के रणक्षेत्र में पराजित कर दिया और अफ़ग़ानों के राज्य का भी अन्त हो गया। तुग़लुक़ वंश के अन्त तथा बाबर के सिंहासनारोहण के मध्य की महत्वपूर्ण घटना तैमूर का आक्रमण ही थी जिसने भारतवर्ष के केन्द्रीय शासन को छिन्न-भिन्न कर दिया और देहली के सुल्तानों से कहीं अधिक महत्व प्रान्तीय राज्यों को प्राप्त हो गया, अतः १३९९ से १५२६ ई० तक के इतिहास को दो भागों में विभाजित करके प्रकाशित किया जा रहा है। प्रस्तुत पहला भाग तो देहली के सुल्तानों के राज्य से सम्बन्धित है और दूसरा भाग उन प्रान्तीय राज्यों से जिनका प्रादुर्भाव फ़ीरोज़ तुग़लुक़ की मृत्यु के उपरान्त ही धीरे धीरे होने लगा था और जो तैमूर के आक्रमण के उपरान्त पूर्णतः स्वतंत्र हो गये।

१३९९ ई० से १५२६ ई० तक के सुल्तानों के इस इतिहास को दो भागों में विभाजित किया गया है:—

(१) १३९९ से १४५१ ई० तक का इतिहास।
(२) १४५१ से १५२६ ई० तक का इतिहास।

मुख्यतः इसे दो वंशों का इतिहास समझना चाहिये, सैयिद वंश तथा लोदी वंश। सैयिद वंश के इतिहास से सम्बन्धित यहया बिन अहमद बिन अब्दुल्लाह सिहरिन्दी की 'तारीख़े मुबारकशाही' एवं ख़्वाजा निज़ामुद्दीन अहमद की 'तबक़ाते अकबरी' भाग १ के उद्धरणों का अनुवाद किया गया है। दूसरे भाग में अफ़ग़ानों के सुल्तानों के इतिहास के अनुवाद सम्मिलित किये गये हैं। इनमें शेख रिज़क़ुल्लाह मुश्ताक़ी की 'वाक़ेआते मुश्ताक़ी', ख़्वाजा निज़ामुद्दीन अहमद की 'तबक़ाते अकबरी', अब्दुल्लाह की 'तारीख़े दाऊदी', अहमद यादगार की 'तारीख़े शाही' एवं मुहम्मद कबीर बिन शेख़ इस्माईल की 'अफ़सानये शाहाने हिन्द' के उद्धरणों का अनुवाद किया गया है। भाग ब के इतिहासकारों में ख़्वाजा निज़ामुद्दीन अहमद के अतिरिक्त सभी अफ़ग़ान इतिहासकार हैं। अहमद यादगार का इतिहास १९३० ई० में प्रकाशित हुआ था और 'तारीख़े दाऊदी' १९५४ ई० में। इनके अतिरिक्त 'वाक़ेआते मुश्ताक़ी' और 'अफ़सानये शाहाने हिन्द' अभी तक प्रकाशित नहीं हुए हैं और इनकी हस्तलिखित प्रतियां भी भारतवर्ष में उपलब्ध नहीं हैं, अतः आवश्यक अंशों का अनुवाद करते समय तत्सम्बन्धी पूरे पूरे इतिहासों का अनुवाद कर दिया गया है। इस प्रकार पूरे अनुवाद के कारण एक ही घटना की कई बार पुनरावृत्ति अनुपेक्षणीय हो गयी है। इतिहासकारों तथा उनकी कृतियों का परिचय अनुवाद के प्रारम्भ में प्रस्तुत किया गया है।

अनुवाद करते समय फ़ारसी से अंग्रेज़ी अनुवाद के सभी प्रचलित नियमों का, जिनका पालन

इतिहासकार करते रहे हैं, ध्यान में रखा गया है। भावार्थ के साथ साथ शब्दार्थ को विशेष महत्व दिया गया है। फ़ारसी भाषा का हिन्दी भाषा में वास्तविक अनुवाद देने के प्रयास के कारण कहीं कहीं पर शब्दों की पुनरावृत्ति हो गई है। इसका कारण यह है कि इन शब्दों में से किसी को भी छोड़ देने से मूल-जैसा वातावरण न रह पाता। ग्रन्थों की पृष्ठसंख्या पंक्ति के आरम्भ में ही कोष्ठ में लिख दी गई है।

अंग्रेज़ी अनुवाद के ग्रन्थों में पारिभाषिक शब्दों के अंग्रेज़ी अनुवादों में दोष रह गये हैं। इस कारण मध्यकालीन भारतीय इतिहास में अनेक भ्रमपूर्ण रूढ़ियों को आश्रय मिल गया है। इस प्रकार की त्रुटियों से बचने के उद्देश्य से पारिभाषिक और मध्यकालीन वातावरण के परिचायक शब्दों को मूल रूप में ही ग्रहण किया गया है। ऐसे शब्दों की व्याख्या पाद-टिप्पणियों में कर दी गई है। मिथ्या प्रवादों का विवेचन भी, समकालीन तथा उत्तरवर्ती इतिहासों के आधार पर पाद-टिप्पणियों में ही किया गया है। नगरों के नाम प्रायः मध्यकालीन फ़ारसी रूप में ही रहने दिये गये हैं। मुझे खेद है कि कुछ आकर ग्रन्थों के न मिलने के कारण कहीं कहीं आवश्यक व्याख्यायें इस पुस्तक में प्रस्तुत न की जा सकीं। यदि संभव हुआ तो बाद के संस्करण में इस न्यूनता को दूर करने का प्रयत्न किया जायेगा।

'खलजीकालीन भारत', 'आदि-तुर्ककालीन भारत', तथा 'तुग़लुक़कालीन भारत भाग १, २' के पश्चात् मध्यकालीन भारतीय इतिहास के आधारभूत, फ़ारसी एवं अरबी के इतिहासों के हिन्दी अनुवाद की यह पांचवी पुस्तक प्रकाशित हो रही है। पिछले चार ग्रन्थों का प्रकाशन डा० ज़ाकिर हुसेन खां, भूतपूर्व उपकुलपति, अलीगढ़ मुस्लिम यूनिवर्सिटी के सतत प्रयत्नों के फलस्वरूप हुआ और इस ग्रन्थ का भी प्रकाशन डाक्टर साहब ही की महती कृपा से सम्भव हुआ। उनकी इस सुलभ कृपा के लिये मैं जितनी कृतज्ञता प्रकट करूं, कम है। डाक्टर साहब को राष्ट्र तथा राष्ट्र-भाषा से विशेष प्रेम है। उनकी यह हार्दिक इच्छा रही है कि इस ग्रन्थमाला की समस्त पुस्तकें अलीगढ़ विश्वविद्यालय के इतिहास-विभाग द्वारा ही प्रकाशित हों और वे इसके लिये बराबर प्रयत्नशील हैं।

इस ग्रन्थमाला की तैयारी में अलीगढ़ विश्वविद्यालय के इतिहास विभाग के अध्यक्ष प्रोफ़ेसर नूरुल-हसन, एम० ए०, डी० फिल० (ऑक्सन) द्वारा मुझे विशेष प्रेरणा तथा सहायता मिली है। उन्होंने मेरी कठिनाइयों को दूर किया और अपने सत्परामर्श एवं अपनी मृदु आलोचनाओं द्वारा मेरे कार्य को सुचारु बनाने की कृपा की। बहुमूल्य सुझावों तथा सामयिक प्रोत्साहन के लिए मैं उनका विशेष आभारी हूं। पुस्तकों के मिलने की समस्त कठिनाइयां विश्वविद्यालय के पुस्तकालयाध्यक्ष श्री सैयिद बशीरुद्दीन की उदार कृपा से दूर होती रहीं, या यह कहिये कि उनकी कृपा से मुझे पुस्तकों के मिलने में कठिनाई का अनुभव ही नहीं हुआ। उनको धन्यवाद देना मेरा परम कर्तव्य है। राजनीति-विभाग के अध्यक्ष प्रोफ़ेसर मुहम्मद हबीब द्वारा मुझे बराबर प्रोत्साहन मिलता रहा है। इसके लिए मैं उनका आभारी हूं। सम्मेलन मुद्रणालय प्रयाग के मैनेजर श्री सीताराम गुण्ठे ने अपने प्रेस कर्मचारियों के सहयोग से इस पुस्तक की छपाई में जिस परिश्रम और उत्साह को प्रदर्शित किया है उसके लिए मैं उनका आभारी हूं। प्रूफ़ की देख-भाल का कार्य श्री श्रवणकुमार श्रीवास्तव द्वारा बड़ी ही संलग्नता से होता रहा। इसके लिये मैं उन्हें विशेष धन्यवाद देता हूं।

अपने इस कार्य में मुझे अपने सभी मित्रों से हर प्रकार की सहायता मिलती रही है। स्थानाभाव के कारण मैं उनके नाम नहीं लिख सका हूं, किन्तु मुझे विश्वास है कि वे अपने प्रति मेरे भावों से परिचित हैं।

सचिव
स्वतंत्रता-संग्राम इतिहास
परामर्श समिति, नज़रबाग़
लखनऊ
दिसम्बर १९५८

सैयिद अतहर अब्बास रिज़वी
एम० ए०, पी-एच० डी०
यू० पी० एजूकेशनल सर्विस

अनूदित ग्रन्थों की समीक्षा

यहया बिन अहमद अब्दुल्लाह सिहरिन्दी

तारीखे मुबारकशाही

फ़ीरोज़शाह के उत्तराधिकारियों एवं सैयिद सुल्तानों के इतिहास का प्रमुख सूत्र यहया बिन अहमद बिन अब्दुल्लाह सिहरिन्दी है। उसने अपने इतिहास में अपने सम्बन्ध में कोई प्रकाश नहीं डाला है। सर जदुनाथ सरकार ने श्री के० के० बासू द्वारा 'तारीखे मुबारकशाही' के अंग्रेज़ी भाषा के अनुवाद के प्राक्कथन में लिखा है कि देहली के सुल्तानों के अन्य इतिहासकार सुन्नी धर्म का पालन करते थे, केवल यहया ही शीआ धर्म का अनुयायी था अतः इस कारण उसका इतिहास और भी रोचक हो गया है। पता नहीं सर जदुनाथ सरकार को यह सूचना कहां से प्राप्त हुई, कारण कि इस प्रकार का कोई संकेत न तो 'तारीखे मुबारकशाही' में है और न इस विषय में किसी बाद के इतिहासकार ने कोई प्रकाश डाला है। यहया ने अपने इतिहास की भूमिका में मुहम्मद साहब की प्रशंसा के उपरान्त जिस प्रकार चारों ख़लीफ़ाओं की प्रशंसा की है उससे पता चलता है कि वह शीआ न था अपितु सुन्नी ही था और सर जदुनाथ सरकार का यह निष्कर्ष भ्रममात्र ही प्रतीत होता है।

यहया बिन अब्दुल्लाह सिहरिन्दी ने अपना इतिहास सैयिद वंश के सुल्तान मुइज़्ज़ुद्दीन अबुल फ़तह मुबारक शाह को, जिसने ८२४ हि० (१४२१ ई०) से ८३७ हि० (१४३३ ई०) तक राज्य किया, समर्पित किया। इस इतिहास में सुल्तान मुइज़्ज़ुद्दीन मुहम्मद बिन साम से लेकर शाबान ८३१ हि० (१४२८ ई०) तक के देहली के सुल्तानों का हाल लिखा गया था किन्तु बाद में लेखक ने इसमें ८३८ हि० (१४३४ ई०) तक का विवरण और बढ़ा दिया। जिस समय यह इतिहास लिखा गया, कुछ अन्य ग्रन्थ, जो अब अप्राप्य हैं, लेखक को अवश्य उपलब्ध रहे होंगे।

सुल्तान फ़ीरोज़ के उत्तराधिकारियों एवं सैयिद सुल्तानों के इतिहास के सम्बन्ध में यहया के विवरण को बड़ा ही महत्व प्राप्त है। वही हमारी जानकारी का एकमात्र साधन है। 'तबक़ाते अकबरी', 'तारीखे फ़िरिश्ता' तथा अन्य इतिहासों में उसी के विवरण को थोड़ा बहुत घटा बढ़ाकर नक़ल किया गया है। यद्यपि वह सैयिद सुल्तानों का आश्रित था किन्तु उसके विवरण से यह कहीं भी नहीं पता चलता कि उसने इन सुल्तानों की अनावश्यक प्रशंसा का प्रयत्न किया है। उसने मुइज़्ज़ुद्दीन मुहम्मद बिन साम के समय से लेकर फ़ीरोज़ शाह के राज्यकाल तक जिस निष्पक्षता से अपना इतिहास लिखा है, उसी प्रकार सैयिद सुल्तानों के विषय में भी बिना किसी पक्षपात के उल्लेख किया है। उसकी रचना में उस युग की घटनाएं बड़े ही क्रम से पाई जाती हैं और सैयिद सुल्तानों के राज्य का जिस प्रकार विकास तथा पतन हुआ उसकी झांकी बड़े विशद रूप में इस इतिहास में मिलती है। यदि यहया का यह इतिहास हमें उपलब्ध न होता तो सम्भवतः १३८० से १४३४ ई० तक का इतिहास हमें कहीं न मिल पाता और लगभग ५५ वर्ष की घटनाएं अंधकार के गर्भ में ही रहतीं।

निज़ामुद्दीन अहमद बख़्शी

तबक़ाते अकबरी

ख़्वाजा निज़ामुद्दीन अहमद बिन मुहम्मद मुक़ीम हरेवी अकबर के समय में बख़्शी था। सर्वप्रथम वह अकबर के राज्यकाल के २९वें वर्ष में गुजरात का बख़्शी नियुक्त हुआ। तत्पश्चात् ३७वें वर्ष में राज्य का बख़्शी नियुक्त हुआ। १००३ हि० (१५९४ ई०) में ४५ वर्ष में उसकी मृत्यु हो गई।

उसने 'तबक़ाते अकबरी' की रचना १००१ हि० (१५९२-९३ ई०) में समाप्त की किन्तु बाद में १००२ हि० (१५९३-९४ ई०) का भी हाल लिख दिया। इसमें ग़ज़नवियों के समय से लेकर १००२ हि० (१५९३-९४ ई०) तक का हिन्दुस्तान का इतिहास लिखा गया है। देहली के सुल्तानों का हाल उसने बड़े निष्पक्ष भाव से लिखा है। सुल्तान फ़ीरोज़ शाह के उत्तराधिकारियों एवं सैयिद सुल्तानों का हाल उसने अधिकांश यहया की 'तारीख़े मुबारकशाही' से लिया है किन्तु कहीं कहीं बहुत सी बातें, जो 'तारीख़े मुबारकशाही' में स्पष्ट नहीं है, स्पष्ट कर दी हैं।

शेख़ रिज़्क़ुल्लाह मुश्ताक़ी

वाक़ेआते मुश्ताक़ी

शेख़ रिज़्क़ुल्लाह मुश्ताक़ी बिन सादुल्लाह देहलवी का जन्म ८९७ हि० (१४९१-९२ ई०) में हुआ। उसका पिता सादुल्लाह ख़ाने जहां के पुत्र अहमद ख़ां का आश्रित था।[1] शेख़ रिज़्क़ुल्लाह भी बहुत से अफ़ग़ान अमीरों का विश्वासपात्र था और उनकी गोष्ठियों में उपस्थित रहा करता था। वह दरवेशों के समान जीवन व्यतीत करता था और अपने समकालीन दरवेशों की गोष्ठियों में उपस्थित रहा करता था। उसकी मृत्यु २० रबी-उल-अव्वल ९८९ हि० (२४ अप्रैल, १५८१ ई०) को हुई। वह हिन्दी तथा फ़ारसी दोनों भाषाओं में कविताएं करता था। हिन्दी कविताओं में उसने अपना उपनाम 'राजन' रक्खा था।

उसने अपने इतिहास की भूमिका में लिखा है कि वह अपने समकालीन योग्य व्यक्तियों की सेवा में उपस्थित रहा करता और उनकी बातों से लाभान्वित होता रहता था। उसने उनसे कुछ विचित्र कहानियां तथा आश्चर्यजनक घटनाएं सुनीं और उनमें से कुछ स्वयं अपनी आंखों से देखीं। उन विद्वानों एवं महान् व्यक्तियों के निधन के उपरान्त वह उन कहानियों का उल्लेख अन्य लोगों से किया करता था। बाद में अपने किसी मित्र के आग्रह पर उसने इन कहानियों को पुस्तक के रूप में संकलित किया और उसका नाम 'वाक़ेआते मुश्ताक़ी' रखा। इसमें सुल्तान बहलोल के राज्यकाल से लेकर सुल्तान जलालुद्दीन मुहम्मद अकबर बादशाह के राज्यकाल तक की विभिन्न घटनाओं का उल्लेख है। इसमें लोदी वंश के सुल्तानों, बाबर, हुमायूं, अकबर तथा सूर वंश के सुल्तानों से सम्बन्धित विभिन्न कहानियों का उल्लेख है। इसके अतिरिक्त मालवा के ग़यासुद्दीन ख़लजी तथा नासिरुद्दीन ख़लजी एवं गुजरात के मुज़फ़्फ़रशाह से सम्बन्धित भी कुछ कहानियों का उल्लेख किया गया है। रिज़्क़ुल्लाह मुश्ताक़ी ने किसी स्थान पर भी इस बात का दावा नहीं किया है कि उसने किसी इतिहास की रचना की है। केवल उसने कहानियों का संकलन किया है। लोदी सुल्तानों से सम्बन्धित बहलोल, सिकन्दर तथा इब्राहीम के सम्बन्ध में अनेक

१ वाक़ेआते मुश्ताक़ी, पृ० ५८।

कहानियों एवं घटनाओं का विवरण दिया गया है। यद्यपि उसने अपनी इस पुस्तक की रचना अकबर के राज्यकाल में की किन्तु उसके पिता का तथा स्वयं उसका अफ़ग़ान अमीरों से विशेष सम्पर्क था। वे उनके आश्रित रह चुके थे अतः उसने जिन कहानियों का विवरण किया है वे बड़ी ही महत्वपूर्ण हैं और इस युग के किसी अन्य प्रामाणिक इतिहास के अभाव में कहानियों के इस संकलन की उपेक्षा नहीं की जा सकती। कहानियों के प्रसंग में उस समय की राजनैतिक घटनाओं के साथ साथ सामाजिक एवं सांस्कृतिक जीवन की भी झांकी मिल जाती है। सुल्तानों से सम्बन्धित कहानियों के साथ साथ रिज़्क़ुल्लाह ने अमीरों से सम्बन्धित बहुत सी कहानियों का उल्लेख किया है और इस प्रकार बहुत से अमीरों के व्यक्तित्व को बड़े स्पष्ट शब्दों में व्यक्त किया है।

यद्यपि उसकी कहानियों में बहुत सी अद्भुत तथा अलौकिक कहानियां भी हैं जिन्हें पढ़े बिना यह विश्वास ही नहीं हो सकता था कि किस प्रकार उस युग के लोग इन बातों पर विश्वास करते थे, तथापि इन्हीं कहानियों में कहीं कहीं शासन प्रबन्ध संबंधी भी बहुत सी बातें प्राप्त हो जाती हैं। इनसे पता चलता है कि सुल्तान सिकन्दर के राज्यकाल में गुप्तचर विभाग कितना अधिक उन्नति कर गया था कि बादशाह को साधारण से साधारण बात का भी पता चल जाता था और सीधे-सादे अफ़ग़ान इस बात पर आश्चर्य किया करते थे कि उसे यह समाचर किस प्रकार प्राप्त होते हैं। अतः उन्हें विश्वास था कि सुल्तान अवश्य ही किसी न किसी अलौकिक शक्ति का स्वामी है जिसके कारण उसको इन बातों का पता चल जाता है।

वाक़ेआते मुश्ताक़ी की किसी भी प्रतिलिपि का भारतवर्ष में अभी तक पता नहीं चल सका। इसकी केवल दो प्रतियां ब्रिटिश म्युज़ियम में प्राप्य हैं। ब्रिटिश म्युज़ियम के रियू के कैटालॉग के दूसरे भाग के पृष्ठ ८०२ ब पर जो हस्तलिखित ग्रन्थ है उसके रोटोग्राफ़ के आधार पर अनुवाद किया गया है किन्तु ब्रिटिश म्युज़ियम में एक अन्य प्रतिलिपि भी 'वाक़ेआते मुश्ताक़ी' की है जिसके कुछ अंश उपर्युक्त प्रतिलिपि से भिन्न हैं और कहीं कहीं वे उपर्युक्त प्रतिलिपि से अधिक स्पष्ट भी हैं, अतः उन अंशों का अनुवाद पाद-टिप्पणियों में कर दिया गया है और उस प्रतिलिपि का नाम 'ब' रखा गया है।

निज़ामुद्दीन अहमद बख़्शी

तबक़ाते अकबरी

'तबक़ाते अकबरी' में अफ़ग़ान सुल्तानों का इतिहास अधिक ऐतिहासिक ढंग से लिखा गया है। उन अलौकिक कहानियों को पूर्णतः पृथक् कर दिया गया है जो कि 'वाक़ेआते मुश्ताक़ी' तथा अन्य अफ़ग़ान इतिहासकारों की रचनाओं में विद्यमान हैं, अतः ख़्वाजा निज़ामुद्दीन की तबक़ाते अकबरी को इस युग के इतिहासों में अधिक महत्व प्राप्त है।

अब्दुल्लाह

तारीखे दाऊदी

'तारीखे दाऊदी' के लेखक ने अपने इतिहास में किसी स्थान पर अपना पूरा नाम नहीं लिखा है केवल एक घटना के सम्बन्ध में अब्दुल्लाह शब्द का उल्लेख है जिससे प्रामाणिक रूप से तो यह नहीं कहा जा सकता कि इतिहासकार का नाम अब्दुल्लाह ही रहा होगा किन्तु ऐसा अनुमान होता है कि सम्भवतः उसका नाम अब्दुल्लाह होगा। उसने यह देखकर कि अफ़ग़ान सुल्तानों के विषय में लोग शनैः शनैः भूलते जा रहे हैं, अपने इतिहास की रचना की किन्तु 'वाक़ेआते मुश्ताक़ी' के समान इसमें भी अलौकिक कहानियों की भरमार है और अधिकांश कहानियाँ सम्भवतः 'वाक़ेआते मुश्ताक़ी' ही से प्राप्त की गई हैं।

तिथियों के सम्बन्ध में भी उसने बड़ी भूलें की है और इस सम्बन्ध में निज़ामुद्दीन अहमद की 'तबक़ाते अकबरी' उसकी इस रचना से अधिक महत्वपूर्ण है। उसने अपना यह इतिहास बंगाल के अन्तिम अफ़ग़ान सुल्तान दाऊद शाह बिन सुलैमान शाह (१५७२-७६ ई०) को समर्पित किया किन्तु इसकी रचना उसने जहांगीर के राज्यकाल में प्रारम्भ की।

यह अनुवाद अलीगढ़ विश्वविद्यालय के इतिहास विभाग के प्रोफ़ेसर तथा अध्यक्ष शेख अब्दुर्रशीद द्वारा प्रकाशित ग्रन्थ 'तबक़ाते अकबरी' से किया गया है किन्तु प्रकाशित ग्रन्थ में बहुत से स्थानों पर अशुद्धियां हैं जिन्हें अनुवाद करते समय ठीक कर दिया गया है। 'क़बिल' जिसका अनुवाद अवरोध है प्रत्येक स्थान पर 'क़त्ल' छापा गया है।[1] इस प्रकार की कुछ अन्य अशुद्धियां भी हैं।

अहमद यादगार

तारीख़े शाही

अहमद यादगार ने अपने विषय में यह लिखा है कि वह सूर बादशाहों का एक प्राचीन सेवक था। उसने अपने पिता के विषय में लिखा है कि वह १५३६-६७ ई० में बाबर के तीसरे पुत्र मिर्ज़ा असकरी के गुजरात के अभियान के समय उसका वज़ीर था। उसने अपनी 'तारीख़े शाही' अथवा 'तारीखे सलातीने अफ़ग़ेना' की रचना दाऊद शाह बिन सुलैमान शाह के संकेत पर की किन्तु यह रचना भी जहांगीर के राज्यकाल में ही समाप्त हुई। इसमें सुल्तान बहलोल लोदी (१४५१-१४८८ ई०), सिकन्दर लोदी (१४८८-१५१७ ई०), इबराहीम लोदी (१५१७-१५२६ ई०), शेरशाह (१५३९-१५४५ ई०), इस्लाम शाह (१५४५-१५५२ ई०), फ़ीरोज़ शाह (२ मास), आदिल शाह (१५५२-१५५३ ई०), इबराहीम सूर (१५५३-१५५४ ई०), सिकन्दर शाह (१५५४ ई०) का इतिहास लिखा गया है। इसके साथ साथ बाबर, हुमायूं तथा अकबर के इतिहास से भी सम्बन्धित विभिन्न घटनाओं का उल्लेख कर दिया गया है किन्तु उसका मुख्य उद्देश्य अफ़ग़ान सुल्तानों के इतिहास की रचना था।

अफ़ग़ान सुल्तानों के अन्य इतिहासकारों के समान अहमद यादगार के इतिहास में भी बहुत सी अलौकिक घटनाओं का विवरण मिलता है और कुछ घटनाएं तो पूर्णतः 'वाक़ेआते मुश्ताक़ी' से उद्धृत ज्ञात होती हैं। अहमद यादगार ने 'तारीख़े निज़ामी (तबक़ाते अकबरी)' तथा मादेनुल अख़्बार को अपनी रचना का आधार बताया है। सम्भवतः 'मादेनुल अख़्बार' से तात्पर्य अहमद बिन बहबल बिन जमाल कम्बोह की 'मादने अख़्बारे अहमदी' अथवा 'मादने अख़्बारे जहांगीरी' से है जिसकी रचना १०२३ हि० (१६१४ ई०) में हुई।

अफ़सानये शाहाने

मुहम्मद कबीर बिन शेख़ इस्माईल

मुहम्मद कबीर बिन शेख़ इस्माईल एक अफ़ग़ान सन्त शेख़ ख़लीलुल्लाह हक़्क़ानी की पुत्री का पुत्र था। शेख़ ख़लील राजगीर अथवा राजगढ़ पटना ज़िले के निवासी थे। 'अफ़सानये शाहान' में १४० कहानियां तथा अन्य छोटे-छोटे लोदी एवं सूर वंश के सुल्तानों से सम्बन्धित चुटकलों का विवरण है। इन कहानियों में भी अलौकिक घटनाओं की प्रचुरता है और अन्य अफ़ग़ानों के इतिहासों की अपेक्षा कहीं अधिक इस प्रकार की घटनाओं का विवरण दिया गया है, किन्तु इन कहानियों से अन्य कहानियों की भांति उस समय की बहुत सी सामाजिक एवं सांस्कृतिक बातों का पता चल जाता है।

1 तारीख़े दाउदी (पृ० ६, १८, १६)।

विषय-सूची

भाग अ

भाग ब

भाग अ

सैयिद सुल्तानों के इतिहास

यहया बिन अहमद अब्दुल्लाह सिहरिन्दी

(क) तारीखे मुबारकशाही

ख़्वाजा निज़ामुद्दीन अहमद

(ख) तबक़ात अकबरी

तारीखे मुबारकशाही

लेखक—यहया बिन अहमद बिन अब्दुल्लाह सिहरिन्दी

(प्रकाशन—कलकत्ता १९३१)

तैमूर के आक्रमण के उपरान्त देहली सल्तनत की दुर्दशा

अकाल तथा महामारी

(१६७) तैमूर के चले जाने के उपरान्त देहली के आस पास तथा उन समस्त स्थानों में, जहाँ से होकर उसकी सेना गुज़री थी, महामारी तथा अकाल का प्रकोप हुआ। कुछ लोगों की महामारी तथा कुछ लोगों की भुखमरी के कारण मृत्यु हो गई। देहली दो मास तक बड़ी ही अव्यवस्थित तथा शोचनीय दशा में रहीं।

नासिरुद्दीन नुसरत शाह का राज-सिंहासन हेतु संघर्ष

रजब ८०१ हि० (मार्च-अप्रैल १३९९ ई०) में सुल्तान नासिरुद्दीन नुसरत शाह[1], जो इक़बाल ख़ां के विश्वासघात के कारण भाग कर दोआब में चला गया था, थोड़ी सी सेना लेकर मेरठ पहुंचा। आदिल ख़ां चार हाथियों तथा अपनी सेना सहित सुल्तान से मिल गया। (सुल्तान ने) विश्वासघात द्वारा उसे बन्दी बना लिया तथा हाथियों पर अधिकार जमा लिया। दोआब की प्रजा जो मुग़लों के उत्पात से सुरक्षित हो गई थी उसके पास एकत्र होने लगी। वह (नासिरुद्दीन) २,००० अश्वारोहियों सहित फ़ीरोज़ाबाद पहुंचा और देहली पर, यद्यपि उसकी बड़ी दुर्दशा हो चुकी थी, अधिकार प्राप्त कर लिया। शिहाब ख़ां मेवात से दस हाथियों तथा अपने सैनिकों को लेकर और मलिक अल्मास दोआब से आकर उससे मिल गये।

जब सुल्तान के पास अत्यधिक सेना एकत्र हो गई तो उसने इक़बाल ख़ां के विनाश हेतु शिहाब (१६८) ख़ां को बरन[2] भेजा। मार्ग में थोड़े से हिन्दू पदातियों ने शिहाब ख़ां पर रात्रि में छापा मारा। शिहाब ख़ां की हत्या कर दी गई और उसकी सेना छिन्न-भिन्न हो गई। युद्ध के हाथी कुछ न कर सके।[3]

इक़बाल ख़ां की उन्नति

इक़बाल ख़ां को जब यह ज्ञात हुआ तो वह शीघ्रातिशीघ्र वहां पहुंचा और हाथियों पर अधिकार जमा लिया। नित्यप्रति उसकी शक्ति तथा प्रतिष्ठा में वृद्धि होने लगी। प्रत्येक दिशा से उसके पास सैनिक एकत्र होने लगे तथा सुल्तान नासिरुद्दीन की स्थिति डांवाडोल होने लगी।

१ वह सुल्तान फ़ीरोज़ का पौत्र था।

२ आधुनिक बुलन्दशहर, (उत्तर प्रदेश में) देहली के समीप।

३ एक पोथी में 'वाही मुंदन्द' है अर्थात् कुछ न कर सके। एक अन्य पोथी में 'राही मुंदन्द' है जिसका अर्थ 'भाग खड़े हुये' हो सकता है।

देहली का इक़बाल के अधीन होना

रबी-उल-अव्वल[1] ८०३ हि० (दिसम्बर-जनवरी १४००-१४०१ ई०) में इक़बाल ख़ां ने बरन से देहली पर चढ़ाई की। नुसरत शाह फ़ीरोज़ाबाद को छोड़ कर मेवात की ओर चल दिया और उसकी वहीं मृत्यु हो गई। देहली इक़बाल ख़ां के अधिकार में आ गई। उसने सीरी के कोट[2] में निवास ग्रहण किया।

देहली का पुनः बसना

शहर (देहली) के कुछ लोग, जो मुग़लों के हाथों से बच गये थे, देहली में पहुंच कर निवास करने लगे। थोड़े से समय में सीरी का कोट आबाद तथा सम्पन्न हो गया।

इक़बाल के राज्य का विस्तार

उसने दोआब के मध्य की शिक़[3] तथा हवाली[4] की अक़्ताओं[5] को अपने अधिकार में कर लिया किन्तु प्रान्तों के क़स्बे[6], जिस प्रकार अमीरों तथा मलिकों के अधिकार में थे, उसी प्रकार उनके अधिकार में रहे।

अमीरों के राज्य के क्षेत्र

गुजरात प्रदेश तथा उसके आस पास के स्थान ज़फ़र ख़ां वजीहुलमुल्क के अधीन रहे। मुल्तान तथा दीबालपुर की शिक़ एवं सिन्ध का भूभाग मसनदे आली ख़िज्र ख़ां के अधीन रहा। महोबा तथा कालपी की शिक़ मलिकज़ादा फ़ीरोज़ के पुत्र महमूद ख़ां, हिन्दुस्तान की ओर की अक़्तायें क़न्नौज, (१६९) अवध, कड़ा, दलमऊ, सन्डीला, बहराइच, बिहार तथा जौनपुर ख़्वाजये जहां के, धार की शिक़ दिलावर ख़ां के, सामाना की शिक़ ग़ालिब ख़ां के तथा ब्याना की शिक़ शम्स ख़ां औहदी के, अधिकार में रही। देहली का राज्य इतने भागों में विभाजित हो गया।

इक़बाल का ब्याना पर आक्रमण तथा उसकी विजय

रबी-उल-अव्वल ८०२ हि० (नवम्बर १३९९ ई०) में इक़बाल ख़ां ने ब्याना की ओर चढ़ाई की। शम्स ख़ां, नूह व बतल[7] नामक क़स्बों में था। उनके मध्य में युद्ध हुआ। इक़बाल ख़ां का भाग्य

१ मूल पुस्तक में 'जमादि-उल-अव्वल' है किन्तु एक पोथी में 'रबी-उल-अव्वल' है और यही उचित है।
२ हिसारे सीरी।
३ शिक़ :—मोरलैण्ड के अनुसार १४वीं शताब्दी ईसवी में शिक़ शब्द का प्रयोग प्रान्तों के लिये किया जाता था किन्तु बरनी के एक उल्लेख से पता चलता है कि बल्बन के समय में इस शब्द का प्रयोग विलायत के छोटे-छोटे भागों के लिये किया जाता था [मोरलैण्ड: 'दी एग्रेरियन सिस्टम आफ़ मुस्लिम इण्डिया', कैम्ब्रिज १९२९, पृ० २५, २७७; ज़ियाउद्दीन बरनी: 'तारीखे फ़ीरोज़शाही' (कलकत्ता पृ० ८५); रिज़वी: 'आदि तुर्क कालीन भारत' (अलीगढ़ १९५६) पृ० १८४]।
४ देहली के समीप के स्थान।
५ देखिये पृ० ६ नोट नं० १।
६ मूल पुस्तक में 'बिलाद' है।
७ एक पोथी में 'नूह व पतल' है। इसे 'नवा व बतल' अथवा 'नवा व पतल' भी पढ़ा जा सकता है

ने साथ दिया। शम्स खां पराजित होकर ब्याना भाग गया। दो हाथी, जो उसके अधिकार में थे, इक़बाल खां को प्राप्त हो गये।

इक़बाल की कटिहर पर चढ़ाई

उसने वहां से कटिहर की ओर चढ़ाई की। राय हर सिंह से कर तथा उपहार प्राप्त करके शहर (देहली) की ओर लौट आया।

ख्वाजये जहां की मृत्यु तथा मुबारक खां का सुल्तान होना

उसी वर्ष ख्वाजये जहां की जौनपुर में मृत्यु हो गई। मलिक मुबारक क़रनफ़ुल उसके स्थान पर बादशाह हुआ। उसने अपनी उपाधि सुल्तान मुबारक शाह रक्खी और समस्त अक़्ताओं पर अपना अधिकार जमा लिया।

इक़बाल का हिन्दुस्तान पर आक्रमण, सबीर पर विजय

जमादि-उल-अव्वल ८०३ हि० (दिसम्बर-जनवरी १४००-१४०१ ई०) में इक़बाल खां ने पुनः हिन्दुस्तान पर चढ़ाई की। ब्याना के अमीर शम्स खां तथा मुबारक खां एवं बहादुर नाहिर ने उससे भेंट की। उसने उन्हें भी अपने साथ ले लिया। जमादि-उल-आख़िर[1] ८०३ हि० में दुष्ट सबीर तथा अन्य काफ़िरों ने काली नदी[2] के तट पर पटियाली के निकट अत्यधिक सेना सहित आक्रमण किया। (१७०) दूसरे दिन दोनों में युद्ध हुआ। ईश्वर ने, जो मुहम्मद साहब के धर्म का पोषक है[3], इक़बाल खां को विजय प्रदान की। अभागे काफ़िर पराजित हो गये। इक़बाल खां ने इटावा की सीमा तक उनका पीछा किया। कुछ मारे गये। कुछ बन्दी बना लिये गये।

इक़बाल का क़न्नौज पहुंचना, मुबारक शाह से सफल युद्ध

वहां से वह क़न्नौज पहुंचा। उसी प्रकार सुल्तानुश्शर्क़ मुबारक शाह भी हिन्दुस्तान की ओर से आया। दोनों सेनाओं के मध्य में गंगा नदी थी। उसे कोई भी न पार कर सकता था। दो मास तक युद्ध होता रहा। अन्त में प्रत्येक दल अपने अपने घर की ओर चल दिया। मार्ग में इक़बाल खां, शम्स खां तथा मुबारक खां[4] से सशंकित हो गया। उसने विश्वासघात द्वारा उन पर अधिकार जमा लिया और उनकी हत्या कर दी।

ख़िज़्र खां पर तग़ी तुर्क बच्चे का आक्रमण तथा ख़िज़्र खां की विजय

उसी वर्ष तग़ी खां तुर्क बच्चये सुल्तानी ने, जो सामाना के अमीर ग़ालिब खां का जामाता था, अत्यधिक सेना एकत्र करके मसनदे आली ख़िज़्र खां पर दीबालपुर की ओर चढ़ाई की। जब मसनदे आली को यह समाचार प्राप्त हुए तो वह बहुत बड़ी सेना लेकर अजोधन पहुंचा। ९ रजब ८०३ हि० (२३ फ़रवरी १४०१ ई०) को दोनों सेनाओं में धन्दा नदी के निकट युद्ध हुआ। ईश्वर ने मसनदे

१ कुछ हस्तलिखित पोथियों में 'जमादि-उल-अव्वल' है।
२ मूल पुस्तक में 'आबे ब्याह' है किन्तु इसे 'आबे सियाह' अथवा काली नदी होना चाहिये।
३ अर्थात् इस्लाम का पोषक है।
४ एक पोथी में केवल 'शम्स खां' है।

आली को विजय प्रदान की। तग़ी ख़ां पराजित हो कर अभूहर[1] क़स्बे में पहुंचा। ग़ालिब ख़ां तथा अन्य अमीरों ने जो उसके साथ थे तग़ी ख़ां की विश्वासघात द्वारा हत्या कर दी।

सुल्तान महमूद का क़न्नौज पर आक्रमण

८०४ हि० (१४०१-२ ई०) में सुल्तान महमूद धार से देहली पहुंचा। इक़बाल ख़ां ने उसका स्वागत किया और उसे जहां पनाह नामक शुभ कूश्क[2] में उतारा। किन्तु शाही धन सम्पत्ति जो कुछ भी थी, वह अपने हाथ ही में रक्खी। इस कारण उसमें तथा सुल्तान में मतभेद उत्पन्न हो गया। उसने इक़बाल ख़ां को अपने साथ लेकर पुनः क़न्नौज की ओर चढ़ाई की।

सुल्तान इबराहीम (शर्क़ी) का जौनपुर में बादशाह होना और युद्ध हेतु निकलना

(१७१) इस वर्ष सुल्तान मुबारक शाह की मृत्यु हो गई। उसका लघु पुत्र इबराहीम उसके स्थान पर बादशाह हुआ और उसने अपनी उपाधि सुल्तान इबराहीम निश्चित की। जब उसे सुल्तान महमूद तथा इक़बाल ख़ां के पहुंचने की सूचना मिली तो वह भी अत्यधिक सेना लेकर उससे युद्ध करने के लिए पहुंचा। दोनों ओर की सेनाओं के आदमियों में युद्ध होने ही वाला था कि सुल्तान महमूद शिकार के बहाने से इक़बाल ख़ां की सेना से निकल गया और वह सुल्तान इबराहीम के पास पहुंचा। सुल्तान इबराहीम ने सुल्तान (महमूद) के प्रति कुछ अधिक आज्ञाकारिता प्रदर्शित न की। वह वहां से भागकर क़न्नौज चला गया। मुबारक शाह ने शाहज़ादा हरेवी[3] को, जो क़न्नौज में था, बाहर निकाल कर क़न्नौज पर अधिकार जमा लिया। इक़बाल ख़ां देहली चला गया। सुल्तान इबराहीम जौनपुर वापस हो गया। क़न्नौज वाले—सर्वसाधारण तथा प्रतिष्ठित व्यक्ति—सुल्तान से मिल गये। दास तथा उससे सम्बन्धित लोग, जो छिन्न-भिन्न हो चुके थे, उसके पास पहुंच गये। संक्षेप में, सुल्तान भी क़न्नौज से संतुष्ट हो गया।

इक़बाल का ग्वालियर पर प्रथम आक्रमण

जमादि-उल-अव्वल ८०५ हि० (नवम्बर-दिसम्बर १४०२ ई०) में इक़बाल ख़ां ने ग्वालियर पर चढ़ाई की। ग्वालियर का क़िला मुग़लों के उत्पात के समय दुष्ट वर सिंह[4] ने मुसलमानों के अधिकार से विश्वासघात करके छीन लिया था। जब वह नरकवासी हो गया तो उसके स्थान पर उसका पुत्र बीरम देव गद्दी पर बैठा। उपर्युक्त क़िला उसके अधिकार में आ गया। वह अत्यधिक दृढ़ता के कारण विजय न हो सकता था। इक़बाल ख़ां ने वहां से हट कर उसकी विलायत को विध्वंस कर दिया और देहली की ओर लौट गया।

इक़बाल का ग्वालियर पर दूसरा आक्रमण

(१७२) दूसरे वर्ष उसने पुनः उस ओर चढ़ाई की। बीरम देव ने अग्रसर होकर धौलपुर में इक़बाल ख़ां से युद्ध किया। प्रथम आक्रमण में ही पराजित होकर वह क़िले में घुस गया। बहुत से

१ कुछ पोथियों में 'अभूहर', कुछ में 'भूहर' तथा कुछ में 'असोहर' है। अबूहर का सविस्तार उल्लेख इब्ने बत्तूता ने भी किया है ['तुग़लुक़कालीन भारत', भाग १, पृ० १७०]।

२ महल।

३ बदायूनी के अनुसार 'हिरात का शाहज़ादा फ़तह ख़ां' है।

४ बदायूनी में 'हर सिंह', फ़िरिश्ता में 'नर सिंह' है।

काफ़िरों की हत्या कर दी गई। रात्रि में वह (बीरम) क़िला छोड़ कर ग्वालियर की ओर चल दिया। इक़बाल खां ने ग्वालियर के क़िले तक काफ़िरों का पीछा किया। उनकी विलायत में, जो निर्जन जंगल में थी, लूट मार करके देहली की ओर लौट गया।

तातार खां का नासिरुद्दीन महमूद शाह की उपाधि धारण करना

८०६ हि० (१४०३-४ ई०) में गुजरात के अमीर ज़फ़र ख़ां के पुत्र तातार ख़ां ने विश्वासघात करके अपने पिता को बन्दी बना लिया और भरौच[1] में भेज दिया। उसने स्वयं सुल्तान नासिरुद्दीन मुहम्मद शाह की उपाधि धारण कर ली। उसने अत्यधिक सेना एकत्र करके देहली पर चढ़ाई कर दी और निरन्तर कूच करता हुआ उस ओर चला जा रहा था कि मार्ग में शम्स ख़ां ने उसे विष दे दिया और उसकी उसी दिन मृत्यु हो गई। दुष्ट संसार ने ऐसे वीर, सहनशील तथा दानी बादशाह की क्षण भर में हत्या कर दी। संक्षेप में, जब उस फ़िरिश्तों सरीखे सदाचारी बादशाह की हत्या कर दी गई तो रातों रात ज़फ़र खां को भरौच से सेना में लाया गया। समस्त सेना तथा परिजन उसके द्वारा पोषित हुए थे अतः वे उसके आज्ञाकारी हो गए।

इक़बाल का इटावा पर आक्रमण

८०७ हि० (१४०४-५ ई०) में इक़बाल ख़ां ने इटावा की ओर चढ़ाई की। राय सबीर, राय ग्वालियर, राय जालबाहर[2] तथा अन्य रायों ने इटावा में पहुँच कर क़िले को बन्द कर लिया। चार मास तक अभागे काफ़िर युद्ध करते रहे। अन्त में राय ग्वालियर ने चार हाथी, जो उसके पास थे, देकर संधि कर ली।

इक़बाल का क़न्नौज पर आक्रमण

(१७३) शव्वाल ८०७ हि० (अप्रैल १४०५ ई०) में इक़बाल ख़ां ने इटावा से क़न्नौज की ओर प्रस्थान किया और सुल्तान महमूद से भीषण युद्ध किया। क़िले के दृढ़ होने के कारण वह उसे कोई हानि न पहुंचा सका और असफल होकर (देहली) लौट आया।

इक़बाल का सामाना पर आक्रमण

मुहर्रम ८०८ हि० (जून-जुलाई १४०५ ई०) में इक़बाल ख़ां ने सामाना पर चढ़ाई की। बहराम खां तुर्क बच्चा, जिसके भतीजे का सारंग ख़ां ने विरोध किया था, उसके भय से भाग कर हरहूर[3] पर्वत में चला गया। इक़बाल ख़ां ने हरहूर पर्वत के अरूबर क़स्बे में पड़ाव किया। क़ुतुबुल अक़ताब मख़दूम सैयिद जलालुलहक़ वशशरा वद्दीन बुखारी[4] के नाती इल्मुद्दीन मध्यस्थ बने। बहराम ख़ां ने उनके विश्वास पर उससे भेंट की।

१ कुछ हस्तलिखित पोथियों में 'असावल' है।
२ 'तबक़ाते अकबरी' में 'जालहार'।
३ कुछ हस्तलिखित पोथियों में 'हल हर', 'तबक़ाते अकबरी' में 'बदहर'।
४ सैयिद जलाल बुखारी :—बुखारा के मूल निवासी थे: वे भारतवष आकर शेख़ बहाउद्दीन ज़करिया (मृत्यु १२६६ ई०) के शिष्य हो गये। मख़दूम जहानियां इन्हीं के पौत्र थे।

इक़बाल का मुल्तान की ओर प्रस्थान

वहां से उसने मुल्तान की ओर प्रस्थान किया। जब वह (इक़बाल ख़ां) राय कमाल मीन की तिलौंदी[1] में पहुंचा तो उसने बहराम ख़ां, राय दाऊद कमाल मीन, तथा राय हीनू ज्बालजी[2] भट्टी को (१७४) बन्दी बना लिया। तीसरे दिन विश्वासघाती इक़बाल ख़ां ने उस सिंह अथवा बहराम ख़ां की खाल खिंचवा ली। अन्य लोगों को बन्दी बना कर तथा उनकी ग्रीवा में जंजीर डाल कर अपने साथ ले गया। जब वह धन्धह[3] तट पर अजोधन के भूभाग के निकट पहुंचा तो मसनदे आली ख़िज़्र ख़ां बहुत बड़ी सेना तथा परिजन लेकर, जिनमें प्रत्येक रण-क्षेत्र का सिंह था, इक़बाल ख़ां से युद्ध करने के लिए निकला और उसने समझ लिया कि विश्वासघाती की सेना का बुरा समय आ गया है क्योंकि वचन तोड़ना स्त्रियों का कार्य है।

इक़बाल ख़ां तथा ख़िज़्र ख़ां का युद्ध, इक़बाल की पराजय

१९ जमादि-उल-अव्वल ८०८ हि० (१२ नवम्बर १४०५ ई०) को दोनों सेनाओं में युद्ध हुआ। क्योंकि इक़बाल ख़ां के दुर्भाग्य (का समय) प्रारम्भ हो गया था अतः वह प्रथम आक्रमण ही में पराजित हो गया। मसनदे आली ने उस विश्वासघाती का पीछा किया। इक़बाल ख़ां का घोड़ा आहत हो चुका था। वह बाहर न निकल सका। उसका पांव कीचड़ में फंस गया। सिंह उस पिशाच के सिर पर पहुंच गये। इक़बाल ने कुछ हाथ पांव मारे किन्तु अन्त में मार डाला गया। उसका सिर काट कर फ़तहपुर भेज दिया गया। संक्षेप में, दौलत ख़ां, इख़्तियार ख़ां तथा अन्य अमीरों ने देहली से सुल्तान महमूद के पास आदमी भेजे और उससे राज्य ग्रहण करने के विषय में आग्रह किया।

सुल्तान महमूद का देहली पर अधिकार जमाना

(१७५) जमादि-उल-आख़िर ८०८ हि० (नवम्बर-दिसम्बर १४०५ ई०) में सुल्तान क़न्नौज से थोड़े से सैनिकों को लेकर शहर (देहली) में प्रविष्ट हुआ और उसने राज्य पर अधिकार जमा लिया। उसने इक़बाल ख़ां के परिजनों को देहली से निकलवा कर कोल भेज दिया, किन्तु उस सदाचारी बादशाह ने उसके सम्बन्धियों तथा परिजनों में से किसी को कोई हानि न पहुंचाई। दोआब के मध्य की फ़ौजदारी[4] दौलत ख़ां को सौंप दी। इख़्तियार ख़ां को फ़ीरोज़ाबाद का कूश्क प्रदान कर दिया। इक़लीम ख़ां बहादुर नाहिर ने दो हाथी पेशकश के रूप में भेंट किये और सुल्तान के चरणों का चुम्बन किया।

१ तिलौंदी :—ज़ियाउद्दीन बरनी के अनुसार तिलौंदी बैलगाड़ी के समूह को कहते थे। प्रजा को जिस स्थान पर भी थोड़े से जल का पता चल जाता था वहां वे अपनी बैलगाड़ियां तथा मवेशी ले जाते थे और वहीं वर्ष के बारह महीने अपनी स्त्री तथा बच्चों के साथ निवास करते थे। (ज़िया-उद्दीन बरनी : 'तारीख़े फ़ीरोज़शाही', (कलकत्ता) पृ० ५३८; रिज़वी : 'तुग़लुक़कालीन भारत', भाग २, पृ० २८)।

२ एक हस्तलिखित पोथी में 'जुल्जैन भट्टी', फ़िरिश्ता में 'राय हब्बू' 'राय रत्ती' का पुत्र।

३ इसे 'धन्दा' भी लिखा गया है।

४ फ़ौजदारी :—फ़ौजदार का कार्य; फ़ौजदार शब्द का प्रयोग देहली के सुल्तानों के समकालीन इतिहासों में इससे पूर्व नहीं हुआ है। फ़ौजदार, सरकार के सैनिक तथा असैनिक शासन का मुख्य अधिकारी होता था।

सुल्तान महमूद का क़न्नौज की ओर प्रस्थान

जमादि-उल-अव्वल ८०९ हि० (अक्तूबर-नवम्बर १४०६ ई०) में सुल्तान ने क़न्नौज की ओर प्रस्थान किया। दौलत ख़ां को बहुत बड़ी सेना देकर सामाना की ओर भेजा। जब सुल्तान क़न्नौज के निकट पहुंचा तो सुल्तान इबराहीम ने क़न्नौज के समक्ष गंगा नदी के घाट पर पड़ाव किया। कुछ समय उपरान्त सुल्तान इबराहीम जौनपुर की ओर लौट गया। सुल्तान महमूद देहली की ओर वापस चला गया। जब सुल्तान देहली पहुंचा तो जो सेना उसके साथ थी छिन्न भिन्न होकर अपनी अपनी अक़्ताओं[1] को चली गई। सुल्तान इबराहीम मार्ग से वापिस होकर क़न्नौज पहुंचा। महमूद मलिक तुरमती, जो सुल्तान की ओर से वहां नियुक्त था, क़न्नौज के क़िले में बन्द हो गया। चार मास तक युद्ध होता रहा। अन्त में जब किसी ने उसकी फ़रियाद न सुनी तो उसने विवश होकर संधि करके उससे भेंट की। उसने (सुल्तान इबराहीम ने) क़न्नौज की अक़्ता मलिक दौलत यार कम्पिला[2] के नाती इख़्तियार ख़ां को प्रदान कर दी। वर्षा ऋतु उसने क़न्नौज ही में व्यतीत की।

इबराहीम की देहली पर चढ़ाई

(१७६) उसने जमादि-उल-अव्वल ८१० हि० (अक्तूबर-नवम्बर १४०७ ई०) में देहली की ओर प्रस्थान किया। नुसरत ख़ां गुर्ग अन्दाज़[3], सारंग ख़ां का पुत्र तातार ख़ां, इक़बाल ख़ां का दास मलिक मरहबा, सुल्तान महमूद का साथ छोड़कर उससे मिल गये। असद ख़ां लोदी सम्भल के क़िले में घिर गया। दूसरे दिन सुल्तान इबराहीम ने सम्भल के क़िले पर विजय प्राप्त कर ली और उसे तातार ख़ां के सिपुर्द कर दिया। वहां से वह निरन्तर कूच करता हुआ यमुना तट पर कीजा[4] घाट पर उतरा। वह उसे पार करनेवाला ही था कि उसे सूचना मिली कि ज़फ़र ख़ां ने धार पर विजय प्राप्त कर ली है और दिलावर ख़ां का पुत्र अलप ख़ां उसके हाथों बन्दी बना लिया गया है और वह जौनपुर पर आक्रमण करने वाला है। वह (सुल्तान इबराहीम) कीजा नामक घाट से वापिस हो गया और निरन्तर कूच करता हुआ जौनपुर पहुंचा किन्तु मलिक मरहबा को बरन के क़िले में छोड़ दिया और थोड़ी-सी सेना उसे प्रदान कर दी।

सुल्तान महमूद का बरन की ओर प्रस्थान

इसी प्रकार ज़ीक़ाद ८१० हि० (मार्च-अप्रैल १४०८ ई०) में सुल्तान महमूद देहली से बरन पहुंचा। मलिक मरहबा उससे मुक़ाबला करने के लिए बाहर निकला और उसने युद्ध किया। प्रथम आक्रमण में ही पराजित होकर वह क़िले के भीतर प्रविष्ट हो गया। शाही सेना भी उसका पीछा करती हुई (क़िले के) भीतर प्रविष्ट हो गई। मरहबा की हत्या हो गई।

१ अक़्ता :—वह भूमि जो सेना के सरदारों को सेना रखने और उसका उचित प्रबन्ध करने के लिये दी जाती थी। हिन्दुस्तान के भिन्न-भिन्न भागों पर विजय प्राप्त करने के उपरान्त तुर्क जिस भाग पर विजय प्राप्त करते थे, उस भाग को विभिन्न अक़्ताओं में विभाजित करके प्रत्येक भाग एक सरदार को प्रदान कर देते थे।

२ कम्पिला का हाकिम।

३ भेड़िये की हत्या करने वाला।

४ कुछ हस्तलिखित पोथियों में 'कीचा'।

२

सुल्तान महमूद का सम्भल की ओर प्रस्थान

वहां से सुल्तान (महमूद) ने सम्भल की ओर प्रस्थान किया। वह अभी गंगा तट पर भी न पहुंचा था कि तातार खां क़िले को खाली करके क़न्नौज की ओर चल दिया। (सुल्तान ने) सम्भल असद खां लोदी को प्रदान कर दिया। तत्पश्चात् वह शहर (देहली) की ओर लौट गया।

दौलत ख़ां का बैरम ख़ां द्वारा विरोध

(१७७) दौलत खां, जो सामाना की ओर नियुक्त हुआ था, जब सामाना के निकट पहुंचा तो बैरम खां तुर्कबच्चे ने, जिसने बहराम खां की हत्या के उपरान्त सामाना की शिक़[1] पर अधिकार जमाया था, विरोध प्रारम्भ कर दिया। ११ रजब ८०९ हि०[2] (२२ दिसम्बर १४०६ ई०) को सामाना से दो कोस पर दोनों में युद्ध हुआ। ईश्वर ने दौलत खां को विजय प्रदान की। बैरम ख़ां पराजित होकर सरहिन्द चला गया। तत्पश्चात् क्षमा प्राप्त करके दौलत खां से मिल गया।

ख़िज्र ख़ां का दौलत ख़ां पर चढ़ाई करना

इसके पूर्व उसने मसनदे आली खिज्र खां की अधीनता स्वीकार कर ली थी। जब मसनदे आली को यह सूचना प्राप्त हुई तो उसने बहुत बड़ी सेना लेकर दौलत खां पर चढ़ाई की। जब वह फ़तहपुर[3] की सीमा पर पहुंचा तो दौलत खां भाग कर यमुना के उस पार चला गया। जो अमीर तथा मलिक उसके सहायक थे उन सब ने मसनदे आली से भेंट की। हिसार फ़ीरोज़ा की शिक़ क़िवाम खां को सौंप दी गई। सामाना तथा सुनाम की अक़्तायें बैरम खां से लेकर मजलिसे आली ज़ीरक खां को सौंप दी गईं। सरहिन्द की अक़्ता तथा कुछ अन्य परगने बैरम खां को दे दिये गये और स्वयं उसने फ़तहपुर की ओर प्रस्थान किया। सुल्तान महमूद के अधिकार में दोआब के मध्य के कुछ स्थानों तथा रोहतक की अक़्ताओं के अतिरिक्त कुछ भी न रह गया।

सुल्तान महमूद द्वारा हिसार फ़ीरोज़ा पर आक्रमण

रजब ८११ हि० (नवम्बर-दिसम्बर १४०८ ई०) में सुल्तान महमूद ने हिसार फ़ीरोज़ा पर चढ़ाई की। क़िवाम खां हिसार फ़ीरोज़ा में घिर गया। कुछ दिन उपरान्त उसने संधि कर ली और अपने पुत्र को पेशकश सहित सुल्तान की सेवा में भेजा। वहां से सुल्तान धातरथ[4] होता हुआ देहली की ओर लौट गया।

ख़िज्र ख़ां का सुल्तान को सीरी में घेर लेना

(१७८) जब यह समाचार मसनदे आली (खिज्र ख़ां) को पहुंचाये गये तो वह निरन्तर कूच करता हुआ फ़तहाबाद पहुंचा। फ़तहाबाद के प्रजाजन को जो सुल्तान से मिल गये थे दण्ड दिया। १५ रमज़ान ८११ हि० (३१ जनवरी १४०९ ई०) को खिज्र ख़ां ने मलिकुश्शर्क़ मलिक तुहफ़ा को

१ शिक़ :—देखिये पूर्व पृ० ४ नोट नं० ३।

२ फ़िरिश्ता के अनुसार ८१० हि०, बदायूनी के अनुसार ८१२ हि०।

३ कुछ पोथियों में 'फ़तहाबाद'।

४ कुछ पोथियों में 'धातरथ' है, प्रकाशित ग्रन्थ में 'धार तरहत' है।

अत्यधिक सेना देकर दोआब के मध्य में धातरथ पर आक्रमण करने के लिए भेजा। फ़तह खां अपने परिजनों सहित भाग कर दोआब की ओर चल दिया। कुछ लोग जोकि उस स्थान पर थे छिन्न-भिन्न हो गये और बन्दी बना लिए गये। बन्दिगी मसनदे आली रोहतक होता हुआ देहली पहुंचा। सुल्तान महमूद सीरी के क़िले में तथा इख़्तियार खां फ़ीरोज़ाबाद के कूश्क[1] में बन्द हो गया। इसी प्रकार खाद्य सामग्री में कमी हो गयी। मसनदे आली यमुना नदी पार करके दोआब में प्रविष्ट हो गया। वहां से इन्द्री के सामने से पुनः नदी के उस ओर होकर निरन्तर कूच करता हुआ फ़तहपुर पहुंचा।

ख़िज़्र खां का बैरम पर आक्रमण

८१२ हि० (१४०९-१० ई०) में बैरम खां तुर्क बच्चे ने मसनदे आली के विरुद्ध विद्रोह कर दिया और दौलत खां से मिल गया। यह समाचार पाकर बन्दिगी मसनदे आली ने सरहिन्द की ओर चढ़ाई की। बैरम खां ने अपने परिजन पर्वत में भेज दिए और स्वयं सेना लेकर यमुना नदी पार की तथा दौलत खां से मिल गया। मसनदे आली ने उसका पीछा किया और यमुना नदी के तट पर पड़ाव डाल दिया। बैरम खां कोई उपाय न देख कर अत्यन्त शोचनीय दशा में मसनदे आली के पास पुनः पहुंचा। जो परगने उसके पास थे वे स्थायी रूप से उसे प्रदान कर दिये गये। मसनदे आली निरन्तर कूच करता हुआ फ़तहपुर की ओर पहुंचा। इस वर्ष में सुल्तान भी शहर (देहली) ही में रहा और उसने किसी ओर प्रस्थान न किया।

ख़िज़्र खां का रोहतक पर आक्रमण

८१३ हि० (१४१०-११ ई०) में मसनदे आली न रोहतक की ओर प्रस्थान किया। मलिक इद्रीस ने ६ मास तक रोहतक के क़िले में बन्द होकर युद्ध किया। अंत में विवश हो गया और पेशकश के (१७९) रूप में धन तथा बन्धक के रूप में अपने पुत्र को देकर सन्धि कर ली एवं आज्ञाकारिता स्वीकार कर ली। मसनदे आली सामाना होता हुआ फ़तहपुर की ओर लौट गया।

सुल्तान महमूद की दुर्दशा

मसनदे आली के लौट जाने के उपरान्त सुल्तान महमूद ने कटिहर की ओर प्रस्थान किया और कुछ समय तक वहां शिकार खेलकर देहली की ओर लौट आया। संक्षेप में, सुल्तान महमूद के कार्य में पूर्णतः विघ्न पड़ गया। उसमें शासन-प्रबन्ध तथा बादशाही करने की शक्ति न रही और वह सर्वदा भोग-विलास में ग्रस्त रहने लगा।

ख़िज़्र खां का रोहतक, नारनौल, मेवात तथा देहली पर आक्रमण

८१४ हि० (१४११-१२ ई०) में मसनदे आली ने पुनः रोहतक की ओर प्रस्थान किया। मलिक इद्रीस तथा उसका भाई मुबारिज़ खां हांसी में शाही चरणों के चुम्बन के सम्मान द्वारा सम्मानित हुए। उसने उनके प्रति अत्यधिक कृपादृष्टि प्रदर्शित की। उस स्थान से नारनौल क़स्बे को जो इक़लीम खां बहादुर नाहिर के अधिकार में था विध्वंस करता हुआ मेवात पहुंच गया। उसने तजारा, सरहथ तथा खरोल नामक क़स्बों को नष्ट कर दिया और मेवात के अधिकांश स्थानों को विध्वंस करता हुआ लौटते

१ राजप्रासाद।

समय देहली पहुंचा। उसने सीरी के क़िले को घेर लिया। सुल्तान महमूद क़िले में बन्द होकर युद्ध करता रहा। इसी प्रकार फ़ीरोज़ाबाद के कूश्क[1] में इख्तियार खां, जो सुल्तान महमूद की ओर से वहां नियुक्त था, मसनदे आली से मिल गया। मसनदे आली सीरी के द्वार के सामने से प्रस्थान करके फ़ीरोज़ाबाद के कूश्क में उतरा तथा दोआब के मध्य की अक्तायें तथा शहर के आस-पास के स्थान अपने अधिकार में कर लिये।

सुल्तान महमूद की मृत्यु

(१८०) अनाज तथा चारे की कमी के कारण मुहर्रम ८१५ हि० (अप्रैल-मई १४१२ ई०) में पानीपत होता हुआ फ़तहपुर की ओर लौट गया। जमादि-उल-अव्वल ८१५ हि० (अगस्त-सितम्बर १४१२ ई०) में सुल्तान महमूद ने कटिहर की ओर प्रस्थान किया। थोड़े दिन तक वहां शिकार खेल कर वह देहली की ओर वापस हुआ। रजब मास (अक्तूबर-नवम्बर १४१२ ई०) में वह रुग्ण हो गया और मार्ग में उसकी मृत्यु हो गई। इन परिवर्तनों के बावजूद वह २० वर्ष तथा २ मास तक राज्य करता रहा।

सुल्तान की मृत्यु के उपरान्त अमीरों, मलिकों तथा शाही दासों ने दौलत खां की अधीनता स्वीकार कर ली। मुबारिज़ खां तथा मलिक इद्रीस ने मसनदे आली से विद्रोह कर दिया और वे दौलत खां से मिल गये। इस वर्ष मसनदे आली (खिज्र खां) भी फ़तहपुर में रहा और देहली पर चढ़ाई न की।

दौलत ख़ां की कटिहर पर चढ़ाई

मुहर्रम ८१६ हि० (अप्रैल-मई १४१३ ई०) में दौलत ख़ां ने कटिहर की ओर प्रस्थान किया। राय हर सिंह तथा अन्य रायों ने उससे भेंट की। जब वह पटियाली क़स्बे में पहुंचा तो महाब्रत खां बदायूँ का अमीर भी उससे मिल गया। इसी प्रकार सुल्तान इबराहीम के विषय में ज्ञात हुआ कि उसने महमूद के पुत्र क़ादिर खां को घेर लिया है और दोनों में घोर युद्ध हो रहा है। किन्तु दौलत ख़ां के पास इतनी (१८१) सेना न थी कि वह सुल्तान इबराहीम से युद्ध कर सकता।

ख़िज्र ख़ां द्वारा हिसार फ़ीरोज़ा, रोहतक, मेवात एवं सम्भल पर चढ़ाई

जमादि-उल-अव्वल ८१६ हि० (जुलाई-अगस्त १४१३ ई०) में वह देहली की ओर वापस हुआ। रमज़ान ८१६ हि० (नवम्बर-दिसम्बर १४१३ ई०) में मसनदे आली ने सेना लेकर देहली पर चढ़ाई की। जब वह हिसार फ़ीरोज़ा पहुँचा तो उस प्रदेश के अमीर तथा मलिक उससे मिल गये। मलिक इद्रीस रोहतक के क़िले में घिर गया। मसनदे आली मेवात की ओर चला गया। इक़लीम खां[2] के भतीजे जलाल ख़ां ने बहादुर नाहिर से भेंट की। वहां से लौट कर वह सम्भल के क़स्बे में पहुंचा और उसे नष्ट कर दिया।

ख़िज्र ख़ां द्वारा देहली पर चढ़ाई

ज़िलहिज्जा ८१६ हि० (फ़रवरी-मार्च १४१४ ई०) में वह पुनः देहली पहुंचा और सीरी के

1 महल।
२ प्रकाशित ग्रन्थ में 'इक़लाम ख़ां'।

द्वार के समक्ष पड़ाव किया। दौलत खां ४ मास तक घिरा रहा। अन्त में मलिक लोना तथा शाही हितैषियों एवं दासों ने भीतर ही भीतर विश्वासघात किया और नौबतख़ाने[1] के द्वार पर अधिकार जमा लिया। जब दौलत खां ने यह देखा कि अब उसके अधिकार में कुछ नहीं है तब उसने शरण की याचना की और मसनदे आली से भेंट की। मसनदे आली ने दौलत ख़ां को पदच्युत कर दिया और हिसार फ़ीरोज़ा में क़िवाम खां की देख-रेख में भेज दिया। उसने देहली पर स्वयं अधिकार जमा लिया। यह घटना रबी-उल-अव्वल[2] ८१७ हि० (जून १४१४ ई०) में घटी।

१ नौबतख़ाना :—वह स्थान जहाँ से कुछ विशेष बाजे, जो केवल बादशाहों के महल में बज सकते हैं, बजाये जाते हैं।

२ कुछ हस्तलिखित पोथियों के अनुसार '१७ रबी-उल-अव्वल ८१७ हि० (६ जून १४१४ ई०)'।

बन्दिगी रायाते आला[1] ख़िज्र ख़ाँ

ख़िज्र ख़ाँ की वंशावली

(१८२) ख़िज्र ख़ां मलिकुश्शर्क़ मलिक सुलेमान का पुत्र था। मलिक नसीरुलमुल्क मर्दान दौलत ने मलिक सुलेमान का, बाल्यावस्था में पुत्र बनाकर, पालन-पोषण किया था। कहा जाता है कि वह एक सैयिद का पुत्र था। सैयिद जलालुद्दीन बुख़ारी मलिक मर्दान के घर में किसी कार्य से आये, मलिक मर्दान उनके समक्ष भोजन लाया और मलिक सुलेमान को आदेश दिया कि हाथ धुलवाये। सैयिद जलालुद्दीन ने कहा कि "यह सैयिद का पुत्र है, यह कार्य इसके लिए उचित नहीं।" क्योंकि सैयिद जलालुद्दीन उसके सैयिद होने के साक्षी थे, अतः वह निःसन्देह सैयिद होगा।

दूसरा प्रमाण उसके सैयिद होने का यह है कि वह दानी, वीर, सहनशील, दयालु, सत्यवादी, वचन का पक्का तथा पवित्र जीवन व्यतीत करने वाला व्यक्ति था। यह समस्त गुण मुहम्मद साहब में देखे गये हैं।

मलिक ख़िज्र को मुल्तान प्राप्त होना

मलिक मर्दान दौलत की मृत्यु के उपरान्त मुल्तान की अक़्ता उसके पुत्र मलिक शेख को प्रदान की गई। उसकी भी शीघ्र मृत्यु हो गई। मुल्तान की अक़्ता मलिक सुलेमान को दे दी गई। उसकी भी थोड़े दिनों में मृत्यु हो गई। मुल्तान प्रदेश तथा उसके आस-पास के स्थान फ़ीरोज़ शाह द्वारा बन्दिगी रायाते आला को प्राप्त हो गये। ईश्वर ने उसे महान् कार्यों के लिए उत्पन्न किया था और उसे बड़ा (१८३) भाग्यशाली बनाया था। उसका गौरव नित्यप्रति उन्नति पर था। देहली के राज्य पर अधिकार जमाने के पूर्व ईश्वर ने जो विजय बन्दिगी रायाते आला को प्रदान की, उसका उल्लेख इसके पूर्व हो चुका है।

ख़िज्र ख़ां का सीरी में प्रवेश, इनाम एवं नियुक्तियाँ

१५ रबी-उल-अव्वल ८१७ हि० (४ जून १४१४ ई०) को वह शुभ मुहूर्त में सीरी के क़िले में पहुंचा और सेना ने सुल्तान महमूद के कूश्क में पड़ाव किया। शहर की प्रजा को, जो इसके पूर्व पिछले राज्यकाल की दुर्घटनाओं के कारण छिन्न-भिन्न तथा दरिद्र हो चुकी थी, उसने इनाम[2] दिया तथा अदरार[3]

१ रायाते आला :—उच्च अथवा सम्मानित पताकायें। ख़िज्र ख़ां की उपाधि सिंहासनारूढ़ होने के पूर्व मसनदे आला थी, किन्तु सिंहासनारूढ़ होने के उपरान्त उसने रायाते आला की उपाधि धारण की। इस उपाधि से पता चलता है कि सम्भवतः वह बादशाह होने का दावा न करता था और अपने आप को केवल तैमूर का नायब समझता था।

२ वह भूमि जो किसी को उत्तम सेवा के कारण तथा पुरस्कार स्वरूप प्रदान की जाती थी।

३ विद्वानों तथा धार्मिक लोगों को दी जाने वाली सहायता, विशेष रूप से आर्थिक सहायता।

और वेतन निश्चित किये। उस भाग्यशाली के कारण सभी लोग सुखी तथा धन-धान्य सम्पन्न हो गये। उसने मलिकुश्शर्क़, मलिक तुहफ़ा को ताजुलमुल्क की उपाधि प्रदान की और उसे वज़ीर[1] नियुक्त किया। सैयिदुस्सादात सैयिद सालिम को सहारनपुर की अक़्ता[2] तथा शिक़[3] प्रदान की और सभी कार्यों को उसके परामर्श से सम्पन्न कराता था। मलिक अब्दुर्रहीम को जिसे स्वर्गीय मलिक सुलेमान अपना पुत्र कहा करता था अलाउलमुल्क की उपाधि प्रदान की। मुल्तान तथा फ़तहपुर की अक़्ता एवं शिक़ उसको सौंप दी। मलिक सरोब को शहनये शहर[4] नियुक्त किया और अपना नायबे-ग़ैबत[5] बनाया। मलिक ख़ैरुद्दीन ख़ानी आरिज़े ममालिक[6] तथा मलिक कालू शहनये पील[7] नियुक्त हुए। मलिक दाऊद को दबीरी[8] का पद प्रदान हुआ। इख़्तियार ख़ां को दोआब के मध्य की शिक़ प्रदान की गई। सुल्तान महमूद के जो दास उसके राज्यकाल में जिन परगनों, ग्रामों तथा अक़्ताओं के (१८४) स्वामी थे उन्हें उसने उसी प्रकार रहने दिया और उन्हें उनके परगनों में भेज दिया। राज्य के कार्य सुव्यवस्थित हो गये।

ताजुलमुल्क का कटिहर पर आक्रमण

८१७ हि० (१४१४-१५ ई०) में रायाते आला ने मलिकुश्शर्क़ ताजुलमुल्क को हिन्दुस्तान[9] की सेनाओं सहित नियुक्त किया और वह स्वयं शहर (देहली) में रहा। मलिक ताजुलमुल्क यमुना नदी पार करके लाहार[10] क़स्बे में पहुंचा और गंगा नदी पार करके कटिहर की विलायत में प्रविष्ट हुआ। उस प्रदेश के अत्यधिक काफ़िरों को विध्वंस कर दिया। राय हर सिंह भाग कर आंवला[11] की घाटी में पहुंचा। इस्लामी सेना के निकट पहुंच जाने के कारण विवश होकर उसने कर तथा उपहार को प्रस्तुत किया। बदायूँ के अमीर महाबत ख़ां ने भी मलिक ताजुलमुल्क से भेंट की।

१ मुख्य मंत्री को वज़ीर कहते थे। राज्य के शासन-प्रबन्ध तथा आय-व्यय की व्यवस्था उसी के सिपुर्द होती थी।

२ देखिये पृ० ६ नोट नं०१।

३ देखिये पृ० ४ नोट नं०३।

४ नगर का, विशेष रूप से राजधानी का, मुख्य प्रबन्धक।

५ राजधानी से बादशाह की अनुपस्थिति के समय जो अधिकारी राज्य के कार्य सम्पन्न करता था उसे 'नायबे ग़ैबत' कहते थे।

६ आरिज़े ममालिक :—दीवाने अर्ज़ (सेना विभाग) का मुख्य अधिकारी 'आरिज़े ममालिक' अथवा अर्ज़े ममालिक कहलाता था। सेना की भरती, निरीक्षण तथा सेना का समस्त प्रबन्ध उसके अधीन कर्मचारियों द्वारा होता था। युद्ध में सेनापति का कार्य करना उसके लिये आवश्यक न था किन्तु वह अथवा उसके नायब युद्ध में सेना के साथ जाते थे। रसद का प्रबन्ध तथा लूट के माल की देख-भाल भी उसी को करनी होती थी।

७ शाही हाथियों का प्रबन्ध करने वाला मुख्य अधिकारी।

८ 'दीवाने इन्शा' का मुख्य अधिकारी दबीरे ख़ास होता था। उसके अधीन अनेक दबीर होते थे। वे शाही पत्र, विजय-पत्र आदि लिखा करते थे। सचिव का कार्य दबीर के सिपुर्द था।

९ साधारणतः दोआब तथा अवध के मध्य का स्थान 'हिन्दुस्तान' कहलाता था।

१० अन्य हस्तलिखित पोथियों में 'आहार' है। यह बुलन्दशहर तथा मुरादाबाद के मध्य में है।

११ औला, औंला अथवा औलागंज, बरेली जिले में।

ग्वालियर, स्योरी तथा चंदवार का अधीनता स्वीकार करना

वहां से रहब नदी के किनारे-किनारे वह स्वर्ग द्वार[1] के घाट पर पहुंचा और गंगा नदी पार की। खोर[2] तथा कम्पिल[3] के काफ़िरों को दण्ड देकर सकिया[4] क़स्बे में होता हुआ बारहम[5] क़स्बे में पहुंचा। रापरी[6] का अमीर हसन खां तथा उसका भाई अमीर हमज़ा ताजुलमुल्क से मिल गये। राय सबीर चरण-चूमने के सम्मान द्वारा सम्मानित हुआ। ग्वालियर, स्योरी तथा चंदवार[7] के काफ़िरों ने कर तथा धन प्रदान करके अधीनता स्वीकार कर ली। जलेसर[8] का क़स्बा, जोकि चंदवार के काफ़िरों के हाथ में आ गया था, उनके हाथ से लेकर उसने वहां उस स्थान के प्राचीन मुसलमानों (१८५) को नियुक्त कर दिया और उन्हें अपना गुमाश्ता[9] बना दिया। वहां से काली नदी[10] के किनारे किनारे होता हुआ तथा इटावा के काफ़िरों को दण्ड देकर देहली की ओर लौट गया।

शाहज़ादा मुबारक को फ़ीरोज़पुर, सरहिन्द इत्यादि प्रदान किया जाना

८१८ हि० (१४१५-१६ ई०) में खिज़्र खां ने अपने पुत्र शाहज़ादा मलिकुश्शर्क़ मलिक मुबारक को, जो बादशाही के योग्य था, फ़ीरोज़पुर, सरहिंद-का भूभाग तथा बैरम खां की मृत्यु के उपरान्त बैरम खां की समस्त अक़्तायें प्रदान कर दीं। पश्चिम दिशा के राज्य भी उसे दे दिये। मलिक सिद्धू नादिरा को शाहज़ादे का नायब[11] नियुक्त किया। वहां के कार्यों को भली-भांति संपन्न करके ज़िलहिज्जा ८१८ हि० (फ़रवरी १४१६ ई०) में शाहज़ादा मलिक सिद्धू नादिरा, सामाना के अमीर ज़ीरक खां तथा उस प्रदेश के अमीरों[12] एवं मलिकों[13] को लेकर शहर (देहली) की ओर लौटा।

१ स्वर्गद्वार अथवा स्वर्गद्वारीः—फ़र्रुख़ाबाद ज़िले में जिसे सुल्तान मुहम्मद बिन तुग़लुक़ ने बसाया था। [इब्ने बत्तूता : 'यात्रा का विवरण' (पेरिस), पृ० ३४२; बरनीः 'तारीख़े फ़ीरोज़शाही'; पृ० ४८५; रिज़वीः 'तुग़लुक़कालीन भारत', भाग १ (अलीगढ़ १९५६) पृ० ५३, २२३]
२ आधुनिक शम्साबाद, फ़र्रुख़ाबाद ज़िले में।
३ कम्पिल अथवा कम्पिला :—यह भी फ़र्रुख़ाबाद ज़िले में है।
४ कुछ हस्तलिखित पोथियों में 'सकीना', कम्पिला तथा रापरी के मध्य में इटावा के १२ मील दक्षिण-पूर्व।
५ कुछ हस्तलिखित पोथियों में 'पारहम'।
६ मैनपुरी ज़िले में मैनपुरी के दक्षिण-पश्चिम में ४४ मील पर।
७ यमुना नदी पर, आगरा के नीचे।
८ मथुरा के पूर्व ३८ मील पर, एटा ज़िले में।
९ एजेंट।
१० पुस्तक में 'आबे ब्याह—ब्याह नदी' है किन्तु इसे 'आबे सियाह—काली नदी' होना चाहिये।
११ नायब :—सहायक।
१२ अमीर :—दस सिपहसालारों का सरदार। इन्हें ३०-४० हज़ार तन्कों तक की अक़्ता प्राप्त होती थी। दस सवारों के सरदार सरख़ेल तथा दस सरख़ेलों के सरदार सिपहसालार कहलाते थे। सिपहसालार को बीस हज़ार तन्कों तक की अक़्ता प्राप्त होती थी।
१३ दस अमीरों का सरदार। इन्हें ५०-६० हज़ार तन्कों तक की अक़्ता प्राप्त होती थी।

ताजुलमुल्क का ब्याना, ग्वालियर, कम्पिला की ओर प्रस्थान

८१९ हि० (१४१६-१७ ई०) में शाही सेना लेकर मलिक ताजुलमुल्क को ब्याना तथा ग्वालियर की ओर भेजा गया। ब्याना के क्षेत्र में पहुंच कर उसने शम्स खां औहदी के भाई मलिक करीमुलमुल्क से भेंट की। वहां से वह ग्वालियर के क्षेत्र में पहुंचा। उसकी विलायत को विध्वंस कर दिया। ग्वालियर तथा अन्य रायों से कर तथा उपहार लेकर उसने यमुना नदी चंदवार के निकट पार की और कम्पिल तथा पटियाली[1] की ओर प्रस्थान किया।

कटिहर के हर सिंह का अधीनता स्वीकार करना

कटिहर के शासक राय हर सिंह ने आज्ञाकारिता स्वीकार की। उससे कर तथा उपहार लेकर वह शहर की ओर लौट आया।

मलिक सिद्धू की हत्या

(१८६) मलिक सिद्धू नादिरा को सरहिन्द की अक़्ता में शाहज़ादे की ओर से भेजा गया था। जमादि-उल-अव्वल ८१९ हि० (जून-जुलाई १४१६ ई०) में बैरम खां के परिजन के कुछ तुर्क बच्चों ने विश्वासघात करके मलिक सिद्धू नादिरा की हत्या कर दी और सरहिन्द का क़िला अपने अधिकार में कर लिया। रायाते आला ने मलिक दाऊद दबीर[2] तथा ज़ीरक खां को शाही सेना सहित उनके उपद्रव के दमन हेतु भेजा। तुर्क बच्चे भाग कर सतलदर[3] नदी के उस पार पर्वत में घुस गये। शाही सेना ने भी पर्वत में उनका पीछा किया। वे दो मास तक पर्वत में रहे। पर्वत के अत्यधिक दृढ़ होने के कारण उस पर विजय न प्राप्त हो सकती थी। विजयी सेना लौट गई।

रायाते आला का नागौर, ग्वालियर तथा ब्याना की ओर प्रस्थान

रजब ८१९ हि० (अगस्त-सितम्वर १४१६ ई०) में सुल्तान अहमद गुजरात के वादशाह के नागौर[4] के क़िले को घेर लेने का समाचार प्राप्त हुआ। यह समाचार रायाते आला के समक्ष प्रस्तुत किया गया। रायाते आला ने तोक[5] तथा तोदा[6] से होकर नागौर की ओर प्रस्थान किया। सुल्तान अहमद यह समाचार पाकर धार[7] की ओर चला गया। रायाते आला शहरे नौ झायन में प्रविष्ट हुआ। झायन के अमीर इलियास खां ने चरण चूमने का सौभाग्य प्राप्त किया। उस प्रदेश के उपद्रवियों को दण्ड देकर वह ग्वालियर की ओर बढ़ा। ग्वालियर का राय घेर लिया गया। उपर्युक्त क़िले के अत्यधिक, दृढ़ होने के कारण वह विजयी न हो सका। उसने ग्वालियर के राय से धन तथा कर लेकर ब्याना की ओर प्रस्थान

१ एटा जिले में।
२ देखिये पृ० १५ नोट नं० ८।
३ सतलज।
४ जोधपुर के उत्तर पूर्व ७५ मील पर।
५ टोंक, राजपूताना में, अक्षांश २६° १०', देशान्तर ७५° ५६'।
६ जयपुर में, अक्षांश २६° ४', देशान्तर ७५° ३६'।
७ अक्षांश २०° ३६' देशान्तर ७५° २०' पर।

किया। शम्स खां औहदी ने भी धन, पेशकश तथा कर प्रस्तुत किये। वहां से विजय तथा सफलता पाकर वह देहली की ओर वापस हुआ।

तुग़ान रईस तथा तुर्क बच्चों का विद्रोह

(१८७) इसी प्रकार ८२० हि० (१४१७-१८ ई०) में तुग़ान रईस तथा कुछ तुर्क बच्चों के, जिन्होंने सिद्धू की हत्या की थी, विद्रोह के समाचार प्राप्त हुए। उनके विद्रोह को शान्त करने के लिए सामाना का अमीर ज़ीरक खां बहुत बड़ी सेना देकर भेजा गया। जब शाही सेना सामाना पहुंची तो तुग़ान तथा कुछ अन्य तुर्क बच्चे, जिन्होंने सरहिन्द के क़िले में खाने जहां मुअज़्ज़म से सम्बन्धित मलिक कमाल बुद्धन को घेर लिया था, क़िला छोड़ कर पर्वत की ओर चले गये। ज़ीरक खां उनका पीछा करता हुआ पायल[1] क़स्बे में पहुंचा। अन्त में तुग़ान रईस ने जुर्माने का धन देना स्वीकार किया और मलिक सिद्धू के हत्यारे तुर्क बच्चों को अपने समूह से पृथक् कर दिया। अपने पुत्र को उसने बन्धक के रूप में दिया। ज़ीरक खां ने उसके पुत्र तथा जुर्माने के धन को राजधानी में भेज दिया और स्वयं सामाना की ओर लौट गया।

ताजुलमुल्क का कटिहर के हर सिंह के विरुद्ध भेजा जाना

८२१ हि० (१४१८-१९ ई०) में रायाते आला ने मलिक ताजुलमुल्क को बहुत बड़ी सेना देकर कटिहर के शासक हर सिंह के विद्रोह को शांत करने के लिए भेजा। जब इस्लामी सेना ने गंगा नदी पार की तो हर सिंह ने कटिहर की विलायत को नष्ट कर दिया और आंवला के जंगल में जो २४ कोस के घेरे में है प्रविष्ट हो गया। इस्लामी सेना ने उपर्युक्त जंगल के निकट पड़ाव किया। हर सिंह जंगल में घिर गया और उसे युद्ध करना पड़ा। ईश्वर ने इस्लामी सेना को विजय प्रदान की। अभागे काफ़िरों की समस्त धन संपत्ति, अस्त्र शस्त्र तथा घोड़े, इस्लामी सेना को प्राप्त हो गये। हर सिंह भाग कर कुमायूँ पर्वत की ओर चला गया। दूसरे दिन २० हज़ार सवार उसका पीछा करने के लिए भेजे गये।

विजय के उपरान्त ताजुलमुल्क की वापसी

(१८८) मलिक ताजुलमुल्क ने स्वयं सेना तथा शिविर सहित उस स्थान पर पड़ाव किया। इस्लामी सेना ने रहब नदी को पार किया और कुमायूँ पर्वत तक उसका पीछा किया। हर सिंह पर्वत में प्रविष्ट हो गया। इस्लामी सेना को अत्यधिक लूट की संपत्ति प्राप्त हुई। वे वहां से पांचवें दिन वापिस हो गये। वहां से मलिक ताजुलमुल्क बदायूं के निकट होता हुआ गंगा तट पर आया और बजलाना घाट से नदी पार करके बदायूँ के अमीर महाबत खां को विदा करके स्वयं निरन्तर कूच करता हुआ इटावा पहुंचा। इटावा की विलायत विध्वंस कर दी। राय सबीर इटावा का अधिकारी क़िले में बन्द हो गया। अन्त में उसने कर का धन तथा उपहार भेंट करके संधि कर ली।

ताजुलमुल्क का देहली पहुँचना

ताजुलमुल्क वहां से विजय तथा सफलता प्राप्त करके रबी-उल-आख़िर ८२१ हि० (मई-जून १४१८ ई०) में शहर (देहली) की ओर लौटा। जो कर तथा उपहार वह वहां से लाया

१ पायल अथवा बैला, अक्षांश ३०° ४५′, देशान्तर ७७°।

था उन्हें उसने रायाते आला के समक्ष प्रस्तुत किया और शाही कृपा तथा दया द्वारा सम्मानित हुआ।

कटिहर, कोल, रहब तथा सम्भल की ओर रायाते आला का प्रस्थान

८२१ हि० (१४१८-१९ ई०) में रायाते आला ने कटिहर की ओर प्रस्थान किया। सर्व प्रथम कोल के विद्रोहियों को दण्ड दिया। तत्पश्चात् रहब तथा संभल[1] के जंगलों का विनाश करके उस दिशा के उपद्रव का समूलोच्छेदन कर दिया।

बदायूँ पर आक्रमण

उसने वहां से ज़ीक़ाद ८२१ हि० (नवम्बर-दिसम्बर १४१९ ई०) में बदायूँ की ओर प्रस्थान किया और पटियाली क़स्बे के निकट गंगा नदी पार की। जब महाबत खां को रायाते आला के पहुँचने के समाचार मिले तो उसके हृदय पर आतंक आरूढ़ हो गया और वह क़िले में बन्द हो जाने की व्यवस्था करने लगा। रायाते आला ने ज़िलहिज्जा ८२१ हि० (दिसम्बर १४१८, जनवरी १४१९ ई०) (१८९) में वदायूँ के क़िले को घेर लिया। लगभग ६ मास तक महाबत खां क़िले में बन्द होकर युद्ध करता रहा।

रायाते आला के विरुद्ध षड्यंत्र

क़िले पर विजय प्राप्त होने वाली ही थी कि कुछ अमीर तथा मलिक, उदाहरणार्थ क़िवाम खां, इख़्तियार खां तथा महमूद शाह के दास, जो दौलत खां का साथ छोड़ कर रायाते आला से मिल गये थे, विश्वासघात की योजनायें बनाने लगे। जब रायाते आला को यह समाचार ज्ञात हुए तो वह बदायूँ के क़िले को छोड़ कर देहली की ओर वापस हो गया। मार्ग में २० जमादि-उल-अव्वल ८२२ हि० (१४ जून १४१९ ई०) को गंगा तट पर क़िवाम खां, इख़्तियार खां तथा महमूद शाह के दासों को रायाते आला ने बन्दी बना लिया और विश्वासघात के अपराध में सभी की हत्या करा दी तथा निरन्तर यात्रा करता हुआ शहर (देहली) पहुंचा।

सारंग खां का विद्रोह

इसी प्रकार रायाते आला को धूर्त सारंग के समाचार पहुंचाये गये और यह कहा गया कि जालन्धर के अधीनस्थ बाजवारा पर्वत में एक व्यक्ति प्रकट हुआ है जो अपने को सारंग कहता है और मूर्ख, अल्पदर्शी तथा जाहिल उसके सहायक बन गये हैं। रायाते आला ने मलिक सुल्तान शाह बहराम लोदी को सरहिन्द की अक़्ता प्रदान करके जाली सारंग के विद्रोह को शान्त करने के लिए भेजा। मलिक सुल्तान शाह बहराम ने रजब ८२२ हि० (जुलाई-अगस्त १४१९ ई०) में अपनी विशेष सेना लेकर सरहिन्द की ओर प्रस्थान किया। उपर्युक्त सारंग गंवारों तथा ग्रामीणों को लेकर युद्ध हेतु बजवारा से रवाना हुआ। जब वह सतलदर[2] नदी के निकट पहुंचा तो अरूबर[3] क़स्बे के लोग भी उससे मिल गये।

१ मुरादाबाद ज़िले में।

२ सतलज।

३ कुछ हस्तलिखित पोथियों में 'रुपर', अम्बाला ज़िले में, सतलज के दक्षिणी तट पर, अम्बाला नगर के ४३ मील उत्तर में।

शाबान ८२२ हि० (अगस्त-सितम्बर १४१९ ई०) में वह सरहिन्द के निकट उतरा। दूसरे दिन दोनों (१९०) में युद्ध हुआ। मलिक सुल्तान शाह लोदी को ईश्वर ने सफलता प्रदान की किन्तु सारंग को कोई हानि न हुई और वह भाग कर सरहिन्द के निकट के लहौरी नामक क़स्बे में पहुंचा।

सारंग की पराजय

ख़्वाजा अली माज़िन्दरानी, जेहत[1] क़स्बे के अमीर ने भी अपनी सेना सहित उससे (सारंग से) भेंट की। इसी प्रकार सामाना का अमीर ज़ीरक खां, जालन्धर का मुक़्ता तुग़ान रईस तुर्क बच्चा सुल्तान शाह लोदी की सहायतार्थ सरहिन्द पहुंचे। जब सारंग को पता चला तो वह भाग कर अरुबर[2] चला गया। ख़्वाजा अली सारंग खां का साथ छोड़ कर ज़ीरक खां से मिल गया। दूसरे दिन विजयी सेना ने जाली सारंग खां का पीछा करते हुए अरुबर तक आक्रमण किया। सारंग अरुबर से भाग कर पर्वत में प्रविष्ट हो गया। विजयी सेना ने उसी स्थान पर पड़ाव किया।

इसी बीच में रायाते आला ने मलिक ख़ैरुद्दीन ख़ानी को सेना सहित सारंग के विद्रोह को शांत करने के लिए नियुक्त किया। रमज़ान ८२२ हि० (सितम्बर-अक्तूबर १४१९ ई०) में मलिक ख़ैरुद्दीन निरन्तर यात्रा करता हुआ अरुबर क़स्बे में पहुंचा। वहां से समस्त सेनायें एकत्र होकर उसके पीछे-पीछे पर्वत में पहुंचीं। सारंग के शक्तिहीन हो जाने तथा पर्वत के विजय योग्य न होने के कारण वे लौट गईं। मलिक ख़ैरुद्दीन ख़ानी शहर (देहली) की ओर लौट गया। ज़ीरक खां सामाना पहुंचा। मलिक सुल्तान शाह लोदी को अन्य सेनायें देकर अरुबर थाने में छोड़ दिया गया। शाही सेना के इधर-उधर हो जाने के कारण मुहर्रम ८२३ हि० (जनवरी-फ़रवरी १४२० ई०) में सारंग ने तुग़ान रईस तुर्क बच्चे से भेंट की। भेंट के उपरान्त तुग़ान ने सारंग से विश्वासघात करके उसे बन्दी बना लिया और तत्पश्चात् उसकी हत्या कर दी।

ताजुलमुल्क का इटावा भेजा जाना

(१९१) इस वर्ष रायाते आला शहर ही में रहा और मलिक ताजुलमुल्क को शक्तिशाली सेना देकर इटावा की ओर भेजा। विजयी सेना बरन[3] क़स्बे में होती हुई कोल की विलायत में आई और उस प्रदेश के विद्रोहियों का विनाश करके इटावा चली गई। देहली जो काफ़िरों का सबसे दृढ़ स्थान था विध्वंस कर दिया गया। वहां से उसने इटावा की ओर प्रस्थान किया। दुष्ट राय सबीर ने क़िले को बन्द कर लिया किन्तु अन्त में संधि कर ली। कर तथा उपहार, जो वह प्रत्येक वर्ष भेजा करता था, उसने अदा किये। तत्पश्चात् विजयी सेना चंदवार की विलायत में पहुंची और उसे विध्वंस करके कटिहर में चली गई। कटिहर के शासक राय हर सिंह ने भी कर तथा उपहार प्रस्तुत किये। वहां से विजय तथा सफलता प्राप्त करके मलिक ताजुलमुल्क शहर (देहली) की ओर वापस हुआ।

तुग़ान द्वारा पुनः विद्रोह

रजब ८२३ हि० (जुलाई-अगस्त १४२० ई०) में तुग़ान रईस के विद्रोह के पुनः समाचार प्राप्त

१ गुरगांव ज़िले में, देहली के दक्षिण-पश्चिम ४८ मील पर।
२ कुछ हस्तलिखित पोथियों में 'रूपर'।
३ बुलन्दशहर का प्राचीन नाम।

हुए। ज्ञात हुआ कि उसने सरहिन्द के क़िले को घेर लिया है और मंसूरपुर तथा बाबुल[1] की सीमा तक आक्रमण कर रहा है। रायाते आला ने पुनः मलिक खैरुद्दीन खानी को सेनाओं सहित तुग़ान के विद्रोह को शांत करने के लिए भेजा। मलिक खैरुद्दीन खानी निरन्तर प्रस्थान करता हुआ सामाना पहुंचा। वहां से मजलिसे आली ज़ीरक खां तथा मलिक खैरुद्दीन ने संगठित होकर उसका पीछा किया। तुग़ान को इसकी सूचना मिल गई। लुधियाना क़स्बे के समीप सतलदर[2] नदी पार करके उसने उपर्युक्त नदी के (१९२) तट पर विजयी सेना के समक्ष पड़ाव किया। जल के कम हो जाने के उपरान्त शाही सेना नदी के पार हुई। तुग़ान पराजित होकर जसरथ खोखर की विलायत में चला गया। तुग़ान की अक़्ता ज़ीरक खां को सौंप दी गई। मलिक खैरुद्दीन शहर (देहली) की ओर लौट गया।

रायाते आला का मेवात की ओर प्रस्थान

८२४ हि० (१४२१ ई०) में रायाते आला ने मेवात की ओर प्रस्थान किया। कुछ मेवाती बहादुर नाहिर के कोटले (क़िले) में घिर गये और कुछ ने युद्ध किया।[3] रायाते आला ने कोटले के निकट पड़ाव किया। मेव युद्ध करने लगे। प्रथम आक्रमण ही में कोटला (क़िले) पर विजय प्राप्त हो गई। मेव भाग कर पर्वत में प्रविष्ट हो गये। रायाते आला ने कोटला को नष्ट भ्रष्ट कर दिया। तदुपरान्त उसने ग्वालियर की ओर प्रस्थान किया। इसी युद्ध में ८ मुहर्रम ८२४ हि० (१३ जनवरी १४२१ ई०) को मलिक ताजुलमुल्क की मृत्यु हो गई। विज़ारत का पद[4] मलिकुश्शर्क़ मलिक सिकन्दर को, जो उसका ज्येष्ठ पुत्र था, प्रदान कर दिया गया।

रायाते आला की मृत्यु

जब रायाते आला ग्वालियर के क्षेत्र में पहुंचा तो ग्वालियर के राय ने क़िले को बन्द कर लिया। रायाते आला उसकी विलायत को नष्ट भ्रष्ट करके उससे कर तथा उपहार वसूल करके इटावा की ओर पहुंचा। दुष्ट राय सबीर नरक पहुंच चुका था। उसके पुत्र ने आज्ञाकारिता स्वीकार की तथा उपहार एव कर प्रस्तुत किये। रायाते आला भी रुग्ण हो गया और निरन्तरं कूच करता हुआ देहली शहर की ओर पहुंचा। १७ जमादि-उल-अव्वल ८२४ हि० (२० मई १४२१ ई०) को शहर (देहली) में पहुंचने के उपरान्त उसकी मृत्यु हो गई।

१ मंसूरपुर तथा पायल, पटियाला में।
२ सतलज।
३ यह वाक्य स्पष्ट नहीं। पुस्तक में 'बाजे पैवस्तन्द' है। इसका अर्थ हुआ 'कुछ मिल गये' किन्तु सम्भवतः यह 'ब जंग पैवस्तन्द' है जिसका अर्थ हुआ 'कुछ ने युद्ध किया'।
४ प्रधान मंत्री का पद।

सुल्ताने आज़म व ख़ुदायेगाने मुअज़्ज़म

मुइज़्ज़ुद्दुनिया वद्दीन अबुल फ़तह मुबारक शाह

मुबारक शाह का सिंहासनारूढ़ होना

(१९३) रायाते आला ख़िज़्र ख़ां ने अपनी मृत्यु के तीन दिन पूर्व अपने इस योग्य पुत्र को अपना उत्तराधिकारी नियुक्त किया और समस्त अमीरों तथा मलिकों की सहमति से १७ जमादि-उल-अव्वल ८२४ हि० (२० मई १४२१ ई०) को उसे सिंहासनारूढ़ किया। रायाते आला की मृत्यु के उपरान्त सर्वसाधारण ने उसके राज्य के लिए पुनः बैअत[1] की।

नयी अक़्तायें

जिन जिन अमीरों, मलिकों, इमामों[2], सैयिदों, क़ाज़ियों तथा अन्य अधिकारियों को जो जो पद, अक़्तायें, परगने, ग्राम तथा वृत्ति निश्चित थीं, उन्हें उसने उन्हीं के पास रहने दिया और उनमें उसने अपनी ओर से वृद्धि ही कर दी। फ़ीरोज़ाबाद तथा हांसी की शिक़[3] की अक़्ता मलिक रजब नादिरा[4] से लेकर अपने भतीजे मलिकुश्शर्क़ मलिक बुद्ध को सौंप दी। मलिक रजब को दीबालपुर की शिक़ की अक़्ता प्रदान कर दी गई।

जसरथ शेख़ा खोखर तथा तुग़ान रईस के विद्रोह

इस बीच में जसरथ शेख़ा खोखर तथा तुग़ान रईस के विद्रोह के समाचार प्राप्त हुए। जसरथ (१९४) के विद्रोह का कारण यह था: इसके एक वर्ष पूर्व जमादि-उल-अव्वल ८२३ हि० (मई-जून १४२० ई०) में कश्मीर का बादशाह सुल्तान अली अपनी सेना सहित थट्टा में आया था। जसरथ ने सुल्तान अली की वापसी के समय उसकी सेना से युद्ध किया। सुल्तान अली की सेना छिन्न-भिन्न हो गई। कुछ ही चीज़ें इस युद्ध के कारण बच सकीं। युद्ध की शक्ति न होने के कारण सुल्तान अली पराजित हो गया। सुल्तान अली जीवित बन्दी बना लिया गया। उसकी सेना की अधिकांश धन-सम्पत्ति नष्ट हो गई।

जसरथ अल्पदर्शी तथा गंवार था अतः नष्ट हो गया। मुट्ठी भर साधारण लोगों को अपने चारों ओर देख कर शहर देहली पर अधिकार जमाने का भूत उसके मस्तिष्क में प्रविष्ट हो गया। जैसे ही उसने रायाते आला की मृत्यु के समाचार सुने वैसे ही अश्वारोहियों तथा पदातियों के दल को लेकर व्याह[5] तथा सतलदर[6] को पार किया और राय कमाल मीन की तिलौंदी पर आक्रमण किया। राय

१ अधीनता स्वीकार करने की शपथ ली।
२ इमाम: नेता; मुसलमानों को सामूहिक नमाज़ पढ़ाने वाला व्यक्ति।
३ शिक़:—देखिये पृ० ४ नोट नं० ३।
४ कुछ पोथियों में 'नादिर'।
५ ब्यास।
६ सतलज।

फ़ीरोज पराजित होकर रेगिस्तान की ओर चल दिया। जसरथ वहां से लदुरहाना[1] क़स्बे में पहुंचा और सतलदर के किनारे किनारे अरुबर[2] की सीमा तक के स्थान विध्वंस कर डाले। कुछ दिन उपरान्त उसने पुनः सतलदर नदी पार करके जालन्धर की ओर प्रस्थान किया। ज़ीरक खां जालन्धर के क़िले में बन्द हो गया। जसरथ ने क़स्बे से तीन कोस पर पीसी[3] नदी के तट पर पड़ाव किया। संधि की वार्ता होने लगी। अन्त में दोनों ओर से लोगों ने बीच में पड़ कर संधि करा दी। उसकी यह शर्त निश्चित हुई कि 'जालन्धर के क़िले को रिक्त करके तुग़ान को सौंप दिया जाय। मजलिसे आली ज़ीरक खां तुग़ान (१९५) के एक पुत्र को अपने साथ राजधानी में ले जाय। जसरथ भी राजधानी में पेशकश भेंट करके वापस लौट आये'।

जसरथ द्वारा ज़ीरक का बन्दी बनाया जाना

इस सन्धि के अनुसार २ जमादि-उल-आख़िर ८२४ हि० (४ जून १४२१ ई०) को ज़ीरक खां ने जालन्धर के क़िले से निकल कर पीसी नदी के तट पर जसरथ की सेना से ३ कोस पर पड़ाव किया। दूसरे दिन जसरथ अपनी समस्त सेना सहित तैयार होकर ज़ीरक ख़ां के द्वार पर आया और अपने वचन से फिर गया। मजलिसे आली ज़ीरक ख़ां को उसकी पूरी रक्षा करते हुए अपने साथ लेकर प्रस्थान किया और सतलदर[4] नदी पार की और पुनः लदुरहाना[5] क़स्बे में पड़ाव किया।

जसरथ द्वारा सरहिन्द का अवरोध

वह वहां से निरन्तर कूच करता हुआ २० जमादि-उल-आख़िर ८२४ हि० (२२ जून १४२१ ई०) को वर्षा ऋतु में सरहिन्द पहुंचा। सरहिन्द का अमीर मलिक सुल्तान शाह लोदी क़िले में घिर गया। जसरथ ने अत्यधिक प्रयत्न किया किन्तु ईश्वर ने क़िले की रक्षा की। वह सरहिन्द के क़िले को कोई हानि न पहुंचा सका।

सुल्तान का जसरथ के विरुद्ध प्रस्थान

जब मलिक सुल्तान शाह लोदी के विषय में उसके प्रार्थना पत्र से संसार को शरण प्रदान करने वाले स्वामी को ज्ञात हुआ तो वह रजब ८२४ हि० (जुलाई १४२१ ई०) में वर्षा ऋतु में ही शहर (देहली) से बाहर निकला। उसने सरहिन्द की ओर जहां जसरथ था प्रस्थान किया। जब वह निरन्तर कूच करता हुआ सामाना के समीप कोहली[6] नामक क़स्बे में पहुंचा तो जसरथ ने विजयी सेना के पहुंचने के समाचार सुने। २७ रजब ८२४ हि० (२८ जुलाई १४२१ ई०) को वह सरहिन्द के क़िले से प्रस्थान करके लदुरहाना की ओर चल दिया। मजलिसे आली ने ज़ीरक ख़ां को मुक्त कर दिया। ज़ीरक ख़ां (१९६) सामाना के भूभाग में पहुंचा और संसार को शरण प्रदान करने वाले स्वामी के चरण चूमे। वहां से शाही सेना ने लदुरहाना की ओर प्रस्थान किया। जसरथ ने सतलदर नदी पार करके शाही

१ लुधियाना।
२ रूपर, अम्बाला के अधीन, लुधियाना से ५० मील उत्तर-पूर्व।
३ कुछ पोथियों में 'बेनी'।
४ सतलज।
५ लुधियाना।
६ कुछ पोथियों में 'कोहिला'। सम्भवतः पटियाला में 'कोई' अथवा 'खोई' नामक ग्राम।

सेना के समक्ष पड़ाव किया। समस्त नौकायें उसके अधिकार में थीं। इस कारण वह विजयी सेना को नदी पार न करने देता था। ४० दिन तक विरोध करता हुआ नदी के उस पार रहा। वर्षा ऋतु के अन्त के कारण जल में कमी होने लगी। संसार को शरण प्रदान करने वाला स्वामी क़ुबूलपुर की ओर रवाना हुआ। जसरथ भी शाही सेना के सामने नदी के किनारे किनारे चला जाता था।

शाही सेना द्वारा जसरथ की पराजय

११ शव्वाल ८२४ हि० (९ अक्तूबर १४२१ ई०) को संसार के स्वामी ने, मलिक सिकन्दर तुहफ़ा, मजलिसे आली ज़ीरक खां, मलिकुश्शर्क़ महमूद हसन, मलिक कालू तथा अन्य अमीरों को विजयी सेनाओं सहित नदी के चढ़ाव की ओर अरुबर[1] क़स्बे के निकट भेजा। प्रातःकाल विजयी सेनाओं ने एक छिछले स्थान पर नदी पार की। उसी दिन संसार का स्वामी भी प्रस्थान करके उस स्थान पर जहां सेना ने नदी पार की थी, पहुंच गया। जसरथ भी नदी के किनारे किनारे संसार के स्वामी के सामने यात्रा कर रहा था। उसे भी विजयी सेनाओं के नदी पार करने के समाचार मिल गये। उसके सहायक भयभीत हो गये। वह नदी पार करने के स्थान से चार कोस पूर्व ही ठहर गया। संसार के स्वामी ने भी समस्त सेना, परिजन तथा हाथियों सहित नदी पार की। विजयी सेना ने जसरथ से युद्ध करने के लिए प्रस्थान किया। जसरथ विजयी सेना को देख कर युद्ध किये बिना ही भाग खड़ा हुआ। विजयी सेना ने उसका पीछा किया। उसका समस्त शिविर शाही सेना के अधिकार में आ गया। उसके कुछ अश्वारोही तथा पदाती मार डाले गये। जसरथ अपने वीर अश्वारोहियों सहित भाग कर रातों रात जालन्धर क़स्बे में पहुंचा। दूसरे दिन उसने ब्याह नदी भी पार कर ली। जब विजयी सेनायें ब्याह नदी (१९७) के तट पर पहुंचीं तो वह भाग कर रावी तट पर पहुंचा। संसार के स्वामी ने ब्याह नदी पर्वत के आंचल में तथा रावी नदी भोह क़स्बे के निकट, उसका पीछा करते हुए, पार की।

सुल्तान की जसरथ पर विजय

जसरथ जांहाओ[2] नदी पार करके तीखर[3] में पर्वत में प्रविष्ट हो गया। जम्मू के मुक़द्दम[4] राय भीलम[5] ने चरण चूमने का सौभाग्य प्राप्त किया और अपने नेतृत्व में जांहाओ नदी पार करा दी। विजयी सेना ने तीखर को जो जसरथ का अत्यन्त दृढ़ स्थान था नष्ट कर दिया। कुछ लोग जो पर्वत में प्रविष्ट हो गये थे बन्दी बना लिये गये। संसार का स्वामी वहां से पूर्ण रूप से सुरक्षित, लूट की धन सम्पत्ति लेकर, लाहौर के शुभ नगर की ओर वापस हुआ।

सुल्तान द्वारा लाहौर के क़िले की मरम्मत

मुहर्रम ८२५ हि० (दिसम्बर-जनवरी १४२१-२२ ई०) में शाही छत्र एवं शुभ सौभाग्य की छाया लोहूर[6] के उजाड़ स्थान पर पड़ी। वह भूभाग, जहां अशुभ उल्लू के अतिरिक्त कोई भी जानवर न

१ कुछ पोथियों में 'रूपर'।
२ बदायूनी के अनुसार 'छनाओ'। यहां 'चनाव' से तात्पर्य है।
३ कुछ पोथियों में 'तिलहर'।
४ यहां 'राजा' से तात्पर्य है।
५ कुछ पोथियों में 'भीम'।
६ लाहौर।

रहता था, बहुत समय उपरान्त आबाद हुआ और बादशाह के सौभाग्य के कारण सम्पन्न हो गया। वह एक मास तक वहां के क़िले तथा रावी नदी के किनारे के द्वारों की मरम्मत हेतु ठहरा रहा। इमारत के ठीक हो जाने के उपरान्त उसने लोहूर की अक्ता[1] मलिकुश्शर्क़ मलिक महमूद हसन को सौंपी और उसके अधीन २००० अश्वारोही कर दिये। उसकी सेना के लिए युद्ध एवं क़िले की रक्षा के साधन एकत्र कराने के उपरान्त वह स्वयं देहली की ओर लौट गया।

जसरथ का लाहौर पर आक्रमण तथा उसकी पराजय

इसी प्रकार जमादि-उल-आख़िर[2] ८२५ हि० (मई-जून १४२२ ई०) को जसरथ शेखा ने अत्यधिक अश्वारोही तथा पदाती लेकर जांहाओ[3] तथा रावी नदी पार की और "शुभनगर" मुबारका-(१९८)बाद[4] लोहूर[5] में पहुंच कर शेखुल मशायख शेख हुसेन ज़ंजानी के रौज़े में पड़ाव किया। ११ जमादि-उल-आख़िर ८२५ हि० (२ जून १४२२ ई०) को मिट्टी के क़िले में दोनों का युद्ध हुआ। ईश्वर की कृपा तथा बादशाह के सौभाग्य से जसरथ पराजित हुआ। विजयी सेना ने कच्चे क़िले के बाहर तक पीछा किया किन्तु वह आगे न गई। इसी कारण दोनों सेनायें अपने अपने स्थान पर दृढ़ रहीं। दूसरे दिन भी जसरथ ने पुनः उस स्थान पर आक्रमण किया। १३ जमादि-उल-आख़िर ८२५ हि० (४ जून १४२२ ई०) को शाही सेना कूच करके रावी नदी के नीचे की ओर रवाना हुई। वहां से अनाज एकत्र करके १७ जमादि-उल-आख़िर ८२५ हि० (८ जून १४२२ ई०) को मुबारकाबाद नगर से लौट कर पड़ाव किया। २१ जमादि-उल-आख़िर को कच्चे क़िले के निकट पुनः युद्ध हुआ। ईश्वर की कृपा तथा बादशाह के सौभाग्य से इस्लामी सेना की विजय हुई। इस बार पुनः शाही सेना ने पीछा किया। जसरथ ने भाग कर अपने शिविर में पड़ाव किया। इस प्रकार एक मास तथा पांच दिन तक क़िले के बाहर युद्ध होता रहा।

जसरथ का कलानोर की ओर प्रस्थान

अन्त में जसरथ ने विवश होकर उस स्थान से प्रस्थान किया और कलानोर की ओर चल दिया। राय भीलम[6] ने, जो विजयी सेना की सहायतार्थ कलानोर पहुंच चुका था, उससे युद्ध छेड़ दिया। जब वह कलानोर के निकट पहुंचा तो दोनों में युद्ध हुआ, किन्तु किसी को भी विजय न प्राप्त हो सकी। इसी प्रकार युद्ध होता रहा। तत्पश्चात् रमज़ान ८२५ हि० (सितम्बर-अक्तूबर १४२२ ई०) में दोनों में संधि हो गई।

मलिक सिकन्दर तुहफ़ा का जसरथ के विरुद्ध प्रस्थान

(१९९) जसरथ ब्याह नदी की ओर चल दिया तथा खुक्खरों की विलायत के लोगों को, जो उसके सहायक बन गये थे, बुला बुला कर अपने चारों ओर एकत्र करने लगा। मलिक सिकन्दर तुहफ़ा अत्यधिक सेना सहित मलिक महमूद हसन की सहायतार्थ, जो बादशाह द्वारा जसरथ से युद्ध हेतु नियुक्त

१ अक़्ता: देखिये पृ० ६ नोट नं० १।
२ कुछ पोथियों में 'जमादि-उल-अव्वल (अप्रैल-मई)'।
३ चनाब।
४ लाहौर का नया नाम, सुल्तान मुबारक शाह के उन्नति देने के कारण।
५ लाहौर।
६ कुछ पोथियों के अनुसार 'भीम'।

हुआ था, बोही[1] के घाट पर पहुंचा। जसरथ में युद्ध की शक्ति न थी। उसने रावी तथा जांहाओ[2] नदी अपने सहायकों को पार कराई और अपने साथ तीव्रर[3] पर्वत में ले गया। मलिकुश्शर्क़ सिकन्दर ने बोही नामक घाट से ब्याह नदी पार की। १२ शव्वाल ८२५ हि० (२९ सितम्बर १४२२ ई०) को उसने मुबारकाबाद लोहूर[4] नगर में पड़ाव किया। मलिक महमूद हसन ने क़िले के बाहर निकल कर तीन कोस आगे बढ़कर उससे भेंट की।

इसके पूर्व मलिक रजब अमीर दीबालपुर[5], मलिक सुल्तान शाह लोदी अमीर सरहिन्द तथा राय फ़ीरोज़ मीन, मलिक सिकन्दर से मिल गये थे। उपर्युक्त सेना रावी नदी के किनारे होती हुई कलानोर की ओर रवाना हुई। कलानोर के मध्य में भोह नामक क़स्बे पर नदी पार करके जम्मू की सीमा में प्रविष्ट हो गई। राय भीलम[6] भी उनसे मिल गया। तत्पश्चात् वे खुक्खरों के कुछ समूहों को, जो जांहाओ[7] तट पर जसरथ से पृथक् होकर ठहर गये थे, नष्ट करके शहर मुबारकाबाद लोहूर[8] को लौट आये। इसी प्रकार शुभ शाही फ़रमान प्राप्त हुआ कि 'मलिकुश्शर्क़ महमूद हसन जालन्धर की अक़्ता[9] में चला जाय और तैयार होकर राजधानी में पहुंचे। मलिक सिकन्दर शुभ शहर[10] के थाने की रक्षा करे'। वह शाही आदेशानुसार अपनी सेना सहित शुभ शहर के क़िले में प्रविष्ट हो गया और मलिक महमूद हसन तथा अन्य अमीरों को लौटा दिया। विज़ारत[11] का पद मलिक सिकन्दर से लेकर मलिकुश्शर्क़ सरवरुलमुल्क शहनये शहर[12] को दे दिया गया। शहनये शहर का पद सरवरुलमुल्क के पुत्र को प्राप्त हुआ।

सुल्तान का कटिहर, राठौरों तथा इटावा पर आक्रमण

(२००) ८२६ हि० (१४२२-२३ ई०) में संसार को शरण प्रदान करने वाले स्वामी ने इस्लामी सेना को तैयार करके हिन्दुस्तान[13] की ओर प्रस्थान करना निश्चय किया। मुहर्रम ८२६ हि० (दिसम्बर-जनवरी १४२२-२३ ई०) में वह कटिहर[14] की विलायत[15] में प्रविष्ट हो गया और वहां वालों से कर तथा धन प्राप्त किया। इसी बीच में बदायूं के अमीर महाबत ने, जो स्वर्गीय ख़िज्र खां से आतंकित हो गया था, चरण चूमने का सौभाग्य प्राप्त किया और शाही कृपा तथा दया द्वारा सम्मानित हुआ।

१ बदायूनी के अनुसार 'पोही', फ़िरिश्ता के अनुसार 'लोई'।
२ चनाब।
३ कुछ पोथियों के अनुसार 'तिलहर', बदायूनी के अनुसार 'तिलवारा'।
४ लाहौर।
५ मान्टगोमरी में।
६ राय भीम।
७ चनाब।
८ लाहौर।
९ अक़्ता :—देखिये पृ० ६ नोट नं० १।
१० मुबारकाबाद लाहौर।
११ वज़ीर का पद।
१२ नगर, विशेष रूप से राजधानी का मुख्य प्रबंधक; कोतवाल।
१३ दोआब तथा अवध के मध्य का स्थान।
१४ रुहेलखंड अथवा बरेली डिवीज़न।
१५ विलायत :— राज्य।

वहां से उसने गंगा नदी पार की और राठौरों के प्रदेश पर आक्रमण करके बहुत से दुष्ट काफ़िरों को तलवार के घाट उतार दिया। उसने कुछ दिन तक गंगा तट पर पड़ाव किया और कम्पिल[1] के क़िले में मलिक मुबारिज़, ज़ीरक खां तथा कमाल खां को सेना सहित राठौरों के विनाश हेतु नियुक्त कर दिया। इसी प्रकार राय सबीर का पुत्र, जो रायाते आला से संधि कर लेने के कारण रायाते आला की सवारी के साथ-साथ रहता था, भयभीत होकर भाग खड़ा हुआ। उसका पीछा करने के लिए मलिकुश् शर्क़ मलिक खैरुद्दीन खानी को शक्तिशाली सेना सहित नियुक्त किया गया। विजयी सेना उसे न पकड़ सकी किन्तु उसकी विलायत[2] को लूट कर तथा नष्ट करके वह भी इटावा पहुंच गया। संसार का स्वामी भी निरन्तर कूच करता हुआ सेना के पीछे इटावा पहुंच गया। दुष्ट काफ़िर क़िले में घिर गया। अन्त में विवश होकर राय सबीर के पुत्र ने चरण चूम कर जो कर तथा उपहार वह अदा करता था, उसे अदा किया। संसार का स्वामी इस्लामी सेना सहित विजय तथा सफलता पाकर लौट गया और शुभ (२०१) नक्षत्र तथा मुहूर्त में जमादि-उल-अव्वल ८२६ हि० (अप्रैल-मई १४२३ ई०) में राजधानी (शहर देहली) में प्रविष्ट हो गया। इसी प्रकार मलिक महमूद हसन जालन्धर की अक़्ता से अत्यधिक सेना सहित राजधानी में उपस्थित हुआ तथा अत्यधिक कृपा द्वारा सम्मानित हुआ। आरिज़े ममालिक[3] का पद मलिक खैरुद्दीन खानी से लेकर मलिकुश्शर्क़ महमूद हसन को प्रदान कर दिया गया। क्योंकि वह सदाचारी, सत्यवादी तथा संसार को शरण प्रदान करने वाले स्वामी के प्रति निष्ठावान् था अतः उसे नित्य प्रति उन्नति प्राप्त होने लगी।

जसरथ एवं राय भीम में युद्ध

जमादि-उल-अव्वल ८२६ हि० (अप्रैल-मई १४२३ ई०) में जसरथ शेखा तथा राय भीलम[4] के मध्य में युद्ध हुआ। राय भीलम की हत्या हो गई। उसके अधिकांश अस्त्र-शस्त्र तथा घोड़े जसरथ को प्राप्त हो गये। जब जसरथ को राय भीलम की हत्या के समाचार प्राप्त हुए तो उसने थोड़ी सी मुग़ल सेना को मिला कर दीबालपुर तथा लोहूर[5] के क्षेत्र में आक्रमण किया। मलिक सिकन्दर तैयार होकर उसका पीछा करना चाहता था। जसरथ भाग खड़ा हुआ और जांहाओं[6] नदी पार की।

शेख अली मुग़ल का आक्रमण

इसी बीच में मुल्तान के अमीर अलाउलमुल्क की मृत्यु के समाचार प्राप्त हुए तथा शेख अली, अमीरज़ादा पिसरे रग़तमश के नायब[7] के विषय में ज्ञात हुआ कि वह बहुत भारी सेना लेकर काबुल से भक्कर तथा सिविस्तान की अक़्ता के विनाश हेतु आ रहा है। संसार के स्वामी ने मुग़लों के उपद्रव को शान्त करने तथा उस विलायत को सुव्यवस्थित करने के लिए, मुल्तान, भक्कर तथा सिविस्तान का

१ फ़र्रुख़ाबाद ज़िले में।
२ यहाँ 'राज्य' से तात्पर्य है।
३ दीवाने अर्ज़ का मुख्य अधिकारी जो सेना की भरती एवं निरीक्षण करता था। उसके लिए सेनापति होना आवश्यक न होता था।
४ राय भीम।
५ लाहौर।
६ चनाब।
७ उत्तराधिकारी।

(२०२) भूभाग मलिकुश्शर्क़ मलिक महमूद हसन को सौंप दिया तथा अत्यधिक सेना एवं परिजन देकर मुल्तान की अक़्ता की ओर रवाना कर दिया। मुल्तान पहुंच कर उसने मुल्तान की प्रजा की सुख-शान्ति की व्यवस्था की। प्रत्येक के लिए इनाम[1], अदरार[2] तथा वेतन निश्चित किये। मुल्तान की प्रजा सुखी तथा सम्पन्न हो गई। शहर तथा विलायत के लोगों को शान्ति प्राप्त हो गई। उसने मुल्तान के क़िले की, जो मुग़लों के उत्पात के कारण नष्ट हो गया था, मरम्मत कराई। उसने बहुत बड़ी सेना भरती की।

सुल्तान का अलप ख़ां पर आक्रमण

इसी प्रकार संसार के स्वामी को धार के अमीर अलप खां द्वारा ग्वालियर के राय पर चढ़ाई के समाचार प्राप्त हुए। उसने (सुल्तान ने) बड़ी शक्तिशाली सेना लेकर ग्वालियर की ओर प्रस्थान किया। जब वह ब्याना के निकट पहुंचा तो उस समय ब्याना के अमीर औहद ख़ां के पुत्र मुबारक ख़ां ने अपने चाचा की विश्वासघात करके हत्या कर दी थी और रायाते आला[3] से विद्रोह करके ब्याना के क़िले को नष्ट करके पर्वत के ऊपर पहुंच चुका था। रायाते आला ने उपर्युक्त पर्वत के आंचल में पड़ाव किया। कुछ समय उपरान्त औहद खां का पुत्र विवश हो गया और उसने कर अदा करके आज्ञाकारिता स्वीकार कर ली।

रायाते आला ने स्वयं वहां से ग्वालियर की ओर अलप खां पर चढ़ाई की। अलप ख़ां चम्बल तट पर घाट को रोके हुए पड़ाव डाले था। रायाते आला ने अचानक दूसरे घाट से नदी पार कर ली। मलिक महमूद हसन तथा अन्य अमीरों ने उदाहरणार्थ मेवों[4] तथा नुसरत खां ने जो विजयी सेना के अग्रिम भाग में थे तथा वीर अश्वारोहियों ने अलप ख़ां के शिविर को नष्ट कर दिया। उसके कुछ अश्वारोही तथा पदाती बन्दी बना लिये गये और राजधानी में लाये गये। रायाते आला ने दोनों पक्षों के मुसलमान होने के कारण उन्हें क्षमा कर दिया और सभी को मुक्त कर दिया। दूसरे दिन अलप ख़ां ने रायाते आला के पास राजदूत भेज कर संधि के विषय में वार्ता प्रारम्भ कर दी। संसार के स्वामी ने उसे अत्यधिक (२०३) दीनता एवं व्याकुलता प्रदर्शित करते देख कर और इस्लाम के विरुद्ध कुछ करने को निषिद्ध समझ कर इस शर्त पर संधि कर ली कि अलप ख़ां उपहार (कर) प्रस्तुत करे और ग्वालियर की विलायत से चला जाय। दूसरे दिन अलप खां ने रायाते आला की सेवा में पेशकश की वस्तुएं प्रेषित कीं और स्वयं निरन्तर कूच करता हुआ धार की ओर चला गया। संसार के स्वामी ने कुछ समय तक चम्बल तट पर पड़ाव किया और प्राचीन प्रथा के अनुसार धन तथा कर उस प्रदेश के काफ़िरों से प्राप्त करके सुरक्षित तथा लूट की धन सम्पत्ति लेकर शहर (देहली) को वापस चला आया. और राज्य-व्यवस्था में संलग्न हो गया।

१ वह भूमि जो किसी से प्रसन्न होकर अथवा सहायता के रूप में दी जाती थी।
२ विद्वानों तथा धार्मिक लोगों को दी जाने वाली सहायता जो अधिकांश धन के रूप में होती थी।
३ सुल्तान के लिए इस स्थान पर 'रायाते आला' शब्द का प्रयोग हुआ है।
४ मेवात निवासी। देहली के दक्षिण का भूभाग जिसमें मथुरा, गुरगांव, अलवर का अधिकांश भाग तथा भरतपुर का थोड़ा सा भाग सम्मिलित है। वे देहली के सुल्तानों के लिए १२५६ से १५२६ ई० तक सर्वदा परेशानी का कारण बने रहे।

सुल्तान का कटिहर पर पुनः आक्रमण

मुहर्रम ८२८ हि० (नवम्बर-दिसम्बर १४२४ ई०) में रायाते आला ने कटिहर की ओर प्रस्थान करना निश्चय किया। जब वह गंगा तट पर पहुंचा तो राय हर सिंह रायाते आला से मिला तथा अत्यधिक कृपा द्वारा सम्मानित हुआ किन्तु इस कारण कि तीन वर्ष से उसका कर शेष था उसे कुछ समय तक बन्दी रक्खा गया। संक्षेप में, विजयी सेना ने गंगा नदी पार की और वहां के उपद्रवियों को दंड देकर कोहपाया कुमायूँ[1] की ओर प्रस्थान किया। कुछ समय तक वह वहां रहा। वायु के गरम हो जाने के कारण रहब नदी के किनारे-किनारे होता हुआ वापस हुआ। वह गंगा तट को पुनः कम्पिल नामक क़स्बे के निकट पार करके क़न्नौज की ओर प्रस्थान करना चाहता था किन्तु हिन्दुस्तान के नगरों में घोर अकाल पड़ा हुआ था अतः वह आगे न बढ़ा।

सुल्तान द्वारा मुल्तान पर आक्रमण

(२०४) इसी प्रकार मेवों के विद्रोह के समाचार प्राप्त हुए। निरन्तर कूच करता हुआ वह मेवात की विलायत में प्रविष्ट हो गया। उस विलायत को विध्वंस कर दिया। मेव समस्त विलायत को वीरान करके जहरा नामक पर्वत में जो उनका अत्यन्त दृढ़ स्थान है घुस गये। उस पर्वत के अत्यन्त दृढ़ होने के कारण उस पर विजय प्राप्त न हो सकती थी। अनाज की कमी हो गई अतः संसार को शरण प्रदान करने वाला स्वामी सुरक्षित एवं लूट की धन-सम्पत्ति सहित शहर की ओर लौट आया और शुभ मुहूर्त तथा नक्षत्र में रजब ८२८ हि० (मई-जून १४२५ ई०) में कूश्के दौलत[2] में पहुंचा। विभिन्न दिशाओं के अमीरों तथा मलिकों को विदा करके स्वयं भोग-विलास में ग्रस्त हो गया।

सुल्तान का मेवात पर तीसरी बार आक्रमण

दूसरे वर्ष ८२९ हि० (१४२५-२६ ई०) में उसने पुनः मेवात पर चढ़ाई की। बहादुर नाहिर के नाती जल्लू तथा क़द्दू और कुछ अन्य मेव जो उनसे मिल गये थे अपने-अपने स्थानों को नष्ट करके इन्दौर के पर्वत में प्रविष्ट हो गये। वे कुछ दिन तक घिरे रहे। जब विजयी सेना ने शक्ति का प्रदर्शन किया तो वे इन्दौर के क़िले को ख़ाली करके अलवर पर्वत में चले गये। दूसरे दिन संसार के स्वामी ने इन्दौर के क़िले को नष्ट-भ्रष्ट करके अलवर की ओर प्रस्थान किया। जब वह निकट पहुंचा तो जल्लू तथा क़द्दू ने उस स्थान पर भी क़िलाबन्दी की। विजयी सेना निरन्तर आक्रमण करती रही। फलतः विवश होकर उन्होंने क्षमा-याचना कर ली और शरण की प्रार्थना की। उनकी प्रार्थना स्वीकार कर ली गई। क़द्दू सुल्तान के चरणों के चुम्बन द्वारा सम्मानित हुआ। वह पुनः भाग कर पर्वत में प्रविष्ट होना चाहता था अतः उसे पकड़ कर बन्दी बना लिया गया। संसार के स्वामी ने मेवात की विलायत तथा अधिकांश ग्रामों को नष्ट-भ्रष्ट कर दिया। कुछ समय तक उसने कोहपाया[3] में विश्राम किया। तत्पश्चात् उस (२०५) प्रदेश में अनाज तथा चारे की कमी के कारण वह राजधानी (देहली) वापस चला गया और शाबान ८२९ हि० (जून-जुलाई १४२६ ई०) में शुभ मुहूर्त तथा नक्षत्र में दौलत ख़ाने के कूश्क में पहुंचा।

१ कुमायूँ की पहाड़ियां।
२ राज प्रासाद।
३ मेवात की पहाड़ियों में।

ब्याना की ओर सुल्तान का प्रस्थान

दूसरे वर्ष मुहर्रम ८३० हि० (नवम्बर-दिसम्बर १४२६ ई०) को सुल्तान ने ब्याना की ओर प्रस्थान किया और मेवात की विलायत में होता हुआ तथा उनको दुष्टता एवं विद्रोह के लिए दंड देता हुआ ब्याना पहुंचा। औहद खां के पुत्र मुहम्मद खां ने जो ब्याना का अमीर था क़िला बन्द कर लिया। वह ब्याना के लोगों[१] को नष्ट करके उस क़िले में, जो पर्वत की ऊंचाई पर था, भाग गया। १६ दिन तक पर्वत के कारण विजयी सेना से युद्ध करता रहा। २ रबी-उल-आख़िर ८३० हि० (३१ जनवरी १४२७ ई०) को विजयी सेना ने महमूद खां पर धावा किया। संसार का स्वामी बहुत बड़ी सेना तथा वीरों को लेकर पीछे के द्वार की ओर से पर्वत पर चढ़ गया। जब औहद खां को इसकी सूचना मिली तो वह मुक़ाबला न कर सका और भाग कर क़िले के भीतर चला गया। जब रायाते आला आगे बढ़ा तो मुहम्मद खां औहदी ने अपनी सेना को परेशान होते हुए तथा क़िले में विघ्न पड़ते हुए देखा और उसके हाथ-पांव फूल गये। विवश होकर वह अपनी ग्रीवा में पगड़ी डाल कर तथा अपने सिर को पांव बना कर भीतर से बाहर निकला[२] और ख़ाक बोस[३] करके सम्मानित हुआ। संसार के स्वामी तथा नूशीरवां जैसे गुण वाले बादशाह ने उसको क्षमा कर दिया और उसकी हत्या न कराई। उसके पास क़िले में जो कुछ नक़द (धन), उत्तम वस्तुएँ, घोड़े, अस्त्र-शस्त्र तथा कपड़े और सामान थे उन्हें उसने विजयी सेना के घोड़ों की नाल के मूल्य के रूप में प्रदान कर दिया।[४] रायाते आला कुछ दिन तक उस भूभाग में पड़ाव किये रहा। मुहम्मद खां के परिजनों तथा सहायकों को क़िले से निकलवा कर रायाते आला ने देहली भेज दिया और कूश्के जहांपनाह उनके निवास हेतु निश्चित (२०६) कर दिया। ब्याना की शिक़ की अक़्ता अपने दास मलिक मक़बूल ख़ानी को प्रदान कर दी और उपर्युक्त शिक़ की नियावत[५] तथा सीकरी[६] का परगना मलिक ख़ैरुद्दीन तुहफ़ा को प्रदान कर दिया।

ग्वालियर की ओर सुल्तान का प्रस्थान

रायाते आला ने स्वयं विजय तथा सफलता प्राप्त करके ग्वालियर की ओर प्रस्थान किया। जब वह वहां पहुंचा तो ग्वालियर, थनकीर तथा चन्दवार के रायों ने आज्ञाकारिता प्रदर्शित की और धन, कर तथा उपहार पूर्व प्रथानुसार अदा किये और वह पूर्ण रूप से सुरक्षित तथा धन-सम्पत्ति सहित शहर की ओर लौट आया। जमादि-उल-आख़िर ८३० हि० (मार्च-अप्रैल १४२७ ई०) में शुभ नक्षत्र तथा मुहूर्त में कूश्के दौलत ख़ाने में पहुंचा।

१ 'ख़ल्के ब्याना--ब्याना के लोग' किन्तु ब्याना नामक स्थान से तात्पर्य है।
२ बड़ी दीन अवस्था में।
३ धरती चुम्बन।
४ शाही सेना को भेंट कर दिया।
५ उत्तराधिकारी का पद। राज्य का बड़ा भाग जिसमें बहुत सी अक़्तायें होती थीं शिक़ कहलाता था और शिक़ का हाकिम 'नायब'।
६ जो बाद में फ़तहपुर सीकरी के नाम से प्रसिद्ध हुआ।

अक़्ताओं का प्रबन्ध

सुल्तान ने मलिकुश्शर्क़ मलिक महमूद हसन की अक़्ता लेकर उसे हिसार फ़ीरोज़ा की अक़्ता प्रदान कर दी। मलिकुश्शर्क़ रजब नादिरा[1] को मुल्तान की अक़्ता प्रदान कर दी गई।

मुहम्मद ख़ां का विद्रोह

कुछ दिन उपरान्त मुहम्मद ख़ां देहली से सपरिवार भाग कर मेवात चला गया। कुछ लोग, जो उसके सहायक थे और इधर-उधर छिन्न-भिन्न हो गये थे, एकत्र हुए। इसी प्रकार सुल्तान को ज्ञात हुआ कि 'मलिक मुक़बिल ने समस्त सेना सहित महिर महावन[2] पर चढ़ाई की है और मलिक खैरुद्दीन तुहफ़ा को क़िले में छोड़ गया है तथा ब्याना का भूभाग ख़ाली है। उसने उस भूभाग के निवासियों तथा उस विलायत के मुक़द्दमों के भरोसे पर थोड़ी सी सेना लेकर चढ़ाई कर दी। उस भूभाग तथा विलायत के अधिकांश लोग उससे मिल गये। कुछ दिन उपरान्त उसने क़िले पर भी अधिकार जमा लिया। जो सेना ब्याना में नियुक्त थी, वापस होकर शहर लौट गई। संसार के स्वामी ने ब्याना की अक़्ता मलिक मुक़बिल से लेकर मलिक मुबारिज़ को सौंप दी और उसे अत्यधिक सेना देकर मुहम्मद ख़ां के विद्रोह को शान्त करने के लिए भेजा। जब विजयी सेना निकट पहुंची तो मुहम्मद ख़ां उपर्युक्त क़िले में बन्द हो गया। मलिक मुबारिज़ ने ब्याना का भूभाग तथा समस्त विलायत अपने अधिकार में कर ली। मुहम्मद ख़ां के पास जितनी सेना थी, उसे क़िले में छोड़ कर स्वयं शर्क़ी[3] के पास चल दिया। इसी प्रकार मलिक मुबारिज़ को भी किसी कार्य हेतु राजधानी में बुलवाया गया। वह निरन्तर कूच करता हुआ वापस हुआ और राजधानी में पहुंचा।

सुल्तान का कालपी की ओर प्रस्थान

(२०७) मुहर्रम ८३१ हि० (अक्तूबर-नवम्बर १४२७ ई०) में संसार का स्वामी ब्याना की ओर प्रस्थान करना चाहता था। इस बीच में कालपी के अमीर क़ादिर ख़ां के राजदूत राजधानी में पहुंचे और उन्होंने शर्क़ी के आक्रमण के समाचार पहुंचाये। संसार के स्वामी ने ब्याना की ओर प्रस्थान करने की योजना त्याग कर शर्क़ी के ऊपर चढ़ाई की। इसी प्रकार समाचार प्राप्त हुए कि शर्क़ी भूकानूर[4] क़स्बे पर आक्रमण करके पड़ाव किये हुए है और बदायूँ के ऊपर चढ़ाई करने वाला है। हज़रते आला[5] ने नोह पतल के घाट पर यमुना नदी पार की और चरतौली ग्राम पर आक्रमण करके निरन्तर कूच करता हुआ अतरौली[6] क़स्बे में पहुंचा।

मुख़तस ख़ां की पराजय

इसी बीच में रायाते आला को शर्क़ी के भाई मुख़तस ख़ां के विषय में ज्ञात हुआ कि वह असंख्य सेना तथा अत्यधिक हाथियों सहित इटावा के क्षेत्र में पहुंच गया है। इस समाचार को पाते ही रायाते

१ कुछ पोथियों में 'नादिर'।
२ महाबन।
३ सुल्तान इबराहीम शर्क़ी।
४ कुछ पोथियों के अनुसार 'भौगांव' जो मैनपुरी के पूर्व में ६½ मील पर है।
५ सुल्तान
६ अलीगढ़ ज़िले में, अलीगढ़ से १६ मील पर।

आला ने मलिकुश्शर्क़ महमूद हसन को १०,००० अश्वारोहियों सहित, जिनमें से प्रत्येक अनुभवी शूर-वीर था, मुख़तस खां पर चढ़ाई करने के लिए भेजा। मलिकुश्शर्क़ मलिक महमूद हसन समस्त सेना लेकर, उस स्थान पर जहां शर्क़ी की सेना उतरी हुई थी, पहुंच गया। मुख़तस खां को इस बात की सूचना मिल गई। विजयी सेना के पहुंचने के पूर्व वह भाग कर शर्क़ी से मिल गया। मलिक महमूद हसन ने कुछ दिन तक उस स्थान के निकट पड़ाव किया। वह शर्क़ी की सेना पर रात्रि में छापा मारना चाहता था किन्तु उनके सचेत हो जाने के कारण यह संभव न हो सका और वह वापस होकर अपनी सेना से मिल गया।

(२०८) शर्क़ी ब्याह[1] नदी के किनारे-किनारे होता हुआ इटावा की अक़्ता में बुरहानाबाद नामक क़स्बे के निकट पहुंचा। संसार को शरण प्रदान करने वाले स्वामी ने भी अतरौली से प्रस्थान करके वायन कोतह नामक क़स्बे में पड़ाव किया। दोनों सेनाओं के मध्य में थोड़ी सी दूरी रह गई थी।

जब शर्क़ी को हज़रते आला की शक्ति, वीरता एवं विजयी सेना की अधिकता का अनुभव हो गया तो वह जमादि-उल-अव्वल ८३१ हि० (फ़रवरी-मार्च १४२८ ई०) में विजयी सेना के सामने से भाग कर रापरी[2] क़स्बे की ओर पहुंचा और गदरंग पर यमुना नदी पार की और वहां से ब्याना की ओर कम्भीर[3] नदी के तट पर पड़ाव किया। संसार के स्वामी ने भी उसका पीछा करते हुए निरन्तर प्रस्थान करके चँदवार में यमुना नदी पार की और उसकी सेना से चार कोस की दूरी पर पड़ाव किया। नित्य विजयी सेना के यज़क[4] तथा दल शर्क़ी की सेना के चारों ओर आक्रमण करते थे और इस प्रकार उनकी सेना से दास, मवेशी तथा घोड़े प्राप्त कर लेते थे। २२ दिन तक दोनों सेनायें इस प्रकार एक दूसरे के निकट रहीं।

७ जमादि-उल-आख़िर ८३१ हि० (२४ मार्च १४२८ ई०) को शर्क़ी अश्वारोहियों तथा पदातियों की कुल सेना तथा हाथियों को लेकर युद्ध के लिए तैयार हुआ। रायाते आला स्वयं, मलिकुश्शर्क़ सरवरुलमुल्क वज़ीर, सैयिदुस्सादात सैयिद सालिम तथा कुछ बड़े बड़े अमीर शिविर में रहे और कुछ अमीरों, उदाहरणार्थ मलिकुश्शर्क़ मलिक महमूद हसन, ख़ाने आज़म फ़तह खां बिन (पुत्र) सुल्तान मुज़फ़्फ़र, मजलिसे आली ज़ीरक खां, मलिकुश्शर्क़ मलिक सुल्तान शह जो इस्लाम खां की उपाधि (२०९) द्वारा सम्मानित हुआ था, स्वर्गीय ख़ाने जहां का नाती मलिक चमन, मलिक कालू खां[5] शहनये पील, मलिक अहमद तुहफ़ा तथा मलिक मुक़बिल ख़ानी, को तैयार करके शर्क़ी से युद्ध करने के लिए भेजा। दोनों में मध्याह्न से सायंकाल तक युद्ध होता रहा। रात्रि हो जाने के कारण दोनों ओर की सेनायें रण-क्षेत्र से वापस हुईं और अपने-अपने शिविर में पहुंचीं। दोनों में से किसी ने एक दूसरे के समक्ष से मुंह न मोड़ा था। शर्क़ी की अधिकांश सेना आहत हो गई थी। वह विजयी सेना की वीरता देख कर दूसरे दिन भाग खड़ी हुई और यमुना नदी की ओर चल दी।

१ सियाह नदी अथवा काली नदी होना चाहिये।
२ मैनपुरी जिले की शिकोहाबाद तहसील में।
३ कुछ पोथियों में 'कटिहर' नदी।
४ सेना का वह अग्रिम दल जो शत्रुओं का पता लगाने तथा अन्य समाचार प्राप्त करने के लिए मुख्य सेना के आगे रहता है।
५ कुछ पोथियों में 'मलिक कालू ख़ानी'।

सुल्तान का ग्वालियर तथा ब्याना की ओर प्रस्थान

वे १७ जमादि-उल-आखिर (३ अप्रैल १४२८ ई०) को गदरंग से नदी पार करके रापरी की ओर चल दिये। वहां से वे निरन्तर यात्रा करते हुए अपनी विलायत में पहुंचे। वन्दिगी रायाते आला ने गदरंग तक उनका पीछा किया किन्तु दोनों पक्षों के मुसलमान होने के कारण समस्त अमीरों तथा मलिकों ने उनकी सिफ़ारिश की। संसार के स्वामी ने उनका पीछा करना त्याग कर विजय तथा सफलता प्राप्त करके हथीकान्त की ओर प्रस्थान किया और ग्वालियर के राय तथा अन्य रायों से प्राचीन प्रथा के अनुसार धन, कर एवं उपहार लेकर चम्बल नदी के किनारे किनारे होता हुआ ब्याना पहुंचा। मुहम्मद खां औहदी ने इस कारण कि वह शर्क़ी से मिल गया था, भयभीत होकर क़िला बन्द कर लिया। वन्दिगी रायाते (२१०) आला ने क़िला घेर लिया। यद्यपि उपर्युक्त क़िला ऊंचाई में आकाश तक सिर उठाये था और अत्यधिक दृढ़ होने के कारण विजय न हो सकता था, किन्तु संसार के स्वामी के सौभाग्य से उन अभागे दुष्टों के जल के भंडार में कमी पड़ गई। उनके अभिमान की वायु विजयी सेना के क्रोध की अग्नि से नष्ट हो गई। उनमें न तो युद्ध की शक्ति रही और न भागने की क्षमता। वे इस प्रकार सात दिन तक क़िले में घिरे रहे। अन्त में परेशान होकर उन्होंने क्षमा-याचना कर ली। रायाते आला ने बादशाही कृपा तथा इस्लामी दया को दृष्टि में रखते हुए उसे क्षमा कर दिया और अमानी की खिलअत प्रदान करके उसे सम्मानित किया। उसने सेना को क़िले से हट जाने का आदेश दिया। तदनुसार सेना हट गई।

ब्याना की ओर सुल्तान का प्रस्थान

२६ रजब (११ मई १४२८ ई०) को मुहम्मद खां क़िले से अपने सहायकों सहित निकल कर मेवात की ओर चल दिया। बन्दिगी रायाते आला ने उस शहर (वालों) के, जो नष्ट हो चुका था, प्रोत्साहन हेतु वहीं पड़ाव किया। क्योंकि ब्याना की अक़्ता को सुव्यवस्थित रखने तथा क़िले की रक्षा की बादशाह को बड़ी चिन्ता थी अतः मलिकुश्शर्क़ मलिक महमूद हसन को, जिसके द्वारा राज्य-व्यवस्था एवं सीमा की रक्षा के महान् कार्य सम्पन्न हुए थे और जिसकी वीरता एवं निष्ठा को वह देख चुका था, जिसने सिंहासनारोहण के प्रारम्भ में जसरथ[1] शेखा खोखर से युद्ध किया था, लोहूर[2] के थाने पर क़ब्ज़ा रखते हुए शाहज़ादा खुरासान के नायब शेखज़ादा से युद्ध किया था, और मुल्तान की अक़्ता में उसे प्रविष्ट न होने दिया था, उपर्युक्त क़िले की रक्षा तथा ब्याना की अक़्ता एवं उसके आसपास के स्थान सौंप दिये और स्वयं यमुना के किनारे-किनारे होता हुआ शहर (देहली) की ओर लौट गया। १५ शाबान (२११) ८३१ हि० (३० मई १४२८ ई०) को शुभ मुहूर्त में शहर में प्रविष्ट हुआ और कूश्के सीरी[3] में उतरा। राज्य की अक़्ताओं के अमीरों तथा मलिकों को विदा करके स्वयं भोग-विलास में ग्रस्त हो गया।

ईश्वर से प्रार्थना है कि सुलेमान[4] जैसे वैभव वाले इस बादशाह को संसार के नष्ट होने तक सिंहासन पर आरूढ़ रक्खे। इस शुभचिन्तक की यह इच्छा है कि उत्कृष्ट लेखकों की प्रथानुसार पुस्तक

१ यह नाम 'जसरत' भी छपा है।
२ लाहौर।
३ सीरी का राजप्रासाद।
४ एक प्रतापी पैग़म्बर जिनके विषय में प्रसिद्ध है कि वे वायु तक पर राज्य करते थे।

के अन्त में कुछ बातों की चर्चा करे और पुस्तक को संसार को शरण प्रदान करने वाले बादशाह के प्रति शुभकामनायें प्रकट करके समाप्त करे किन्तु उसकी बादशाही के उद्यान तथा उसकी युवावस्था के उपवन के सहस्रों फूलों में से अभी तक एक भी फूल नहीं खिला है और उसके युद्धों तथा उसकी सभाओं के हज़ारों क़िस्सों में से एक क़िस्से का भी वर्णन इस बुलबुल[1] ने नहीं किया है तब भी विवश होकर इस पुस्तक को समाप्त किया जाता है। यदि प्रार्थी जीवित रहा तो भविष्य में प्राप्त होने वाली विजयों तथा सुल्तान के चिरस्थायी कारनामों को इस ग्रन्थ में प्रत्येक वर्ष लिखता रहेगा, **यदि यह इच्छा हुई उस परमेश्वर की जो प्रत्येक चीज़ को भली भाँति सम्पन्न कराता है।**

क़द्दू को दंड, सरवरुलमुल्क का मेवात की ओर भेजा जाना

शव्वाल ८३१ हि० (जुलाई-अगस्त १४२८ ई०) में मलिक क़द्दू मेवा[2] की, इस अपराध पर कि वह सुल्तान इबराहीम से मिल गया है, और पेशकश तथा प्रार्थना-पत्र प्रेषित करता है, सुल्तान ने घर के भीतर हत्या करा दी। मलिक सरवरुलमुल्क सेनाओं सहित मेवात की ओर विद्रोह शान्त करने तथा उस विलायत[3] को सुव्यवस्थित करने के लिए भेजा गया। उनके कुछ क़स्बे तथा ग्राम, जो जंगलों में बसे (२१२) हुए थे, नष्ट करके पर्वत में चला गया। मलिक क़द्दू का भाई जलाल खां तथा अन्य सरदार उदाहरणार्थ अहमद खां, मलिक फ़ख्रुद्दीन, मलिक अली तथा उनके सम्बन्धी अश्वारोहियों तथा पदातियों सहित इन्दौर के क़िले में एकत्र हो गये। जब मलिक सरवरुलमुल्क उपर्युक्त क़िले के निकट उतरा तो वह मुक़ाबला न कर सका। उन्होंने संधि की वार्ता प्रारम्भ कर दी और यह निश्चय हुआ कि वह दासों के समान कर भेजा करेगा। तदनुसार धन, कर तथा दासों को लेकर मलिक सरवरुलमुल्क सेनाओं सहित शहर को लौट गया।

जसरथ द्वारा कलानोर का अवरोध, सिकन्दर तुहफ़ा का उसके विरुद्ध प्रस्थान

इसी प्रकार ज़ीक़ाद ८३१ हि० (अगस्त-सितम्बर १४२८ ई०) में समाचार प्राप्त हुए कि जसरथ खोखर ने कलानोर के क़स्बे को घेर लिया है। मलिकुश्शर्क़ मलिक सिकन्दर तुहफ़ा लोहूर[4] का अमीर (कलानोर वालों) की सहायतार्थ पहुंचा। जसरथ कलानोर के क़िले को छोड़ कर कुछ कोस आगे बढ़ा। उसमें तथा मलिक सिकन्दर में युद्ध हुआ। दुर्भाग्य से जसरथ को विजय प्राप्त हो गई। मलिक सिकन्दर की सेना पराजित हुई। मलिक सिकन्दर अपनी सेना सहित वापस होकर लोहूर चल दिया। जसरथ ने पुनः कलानोर होते हुए जालन्धर की सीमा में ब्याह नदी को पार करके आक्रमण किया। जालन्धर का क़िला बड़ा दृढ़ था। वह उसे कोई हानि न पहुंचा सका। वह आसपास के निवासियों को वन्दी बना कर पुनः कलानोर पहुंच गया।

जसरथ पर सिकन्दर तुहफ़ा की विजय

इस समाचार के पाते ही रायाते आला ने सामाना के अमीर मजलिसे आली ज़ीरक खां तथा

१ लेखक।
२ मेवाती।
३ प्रदेश।
४ लाहौर।

सरहिन्द के अमीर इस्लाम ख़ां को आदेश भेजा कि वे अपनी सेनायें तैयार करके मलिकुश्शर्क़ मलिक सिकन्दर की सहायतार्थ प्रस्थान करें। उनकी सेनाओं के लोहूर[1] के शुभ नगर की ओर शिविर लगाने (२१३) के पूर्व ही मलिकुश्शर्क़ मलिक सिकन्दर कलानोर क़स्बे में पहुंचा। वह राय ग़ालिब कलानोरी के अश्वारोहियों तथा पदातियों की सेना से मिल कर जसरथ से युद्ध करने के लिए कांगड़ा के समीप ब्याह नदी के तट की ओर अग्रसर हुआ। जसरथ भी तैयार होकर युद्ध के लिए डट गया। दोनों में युद्ध होने लगा। ईश्वर की कृपा से जब इस्लामी सेना क़ो विजय प्राप्त होने लगी तो उसकी सेना की संख्या में कमी होने लगी। जो लूट की धन-सम्पत्ति वह जालन्धर की ओर से लाया था, उस सबको छोड़ कर पराजित होकर तीखर की ओर चल दिया और पराजय को ही उसने पर्याप्त समझा। मलिकुश्शर्क़ मलिक सिकन्दर विजय तथा सफलता प्राप्त करके लोहूर के शुभ नगर की ओर लौट गया।

महमूद हसन का ब्याना का विद्रोह शान्त करना

मुहर्रम ८३२ हि० (अक्तूबर-नवम्बर १४२८ ई०) में मलिकुश्शर्क़ मलिक महमूद हसन ने ब्याना की विलायत के काफ़िरों का विद्रोह, जो मुहम्मद ख़ां औहदी के अधीन एकत्र होकर उपद्रव मचा रहे थे, शान्त कर दिया। वह ब्याना के भूभाग से हज़रत हुमायूँने आला[2] के चरणों के चुम्बनार्थ शहर (देहली) पहुंचा तथा चरण चूम कर सम्मानित हुआ। उसके प्रति अत्यधिक कृपा प्रदर्शित की गई। हिसार फ़ीरोज़ा की अक़्ता उसे प्रदान कर दी गई।

सुल्तान का मुल्तान की ओर प्रस्थान, मेवातियों का आज्ञाकारिता स्वीकार करना

तत्पश्चात् बन्दिगी रायाते आला ने कोहपाया मेवात[3] पर चढ़ाई करने का संकल्प किया और हौज़े खास पर बारगाह[4] लगवाई। राज्य के चारों ओर से अमीर तथा मलिक सुल्तान की सेवा में उपस्थित हुए। वहां से प्रस्थान करके वह महंदवारी[5] के कूश्क में उतरा। कुछ समय तक वह वहां ठहरा रहा। जलाल ख़ां मेव[6], तथा अन्य मेवों[7], ने विवश होकर धन, कर तथा उपहार प्रथानुसार अदा करना स्वीकार कर लिया।

महमूद हसन का मुल्तान प्राप्त करना

शव्वाल ८३३ हि० (जुलाई-अगस्त १४२९ ई०) में रायाते आला ने लूट की धन सम्पत्ति सहित सुरक्षित शहर (देहली) की ओर प्रस्थान किया। उस वर्ष उसने किसी स्थान पर आक्रमण न किया। इसी वर्ष मुल्तान के अमीर मलिक रजब नादिरा[8] की मृत्यु के समाचार प्राप्त हुए। मुल्तान की अक़्ता

१ लाहौर।
२ सुल्तान।
३ मेवात की पहाड़ियों।
४ शाही शिविर।
५ कुछ पोथियों के अनुसार 'हिन्दवारी'।
६ मेवाती।
७ मेवातियों।
८ कुछ पोथियों के अनुसार 'नादिर'।

(२१४) पुनः मलिकुश्शर्क़ मलिक महमूद हसन को प्रदान कर दी गई। उसे एमादुलमुल्क की उपाधि प्रदान की गई और अत्यधिक सेना सहित मुल्तान भेजा गया।

सुल्तान का ग्वालियर तथा हथीकान्त पर आक्रमण

८३३ हि० (१४२९-३० ई०) में वन्दिगी रायाते आला ने ग्वालियर पर चढ़ाई की और निरन्तर कूच करके ब्याना होता हुआ ग्वालियर के निकट पहुंच गया। वहां के विद्रोहियों को दंड देकर हथीकान्त की ओर चल दिया। हथीकान्त का राय पराजित होकर कोहपाया[1] जाल बाहर[2] की ओर चल दिया। उसने उसकी विलायत[3] को नष्ट-भ्रष्ट कर दिया। उस प्रदेश के अधिकांश काफ़िर बन्दी बना लिये गये। वहां से वह रापरी पहुंचा। रापरी की अक़्ता हसन खां से लेकर मलिक हमज़ा के पुत्र को दे दी। वह स्वयं निरन्तर कूच करता हुआ लूट की धन सम्पत्ति सहित सुरक्षित रजब ८३३ हि० (मार्च-अप्रैल १४३० ई०) को लौट गया।

सैयिद सालिम की मृत्यु

मार्ग में सैयिद सालिम रुग्ण हो गया और उसी रोग के कारण उसकी मृत्यु हो गई। उसका ताबूत[4] तैयार करके उसे शीघ्रातिशीघ्र देहली पहुंचाया गया और वहीं दफ़न कर दिया गया। स्वर्गीय सैयिद सालिम स्वर्गीय ख़िज्र खां की सेवा में ३० वर्ष तक रहा। तबरहिन्दा के क़िले के अतिरिक्त दोआब की बहुत सी अक़्तायें तथा परगने उसके अधीन रहे। रायाते आला ने इनके अतिरिक्त उसे सरसुती का भूभाग तथा अमरोहा की अक़्ता को भी सौंप दिया था। स्वर्गीय सैयिद को धन एकत्र करने का बड़ा लोभ था। अल्प समय में उसने तबरहिन्दा के क़िले में अत्यधिक धन, अनाज तथा कपड़े एकत्र कर लिये। स्वर्गीय सैयिद की मृत्यु के उपरान्त उसकी समस्त अक़्तायें तथा परगने उसके पुत्रों को सौंप दिये गये। उसके ज्येष्ठ पुत्र को सैयिद खां तथा छोटे लड़के को शुजाउलमुल्क की उपाधि प्रदान कर दी गई।

पौलाद तुर्क बच्चे का विद्रोह

(२१५) शव्वाल ८३३ हि० (जून-जुलाई १४३० ई०) में सैयिद सालिम का दास पौलाद तुर्क बच्चा सैयिद के पुत्रों के भड़काने से तबरहिन्दा के क़िले में प्रविष्ट हो गया तथा विद्रोह प्रारम्भ कर दिया। रायाते आला ने सैयिद के पुत्रों को बन्दी बना लिया और मलिक यूसुफ़ सरूप[5] तथा राय हीनू[6] भट्टी को पौलाद को अपनी ओर मिलाने तथा सैयिद की धन-सम्पत्ति पर अधिकार जमाने के उद्देश्य से भेजा।

पौलाद का विश्वासघात

जब वे तबरहिन्दा के क़िले के निकट पहुंचे तो प्रथम दिन पौलाद ने भेंट की चर्चा की। संधि की

१ पहाड़ी।
२ कुछ पोथियों के अनुसार 'जलहार' अथवा 'जालहार'।
३ राज्य।
४ जनाज़ा, अर्थी।
५ बदायूनी के अनुसार 'सरवर'।
६ बदायूनी के अनुसार 'हन्नू भट्टी', फ़िरिश्ता के अनुसार 'राय हब्बू'।

वार्ता प्रारम्भ कर दी। उन्हें खाद्य सामग्री भेज कर निश्चिन्त कर दिया। दूसरे दिन उसने अचानक क़िले से निकल कर उनकी सेना पर छापा मारा। मलिक यूसुफ़ तथा राय हीनू को जब उसके विश्वासघात की सूचना मिली तो वे युद्ध के लिये तैयार होकर अग्रसर हुये। यद्यपि शाही सेना अधिकतर लोहे में डूबी हुई थी, किन्तु दुष्ट पौलाद के सामने टूट कर एक ही आक्रमण में बूंद-बूंद हो गई। उसने एक फ़रसंग तक उनका पीछा किया। उपर्युक्त सेना पराजित होकर सरसुती की ओर चल दी। उनके शिविर में जो कुछ खेमे, सामग्री, कपड़े तथा नक़द धन था वह पौलाद को प्राप्त हो गया।

सुल्तान का पौलाद के विरुद्ध प्रस्थान

बन्दिगी रायाते आला को यह समाचार सुन कर बड़ी चिन्ता हुई। उसने शाही शिविर तबरहिन्दा की ओर लगवाये और निरन्तर कूच करता हुआ सरसुती पहुंचा। उस ओर के अमीर तथा मलिक बन्दिगी रायाते आला की विजयी सेना से मिल गये। पौलाद के पास क़िले की रक्षा की अत्यधिक सामग्री उपलब्ध थी। उसके भरोसे तथा दृढ़ता के कारण तबरहिन्दा के क़िले में बन्द हो गया। मजलिसे आली ज़ीरक खां, मलिक कालू शहना[1], इस्लाम खां तथा कमाल खां ने तबरहिन्दा के क़िले को घेर लिया। (२१६) मलिकुश्शर्क़ एमादुलमुल्क, अमीर मुल्तान, को पौलाद के विद्रोह को शान्त करने के लिए मुल्तान से बुलवाया गया। एमादुलमुल्क ज़िलहिज्जा ८३३ हि० (अगस्त-सितम्बर १४३० ई०) में अपनी सेना को मुल्तान में छोड़ कर जरीदा[2] थोड़े से सहायकों सहित सरसुती पहुंचा और शाही चरण चूम कर सम्मानित हुआ।

एमादुलमुल्क का सन्धि करने के लिये भेजा जाना

इसके पूर्व पौलाद कहा करता था कि मुझे अपने सच्चे मित्र मलिक एमादुलमुल्क की बात पर विश्वास है। यदि वह मेरा हाथ पकड़ कर (रायाते आला के) समक्ष ले जायगा तो मैं आज्ञाकारिता स्वीकार कर लूँगा और खाक बोस[3] के सम्मान द्वारा सम्मानित हो जाऊँगा। रायाते आला ने उसे पौलाद को प्रोत्साहित करने के लिए तबरहिन्दा की ओर भेजा। पौलाद ने क़िले के बाहर निकल कर मलिक एमादुलमुल्क तथा मलिक कालू से द्वार के समक्ष भेंट की। दोनों में यह निश्चय हुआ कि कल पौलाद क़िले के बाहर निकल कर बन्दिगी रायाते आला के चरणों का चुम्बन करेगा। अन्त में शाही सेना में से किसी ने उसे भय दिला दिया कि तुझसे विश्वासघात किया जायगा। इस कारण उसने पुनः क़िले में बन्द होकर युद्ध प्रारम्भ कर दिया। मलिकुश्शर्क़ मलिक एमादुलमुल्क लौट कर रायाते आला के पास चला गया।

१ कुछ पोथियों के अनुसार 'शहनये पील' अर्थात् शाही हाथियों की देखरेख करने वाला सर्वोच्च अधिकारी।

२ जरीदा :—जरीदा का अर्थ "अकेला, शीघ्रातिशीघ्र अथवा कुछ थोड़े से सवार जोकि बड़े दल का भाग हों" है। ग़यासुद्दीन तुग़लुक़ की मृत्यु की घटना के सम्बन्ध में इस शब्द के कारण बड़ा मतभेद उत्पन्न हो गया है, किन्तु कुछ थोड़े से सवारों को लेकर शीघ्रातिशीघ्र प्रस्थान करने के सम्बन्ध में इस शब्द का प्रयोग अन्य स्थानों पर भी हुआ है। ('तुग़लुक़ कालीन भारत', भाग २, पृ० ३४५, ४०५; बरनी। 'तारीखे फ़ीरोज़शाही' पृ० ४५३; 'तुग़लुक़ कालीन भारत', भाग १, पृ० २५)।

३ धरती चुम्बन।

पौलाद का तबरहिन्दा के किले में घेर लिया जाना

सफ़र ८३४ हि० (अक्तूबर-नवम्बर १४३० ई०) में बन्दिगी रायाते आला ने मलिकुश्शर्क़ मलिक एमादुलमुल्क को विदा करके मुल्तान की ओर भेज दिया और स्वयं सुरक्षित शहर (देहली) की ओर लौट गया। ख़ाने आज़म इस्लाम खां, कमाल खां तथा राय फ़ीरोज़ कमाल मीन को आदेश दिया (२१७) कि वे तबरहिन्दा के क़िले को घेर लें। मलिकुश्शर्क़ एमादुलमुल्क वापिस होकर तबरहिन्दा पहुंचा। उपर्युक्त अमीरों तथा मलिकों को क़िले को घेरने के नियम तथा ढंग समझाये। उसने क़िले को इस प्रकार घेर कर पड़ाव कर दिया कि किसी में भी बाहर निकलने की शक्ति न रही। जब अवरोध का कार्य दृढ़ हो गया तो वह स्वयं निरंतर कूच करता हुआ मुल्तान की ओर चल दिया। पौलाद इस प्रकार छः मास तक घिरा रहा और युद्ध करता रहा।

शेख़ अली का पौलाद की सहायतार्थ पहुँचना

इससे पूर्व पौलाद ने अपने आदमी शेख़ अली मुग़ल के पास भेज दिये थे और उसे कर अदा करना स्वीकार कर लिया था। इस लोभ से शेख़ अली अत्यधिक सेना लेकर काबुल से पौलाद की सहायतार्थ जमादि-उल-आखिर ८३४ हि० (फ़रवरी-मार्च १४३१ ई०) में झेलम नदी पर ऐनुद्दीन खुक्खर के तिलवारे[१] में पहुंचा। अमीर मुज़फ़्फ़र तथा उसका भतीजा खाजिका, सीवर तथा सल्वन्त[२] से अत्यधिक सेना लेकर उससे मिल गये। वहां से सियूर वालों की भीड़ तथा खुक्खर लोग साथ साथ तबर-हिन्दा पर आक्रमण करने के उद्देश्य से रवाना हुए। मार्ग में मलिक अबुल खैर खुक्खर ने भी भेंट की। ऐनुलमुल्क तथा मलिक अबुल खैर खुक्खर को वह मार्गदर्शक बना कर ब्याह नदी के तट पर पहुंचा। क़ुसूर क़स्बे से होते हुए उसने बोही घाट के निकट ब्याह नदी पार की और राय फ़ीरोज़ की विलायत[३] पर आक्रमण किया। राय फ़ीरोज़ तबरहिन्दा के क़िले के पास से अपने परिवार तथा सहायकों की रक्षा के बहाने से अन्य अमीरों की अनुमति के बिना चल दिया। शेख़ अली और भी अन्धा हो गया।[४] जब वह तबरहिन्दा के समीप दस कोस पर पहुंचा तो इस्लाम खां, कमाल खां तथा अन्य अमीर भी क़िले का घेरा छोड़ कर अपने अपने निवास-स्थान को चल दिये। शेख़ अली जब तबरहिन्दा के निकट पहुंचा तो पौलाद क़िले के बाहर निकला और उसने उससे भेंट की और दो लाख तन्के जो उसने अदा करना स्वीकार किया था अदा किये।

(२१८) शेख़ अली पौलाद की स्त्री तथा बालकों को अपने साथ लेकर तबरहिन्दा से रवाना हो गया। मार्ग में उसने राय फ़ीरोज़ की अधिकांश विलायत विध्वंस कर दी। तिरहाना क़स्बे के निकट उसने सतलदर[५] नदी पार की। जालन्धर की विलायत[६] वालों ने जारब मन्झूर[७] तक के निवासियों को बन्दी बना लिया। वह पुनः ब्याह नदी के तट पर पहुंचा। रजब ८३४ हि० (मार्च-अप्रैल १४३१ ई०)

१ सम्भवतः अधीनस्थ ग्राम।
२ कुछ पोथियों के अनुसार 'सकुनत'।
३ प्रदेश।
४ उसका अभिमान बढ़ गया।
५ सतलज।
६ प्रदेश।
७ कुछ पोथियों के अनुसार 'जारन मन्झूर' पंजाब के फ़ीरोज़पुर ज़िले में आधुनिक 'ज़ीरा'

को ब्याह नदी पार करके लोहूर[1] की ओर रवाना हुआ। लोहूर के अमीर मलिकुश्शर्क़ मलिक सिकन्दर ने वह कर जो वह प्रति वर्ष दिया करता था उसे देकर लौटा दिया। वहां से वह क़ुसूर होता हुआ प्रसिद्ध नगर दीबालपुर के समक्ष तिलवारे में उतरा और २० दिन तक वहां पड़ाव करके उस स्थान को नष्ट कर दिया।

एमादुलमुल्क का अग्रसर होना

जब मलिकुश्शर्क़ एमादुलमुल्क को उसकी वापसी, राय फ़ीरोज़ की विलायत तथा जालन्धर की अक़्ता के नष्ट होने के समाचार प्राप्त हुए तो वह अत्यधिक सेना लेकर ४० कोस आगे बढ़ा और उसने तलुम्बा[2] क़स्बे में पड़ाव कर दिया। शेख़ अली मलिकुश्शर्क़ एमादुलमुल्क के भय से रावी नदी होता हुआ तलबनह क़स्बे में पहुंचा। वहां भी न ठहर सकने के कारण ख़ूंतपुर[3] चल दिया। इसी प्रकार रायाते आला की तौक़ी[4] मलिकुश्शर्क़ को प्राप्त हुई कि वह तलुम्वा से मुल्तान चला जाय तथा शेख़ अली से युद्ध न करे।

शेख़ अली की विजय

२४ शाबान ८३४ हि० (७ मई १४३१ ई०) को मलिकुश्शर्क़ एमादुलमुल्क ने प्रस्थान किया और मुल्तान पहुंचा। शेख़ अली तबरहिन्दा से कुछ अमीरों तथा मलिकों के भाग जाने तथा उस विलायत को नष्ट करने के कारण बड़ा अभिमानी हो गया था और विश्वासघाती आकाश के क्रोध तथा छल की अग्नि से भय न करता था। वह रावी नदी को पुनः ख़ून्तपुर के निकट पार करके मुल्तान की ओर चल (२१९) दिया। मुल्तान की अधिकांश विलायत रावी के सूखे होने के कारण दुर्दशा में थी। झेलम तट पर जो कुछ आबादी रह गई थी, उसे भी नष्ट करके उसने मुल्तान से १० कोस पर पड़ाव किया। मलिक सुलेमान शाह लोदी को मलिकुश्शर्क़ एमादुलमुल्क ने तलीये[5] के रूप में आगे भेजा था। शेख़ अली मुग़ल अपनी समस्त सेना सहित कूच करता हुआ आ रहा था। दोनों में युद्ध हो गया। संक्षेप में, मलिक सुलेमान शाह लोदी की मौत आ गई और उसकी हत्या हो गई। उसकी सेना में से कुछ मारे गये और कुछ मुल्तान भाग गये।

३ रमज़ान ८३४ हि० (१५ मई १४३१ ई०) को शेख़ अली वहां से प्रस्थान करके खुसरवाबाद ग्राम में पहुंचा और वहीं पड़ाव किया। ४ रमज़ान ८३४ हि० (१६ मई १४३४ ई०) को वह अपनी समस्त सेना सहित तैयार होकर मुल्तान की नमाज़गाह[6] के निकट पहुंचा। मलिकुश्शर्क़ एमादुलमुल्क भी युद्ध के लिए क़िले में उपस्थित था। कुछ पदाती युद्ध हेतु आगे बढ़े और उसकी सेना को उद्यानों में रोक कर उन्होंने आगे बढ़ने न दिया। वह विवश होकर पुनः खुसरवाबाद की ओर लौट गया। नित्य

१ लाहौर।
२ मुल्तान के उत्तर-पूर्व में ५२ मील पर।
३ कुछ पोथियों में 'ख़तीबपुर'।
४ वह फ़रमान जिसमें शाही मुहर बादशाह के नाम तथा उपाधियों सहित लगी हो।
५ सेना का वह अग्रिम दल जो मुख्य सेना के प्रस्थान के पूर्व शत्रुओं का पता लगाने तथा सेना के पड़ाव एवं रण-क्षेत्र के विषय में सूचना प्राप्त करने के लिये भेजा जाता है।
६ सम्भवतः ईदगाह जहाँ ईद की नमाज़ें पढ़ी जाती थीं।

प्रति उसकी सेना आसपास के स्थानों तथा झेलम के किनारे आक्रमण करके लोगों के मवेशी तथा अनाज लूट ले जाती थी।

शेख़ अली की पराजय

२५ रमज़ान ८३४ हि० (६ जून १४३४ ई०) को शेख़ अली ने अपनी समस्त सेना तथा परिजन युद्ध के लिये तैयार किये और उन्हें लेकर मुल्तान के द्वार के समक्ष आया। मलिकुश्शर्क़ एमादुलमुल्क (२२०) की सेना तथा नगर-निवासी भी बाहर निकल कर उद्यानों में युद्ध करने लगे। आक्रमणकारी जो सामग्री, मवेशी तथा सीढ़ियाँ लाये थे, उन पर मुल्तान के पदातियों ने अधिकार जमा लिया। वे पराजित होकर पुनः अपने क्षेत्र में लौट गये।

शुक्रवार २७ रमज़ान ८३४ हि० (८ जून १४३१ ई०) को उन लोगों ने पूर्ण तैयारी सहित मुल्तान पर आक्रमण किया। अश्वारोही द्वार तक पहुंचने के लिए घोड़ों से उतर पड़े। मलिकुश्शर्क़ एमादुलमुल्क ने अपने अश्वारोहियों तथा पदातियों को लेकर उनपर आक्रमण किया। वे आक्रमण का मुक़ाबला न कर सके। सभी पलायन कर गये। कुछ लोगों की हत्या कर दी गई और कुछ भाग कर अपनी सेना से मिल गये। उस दिन पराजित हो जाने के उपरान्त वे पुनः क़िले के निकट फटकने का साहस न कर सके।

एमादुलमुल्क की सहायतार्थ अन्य सेना का पहुँचना

संक्षेप में जब रायाते आला को यह समाचार प्राप्त हुए तो उसने मजलिसे आली ख़ाने आज़म फ़तह ख़ां बिन (पुत्र) सुल्तान मुज़फ़्फ़र गुजराती, मजलिसे आली ज़ीरक खां, मलिक कालू शहनये पील[1], ख़ाने आज़म इस्लाम खां, मलिक यूसुफ़ सरवरुलमुल्क, ख़ाने आज़म कमाल खां तथा राय हीनू ज्वालजी भट्टी को अत्यधिक सेना देकर मलिकुश्शर्क़ मलिक एमादुलमुल्क की सहायतार्थ भेजा। उपर्युक्त अमीर निरन्तर कूच करते हुए २६ शव्वाल ८३४ हि० (७ जुलाई १४३१ ई०) को मुल्तान पहुंचे। कुछ दिन तक उन्होंने विश्राम किया। शुक्रवार ३ ज़ीक़ाद ८३४ हि० (१३ जुलाई १४३१ ई०) को नमाज़गाह के निकट से विजयी सेना ने कूच किया (२२१) और अलाउलमुल्क के कोटले[2] में वे उतरना चाहते थे कि शेख़ अली को सूचना मिल गई। वह अपने समस्त अश्वारोहियों तथा पदातियों को तैयार करके युद्ध के लिये निकला। विजयी सेना भी तैयार खड़ी थी। मलिकुश्शर्क़ एमादुलमुल्क मध्य भाग से, मजलिसे आली फ़तह खां, मलिक यूसुफ़ तथा राय हीनू, दायीं पंक्ति से, मजलिसे आली ज़ीरक ख़ां, मलिक कालू, ख़ाने आज़म इस्लाम ख़ां तथा ख़ाने आज़म कमाल खां, बायें भाग से उससे युद्ध करने के लिए अग्र-सर हुए। वह (शेख़ अली) विजयी सेना को देख कर दूर ही से पलायन कर गया। विजयी सेना के योद्धाओं ने उन पर एक साथ आक्रमण कर दिया। वे अव्यवस्थित एवं पराजित होकर इस प्रकार भागे कि पीछे मुड़ कर भी न देखा। उसकी सेना के कुछ सरदारों की पलायन के समय हत्या कर दी गई।

१ शाही हाथियों की देख-रेख करने वालों का मुख्य अधिकारी।
२ क़िले।

शेख अली की पराजय तथा पलायन

वह स्वयं अपनी सेना सहित अपने शिविर में, जिसकी उसने क़िलेबन्दी कर ली थी, प्रविष्ट हो गया। जब विजयी सेना ने वहां पहुंच कर अपनी शक्ति का प्रदर्शन किया तो वे उस आक्रमण को सहन न कर सके। सभी झेलम नदी में घुस गये। अधिकांश ईश्वर के आदेश से फ़िरऔन[1] की सेना के समान हो गये। शेष, कुछ मारे गये और कुछ बन्दी बना लिये गये। हाजीकार आहत होकर डूबने वालों में सम्मिलित हो गया। शेख अली तथा अमीर मुज़फ़्फ़र ने बिना किसी हानि के नदी पार कर ली और वे कुछ अश्वारोहियों सहित सियूर क़स्बे में पहुंच गये। उनके समस्त घोड़े, अस्त्र-शस्त्र तथा धन-सम्पत्ति विजयी सेना को प्राप्त हो गई। इस प्रकार की दुर्घटना तथा ऐसा घोर संकट पिछले युग तथा भूत काल में किसी सेना पर न पड़ा था। जो कोई नदी की ओर बढ़ा वह नदी में डूब गया और जो कोई पलायन (२२२) कर गया वह भी नष्ट हो गया। यहां तक कि किसी में भागने तथा युद्ध करने का सामर्थ्य न रह गया था। मानो वे सब एक साथ मौत के छिद्र में पहुंच गये हों। मनुष्य को इस महान् संकट तथा विपत्ति से शिक्षा ग्रहण करनी चाहिए।[2]

(२२३) मलिकुश्शर्क़ एमादुलमुल्क अर्थात् मलिक महमूद हसन तथा अन्य अमीरों ने, जो इस कार्य हेतु नियुक्त हुए थे, ४ ज़ीक़ाद ८३४ हि० (१४ जुलाई १४३१ ई०) को शेख अली का सियूर क़स्बे तक पीछा किया। अमीर मुज़फ़्फ़र ने सियूर के क़िले में क़िले की रक्षा की व्यवस्था कर रक्खी थी। उसने उसके भरोसे पर क़िले में बन्द होकर युद्ध किया। शेख अली अपने थोड़े से सैनिकों सहित पराजित होकर काबुल की ओर चल दिया। इसी बीच में शाही तौक़ी (आदेश) प्राप्त हुई और जो अमीर इस युद्ध हेतु नियुक्त हुए थे, वे सियूर के क़िले से शहर (देहली) की ओर चल दिये।

मलिक खैरुद्दीन को मुल्तान प्रदान किया जाना

इस कारण से मुल्तान की अक़्ता मलिकुश्शर्क़ से लेकर मलिक खैरुद्दीन खानी को प्रदान कर दी गई। यह स्थानान्तरण बिना सोच-विचार के किया गया, इस कारण मुल्तान में इतने उपद्रव उठ खड़े हुए कि उनका सविस्तार उल्लेख आगे के पृष्ठों में किया जायगा।

जसरथ का जालन्धर पर आक्रमण

रबी-उल-अव्वल ८३५ हि० (नवम्बर-दिसम्बर १४३१ ई०) में रायाते आला ने यह सुना कि "मलिक सिकन्दर तुहफ़ा जालन्धर की ओर गया हुआ था, जसरथ शेखा खोखर एक बहुत बड़ी सेना लेकर तीखर पर्वत से प्रस्थान करके झेलम, रावी तथा व्यास नदियां पार करता हुआ जालन्धर के निकट पेनी[3] नदी के तट पर पहुंचा। मलिक सिकन्दर असावधान था। थोड़ी सी सेना लेकर उसने मुक़ाबला किया। प्रथम आक्रमण ही में पराजित हो गया। दुर्भाग्य से उसके घोड़े का पांव दलदल में फंस गया। जसरथ ने उसको जीवित बन्दी बना लिया। उसकी सेना के कुछ लोग युद्ध में मारे गये और कुछ भाग कर जालन्धर की ओर चल दिये।"

१ मिस्र का अत्याचारी बादशाह जिसकी सेना मूसा पैग़म्बर से युद्ध हेतु अग्रसर होते समय नील नदी में डूब कर नष्ट हो गई।
२ शिक्षा हेतु प्रचलित वाक्यों का अनुवाद नहीं किया गया।
३ कुछ पोथियों में 'बेनी'।

जसरथ का लाहौर पर आक्रमण

जसरथ, सिकन्दर तथा उसकी सेना के कुछ सरदारों को, जो बन्दी बना लिये गये थे, साथ लेकर लोहूर[1] की ओर रवाना हुआ। लोहूर के क़िले को घेर लिया। सिकन्दर का नायब सैयिद नजमुद्दीन (२२४) तथा उसका दास मलिक खुश खबर क़िले में थे। उन्होंने युद्ध प्रारम्भ कर दिया। दोनों के मध्य में रोज़ाना युद्ध होता था।

शेख़ अली का मुल्तान पर आक्रमण तथा उसके अत्याचार

इसी बीच में शेख अली ने भी पिशाचों के समूह को एकत्र करके मुल्तान के क्षेत्र पर आक्रमण कर दिया। खूंतपुर[2] वालों तथा झेलम नदी के ग्राम के बहुत से निवासियों को बन्दी बना लिया और नदी पार की। १७ रबी-उल-अव्वल ८३५ हि० (२३ नवम्बर १४३१ ई०) को वह तलबनह[3] क़स्बे में पहुंचा। क़स्बे वालों से संधि की वार्ता प्रारम्भ करके उन्हें अपने अधिकार में कर लिया। उनमें से जो लोग उनके सरदार थे, उन्हें बन्दी बना लिया। तत्पश्चात् उसने अपनी पिशाचों की सेना को क़िले पर अधिकार कर लेने का आदेश दे दिया। दूसरे दिन समस्त मुसलमान अपवित्र काफ़िरों तथा धृष्ट अधर्मियों द्वारा बन्दी बना लिये गये। यद्यपि क़स्बे के अधिकांश सदाचारी व्यक्ति, इमाम[4], सैयिद तथा क़ाज़ी थे, किन्तु उन दुष्ट पिशाचों ने किसी के मुसलमान होने अथवा खुदा के भय की ओर ध्यान न दिया। समस्त स्त्रियां, युवक तथा बालक खींच-खींच कर उसके घर पहुंचाये गये और पुरुषों में कुछ तो तलवार के घाट उतार दिये गये और कुछ मुक्त कर दिये गये। तलबनह[5] का क़िला जो अपनी दृढ़ता के लिये प्रसिद्ध था चूर-चूर कर दिया गया। ईश्वर पिशाचों का विनाश करे और मुसलमान बादशाह तथा इस्लाम धर्म को उन्नति प्रदान करे।

पौलाद द्वारा राय फ़ीरोज़ की पराजय

इसी बीच में पौलाद तुर्क वच्चे ने तबरहिन्दा से अपनी सेना सहित राय फ़ीरोज़ की विलायत पर आक्रमण किया। जब राय फ़ीरोज़ को इस बात का पता चला तो उसने अपने अश्वारोहियों तथा पदातियों सहित युद्ध किया। दोनों में युद्ध हुआ। दुर्भाग्य से राय की मृत्यु हो गई। वह (पौलाद) (२२५) उसका सिर काट कर तबरहिन्दा में ले गया। उस विलायत के अधिकांश घोड़े तथा अनाज पौलाद को प्राप्त हो गये।

सुल्तान का पौलाद के विरुद्ध प्रस्थान

यह सुन कर बन्दिगी हज़रत रायाते आला ने जमादि-उल-अव्वल ८३५ हि० (जनवरी-फ़रवरी १४३२ ई०) में शाही शिविर लोहूर[6] तथा मुल्तान की दिशा में लगवाये। मलिक सरूप[7] को शाही

१ लाहौर।
२ कुछ पोथियों के अनुसार 'खतीबपुर'।
३ कुछ पोथियों के अनुसार 'तलुम्बा'।
४ जो सामूहिक अनिवार्य नमाज़ में आगे खड़े होकर नमाज़ पढ़ाते हैं।
५ तलुम्बा।
६ लाहौर।
७ कुछ पोथियों के अनुसार 'सरवर'।

सेना का मुक़द्दमा[1] नियुक्त करके उपर्युक्त विद्रोह को शान्त करने के लिए भेजा गया। जब शाही सेना सामाना के क्षेत्र में पहुंची तो जसरथ हरामखोर क़िले को छोड़ कर तीखर[2] पर्वत की ओर चल दिया और मलिक सिकन्दर को अपने साथ लेता गया।

लाहौर तथा जालन्धर का नुसरत खां को प्रदान किया जाना

शेख़ अली भी विजयी सेना से भाग कर बारतूत की ओर चल दिया। लोहूर की अक़्ता मलिकुश्-शर्क़ शम्सुलमुल्क से लेकर खाने आज़म नुसरत खां गुर्ग अन्दाज़[3] को प्रदान कर दी गई। शम्सुलमुल्क के परिवार वालों को मलिक सरूप ने लोहूर के क़िले से निकाल कर राजधानी में भेज दिया। लोहूर का क़िला तथा जालन्धर की अक़्ता पर नुसरत खां ने अधिकार जमा लिया।

जसरथ की पराजय तथा पलायन

ज़िलहिज्जा ८३५ हि० (जुलाई-अगस्त १४३२ ई०) में जसरथ खोखर पर्वत से अत्यधिक सेना लेकर लोहूर पहुंचा। उसमें तथा नुसरत खां में युद्ध हुआ। अन्त में जसरथ विवश होकर लौट गया। बन्दिगी हज़रते रायाते आला यमुना तट पर पानीपत के निकट बहुत समय तक अपनी सेना के शिविर लगाये रहा। वहां से उसने मलिकुश्शर्क़ एमादुलमुल्क को अत्यधिक सेना देकर रमज़ान ८३५ हि० (मई १४३२ ई०) में ब्याना तथा गालीवर[4] की ओर वहां के विद्रोहियों तथा काफ़िरों को दंड देने के लिये भेजा। वह स्वयं शुभ मुहूर्त्त तथा ग्रह में शहर (देहली) की ओर लौट आया।

सुल्तान का सामाना पर आक्रमण

(२२६) मुहर्रम ८३६ हि० (अगस्त-सितम्बर १४३२ ई०) में संसार को शरण प्रदान करने वाले बादशाह ने सामाना पर उस ओर के विद्रोहियों को दंड देने के लिए चढ़ाई की। शक्तिशाली सेना लेकर वह पानीपत पहुंचा। इसी बीच में मख़दूमये जहां, रायाते आला मुबारक शाह की माता के रुग्ण होने के समाचार प्राप्त हुए। यह समाचार पाते ही वह थोड़े से अश्वारोहियों को लेकर शहर (देहली) की ओर चल खड़ा हुआ। सेना, शिविर तथा समस्त अमीरों और मलिकों को उसी भूभाग में छोड़ गया। कुछ दिन उपरान्त मख़दूमये जहां का निधन हो गया। रायाते आला शोक सम्बन्धी प्रथाओं के पूर्ण होने के दस दिन पश्चात् तक शहर (देहली) में ठहरा रहा। तत्पश्चात् शहर से सेना के शिविर में पहुंच गया।

मलिक सरूप का तबरहिन्दा को भेजा जाना

उसने मलिक सरूप[5] को आदेश दिया कि वह सेना लेकर तबरहिन्दा पर चढ़ाई करे। पौलाद तुर्क बच्चे ने पूर्व ही से क़िले की रक्षार्थ अत्यधिक व्यवस्था कर ली थी। इसके अतिरिक्त उसने राय

१ अग्रिम दल का नेता।
२ तिलहर।
३ भेड़िये की हत्या करने वाला।
४ ग्वालियर।
५ सरवर।

फ़ीरोज़ की विलायत[1] से भी सामग्री तथा अनाज क़िले में एकत्र कर लिया था। उसने क़िलेबन्दी करके विजयी सेना से युद्ध किया। मलिक सरूप सरवरुलमुल्क वहां की व्यवस्था ठीक करके, मजलिसे आली ज़ीरक खां, इस्लाम खां तथा मलिक कहुनराज को वहां छोड़ कर स्वयं थोड़ी सी सेना लेकर रायाते आला के पास पानीपत पहुंचा।

लाहौर तथा जालन्धर का काका लोदी को प्रदान किया जाना

बादशाहे जहांपनाह ने उस ओर प्रस्थान करने का विचार त्याग दिया। लोहूर[2] तथा जालन्धर की अक़्ता नुसरत खां से लेकर मलिक अलहदाद काका लोदी को प्रदान कर दी। जब मलिक अलहदाद जालन्धर की विलायत में प्रविष्ट हुआ तो जसरथ तैयार था। ब्याह[3] नदी पार करके बजवारा[4] की हद में पहुंचा। उसमें तथा अलहदाद में युद्ध हुआ। ईश्वर ने जसरथ को विजय प्रदान की। मलिक अलह (२२७) दाद पराजित होकर कोथी पर्वत की ओर चल दिया।

सुल्तान का मेवात की ओर प्रस्थान, जलाल खां का आज्ञाकारिता स्वीकार करना

रबी-उल-अव्वल ८३६ हि० (अक्तूबर-नवम्बर १४३२ ई०) में सुल्तान ने मेवात की पहाड़ियों की दिशा में शिविर लगाये। निरन्तर कूच करता हुआ ताउरु क़स्बे के निकट पहुंचा। जलाल खां मेव[5] को जब यह समाचार प्राप्त हुए तो वह अत्यधिक सेना लेकर अन्दवर के क़िले में जो मेवातियों के क़िलों में अत्यन्त दृढ़ था बन्द हो गया। दूसरे दिन बादशाह ने तैयार होकर उस क़िले पर अधिकार जमाने के लिये आक्रमण किया। अभी विजयी सेना का अग्रिम दल भी वहां न पहुंचा था कि जलाल खां क़िले के भीतर आग लगा कर कोटला की ओर भाग गया। जो सामग्री, वस्त्र, अनाज इत्यादि उसने क़िले में बन्द होकर युद्ध करने के लिये एकत्र किये थे उनमें से अधिकांश विजयी सेना के हाथ लग गये। रायाते आला ने वहां से कूच करके तजारा क़स्बे में पड़ाव किया और अधिकांश मेवात प्रदेश नष्ट कर दिया। जब जलाल खां विवश तथा व्याकुल हो गया तो उसने आज्ञाकारिता स्वीकार कर ली और प्रथानुसार धन तथा कर प्रदान किया। संसार के स्वामी ने उसकी धृष्टता क्षमा कर दी; उसे शाही कृपादृष्टि द्वारा सम्मानित किया गया। तजारा क़स्बे में मलिक एमादुलमुल्क ब्याना की अक़्ता से अत्यधिक अश्वारोहियों तथा पदातियों को लेकर सुल्तान की सेवा में उपस्थित हुआ।

कमालुद्दीन का ग्वालियर तथा इटावा के विरुद्ध भेजा जाना

रायाते आला ने मलिक कमालुलमुल्क को तजारा क़स्बे के पड़ाव से ग्वालियर तथा इटावा के काफ़िरों की विलायत पर अधिकार जमाने के लिये भेजा और स्वयं थोड़े से अश्वारोहियों तथा पदातियों सहित शहर (देहली) की ओर लौट आया। जमादि-उल-अव्वल ८३६ हि० (दिसम्बर-जनवरी १४३२-३३ ई०) में वह शुभ मुहूर्त तथा ग्रह में राजधानी पहुंचा और कुछ दिन तक वहां विश्राम किया।

१ अधिकार-क्षेत्र, प्रदेश।
२ लाहौर।
३ ब्यास।
४ जालन्धर के उत्तर-पूर्व में २५ मील पर तथा होशियारपुर के पूर्व डेढ़ मील पर।
५ मेवाती।

शेख़ अली द्वारा लाहौर का अवरोध

(२२८) इसी बीच में समाचार प्राप्त हुए कि शेख़ अली अत्यधिक सेना एवं बहुत बड़ा दल लेकर कुछ अमीरों के विरुद्ध, जो तबरहिन्दा पर अधिकार जमाने के लिये नियुक्त थे, आ रहा है। रायाते आला को चिन्ता हो गई। इस भय से कि उपर्युक्त अमीर जिस प्रकार प्रथम बार उसके (शेख़ अली के) डर से तबरहिन्दा के क़िले का घेरा छोड़ कर भाग गये थे, उसी प्रकार कहीं दूसरी बार भी न भाग जायं, मलिकुश्शर्क़ एमादुलमुल्क को उनकी सहायतार्थ भेजा गया। मलिकुश्शर्क़ एमादुलमुल्क के उन अमीरों की सहायतार्थ तबरहिन्दा में पहुंच जाने के कारण उनका साहस बढ़ गया। संक्षेप में, शेख़ अली ने सियूर से बढ़ कर ब्याह[1] नदी के तट की विलायत पर आक्रमण किया। साहनीवाल तथा अन्य ग्रामों के बहुत से लोगों को बन्दी बना कर लोहूर[2] की ओर रवाना हुआ। मलिक यूसुफ़ सरूप[3], मजलिसे आली जीरक खां का भतीजा मलिक इस्माईल तथा बिहार खां का पुत्र मलिक राजा, लोहूर के क़िले की रक्षार्थ नियुक्त थे। वे क़िले में बन्द होकर उससे युद्ध करते रहे। लोहूर निवासियों ने पहरे तथा चौकी में असावधानी प्रदर्शित की। इस कारण मलिक यूसुफ़ तथा मलिक इस्माईल एक पहर रात्रि व्यतीत हो जाने पर क़िले के बाहर निकल कर भाग खड़े हुए। दुष्ट शेख़ अली को सूचना मिल गई। उसने उनका पीछा करने के लिए सेना भेजी। कुछ अश्वारोही पिशाचों द्वारा मार डाले गये, कुछ बन्दी बना लिये गये। मलिक राजा भी बन्दी बना लिया गया। दूसरे दिन उस दुष्ट पिशाच अर्थात् शेख़ अली ने नगर के समस्त मुसलमानों—स्त्रियों तथा पुरुषों—को बन्दी बना लिया। उस पिशाच के पास इस्लाम का नगर नष्ट करने तथा मुसलमानों को बन्दी बनाने के अतिरिक्त कोई अन्य कार्य न था।

शेख़ अली का लाहौर पर अधिकार जमाना तथा दीबालपुर की ओर प्रस्थान

(२२९) संक्षेप में लोहूर[4] निवासियों को बन्दी बनाने के पश्चात् वह कुछ दिन वहां ठहरा रहा। लोहूर के क़िले का, जो विभिन्न स्थानों पर टूट-फूट गया था, जीर्णोद्धार कराया। २००० योद्धा अश्वारोही तथा पदाती क़िले में छोड़ कर क़िले की रक्षा की सामग्री उन्हें देकर स्वयं दीबालपुर की ओर चल दिया। मलिक यूसुफ़ सरवरुलमुल्क की इच्छा थी कि जिस प्रकार उसने लोहूर का क़िला ख़ाली कर दिया था उसी प्रकार दीबालपुर का क़िला भी रिक्त करके चला जाय। मलिकुश्शर्क़ एमादुलमुल्क को तबरहिन्दा में इस बात का पता लग गया। मलिकुलउमरा मलिक अहमद को, जो उसका अनुज था, उसने दीबालपुर के क़िले की रक्षा हेतु भेजा। शेख़ अली, मलिकुश्शर्क़ के सामने से सहस्रों युक्तियों द्वारा अपने प्राण सुरक्षित ले जा सका। उसके हृदय में वही आतंक आरूढ़ था और वह दीबालपुर की ओर जाने का साहस न कर सका।

सुल्तान का सामाना तथा तिलौंदी की ओर प्रस्थान

जमादि-उल-आखिर ८३६ हि० (जनवरी-फ़रवरी १४३३ ई०) को मुबारक शाह ने उस अभागे की दुष्टता के समाचार सुने। वह वीरता के मैदान का सिंह बिना सोचे हुए जो थोड़ी सी भी सेना उप-

१ व्यास।
२ लाहौर।
३ सरवर।
४ लाहौर।

लब्ध थी उसी को लेकर निरन्तर कूच करता हुआ सामाना पहुंचा। वहां उसने मलिकुश्शर्क़ कमालुल-मुल्क के कारण कुछ दिन तक पड़ाव किया। जब मलिकुश्शर्क़ समस्त नियुक्त सेना सहित पाबोस[1] कर चुका तो मुबारक शाह ने सामाना से सुनाम होते हुए राय फ़ीरोज़ मीन की तिलौंदी के निकट पड़ाव किया। मलिकुश्शर्क़ एमादुलमुल्क तथा इस्लाम खां लोदी, जो तबरहिन्दा में नियुक्त थे, रायाते आला (२३०)की सेवा में उपस्थित हुए। उसने अन्य अमीरों को आदेश दिया कि वह क़िले के पास से पृथक् न हों। वह स्वयं शीघ्रातिशीघ्र बोही के घाट पर पहुंचा। जब उस अभागे को इसकी सूचना मिली तो वह व्याकुल होकर दूर ही से भाग खड़ा हुआ। विजयी सेना दीबालपुर के निकट पहुंची तथा ब्याह नदी पार करके रावी तट पर उतरी। उस पिशाच ने भी झेलम नदी पार की।

सिकन्दर तुहफ़ा का दीबालपुर तथा जालन्धर प्राप्त करना

मलिकुश्शर्क़ सिकन्दर तुहफ़ा को शम्सुलमुल्क की उपाधि दी गई और दीबालपुर तथा जालन्धर की अक़्ता उसने प्राप्त की और उसे शक्तिशाली सेना देकर उन अभागों के विरुद्ध, जो लोहूर[2] के क़िले को बन्द किये हुए थे, नियुक्त किया और स्वयं सुरक्षित सियूर के क़िले की ओर, जो उस अभागे के अधीन था, चल दिया। उसने रावी नदी तलुम्बा क़स्बे के निकट पार की। मलिकुश्शर्क़ को शेख़ अली का पीछा करने के लिए नियुक्त किया।

शेख़ अली का पलायन

वह अभागा आतंकित होकर इस प्रकार भागा कि उसने पीछे मुड़ कर न देखा। उसके अधिकांश घोड़े, कपड़े तथा सामग्री जो नौकाओं में थी इस्लामी सेना के अधिकार में आ गई। सियूर के क़िले में शेख़ अली का भतीजा अमीर मुज़फ़्फ़र था। वह क़िले की दृढ़ता के कारण क़िले में बन्द होकर बादशाह से लगभग एक मास तक युद्ध करता रहा। अन्त में विवश होकर संधि की वार्ता करने लगा।

शेख़ अली के भतीजे मुज़फ़्फ़र का अधीनता स्वीकार करना

रमज़ान ८३६ हि० (अप्रैल-मई १४३३ ई०) में उसने अपनी पुत्री बादशाह के पुत्र[3] को देकर तथा कर का धन अदा करके बादशाह से संधि कर ली। शव्वाल ८३६ हि० (मई-जून १४३३ ई०) में जिन पिशाचों के समूह ने लोहूर[4] का क़िला बन्द कर रक्खा था, उसने मलिकुश्शर्क़ शम्सुलमुल्क को सौंप कर क़िला खाली कर दिया। उस क़िले पर मलिकुश्शर्क़ शम्सुलमुल्क ने अधिकार जमा लिया। जब संसार को शरण प्रदान करने वाला बादशाह सियूर तथा लोहूर के युद्ध से निश्चिन्त हो गया तो उसने देहली की ओर लौटना निश्चय किया।

सुल्तान का मुल्तान की ओर प्रस्थान

(२३१) शव्वाल ८३६ हि० (मई-जून १४३३ ई०) में सुल्तान विजय तथा सफलता पाकर

१ चरणों का चुम्बन।
२ लाहौर।
३ फ़िरिश्ता के अनुसार 'बादशाह को'।
४ लाहौर।

अत्यधिक सेना सहित सम्मानित मशायख[1] के (मज़ारों के दर्शनार्थ) मुल्तान की ओर रवाना हुआ। हाथी, पायगाह[2], सेना तथा शिविर मलिकुश्शर्क़ कमालुलमुल्क के पास दीबालपुर नामक प्रसिद्ध नगर में छोड़ गया। पूज्य मशायख़ के मज़ारों[3] के दर्शन तथा उस प्रदेश के कार्यों को सम्पन्न करने के उपरान्त वह कुछ ही दिन में शीघ्रातिशीघ्र प्रसन्नचित्त दीबालपुर नगर में पहुंचा। अभागे शेख़ अली के भय से उसने लोहूर तथा दीबालपुर का क़िला राज्य-व्यवस्था के नियमानुसार एक शूरवीर तथा राजभक्त को, जो सर्वदा रणक्षेत्र में डटा रहता था, देकर वापस होना निश्चय किया। मलिकुश्शर्क़ एमादुलमुल्क के सर्वगुणसम्पन्न होने तथा अधिकांश युद्धों के उसके द्वारा विजय होने के कारण लोहूर[4], दीबालपुर तथा जालन्धर की अक़्तायें शम्सुलमुल्क से लेकर उसे (मलिकुश्शर्क़ एमादुलमुल्क को) प्रदान कर दीं। ब्याना की अक़्ता मलिक एमादुलमुल्क से लेकर शम्सुलमुल्क को प्रदान कर दी गई। (मुबारक शाह) हाथी, पायगाह, सेना, परिजन तथा खेमे-डेरे इत्यादि मलिकुश्शर्क़ कमालुलमुल्क के पास छोड़ कर शीघ्रातिशीघ्र यात्रा करता हुआ ईद[5] के दिन राजधानी देहली में पहुंच गया। अमीर, मुलूके शहरदार[6], सैनिक तथा बाज़ारी संसार को शरण प्रदान करने वाले बादशाह के समक्ष ख़ाक बोस[7] करके सम्मानित हुए।

नये पद

(२३२) १ ज़िलहिज्जा ८३६ हि० (१९ जुलाई १४३३ ई०) को मलिकुश्शर्क़ कमालुलमुल्क भी सुरक्षित विजयी सेना सहित बड़ी लम्बी यात्रा करके राजधानी में पहुंच गया। दीवाने विज़ारत[8] के कार्य सरवरुलमुल्क द्वारा सम्पन्न न हो पाते थे। उससे इशराफ़[9] का कार्य लेकर मलिकुश्शर्क़ कमालुलमुल्क को, समस्त कार्यों एवं गुणों में दक्ष होने के कारण, दे दिया गया। विज़ारत सरवरुलमुल्क के अधिकार में रही। कमालुलमुल्क को दीवाने इशराफ़ प्रदान हुआ। दोनों मिल कर शासन प्रबन्ध करने लगे किन्तु दोनों में मतभेद रहता था। उच्च पदाधिकारी तथा दीवाने विज़ारत के दवावीन[10] समस्त कार्यों में (कमालुलमुल्क) से परामर्श करते थे। सरवरुलमुल्क इस चिन्ता के कारण घुला करता था। यद्यपि इसके पूर्व दीबालपुर की अक़्ता के स्थानान्तरण के कारण वह बड़ा ही दुखी रहता था, अब उसके सौभाग्य के उपवन में दुर्भाग्य का यह नया कांटा उत्पन्न हो गया।

सरवरुलमुल्क द्वारा राज्य में परिवर्तन का प्रयत्न

वह मूर्खता के कारण राज्य में परिवर्तन करने की योजनायें बनाने लगा। कुछ हरामख़ोर काफ़िरों, उदाहरणार्थ कांगू के पुत्रों, कजू खत्री जिनके पूर्वजों का पालन-पोषण तथा जिनको आश्रय इस

१ प्रतिष्ठित सन्त।
२ अश्वशाला।
३ क़ब्रों।
४ लाहौर।
५ बदायूनी के अनुसार 'ईदे कुर्बां' अथवा 'बक़रईद'।
६ देहली के मलिक।
७ धरती चुम्बन।
८ मुख्य वज़ीर के विभाग के कार्य।
९ राज्य के एकाउन्टेंट जनरल का कार्य। वह राज्य की आय पर नियंत्रण रखता था।
१० अधिकारी।

वंश द्वारा प्राप्त हुआ था और जिनमें से प्रत्येक अत्यधिक सेनाओं एवं परिजनों तथा सम्पन्न विलायतों का अधिकारी हो गया था, और कुछ कृतघ्न मुसलमानों उदाहरणार्थ मीराने सद्र नायबे अर्ज़े ममालिक, क़ाज़ी अब्दुस्समद ख़ास हाजिब[1] तथा अन्य लोगों को मिला लिया और इसी प्रकार की चिन्ता में रहने लगा तथा योजनायें बनाने लगा किन्तु उसे कोई अवसर न मिलता था। ईश्वर का कोई भय तथा लोगों के प्रति लज्जा उसके लिये वाधक न थीं।

ख़राबाबाद अथवा मुबारकाबाद का शिलान्यास

संक्षेप में, संसार को शरण प्रदान करने वाले बादशाह ने यमुना तट पर एक नये नगर का निर्माण कराना निश्चय किया। १७ रबी-उल-अव्वल ८३७ हि० (१ नवम्बर १४३३ ई०) को उसने इस नश्वर संसार में एक नगर का निर्माण प्रारम्भ कराया और उस अभागे नगर (२३३) का नाम मुबारकाबाद रक्खा। उसे यह न ज्ञात था कि उसकी आयु की नीव अत्यन्त शिथिल हो गई है और नष्ट होने वाली है। वह हर समय उस भवन के पूर्ण कराने का प्रयत्न किया करता था।

तबरहिन्दा की विजय

इस मास में तबरहिन्दा के क़िले की विजय के समाचार बादशाह को प्राप्त हुए। इसी बीच में जो अभागे पौलाद के विनाश हेतु नियुक्त हुए थे उन्होंने उसका सिर काट कर मीराने सद्र के हाथ राजधानी में भेजा। बादशाह ने दूसरे दिन शिकार की सवारी की प्रथानुसार उस प्रदेश के सुव्यवस्थित करने के लिए प्रस्थान किया। वह निरन्तर कूच करता हुआ तबरहिन्दा के क़िले में पहुंचा। शीघ्र ही वहां से प्रसन्नतापूर्वक प्रस्थान करके शहर मुबारकाबाद पहुंच गया।

इबराहीम तथा कालपी के अलप खां के मध्य में युद्ध

हिन्दुस्तान की ओर से आने वालों ने सुल्तान इबराहीम तथा अलप खां के मध्य में कालपी के लिए जो युद्ध हुआ था उसके समाचार पहुंचाये। सुल्तान इससे पूर्व उस ओर चढ़ाई करना चाहता था। यह समाचार पाते ही उसने दृढ़ संकल्प कर लिया। उसने प्रत्येक दिशा में इस आशय से फ़रमान भेजे कि उमराये शहरदार[2] तथा प्रत्येक प्रदेश के मलिक अत्यधिक सेना लेकर तैयार होकर शीघ्रातिशीघ्र राजधानी में पहुंच जायं।

सुल्तान का प्रस्थान

जब अत्यधिक सेना बादशाह के पास, चन्द्रमा के चारों ओर तारों के समान, एकत्र हो गई तो उसने जमादि-उल-आख़िर ८३७ हि० (जनवरी-फ़रवरी १४३४ ई०) में हिन्दुस्तान की ओर प्रस्थान किया और चबूतरये शेरगाह में कुछ दिन पड़ाव किया।

१ हाजिबः—शाही दरबार में सुल्तान तथा दरबारियों के मध्य में खड़े होते थे और उनकी आज्ञा बिना सुल्तान तक कोई न पहुँच सकता था। इनका सरदार अमीर हाजिब कहलाता था। समस्त प्रार्थना-पत्र भी अमीर हाजिब तथा हाजिबों द्वारा ही सुल्तान की सेवा में प्रस्तुत किये जाते थे।

२ राजधानी के अमीर।

सुल्तान का बध

(२३४) संसार को शरण प्रदान करने वाला बादशाह वहां से शहर मुबारकाबाद के निर्माण कार्य के निरीक्षण हेतु थोड़े से सहायकों सहित जाया करता था। दुष्ट सरवरुलमुल्क ने, जो इस कार्य हेतु समय की खोज किया करता था, मीराने सद्र हरामखोर को इस बात पर तैयार किया कि एकान्त में इस कुत्सित योजना को सम्पन्न करा दे। शुक्रवार ९ रजब ८३७ हि० (१९ फ़रवरी १४३४ ई०) को बादशाह विजयी सेना से पृथक् होकर थोड़े से सैनिकों सहित मुबारकाबाद में गया हुआ था। वह शुक्रवार की नमाज़ की तैयारी कर रहा था कि मीराने सद्र ने छल तथा विश्वासघात द्वारा उन अमीरों को, जो बादशाह की रक्षा तथा पहरे के लिये नियुक्त थे, हटा दिया। वे लोमड़ी रूपी मुरदार सुअर तथा ख़ून के प्यासे गीदड़ दुष्ट काफ़िरों सहित तैयार होकर घोड़ों तथा अस्त्र-शस्त्र सहित विदा के बहाने से भीतर पहुंच गये। सुधारन कांगू अपने दल सहित द्वार पर ठहर गया ताकि वह किसी को द्वार में प्रविष्ट न होने दे। क्योंकि उस सिंह के शिकार करने वाले शूरवीर अर्थात् बादशाह को उन पर पूर्ण विश्वास था अपितु वह उनके ऊपर अत्यधिक कृपा-दृष्टि प्रदर्शित किया करता था अतः उसने उनसे दयापूर्वक व्यवहार किया। अचानक पिशाच कजू के नाती दुष्ट सिद्धपाल ने उस स्थान से जहां (२३५) वह घात लगाये बैठा था, इस प्रकार बादशाह पर प्रहार किया कि उसकी मृत्यु हो गई। अभागे रानू तथा उसके दुष्ट एवं पिशाच सहायकों ने, जिनकी नरक प्रतीक्षा कर रहा था, बादशाह को शहीद कर दिया।

(आकाश तथा समय की शिकायत)

मुबारकशाह ने १३ वर्ष, ३ मास तथा १६ दिन तक राज्य किया।

सुल्तानुल अह्द वज़्ज़मान[1] मुहम्मदशाह

(२३६) मुहम्मदशाह बिन (पुत्र) फ़रीद शाह बिन (पुत्र) खिज्र शाह सहनशील तथा दयालु बादशाह था। समस्त उत्कृष्ट गुण उसमें विद्यमान थे। समस्त अवगुणों से उसका स्वभाव शून्य था। बादशाही तथा राज्य-व्यवस्था के चिह्न उसके ललाट से दृष्टिगत होते थे। ईश्वर की कृपा का प्रकाश तथा अगाध दैवी रहस्य उसके सौभाग्य द्वारा प्रकट होते थे।

मुबारकशाह की हत्या के उपरान्त दुष्ट काफ़िरों तथा नीच मीराने सद्र ने तुरन्त सरवरुलमुल्क के पास पहुंच कर यह समाचार उसे पहुंचाये। सरवरुलमुल्क तथा उसके सहायकों के मस्तिष्क में अभिमान उत्पन्न हो गया। तत्पश्चात् अमीरों, मलिकों, इमामों, सैयिदों, समस्त प्रजा, आलिमों तथा क़ाज़ियों की सहमति से शुभ मुहूर्त एवं ग्रह में उत्तराधिकार के कारण तथा ईश्वर की सहायता से ९ रजब ८३७ हि० (१९ फरवरी १४३४ ई०) को शुक्रवार की नमाज़ के उपरान्त सिंहासनारूढ़ हुआ।

सरवरुलमुल्क की उद्दंडता

सरवरुलमुल्क ने यद्यपि बादशाह से बैअत कर ली थी[2] किन्तु उसने यथेच्छाचार प्रारम्भ कर दिया यहां तक कि समस्त खज़ाना, धन-सम्पत्ति, घोड़े तथा शस्त्रागार अपने अधिकार में कर लिये। सरवरुल-
(२३७) मुल्क को खाने जहां तथा मीराने सद्र को मुईनुलमुल्क की उपाधियां प्रदान की गईं। दुष्ट काफ़िरों ने यथेच्छाचार तथा दिखावा प्रारम्भ कर दिया। वे जो कुछ करते अपने लिये करते; और अन्त में उन्होंने उसका परिणाम देख लिया तथा फल भोग लिया।

कमालुलमुल्क द्वारा प्रतिकार का प्रयत्न

संक्षेप में, मलिकुश्शर्क़ कमालुलमुल्क, जो खानी तथा सर्वोच्च अधिकार के योग्य था, समस्त अमीरों, मलिकों, सेना, हाथियों, पायगाह[3] और परिजन सहित, जो शहर के बाहर थे, शहर के भीतर प्रविष्ट हुआ और उसने बादशाह से बैअत की किन्तु वह इसी बात का प्रयत्न करता रहा कि किसी प्रकार अपने स्वामी मुबारक शाह के रक्त का बदला मार्गभ्रष्ट काफ़िरों, झूठों, दुष्ट सरवर तथा मीराने सद्र हरामखोर से ले और उसके सहायकों की हत्या कर दे किन्तु उसे इसका अवसर न मिलता था। अन्त में यह महान् कार्य ईश्वर की कृपा से उस आसिफ़[4] द्वितीय एवं ईश्वर के चुने हुए व्यक्ति, वीरता के रणक्षेत्र के शहसवार द्वारा इस प्रकार सम्पन्न हुआ कि इसका उल्लेख किसी भी इतिहास में न होगा कि किस प्रकार इतना बड़ा तथा कठिन कार्य इतने शीघ्र तथा इतनी सुगमता से सम्पन्न हो गया।.....

१ समकालीन सुल्तान।
२ अधीनता स्वीकार कर ली थी।
३ अश्वशाला।
४ आसिफ़ बिन बरखिया सुलेमान पैग़म्बर का वज़ीर बताया जाता है। वह अपनी बुद्धिमत्ता के लिये बड़ा प्रसिद्ध था। बुद्धिमान तथा योग्य वज़ीर के लिये आसिफ़ शब्द का प्रयोग होता था।

सरवरुलमुल्क द्वारा मुबारकशाह के दासों का बन्दी बनाया जाना

दूसरे दिन सरवरुलमुल्क ने मुबारक शाह के कुछ दासों को, जो मरातिब तथा माही[1] के स्वामी (२३८) थे, बैअत के बहाने से बुलवा कर बन्दी बना लिया। मलिक सूरा अमीर कोह[2] की स्यासत[3] के मैदान में हत्या करा दी। मलिक कर्मचन्द्र, मलिक मुक़बिल, मलिक फ़ुतूह तथा मलिक बैरा को भी बन्दी बना लिया और वह मार्ग भ्रष्ट नमकहराम, मुबारक शाह के वंश के विनाश करने हेतु यथासम्भव प्रयत्नशील रहने लगा और हृदय से इस विषय में चेष्टा करने में उसने कोई कमी न की। राज्य की कुछ अक़्तायें तथा परगने स्वयं ले लिये और कुछ, उदाहरणार्थ ब्याना, अमरोहा, नारनोल, कुहराम तथा दोआब के मध्य के कुछ परगने सिद्धपाल, सुधारन तथा उनके सम्बन्धियों को प्रदान कर दिये।

रानू का ब्याना की ओर प्रस्थान तथा यूसुफ़ ख़ां औहदी द्वारा उसकी हत्या

रानू सियह, सिद्धपाल का दास अत्यधिक सेना एवं दुष्टों का समूह लेकर सपरिवार ब्याना की शिक़ पर अधिकार जमाने के लिए रवाना हुआ। शाबान ८३७ हि० (मार्च-अप्रैल १४३४ ई०) में ब्याना के भूभाग के निकट पहुंचा। १२ शाबान (२४ मार्च १४३४ ई०) को उस भूभाग में प्रविष्ट हो गया। रात्रि में वहीं पड़ाव किया और सुल्तान के क़िले पर वह मूर्ख अधिकार जमाने का प्रयत्न करने लगा। दूसरे दिन समस्त सेना तथा परिजन सहित तैयार होकर वह काफ़िर चढ़ाई करने वाला था। यूसुफ़ ख़ां औहदी को उसके आगमन की सूचना पहुंचाई गई। वह हिंदवत[4] के क़स्बे से निकल कर प्रयत्न करके अविलम्ब अत्यधिक सेना, अश्वारोहियों तथा पदातियों को लेकर युद्ध करने निकला। शाहज़ादे के मज़ार के निकट दोनों ओर की सेनाओं ने पंक्तियां ठीक करके युद्ध प्रारम्भ कर दिया। वह दुष्ट, नीच तथा हरामखोर युद्ध करने की शक्ति न देख कर प्रथम आक्रमण ही में भाग खड़ा हुआ। पिशाच रानू सियह तथा उसकी अधिकांश सेना तलवार के घाट उतार दी गई और उस अभागे पिशाच का सिर काट (२३९) कर द्वार पर लटका दिया गया। उसका समस्त परिवार—स्त्री तथा बालक—इस्लामी सेना द्वारा बन्दी बना लिया गया। ईश्वर ने, जो इस्लाम का सहायक है, यूसुफ़ खां को विजय प्रदान की और मुबारक शाह के रक्त का उस मार्गभ्रष्ट पिशाच से बदला लेने का साहस प्रदान किया।

१ राज्य के कुछ विशेष चिह्न। इनका प्रयोग केवल बादशाह ही कर सकता था। बादशाह के शक्तिहीन हो जाने के उपरान्त माही व मरातिब का प्रयोग अन्य बड़े-बड़े अधिकारी भी करने लगते थे। इब्ने बत्तूता ने भी मरातिब का उल्लेख किया है। ('तुग़लुक़ कालीन भारत', भाग १, पृ० १६१, १६२, १८७, १८८, २४७, २७४)।

२ ज़ियाउद्दीन बरनी के अनुसार सुल्तान मुहम्मद बिन तग़लुक़ के राज्यकाल में दीवाने अमीर कोही नामक एक विभाग कृषि की उन्नति हेतु बनाया गया ('तारीखे फ़ीरोज़शाही', पृ० ४६८; 'तुग़लुक़ कालीन भारत', भाग १ पृ० ६२) किन्तु 'तबक़ाते नासिरी' में मलिकुल उमरा इख़्तियारुद्दीन अमीर कोह का उल्लेख सुल्तान इल्तुतमिश के अमीरों की सूची में है। ('तबक़ाते नासिरी,' कलकत्ता पृ० १७७; 'आदि तुर्क कालीन भारत', पृ० २६) मलिक हमीदुद्दीन अमीर कोह तथा उसके पुत्रों से सम्बन्धित एक घटना का उल्लेख बरनी ने अलाउद्दीन के हाल में किया है (बरनी: पृ० २८१, 'ख़लजी कालीन भारत', पृ० १६४) इससे पता चलता है कि अमीर कोह इससे पूर्व भी नियुक्त होते थे।

३ वह स्थान जहाँ लोगों को मृत्यु दंड दिया जाता था।

४ कुछ पोथियों के अनुसार 'हिन्दवन' : आगरा से दक्षिण-पश्चिम ७१ मील पर तथा ब्याना से दक्षिण २० मील पर।

अमीरों का विद्रोह

संक्षेप में, जब सरवरुलमुल्क की दुष्टता एवं नीच काफ़िरों के दुराचार की कुप्रसिद्धि समस्त प्रदेशों में प्रसरित हो गई तो अधिकांश अमीर एवं मलिक, जिनका पोषण स्वर्गीय रायाते आला ख़िज़्र खां द्वारा हुआ था और जिन्हें उसने आश्रय प्रदान किया था, आज्ञाकारिता के बाहर हो गये। अल्पदर्शी सरवरुलमुल्क उनके विषय में योजना बनाने लगा। इसी बीच में पता चला कि सम्भल तथा अहार[१] का अमीर मलिक अलहदाद काका लोदी, बदायूं का मुक़्ता[२] मियां जेमन[३] स्वर्गीय खाने जहां का नाती, अमीर अली गुजराती तथा अमीर कीक तुर्क बच्चा विरोध हेतु उद्यत हैं। मलिकुश्शर्क़ कमालुलमुल्क तथा सैयिद सालिम का पुत्र खाने आज़म सैयिद खां उपर्युक्त विद्रोह को शान्त करने के लिये नियुक्त हुए। सरवरुलमुल्क का पुत्र मलिक यूसुफ़ तथा सुधारन कांगू उसके साथ भेजे गये।

विद्रोह के दमन का प्रयत्न

रमज़ान ८३७ हि० (अप्रैल-मई १४३४ ई०) में उसने पूर्ण व्यवस्था एवं तैयारी करके हौज़े रानी पर शिविर लगवाये। कुछ दिन उपरान्त वहां से कूच करके उसने यमुना तट पर शिविर लगवाये, और कीछ के घाट पर नदी पार करके निर्भीक होकर बरन के भूभाग में पहुंचा। वहां उसने प्रतिकार (२४०) हेतु पड़ाव किया। जब मलिक अलहदाद को विजयी सेनाओं के पहुंचने के समाचार प्राप्त हुए तो उसने चाहा कि गंगा नदी युद्ध किये बिना छोड़ कर किसी अन्य स्थान को चला जाय; किन्तु उसे ज्ञात था कि मलिकुश्शर्क़ कमालुलमुल्क प्रतिकार का अत्यधिक प्रयत्न कर रहा है, अतः वह इस बल पर अहार क़स्बे में पड़ाव किये रहा। सरवरुलमुल्क को इस बात की सूचना मिल गई। उसने अपने दास मलिक होशियार को मलिकुश्शर्क़ कमालुलमुल्क के पास उसको सहायता देने के बहाने से भेजा। बदायूं के भूभाग से मलिक जेमन[४] शीघ्र प्रयत्न तथा तैयारी करके अहार क़स्बे में मलिक अलहदाद से मिल गया। मलिक यूसुफ़, होशियार तथा सुधारन, कमालुलमुल्क से भयभीत थे। वे और भी आतंकित हो गये। युद्ध में उन्हें कठिनाई अनुभव हुई और वे विजयी सेना के कारण भाग खड़े हुए और शहर (देहली) चले गये। रमज़ान के अन्तिम दिन ८३७ हि० (१० मई १४३४ ई०) को मलिक अलहदाद, मियां जेमन तथा अन्य अमीर, जो उनके सहायक थे, मलिकुश्शर्क़ कमालुलमुल्क से मिल गये। क्योंकि अत्यधिक भीड़ तथा असंख्य सेना उससे मिल गयी थी, अतः वह निरन्तर यात्रा करता हुआ २ शव्वाल ८३७ हि० (१२ मई १४३४ ई०) को कीछ के घाट पर पहुंचा। सरवरुलमुल्क को इसकी सूचना प्राप्त हो गई। यद्यपि उसकी बड़ी ही शोचनीय दशा हो गई थी किन्तु उसने क़िले की रक्षा की व्यवस्था की।

दूसरे दिन प्रातःकाल मलिकुश्शर्क़ कमालुलमुल्क ने शत्रु पर आक्रमण किया और अपने उद्यानों के मैदान में सेना के शिविर लगवाये। नीच काफ़िरों तथा दुष्ट होशियार ने अपने समस्त सहायकों तथा (२४१) हितैषियों सहित क़िले के बाहर निकल कर विजयी सेना से युद्ध प्रारम्भ कर दिया। जब दोनों सेनाओं का मुक़ाबला हुआ तो वे भाग खड़े हुए।. . . . .कुछ लोग जीवित बन्दी बना लिये गये और कुछ की हत्या हो गई। दूसरे दिन कमालुलमुल्क ने अपने उद्यानों से प्रस्थान करके सीरी के क़िले के निकट

१ बुलन्दशहर के उत्तर-पूर्व २० मील पर।

२ अक़्ता का स्वामी।

३ कुछ पोथियों के अनुसार 'चमन'।

४ कुछ हस्तलिखित पोथियों के अनुसार 'चमन'

पड़ाव किया। चारों ओर से अधिकांश अमीर तथा मलिक आ-आकर मलिक कमालुलमुल्क से मिल गये। शव्वाल् ८३७ हि० (मई-जून १४३४ ई०) में सीरी का क़िला इस प्रकार घेर लिया गया कि कोई भी उसमें से बाहर निकलने का साहस न कर सकता था किन्तु क़िले के अत्यन्त दृढ़ होने के कारण, (यद्यपि विजयी सेना के योद्धा नित्य क़िले पर आक्रमण करते और कई स्थानों पर उसे उन्होंने तोड़ भी डाला) तीन मास तक युद्ध होता रहा।

ज़ीरक ख़ां की मृत्यु

ज़िलहिज्जा ८३७ हि० (जुलाई-अगस्त १४३४ ई०) में सामाना के अमीर ज़ीरक ख़ां की मृत्यु हो गई। उसकी अक़्तायें उसके ज्येष्ठ पुत्र मुहम्मद ख़ां को सौंप दी गईं। संक्षेप में, संसार का स्वामी दिखाने को तो क़िले के भीतर वालों का मित्र था किन्तु वह चाहता था कि किसी प्रकार मुबारक शाह के ख़ून का बदला उनसे ले लिया जाय परन्तु उसे अवसर न मिलता था। उन लोगों को भी भय था कि बादशाह अवसर मिलने पर विश्वासघात करेगा। प्रत्येक अपने-अपने स्थान पर सावधान रहता था।

सुल्तान की हत्या के प्रयत्न में सरवरुलमुल्क की हत्या

८ मुहर्रम ८३८ हि० (१४ अगस्त १४३४ ई०) को सरवरुलमुल्क हरामख़ोर तथा छली मीराने सद्र के पुत्र विश्वासघात के उद्देश्य से अचानक बादशाह के शिविर में प्रविष्ट हो गये। संसार को शरण (२४२) प्रदान करने वाला बादशाह भी तैयार था। जब कार्य सीमा से बढ़ गया तो बादशाह ने उन नीचों की हत्या करना निश्चय कर लिया। सरवरुलमुल्क हरामख़ोर की तलवार तथा कटार से उसी स्थान पर हत्या कर दी गई। मीराने सद्र के पुत्रों को बन्दी बना कर दरबार के समक्ष उनकी हत्या कर दी गई। जब दुष्ट काफ़िरों को इस बात का पता चला तो वे अपने-अपने घरों में बन्द होकर युद्ध करने लगे। संसार के स्वामी ने मलिकुश्शर्क़ कमालुलमुल्क को इस घटना की सूचना दे दी ताकि वह तैयार होकर अपने सहायकों सहित शहर में प्रविष्ट हो जाय। मलिकुश्शर्क़ अन्य अमीरों तथा मलिकों सहित दरवाज़ये बग़दाद से शहर में प्रविष्ट हो गया।

सिद्धपाल की मृत्यु

अन्त में पिशाच सिद्धपाल ने अपने घर में आग लगा दी और अपनी स्त्री तथा बालकों को नरक का ईंधन बना दिया और स्वयं घर से निकल कर युद्ध करने लगा और तलवार के घाट उतार दिया गया। सुधारन कांगू तथा अन्य खत्रियों, जो बन्दी बनाये गये, के समूह की ख़ाने शहीद मुबारक शाह के मज़ार के निकट ले जाकर हत्या कर दी गई। मलिक होशियार तथा मुबारक कोतवाल की, बन्दी बना कर लाल द्वार के समक्ष हत्या कर दी गई।

अमीरों तथा मलिकों का अधीनता स्वीकार करना

संक्षेप में, दूसरे दिन मलिकुश्शर्क़ कमालुलमुल्क तथा समस्त अमीरों एवं मलिकों ने, जो बाहर थे, संसार को शरण प्रदान करने वाले बादशाह से पुनः बैअत कर ली और एक-दूसरे एवं समस्त प्रजा की सहमति से उसे सिंहासनारूढ़ कर दिया। मलिकुश्शर्क़ कमालुलमुल्क को विज़ारत का पद[1] प्रदान

१ मुख्य वज़ीर का पद।

किया गया और कमाल खां की उपाधि दी गई। मलिक जेमन[१] को ग़ाज़ियुलमुल्क की उपाधि दी गई। अमरोहा तथा बदायूं की अक़्ता उसे प्रदान की गई। मलिक अलहदाद लोदी ने अपने लिये किसी उपाधि की व्यवस्था न कराई और अपने भाई को दरिया खां की उपाधि दिलवाई। मलिक खुनराज मुबारकखानी को इक़बाल खां की उपाधि दी गई और हिसार फ़ीरोज़ा की अक़्ता, जो उसके पास थी, उसी के पास रहने दी गई।

नये पद तथा अक़्तायें

(२४३) समस्त अमीरों को बहुमूल्य खिलअतों तथा अत्यधिक इनाम द्वारा सम्मानित किया गया। जिस किसी को जो पद, अक़्ता, ग्राम, वृत्ति तथा वेतन प्राप्त था, वह उसके पास उसी रूप से रहने दिया गया अपितु उसने अपनी ओर से उसमें वृद्धि कर दी। अपने ज्येष्ठ पुत्र सैयिद सालिम को मजलिसे आली सैयिद खां की तथा कनिष्ठ पुत्र को शुजाउलमुल्क की उपाधि प्रदान की। अपने भागिनेय मलिक बुद्ध[२] को अलाउलमुल्क तथा मलिक रुक्नुद्दीन को नसीरुलमुल्क की उपाधि प्रदान की। उन लोगों को सुनहरी पेटी, मरातिब[३], दमामे[४] तथा अक़्तायें प्रदान की गईं। मलिकुश्शर्क़ हाजी शुदनी को राजधानी का शहना[५] नियुक्त किया गया।

सुल्तान का मुल्तान की ओर प्रस्थान

शासन-प्रबन्ध के सुव्यवस्थित हो जाने के उपरान्त बादशाह ने मुल्तान पर चढ़ाई की। रबी-उल-आखिर ८३८ हि० (नवम्बर-दिसम्बर १४३४ ई०) में उसने चबूतरये मुबारकपुर पर शिविर लगवाये। अमीरों तथा मलिकों को आदेश दिया कि वे तैयार होकर सेनायें ले-लेकर राजधानी में उपस्थित हों। मलिकुश्शर्क़ (एमादुलमुल्क) पाबोस[६] द्वारा सम्मानित हुआ। उसे अत्यधिक इनाम तथा बहुमूल्य खिलअत प्रदान किये गये और वह बादशाही कृपाओं तथा दया द्वारा सम्मानित हुआ। अधिकांश अमीर तथा मलिक, जो आने में विलम्ब कर रहे थे, मलिकुश्शर्क़ एमादुलमुल्क के आने के कारण राजधानी में उपस्थित हुए। इस प्रकार मजलिसे आली इस्लाम खां, मुहम्मद खां बिन (पुत्र) जीरक खां, खाने आज़म असद खां, कमाल खां, मुहम्मद खां, नुसरत खां का पुत्र, यूसुफ़ खां औहदी, बहादुर खां मेव (२४४) का नाती अहमद खां, इक़बाल खां अमीर हिसार फ़ीरोज़ा, अमीर अली गुजराती सभी शाही कृपा द्वारा सम्मानित हुए।

१ कुछ हस्तलिखित पोथियों के अनुसार 'चमन'।
२ प्रकाशित पुस्तक में 'मलिक मुध' किन्तु एक पोथी में 'बुद्ध' तथा पीछे प्रकाशित ग्रन्थ में भी 'बुद्ध' है।
३ मरातिब :—तबल इत्यादि बाजे जो विशेष रूप से केवल बड़े-बड़े अधिकारी ही सुल्तान की अनुमति से प्रयोग में लाते थे।
४ दमामे :—एक प्रकार का छोटा नगाड़ा अथवा तुरही।
५ शहना :—प्रबंधक अथवा अधीक्षक।
६ पाबोस :—चरणों का चुम्बन।

तबक़ाते अकबरी (भाग १)

लेखक– ख़्वाजा निज़ामुद्दीन अहमद

(प्रकाशन--कलकत्ता १९११ ई०)

तैमूर के आक्रमण के उपरान्त देहली के राज्य की दुर्दशा

इक़बाल ख़ां का देहली पर अधिकार जमाना

(२५६) दो मास तक देहली की बड़ी ही दुर्दशा रही।[1] रजब ८०१ हि० (मार्च-अप्रैल १३९९ ई०) में नुसरतशाह जो इक़बाल ख़ां के कारण दोआब में चला गया था थोड़ी सी सेना सहित मेरठ पहुंचा। आदिल ख़ां ४ हाथियों तथा अपनी सेना सहित नुसरत शाह से मिल गया। कुछ लोग, जो मुग़लों के हाथों से मुक्त हो चुके थे, और दोआब में थे, बादशाह की सहायतार्थ उससे मिल गये। वह दो हज़ार अश्वारोहियों को लेकर फ़ीरोज़ाबाद पहुंचा। उसने देहली पर, जो नष्ट-भ्रष्ट हो चुकी थी, अधिकार जमा लिया। शिहाब ख़ां १० हाथियों तथा सेना को लेकर मेवात से आया। मलिक अल्मास[2] दोआब से आया। जब उसकी सेना की संख्या अधिक हो गई, तो उसने शिहाब ख़ां को इक़बाल ख़ां के विरुद्ध, जो बरन में था, भेजा। मार्ग में उस स्थान के ज़मींदारों ने इक़बाल ख़ां के बहकाने पर रात में छापा मारा। शिहाब ख़ां मारा गया। उसकी सेना छिन्न-भिन्न हो गई। उसकी सेना तथा हाथी इक़बाल ख़ां को प्राप्त हो गये। इक़बाल ख़ां की शक्ति नित्यप्रति बढ़ने लगी और उसने देहली की ओर प्रस्थान किया। नुसरत शाह युद्ध की शक्ति न देख कर फ़ीरोज़ाबाद छोड़ कर मेवात (२५७) पहुंचा। देहली इक़बाल ख़ां के अधिकार में आ गई। जो लोग मुग़लों के भय के कारण देहली छोड़ कर इधर-उधर चल दिए थे वे अल्प समय में ही आ गये और सीरी का क़िला थोड़े समय में आबाद हो गया।

स्वतन्त्र प्रान्तीय राज्य

इक़बाल ख़ां ने दोआब के मध्य की विलायत तथा शहर (देहली) के निकट के स्थान अपने अधिकार में कर लिये। हिन्दुस्तान के समस्त बिलाद[3] अमीरों के अधिकार में ही रहे। गुजरात ज़फ़र ख़ां तथा उसके पुत्र तातार ख़ां के अधीन हो गया। मुल्तान तथा दीपालपुर से लेकर सिन्ध के आसपास के स्थान तक

१ बदायूनी के अनुसार 'अकाल तथा महामारी व्यापक हो गई और जो लोग बच गये थे, वे नष्ट हो गये'।

२ कुछ पोथियों में 'इलियास' है।

३ 'बिलाद' का अर्थ 'नगर क्षेत्र', 'प्रान्त' इत्यादि है किन्तु यहां तात्पर्य उन स्थानों से है जहां स्वतंत्र शासन स्थापित हो गये थे।

खिज़्र खां का अधिकार हो गया। महोबा तथा कालपी मलिकज़ादा फ़ीरोज़ के पुत्र महमूद खां के हाथ में आ गये। क़न्नौज, अवध, दलमऊ, सण्डीला, बहराइच, बिहार तथा जौनपुर ख़्वाजये जहां सुल्तानुश्शर्क़ के अधिकार में आ गये। मालवा प्रदेश को दिलावर खां ने, सामाना को ग़ालिब खां ने तथा ब्याना को शम्स खां औहदी ने अपने अधिकार में कर लिया। इनमें से प्रत्येक स्वतन्त्र शासक बन गया और कोई भी एक दूसरे के अधीन न था।

इक़बाल खां का ब्याना तथा कटिहर पर आक्रमण

रबी-उल-अव्वल ८०२ हि० (नवम्बर १३९९ ई०) में इक़बाल खां ने ब्याना की ओर प्रस्थान किया। शम्स खां उसका मुक़ाबला करने के लिए निकला[१] किन्तु पराजित होकर ब्याना के क़िले में प्रविष्ट हो गया। उसका हाथी इक़बाल खां को प्राप्त हो गया।[२] वहां से वह केहतर[३] की ओर, जो बदायूं के निकट का प्रसिद्ध मवास[४] है, पहुंचा और राय नर सिंह[५] से कर प्राप्त करके शहर (देहली) की ओर वापस हुआ।

ख़्वाजये जहाँ की मृत्यु

इसी वर्ष ख़्वाजये जहां की जौनपुर में मृत्यु हो गई। मलिक मुबारक क़रनफ़ुल[६] को, जिसे वह अपना पुत्र कहा करता था, उसके स्थान पर राज्य प्रदान किया गया। उसकी उपाधि सुल्तान मुबारक शाह रक्खी गई। ख़्वाजये जहां की विलायत उसके अधिकार में आ गई।

इक़बाल खां तथा सुल्तान मुबारक शाह शर्क़ी का युद्ध

जमादि-उल-अव्वल ८०३ हि० (दिसम्बर-जनवरी १४००-१४०१ ई०) में इक़बाल खां ने मुबारक शाह शर्क़ी के विरुद्ध प्रस्थान किया। ब्याना के हाकिम शम्स खां, मुबारक खां[७] तथा बहादुर नाहिर ने उसका साथ दिया। जब वह गंगा तट पर स्थित बैताली[८] नामक क़स्बे में पहुंचा तो राय सिर[९] तथा आसपास के समस्त ज़मींदार युद्ध करने के लिए आये। युद्ध के उपरान्त पराजित होकर वे इटावा चले गये। इक़बाल खां क़न्नौज चला गया। मुबारक शाह[१०] भी पूर्व से पहुंच गया था। २ मास तक (२५८) दोनों सेनाओं में गंगा तट पर युद्ध होता रहा। अन्त में संधि हो गई और दोनों सेनायें लौट गईं। मार्ग में इक़बाल खां, मुबारक खां तथा शम्स खां औहदी के प्रति शंकित हो गया। उसने विश्वास-घात करके दोनों की हत्या करा दी।

१ बदायूनी के अनुसार 'नोह व पतल' के स्थान पर युद्ध हुआ।
२ एक हस्तलिखित पोथी के अनुसार 'दो हाथी' प्राप्त हो गये।
३ कटिहर।
४ दुर्गम स्थान जहां विद्रोही तथा डाकू शरण हेतु छिप जाते थे।
५ कुछ पोथियों में 'बर सिंह'। बदायूनी के अनुसार 'हर सिंह' अथवा 'हर सिंह राय'।
६ बदायूनी के अनुसार 'क़रनक़ल'।
७ बदायूनी के अनुसार 'मुबारक खां बिन बहादुर नाहिर'।
८ पटियाली (एटा ज़िले में)।
९ राय सबीर।
१० मुबारक शाह शर्क़ी।

तग़ी ख़ां तथा ख़िज़्र ख़ां का युद्ध

इसी वर्ष सामाना के हाकिम ग़ालिब ख़ां के जामाता तग़ी ख़ां तुर्क बच्चे ने बहुत बड़ी सेना लेकर ख़िज़्र ख़ां पर चढ़ाई की। ९ रजब ८०३ हि० (२३ फ़रवरी १४०१ ई०) को अजोधन के निकट, जो शेख़ फ़रीद[1] के पटन के नाम से प्रसिद्ध है, पहुंचा। दोनों दलों में युद्ध हुआ। युद्ध के उपरान्त तग़ी ख़ां पराजित हो गया और भौदर[2] क़स्बे में पहुंचा। ग़ालिब ख़ां तथा अन्य अमीरों ने जो उसके साथ थे तग़ी ख़ां को बन्दी बना लिया और उसकी हत्या कर दी।

सुल्तान महमूद का धार से आगमन

८०४ हि० (१४०१-२ ई०) में सुल्तान महमूद, जो साहिब क़िरान के भय से गुजरात चला गया था, साहिब क़िरान की वापसी के उपरान्त धार पहुंच कर प्रतीक्षा कर रहा था। शांति स्थापित हो जाने के उपरान्त वह धार से देहली आया। इक़बाल ख़ां ने उसका स्वागत करके उसे जहांपनाह नामक शुभ राजप्रासाद में उतारा, किन्तु राज्य की बागडोर इक़बाल ख़ां के हाथ में रही और वह सुल्तान के प्रति विश्वासघात की योजनायें बनाया करता था। महमूद शाह ने इक़बाल ख़ां को लेकर क़न्नौज की ओर प्रस्थान किया। मार्ग में उसे पता चला कि मुबारक शाह शर्क़ी की मृत्यु हो गई है। उसके भाई सुल्तान इबराहीम ने भी सेनायें तैयार करके तथा पर्वतरूपी हाथियों को लेकर युद्ध किया। कुछ दिन तक दोनों ओर के योद्धा युद्ध करते रहे।

सुल्तान महमूद का क़न्नौज पर अधिकार जमाना

क्योंकि सुल्तान महमूद इक़बाल ख़ां से शंकित तथा भयभीत था और सुल्तान इबराहीम को अपना सेवक तथा अपने वंश का दास समझता था, अतः वह एक रात्रि में अपनी सेना से निकल कर अकेला सुल्तान इबराहीम की सेना में पहुंच गया।[3] सुल्तान इबराहीम ने असालत की कमी तथा कृतघ्नता के कारण आतिथ्य सत्कार तथा उचित सेवा न की। उसके दुर्व्यवहार के कारण सुल्तान महमूद वहां भी न ठहरा और क़न्नौज पहुंचा तथा शाहज़ादा हरेवी[4] को जो शर्क़ी की ओर से क़न्नौज का हाकिम था निकाल कर, क़न्नौज पर अधिकार जमा लिया। इक़बाल ख़ां देहली की ओर चला गया; सुल्तान इबराहीम भी (२५९) जौनपुर की ओर लौट गया। क़न्नौज वाले साधारण तथा सम्मानित व्यक्ति महमूद शाह से मिल गये। उसके दास तथा समस्त संबन्धी, जो छिन्न-भिन्न हो गये थे, प्रत्येक स्थान से क़न्नौज पहुंच गये। वह भी क़न्नौज से संतुष्ट हो गया।

इक़बाल ख़ां का ग्वालियर पर आक्रमण

जमादि-उल-अव्वल ८०५ हि० (नवम्बर-दिसम्बर १४०२ ई०) में इक़बाल ख़ां ने ग्वालियर

१ शेख़ फ़रीद गंज शकर : ख़्वाजा कुतुबुद्दीन बख़्तियार काकी के प्रसिद्ध ख़लीफ़ा, जिनका कार्य-क्षेत्र पटन था। इनकी मृत्यु १२६५ ई० में हुई।

२ बदायूनी के अनुसार 'भौहर'।

३ सुल्तान महमूद ने युद्ध के प्रारम्भ होने के पूर्व इक़बाल ख़ाँ की सेना से शिकार के बहाने से निकलकर सुल्तान इबराहीम से भेंट की। सुल्तान इबराहीम ने उसके प्रति उपेक्षा प्रदर्शित की।

४ बदायूनी के अनुसार 'फ़तह ख़ां हरेवी'।

की ओर प्रस्थान किया और ग्वालियर का क़िला, जो साहिब क़िरान के आगमन के काल से दिल्ली के सुल्तानों के हाथ से निकल कर राय नर सिंह[1] के अधिकार में आ गया था और उसकी मृत्यु के उपरान्त उसके पुत्र बीरम देव ने उसे अपने अधीन कर लिया था, घेर लिया। क़िले के अत्यन्त दृढ़ होने के कारण वह विजय न हो सका। वह ग्वालियर की विलायत को नष्ट करके देहली पहुंचा। दूसरे वर्ष उसने पुनः ग्वालियर के ऊपर चढ़ाई की। बीरम देव ने उसका मुक़ाबला किया और धौलपुर के क़िले के सामने युद्ध करके पराजित हुआ और क़िले में प्रविष्ट हो गया। रात्रि में वह धौलपुर का क़िला खाली करके ग्वालियर की ओर चल दिया। इक़बाल खां ने ग्वालियर के क़िले तक उसका पीछा किया और उसे खूब लूटा-खसोटा। तत्पश्चात वह देहली लौट आया।

तातार खां का गुजरात पर अधिकार प्राप्त करना

८०६ हि० (१४०३-४ ई०) में सूचना प्राप्त हुई कि गुजरात के हाकिम ज़फ़र खां के पुत्र तातार खां ने अपने पिता को पदच्युत कर दिया है और स्वयं नासिरुद्दीन मुहम्मद शाह की उपाधि धारण कर ली है।

इक़बाल खां का इटावा पर आक्रमण

८०७ हि० (१४०४-५ ई०) में इक़बाल खां ने इटावा की विलायत के ज़मींदारों पर विजय प्राप्त करने के लिए उस ओर चढ़ाई की। राय सरवर[2], राय ग्वालियर, राय जालहार तथा अन्य राय इटावा के क़िले में बन्द होकर ४ मास तक युद्ध करते रहे। अन्त में उन्होंने इस शर्त पर संधि कर ली कि वे प्रत्येक वर्ष ४ हाथी तथा जो धन ग्वालियर का राय देहली के हाकिम को भेजा करता था, भेजा करेंगे। इक़बाल खां ने शव्वाल ८०७ हि० (अप्रैल-मई १४०५ ई०) में क़न्नौज पर चढ़ाई की और सुल्तान महमूद को घेर लिया। यद्यपि वह बहुत युद्ध करता रहा किन्तु कोई लाभ न हुआ। असफल होकर वह वहां से लौटा।

इक़बाल खां की सामाना पर चढ़ाई

(२६०) ८०८ हि० (१४०५-६ ई०) में इक़बाल खां ने सामाना के ऊपर चढ़ाई की। बहराम खां तुर्क बच्चा, जो सारंग खां का विरोध कर रहा था, इक़बाल खां के भय से अपना स्थान छोड़ कर बधनौर पर्वत में पहुंच गया। इक़बाल खां ने उसका पीछा किया और उस पर्वत के दर्रे के निकट उतर पड़ा। कुछ दिन उपरान्त शेख जलाल बुखारी[3] के नाती शेख इल्मुद्दीन ने मध्यस्थ बनकर संधि करा दी। इक़बाल खां, बहराम खां को अपने साथ लेकर मुल्तान की ओर गया। जब वह तिलौंदी पहुंचा तो उसने राय दाऊद, कमाल मईन[4] तथा राय खलजीन भट्टी[5] के पुत्र राय भू[6] को पकड़वा कर बन्दी बना लिया। तीसरे दिन उसने संधि को तोड़ कर बहराम खां की खाल खिंचवा ली।

१ कुछ पोथियों के अनुसार 'बर सिंह'।
२ सबीर।
३ देखिये पृ० ७ नोट न० ४।
४ बदायूनी के अनुसार 'कमाल मुबीन'।
५ अन्य स्थानों पर उसे 'राय दुलचीन' लिखा गया है।
६ उसके नाम को विभिन्न प्रकार से पोथियों में लिखा गया है और उन्हें बहू, हनू तथा पीहू सभी प्रकार से पढ़ा जा सकता है।

ख़िज़्र ख़ां द्वारा इक़बाल ख़ां की हत्या

जब उसने धन्धा[1] नदी के निकट अजोधन के समीप पड़ाव किया, तो खिज़्र ख़ां दीपालपुर से उससे युद्ध करने के लिए आया। १९ जमादि-उल-अव्वल ८०८ हि० (१२ नवम्बर १४०५ ई०) को दोनों में युद्ध हुआ। इक़बाल ख़ां प्रथम आक्रमण में ख़िज़्र ख़ाँ के सैनिकों द्वारा बन्दी बना लिया गया और उसकी हत्या करा दी गई। नमकहरामी तथा विश्वासघात का परिणाम उसे शीघ्र ही मिल गया।

छन्द

"विश्वासघात करने में धृष्टता प्रदर्शित मत कर,
तेरे कर्म का फल तेरी गोदी में शीघ्र आ जायगा।"

महमूद ख़ां का देहली में सिंहासनारोहण

जब यह समाचार देहली में प्राप्त हुआ तो दौलत ख़ां, इख़्तियार ख़ां तथा उन अमीरों ने जो उस स्थान पर थे, महमूद शाह को क़न्नौज से बुलवाया तथा जमादि-उल-आखिर ८०८ हि० (नवम्बर-दिसम्बर १४०५ ई०) में महमूद शाह देहली पहुंचा और सिंहासनारूढ़ हुआ। इक़बाल ख़ां के परिवार तथा परिजनों को उसने देहली से कोल भेज दिया और किसी को कोई कष्ट न पहुंचाया। दोआब के मध्य की फ़ौजदारी[2] दौलत ख़ां को प्रदान की। फ़ीरोज़ाबाद को इख़्तियार ख़ां के सिपुर्द कर दिया। इसी समय इक़लीम ख़ां तथा बहादुर नाहिर ने दो-दो हाथी पेशकश के रूप में भेंट किये और अधीनता स्वीकार की।

सुल्तान महमूद का इबराहीम शाह शर्क़ी के विरुद्ध प्रस्थान

सुल्तान महमूद ने अपने उद्देश्य की पूर्ति तथा सफलता के उपरान्त प्रतिकार हेतु ८०९ हि० (१४०६-७ ई०) में जौनपुर की ओर चढ़ाई की, दौलत ख़ां को बहुत बड़ी सेना देकर सामाना की ओर बैरम ख़ां तुर्क बच्चे के विरुद्ध, जिसने बहराम ख़ां की हत्या के उपरान्त सामाना पर अधिकार जमा (२६१) लिया था, भेजा। जब महमूद शाह क़न्नौज के निकट पहुंचा तो सुल्तान इबराहीम जौनपुर से मुक़ाबले के लिये आया। गंगा तट पर दोनों सेनायें बराबर उतर पड़ीं। कुछ दिन तक युद्ध होता रहा। अंत में अमीरों के प्रयत्न से संधि हो गई और प्रत्येक अपने अपने स्थान को चला गया।

सुल्तान इबराहीम का क़न्नौज पर अधिकार जमाना

सुल्तान इबराहीम लौटने के उपरान्त, यह सोच कर कि सुल्तान महमूद के अधिकांश अमीर तथा सैनिक इस समय छिन्न भिन्न हो गये होंगे, अवसर पाकर क़न्नौज पहुंचा। मलिक महमूद तुरमती, जो सुल्तान महमूद की ओर से क़न्नौज का हाकिम था, घिर गया और ४ मास तक युद्ध करता रहा। जब वह सुल्तान महमूद की सहायता से निराश हो गया तो उसने शरण की याचना की और सुल्तान इबराहीम से भेंट करके क़न्नौज उसे सौंप दिया। सुल्तान इबराहीम ने क़न्नौज को मलिक दौलतयार कम्पिला के पौत्र इख़्तियार ख़ां को प्रदान कर दिया और वर्षा ऋतु वहीं व्यतीत की।

१ धन्धा अथवा देहेन्दा, जो सतलज नदी से अजोधन के पूर्व में निकल कर दक्षिण-पश्चिम में ३५ मील पर मिल जाती है।

२ फ़ौजदारी :—देखिये पृ० ८ नोट नं० ४।

सुल्तान इबराहीम द्वारा देहली पर आक्रमण

८१० हि० (१४०७-८ ई०) में नुसरत ख़ां गुर्गअन्दाज़, तातार ख़ां, सारंग ख़ां का पुत्र, मलिक मरहबा तथा गुलाम इक़बाल ख़ां, महमूद शाह से पृथक् हो गये और सुल्तान इबराहीम से मिल गये। सुल्तान इबराहीम वहां से संबल[१] पहुंचा। असद ख़ां लोदी ने, जोकि सुल्तान महमूद का गुमाश्ता था, दो दिन उपरान्त संबल के क़िले को संधि करके समर्पित कर दिया। सुल्तान इबराहीम ने उस स्थान को तातार ख़ां को सौंप कर देहली की ओर प्रस्थान किया। जैसे ही वह यमुना तट पर पहुंचा और नदी पार करना चाहता था कि उसे समाचार प्राप्त हुए कि "गुजरात के हाकिम ज़फ़र ख़ां ने मालवा प्रदेश पर विजय प्राप्त कर ली है; दिलावर ख़ां का पुत्र अलप ख़ां, जिसकी उपाधि होशंग थी, उसके द्वारा बन्दी बना लिया गया है।" यह समाचार पाते ही वह वापस हो गया और उसने अपने आपको जौनपुर पहुंचा दिया।

सुल्तान महमूद द्वारा बरन तथा सम्भल पर आक्रमण

ज़ीक़ाद ८१० हि० (मार्च-अप्रैल १४०८ ई०) में सुल्तान महमूद ने मलिक मरहबा पर, जो सुल्तान इबराहीम की ओर से बरन के क़स्बे का हाकिम था, चढ़ाई की। मरहबा ने क़िले से निकल कर मुक़ाबला किया, किन्तु प्रथम आक्रमण ही में पराजित हो कर क़िले में प्रविष्ट हो गया। महमूद शाह की (२६२) सेना भी उसका पीछा करती हुई क़िले में प्रविष्ट हो गई। मरहबा की हत्या कर दी गई। महमूद शाह संबल पहुंचा। तातार ख़ां युद्ध न करके संबल को छोड़ कर क़न्नौज भाग गया। महमूद ख़ां, असद ख़ां लोदी को संबल में छोड़ कर देहली लौट गया।

दौलत ख़ां तथा बैरम ख़ां का युद्ध

५ रजब ८०९ हि०[२] (१६ दिसम्बर १४०६ ई०) में मियां दौलत ख़ां तथा बैरम ख़ां तुर्क बच्चे के मध्य में सामाना से दो कोस पर युद्ध हुआ। बैरम ख़ां पराजित होकर सरहिन्द पहुंचा और क़िले में बन्द हो गया। अन्त में उसने शरण की याचना की और दौलत ख़ां से भेंट की। क्योंकि बैरम ख़ां ने इससे पूर्व खिज्र ख़ां की अधीनता स्वीकार करके विश्वासघात किया था, अतः खिज्र ख़ां ने भी सेना एकत्र करके दौलत ख़ां पर चढ़ाई की। दौलत ख़ां युद्ध न कर सका अतः उसने यमुना नदी पार की। समस्त अमीर, जो दौलत ख़ां से मिल गये थे, उससे पृथक् हो गये और खिज्र ख़ां के समक्ष उपस्थित हुए। उसने हिसार फ़ीरोज़ा को क़िवाम ख़ां को प्रदान कर दिया। सामाना तथा सुनाम को बैरम ख़ां से लेकर ज़ीरक ख़ां को सौंप दिया। सरहिन्द तथा कुछ अन्य परगने बैरम ख़ां को प्रदान कर दिये और वह स्वयं फ़तहपुर की ओर चल दिया। इस समय महमूद शाह के अधिकार में केवल दोआब तथा रोहतक रह गये।

सुल्तान महमूद के अभियान

८११ हि० (१४०८-९ ई०) में सुल्तान महमूद ने क़िवाम ख़ां पर चढ़ाई की। वह हिसार फ़ीरोज़ा में बन्द हो गया। कुछ दिन उपरान्त उसने अपने पुत्र को अत्यधिक पेशकश देकर सुल्तान की

१ सम्भल, मुरादाबाद (उत्तर प्रदेश) ज़िले में।

२ जिस क्रम में घटनाओं के उल्लेख हो रहे थे, उसके विरुद्ध इस घटना का उल्लेख किया गया है। 'तारीख़े मुबारकशाही' में भी इस घटना का उल्लेख इसी प्रकार है।

सेवा में भेजा और क्षमा याचना की। सुल्तान देहली वापस चला गया। खिज़्र खां यह समाचार पाकर फ़तहाबाद आया। फ़तहाबाद के लोगों के महमूद शाह से मिल जाने के कारण, उसने उन्हें दंड दिया और मलिक तुहफ़ा को उस स्थान पर नियुक्त किया और यह आदेश दिया कि दोआब तथा धातरत[1] पर, जो सुल्तान के अधिकार में थे, वह आक्रमण किया करे। फ़तह खां[2] धातरत से प्रस्थान करके दोआब के मध्य में पहुंचा। बहुत से लोग जो धातरत में रह गये थे बन्दी बना लिए गये। खिज़्र खां रोहतक से देहली (२६३) पहुंचा। महमूद शाह ने फ़ीरोज़ाबाद पहुंच कर अपनी स्थिति दृढ़ कर ली। उसने कुछ दिन तक फ़ीरोज़ाबाद के क़िले को घेरे रक्खा किन्तु असफल होकर फ़तहपुर लौट गया।

खिज़्र खां का बैरम के विरुद्ध प्रस्थान

८१२ हि० (१४०९-१० ई०) में बैरम खां ने खिज़्र खां से विद्रोह कर दिया और दौलत खां के पास चला गया। उसने अपने परिवार को पर्वत में भेज दिया। खिज़्र खां उसका पीछा करता हुआ जब यमुना तट पर पहुंचा तो बैरम खां लज्जित होकर दीनता प्रकट करते हुए खिज़्र खां की सेवा में उपस्थित हो गया। जो परगने इसके पूर्व उसकी जागीर में थे वह उसे दे दिये गये। खिज़्र खां लौट कर फ़तहपुर पहुंचा।

खिज़्र खां का रोहतक पर आक्रमण

८१३ हि० (१४१०-११ ई०) में खिज़्र खां ने मलिक इद्रीस पर ज़ो महमूद शाह की ओर से रोहतक का हाकिम था चढ़ाई की। मलिक इद्रीस ने रोहतक के क़िले में शरण ली और ६ मास तक युद्ध करता रहा। अन्त में विवश होकर उसने अपने पुत्र को बन्धक के रूप में भेजा तथा धन संपत्ति देकर अधीनता स्वीकार कर ली। खिज़्र खां सामाना के मार्ग से फ़तहपुर पहुंचा। खिज़्र खां की वापसी के उपरान्त, महमूद शाह कैथल की ओर शिकार खेलता हुआ देहली लौट आया और भोग विलास में ग्रस्त हो गया।

खिज़्र खां का रोहतक, नारनौल, मेवात तथा देहली पर आक्रमण

८१४ हि० (१४११-१२ ई०) में खिज़्र खां ने रोहतक की ओर जो महमूद शाह की विलायत[3] में सम्मिलित था प्रस्थान किया। मलिक इद्रीस तथा उसके भाई मुबारिज़ खां उसका स्वागत करके हांसी में उसकी सेवा में उपस्थित हुए। उसने उन्हें अपनी कृपा तथा दया द्वारा प्रसन्न कर दिया। तत्पश्चात् वह नारनौल नामक क़स्बे को, जो इक़लीम खां तथा बहादुर नाहिर के अधिकार में था, विध्वंस करके देहली पहुंचा। उसने सीरी के क़िले को घेर लिया। महमूद शाह क़िले में घिर गया और विचित्र प्रकार की हरकतें करने लगा। इख़्तियार खां, जो महमूद शाह की ओर से फ़ीरोज़ाबाद का हाकिम था, खिज़्र खां से मिल गया। खिज़्र खां ने सीरी के क़िले के द्वार के सामने से प्रस्थान किया और वह फ़ीरोज़ाबाद के कूश्क[4] में उतरा। दोआब के मध्य के क़स्बे तथा शहर के आसपास के स्थान अपने अधि-

१ इस शब्द को 'देहात रत' भी पढ़ा जा सकता है। इस स्थान के विषय में कोई ज्ञान नहीं।
२ 'तारीखे मुबारक शाही', बाद के इतिहासों तथा अन्य हस्तलिखित पोथियों में भी 'फ़तह खां' है।
३ राज्य।
४ राजप्रासाद।

कार में कर लिये। अनाज तथा चारे की कमी के कारण वह घेरा छोड़ कर पानीपत के मार्ग से ८१५ हि० (१४१२-१३ ई०) में फ़तहपुर पहुंचा। रजब ८१५ हि० (अक्तूबर-नवम्बर १४१२ ई०) में महमूद (२६४) शाह ने शिकार खेलने के उद्देश्य से कैथल की ओर प्रस्थान किया और शिकार खेल कर देहली लौट आया। मार्ग में ज़ीक़ाद ८१५ हि० (फ़रवरी १४१३ ई०) में वह रुग्ण हो गया और उसी मास में उसकी मत्यु हो गई। उस तिथि से फ़ीरोज़ शाह के वंश के राज्य का अन्त हो गया। सुल्तान महमूद शाह बिन (पुत्र) सुल्तान मुहम्मद शाह बिन (पुत्र) फ़ीरोज़ शाह जो केवल नाम मात्र को बादशाह था २० वर्ष तथा २ मास तक बादशाह रहा।

राज्य की अव्यवस्थित दशा

तत्पश्चात् २ मास तक देहली बड़ी ही अव्यवस्थित दशा में रही। सुल्तान महमूद शाह के अमीरों ने दौलत खां की अधीनता स्वीकार कर ली। मलिक इद्रीस तथा मुबारिज़ ख़ां, ख़िज्र ख़ां से विद्रोह कर के दौलत खां से मिल गये। ख़िज्र खां ने यह वर्ष फ़तहपुर में व्यतीत किया। मुहर्रम ८१६ हि० (अप्रैल १४१३ ई०) में दौलत खां ने कैथल की ओर चढ़ाई की। राय नर सिंह तथा अन्य रायों ने उपस्थित होकर उसके प्रति अधीनता प्रदर्शित की। जब वह पटियाली क़स्बे में पहुंचा तो महावत ख़ां बदायूनी भी उसकी सेवा में उपस्थित हुआ। इसी बीच में यह समाचार प्राप्त हुए कि सुल्तान इबराहीम शर्क़ी ने महमूद ख़ां के पुत्र क़ादिर ख़ां को कालपी में घेर लिया है। दौलत ख़ां के पास इतनी सेना न थी कि वह सुल्तान इबराहीम से युद्ध कर सकता, अतः वह वापस होकर देहली पहुंच गया। रमज़ान ८१६ हि० (नवम्बर-दिसम्बर १४१३ ई०) में, ख़िज्र ख़ां ने देहली की ओर प्रस्थान किया। जब वह हिसार फ़ीरोज़ा पहुंचा, तो उस प्रदेश के अमीर उसकी सेवा में उपस्थित होकर उसके हितैषी बन गये। मलिक इद्रीस रोहतक के क़िले को बन्द किये रहा। ख़िज्र ख़ां ने उसका विरोध न किया और वह स्थान छोड़ कर मेवात की ओर चला गया। बहादुर नाहिर का भतीजा, जलाल ख़ां, उस स्थान पर उसकी सेवा में पहुंचा। वहां से प्रस्थान करके वह संबल क़स्बे में पहुंच गया। उसे नष्ट-भ्रष्ट करके वह ज़िलहिज्जा ८१६ हि० (फ़रवरी-मार्च १४१४ ई०) में पुनः देहली लौट आया और पुनः सीरी द्वार के समक्ष पड़ाव किया। दौलत ख़ां ४ मास तक क़िले की रक्षा करता रहा। अन्त में मलिक यूनान[1] तथा ख़िज्र ख़ां के समस्त हितैषियों ने अपनी कुशल नीति से दौलतख़ाने[2] के द्वार पर अधिकार जमा लिया। दौलत ख़ां ने (२६५) जब यह देखा कि उसे सफलता नहीं मिल सकती तो उसने विवश होकर क्षमा याचना की और ख़िज्र ख़ां से भेंट की। उसने दौलत ख़ां को क़िवाम खां को सौंप दिया और कहा कि वह उसे हिसार फ़ीरोज़ा में बन्दीगृह में बन्द रक्खे। यह घटना रबी-उल-अव्वल ८१७ हि०[3] (मई-जून १४१४ ई०) में घटी।

१ यह नाम विभिन्न रूप से लिखा गया है, तूनान, यूनान, बरना, बोना।

२ नवल किशोर प्रेस द्वारा प्रकाशित 'तबक़ाते अकबरी' में 'दरवाज़ये दौलत ख़ां रा' (दौलत ख़ां का द्वार) है। कलकत्ता के प्रकाशित ग्रन्थ में 'तहख़ाना' है। डे के अंग्रेज़ी अनुवाद में 'बुतख़ाना' है। एक हस्त-लिखित पोथी में 'दौलत ख़ाना' अथवा राज प्रासाद है अतः इसी शब्द को रक्खा गया।

३ प्रकाशित पुस्तक में '८१६' है किन्तु अन्य पोथियों में '८१७' है और यही उचित है।

मलिक सुलेमान का पुत्र, रायाते आला ख़िज़्र ख़ां

ख़िज़्र ख़ां के वंश का प्रमाण

कहा जाता है कि मलिक मर्वान दौलत ने, जो सुल्तान फ़ीरोज़ शाह का अमीर था, ख़िज़्र ख़ां के पिता मलिक सुलेमान का बाल्यावस्था में, पुत्र कह कर, पालन-पोषण किया था। यह बात सत्य है कि एक दिन मलिक मर्वान दौलत ने अमीर जलाल बुख़ारी को अपने यहां अतिथि के रूप में आमंत्रित किया था। भोजन के समय मलिक मर्वान दौलत के आदेशानुसार मलिक सुलेमान सभा वालों के हाथ धुलवाने के लिए खड़ा हुआ। सैयिद जलाल ने कहा कि, "यह युवक सैयिद का पुत्र है और यह सेवा उसके योग्य नहीं।" इस प्रकार अमीर सैयिद जलाल द्वारा उसके वंश की पुष्टि होती है। ख़िज़्र ख़ां पवित्र तथा नैतिकतापूर्ण जीवन व्यतीत करने वाला, सत्यवादी, सदाचारी व्यक्ति था। उसके आचरण की श्रेष्ठता से उसके वंश की श्रेष्ठता का पता चलता है। यद्यपि परिश्रम से उत्तम कार्य प्रकट होते हैं किन्तु प्रशंसनीय गुणों का प्रादुर्भाव उच्च वंश से होता है।

ख़िज़्र ख़ां का मुल्तान प्राप्त करना

संक्षेप में, सुल्तान फ़ीरोज़ शाह के राज्य काल में मुल्तान, मलिक मर्वान दौलत के अधीन था। उसकी (मर्वान की) मृत्यु के उपरान्त उसे मलिक शाह को प्रदान कर दिया गया। कुछ समय उपरान्त उसकी भी मृत्यु हो गई। सुल्तान फ़ीरोज़ शाह ने मुल्तान को ख़िज़्र ख़ां को प्रदान कर दिया। तदुपरान्त ख़िज़्र ख़ां बहुत बड़ा अमीर हो गया। देहली पर विजय प्राप्त करने के पूर्व उसने बड़े-बड़े युद्ध किये और महान् विजय, जैसा कि उल्लेख हो चुका है, प्राप्त की।

तैमूर तथा शाह रुख़ के नाम का ख़ुत्बा

१५ रबी-उल-अव्वल ८१७ हि० (४ जून १४१४ ई०) को उसने देहली पर अधिकार जमा लिया। बादशाही तथा राज्य के समस्त वैभव के होते हुए भी, उसने बादशाह की उपाधि अपने लिए
(२६६) ग्रहण न की और अपनी उपाधि रायाते आला रक्खी। प्रारम्भ में वह सिक्का तथा ख़ुत्बा अमीर तैमूर के नाम से चलाता था। अन्त में मिर्ज़ा शाह रुख़ के नाम से चलाने लगा। अन्त में ख़िज़्र ख़ां का नाम भी ख़ुत्बे में लिया जाने लगा और उसके प्रति शुभ कामनायें की जाने लगीं।

नयी नियुक्तियां

उसने मलिक तुहफ़ा को ताजुलमुल्क की उपाधि देकर वज़ीर[1] नियुक्त कर दिया। सैयिद सालिम को सहारनपुर प्रदान कर दिया। मलिक अब्दुर्रहीम को, जिसे सुलेमान अपना पुत्र कहा करता था, अलाउलमुल्क की उपाधि प्रदान की और मुल्तान तथा फ़तहपुर उसके अधीन कर दिये। मलिक सरवर

१ देखिये पृ० १५ नोट नं० १।

को शहना[१] नियुक्त किया। मलिक खैरुद्दीन खानी को आरिज़े ममालिक[२] बनाया। मलिक कालू को शहनये पील तथा मलिक दाउद को दबीरी[३] का पद प्रदान किया। इख्तियार खां को दोआब में नियुक्त किया। सुल्तान महमूद शाह के खानाज़ादों[४] में से जिसे भी वृत्ति तथा अदरार[५] प्राप्त थे उन्हें उसने उसी प्रकार रहने दिया और उनको उनकी जागीर में भेज दिया।

बदायूं तथा कटिहर की ओर सेना का भेजा जाना

८१७ हि० (१४१४-१५ ई०) में उसने ताजुलमुल्क को भारी सेना देकर बदायूं तथा केहतर[६] की ओर भेजा और वहां के ज़मींदारों को दण्ड देने का आदेश दिया। राय नर सिंह[७] भागकर आंवला के दर्रे में प्रविष्ट हो गया, किन्तु जब उसे सफलता की कोई आशा न रही तब वह दीनता प्रकट करते हुए कर देना स्वीकार करके उसकी प्रजा बन गया। बदायूं के हाकिम महाबत खां ने भी उपस्थित होकर अधीनता प्रदर्शित की।

शम्साबाद की ओर प्रस्थान

वहां से वह (ताजुलमुल्क) रहब नदी के किनारे-किनारे होता हुआ, सुर्ग द्वारी[८] के घाट पर पहुंचा और गंगा नदी पार करके खोर, जो अब शम्साबाद[९] कहलाता है, के काफ़िरों को दण्ड देकर कम्पिला[१०] को नष्ट करता हुआ सकेत[११] क़स्बे के मार्ग से बाघम क़स्बे में पहुंचा। रापरी[१२] के हाकिम हसन खां तथा उसके भाई हमज़ा ने उपस्थित होकर उससे भेंट की। राय सर[१३] भी उसकी अधीनता स्वीकार करके उसकी सेवा में पहुंचा। ग्वालियर, रापरी तथा चंदवार के राजाओं ने भी मालगुज़ारी अदा करना स्वीकार कर लिया। उसने जलेसर के क़स्बे को चंदवार के राजपूतों से लेकर उस क़स्बे के प्राचीन मुसलमानों को दे दिया और शिक़दार[१४] नियुक्त कर दिया। वहां से वह ग्वालियर की विलायत[१५] में पहुंचा और उसे नष्ट-भ्रष्ट कर
(२६७) दिया। निश्चित वार्षिक कर ग्वालियर के राय से लेकर वह चंदवार पहुंचा। कम्पिला

१ नगर का मुख्य अधिकारी।
२ देखिये पृ० १५ नोट नं० ६।
३ देखिये पृ० १५ नोट नं० ८।
४ सेवकों।
५ अदरार : देखिये पृ० १४ नोट नं० ३।
६ कटिहर : लगभग आधुनिक रुहेलखंड।
७ कुछ पोथियों में 'हर सिंह' तथा कुछ में 'बरसिंह' है।
८ स्वर्ग द्वारी।
९ फ़र्रुखाबाद (उत्तर प्रदेश) ज़िले में।
१० कुछ पोथियों में 'कम्बला'।
११ सकेत, कम्पिला तथा रापरी के मध्य में।
१२ मैनपुरी के दक्षिण-पश्चिम में ४४ मील पर।
१३ सबीर।
१४ देखिये पृ० ४ नोट नं० ३।
१५ राज्य।

तथा बैताली[1] के ज़मींदार नर सिंह से कर वसूल करके चंदवार के निकट यमुना नदी पार की और देहली पहुंचा।

तुर्कों का विद्रोह

जमादि-उल-अव्वल ८१७ हि० (जुलाई-अगस्त १४१४ ई०) को यह सूचना प्राप्त हुई कि बैरम खां तुर्क बच्चे की क़ौम के तुर्कों के एक समूह ने मलिक सिद्धू नाहिर की, जो शाहज़ादा मुबारक खां की ओर से सरहिन्द का हाकिम था, विश्वासघात द्वारा हत्या कर दी है और सरहिन्द के क़िले पर अधिकार जमा लिया है। ख़िज़्र खां ने ज़ीरक खां को बहुत बड़ी सेना देकर उनके विरुद्ध भेजा। तुर्क सतलद[2] नदी पार करके पर्वत में प्रविष्ट हो गये। ज़ीरक खां उनका पीछा करता हुआ पर्वत में प्रविष्ट हुआ और दो मास तक युद्ध करता रहा। अन्त में सफलता पाये बिना वापस हो गया।

ख़िज़्र खां का गुजरात के विरुद्ध प्रस्थान

रजब ८१७ हि० (सितम्बर-अक्तूबर १४१४ ई०) में समाचार प्राप्त हुआ कि सुल्तान अहमद गुजराती ने नागौर[3] के क़िले को घेर लिया है। ख़िज़्र खां ने इस विद्रोह को शान्त करने के लिए तोदा के मार्ग से नागौर की ओर प्रस्थान किया। सुल्तान अहमद युद्ध न करके अपनी विलायत[4] में लौट गया और शहर नव उरूसे जहां में, जिसका निर्माण सुल्तान अलाउद्दीन खलजी ने करवाया था, चला गया। उस शहर के हाकिम इलियास ने आकर उससे भेंट की। उस प्रदेश के विद्रोहियों को दण्ड देकर उसने ग्वालियर की ओर प्रस्थान किया। क्योंकि क़िले पर विजय प्राप्त करना कठिन था अतः ग्वालियर के राय से निश्चित कर लेकर वह ब्याना चला गया और ब्याना के हाकिम शम्स खां औहदी से भी कर लेकर देहली लौट गया।

तुग़ान का अधीनता स्वीकार करना

८२० हि० (१४१७-१८ ई०) में तुग़ान तथा कुछ अन्य तुर्कों के विद्रोह के, जिन्होंने मलिक सिद्धू की हत्या कर दी थी, समाचार प्राप्त हुए। ज़ीरक खां, सामाना का हाकिम, उसके विरुद्ध भेजा गया। जब वह सामाना[6] के निकट पहुंचा तो विद्रोही सरहिन्द के क़िले को छोड़ कर पर्वत की ओर चले गये। मलिक कमाल बुद्धन, जो क़िले में था, मुक्ति पाकर ज़ीरक खां की सेवा में उपस्थित हुआ। ज़ीरक खां विरोधियों का पीछा करता हुआ पायल क़स्बे में पहुंचा। तुग़ान ने जो तुर्कों का नेता था आज्ञाकारिता स्वीकार कर ली और कर देना क़ुबूल किया तथा अपने पुत्र को बन्धक के रूप में दिया। (२६८) जिन तुर्कों ने मलिक सिद्धू की हत्या की थी उन्हें अपने पास से पृथक् कर दिया। ज़ीरक खां सामाना की ओर वापस हुआ और कर तथा उसके पुत्र को ख़िज़्र खां की सेवा में भेज दिया।

१ पटियाली।
२ सतलज।
३ नसीराबाद से उत्तर-पश्चिम की दिशा में ४८ मील पर और जोधपुर नगर से उत्तर-पूर्व में ७५ मील पर।
४ राज्य।
५ नवल किशोर प्रेस संस्करण में 'शहरे नव उरूसे झायन' है।
६ 'सरहिन्द' उचित होगा।

ताजुलमुल्क का नर सिंह पर आक्रमण

८२१ हि० (१४१८-१९ ई०) में ख़िज्र ख़ां ने ताजुलमुल्क को केथर[1] के राजा नर सिंह पर आक्रमण करने के लिए भेजा। शाही सेना के गंगा-पार कर लेने के उपरान्त नर सिंह उस विलायत को ख़ाली करके आंवला के जंगल में चला गया और जंगल में शरण का स्थान ढूंढ़ता रहा किन्तु (शाही सेना द्वारा) पराजित होकर वापस हुआ। उसके घोड़े, अस्त्र-शस्त्र तथा समस्त संपत्ति को अधिकार में कर लिया गया। शाही सेनाओं ने कुमायूं पर्वत तक उसका पीछा किया और अत्यधिक लूट की धन संपत्ति प्राप्त की। पांचवें दिन (शाही) सेना वापस आ गई।

तत्पश्चात् ताजुलमुल्क बदायूं के मार्ग से गंगा तट पर पहुंचा और बजलाना घाट से नदी पार की। बदायूं के हाकिम महाबत ख़ां को विदा करके इटावा पहुंचा। राय सिर[2] इटावा के क़िले में बन्द हो गया। ताजुलमुल्क ने इटावा की विलायत विध्वन्स कर दी। अन्त में संधि करके रबी-उल-आख़िर ८२१ हि० (मई-जून १४१८ ई०) में वह शहर (देहली) की ओर लौट आया।

ख़िज्र ख़ां का कटिहर की ओर प्रस्थान तथा विश्वासघातियों की हत्या

उसी वर्ष में ख़िज्र ख़ां ने केथर[3] के उपद्रवियों तथा विद्रोहियों को दण्ड देने के लिए प्रस्थान किया। सर्व प्रथम कोल के विद्रोहियों को दण्ड दिया और रहब नदी पार करके संबल को नष्ट भ्रष्ट किया। ज़ीक़ाद ८२१ हि० (दिसम्बर १४१८ ई०) में उसने बदायं की ओर प्रस्थान किया और पटियाली के निकट गंगा नदी पार की। यह देखकर महाबत ख़ां के हृदय में आतंक आरूढ़ हो गया और वह बदायूं की ओर चल दिया। ज़िलहिज्जा ८२१ हि० (जनवरी १४१९ ई०) में वह बदायूं के क़िले में बन्द हो गया और ६ मास तक युद्ध करता रहा। इसी बीच में कुछ अमीर उदाहरणार्थ क़िवाम ख़ां, इख़्तियार ख़ां तथा महमूद शाह के समस्त सेवक जो दौलत ख़ां से पृथक् होकर ख़िज्र ख़ां से मिल गये थे विश्वासघात की योजना बनाने लगे। ख़िज्र ख़ां यह सूचना पाकर क़िले का घेरा छोड़ कर देहली की ओर वापस हो गया। मार्ग में गंगा तट पर २० जमादि-उल-अव्वल ८२२ हि० (१४ जून १४१९ ई०) को क़िवाम ख़ां, इख़्तियार ख़ां तथा महमूद शाह के सेवकों एवं समस्त विश्वासघातियों की हत्या करा दी और देहली लौट आया।

सारंग के विरुद्ध शाही सेनाओं का प्रस्थान

(२६९) कुछ दिनों के उपरान्त यह समाचार प्राप्त हुए कि एक व्यक्ति विद्रोह के विचार से अपना नाम सारंग रख कर बजवारा पर्वत में सेनायें एकत्र कर रहा है। ख़िज्र ख़ां ने मलिक सुल्तान शाह बहराम लोदी को सरहिन्द प्रदान करके उसके विरुद्ध नियुक्त किया। वह रजब ८२२ हि० (जुलाई-अगस्त १४१९ ई०) में सरहिन्द पहुंचा और सारंग पर्वत से निकल कर सतलद[4] नदी तक आया। रूपर के लोग उससे मिल गये। सरहिन्द के निकट युद्ध हुआ। सारंग पराजित हुआ और लहोरी क़स्बे की ओर जो सरहिन्द के अधीन था चला गया। ख़्वाजा अली इन्दरानी ने अपनी सेना सहित उपस्थित

१ कटिहर, लगभग आधुनिक रुहेलखंड। इस शब्द को 'केहतर' भी लिखा गया है।
२ सबीर।
३ कटिहर।
४ सतलज।

होकर सुल्तान शाह से भेंट की। सामाना का हाकिम ज़ीरक खां, जालन्धर का हाकिम तुग़ान तुर्क बच्चा, सुल्तान शाह की सहायतार्थ सरहिन्द पहुंचे। सारंग भाग कर रूपर पहुंच गया। शाही सेना ने रूपर तक उसका पीछा किया। सारंग भाग कर पर्वत में प्रविष्ट हो गया और शाही सेना ने उसी स्थान पर पड़ाव किया।

इसी बीच में मलिक खैरुद्दीन को बहुत बड़ी सेना देकर सारंग के विरुद्ध नियुक्त किया गया। रमज़ान ८२२ हि० (नवम्बर-दिसम्बर १४१९ ई०) में वह रूपर पहुंचा और कुछ समय पर्वत के निकट पड़ाव किये रहा। जब सारंग की सेना छिन्न भिन्न हो गई तब वह थोड़े से आदमियों को लेकर पर्वत में छिप गया और शाही सेना लौट गई।

मलिक खैरुद्दीन शहर (देहली) की ओर वापस चला गया। ज़ीरक खां सामाना लौट गया। सुल्तान शाह उस सेना को लेकर जो उसकी सहायतार्थ आई थी रूपर थाने में रह गया। उसी समय सारंग पर्वत से निकल कर ८२३ हि० (१४२० ई०) में तुग़ान से मिल गया। तुग़ान ने विश्वासघात करके उसकी हत्या करा दी। इस बीच में खिज्र खां शहर में विश्राम करता रहा।

इटावा पर आक्रमण

उसने ताजुलमुल्क को इटावा के ज़मींदारों पर विजय प्राप्त करने के लिए नियुक्त किया। वह बरन के मार्ग से कोल पहुंचा। उसने उस प्रदेश के विद्रोहियों को नष्ट कर दिया और देहली नामक[1] एक दृढ़ स्थान को नष्ट करके इटावा पहुंचा। राय सिर[2] बन्द होकर बैठ गया। अन्त में संधि करके निश्चित ख़राज अदा करना स्वीकार कर लिया। ताजुलमुल्क ने चंदवार पहुंच कर उसे नष्ट भ्रष्ट कर दिया और वहां से प्रस्थान करके राय नर सिंह से ख़राज वसूल करके शहर (देहली) लौट आया।

तुग़ान तुर्क बच्चे का विद्रोह

(२७०) रजब ८२३ हि० (१४२० ई०) में समाचार प्राप्त हुए कि तुग़ान तुर्क बच्चे ने पुनः विद्रोह कर के सरहिन्द के क़िले को घेर लिया है और मंसूरपुर तथा पायल की सीमा तक आक्रमण कर रहा है। खिज्र खां ने खैरुद्दीन को उसके विरुद्ध नियुक्त किया। वह सामाना पहुंचा और ज़ीरक खां के साथ उसने तुग़ान का पीछा किया। तुग़ान ने लुधियाना के निकट सतलद[3] नदी पार की और जसरथ खोखर की विलायत[4] में प्रविष्ट हो गया। उसके महाल तथा जागीर को ज़ीरक खां को प्रदान कर दिया गया। मलिक खैरुद्दीन देहली लौट आया।

खिज्र खां द्वारा मेवातियों पर विजय

खिज्र खां ने ८२४ हि० (१४२१ ई०) में मेवात के विद्रोहियों पर विजय प्राप्त करने के लिए उस ओर प्रस्थान किया। उन विरोधियों में से कुछ लोग कोटला बहादुर नाहिर में बन्द हो गये और कुछ ने उपस्थित होकर खिज्र खां से भेंट की। जब उसने क़िले का घेरा डाला तो मेवातियों ने उसका

१ मूल ग्रन्थ में 'मौज़ा देहली' है। मौज़ा देहली किसी स्थान का भी नाम हो सकता है।
२ सबीर।
३ सतलज।
४ राज्य।

मुक़ाबला किया, किन्तु प्रथम आक्रमण में ही वे भाग खड़े हुए। कोटला पर विजय प्राप्त हो गई। मेवाती पर्वत की ओर चले गये। ख़िज़्र ख़ां क़िले का विनाश करके ग्वालियर की ओर चला गया।

ख़िज़्र ख़ां की मृत्यु

८ मुहर्रम ८२४ हि० (१३ जनवरी १४२१ ई०) को ताजुलमुल्क की मृत्यु हो गई। उसका ज्येष्ठ पुत्र सिकन्दर वज़ीर नियुक्त किया गया और उसे मलिकुश्शर्क़ की उपाधि प्रदान की गई। जब ग्वालियर के राजा ने क़िला बन्द कर लिया तो ख़िज़्र ख़ां ने उसकी विलायत नष्ट भ्रष्ट कर दी। उससे भी ख़राज लेकर इटावा की ओर वापस चला आया। राय सिर[1] की मृत्यु हो चुकी थी। उसका पुत्र आज्ञाकारिता स्वीकार करके कर अदा करने पर उद्यत हो गया। इसी बीच में ख़िज़्र ख़ां रुग्ण हो गया और देहली की ओर लौट गया। १७ जमादि-उल-अव्वल ८२४ हि० (२० मई १४२१ ई०) को उसकी मृत्यु हो गई। उसने ७ वर्ष २ मास तथा २ दिन तक राज्य किया। उसने अत्यधिक दान पुण्य के कार्य किये। जो लोग साहिब क़िरान के आक्रमण के समय निर्धन तथा गृहहीन हो गये थे वे उसके राज्य काल में सुखी तथा समृद्ध हो गये।

सुल्तान मुबारक शाह बिन रायाते आला ख़िज़्र ख़ां

नई नियुक्तियां

जब ख़िज़्र ख़ां का रोग बहुत बढ़ गया तो उसने अपनी मृत्यु के ३ दिन पूर्व मुबारक ख़ां को अपना उत्तराधिकारी नियुक्त किया। मुबारक ख़ां ख़िज़्र ख़ां की मृत्यु के एक दिन उपरान्त अमीरों की सहमति (२७१) से सिंहासनारूढ़ हुआ। उसकी उपाधि सुल्तान मुबारक शाह निश्चित की गई। ख़िज़्र ख़ां के राज्यकाल में जिन अमीरों, मलिकों, प्रतिष्ठित व्यक्तियों तथा इमामों[2] को परगने ग्राम तथा वृत्ति एवं अदरार[3] प्राप्त थे, वह उसने पूर्व की भांति उन्हीं के पास रहने दिये और कुछ में वृद्धि की। फ़ीरोज़ाबाद हांसी को मलिक रजब नादिरा से लेकर अपने भतीजे मलिक बुद्ध को दे दिया। इसके बदले में उसने दीपालपुर को मलिक रजब को प्रदान कर दिया।

शेख़ा खोखर का विद्रोह

इसी समय शेख़ा खोखर तथा तुग़ान रईस के विद्रोह के समाचार प्राप्त हुए। शेख़ा खोखर[4] के विद्रोह का कारण यह था कि जमादि-उल-अव्वल ८२३ हि० (मई-जून १४२० ई०) में कश्मीर का बादशाह सुल्तान अली थट्टा आया था। उसके थट्टा से लौटने के समय शेख़ा ने उसका मार्ग रोक कर युद्ध आरम्भ कर दिया। क्योंकि सुल्तान अली की सेना छिन्न भिन्न थी अतः वह पराजित हुआ और शेख़ा द्वारा बन्दी बना लिया गया। लूट की धन संपत्ति की अधिकता के कारण शेख़ा का मस्तिष्क फिर गया और उसने विद्रोह कर दिया। उसने देहली विजय करने तथा हिन्दुस्तान के राज्य पर अधिकार जमाने

१ सबीर।

२ इमाम :—मुसलमानों के धार्मिक नेता। जो व्यक्ति नमाज़ पढ़ाता है वह भी इमाम कहलाता है।

३ अदरार :—देखिये पृ० १४ नोट न० ३।

४ 'तारीख़े मुबारकशाही' के अनुसार 'जसरथ'।

की योजनायें बनानी प्रारम्भ कर दीं। आसपास के परगनों को नष्ट-भ्रष्ट करना प्रारम्भ कर दिया। उसने सतलद[1] नदी पार करके राय कमाल मईन की तिलौंदी[2] को नष्ट कर दिया। उस स्थान का ज़मींदार राय फ़ीरोज़ भाग कर यमुना की ओर पहुंचा। शेख़ा ने लुधियाना क़स्बे में पहुंच कर रूपर की सीमा तक आक्रमण किया। तत्पश्चात् उसने सतलद नदी पार करके जालन्धर के क़िले को घेर लिया। उस स्थान का हाकिम ज़ीरक ख़ां क़िले में घिर गया और युद्ध करता रहा। शेख़ा ने संधि कर ली और यह निश्चय किया कि वह (ज़ीरक) जालन्धर के क़िले को ख़ाली करके तुग़ान को सौंप दे और तुग़ान के पुत्र को मुबारक शाह की सेवा में भेज दिया जाय; शेख़ा भी उचित उपहार (कर) प्रेषित करे।

२ जमादि-उल-आख़िर ८२४ हि० (४ जून १४२१ ई०) को ज़ीरक ख़ां जालन्धर के क़िले से निकला और शेख़ा की सेना से एक कोस पर मईन[3] नदी के तट पर उतरा। दूसरे दिन शेख़ा ने विश्वासघात करके ज़ीरक ख़ां पर आक्रमण किया और उसे बन्दी बना लिया तथा पुनः विरोध का झण्डा ऊंचा कर दिया। सतलद नदी पार करके वह लुधियाना आया और २० जमादि-उल-आख़िर ८२४ हि० (२२ जून १४२१ ई०) को सरहिन्द पहुंचा। सुल्तान शाह लोदी, सरहिन्द का हाकिम क़िले में घिर गया। वर्षा (२७२) ऋतु प्रारम्भ हो जाने के कारण शेख़ा के अत्यधिक प्रयत्न के बावजूद क़िले पर विजय न प्राप्त हो सकी।

मुबारक शाह का शेख़ा के विरुद्ध प्रस्थान

सुल्तान मुबारक शाह ने रजब ८२४ हि० (जुलाई १४२१ ई०) में वर्षा ऋतु के बावजूद शहर देहली से प्रस्थान किया और सरहिन्द पर आक्रमण करना निश्चय किया। जब वह सामाना के निकट पहुंचा तो शेख़ा लुधियाना की ओर चल दिया। ज़ीरक ख़ां सामाना में सुल्तान मुबारक शाह से मिला। सुल्तान सामाना से लुधियाना पहुंचा। शेख़ा ने सतलद पार करके नदी के उस पार (शाही) सेना के समक्ष पड़ाव किया। नदी के बड़ी होने तथा शेख़ा द्वारा नौकाओं पर अधिकार जमा लिये जाने के कारण, मुबारक शाह नदी न पार कर सका। ४० दिन तक दोनों सेनायें एक दूसरे के समक्ष पड़ी रहीं। शुभ ग्रह के उदय होने तथा जल के कम हो जाने के कारण मुबारक शाह ने नदी के किनारे-किनारे क़ुबूलपुर की ओर प्रस्थान किया। शेख़ा भी नदी के किनारे-किनारे प्रतिदिन मुबारक शाह की सेना के समक्ष पड़ाव करता था।

११ शव्वाल ८२४ हि० (९ अक्तूबर १४२१ ई०) को सुल्तान मुबारक शाह ने मलिक सिकन्दर तुहफ़ा, ज़ीरक ख़ां, महमूद हसन, मलिक कालू तथा अन्य अमीरों को अत्यधिक सेना एवं हाथी देकर नदी के चढ़ाव की ओर इस आशय से भेजा कि वे जिस स्थान पर भी नदी को छिछला पायें उसी स्थान पर नदी को पार करें। सुल्तान ने भी नदी पार करने की व्यवस्था की। शेख़ा अपने आप में युद्ध की शक्ति न देखकर जालन्धर की ओर भाग गया। उसकी धन-संपत्ति तथा उसके सैनिक सुल्तान की सेना के अधिकार में आ गये। उसकी सेना के अत्यधिक अश्वारोही तथा पदाती मारे गये। सुल्तान की सेना ने चनाब नदी तक शेख़ा का पीछा किया। शेख़ा नदी पार करके पर्वत[4] में प्रविष्ट हो गया।

१ सतलज।
२ ग्राम।
३ 'तारीख़े मुबारकशाही' के अनुसार 'बेनी'।
४ 'तारीख़े मुबारकशाही' के अनुसार 'तिलहर' पर्वत।

जम्मू के राजा राय भीम[1] ने सुल्तान की सेवा में उपस्थित होकर सेना का पथ-प्रदर्शक बन कर चनाब नदी पार करा दी और थीका तक, जो शेखा के अत्यन्त दृढ़ स्थानों में से एक स्थान था, पहुंचा दिया। सुल्तान ने थीका को नष्ट कर दिया। शेखा के बहुत से सहायक जो पर्वतों में छिन्न-भिन्न हो गये थे, बन्दी बना लिये गये। सुल्तान मुहर्रम ८२५ हि० (दिसम्बर १४२१, जनवरी १४२२ ई०) में सुरक्षित लाहौर पहुंचा। लाहौर पूर्णतः नष्ट हो चुका था। एक मास तक ठहर कर वह क़िले तथा द्वारों का निर्माण कराता रहा। क़िले के पूरा हो जाने के कारण अधिकांश लोग आ-आकर अपने स्थान पर बसने (२७३) लगे। सुल्तान ने लाहौर मलिक महमूद हसन को सौंप दिया और २ हज़ार अश्वारोही उसे प्रदान कर दिये। क़िले की रक्षा का उचित प्रबन्ध करके वह देहली लौट गया।

शेखा का लाहौर पर असफल आक्रमण

जमादि-उल-आख़िर ८२५ हि० (मई-जून १४२२ ई०) में शेखा खोखर ने ज़मींदारों से मिल कर अत्यधिक अश्वारोहियों तथा पदातियों को एकत्र करके उपद्रव तथा विद्रोह प्रारम्भ कर दिया। लाहौर पहुंच कर वह सैयिद हुसेन ज़ंजानी के मज़ार के निकट उतरा। उसने ११ जमादि-उल-आख़िर ८२५ हि० (२ जून १४२२ ई०) को लाहौर के मिट्टी के क़िले पर युद्ध प्रारम्भ कर दिया। अत्यधिक मनुष्यों की हत्या कर दी। २१ जमादि-उल-आख़िर ८२५ हि० (१२ जून १४२२ ई०) को उसने अत्यधिक सेना एकत्र करके मिट्टी के क़िले पर घोर युद्ध किया किन्तु सफलता प्राप्त न हुई। वह कुछ कोस पीछे हट गया। वह १ मास ५ दिन तक युद्ध करता रहा किन्तु कोई सफलता प्राप्त न कर सका। शेखा युद्ध में सफलता न प्राप्त करने के कारण कलानोर[2] की ओर चल दिया और राय भीम से, जो मलिक महमूद हसन की सहायतार्थ कलानोर आया था, युद्ध किया। रमज़ान ८२५ हि० (अगस्त-सितम्बर १४२२ ई०) को संधि हो गई और शेखा व्याह नदी की ओर चल दिया।

शेखा खोखर की पराजय

इस समय मलिक सिकन्दर तुहफ़ा उस सेना सहित जो उसे मुबारक शाह की ओर से मलिक महमूद हसन की सहायतार्थ प्राप्त हुई थी पोही[3] के घाट पर पहुंचा। शेखा में युद्ध का साहस न रह गया था, अतः वह रावी तथा चनाब नदी को पार करके पर्वत में प्रविष्ट हो गया। मलिक सिकन्दर ने पोही के घाट से व्याह नदी पार की। १२ शव्वाल ८२५ हि० (२९ सितम्बर १४२२ ई०) को वह लाहौर पहुंचा। मलिक महमूद हसन ने उसका स्वागत किया और उसका आगमन अपने लिये बड़ा बहुमूल्य समझा। दीपालपुर का हाकिम मलिक रजब, सरहिन्द का हाकिम मलिक सुल्तान शाह, राय फ़ीरोज़ मईन तथा ज़मींदार इससे पूर्व मलिक सिकन्दर से मिल गये थे। उपर्युक्त सेना रावी के किनारे-किनारे होती हुई कलानोर की ओर रवाना हुई। जब वह जम्मू की सीमा पर पहुंचे तो राय भीम भी उनसे मिल गया और उसने उनके प्रति सेवा-भाव प्रदर्शित किया। खुक्खरों के इस समूह को, जो शेखा से पृथक् हो गया था, नष्ट करके वे लाहौर लौट आये। इसी बीच में सुल्तान मुबारक शाह के आदेशानुसार मलिक महमूद ने जालन्धर की ओर प्रस्थान किया, और वापसी की व्यवस्था करके देहली चल दिया। मलिक

१ कुछ पोथियों के अनुसार 'राय भीलम'।
२ गुरदासपुर से पश्चिम की ओर १७ मील पर।
३ मूल ग्रन्थ में इसे 'बोही' भी लिखा गया है।

(२७४) सिकन्दर लाहौर पहुंचा। उसी समय विज़ारत का पद मलिक सिकन्दर से लेकर सरवरुल-मुल्क को प्रदान कर दिया गया।

सुल्तान द्वारा कटिहर तथा इटावा पर आक्रमण

८२६ हि० (१४२२-२३ ई०) में सुल्तान मुबारक शाह ने गंगा नदी पार की और उस प्रदेश के काफ़िरों तथा विद्रोहियों पर विजय प्राप्त करने के उद्देश्य से प्रस्थान किया। मुहर्रम ८२६ हि० (दिसम्बर १४२२, जनवरी १४२३ ई०) में केथर[1] की विलायत[2] में प्रविष्ट हो गया। ख़राज प्राप्त करके कुछ विद्रोहियों को दण्ड दिया। उस स्थान पर बदायूं के हाकिम ने, जो ख़िज्र ख़ां से आतंकित हो गया था, आकर सुल्तान से भेंट की। सुल्तान ने गंगा नदी पार करके राठौरों की विलायत को विध्वंस कर दिया तथा अत्यधिक मनुष्यों को बन्दी बना लिया और उनकी हत्या करा दी। कुछ दिन तक उसने गंगा तट पर पड़ाव किया। कम्पिला के क़िले में मलिक मुबारिज़, ज़ीरक ख़ां तथा कमाल ख़ां को एक भारी सेना देकर राठौरों की विजय हेतु नियुक्त कर दिया। राय सिर[3] के पुत्र के विरुद्ध, जो ख़िज्र ख़ां से भाग कर पृथक् हो गया था, मलिक ख़ैरुद्दीन ख़ानी को उसने इस आशय से भेजा कि उसकी विलायत को विध्वंस कर दे। वह (ख़ैरुद्दीन ख़ानी) इटावा पहुंचा। राजपूत लोग क़िले में बन्द हो गये और युद्ध करने लगे। अन्त में विवश होकर उन्होंने दीनता प्रकट की तथा आज्ञा-कारिता स्वीकार कर ली। राय सिर के पुत्र ने अधीनता स्वीकार कर ली और निश्चित ख़राज अदा किया। सुल्तान मुबारक शाह विजय तथा सफलता प्राप्त करके देहली पहुंचा। इस बीच में मलिक महमूद हसन अपनी सेना सहित जालन्धर से देहली आया और सेवा में उपस्थित हुआ। उसे बख़्शीगीरी[4] का पद, जो उस समय आरिज़ये लश्कर कहलाता था, प्रदान किया गया।

शेख़ा का दीपालपुर तथा लाहौर पर आक्रमण

जमादि-उल-आखिर ८२६ हि० (मई-जून १४२३ ई०) में शेख़ा तथा राय भीम के मध्य में युद्ध हुआ। राय भीम की हत्या हो गई और उसकी सेना तथा धन-संपत्ति शेख़ा के अधिकार में आ गयी। शेख़ा की शक्ति बढ़ गई। उसने दीपालपुर तथा लाहौर के आसपास तक आक्रमण किया। मलिक सिकन्दर ने उसे भगाने के विचार से प्रस्थान किया और चनाब नदी पार की किन्तु सफलता प्राप्त न करके लौट आया। इसी बीच में अलाउलमुल्क के पुत्र मलिक अलाउद्दीन की, जो मुल्तान (२७५) का हाकिम था, मृत्यु के समाचार प्राप्त हुए।

शेख़ अली नायब का आक्रमण

इसके अतिरिक्त यह भी सूचना प्राप्त हुई कि शेख़ अली नायब तथा सुरग़तमश[5] का पुत्र बहुत बड़ी सेना लेकर काबुल से भक्कर तथा सिविस्तान पर आक्रमण करने के लिए आ रहे हैं।

१ कटिहर।
२ राज्य।
३ सबीर।
४ बख़्शीगीरी :—मुग़ल काल में आरिज़े ममालिक को बख़्शी कहते थे। सेना की भरती, निरीक्षण तथा अन्य प्रबन्ध बख़्शी करता था।
५ यह नाम पोथियों में विभिन्न प्रकार से लिखा है : सुरग़मश, सियूर अतमश, सियूर ग़नमश।

सुल्तान ने मलिक महमूद हसन को एक भारी सेना देकर मुग़लों के उपद्रव को शान्त करने के लिए भेजा। उसने मुल्तान से सिन्ध तक के प्रदेश उसे प्रदान कर दिये। जब मलिक महमूद मुल्तान पहुंचा तो उसने वहां की समस्त प्रजा तथा मुसलमानों को पुरस्कार एवं आश्रय प्रदान करके प्रसन्न कर दिया। मुल्तान के क़िले का, जो मुग़लों के उत्पात के कारण नष्ट हो गया था, पुनः निर्माण कराया। इसी समय मुग़लों की सेना भी लौट गई।

सुल्तान द्वारा अलप ख़ां के विरुद्ध प्रस्थान

इसी समय यह समाचार प्राप्त हुये कि धार का हाकिम अलप ख़ां, जिसने अपनी उपाधि सुल्तान होशंग रख ली थी, ग्वालियर के क़िले पर आक्रमण हेतु आ रहा है। मुबारक शाह ने ग्वालियर की ओर प्रस्थान किया। जब वह ब्याना के निकट पहुंचा, तो उसे ज्ञात हुआ कि औहद ख़ां के पुत्र अमीर ख़ां ने ब्याना के हाकिम मुबारक ख़ां की, जो उसका चाचा था, हत्या कर दी है और ब्याना को नष्ट करके पर्वत के ऊपर क़िलाबन्द हो गया है। मुबारक शाह ने पर्वत के आँचल में पड़ाव किया। पत्र-व्यवहार के उपरान्त अमीर ख़ां ने प्रतिवर्ष ख़राज अदा करने की प्रतिज्ञा करके अधीनता स्वीकार कर ली। सुल्तान मुबारक शाह ने वहां से ग्वालियर की ओर प्रस्थान किया। अलप ख़ां चम्बल नदी के घाट पर पड़ाव किये हुए था। मुबारक शाह ने दूसरे घाट का पता लगा कर शीघ्रातिशीघ्र नदी पार की। कुछ अमीरों ने जोकि शाही सेना के अग्रिम दल में थे, अलप ख़ां की सेना के विभिन्न दिशाओं के भाग को नष्ट कर दिया और अत्यधिक मनुष्यों को बन्दी बना लाये। बन्दियों के मुसलमान होने के कारण सुल्तान ने सबको मुक्त कर दिया। दूसरे दिन अलप ख़ां ने संधि की वार्ता करके उचित पेशकश भेजी और धार की ओर लौट गया। मुबारक शाह ने चम्बल नदी के तट पर पड़ाव किया और उस प्रदेश के ज़मींदारों से प्रथानुसार ख़राज वसूल किया। रजब ८२७ हि० (जून १४२४ ई०) को लौट कर वह देहली पहुंचा।

सुल्तान का कटिहर के विरुद्ध प्रस्थान

मुहर्रम ८२८ हि० (नवम्बर-दिसम्बर १४२४ ई०) में उसने केथर[1] की ओर प्रस्थान किया। केथर के राय नर सिंह ने गंगा तट पर उपस्थित होकर अधीनता प्रदर्शित की। ३ वर्ष का कर शेष होने (२७६) के कारण उसे ३ दिन तक बन्दी रहना पड़ा। अन्त में कर अदा करके मुक्त हो गया। सुल्तान ने उस स्थान से गंगा नदी पार की, और नदी के उस पार के विद्रोहियों को दण्ड देकर लौट आया।

सुल्तान द्वारा मेवातियों पर आक्रमण

इसी बीच में मेवातियों के विद्रोह तथा उपद्रव के समाचार प्राप्त हुए। सुल्तान ने उस ओर प्रस्थान किया और लूट-मार प्रारम्भ कर दी। मेवात का अधिकांश भाग नष्ट कर डाला। मेवाती अपनी विलायत को उजाड़ कर तथा ख़ाली करके झार[2] पर्वत की ओर चल दिये। सुल्तान अनाज तथा चारे की कमी के कारण एवं स्थान की दृढ़ता की वजह से लौट कर देहली पहुंच गया। वहां उसने अमीरों को अपनी-अपनी जागीरों को लौट जाने की अनुमति दे दी और स्वयं भोग-विलास में ग्रस्त हो गया।

१ कटिहर।

२ हस्तलिखित पोथियों में इस स्थान को विभिन्न प्रकार से लिखा गया है : झार, झारा, छारा।

८२९ हि० (१४२५-२६ ई०) में उसने पुनः उस प्रदेश के विद्रोहियों को दण्ड देने के लिए मेवात की ओर प्रस्थान किया। जल्लू, क़द्दू तथा समस्त मेवाती जो एक दूसरे के सहायक थे अपने-अपने स्थानों को वीरान तथा ख़ाली करके पर्वत के भीतर बन्द हो गये। कुछ दिन तक वे विचित्र प्रकार के प्रदर्शन करके क़िले को ख़ाली करके अलवर की ओर चल दिये। सुल्तान नित्य प्रति युद्ध करता था और दोनों पक्षों के मनुष्यों की हत्या होती थी। मेवातियों ने विवश होकर क्षमा-याचना कर ली और क़द्दू ने उपस्थित होकर अधीनता स्वीकार कर ली। वह बन्दी बना लिया गया। सुल्तान मेवात की विलायत को नष्ट करके लौट आया। ४ मास ११ दिन के उपरान्त मुहर्रम ८३० हि० (नवम्बर १४२६ ई०) में उसने मेवात पर पुनः चढ़ाई की। उस स्थान के विद्रोहियों को दण्ड देकर ब्याना पहुंचा।

ब्याना तथा ग्वालियर पर आक्रमण

औहद खां का पुत्र मुहम्मद ख़ां ब्याना का हाकिम अपने पर्वतीय क़िले में बन्द हो गया। १६ दिन तक युद्ध होता रहा। उसके अधिकांश सहायक उससे पृथक् होकर सुल्तान मुबारक शाह से मिल गये। जब उसमें युद्ध करने की शक्ति न रही तो वह रबी-उल-आख़िर ८३० हि० (फ़रवरी १४२७ ई०) में विवशता एवं दीनता के कारण अपनी ग्रीवा में रस्सी डाल कर क़िले के बाहर निकला और अधीनता प्रदर्शित की। घोड़े, अस्त्र-शस्त्र तथा उत्तम वस्तुएँ जो क़िले में थीं उन सबको उसने पेशकश के रूप में भेंट किया। मुबारक शाह ने उसके परिवार तथा सम्बन्धियों को क़िले से निकाल कर देहली भेज दिया। ब्याना को मुक़बिल ख़ां को प्रदान कर दिया। सीकरी को, जो अब फ़तहपुर कहलाता है, मलिक ख़ैरुद्दीन
(२७७) तुहफ़ा को सौंप कर ग्वालियर की ओर पहुंचा। ग्वालियर, तेहकर[1] तथा चंदवार के रायों ने अधीनता स्वीकार करके प्राचीन प्रथानुसार मालगुज़ारी अदा की और सुल्तान जमादि-उल-अव्वल ८३० हि० (मार्च १४२७ ई०) में देहली पहुंचा। मलिक महमूद हसन का महाल तथा जागीर स्थानान्तरित करके उसे हिसार फ़ीरोज़ा प्रदान कर दिया। मुल्तान मलिक रजब नादिरा को दे दिया।

मुहम्मद ख़ां का विद्रोह

मुहम्मद ख़ां अपने परिवार सहित भाग कर मेवात चला गया। उसके कुछ सहायक जो उससे छिन्न-भिन्न हो गये थे उससे पुनः मिल गये। इसी बीच में उसे ज्ञात हुआ कि मलिक अहमद मुक़बिल ख़ानी अपनी सेना सहित महाबन की ओर चला गया है, और मलिक ख़ैरुद्दीन तुहफ़ा को क़िले में छोड़ गया है, ब्याना नगर ख़ाली है।[2] मुहम्मद ख़ां समय पाकर ब्याना के ज़मींदारों के भरोसे पर थोड़ी सी सेना लेकर वहां पहुंचा। ब्याना की विलायत तथा क़स्बे के अधिकांश लोग उससे मिल गये। मलिक ख़ैरुद्दीन क़िले की रक्षा न कर सका। क्षमा याचना करके, क़िला समर्पित करने के उपरान्त वह देहली पहुंचा। मुबारक शाह ने ब्याना को मलिक मुबारिज़ को सौंप कर मुहम्मद ख़ां के विरुद्ध भेजा। मुहम्मद ख़ां क़िले में बन्द हो गया। मलिक मुबारिज़ ने उसकी विलायत पर अधिकार जमा लिया और उसे अपने अधीन कर लिया। मुहम्मद ख़ां अपने कुछ विश्वासपात्रों को क़िले में छोड़ कर जरीदा[3], यलग़ार[4] करता हुआ सुल्तान

१ यह नाम कई प्रकार से लिखा है : तहकर, थनकर, भक्कर।

२ उसकी रक्षा करने वाला कोई नहीं।

३ देखिये पृ० ३७ नोट नं० २।

४ शीघ्रातिशीघ्र प्रस्थान करता हुआ।

इबराहीम की सेवा में उपस्थित हुआ। सुल्तान मुबारक शाह ने मलिक मुबारिज़ को किसी कार्य हेतु अपनी सेवा में बुला लिया और स्वयं ब्याना की विजय हेतु प्रस्थान किया।

सुल्तान इबराहीम शाह शर्क़ी की सेनाओं का देहली की ओर प्रस्थान

इसी बीच में कालपी के हाकिम क़ादिर खां का प्रार्थना-पत्र प्राप्त हुआ कि सुल्तान इबराहीम शर्क़ी एक सुसज्जित सेना सहित कालपी पर चढ़ाई करने के लिए आ रहा है। सुल्तान मुबारक शाह ब्याना के युद्ध को छोड़ कर सुल्तान इबराहीम से युद्ध करने के लिए रवाना हुआ। उसी समय शर्क़ी सुल्तान की सेनाओं ने भौगाओं[१] को नष्ट करके बदायूं की ओर प्रस्थान कर दिया था। सुल्तान मुबारक शाह ने यमुना नदी पार करके जरतौली ग्राम को जो प्रसिद्ध मवास[२] था विध्वंस कर दिया और वहां से अतरौली[३] पहुंचा। महमूद हसन को १० हज़ार अश्वारोहियों सहित सुल्तान इबराहीम शर्क़ी के भाई मुख़तस खां के (२७८) विरुद्ध, जिसने इटावा पर आक्रमण किया था, भेजा। जब महमूद हसन की सेना का शर्क़ियों की सेना से युद्ध हुआ तो शर्क़ी सेना युद्ध न कर सकने के कारण भाग कर अपने सुल्तान के पास चली गई। महमूद हसन कुछ दिन प्रतीक्षा करके अपनी सेना से मिल गया।

सुल्तान इबराहीम तथा मुबारक शाह का युद्ध

सुल्तान इबराहीम शर्क़ी काली नदी[४] के किनारे-किनारे मारहरा[५] के अधीन बुरहानाबाद के निकट पहुँचा। मुहम्मद शाह ने अतरौली से प्रस्थान किया और भालूकोता नामक क़स्बे में पहुँचा। सुल्तान शर्क़ी मुहम्मद शाह की सेना का वैभव एवं दृढ़ता देखकर जमादि-उल-अव्वल ८३० हि० (मार्च १४२७ ई०) में युद्ध त्याग कर रापरी क़स्बे की ओर चला गया। वहां से यमुना नदी पार करके ब्याना पहुंचा और केथर के किनारे पड़ाव किया। मुबारक शाह ने यमुना नदी चंदवार के निकट पार की और सुल्तान इबराहीम की सेना से ५ कोस पर पड़ाव किया। मुहम्मद शाह के सैनिकों ने उसकी सेना के चारों ओर आक्रमण करके उसके घोड़ों, मवेशियों तथा मनुष्यों को बन्दी बना लिया। २० दिन तक यही दशा रही। ७ जमादि-उल-आख़िर ८३० हि० (५ अप्रैल १४२७ ई०) को सुल्तान शर्क़ी ने युद्ध हेतु प्रस्थान किया। सुल्तान मुहम्मद शाह ने, महमूद हसन, फ़तह खां बिन (पुत्र) सुल्तान मुज़फ़्फ़र, ज़ीरक खां, इस्लाम खां और ख़ाने जहां के पौत्र मलिक चमन, मलिक कालू, शहनये फ़ीलान तथा मलिक अहमद मुक़बिल ख़ानी को उससे युद्ध करने के लिए भेजा। मध्याह्न से लेकर सायंकाल तक युद्ध होता रहा। अन्त में दोनों पक्षों ने वापस होकर एक दूसरे के बराबर पड़ाव किया। दूसरे दिन १७ जमादि-उल-आख़िर ८३० हि० (२५ अप्रैल १४२७ ई०) को सुल्तान शर्क़ी प्रस्थान करके जौनपुर की ओर चल दिया। सुल्तान मुबारक शाह हस्तकान्त[६] के मार्ग से ग्वालियर पहुंचा।

१ मैनपुरी ज़िले में, मैनपुरी से ६३/४ मील पर पूर्व की ओर।
२ विद्रोहियों के शरण का स्थान।
३ अलीगढ़ से १६ मील पर।
४ 'आबे सियाह' कुछ पोथियों में 'आबे व्याह' है।
५ एटा ज़िले में।
६ अन्य स्थानों पर यह शब्द 'हथीकांत' छपा है।

मुहम्मद ख़ां औहदी का क्षमा-याचना करना

उसने प्राचीन नियमानुसार ग्वालियर के राय से ख़राज लेकर ब्याना के मार्ग से प्रस्थान किया। मुहम्मद ख़ां औहदी ने यद्यपि बड़ा प्रयत्न किया किन्तु सफलता प्राप्त न हो सकी। सुल्तान इबराहीम शर्क़ी की सहायता से भी निराश होकर उसने क्षमा-याचना कर ली और मुबारक शाह से मिल गया।

(२७९) सुल्तान ने उसके अपराधों को क्षमा कर दिया। २० रजब ८३० हि० (१७ मई १४२७ ई०) को मुहम्मद ख़ां क़िले से निकल कर मेवात की ओर चल दिया और सुल्तान महमूद हसन को क़िले की रक्षा तथा उस विलायत[1] पर अधिकार जमाने का आदेश देकर लौट आया और ११ शाबान ८३१ हि० (२६ मई १४२८ ई०) को देहली पहुंचा।

मेवात की व्यवस्था

शव्वाल ८३१ हि० (अगस्त-सितम्बर १४२८ ई०) में सुल्तान ने मलिक क़द्दू मेवाती को सुल्तान इबराहीम शर्क़ी का साथ देने के कारण बन्दी बना कर हत्या करा दी और मलिक सरवर को मेवात पर अधिकार जमाने के लिए भेजा। उस विलायत[1] के अधिकांश लोगों ने अपने निवासस्थानों को नष्ट कर दिया और पहाड़ियों में प्रविष्ट हो गये। मलिक क़द्दू का भाई जलाल ख़ां, अहमद ख़ां, मलिक फ़ख़रुद्दीन तथा उसके समस्त सम्बन्धी अन्दरुन नामक क़िले के भीतर एकत्र हुए। मलिक सरवर ख़राज लेकर शहर की ओर लौट गया।

जसरथ का आक्रमण

ज़ीक़ाद ८३१ हि० (सितम्बर-अक्तूबर १४२८ ई०) में सूचना प्राप्त हुई कि "जसरत बिन शेख़ा खोखर ने कलानोर को घेर लिया और लाहौर का हाकिम मलिक सिकन्दर, जो उसके विरुद्ध आक्रमण करने गया था, पराजित होकर लाहौर लौट गया। जसरत ने ब्याह[2] नदी पार करके जालन्धर के क़िले की विजय हेतु प्रस्थान किया। उस पर अधिकार न प्राप्त कर सकने के कारण उसने आसपास के स्थानों पर छापा मारा और वहां के लोगों को बन्दी बनाकर पुनः कलानोर की ओर चल दिया।" सुल्तान मुबारक शाह ने सामाना के हाकिम ज़ीरक ख़ां तथा सरहिन्द के अमीर इस्लाम ख़ां को आदेश दिया कि वे मलिक सिकन्दर की सहायता करें। उनके पहुंचने के पूर्व ही मलिक सिकन्दर, राय ग़ालिब कलानोरी तथा उसके सहायकों को अपने साथ लेकर ब्याह नदी पर पहुंचा। जसरथ ने मुक़ाबला किया किन्तु पराजित हुआ और तहीका[3] की ओर चल दिया। जालन्धर के आसपास से लूट की धन-संपत्ति में जो कुछ भी प्राप्त हुआ था, वह मलिक सिकन्दर की सेना के अधिकार में आ गया।

सुल्तान का मेवात की ओर प्रस्थान

मुहर्रम ८३२ हि० (अक्तूबर-नवम्बर १४२८ ई०) में मलिक महमूद हसन बयाना के विद्रोह को जिसे मुहम्मद ख़ां औहदी ने प्रारम्भ किया था शान्त करके देहली पहुंचा। तत्पश्चात् सुल्तान मुबारक

१ प्रदेश।
२ ब्यास।
३ हस्तलिखित पोथियों में इस शब्द को विभिन्न रूप से लिखा गया है: तहबका, तहोका, बतहका बतक तथा भक्कर जिन्हें थबका, थीका, बथका इत्यादि भी पढ़ा जा सकता है।

शाह ने मेवात के पर्वत की ओर प्रस्थान किया और महदुराई पहुंचा और वहां पर कुछ दिन पड़ाव किया। जलाल खां मेवाती तथा समस्त मेवातियों ने विवश होकर, मालगुज़ारी अदा करना स्वीकार कर लिया। (२८०) तत्पश्चात् उन्होंने आज्ञाकारिता स्वीकार कर ली। सुल्तान शव्वाल ८३२ हि० (जुलाई-अगस्त १४२८ ई०) में देहली वापस आया। इसी बीच में मुल्तान के हाकिम मलिक रजब नादिरा की मृत्यु के समाचार प्राप्त हुए। सुल्तान ने मलिक महमूद हसन को एतमादुलमुल्क की उपाधि देकर मुल्तान भेज दिया।

ग्वालियर पर आक्रमण

८३३ हि० (१४२९-३० ई०) में सुल्तान ने ग्वालियर पर चढ़ाई की और ब्याना के मार्ग से ग्वालियर पहुंचा। वहां के विद्रोह को शांत करके वह हस्तकान्त गया। हस्तकान्त का राय पराजित हो कर पर्वतों में प्रविष्ट हो गया। सुल्तान ने उसकी विलायत[1] को विध्वंस करके वहां के अत्यधिक लोगों को बन्दी बना लिया और उन्हें रापरी[2] लाया। उस विलायत को हुसेन ख़ां[3] के पुत्र से लेकर मलिक हमज़ा को दे दिया। रजब ८३३ हि० (मार्च-अप्रैल १४३० ई०) में वह लौट गया। मार्ग में सैयिद सालिम की मृत्यु हो गई। उसके ज्येष्ठ पुत्र को सालिम खां की और दूसरे पुत्र को शुजाउलमुल्क की उपाधि प्रदान की गई। सैयिद सालिम ३० वर्ष तक खिज़्र खां की सेवा में प्रतिष्ठित अमीरों की श्रेणी में सम्मिलित रहा। वर्षों तक वह तबरहिन्दा में खज़ाना तथा क़िलेदारी[4] की सामग्री एकत्र करता रहा था।

फ़ौलाद का विद्रोह

शव्वाल ८३३ हि० (जून-जुलाई १४३० ई०) में फ़ौलाद[5] तुर्क बच्चा तबरहिन्दा के क़िले में प्रविष्ट हो गया और विरोध की पताका बुलन्द कर दी। मुबारक शाह ने सैयिद सालिम के पुत्रों को बन्दी बनाकर राय हन्नू[6] भट्टी को फ़ौलाद के प्रोत्साहन तथा सैयिद सालिम की धन-संपत्ति पर अधिकार जमाने के लिए तबरहिन्दा भेजा। जब वह तबरहिन्दा के निकट पहुंचा तो फ़ौलाद ने संधि की वार्त्ता प्रारम्भ करके उन्हें असावधान कर दिया। दूसरे दिन अचानक क़िले से निकल कर उनकी सेना पर रात्रि में छापा मारा। मलिक यूसुफ़ तथा राय हन्नू जिन्हें उसके विश्वासघात की सूचना न थी, पराजित हुए और सरसुती की ओर चल दिये। उनकी सेना तथा संपत्ति फ़ौलाद के अधिकार में आ गई और इस कारण उसकी शक्ति तथा प्रभुत्व में वृद्धि हो गई। सुल्तान ने यह सूचना पाकर तबरहिन्दा की ओर चढ़ाई की। अमीर तथा सैनिक प्रत्येक दिशा में उसकी सेना में मिल गये। ज़मींदार लोग भी उसकी सेवा में उपस्थित (२८१) हुए। क्योंकि फ़ौलाद बड़ा शक्तिशाली था अतः उसने तबरहिन्दा का क़िला बन्द कर लिया। सुल्तान मुबारक शाह ने मार्ग से ज़ीरक खां, मलिक कालू, इस्लाम खां तथा कमाल खां को तबरहिन्दा के अवरोध हेतु भेजा। मुल्तान के हाकिम एमादुलमुल्क को भी फ़ौलाद के विद्रोह को शान्त करने के लिए

१ राज्य।
२ मूल पुस्तक तथा हस्तलिखित पोथियों में 'राबरी' है।
३ बदायूनी के अनुसार 'हसन ख़ां'।
४ क़िले की रक्षा।
५ अन्य स्थानों पर यह शब्द 'पौलाद' भी छपा है।
६ अन्य स्थानों पर यह शब्द 'राय हीनू' भी छपा है।

बुलवाया गया। ज़िलहिज्जा ८३३ हि० (अगस्त-सितम्बर १४३० ई०) में एमादुलमुल्क सरसुती पहुंचा और सुल्तान की सेवा में उपस्थित हुआ। क्योंकि फ़ौलाद को एमादुलमुल्क के वचन पर विश्वास था अतः उसको फ़ौलाद के प्रोत्साहन हेतु तबरहिन्दा भेजा गया। फ़ौलाद ने इधर-उधर की बातचीत और कहानियां छेड़ दीं और विद्रोह पर डटा रहा। एमादुलमुल्क असफल होकर मुबारक शाह की सेवा में लौट गया।

शेख़ अली का फ़ौलाद की सहायतार्थ पहुँचना

सुल्तान सफ़र ८३४ हि० (अक्तूबर-नवम्बर १४३० ई०) में एमादुलमुल्क को मुल्तान जाने की आज्ञा देकर स्वयं देहली लौट गया और इस्लाम खां, कमाल खां तथा राय फ़ीरोज़ मईन को तबरहिन्दा को घेरने के लिए नियुक्त कर दिया। एमादुलमुल्क ने तबरहिन्दा में पहुंच कर अमीरों द्वारा क़िले का अवरोध प्रारम्भ करा दिया और स्वयं मुल्तान पहुंचा। फ़ौलाद ६ मास तक युद्ध करता रहा। उसने अपने विश्वासपात्रों के हाथ शेख़ अली बेग के पास काबुल में धन प्रेषित करके सहायता की याचना की। शेख अली जमादि-उल-अव्वल ८३४ हि० (जनवरी-फ़रवरी १४३१ ई०) में तबरहिन्दा की ओर चल खड़ा हुआ। जब वह तबरहिन्दा के समीप १० कोस पर पहुंच गया तो इस्लाम ख़ां, कमाल ख़ां तथा समस्त अमीर अवरोध त्याग कर अपने-अपने स्थान को चले गये।

शेख़ अली का उत्पात

फ़ौलाद ने क़िले के बाहर निकल कर शेख़ अली से भेंट की और २ लाख तन्के जो उसने देना स्वीकार किये थे, प्रदान किये। शेख़ अली फ़ौलाद के परिवार को अपने साथ लेकर वापस चला गया और जालन्धर की विलायत[1] की प्रजा को बन्दी बनाकर रजब ८३४ हि० (मार्च-अप्रैल १४३१ ई०) में लाहौर पहुंचा। मलिक सिकन्दर ने उसे जो कुछ वह प्रतिवर्ष दिया करता था अदा करके लौटा दिया। शेख़ अली वहां से तिलवारा[2] पहुँचा और उसके विनाश का प्रयत्न करने लगा। एमादुलमुल्क शेख़ अली को पराजित करने के लिए तलुम्बा[3] क़स्बे में पहुँचा। शेख़ अली युद्ध की शक्ति न देख कर ख़तीबपुर की ओर चला गया। इसी बीच में शाही आदेश प्राप्त हुआ कि एमादुलमुल्क तलुम्बा को छोड़ कर मुल्तान की ओर चला जाय। २४ शाबान ८३४ हि० (७ मई १४३१ ई०) को एमादुलमुल्क ने मुल्तान की ओर कूच (२८२) किया। शेख़ अली अभिमानी हो चुका था। उसने ख़तीबपुर के निकट रावी नदी पार की और झेलम नदी के किनारे के परगनों को जो पंजाब के नाम से प्रसिद्ध हैं नष्ट-भ्रष्ट करके मुल्तान की ओर बढ़ा। जब वह मुल्तान से १० कोस पर पहुंच गया, तो एमादुलमुल्क सुल्तान शाह लोदी को, जो मलिक बहलोल लोदी का चाचा था, उससे युद्ध करने के लिए भेजा गया। उसने मार्ग में शेख़ अली से युद्ध किया किन्तु लड़ाई में मारा गया। उसकी सेना में से कुछ लोगों की हत्या कर दी गई और कुछ मुल्तान भाग गये। ३ रमज़ान ८३४ हि० (१५ मई १४३१ ई०) को शेख़ अली ने ख़ैराबाद में जो मुल्तान के निकट है पड़ाव किया। ४ रमज़ान ८३४ हि० (१६ मई १४३१ ई०) को उसने क़िले के द्वार पर युद्ध किया। एमादुलमुल्क ने शहर के पदातियों को इस आशय से बाहर भेज दिया कि वे शेख़ अली की सेना को बातों में उलझाये रक्खें। उस दिन शेख़ अली कोई सफलता न पाकर अपनी सेना के शिविर को लौट गया।

१ प्रान्त।

२ सम्भवतः तलहर, कश्मीर के पर्वतीय प्रदेश में।

३ रावी के बायें तट पर, मुल्तान से ५२ मील उत्तर-पूर्व में।

शुक्रवार २७ रमज़ान (८ जून १४३१ ई०) को शेख़ अली ने पुनः युद्ध की पताका बुलन्द करके क़िले की ओर प्रस्थान किया और बहुत से लोग मारे गये। शेख़ अली ने लौट कर अपनी सेना के शिविर में पड़ाव किया। इस प्रकार बहुत समय तक नित्यप्रति युद्ध होता रहा।

शेख़ अली की पराजय तथा काबुल की ओर पलायन

सुल्तान मुबारक शाह ने फ़तह खां बिन ज़फ़र खां गुजराती को प्रसिद्ध अमीरों, उदाहरणार्थ ज़ीरक खां, मलिक कालू, शहनये फ़ील[1], इस्लाम खां, मलिक यूसुफ़, कमाल खां तथा राय हन्नू भट्टी को एमादुलमुल्क की सहायतार्थ भेजा। २६ शव्वाल ८३४ हि० (७ जुलाई १४३१ ई०) को अमीर लोग मुल्तान के निकट पहुंचे और दूसरे दिन शेख़ अली से युद्ध करके विजय प्राप्त कर ली। शेख़ अली मुक़ाबला न करके उस गढ़ के भीतर जो उसने अपनी सेना के चारों ओर तैयार कर लिया था प्रविष्ट हो गया। वह वहां भी न रुक सका और उसने झेलम नदी को पार किया और भाग खड़ा हुआ। उसकी सेना के अधिकांश लोग नदी में डूब गये, कुछ मारे गये और कुछ बन्दी बना लिये गये। शेख़ अली थोड़े से सहायकों सहित शोर क़स्बे को चला गया। उसके घोड़े, ऊंट, अस्त्र-शस्त्र तथा समस्त धन-संपत्ति नष्ट हो गई। एमादुलमुल्क ने समस्त अमीरों सहित शोर क़स्बे तक उसका पीछा किया। शेख़ अली के भतीजे मीर (२८३) मुज़फ़्फ़र ने वहां गढ़बन्दी कर ली। शेख़ अली ने थोड़े से सहायकों सहित काबुल की ओर प्रस्थान किया। जो अमीर एमादुलमुल्क की सहायतार्थ आये थे, वे आदेशानुसार देहली की ओर लौट गये। मुबारक शाह ने मुल्तान को एमादुलमुल्क से लेकर ख़ैरुद्दीन ख़ानी को प्रदान कर दिया।

शेख़ा खोखर का विद्रोह

इस समय शेख़ा खोखर ने अवसर पाकर तथा अपनी शक्ति बढ़ा कर विद्रोह प्रारम्भ कर दिया। मलिक सिकन्दर तुहफ़ा ने उसके विद्रोह को शांत करने के लिए जालन्धर की ओर प्रस्थान किया। शेख़ा सेना लेकर तेहकर[2] पर्वत से निकला और झेलम, रावी तथा ब्यास नदियों को पार करके जालन्धर के निकट पहुंच गया और मईन नदी के तट पर पड़ाव किया। मलिक सिकन्दर को असावधान करके उसने उस पर आक्रमण किया। मलिक सिकन्दर पराजित होकर बन्दी बना लिया गया। शेख़ा ने पूर्ण तैयारी सहित लाहौर पहुंच कर उसे घेर लिया। मलिक सिकन्दर का नायब सैयिद नज्मुद्दीन तथा उसका दास मलिक ख़ुशख़बर क़िले में घिर गये, और नित्यप्रति युद्ध करने लगे।

शेख़ अली का आक्रमण

इसी बीच में शेख़ अली ने पुनः काबुल से पहुंच कर मुल्तान के निकट के स्थानों पर आक्रमण किया और ख़तीबपुर तथा झेलम नदी के किनारे के बहुत से ग्रामों के निवासियों को बन्दी बना लिया। १७ रबी-उल-अव्वल ८३५ हि० (२३ नवम्बर १४३१ ई०) को तलुम्बा क़स्बे में पहुंचा और वहां के निवासियों को वचन देकर, प्रतिष्ठित लोगों को बन्दी बना लिया तथा क़िले पर अधिकार जमा लिया। कुछ मुसलमानों की हत्या कर दी और कुछ को मुक्त कर दिया। वहां के लोगों की बड़ी ही दुर्दशा हो गई।

१ देखिये पृ० १५ नोट नं० ७।
२ कुछ पोथियों के अनुसार 'सकर'।

फ़ौलाद तुर्क बच्चे का विद्रोह

उन्हीं दिनों में फ़ौलाद तुर्क बच्चे ने तबरहिन्दा से सेना एकत्र करके राय फ़ीरोज़ की विलायत पर आक्रमण कर दिया। राय फ़ीरोज़ युद्ध में मारा गया।

सुल्तान मुबारक शाह का लाहौर तथा मुल्तान की ओर प्रस्थान

सुल्तान मुबारक शाह ने उपर्युक्त घटनाओं को सुनकर, जमादि-उल-अव्वल ८३५ हि० (जनवरी-फ़रवरी १४३२ ई०) में लाहौर तथा मुल्तान की ओर प्रस्थान किया। मलिक सरवर को अग्रिम भाग का सेनापति बनाकर भेजा। जब मलिक सरवर सामाना पहुंचा तो शेख़ा खोखर क़िले का घेरा छोड़ कर सकर[1] पर्वत की ओर चल दिया और मलिक सिकन्दर को भी अपने साथ ले गया। शेख़ अली सुल्तान मुबारक शाह की सेना के भय से बिलौत[2] चला गया। सुल्तान ने लाहौर की विलायत मलिकुश्शर्क़ (२८४) एमादुलमुल्क से लेकर नुसरत खां गुर्ग अन्दाज़ को प्रदान कर दी। मलिक सरवर ने मलिकुश्-शर्क़ के परिवार को लाहौर के क़िले से देहली भेज दिया।

ज़िलहिज्जा ८३५ हि० (जुलाई-अगस्त १४३२ ई०) में शेख़ा पुनः एक बहुत बड़ी सेना लेकर पर्वत से निकला और कुछ परगनों को हानि पहुंचा कर पर्वत में प्रविष्ट हो गया। इस समय सुल्तान मुबारक शाह यमुना नदी के तट पर पानीपत क़स्बे के निकट अपने शिविर लगाये प्रतीक्षा कर रहा था। रमज़ान ८३५ हि० (मई १४३२ ई०) में एमादुलमुल्क को एक सुसज्जित सेना देकर ब्याना तथा ग्वालियर के ज़मींदारों को विजय करने के लिए भेजा और स्वयं देहली लौट आया।

सुल्तान का सामाना की ओर प्रस्थान

मुहर्रम ८३६ हि० (अगस्त-सितम्बर १४३२ ई०) में उसने (सुल्तान ने) सामाना की विलायत के विद्रोह को शांत करने के लिए सामाना की ओर प्रस्थान किया। मलिक सरवर को फ़ौलाद तुर्क बच्चे के विरुद्ध भेजा। फ़ौलाद क़िले में बन्द होकर युद्ध करने लगा और मलिक सरवर ज़ीरक खां तथा इस्लाम खां को अत्यधिक सेना सहित तबरहिन्दा के क़िले के निकट छोड़ कर स्वयं सुल्तान की सेवा में पहुंच गया। सुल्तान ने उस ओर प्रस्थान करने का विचार त्याग कर लाहौर तथा जालन्धर को नुसरत खां से लेकर, मलिक अलहदाद लोदी को दे दिया। जब मलिक अलहदाद जालन्धर की विलायत में पहुंचा, तो शेख़ा ने ब्याह नदी पार करके युद्ध किया। मलिक अलहदाद पराजित होकर कोतही बजवारा पर्वत की ओर चल दिया। शेख़ा के उपद्रव को शक्ति प्राप्त होने लगी।

सुल्तान का मेवात पर आक्रमण

सुल्तान ने रबी-उल-अव्वल ८३६ हि० (अक्तूबर-नवम्बर १४३२ ई०) में मेवात की ओर प्रस्थान किया। जब वह नावर[3] क़स्बे में पहुंचा, तो जलाल खां मेवाती अत्यधिक सेना सहित अन्दरुन नामक क़िले के भीतर प्रविष्ट हो गया। दूसरे दिन जलाल खां भाग कर क़िले के बाहर चला गया और क़िले का अनाज तथा धन-संपत्ति सुल्तान को प्राप्त हो गई। सुल्तान वहां से प्रस्थान करके तजारा पहुंचा और

१ इससे पूर्व इसे 'तेहकर' लिखा गया है।
२ यह शब्द विभिन्न रूप से लिखा गया है : बारतूत, मालूत तथा मारतूत।
३ यह शब्द विभिन्न रूप से मिलता है : नावर, बावर, बावर्द, नावर्द।

वहां की अधिकांश विलायत को नष्ट कर दिया। जलाल खां ने दीनता प्रकट करते हुए अधीनता स्वीकार की और प्रथानुसार कर अदा किया। एमादुलमुल्क ब्याना की विलायत से सेना सहित सुल्तान की सेवा (२८५) में उपस्थित हुआ। सुल्तान ने मलिक कमालुद्दीन को कुछ अमीरों सहित ग्वालियर तथा इटावा की विलायत पर अधिकार जमाने के लिए भेज दिया। जमादि-उल-अव्वल ८३६ हि० (दिसम्बर १४३२, जनवरी १४३३ ई०) में वह देहली लौट आया।

शेख़ अली का लाहौर पर अधिकार

इसी बीच में समाचार प्राप्त हुए कि शेख़ अली उन अमीरों के विरुद्ध, जिन्होंने तबरहिन्दा को घेर लिया था, आ रहा है। सुल्तान मुबारक शाह ने अमीरों की सहायतार्थ सेना भेजी। उसी समय शेख़ अली शोर से शीघ्रातिशीघ्र पहुँचा और ब्याह[1] नदी के तट की विलायत[2] पर आक्रमण करके वहां के बहुत से निवासियों को उसने बन्दी बना लिया और लाहौर की ओर रवाना हुआ। मलिक यूसुफ़ तथा मलिक इस्माईल, जो लाहौर के हाकिम थे, क़िले में बन्द हो गये और क़िले तथा नगर की रक्षा हेतु अत्यधिक प्रयत्न करने लगे। जब मलिक यूसुफ़ तथा मलिक इस्माईल को नगरवासियों के विरोध के विषय में सूचना मिली तो वे भाग खड़े हुए। शेख़ अली ने एक सेना उनका पीछा करने के लिये भेजी। उन्होंने बहुत से लोगों की हत्या कर दी और कुछ को बन्दी बना लिया। मलिक राजा भी, जो प्रतिष्ठित व्यक्तियों में से था, बन्दी बना लिया गया।

शेख़ अली द्वारा दीपालपुर पर अधिकार

शेख़ अली ने लाहौर पर अधिकार जमा कर लूट-मार प्रारम्भ कर दी और लाहौर के क़िले की मरम्मत कराने लगा। चुने हुए २ हज़ार अश्वारोही शहर की रक्षा हेतु छोड़ कर वह दीपालपुर की ओर बढ़ा। मलिक यूसुफ़, जिसने लाहौर के क़िले से दीपालपुर के क़िले में शरण ली थी, क़िले में बन्द होकर अपनी शक्ति बढ़ाने लगा। जब एमादुलमुल्क को तबरहिन्दा में यह समाचार प्राप्त हुआ, तो उसने अपने भाई मलिक अहमद को अत्यधिक सेना देकर मलिक यूसुफ़ की सहायतार्थ भेजा। शेख़ अली ने सहायता पहुंच जाने के कारण दीपालपुर को छोड़ कर लाहौर तथा दीपालपुर के मध्य के क़स्बों पर अधिकार जमा लिया।

सुल्तान मुबारक शाह का शेख़ अली के विरुद्ध प्रस्थान

जमादि-उल-आख़िर ८३६ हि० (जनवरी-फ़रवरी १४३३ ई०) में जब मुबारक शाह को शेख़ अली के विद्रोह तथा उपद्रव के समाचार प्राप्त हुए तो उसने सामाना की ओर प्रस्थान किया। कुछ दिन तक वह सेनाओं की प्रतीक्षा करता रहा। जब मलिक कमालुद्दीन तथा कुछ अमीर पहुँच गये तो वह तिलौंदी चला गया। एमादुलमुल्क तथा इस्लाम खां जोकि तबरहिन्दा के विरुद्ध चढ़ाई करने के लिए नियुक्त हुए थे, सुल्तान की सेवा में उपस्थित हुए। अन्य अमीरों को आदेश भेजा गया कि वे तबरहिन्दा (२८६) का अवरोध छोड़ दें, और वह स्वयं शीघ्रातिशीघ्र बोही के घाट पर पहुंचा। शेख़ अली भाग कर वापस हो गया। सुल्तान मुबारक शाह जब दीपालपुर के निकट पहुंचा, तो शेख़ अली ने चनाब

१ ब्यास।
२ प्रदेश।

नदी पार कर ली थी। सुल्तान मुबारक शाह ने मलिक सिकन्दर तुहफ़ा को, जो शेख़ा खोखर के बन्दीगृह से मुक्त हो गया था, शम्सुलमुल्क की उपाधि प्रदान की और दीपालपुर तथा जालन्धर उसे सौंप दिया और शेख़ अली का पीछा करने के लिए भेजा।

सुल्तान की विजय

शेख़ अली भाग चुका था और शोर के क़िले में अपने भतीजे मुज़फ़्फ़र को छोड़ गया था। उसकी थोड़ी सी संपत्ति तथा अस्त्र-शस्त्र शम्सुलमुल्क की सेना को प्राप्त हो गये। सुल्तान ने तलुम्बा के पास से रावी नदी पार की और शोर के क़िले को घेर लिया। मुज़फ़्फ़र एक मास तक प्रतीक्षा करता रहा। अन्त में दीनता प्रकट करके संधि कर ली और अपनी पुत्री अत्यधिक उपहार सहित सुल्तान मुबारक शाह के पुत्र को विवाह में दे दी। सुल्तान ने वापस होकर शम्सुलमुल्क को लाहौर में भेज दिया और शेख़ अली की ओर से जो सेना लाहौर में थी उसने शव्वाल ८३६ हि० (मई-जून १४३३ ई०) में क्षमा-याचना करके क़िला ख़ाली कर दिया। शम्सुलमुल्क ने क़िले पर अधिकार जमा लिया। जब मुबारक शाह शोर तथा लाहौर के युद्ध से निश्चिन्त हो गया तो वह मुल्तान के शेख़ों के दर्शनार्थ जरीदा[1] वहां पहुंचा। वहां से दीपालपुर रवाना हुआ।

नये अधिकारियों की नियुक्ति

एमादुलमुल्क से बढ़कर किसी अधिकारी के न होने के कारण उसने दीपालपुर तथा जालन्धर की विलायत शम्सुलमुल्क से लेकर एमादुलमुल्क को दे दी। ब्याना की विलायत जो एमादुलमुल्क की जागीर में थी शम्सुलमुल्क को प्रदान कर दी। तदुपरान्त सुल्तान देहली चला गया। विज़ारत का कार्य सरवरुलमुल्क द्वारा सम्पन्न न हो पाता था। मलिक कमालुद्दीन समस्त कार्यों में निपुण था। इशराफ़ का कार्य उसे प्रदान कर दिया गया और यह निश्चय हुआ कि दोनों मिल कर (राज्य के) कार्य सम्पन्न किया करें। मलिक कमालुद्दीन के योग्य तथा अनुभवी होने के कारण लोग उसी से परामर्श करने लगे और (राज्य के) कार्यों में उसे पूर्ण अधिकार प्राप्त हो गया। सरवरुलमुल्क, जो दीपालपुर तथा पिछली जागीरों के स्थानान्तरण के कारण रुष्ट था, ईर्ष्यावश विरोध करने लगा। उसने कांगू तथा कजू के पुत्रों को, जिनको आश्रय इस वंश द्वारा प्राप्त हुआ था और जो सेनाओं तथा परिजनों के स्वामी हो गये थे, (२८७) अपने साथ मिला लिया। मीराने सद्र नायबे अर्ज़े ममालिक, क़ाज़ी अब्दुस्समद ख़ास हाजिब तथा अन्य लोग भी विरोध का प्रयत्न करने लगे और अवसर ढूंढ़ने लगे। इसी बीच में १७ रबी-उल-अव्वल ८३७ हि० (१ नवम्बर १४३३ ई०) को सुल्तान मुबारक शाह ने यमुना तट पर एक नगर का निर्माण प्रारम्भ कराया और उसका नाम मुबारकाबाद रक्खा।

उन्हीं दिनों में तबरहिन्दा की विजय का समाचार तथा फ़ौलाद तुर्क बच्चे का सिर प्राप्त हुआ। सुल्तान मुबारक शाह शिकार के बहाने से तबरहिन्दा पहुंचा और थोड़े से समय में उस प्रदेश के ज़मींदारों को अपना आज्ञाकारी बना कर लौट आया और मुबारकाबाद नगर में पहुंचा। इसी समय यह समाचार प्राप्त हुए कि सुल्तान इबराहीम शर्क़ी तथा मालवा के सुल्तान होशंग में कालपी के लिए युद्ध हो रहा है। सुल्तान ने विभिन्न दिशाओं से अमीरों को बुलवाने के लिए फ़रमान भेजे। जमादि-उल-आख़िर ८३७ हि० (जनवरी-फ़रवरी १४३४ ई०) में उसने कालपी की ओर प्रस्थान किया। देहली के निकट पड़ाव करके

१ देखिए पृ० ३७ नोट नं० २।

वह कुछ दिन तक सेना एकत्र करने के लिए प्रतीक्षा करता रहा। संयोगवश शुक्रवार ९ रजब ८३७ हि० (१९ फ़रवरी १४३४ ई०) को सुल्तान मुबारक शाह मुबारकाबाद के निर्माण का प्रबन्ध देखने के लिए उस ओर गया। उसके विश्वासपात्रों तथा विशेष व्यक्तियों के अतिरिक्त कोई भी उसके साथ न था। सरवरुलमुल्क ने जोकि समय तथा अवसर की प्रतीक्षा कर रहा था फ़िदाइयों[1] के एक समूह को जो उसके सहायक थे संकेत कर दिया और वे तलवार लेकर सुल्तान मुबारक शाह पर टूट पड़े और उसकी हत्या कर दी। सुल्तान मुबारक शाह ने १३ वर्ष ३ मास तथा १६ दिन तक राज्य किया।

मुहम्मद शाह बिन मुबारक शाह बिन ख़िज्र ख़ां

मुहम्मद शाह के पिता का नाम

मुहम्मद शाह, शाहज़ादा फ़रीद बिन ख़िज्र ख़ां का पुत्र था। क्योंकि मुबारक शाह उसे अपना पुत्र कहा करता था, अतः 'तारीखे मुबारकशाही' के संकलनकर्त्ता ने जो उसका समकालीन था उसे मुबारक शाह का पुत्र लिखा है। 'तारीखे बहादुरशाही' के लेखक ने उसे शाहज़ादा फ़रीद का पुत्र लिखा है। क्योंकि अन्य इतिहासों में भी उसे मुहम्मद शाह का पुत्र बताया गया है अतः इस पुस्तक में भी उसी की पुनरावृत्ति की गई है।

नई उपाधियाँ

(२८८) जब शुक्रवार को दिन के अन्त में सुल्तान मुहम्मद शाह की हत्या हो गई तो सुल्तान मुहम्मद शाह अमीरों तथा राज्य के कुछ अधिकारियों की सहमति से सिंहासनारूढ़ हुआ। यद्यपि सरवरुलमुल्क ने बाह्य रूप से बैअत[2] कर ली थी किन्तु राजसी चिह्न उदाहरणार्थ राजकोष, हाथी तथा शस्त्रागार उसी के अधिकार में थे। सरवरुलमुल्क को ख़ाने जहां तथा मीराने सद्र को मुईनुलमुल्क की उपाधि प्रदान की। मलिकुश्शर्क़ कमालुद्दीन ने इस बात का प्रयत्न आरम्भ कर दिया कि सरवरुलमुल्क मीराने सद्र तथा समस्त हरामखोरों से मुहम्मद शाह की हत्या का बदला ले।

सरवरुलमुल्क द्वारा शासन प्रबन्ध

मुहम्मद शाह के सिंहासनारोहण के दूसरे दिन सरवरुलमुल्क ने मुहम्मद शाह के कुछ दासों को जिनमें से प्रत्येक बड़ी-बड़ी सेनाओं का स्वामी था, बैअत के बहाने से बुलवाया। कुछ को अर्थात् कर्मचन्द, मलिक मुक़बिल तथा मलिक फ़ुतूह को बन्दी बना लिया और मुबारक शाह के दासों के विनाश का प्रयत्न करने लगा। आसपास के परगनों पर, जोकि चुने हुए तथा बड़े ही उत्तम थे स्वयं अधिकार जमा लिया। थोड़े से अन्य अमीरों को बांट दिये। ब्याना, अमरोहा, नारनौल तथा कुहराम के परगने एवं दोआब के मध्य के कुछ परगने सिद्धपाल, सुधारन तथा उनके संबन्धियों को प्रदान कर दिये। उसने अपने दास अबू शाह को कई वर्षों का कर वसूल करने के लिए ब्याना भेजा। वह १२ रजब ८३७ हि० (२२ फ़रवरी १४३४ ई०) को ब्याना पहुंचा और क़िले पर अधिकार जमाने का प्रयत्न करने लगा। यूसुफ़ ख़ां औहदी

१ हसन बिन सब्बाह इस्माईली के साथी उसके संकेत पर बड़े से बड़ा कार्य प्राण को हथेली पर रखकर कर डालते थे। उसकी मृत्यु ११२४ ई० में हुई। उसके साथी 'फ़िदाई' कहलाते थे।

२ अधीनता की शपथ लेना।

सूचना प्राप्त करके हिन्दौन[1] से ब्याना पहुंचा और अबू शह से युद्ध करके उसकी हत्या कर दी और उसके परिवार तथा पुत्रों को बन्दी बना लिया। जब सरवरुलमुल्क की नमकहरामी का सभी लोगों को पता चल गया तो अधिकांश अमीर, जो खिज्र खां तथा सुल्तान मुबारक शाह के नमक से पले हुए थे, उसका अन्त करने की योजनायें बनाने लगे। सरवरुलमुल्क भी उनको बन्दी बनाने की योजना बना रहा था।

सम्भल तथा बदायूँ इत्यादि में विद्रोह

इसी बीच में सूचना प्राप्त हुई कि अलहदाद काका लोदी संबल तथा आहार के हाकिम, बदायूँ के हाकिम मलिक चमन, अमीर अली गुजराती तथा अमीर कीक[2] तुर्क बच्चे ने विरोध की पताका बुलन्द कर रखी है। सरवरुलमुल्क ने कमालुद्दीन, सैयिद खान तथा सुधारन कांगू के लघु पुत्र यूसुफ़ खां को (२८९) उनके उपद्रव को शांत करने के लिए भेजा। रमज़ान ८३७ हि० (अप्रैल-मई १४३४ ई०) में कमालुद्दीन यमुना तट पर उतरा और वहां से बरन क़स्बे में पहुंचा। सरवरुलमुल्क के पुत्र तथा सुधारन से मुबारक शाह की हत्या का बदला लेने के लिए बरन में ठहर गया। मलिक अलहदाद, कमालुद्दीन के विषय में समझता था कि वह हृदय से उसका मित्र है। वह आहार के आगे न बढ़ा। सरवरुलमुल्क ने कमालुद्दीन के विश्वासघात के विषय में सूचना पाकर अपने दास मलिक होशियार को सहायता के बहाने कमालुद्दीन के पास इस आशय से भेजा कि उसके विश्वासघात से परिचित होकर वह यूसुफ़ तथा सुधारन की रक्षा करता रहे। इसी बीच में मलिक चमन आहार से आकर मलिक अलहदाद से मिल गया। मलिक यूसुफ़, सुधारन तथा होशियार को कमालुद्दीन के विश्वासघात की शंका थी। उनकी इस शंका में और भी वृद्धि हो गई। वे सेना से पृथक् होकर देहली पहुँचे। रमज़ान ८३७ हि० (मई १४३४ ई०) के अन्त में मलिक अलहदाद, मलिक चमन तथा वे अमीर जो कमालुद्दीन से सहमत थे संगठित हो गये। कमालुद्दीन ने बहुत बड़ी सेना लेकर देहली पर चढ़ाई की। सरवरुलमुल्क देहली के क़िले में बन्द होकर ३ मास तक युद्ध करता रहा।

सरवरुलमुल्क की हत्या

इसी बीच में सामाना के हाकिम ज़ीरक खां की मृत्यु का समाचार प्राप्त हुआ। उसकी जागीर उसके पुत्र मुहम्मद खां को प्रदान कर दी गई। मुहम्मद शाह यद्यपि बाह्य रूप से क़िले वालों का साथ दे रहा था किन्तु वह अपने पिता की हत्या के प्रतिकार के लिए उचित अवसर तथा समय की प्रतीक्षा कर रहा था। सरवरुलमुल्क इस बात की सूचना पाकर मुहम्मद शाह की घात में रहने लगा। संयोगवश ८ मुहर्रम ८३८ हि० (१४ अगस्त १४३४ ई०) को सरवरुलमुल्क तथा मीराने सद्र के पुत्र विश्वासघात एवं छल से वशीभूत होकर तलवारें लिए मुहम्मद शाह के सरापर्दे[3] में प्रविष्ट हो गए। मुहम्मद शाह सर्वदा उनके भय के कारण अपने हितैषियों की बहुत बड़ी संख्या तैयार रखता था। उन्होंने तत्काल सरवरुलमुल्क की हत्या कर दी और मीराने सद्र के पुत्रों को बन्दी बनाकर दरबार के समक्ष उन्हें मरवा डाला।

१ हिन्दौन अथवा हिन्दवान, ब्याना से २० मील पर दक्षिण में।
२ यह शब्द कई प्रकार से लिखा गया है: कीक, कबीक, कंक इत्यादि।
३ सरापर्दा :—यहां महल से तात्पर्य है।

(२९०) सिद्धपाल तथा अन्य हरामखोर क़िले में बन्द होकर युद्ध की तैयारी करने लगे। मुहम्मद शाह, कमालुद्दीन को शहर (देहली) लाया। सिद्धपाल ने अपने घर में आग लगा दी और अपनी स्त्री तथा बालकों को अग्नि का भोजन बना कर अपने प्राण त्याग दिये। मुहम्मद शाह के आदेशानुसार सुधारन कांगू तथा कहतरयानी[1] की, जो बन्दी बना लिया गया था, मुहम्मद शाह के मक़बरे के निकट हत्या कर दी गई। मलिक होशियार तथा मुबारक कोतवाल की लाल द्वार के समक्ष हत्या कर दी गई।

नये पद

दूसरे दिन कमालुद्दीन ने समस्त अमीरों सहित, जो क़िले के बाहर थे, मुहम्मद शाह से पुनः बैअत की और सर्वसाधारण की सहमति से उसे सिंहासनारूढ़ किया गया। कमालुद्दीन को विज़ारत का पद प्रदान किया गया और उसकी उपाधि कमाल खां निश्चित हुई। मलिक चमन[2] को ग़ाज़ियुलमुल्क की उपाधि दी गई और पूर्व की भांति अमरोहा तथा बदायूं की विलायत उसके अधिकार में रहने दी गईं।

मलिक अलहदाद लोदी ने कोई भी उपाधि स्वीकार न की और अपने भाई[3] को दरिया खां की उपाधि दिलवाई। मलिक खबीराज[4] मुबारकखानी को इक़बाल खां की उपाधि दी गई और पूर्व की भांति हिसार फ़ीरोज़ा की विलायत उसके पास रहने दी गई। समस्त अमीरों को इनाम प्रदान हुआ और उनके वेतन में वृद्धि की गई। सैयिद सालिम के ज्येष्ठ पुत्र को मजलिसे आली सैयिद खां की उपाधि, लघु पुत्र को शुजाउलमुल्क और मलिक बुद्ध को अलाउलमुल्क की उपाधि दी गई। मलिक रुकुनुद्दीन को नसीरुलमुल्क की उपाधि प्रदान हुई और मलिकुश्शर्क़ हाजी को देहली का शहना नियुक्त किया गया।

सुल्तान द्वारा मुल्तान तथा सामाना की यात्रा

रबी-उल-अव्वल ८३८ हि० (अक्तूबर-नवम्बर १४३४ ई०) में मुहम्मद शाह ने मुल्तान की ओर प्रस्थान किया। मुबारकपुर के पड़ाव पर अधिकांश अमीर उदाहरणार्थ एमादुलमुल्क, इस्लाम खां, मुहम्मद खां बिन नुसरत खां, यूसुफ़ खां औहदी, इक़बाल खां तथा समस्त शाही सेवक सुल्तान की सेवा में उपस्थित हुए। मुहम्मद शाह मुल्तान के शेख़ के मक़बरों के दर्शनार्थ वहां गया और ख़ानख़ानां को मुल्तान में छोड़ कर ८३८ हि० (१४३४-३५ ई०) में देहली लौट गया।

८४० हि० (१४३६-३७ ई०) में उसने सामाना की ओर प्रस्थान किया और शेखा खोखर के विरुद्ध एक सेना भेज कर उसकी विलायत को नष्ट करने के उपरान्त देहली पहुंच गया।

राज्य में विद्रोह

(२९१) ८४१ हि० में यह सूचना प्राप्त हुई कि लंगाह के सहायकों के विद्रोह के कारण मुल्तान में अशांति फैली हुई है। यह भी सूचना प्राप्त हुई कि "सुल्तान इबराहीम शर्क़ी ने कुछ परगनों पर अपना अधिकार जमा लिया है। ग्वालियर के राय तथा अन्य रायों ने मालगुज़ारी देना बन्द कर दी है।" मुहम्मद

१ कुछ पोथियों के अनुसार 'खत्री'।
२ अन्य स्थानों पर इसे जमन, जेमन तथा जम्मन भी लिखा गया है।
३ केवल एक हस्तलिखित पोथी के अनुसार 'छोटा भाई'।
४ यह नाम विभिन्न रूप से लिखा है : खरित राज, खुनराज, खुबराज, खुतराज।

शाह को इससे किसी प्रकार की लज्जा न आई और उसने असावधानी तथा भोग-विलास में अपना समय व्यतीत करना प्रारम्भ कर दिया।

मालवा के सुल्तान का आक्रमण

कुछ मेवाती अमीरों ने मालवा के बादशाह सुल्तान महमूद ख़लजी को आमंत्रित किया। ८४४ हि० (१४४०-४१ ई०) में सुल्तान महमूद देहली पहुंचा। मुहम्मद शाह ने सेनायें तैयार करके अपने पुत्र को युद्ध के लिए भेजा। मलिक बहलोल लोदी को अग्रिम दल की सेना प्रदान की। सुल्तान महमूद खलजी ने अपने दोनों पुत्रों—सुल्तान ग़यासुद्दीन तथा क़दर खां—को युद्ध के लिए भेजा। प्रातःकाल से सायंकाल तक युद्ध होता रहा। रात्रि में दोनों दल अपने-अपने पड़ाव को वापस चले गये। दूसरे दिन मुहम्मद शाह ने संधि की वार्ता प्रारम्भ कर दी। इसी बीच में सुल्तान महमूद को सूचना प्राप्त हुई कि सुल्तान अहमद गुजराती मन्दू[1] की ओर आ रहा है। सुल्तान महमूद तत्काल संधि करके लौट गया। इस संधि से मुहम्मद शाह के विषय में लोगों की दृष्टि तथा हृदय में बड़े ही तुच्छ विचार उत्पन्न हो गये। जब सुल्तान महमूद ने प्रस्थान किया तो मलिक बहलोल लोदी ने उसका पीछा करके उसके शिविर के भारी सामान पर अपना अधिकार जमा लिया और लूट की धन-संपत्ति लेकर वापस आया। मलिक बहलोल की इस सेवा से मुहम्मद शाह बड़ा प्रसन्न हुआ और उसने उसे शाही कृपाओं द्वारा सम्मानित किया और उसे अपना पुत्र कहने लगा।

बहलोल की महत्वाकांक्षायें

सुल्तान मुहम्मद शाह ने ८४५ हि० (१४४१-४२ ई०) में सामाना की ओर प्रस्थान किया और मलिक बहलोल को दीपालपुर तथा लाहौर की विलायत प्रदान कर दी और उसे जसरत खोखर से युद्ध करने के लिए भेज कर स्वयं देहली लौट गया। जसरत ने मलिक बहलोल से संधि कर ली और (२९२) उसे देहली की सल्तनत की सुखद आशायें दिलाईं। मलिक बहलोल के मस्तिष्क में सल्तनत का लोभ उत्पन्न हो गया और वह सेना एकत्र करने लगा तथा इधर-उधर से अफ़ग़ानों को बुलाने लगा। वह इस बात का प्रयत्न करने लगा कि अत्यधिक लोग उसके सहायक हो जायं। आसपास के बहुत से परगनों तथा स्थानों को उसने अपने अधिकार में कर लिया और सुल्तान मुहम्मद शाह का विरोध प्रारम्भ कर दिया। उसने बड़े समारोह के साथ देहली पर आक्रमण किया और कुछ समय तक उसे घेरे रहा किन्तु बिना सफलता प्राप्त किये हुए ही लौट आया। मुहम्मद शाह के राज्य का कार्य नित्यप्रति शिथिल होने लगा और इस सीमा तक दुर्दशा हो गई कि देहली के २० कोस के क्षेत्र के अमीर भी विद्रोह करके स्वतन्त्र बनने लगे। ८४७ हि० (१४४३-४४ ई०) में सुल्तान मुहम्मद शाह की मृत्यु हो गई। उसने १० वर्ष तथा कुछ मास तक राज्य किया।

सुल्तान अलाउद्दीन बिन मुहम्मद शाह बिन मुबारक शाह बिन ख़िज्र ख़ां

सुल्तान मुहम्मद शाह की मृत्यु के उपरान्त राज्य के अमीरों तथा प्रतिष्ठित लोगों ने उसके पुत्र को सुल्तान अलाउद्दीन की उपाधि देकर सिंहासनारूढ़ कर दिया। मलिक बहलोल तथा समस्त अमीरों

1 मांडू।

ने उससे बैअत[1] कर ली। अल्प समय में यह स्पष्ट हो गया कि राज्य के कार्य में सुल्तान अलाउद्दीन अपने पिता से भी अधिक शिथिल तथा अयोग्य है। मलिक बहलोल की महत्वाकांक्षा और भी बढ़ गई।

सामाना पर सुल्तान की चढ़ाई

(२९३) सुल्तान अलाउद्दीन ने ८५० हि० (१४४६-४७ ई०) में सामाना पर चढ़ाई की। मार्ग में उसे पता चला कि जौनपुर का बादशाह देहली पर आक्रमण करने आ रहा है। सुल्तान शीघ्रातिशीघ्र लौट कर देहली पहुंचा। हुसाम खां ने, जो वज़ीरे ममालिक तथा नायबे ग़ैबत था, निवेदन किया कि शत्रु के पहुंचने के झूठे समाचार पाते ही सुल्तान का लौट आना राज्य के लिए उचित न था। सुल्तान अलाउद्दीन इस बात से जो उसके स्वभाव के प्रतिकूल थी दुखी तथा परेशान हुआ।

बदायूँ का राजधानी बनाया जाना

८५१ हि० (१४४७-४८ ई०) में उसने बदायूं की ओर प्रस्थान किया और कुछ समय तक वहां ठहर कर देहली लौट आया। उसने यह प्रसिद्ध किया कि "मैं बदायूं से बड़ा प्रसन्न हुआ और मेरी इच्छा है कि मैं सर्वदा वहीं निवास करूं।" हुसाम खां ने निष्ठापूर्वक निवेदन किया कि "देहली को त्याग कर बदायूं को राजधानी बनाना राज्य के लिए उचित नहीं।" सुल्तान उसकी इस बात से और भी अधिक रुष्ट हुआ और उसे पृथक् करके देहली में छोड़ दिया। उसने अपनी पत्नी के दो भाइयों में से एक को शहनये शहर[2] और दूसरे को अमीरे कोई[3] नियुक्त किया।

सुल्तान की पत्नी के भाइयों में परस्पर शत्रुता

८५२ हि० (१४४८-४९ ई०) में उसने बदायूं की ओर प्रस्थान किया और वहीं भोग-विलास में ग्रस्त रहने लगा और थोड़ी सी विलायत से जो उसे पसन्द थी संतुष्ट हो गया। कुछ समय उपरान्त उसकी पत्नी के दोनों भाइयों में जो देहली में थे विरोध उत्पन्न हो गया और वे एक दूसरे के विरुद्ध युद्ध करने लगे। उनमें से एक मारा गया। दूसरे दिन शहर के लोगों ने हुसाम खां के बहकाने पर दूसरे भाई की भी हत्या कर दी।

बहलोल का देहली पर अधिकार जमाना

इसी समय सुल्तान ने विश्वासघातियों की बातों पर विश्वास करके हमीद खां जो वज़ीरे ममालिक था, की हत्या का संकल्प कर लिया। वह भाग कर शहर (देहली) पहुंचा और हुसाम खां से मिल कर उसने शहर पर अधिकार जमा लिया। मलिक बहलोल को उसने राज्य पर अधिकार जमाने के लिए (२९४) बुलवाया। इसका सविस्तार उल्लेख मलिक बहलोल के इतिहास में दिया गया है। संक्षेप में, मलिक बहलोल लोदी बहुत बड़ी सेना लेकर देहली पहुंचा और उसने उस पर अधिकार जमा लिया। कुछ दिन उपरान्त उसने अपने हितैषियों का एक समूह देहली छोड़कर दीपालपुर की ओर प्रस्थान किया और सेना एकत्र करने लगा। उसने सुल्तान अलाउद्दीन से निवेदन किया कि, "मैं आपके प्रति निष्ठावान्

१ अधीनता की शपथ ले ली।
२ शहर का अधीक्षक अथवा कोतवाल।
३ देखिये पृ० ५१ तथा उसी पृष्ठ का नोट नं० २। इसे अमीरे कोही लिखा गया है।

होने के कारण आपके लिए प्रयत्नशील हूं और अपने आपको सुल्तान का दास समझता हूं।" सुल्तान अलाउद्दीन ने उत्तर भेजा कि, "क्योंकि मेरा पिता तुझे अपना पुत्र कहा करता था अतः मुझे किसी बात की चिंता नहीं। मैं बदायूं के एक परगने से संतुष्ट हूं और राज्य तेरे लिए छोड़ता हूं।"

मलिक बहलोल विजय तथा सौभाग्य के कारण एवं बादशाही के वस्त्र अपने शरीर पर ठीक देख कर सफलतापूर्वक दीपालपुर से देहली पहुंचा और राज-सिंहासन पर आरूढ़ हुआ। उसकी उपाधि सुल्तान बहलोल निश्चित हुई। सुल्तान अलाउद्दीन के अमीरों में से जो लोग उसके साथ थे उनके वेतन उसने उसी प्रकार रहने दिये। कुछ समय उपरान्त सुल्तान अलाउद्दीन की मृत्यु हो गई और संसार सुल्तान बहलोल के अधीन हो गया। सुल्तान अलाउद्दीन ने ७ वर्ष तथा कुछ मास तक राज्य किया।

भाग ब

अफ़ग़ान सुल्तानों के इतिहास

शेख़ रिज़्क़ुल्लाह मुश्ताक़ी

(क) वाक़ेआते मुश्ताक़ी

ख़्वाजा निज़ामुद्दीन अहमद

(ख) तबक़ाते अकबरी

अब्दुल्लाह

(ग) तारीख़े दाऊदी

अहमद यादगार

(घ) तारीख़े शाही

मुहम्मद कबीर बिन शेख़ इस्माईल

(च) अफ़सानये शाहाने हिन्द

वाक़ेआते मुश्ताक़ी

[लेखक—शेख़ रिज़्क़ुल्लाह मुश्ताक़ी]

(ब्रिटिश म्यूज़ियम मैनुस्क्रिप्ट, रियु, भाग २, पृ० ८०२ ब)

(२) अल्लाहवालों का सेवक मुश्ताक़ी उर्फ़ रिज़्क़ुल्लाह इस प्रकार निवेदन करता है कि जब मैं बाल्यावस्था से युवावस्था को प्राप्त हुआ तो अपना अधिकांश समय अपने समकालीन योग्य व्यक्तियों के साथ व्यतीत किया करता था और उनकी बातों से लाभान्वित हुआ करता था। मैंने उनसे कुछ विचित्र कहानियां तथा आश्चर्यजनक घटनायें सुनीं और उनमें से कुछ स्वयं अपनी आंखों से देखीं। जब उन योग्य व्यक्तियों का निधन हो गया तो उन लोगों के अभाव में शोक प्रकट करने के अतिरिक्त मेरे पास (३) कोई अन्य कार्य न रहा। मुझे किसी भी बात से कोई संतोष न प्राप्त होता था। मेरे लिए वह वियोग मृत्यु से कम दुखदायी न था। मेरे पास कुछ लोग काग़ज़ और दावात लाकर जिन घटनाओं का मैं उल्लेख किया करता था उन्हें लिख-लिख कर गोष्ठियों में ले जाया करते थे। एक दिन मुझसे मेरे एक मित्र ने आग्रह किया कि जो कुछ मैंने सुना है अथवा जिन घटनाओं का मुझे ज्ञान है उन्हें मैं लिख डालूं ताकि अन्य लोगों को उससे लाभ हो। इस बात से प्रेरित होकर मैंने कुछ बातें, जो अनुभवी लोगों से सुनी थीं अथवा जिनका अवलोकन मैंने स्वयं किया था, एक पुस्तक के रूप में संकलित कीं और उसका नाम 'वाक़ेआते मुश्ताक़ी' रखा। आशा है कि इस प्रस्तावना तथा पुस्तक के लेखक के प्रति लोग शुभ कामनायें प्रकट किया करेंगे। इस ग्रन्थ में सुल्तान बहलोल लोदी के राज्य-काल से लेकर जलालुद्दीन मुहम्मद अकबर बादशाह ग़ाज़ी (ईश्वर उसके राज्य को समृद्धि तथा उन्नति प्रदान करे) के राज्य-काल तक जो घटनायें घटी हैं, उनका उल्लेख इस आशय से किया जाता है कि उनकी स्मृति बनी रहे।

सुल्तान बहलोल की बादशाही

बहलोल की बाल्यावस्था

सुल्तान बहलोल अपनी बाल्यावस्था में प्रतिष्ठा प्राप्त करने तथा ईश्वर की एबादत का प्रयत्न किया करता था। वह अपने चाचा के घर रहता था। उसके चाचा का नाम इस्लाम खाँ था। वह एक दिन नमाज़ पढ़ रहा था, कि बहलोल ने खेलते खेलते-उसकी जानेमाज़[1] पर पांव रख दिया। घर वालों[2] में से किसी ने उसे ज़बरदस्ती हटा कर कहा कि, "हे बालक खेलने के लिए अन्य स्थान है, खान के मुसल्ले[3] पर तू पांव रखता है"। खान ने कहा कि "बच्चा है। यदि वह मेरे सिर पर भी पांव रखे तो भी उचित

१ वह चटाई अथवा कपड़ा जिसे बिछाकर नमाज़ पढ़ी जाती है।
२ 'ब' के अनुसार 'सेवकों'।
३ जानेमाज़

है"। लोगों को इस बात पर बड़ा आश्चर्य हुआ। उन्होंने उससे इस विषय में पूछा तो उसने कहा कि "एक दिन उसे ऐसा सम्मान प्राप्त हो जायेगा जिससे मेरा वंश चमक उठेगा"।

घोड़ों का व्यापार तथा मजज़ूब से भेंट

जब वह युवावस्था को प्राप्त हुआ तो वह घोड़ों का व्यापार करने लगा। एक बार ३ व्यक्ति हिन्दुस्तान में घोड़ों के व्यापार के लिए गये थे। वे लौटते समय सामाना में ठहरे हुए थे। बहलोल[१], (४) फ़ीरोज़ खां तथा क़ुतुब खां तीनों व्यक्ति एक सैयिद के दर्शनार्थ जो कि मजज़ूब[२] था पहुंचे।[३] जैसे ही वे उसके पास बैठे, शेख़ ने कहा कि, "तुम लोगों में से कौन देहली की बादशाही जिसे मैं २ हज़ार तन्के में बेचता हूं लेगा?" बहलोल के पास एक हज़ार छः सौ तन्के थे। उसने कहा कि, "यदि आप कहें तो इन्हें प्रस्तुत करूं"। शेख़ ने कहा, 'मुझे स्वीकार है। ले आ"। बहलोल उठ खड़ा हुआ और अपनी कमर से १६०० तन्के की थैली खोल कर उसके सामने रख दी। शेख़ ने कहा कि, "जा तू बादशाह होगा[४] और ये लोग तेरे सेवक होंगे"। उन दोनों ने वहां से आने के उपरान्त पूछा कि, "तू ने यह क्या किया?" बहलोल ने कहा कि, "मैंने बड़ा अच्छा किया। इतने धन से मैं अपना समस्त जीवन व्यतीत नहीं कर सकता था। कुछ दिनों में यह धन व्यय हो जाता। यदि वह पहुंचा हुआ है और उसकी बात सत्य है तो मैं बादशाह हो जाऊंगा अन्यथा जो धन मैंने व्यय किया वह इस कारण भी व्यर्थ न जायगा कि मैंने एक सैयिद की सेवा की। दोनों ही बातें मैंने अच्छी कीं"। उन लोगों ने बधाई दी।

घोड़े बेचने के लिये देहली पहुँचना

संक्षेप में, वह बहुत समय तक घोड़ों का व्यापार करता रहा। एक बार बहलोल अपने चाचा इस्लाम ख़ां के साथ राजधानी देहली में ख़िज़्र ख़ां के पौत्र सुल्तान मुहम्मद की सेवा में घोड़े बेचने पहुंचा और उसके हाथ घोड़े बेचे। उसे एक ऐसे परगने से अपना धन वसूल करने का आदेश दे दिया गया जिसने विद्रोह कर दिया था।[५] जब बहलोल के आदमी वहां पहुंचे तो उन्होंने उसे आकर इस बात की सूचना दी। उसने इस विषय में सुल्तान मुहम्मद को सूचना दी और यह निवेदन किया कि, "मैं अपने साथियों सहित जाता हूं, जो कुछ मुझसे संभव हो सकेगा करूंगा"। सुल्तान मुहम्मद ने आदेश दिया कि, "यदि तू उन विरोधियों को पराजित कर देगा तो वह परगना तुझे प्रदान कर दिया जायगा, और जो कुछ वहां से प्राप्त होगा वह तुझे प्राप्त हो जायगा"।[६] वे वहां पहुंचे और उन्होंने हत्याकाण्ड तथा लूट-मार द्वारा वहां के लोगों

१ 'ब' के अनुसार 'बिल्लो'।
२ वह व्यक्ति जो ईश्वर में इस प्रकार लीन हो चुका हो कि उसे किसी बात की कोई सुध-बुध न रहे।
३ 'ब' के अनुसार 'सैयिद इब्बन मजज़ूब के पास पहुँचे'।
४ 'ब' के अनुसार 'देहली का बादशाह होगा'।
५ 'ब' के अनुसार 'घोड़ों के मूल्य का धन ऐसे स्थान पर बरात किया गया जो कि मवास था। वहां के निवासी बड़े ही उद्दंड तथा विद्रोही थे'। मवास की व्याख्या इससे पूर्व हो चुकी है। 'दस्तूरुल अलबाब फ़ी इल्मिल हिसाब' के अनुसार यदि दीवान को किसी व्यक्ति को कुछ अदा करना होता था तो उसे किसी आमिल अथवा ग्राम में बरात कर देते थे अथवा उस स्थान से धन वसूल करने का आदेश-पत्र दे देते थे और दीवान पर कोई उत्तरदायित्व न रहता था।
६ 'ब' के अनुसार 'यदि तू उस मवास को अपने अधीन करले तो मैं उसे तुझे प्रदान कर दूंगा और जो कुछ लूट की धन-सम्पत्ति तेरे हाथ लगेगी वह भी तुझे मिल जायगी'।

को पराजित कर दिया और अपना धन वसूल कर लिया।[1] लूट द्वारा जो धन-संपत्ति उन्हें प्राप्त हुई उसे सुल्तान ने उसको प्रदान कर दिया और उसे अमीर नियुक्त कर दिया। उसे सम्मानित करके अन्य परगने भी प्रदान किये।[2] तदुपरान्त वह सैनिकों के समान जीवन व्यतीत करने लगा,[3] उसके सम्मान में नित्य प्रति वृद्धि होने लगी। समस्त राज्य में उसके समान कोई न था।[4]

मन्दू के बादशाह महमूद ख़लजी का देहली पर आक्रमण

(५) जब मन्दू के बादशाह सुल्तान महमूद खलजी ने देहली पर आक्रमण किया जो फ़तह खां तथा क़ुतुब खां ने अत्यधिक वीरता एवं पौरुष प्रदर्शित किया। सुल्तान महमूद खलजी वापस चला गया।[5] फ़तह ख़ां को खानेखानां की उपाधि प्रदान हुई। खानेखानां सहरिन्द में रहने लगा। इसी बीच में सुल्तान मुहम्मद की मृत्यु हो गई और उसका पुत्र सुल्तान अलाउद्दीन सिंहासनारूढ़ हुआ। उसका राज्य नित्य प्रति शक्तिहीन होने लगा और वह हमीद खां को देहली के क़िले में छोड़ कर स्वयं बदायूं के क़िले में चला गया।[6]

बहलोल का देहली बुलाया जाना

हमीद ख़ां ने दो व्यक्तियों को बादशाही का कार्य सौंपने के लिए बुलवाया—क़ियाम ख़ां बाकरी तथा बिल्लू को। क़ियाम खां मार्ग ही में था कि बिल्लू देहली पहुंच गया और क़ियाम ख़ां मार्ग से लौट गया। वह हमीद ख़ां की सेवा में उपस्थित हुआ। हमीद ख़ां ने कहा कि, "हे बिल्लू तुझे राज्य मुबारक हो, मैं वज़ीर रहूंगा"। उसने उत्तर दिया कि, "मैं सिपाही हूं, शासन-प्रबन्ध के विषय में मैं कुछ नहीं जानता। आप बादशाह रहें और मैं सालारे लश्कर (सेनापति)। आप जिस कार्य के विषय में आदेश देंगे मैं उसे सम्पन्न करूँगा।" हमीद खां ने कहा कि, "यह कार्य मैंने अपने लिए नहीं किया है अपितु इसे इस्लाम के हित के लिए किया है। मुझे इस बात का विश्वास हो गया था कि इस्लाम शक्तिहीन हो चुका है। मुझे भय हुआ कि कहीं मुसलमानों पर कोई अन्य विपत्ति न आ जाय, कारण कि कहा गया है कि राज्य प्रभुत्व-शालियों को प्राप्त होता है। मैंने तुम्हारे अतिरिक्त किसी को प्रभुत्वशाली न देखा, अतः मैंने तुम्हें सूचना

१ 'ब' के अनुसार 'उन लोगों ने वहाँ पहुँच कर युद्ध करके विद्रोहियों को अपने अधीन कर लिया और लूट की धन सम्पत्ति तथा मवेशी इत्यादि जो कुछ उन्हें प्राप्त हुए उन्हें वे सुल्तान की सेवा में लाये'।

२ 'ब' के अनुसार 'मंसब तथा परगना प्रदान किया'।

३ 'ब' के अनुसार 'उस तिथि से वे व्यापार छोड़ कर सैनिक जीवन व्यतीत करने लगे'।

४ 'अ' में यह भाग स्पष्ट नहीं, 'ब' के अनुसार 'वह सरहिन्द तथा लुधियाना में समय व्यतीत करने लगा। चारों ओर से लोग उसकी सेवा में आकर एकत्र होने लगे। उसकी सेना में वृद्धि होने लगी। वह प्रत्येक वर्ष अपना यराक़ (अस्त्र-शस्त्र) सुल्तान को दिखलाता था और इनाम द्वारा सम्मानित होता था। उसकी सेना इतनी अधिक हो गई कि अधिकांश विलायत (प्रान्त) उसके अधिकार में आ गये। उसी समय इस्लाम ख़ाँ की मृत्यु हो गई। बिल्लू उसका उत्तराधिकारी हो गया। क़ुतुब ख़ाँ वल्द इस्लाम ख़ाँ उस समय सरहिन्द में था। संक्षेप में बिल्लू ने बड़े ही उचित कार्य तथा योग्य सेवायें प्रदर्शित कीं और फ़तह ख़ाँ की उपाधि द्वारा सम्मानित हुआ'।

५ 'ब' के अनुसार 'युद्ध के उपरान्त वापस चला गया'।

६ 'ब' के अनुसार 'उसके राज्य का पतन होने लगा और हमीद ख़ां सुल्तानी को जो उसका वज़ीर था देहली सौंपकर बदायूँ चला गया'।

कर दी।" उसने देहली के कोट तथा खज़ानों की कुंजियां लाकर बहलोल के समक्ष रख दीं। बहलोल ने कहा कि, "जो सेवा तू मुझे प्रदान करता है, मैं उसे स्वीकार करता हूं; शहर तथा द्वारों की रक्षा का उत्तर-दायित्व मैंने ले लिया, शासन-प्रबन्ध तथा प्रजा की रक्षा तेरे सिपुर्द है"।

बहलोल द्वारा राज्य प्राप्त करने का प्रयत्न

बहुत समय इसी प्रकार कार्य होता रहा। बहलोल, हमीद खां के अभिवादन हेतु जाया करता था, किन्तु वह अपनी सेना तथा शक्ति में वृद्धि करता रहता था। एक दिन हमीद खां ने उसे भोजनार्थ बुलवाया। उसने अपने साथियों से मिल कर निश्चय किया कि वे हमीद खां के समक्ष मूर्खतापूर्ण व्यवहार
(६) करें और अज्ञानता प्रदर्शित करें ताकि उनका आतंक हमीद खां के हृदय से निकल जाय और वह उन्हें साधारण व्यक्ति समझने लगे। जब वे वहां उपस्थित हुए तो कुछ लोगों ने अपने जूते कमर में बांध लिये और कुछ लोगों ने जिस स्थान पर हमीद खां बैठा था उसी स्थान पर जो आला उसके सिर पर था वहीं अपने जूते रख दिये। हमीद खां ने कहा कि, "यह क्या बात है?" अफ़ग़ानों ने कहा कि, "हम जूतों की चोरों से रक्षा करते हैं"। हमीद खां ने उनसे मुस्करा कर कहा कि, "निश्चिन्त रहो। यहां से कोई न ले जायेगा"।

कुछ क्षण उपरान्त अफ़ग़ानों ने हमीद खां से कहा कि, "हे खान तेरे क़ालीन बड़े सुन्दर हैं। यदि एक क़ालीन हम लोगों को प्रदान कर दिया जाय तो हम अपने पुत्रों के लिए टोपियां बनवा कर भेज दें ताकि संसार वालों को यह ज्ञात हो जाय कि हमें कितना सम्मान प्राप्त है"। हमीद खां ने कहा कि, "मैं इससे अधिक उत्तम इनाम दूंगा"। तदुपरान्त वे बैठ गये और भोजन करने लगे। जब वे भोजन कर चुके तो सुगंधित वस्तुएँ लाई गईं। कुछ लोगों ने उन्हें मला और कुछ लोग फूलों को खा गये। कुछ लोग पान के बीड़े को खोल कर केवल चूना चाट गये। जब मुंह जलने लगा तो बीड़ों को फेंक दिया। हमीद खां ने बिल्लू[1] से पूछा कि "ये कैसे लोग हैं?" बिल्लू ने कहा, "वहशी लोग हैं, खाने और मरने के अतिरिक्त कुछ भी नहीं जानते, उन्होंने कभी ऐसे समारोह नहीं देखे हैं"।

इसके अतिरिक्त उस समय यह प्रथा थी कि बिल्लू[2] जब हमीद खां की सेवा में जाता था तो उसके साथ केवल थोड़े से लोग ही होते थे, अन्य लोग बाहर रहते थे। एक दिन उसने उनसे यह निश्चय किया कि "जब मैं भीतर चला जाऊं तो तुम लोग मुझे गालियां देते हुए भीतर प्रविष्ट हो जाना और द्वारपालों को पृथक् कर देना"। उन्होंने उसके आदेशों का पालन किया और गालियां देते हुए घुस आये। वे कहते जाते थे, "बिल्लू कौन होता है जो भीतर जाता है। वह भी हम लोगों के समान हमीद खां का एक सेवक है"। जब कोलाहल बहुत बढ़ गया तो हमीद खां ने पूछा कि, "क्या बात है?" लोगों ने बताया कि, "अफ़ग़ान लोग बिल्लू को गाली दे रहे हैं और कहते हैं कि बिल्लू खान के अभिवादन हेतु जाता है। हम क्यों न उसका अभिवादन करके सम्मानित हों"। हमीद खां ने कहा कि, "उन्हें आने दो"। वे लोग स्वयं ही घुस आये थे अतः हमीद खां की सेवा में प्रविष्ट हुए और उन्होंने अभिवादन किया। हमीद खां के चारों ओर जो लोग एकत्र थे उनके पास दो-दो व्यक्ति खड़े हो गये। इसी बीच में क़ुतुब खां लोदी ने जंजीर निकाल कर हमीद खां के सामने रख दी और कहा कि, "इस समय यही उचित है कि तू इस जंजीर को पहन ले"। हमीद
(७) खां ने कहा कि, "मैंने तुम लोगों के प्रति क्या दुष्टता की थी?" उसने उत्तर दिया कि, "हम भी तेरे

१ 'ब' के अनुसार 'ख़ाने ख़ानां'।
२ 'ब' के अनुसार 'ख़ाने ख़ानां'।

प्राणों के सम्बन्ध में कोई विश्वासघात न करेंगे। क्योंकि तूने अपने स्वामी के साथ हरामखोरी[1] (कृतघ्नता) की है तो हमें भी कोई विश्वास नहीं रहा"। संक्षेप में, उसे बन्दी बना लिया गया और क़िले के बाहर एक महल में जो उसके लिए बनवाया गया था बन्दी अवस्था में रखा गया। बहलोल ने ग़ाज़ी की उपाधि धारण कर ली।

बहलोल का बादशाह होना

उसने सुल्तान अलाउद्दीन के नाम बदायूं[2] में एक पत्र भेजा। उसने भी राज्य-व्यवस्था से हाथ खींच लिया।

सुल्तान महमूद शर्क़ी द्वारा आक्रमण

इसके उपरान्त उसके सम्मान में नित्यप्रति वृद्धि होने लगी। जिस समय वह सहरिन्द में था, सुल्तान महमूद शर्क़ी[3] ने उसके (राज्य) ऊपर चढ़ाई कर दी। देहली के कोट के भीतर......[4] तथा इस्लाम खां की पत्नी नगर की रक्षा करने लगी। कुछ स्त्रियां पुरुषों के वेश में कोट का पहरा देती थीं। अफ़ग़ान लोग बाणों की वर्षा करते थे।[5] एक दिन खाने जहाँ लोदी का जामाता शाह सिकन्दर शिरवानी जो कि बड़ा दक्ष धनुर्धारी था, कोट के कंगूरे पर बैठा हुआ पहरा दे रहा था। वह अपने बाणों की नोक के ऊपर अपना नाम सोने (के अक्षरों) से खुदवा दिया करता था। एक दिन एक सक़्क़ा[6] सुल्तान महमूद शर्क़ी के लिए कंगूरे के पास के कुएं से जल ले जा रहा था। वह वहां से ३ बाणों के पहुंचने की दूरी पर था। सिकन्दर ने उसके ऊपर बाण चलाया। वह बाण इस प्रकार लगा कि दोनों पखालों तथा बैल[7] को छेदता हुआ भूमि में घुस गया। सक़्क़ा बाण को लेकर महमूद की सेवा में पहुंचा और सब हाल बताया। जिसने भी यह घटना सुनी उसे बड़ा आश्चर्य हुआ।

क़िले वालों द्वारा सन्धि की वार्ता

जब सुल्तान बहलोल के आने में विलम्ब हुआ तो क़िले वालों ने संधि करना निश्चय कर लिया और यह निश्चय किया कि मुबारक खां को जो सुल्तान महमूद का एक विश्वासपात्र था मध्यस्थ बना कर शहर सौंप दिया जाय[8] और वे लोग बाहर चले जायं। क़िले में से सैयिद शमसुद्दीन नामक एक व्यक्ति

१ 'ब' के अनुसार, 'कृतघ्नता तथा हराम नमकी (नमक हरामी)'।
२ 'ब' के अनुसार 'सुल्तान अलाउद्दीन के पास पत्र भेजकर बदायूँ को सुल्तान की रसोई के व्यय हेतु उसे दे दिया'।
३ 'ब' के अनुसार 'महमूद शर्क़ी ने जौनपुर से'।
४ 'अ' में यह वाक्य पूरा नहीं, 'ब' के अनुसार 'क़िलों के भीतर इस्लाम खाँ की पत्नी बीबी मस्तू तथा समस्त अफ़ग़ान सिपाही थे। बीबी मस्तू कुछ स्त्रियों को पुरुषों के वस्त्र पहना कर कोट के ऊपर भेज देती थी और इस प्रकार क़िले की रक्षा करती थी'।
५ 'ब' के अनुसार 'तोप चलाने वाले भी अपने कार्य में व्यस्त रहते थे'।
६ पानी ले जाने वाला, भिश्ती।
७ वह बैल जिसके दोनों ओर पखालें लटकी थीं।
८ 'ब' के अनुसार 'जब सुल्तान बहलोल के आने में विलम्ब हुआ तो देहली के प्रतिष्ठित लोगों ने संधि का प्रयत्न प्रारम्भ कर दिया। उन्होंने संभल के हाकिम मुबारक खां से जोकि सुल्तान महमूद के साथ था इस शर्त पर संधि की कि शहर सुल्तान महमूद को प्रदान कर दिया जावे और सुल्तान बहलोल के सैनिक क़िले के बाहर चले जायं'।

कुंजियां लेकर मुबारक खां लोदी की सेवा में पहुंचा और उससे एकांत में भेंट की। सैयिद ने उससे पूछा (८) "कि तुझमें तथा सुल्तान महमूद में क्या सम्बन्ध है?" उसने कहा कि "कोई भी नहीं। मैं उसका सेवक हूं और वह मेरा बादशाह है"। तदुपरान्त उसने पूछा कि "तुझमें तथा सुल्तान बहलोल में क्या संबन्ध है?" उसने उत्तर दिया कि "हम दोनों एक दूसरे के भाई हैं। उसकी मातायें तथा बहिनें मेरी मातायें और बहिनें हैं"। सैयिद ने कुंजियां निकाल कर उसके समक्ष रख दीं और कहा कि "अपनी माताओं तथा बहिनों को चाहे पर्दे में रख, चाहे अपमानित कर"। खान ने कहा कि "मैं क्या करूं, यदि सुल्तान बहलोल होता तो मैं कुछ न कुछ करता"। सैयिद ने कहा कि "सुल्तान बहलोल क़िले में पहुंचने का अवसर ढूंढ़ रहा है"। खान ने कहा "यदि यही बात है तो कुंजियां लेकर चला जा, मुझसे जो कुछ हो सकेगा मैं करूंगा"।

बहलोल तथा सुल्तान महमूद की सेना में युद्ध

खान वहां से उठकर सुल्तान महमूद की सेवा में पहुंचा और कुंजियों के विषय में कहा और यह बताया कि "क्योंकि सुल्तान बहलोल भी पहुंच गया है अतः मैंने कुंजियां नहीं लीं कारण कि यदि हम उस पर विजय प्राप्त कर लेते हैं तो समस्त राज्य हमारा हो जायगा"। सुल्तान ने पूछा कि, "क्या करना चाहिए?" ख़ान ने उत्तर दिया कि, "मुझे तथा फ़तह खां हरेवी को उससे युद्ध करने के लिए प्रस्थान करने का आदेश दिया जाय और आप अपने स्थान पर रहें"। तदनुसार दोनों अमीरों को नियुक्त किया गया। वे नरीला[1] नामक स्थान पर पहुंचे ही थे कि सुल्तान बहलोल के निकट पहुंच जाने के समाचार प्राप्त हुए। उन्होंने वहीं पड़ाव किया। ख़ान के साथ ३० हज़ार अश्वारोही थे। सुल्तान बहलोल की सेना की संख्या ७ हज़ार थी।

बहलोल की विजय

जब दोनों सेनाओं में मुठभेड़ हुई तो मुबारक खां अपनी सेना सहित खड़ा रहा। फ़तह खां रणक्षेत्र में मारा गया और आज तक उसकी क़ब्र नरीला नामक स्थान पर है। उनकी सेना पराजित होकर अपने शिविर की ओर लौट गई। जब कोट वालों ने उन्हें आते हुए देखा तो यह समाचार बीबी के पास पहुंचाये। बीबी ने पूछा कि, "कुछ पता चलता है कि वे पराजित होकर आ रहे हैं अथवा विजय पा कर?" लोगों ने अपनी अज्ञानता प्रदर्शित की। बीबी ने कहा कि, "देखो कि जो लोग आ रहे हैं वे बादशाह के दरबार में जा रहे हैं अथवा अपने शिविर में"। जब उन लोगों ने सावधानी से देखा तो उन्हें पता चला कि सैनिक अपने खेमों में पहुंच कर अपना सामान एकत्र कर रहे हैं। जब बीबी को यह समाचार प्राप्त हुआ तो उसने आदेश दिया कि जाकर खुशी के नक़्क़ारे बजा दो। क़िले पर नक़्क़ारे बजने लगे। नक़्क़ारे की आवाज़ सुल्तान महमूद के कानों में पहुंची। उसने पूछा कि, "नक़्क़ारे क्यों बज रहे हैं?"[2] लोगों ने बताया कि, "क़िले वालों द्वारा यह ज्ञात हुआ है कि हमारी सेना पराजित हो गई"। सुल्तान ने आदेश दिया कि इस विषय में पता चलाओ। जब पता लगाया गया तो उसकी पुष्टि हो गई। वे इसी (९) सोच में थे कि मुबारक खां सम्भली पहुंच गया और फ़तह खां की हत्या तथा सेना की पराजय के समाचार दिये। सुल्तान महमूद समझ गया कि विश्वासघात किया गया है। वह ठहर न सका और

१ 'अ' के अनुसार 'लम्बरा'
२ यह अंश 'ब' में बड़े संक्षिप्त रूप से दिया गया है।

उसने तत्काल वहां से कूच कर दिया और शीघ्रातिशीघ्र चल खड़ा हुआ। मेरा उससे अधिक सम्बन्ध नहीं और अपने विषय के संबन्ध में उल्लेख करता हूं।

सुल्तान बहलोल का चरित्र

सुल्तान बहलोल बड़ा ही धर्मनिष्ठ तथा वीर एवं दानी बादशाह था। वह भिखारी को वापस न करता था और ख़ज़ाना एकत्र न करता था। जिस विलायत पर भी वह अधिकार जमाता उसे बांट देता था।[1] वह अमीरों तथा सैनिकों से भाइयों के समान व्यवहार करता था। यदि कोई व्यक्ति रुग्ण हो जाता था तो वह उसे देखने के लिए उसके पास जाता था और संवेदना प्रकट करता था। देहली में संवेदना प्रकट करने के समय यह प्रथा थी कि तीजे के दिन पान, मिश्री तथा शकर वितरण की जाती थी।[2] सुल्तान ने इस प्रथा को बन्द करा दिया और केवल फूल तथा गुलाबजल ही वितरण करने की प्रथा निकाली। उसका कथन था कि "हमसे ये प्रथायें संभव न हो सकेंगी, कारण कि यदि एक दरिद्र अफ़-ग़ान मर जायेगा तो उसके समूह वाले लाखों व्यक्ति उपस्थित होंगे, ऐसी अवस्था में वह ये प्रबन्ध किस प्रकार कर सकेगा"। वह कभी शरा[3] के विरुद्ध कोई कार्य न करता था। वह बड़ा ही सौजन्यपूर्ण व्यवहार करता था। उसके कोई पर्दादार[4] न था। भोजन के समय जो कोई उपस्थित हो जाता वह भोजन करता था। वह गोष्ठियों में सिंहासन पर नहीं बैठता था और न लोगों को खड़े रहने की अनुमति देता था। सब लोग रंगीन फ़र्श पर बैठते थे। जब वह अमीरों को पत्र लिखता तो 'मसनदे आली' शब्द से संबोधित करता था।[5] यदि कोई अमीर उससे रुष्ट हो जाता तो वह उसके घर पहुंचता और कमर से तलवार खोल कर उसके समक्ष रख देता और क्षमा-याचना करते हुए कहता कि "यदि आप मुझे इस कार्य के योग्य नहीं समझते तो मुझे कोई अन्य कार्य सौंप दें और किसी अन्य को बादशाह बना लें"। कहा जाता है कि जिस दिन वह सिंहासनारूढ़ हुआ, जुमा मस्जिद में उपस्थित हुआ। बन्दगी मियां (मुल्ला क़ादन) वाज़[6] कह रहे थे। सुल्तान बहलोल भी उपस्थित था, वाज़ समाप्त करने के उपरान्त उसने कहा कि, "ईश्वर को धन्य है, बड़ा विचित्र समय आ गया है, मेरी समझ में नहीं आता कि ये लोग दज्जाल[7] के पूर्वगामी हैं या बाद के। इनकी भाषा ऐसी है कि ये लोग माता को मूर, भाई को रुर तथा ग्राम को शूर, सेना को तूर तथा जननेंद्रिय को नूर कहते हैं"। वह यह वार्ता कर ही रहा था कि सुल्तान बहलोल ने मुख पर रूमाल रख कर हंसते हुए कहा कि "मुल्ला क़ादन बस करो,[8] हम लोग भी मनुष्य हैं"।..........

१ 'ब' के अनुसार 'युद्ध में जो विलायत वह विजय करता था वह अमीरों तथा सैनिकों को बांट देता था'।
२ 'ब' के अनुसार 'सुगन्धित वस्तुयें, शरबत तथा मिठाइयां'।
३ इस्लामी नियमों को शरा कहते हैं। शरा का मुख्य आधार क़ुरान तथा हदीस हैं।
४ भीतरी द्वारों का रक्षक।
५ 'ब' के अनुसार 'वह दरबारे आम में ग़ालीचे पर बैठता था और कुछ लोगों के सम्बन्ध में खड़े रहने का आदेश होता था। गोष्ठियों में वे लोग नहीं बैठते थे। वह लोगों को प्रसन्न करने का अत्यधिक प्रयत्न किया करता था'।
६ धार्मिक प्रवचन।
७ दज्जाल का अर्थ है झूठा किन्तु मुसलमानों के विश्वास के अनुसार दज्जाल नामक एक व्यक्ति क़यामत अथवा प्रलय के पूर्व प्रकट होगा। वह बड़ा कुरूप तथा काना होगा।
८ 'अ' में यह भाग स्पष्ट नहीं। 'ब' के अनुसार 'एक विद्यार्थी ने जो कि ठिंगना तथा बड़ा ही रूपवान् था कहा कि हे मुल्ला! तू दो कारणों से काफ़िर हो गया। तुझे अपने ईमान को पुनः ठीक करना चाहिए।

(१०) वह पांचों समय की नमाज़ जमाअत के साथ पढ़ता था। रणक्षेत्र में शत्रु की सेना को देखकर शीघ्र घोड़े से उतर कर ईश्वर से इस्लाम और मुसलमानों की कुशलता के लिए प्रार्थना करता था।[1] इसके उपरान्त जब वह बादशाह हुआ तो कोई भी विरोधी उस पर विजय न पा सका। बादशाह होने के पूर्व भी उसने कभी किसी रणक्षेत्र में पीठ नहीं दिखाई; या तो विजय प्राप्त की या घायल हुआ।[2]

सुल्तान हुसेन शर्क़ी के आक्रमण

उसके बादशाह हो जाने के उपरान्त जौनपुर के सुल्तान हुसेन ने देहली पर (दो बार) आक्रमण किया। यमुना तट पर कंजबा घाट पर पड़ाव किया। वह दोनों बार पराजित हुआ। जब उसने प्रथम बार आक्रमण किया तो सुल्तान बहलोल, क़ुतुब आलम ख़्वाजा क़ुतुबुद्दीन[3] के शुभ मक़बरे में जाकर रात भर नंगे सिर खड़े होकर प्रार्थना करता रहा। सूर्योदय के पूर्व एक व्यक्ति परोक्ष से प्रकट हुआ। (११) उसने सुल्तान बहलोल के हाथ में एक डण्डा दिया और कहा कि, "जा ये थोड़ी सी भैंसें जो आई हैं इन पर इसकी सहायता से सवारी कर।"[4] उसने सुल्तान हुसेन के मुक़ाबले में अपने शिविर लगाये। सुल्तान हुसेन युद्ध में पराजित हुआ और जौनपुर में बन्दगी शेखुल मशायख़ शेख़ बुद्ध के पास, जोकि बड़े पहुंचे हुए थे, गया और उनसे प्रार्थना की कि, "आप मेरे लिए ईश्वर से दुआ करें"। उन्होंने कहा कि

प्रथम इस कारण से कि तू ने विद्वान् होकर विद्या का अपमान किया और दूसरे इस कारण कि तू ने ईश्वर के प्राणियों की खिल्ली उड़ाई। इस प्रकार तूने ईश्वर का अपमान किया। मुल्ला ने तत्काल क्षमा याचना करके तोबा की'।

"एक रोज़ वह (बहलोल) पेशाब करके बाहर निकला था और ढेले का प्रयोग इस भय से कर रहा था कि कहीं यदि कोई मूत्र की बूँद रह गई हो तो वह दूर हो जाये। इसी बीच में मुल्ला तुग़लुक़ नामक एक व्यक्ति पहुँच गया। सुल्तान वज़ू करने लगा। मुल्ला ने सोचा कि वह मेरी उपेक्षा करके घर के भीतर जा रहा है। वह शीघ्रातिशीघ्र सुल्तान के पास पहुँचा और सुल्तान का बाज़ू पकड़ कर अपनी ओर खींचा। बादशाह की लुंगी (तहमत) खुल गई। वह तत्काल भूमि पर बैठ गया और अपने (गुप्तांगों) को छिपा लिया और कहा कि 'हे धृष्ट मुल्ला! तू ने यह क्या किया?' उसने उत्तर दिया कि 'मैं केवल ईश्वर के लिये आता हूँ और तू मेरी उपेक्षा करता है'। सुल्तान ने कहा कि 'मैं नेक कार्य के लिये जा रहा था'। मुल्ला ने कहा 'दीन (इस्लाम) के कार्य से बढ़कर कौन सा कार्य है?' सुल्तान ने कहा कि 'ज़रा सा ठहर जा ताकि मैं आ जाऊँ और जो कुछ तू कहता है वह करूँ'। उसने कहा 'नेक कार्य में विलम्ब न होना चाहिए'। सुल्तान ने कहा 'कौन सा नेक कार्य है?' मुल्ला ने कहा 'मैं इस सहायता के पात्र को लाया हूँ। तू इसके लिए अदरार निश्चित करदे'। सुल्तान ने उसी स्थान पर उसके लिये जीविका साधन की व्यवस्था कर दी और विदा कर दिया"।

१ 'ब' के अनुसार 'घोड़े से उतर कर नमाज़ पढ़ता तथा तथा इस्तख़ारा करता था'।

२ 'ब' के अनुसार 'बादशाह होने के पूर्व भी उसने कभी भी किसी युद्ध में पीठ न दिखाई और विजय प्राप्त करके लौटता था। वह प्रायः बड़े प्रयत्न के उपरान्त रणक्षेत्र में पड़ाव करता था। वह युद्ध के पूर्व ही सभी बातों को देख-भाल लेता था। जिस समय सुल्तान बहलोल की शक्ति में नित्य प्रति वृद्धि होने लगी तो सुल्तान हुसेन शर्क़ी ने जौनपुर से देहली के राज्य पर अधिकार जमाने के लिये आक्रमण किया और यमुना नदी के तट पर पड़ाव किया। यह बात प्रसिद्ध है कि उसने दो बार देहली विजय करने का प्रयत्न किया और दोनों बार पराजित होकर वापस हुआ'।

३ क़ुतुबुद्दीन बख़्तियार काकी जिनका निधन २७ नवम्बर १२३५ ई० को हुआ।

४ 'ब' के अनुसार 'इस डंडे से भगा दे'।

"अब मैं सुल्तान बहलोल[1] के लिए प्रार्थना करता हूं, कारण कि उसके द्वारा इस्लाम को उन्नति प्राप्त होगी।"

दूसरी बार उसने अत्यधिक सेना एकत्र करके देहली पर आक्रमण करना निश्चय किया और समस्त ज़मींदारों तथा राजाओं को बुलवाया। जिस दिन वह प्रस्थान करना चाहता था उसने मलिक शम्स नामक एक वृद्ध को बुलवाया। बीबी ख़ुन्दा पर्दे के पीछे बैठी थीं। सुल्तान ने मलिक शम्स से कहा कि, "मैंने देहली पर आक्रमण करना निश्चय कर लिया है। इस विषय में आप क्या कहते हैं?" मलिक ने कहा, "बड़ा अच्छा है किन्तु आप इस बात में शीघ्रता से कार्य न लें। आप इस वर्ष अपनी सेना के शिविर अपने राज्य की सीमा पर लगायें और सेना को एकत्र करें तथा अपनी विलायत को अपने पीछे करके प्रस्थान करें। देहली की विलायत नित्य-प्रति अव्यवस्थित एवं नष्ट-भ्रष्ट होती जायेगी और वहां के लोग, सेना तथा प्रजाजन आपके पास सहायतार्थ आयेंगे। दूसरे वर्ष आप देहली के राज्य की सीमा पर अपने शिविर लगायें। उसके राज्य में निःसन्देह ही अव्यवस्था उत्पन्न हो जायेगी। वह भागकर अपने राज्य की सीमा पर चला जायेगा अथवा विवश होकर युद्ध प्रारम्भ कर देगा। लोग उसका साथ न देंगे और सभी लोग अपने परिवार तथा धन-सम्पत्ति की चिन्ता में ग्रस्त हो जायेंगे। जब शत्रु की दशा शोचनीय हो जाय तो जो कुछ आपसे सम्भव हो सके वह कीजिये।" मलिक ने इतनी ही बात कही थी कि बीबी ख़ुन्दा ने पर्दे के पीछे से कहना प्रारम्भ किया कि, "इन सिपाहियों तथा सरदारों को क्या हो गया है और कौन सी ऐसी घटना घटी है कि वे हतोत्साहित हो गये हैं। उन्होंने कहां रणक्षेत्र में अपने सिर कटाये हैं जो इस नामर्दी तथा बेहिम्मती का प्रदर्शन करते हैं और क्यों भयभीत हो गये हैं?" मलिक ने कहा कि, "बीबी! रणक्षेत्र में सिर कटाना आसान कार्य नहीं है। ईश्वर न करे कि वह दिन आये। उस दिन पायजामे के पांयचे भारी हो जायेंगे।" मलिक यह कह कर उठ खड़ा हुआ और कहा कि, "जब आप इनकी (बीबी) बात पर आचरण करते हैं तो मुझसे क्यों पूछते हैं।"

अन्ततोगत्वा जब वे देहली पहुंचे तो युद्ध के उपरान्त पराजित हो गये। मलिक शम्स भी जिसका उल्लेख हो चुका है मारा गया। बीबी ख़ुन्दा को अफ़ग़ानों ने बन्दी बना लिया। मलिक शम्स बड़ा पहुंचा हुआ व्यक्ति था। जो बात वह अपनी जिह्वा से निकालता था वह (१२) पूरी हो जाती थी। प्रारम्भ में वह फ़तह ख़ां हरेवी के साथ रहता था। सुल्तान हुसेन एक दिन अतिथि के रूप में फ़तह ख़ां के पास पहुंचा और कहा कि, "मैं तुमसे एक चीज़ की प्रार्थना करता हूं।" ख़ान ने निवेदन किया कि, "आप मलिक शम्स को मेरे पास रहने दें। इसके अतिरिक्त आप जो कुछ भी कहेंगे उसे मैं करूंगा।" सुल्तान ने कहा कि, "मैं मलिक शम्स को तुमसे मांगता हूं।" फ़तह ख़ां के नेत्रों में आंसू आ गये। मलिक ने कहा कि "आप मुझ जैसे तुच्छ व्यक्ति के लिए क्यों आंसू बहाते हैं? सुल्तान की बात को आप स्वीकार कर लें। मैं यहां भी सुल्तान की सेवा करता था और वहां भी सुल्तान की सेवा करूंगा किन्तु मैं जिस स्थान पर भी रहूंगा आप ही का हितैषी रहूंगा। यदि मेरा सिर भी कट जायेगा तो वह

१ 'ब' के अनुसार 'मैं तेरे लिये शुभकामना नहीं कर सकता। मेरी शुभकामनायें सुल्तान बहलोल के साथ हैं कारण कि उसके द्वारा इस्लाम की उन्नति होगी'।

सर्व प्रथम आप ही के द्वार पर आयेगा तदुपरान्त किसी अन्य स्थान पर जायेगा।" जब सुल्तान बहलोल ने मलिक शम्स का सिर बीबी ख़ुन्दा सहित सुल्तान की सेवा में भेजा तो सर्व प्रथम मलिक का सिर फ़तह खां के द्वार पर ले जाया गया तदुपरान्त बादशाह के दरबार में।

एक बार सुल्तान हुसेन ने ग्वालियर के क़िले की मुक्ति हेतु प्रस्थान किया। वहां बड़ा ही घोर युद्ध हुआ। मलिक शम्स के दो योग्य पुत्र क़िले के द्वार पर मारे गये। वीरों ने यद्यपि अत्यधिक प्रयत्न किया किन्तु वे मलिक के पुत्रों के समान युद्ध न कर सके। जब वे युद्ध के उपरान्त लौटने लगे तो सुल्तान हुसेन ने व्यंगात्मक ढंग से कहा कि, "जो लोग वीरता तथा पौरुष की डींग मारते हैं वे मलिक शम्स के पुत्रों की धूल तक को नहीं पहुंच सकते।" मलिक शम्स ने उस समय कहा कि, "हे संसार के बादशाह ! शम्स के पुत्रों की ऐसे स्थान पर हत्या हुई है कि यदि समस्त संसार के बादशाह एकत्र होकर वहां पहुंचने का प्रयत्न करें तो भी वे न पहुंच सकेंगे। यदि ईश्वर ने चाहा तो रणक्षेत्र में मेरी ऐसे स्थान पर हत्या होगी कि आप वहां दृष्टिपात भी न कर सकेंगे। आप इस बात को निश्चित ही समझें।" जिस दिन मलिक शम्स की हत्या हुई, सुल्तान हुसेन अत्यधिक प्रयत्न के बावजूद भी मलिक की लाश तक न पहुंच सका। जो कुछ मलिक शम्स ने कहा था वही हुआ।

प्रातःकाल सुल्तान हुसेन ने पूर्व की ओर प्रस्थान कर दिया। मसनदे आली क़ुतलुग़ खां, अफ़ग़ानों द्वारा बन्दी बना लिया गया।

सुल्तान बहलोल की मृत्यु

सुल्तान बहलोल जब पूर्व की विलायत में था तो उसकी मृत्यु हो गई। समस्त अमीरों ने सर्व सम्मति से मियां निज़ाम को देहली से बादशाही के लिए बुलवाया। जब उसने चलने का संकल्प किया तो जमाल खां सारंगख़ानी को ख़िलअत प्रदान करके सम्मानित किया और उसे देहली में छोड़कर उस ओर रवाना हुआ। वह जलाली परगने के निकट पहुंचा था कि सुल्तान बहलोल का जनाज़ा आ गया। उसने वहीं पड़ाव कर दिया और फ़ातेहा[1] पढ़ा तथा लाश को देहली की ओर भेज दिया। जलाली के समीप काली नदी के तट पर एक टीला है जिसे सुल्तान फ़ीरोज़ का कुश्क[2] कहते थे। मियां निज़ाम वहीं सिंहासनारूढ़ हुआ और उसकी उपाधि सुल्तान सिकन्दर हुई। उसने वहां से प्रस्थान कर दिया।

जमाल खां

(१३) जमाल ख़ां का, जिसे उसने देहली में छोड़ दिया था, हाल इस प्रकार है कि वे दो भाई थे। उनके पास एक ही जोड़ा कपड़ा था। यदि उनमें से कोई भी वस्त्र धारण कर के दीवान[3] में चला जाता तो दूसरा चादर बांध कर घर में कोने में बैठा रहता। उनके पास एक ही घोड़ा था। एक बार एक भाई अभिवादन हेतु गया था। उसी समय एक भिखारी पहुंच गया और उसने भिक्षा मांगी और कहा कि, "मैं सैयिद हूं। मेरे एक प्रौढ़ पुत्री है, मैं उसका विवाह करना चाहता हूं, तुझसे जो कुछ हो सके ईश्वर

१ मृतक के लिये शुभ कामना सम्बन्धी क़ुरान के कुछ अंश।
२ राज प्रासाद।
३ मुख्य वज़ीर का अथवा वित्त विभाग का कार्यालय।

के लिए प्रदान कर।" जमाल ख़ां ने कहा कि, "मेरे पास यही घोड़ा है, ले जा।" जब उसने घोड़ा खोला तो कहा कि, "काठी को किस लिए रख छोड़ा है?" काठी भी उसने घोड़े की पीठ पर रख ली। जब वह भाई दीवान से वापस आया तो उसे घोड़ा न मिला। उसने पूछा कि, "घोड़ा कहां है?" जमाल ख़ां ने उत्तर दिया कि, "ईश्वर की प्रसन्नता के लिए मैंने उसे दे दिया।" उसने कहा कि, "अब हम क्या करेंगे?" जमाल ख़ां ने कहा, "एक व्यक्ति सवार होता था और एक व्यक्ति पैदल चलता था, अब हम दोनों पैदल हो जायेंगे। यदि ईश्वर चाहेगा तो हम दोनों सवार होंगे।" संयोग से उसे बुलवा कर (सुल्तान द्वारा) खिलअत प्रदान की गई और इनाम तथा परगने दिये गये। उसी दिन उसने १२० घोड़े क्रय कर लिये।

सुल्तान सिकन्दर

सुल्तान सिकन्दर के राज्यकाल में प्रजा की उन्नति

सुल्तान सिकन्दर बड़ा प्रतापी बादशाह था। वह शरा का पालन करता था और उसमें न्यायकारिता तथा वीरता अत्यधिक सीमा तक पाई जाती थी। उसके राज्यकाल में प्रजा सुखी थी, कृषि को बड़ी उन्नति प्राप्त थी और सैनिकों का बड़ा सम्मान होता था। व्यापारी, शिल्पकार तथा कृषक सभी सुखी थे। विलायत (राज्य) में इतनी सुख-शांति थी कि किसी भी चोर, डाकू, विद्रोही तथा उद्दंड का कोई चिह्न न मिलता था। सभी विद्रोही काफ़िर आज्ञाकारी बन गये थे। जो कोई भी विरोध करता उसकी या तो हत्या करा दी जाती थी या उसे उस विलायत से निर्वासित कर दिया जाता था। जिस सैनिक (१४) को नियुक्त किया जाता यदि उसके पास साज़ तथा यराक़[1] न होता तो उसके विषय में पूछ-ताछ कराई जाती और जागीर देकर उससे यह कह दिया जाता कि अपनी जागीर से साज़ तथा यराक़ की व्यवस्था कर ले। समस्त विलायत में बिना कृषि की एक हाथ अथवा एक तस्व[2] भूमि न रह गई थी।

यदि किसी दास को उसके स्वामी[3] द्वारा उसका हिसाब न मिल पाता था तो वह बादशाह के द्वार पर पहुंच कर न्याय की प्रार्थना करता था और उसे ठीक-ठीक हिसाब मिल जाता था। कोई भी किसी से बेगार नहीं लेता था। कोई भी प्रजा के घर से चारपाई अथवा कोई बर्तन बिना मूल्य अदा किये नहीं लेता था अपितु जिसे आवश्यकता होती थी वह मूल्य देकर लेता था।

मन्दिरों का विनाश

उसने काफ़िरों के मंदिरों को नष्ट करा दिया था। मथुरा में जिस स्थान पर काफ़िर स्नान करते थे, वहां कुफ़ का कोई भी चिह्न न रह गया था। लोगों के ठहरने के लिए उसने वहां पर कारवां सरायों का निर्माण कराया था। वहां पर विभिन्न व्यवसाय वालों अर्थात् क़साइयों, बावर्चियों, नानबाइयों तथा शीरा बनाने वालों की दुकानें बनवा दीं। यदि कोई हिन्दू अज्ञानवश भी वहां स्नान करता तो उसे पंगु बना दिया जाता था और उसे कठोर दण्ड दिया जाता था। कोई भी हिन्दू वहां पर अपनी दाढ़ी-मूँछ नहीं मुंड़वा सकता था। नाई को कोई चाहे जितना भी धन देता, वह हिन्दू के समीप न जाता।

इस्लाम की उन्नति

प्रत्यंक नगर में इस्लाम को बड़ी ही उन्नति प्राप्त थी। मस्जिदें भरी रहती थीं। पांचों समय

१ यराक़ : अस्त्र-शस्त्र।

२ किसी नाप का चौबीसवां भाग।

३ 'ब' के अनुसार 'यदि कोई स्वामी अपने किसी दास से हिसाब करना चाहता तो वह बादशाह के दरबार में पहुँच कर न्याय मांगता था तदुपरान्त हिसाब प्रारम्भ करता था। कोई भी प्रजा के घर से ज़बरदस्ती न तो एक चारपाई ले सकता था और न बेगार, इन विदअतों से जिनके कारण प्रजा को कष्ट होता था पूर्णतः बन्द करा दिया था! काफ़िरों के पूजागृहों तथा मन्दिरों का समूलोच्छेदन कर दिया था,।

की नमाज़ जमाअत के साथ होती थी। यात्री तथा विद्यार्थी मस्जिदों एवं जमाअत ख़ानों[1] में सुख-शांति से रहते थे। कार्य करने वाले लोग अपने-अपने कार्य में तल्लीन रहते। मदरसों में रौनक़ रहती थी। अमीर तथा सिपाही इत्यादि विद्याध्ययन और ईश्वर की उपासना में व्यस्त रहते थे।

दान-पुण्य

जिस किसी के ऊपर भी निसाब[2] लागू होता था वह उसे यथारूप अदा करता था। शीत ऋतु में विधवाओं को चादर, नंगे तथा दरिद्र लोगों को वस्त्र और फ़क़ीरों को वर्षा ऋतु में कम्बल प्रदान किया जाता था। प्रत्येक घर के द्वार पर भिखारियों के लिए अनाज का ढेर रहता था।[3] शुक्रवार के दिन फ़क़ीरों को घरों पर जुमागी[4] प्रदान की जाती थी और शुक्रवार की नमाज़ के समय फ़क़ीरों को (धन) प्रदान किया जाता था। प्रत्येक नगर में आलिमों, फ़क़ीरों तथा विधवाओं को दो बार शाही धन प्रदान किया जाता था; प्रतिष्ठित लोगों को आदेश था कि वे ऐसे लोगों की सूची तैयार रखें। जिसे धन प्रदान होता वह उसे अपनी आवश्यकतानुसार व्यय करता।

भूमि प्रदान करने का नियम

(१५) जिस किसी के नाम जो कुछ लिख दिया जाता वह बिना किसी कमी के उसे प्राप्त होता रहता। जो आमिल[5] परगनों के शासन तथा व्यवस्था हेतु नियुक्त होते थे वे उसमें किसी प्रकार का परिवर्तन न कर सकते थे। जिस किसी को भी परगने जागीर में दिये जाते थे उनकी तौक़ी[6] में यह लिख दिया जाता कि इमलाक तथा वज़ाएफ़[7] को छोड़ कर प्रदान किया जाता है।[8]

फ़रमान प्राप्त करने का नियम

जब किसी को कोई फ़रमान पहुंचता तो कोई एक कोस पर तथा कोई दो कोस पर पहुंच कर फ़रमान का स्वागत करता। वहां चबूतरा बनाया जाता। जो कोई फ़रमान ले जाता था वह उस चबूतरे पर खड़ा हो जाता था। जिसके पास फ़रमान पहुंचता वह फ़रमान लेता और अपने सिर पर रखता। यदि आदेश होता तो वह उसे उसी स्थान पर पढ़ता अन्यथा अपने घर ले आता।

१ वह स्थान जहां दर्वेश लोग एकत्र होते थे।
२ वह कम से कम सम्पत्ति जिसके पूरे वर्ष तक एकत्र रहने के कारण मुसलमानों को ज़कात (एक धार्मिक कर) अदा करना पड़ता था।
३ 'ब' के अनुसार 'लोग प्रस्थान करते समय फ़क़ीरों को दान दिया करते थे। यदि वे दिन में दस बार भी कहीं जाते तो इसी प्रथा का अनुसरण करते थे'।
४ शुक्रवार के दिन दिया जाने वाला दान।
५ कर की व्यवस्था करने वाले अधिकारी।
६ फ़रमान।
७ दान स्वरूप प्रदान की हुई भूमि।
८ 'ब' के अनुसार यह अनुवाद किया गया है। इसमें लिखा है कि "'दर फ़रमान मी नविश्तन्द कि ख़ारिज इमलाक व वज़ाएफ़ मुशख़्ख़स फ़रमूदेम'। कोई व्यक्ति किसी अन्य पर निर्भर न रहता था। जो अमीर सुल्तान की सेवा में उपस्थित रहते अथवा किसी अन्य स्थान को भेजे जाते तो उनके वकील (प्रतिनिधि) सर्वदा दरबार में उपस्थित रहते थे और यथारूप शासन-प्रबन्ध करते थे।"

इस्लाम के विरुद्ध प्रथाओं पर रोक-टोक

सालार ग़ाज़ी[1] के नेज़े की प्रथा विलायत (राज्य) में न रही थी। बिना लाश की क़बरों तथा सीतला[2] की प्रथाओं का उसने अपने राज्य में अन्त करा दिया था। वह समस्त मुसलमान बादशाहों से भाइयों के समान तथा निष्ठापूर्वक व्यवहार करता था। एक-दूसरे के पेशकश तथा पत्र आते-जाते रहते थे।

राज्य की सुख-सम्पन्नता

अनाज, वस्त्र, सोना, चांदी, घोड़ा, ऊंट, गाय, भेंड़ तथा मनुष्य की आवश्यकता की जितनी भी वस्तुयें थीं वे इतनी सस्ती हो गई थीं कि सभी लोग उनसे लाभान्वित होते थे, किसी को भी किसी प्रकार की कोई कठिनाई न होती थी, यहां तक कि फ़क़ीर तथा दरिद्र लोग भी, जो मार्गों पर एकान्तवास ग्रहण किये थे, यात्रियों तथा सैनिकों इत्यादि से, जो उस मार्ग से गुज़रते थे, कुछ न मांगते थे। उनके मांगने के पूर्व ही जो कुछ उन लोगों से हो सकता था वे प्रदान कर देते थे। यदि किसी भी फ़क़ीर की मृत्यु हो जाती तो उसके पास हज़ारों तथा लाखों की सम्पत्ति मिलती थी जो उसके उत्तराधिकारियों को दे दी जाती थी; यदि कोई उत्तराधिकारी न होता था तो उसे फ़क़ीरों को प्रदान कर दिया जाता था।[3]

कुरुक्षेत्र पर आक्रमण की योजना

बाल्यावस्था में ऐसा हुआ कि एक बार उसने कुरुक्षेत्र पर आक्रमण करना निश्चय किया। इस विषय पर आलिमों का मत ज्ञात करने के लिए उसने उन्हें एकत्र किया। उस युग के सबसे बड़े आलिम (१६) मियां अब्दुल्लाह अजोधनी भी उपस्थित थे। सभी ने उनकी ओर संकेत किया कि, "इनकी उपस्थिति में हम कुछ भी नहीं कह सकते।" मियां निज़ाम ने मियां अब्दुल्लाह से इस विषय में पूछा। उन्होंने पूछा, "वहां क्या होता है?" मियां निज़ाम ने कहा कि, "उस स्थान पर प्रत्येक प्रदेश से काफ़िर एकत्र होकर स्नान करते हैं।" मियां अब्दुल्लाह ने पूछा कि, "यह प्रथा कब से चल रही है?" शाहज़ादे ने कहा कि, "यह बड़ी प्राचीन प्रथा है।" मियां अब्दुल्लाह ने पूछा कि, "आपके पूर्व मुसलमान बादशाहों ने इस सम्बन्ध में क्या किया?" शाहज़ादे ने कहा कि, "इसके पूर्व किसी बादशाह ने कुछ भी नहीं किया।" मुल्ला ने कहा कि, "इसका उत्तरदायित्व उन लोगों पर है। प्राचीन मंदिर को नष्ट करना उचित नहीं।" मियां निज़ाम ने रुष्ट होकर कटार निकाल ली और कहा कि, "सर्व प्रथम मैं तुम्हारी हत्या करूंगा तदुपरान्त वहां आक्रमण करूंगा।" उन्होंने कहा कि, "सभी के लिए मरना अनिवार्य है। बिना ईश्वर के आदेश के कोई भी नहीं मरता। जब कोई भी व्यक्ति किसी अत्याचारी के पास जाता है तो अपने लिए मृत्यु निश्चय करके जाता है। जो कुछ होना है वह होगा किन्तु आपने मुझसे शरा की समस्या के विषय में प्रश्न किया तो मैंने उसका उत्तर दिया। यदि आपको शरा की चिन्ता नहीं है तो पूछने की कोई आव-

१ सालार साहू का पुत्र तथा सुल्तान महमूद ग़ज़नवी का एक भागिनेय जो उत्तरी भारत पर आक्रमण करते हुये बहराइच तक पहुँच गया और १५ जून १०३३ ई० को बहराइच में एक युद्ध में मारा गया। उसकी मृत्यु के दिन ज्येष्ठ के पहले रविवार को बहुत बड़ा मेला लगता है और ग़ाज़ी मियां का झंडा बहुत स्थानों से बहराइच ले जाया जाता है। सम्भवतः उस समय नेज़ा अथवा भाला ले जाते होंगे। कट्टर मुसलमान इसे धर्म के विरुद्ध समझते हैं।

२ सीतला अर्थात शीतला।

३ 'व' में इस विषय में बड़े संक्षिप्त रूप से लिखा गया है।

श्यकता नहीं।" सुल्तान ने अपने क्रोध को रोका और कहा कि, "यदि अनुमति प्रदान कर देते तो कई हज़ार काफ़िरों को नरक पहुंचा देता और अधिकांश मुसलमान उससे लाभान्वित होते।" मियां अब्दुल्लाह ने कहा कि, "मुझे जो कुछ कहना था मैंने कह दिया, अब आप जानें।" वह दरबार से उठ खड़ा हुआ। अन्य आलिम लोग उसके साथ चल दिये। मलिकुल उलमा[1] अपने स्थान पर खड़े रहे। मियां निज़ाम ने किसी अन्य ओर ध्यान न दिया और कहा, "मियां अब्दुल्लाह आप कभी-कभी मुझसे भेंट करते रहें।" यह कह कर उन्हें विदा कर दिया। बाल्यावस्था में उसकी यह दशा थी।

तातार ख़ां यूसुफ़ ख़ेल से युद्ध

सुल्तान बहलोल के राज्य-काल में तातार ख़ां यूसुफ़ख़ेल ने लाहौर में विद्रोह कर दिया और अत्यधिक विलायत अपने अधिकार में कर लीं। शाहज़ादा मियां निज़ाम ख़ां उन दिनों पानीपत में था। उसने अन्य अमीरों के परगनों के कुछ ग्राम अपने आदमियों को दिलवा दिये। उन लोगों ने सुल्तान बहलोल से फ़रियाद की। सुल्तान ने ख़्वाजगी शेख़ सईद फ़र्मुली को जो शाहज़ादे का पेशवा[2] (१७) था फ़रमान लिखा कि, "ये कार्य तेरे परामर्श से होते हैं। यदि तुझमें पौरुष है तो तातार ख़ां की विलायत[3] में से ले ले और हमारी विलायत[3] को नष्ट मत कर। यह कैसी वीरता है?" शेख़ सईद उसी फ़रमान को लेकर मियां निज़ाम के पास पहुंचा और उसे बादशाही की बधाई दी। मियां निज़ाम ने पूछा कि, "क्या समाचार है?" उसने उत्तर दिया कि, "सब कुशल है किन्तु सुल्तान ने अपनी इच्छा से आपको बादशाही प्रदान की है।" शाहज़ादे ने पूछा कि, "किस प्रकार तू यह कहता है?" उसने उत्तर दिया "इसे देखिये" और फ़रमान को खोल कर पढ़ा। उसमें लिखा हुआ था कि, "यदि तुझमें शक्ति है तो तातार ख़ां की विलायत में से ले ले।" शाहज़ादे ने कहा कि, "बड़ी विचित्र बादशाही है।" उसने उत्तर दिया कि, "बादशाही मुफ़्त नहीं मिलती, आपके लिए एक कार्य का आदेश हुआ है, यदि आप इस कार्य को सम्पन्न कर लेंगे तो बादशाही आपको अवश्य प्राप्त हो जायेगी। बादशाह को जो कार्य करना चाहिये उसके लिए आपको आदेश हुआ है, यही बादशाही का संकेत है।" शाहज़ादे ने पूछा कि, "क्या करना चाहिए?" उसने कहा कि, "उठ खड़े हों और अपने भाग्य की परीक्षा करें?"

छन्द

"राज्य किसी को मीरास[4] में नहीं प्राप्त होता,
जब तक कि वह दो दस्ती[5] तलवार को नहीं चलाता।"

उस समय मियां निज़ाम के पास डेढ़ हज़ार प्रसिद्ध अश्वारोही थे। उमर ख़ां शिरवानी नामक एक प्रसिद्ध अमीर के पास ५०० सवार थे, ३०० उसके भाइयों तथा पुत्रों के पास थे, इनके अतिरिक्त २०० अन्य सवार थे। इन ५०० सवारों के अतिरिक्त १००० अन्य सवार थे। शेख़ सईद फ़र्मुली, उसके भाइयों, भतीजों, सम्बन्धियों, मियां गदाई, मियां हुसेन, उसके तीन भाइयों, दरिया ख़ां, नसीर

१ मियां अब्दुल्लाह।
२ शाहज़ादे के अधिकार में जो स्थान थे, उनकी देख-रेख करने वाला।
३ राज्य।
४ तरका, बपौती।
५ दोधारी।

ख़ां, शेर ख़ां, बहल ख़ां नोहानी, इख़्तियार ख़ां तोग़ा तथा मुक़ीम ख़ां इत्यादि ने एक दिन एक परामर्श-गोष्ठी आयोजित की और यह निश्चय किया कि इस कार्य को प्रारम्भ कर देना चाहिये। कुछ सवार तातार ख़ां की विलायत पर अधिकार जमाने के लिए नियुक्त हुए। तातार ख़ां के आदमियों ने कुछ को बन्दी बना लिया और कुछ भाग कर तातार ख़ां से मिल गये। तातार ख़ां तैयार होकर शाहज़ादे से युद्ध करने के लिये निकला। अम्बाला के रणक्षेत्र में युद्ध हुआ। इस्लाम शाह तथा हैबत ख़ां न्याज़ी ने इसी रणक्षेत्र में युद्ध किया। इसका उल्लेख उचित स्थान पर किया जायेगा।

संक्षेप में जिस दिन युद्ध प्रारम्भ हुआ और दोनों ओर की पंक्तियों में मठभेड़ होने वाली थी कि ख़्वाजगी शेख सईद ने दो तीन बार मियां निज़ाम की ओर देखा। शाहज़ादे ने पूछा कि, "क्या देखते हो?" उसने उत्तर दिया कि, "मैं यह देखता हूँ कि आपके चारों ओर बड़े कुशल सरदार हैं, यदि आप सरदारी पर दृढ़ रहे तो विजय की आशा है। आपने इतने आदमियों को जो एकत्र किया है तो अब उनके परिश्रम तथा उनकी सेवा को भी देखिये कि वे कैसा कार्य करते हैं। यद्यपि उस ओर बहुत बड़ी भीड़ है किन्तु ऐसे सवार नहीं हैं।" उस ओर १५ हज़ार सवार थे। ख़्वाजगी ने कहा कि "यदि हमारी ओर के लोग कार्य संपन्न कर लेते हैं तो बड़ा अच्छा है अन्यथा आप हवा पर सवार हैं, कोई भी आपके निकट न पहुंच सकेगा।" शाहज़ादा यह वाक्य सुनकर हंसा और उसने ख़्वाजगी से कहा कि, "मैं तुम्हारे घोड़े का पाँव भूमि पर
(१८) देखता हूं और अपने घोड़े को सीने तक भूमि में डूबा हुआ पाता हूं। वह कहाँ जायगा?" ख़्वाजगी ने शीघ्र बधाई देने के लिए हाथ बढ़ाया और कहा कि, "विजय का चिह्न यही है। सरदार को ऐसा ही साहसी होना चाहिए।"

जब वे रणस्थल में पहुंचे तो सर्वप्रथम दरिया ख़ां नोहानी ३० सवारों सहित युद्ध के लिए निकला और दोनों पंक्तियों के बीच में खड़ा हो गया और सभी को संगठित करके अग्रसर हुआ। उस ओर से एक सरदार ५०० अश्वारोहियों सहित सामने आया और दोनों सेनायें युद्ध की लीला देखने लगीं। दरिया ख़ां अपने साथियों सहित शत्रुओं के ऊपर टूट पड़ा और इस प्रकार तलवार चलाने लगा कि लोहे से चिनगारियाँ निकलने लगीं और दर्शकों की दृष्टि न ठहरती थी। अन्त में दरिया ख़ां विजयी हुआ और शत्रु लोग पराजित होकर पीछे हट कर अपनी सेना में चले गये। दरिया ख़ां भी अपनी सेना में पहुंच गया। दूसरी बार जब शत्रुओं की सेना से लोग निकले तो वही अपने सवारों सहित सर्व प्रथम बाहर आया और उसने उनसे युद्ध किया। इस बार भी वे लोग पराजित हुए और दरिया ख़ां को विजय प्राप्त हुई। यहाँ तक कि शत्रु अपनी सेना में पहुंच गये। ३ बार इसी प्रकार युद्ध हुआ। क्योंकि दरिया ख़ां अपने प्राण त्यागने पर तुला हुआ था और कोई भी उस ओर से नहीं निकल रहा था अतः दरिया ख़ां ने अपने साथियों से कहा कि, "तुम लोग यहीं खड़े रहो, मैं इन पर अकेला आक्रमण करूँगा।" अन्त में ३ बार उसने अकेले शत्रु की सेना पर आक्रमण किया और प्रत्येक बार सेना में घुस कर बाहर निकल आया।

जब दरिया ख़ां अपने निश्चित स्थान पर पहुंच गया तो मियां हुसेन फ़र्मुली १७ व्यक्तियों सहित शाहज़ादे की ओर से बाहर निकला और दरिया ख़ां की भाँति युद्ध किया। जब वह अपने स्थान से बढ़ा तो शत्रुओं की सेना की ओर से डेढ़ हज़ार व्यक्तियों ने मियां हुसेन पर आक्रमण किया। दोनों दलों में युद्ध होने लगा। जिस प्रकार दरिया ख़ां अपने समूह सहित उन लोगों को भगा देता था इसी प्रकार उसने भी ३ बार शत्रुओं को भगाया और ३ बार उसने अकेले आक्रमण किया। वह आक्रमण करके तलवार चलाता और लौट आता था।

(१९) तदुपरान्त उमर ख़ां शिरवानी ने ५०० सवारों सहित शाहज़ादे से आज्ञा प्राप्त की। जब वह मियां हुसेन के निकट पहुंचा तो उसने मियां हुसेन से कहा कि, "दरिया ख़ां तथा तुमने बड़े पराक्रम

का प्रदर्शन किया, संसार को इसकी प्रशंसा करनी होगी।" मियां ने उत्तर दिया कि, "हमने कुछ भी नहीं किया। इस समय मैं इसी लिए आया हूं कि आपकी अधीनता में कुछ करूँ।" उमर ख़ां ने कहा कि, "आपने अपना उत्तरदायित्व पूरा कर दिया।" मियां हुसेन ने पुनः शपथ लेकर कहा कि, "मैं आपके अधीन हूं।" ख़ान ने कहा, "अच्छा मैं जो कुछ कहता हूं तुम करो।" मियां हुसेन ने कहा कि, "मुझे स्वीकार है।" मियां उमर ने कहा कि, "जब तक मैं जीवित रहूं तुम अपने स्थान से मत हिलो। जब तक में जीवित रहूंगा किसी न किसी प्रकार तुम्हारे पास तक पहुंच जाऊंगा।" यह निश्चय करके वह चल दिया। उमर ख़ां का पुत्र इबराहीम ख़ां घोड़े को भगा कर उमर ख़ां के पास पहुंचा और उमर ख़ां को शपथ दी कि, "अपने घोड़े को आगे न बढ़ायें।" उमर ख़ां ने जब कारण पूछा तो उसने उत्तर दिया कि "जिस प्रकार मियां मुबारक ने अपने पुत्र दरिया ख़ां तथा ख्वाजा मुहम्मद फ़र्मुली ने अपने पुत्र मियां हुसेन के पराक्रम का दृश्य देखा है उसी प्रकार आप भी अपने पुत्र की वीरता का दृश्य देखें।" उसने उत्तर दिया कि, "हम सब इसी कार्य के लिए खड़े हैं।" इबराहीम ख़ां ने कहा कि, "भीड़ में कुछ पता न चलेगा पृथक् देखना चाहिये।" यह कह कर उसने शत्रुओं पर आक्रमण कर दिया। ३ बार शत्रुओं की सेना पर आक्रमण किया और भाला चला कर अपने केन्द्र को लौट आया। दोनों सेनायें उसकी वीरता को देख रही थीं। प्रत्येक बार जव वह आक्रमण करता तो ३-४ व्यक्तियों को घोड़े की पीठ पर से भूमि पर गिरा देता और घोड़े सवार बिना भाग जाते। जब उसने इस प्रकार ३ बार युद्ध किया तो उमर ख़ां ने बुर्क़ा फेंक कर शत्रु पर आक्रमण किया। बड़ा घोर युद्ध हुआ। तातार ख़ां मारा गया। उसका भाई हसन ख़ां बन्दी बना लिया गया। मियां निज़ाम को विजय प्राप्त हो गई। उस दिन से उसे उन्नति प्राप्त (२०) होती रही, यहां तक कि वह बादशाह हो गया।

बारबक शाह से युद्ध

युवावस्था में, जब कि उसकी आयु १८ वर्ष की थी, उसका अपने छोटे भाई वारबक शाह से युद्ध हो गया। बारबक शाह जौनपुर से सेना लेकर निकला। क़न्नौज के समीप[1] दोनों सेनाओं में युद्ध हुआ। जिस समय वह सवार होने लगा एक दरवेश उसके पास पहुंचा और उसने उससे कहा कि, "अपना हाथ ला।" सुल्तान ने अपना हाथ बढ़ाया। दरवेश ने उसका हाथ पकड़ कर कहा कि, "जा तुझे विजय हो।" सुल्तान ने अपना हाथ खींच लिया। दरवेश ने पूछा कि, "तू हाथ क्यों खींचता है?" सुल्तान ने कहा, "मैंने इस कारण हाथ खींच लिया कि तूने अच्छी बात नहीं कही।" दरवेश ने कहा कि, "मैं कहता हूं कि तुझे विजय होगी।" सुल्तान ने उत्तर दिया कि, "यही बात अनुचित है।" जब दरवेश ने इसका कारण पूछा तो उसने उत्तर दिया कि, "जब दो मुसलमानों के बीच में युद्ध हो तो एक के विषय में यह न कहना चाहिए कि उसे विजय होगी अपितु यह कहना चाहिये कि इस्लाम का कल्याण हो।"

जब सुल्तान सिकन्दर बहलोल की मृत्यु के उपरान्त ब्याना[2] के क़िले को विजय करके देहली पहुंचा तो ३ दिन उपरान्त चौगान[3] खेलने के लिये सवार होकर निकला। वह खेल के मैदान ही में था कि उसे पूर्व की दिशा के यह समाचार प्राप्त हुए कि मुबारक ख़ां नोहानी ने चौका नामक हिन्दू से युद्ध किया था किन्तु उसकी सेना पराजित हो गई और मुबारक ख़ां, चौका द्वारा बन्दी बना लिया गया है। यह

१ 'ब' के अनुसार 'क़न्नौज के रणक्षेत्र में'।
२ 'ब' के अनुसार केवल 'ब्याना'।
३ पोलो।

समाचार सुनते ही सुल्तान ने अपने हाथ से चौगान[1] फेंक दिया और खेल के मैदान से खाने जहां लोदी के घर पहुंचा। उसे सब हाल बता कर पूछा कि, "क्या करना चाहिए?" खाने जहां ने कहा कि, "भोजन उपस्थित है। आप खाकर सवार हो जायं"। सुल्तान ने कहा कि, "भोजन भी मैं मंज़िल पर पहुंच कर ही करूंगा।" लौट कर सवार हुआ और शिविर बाहर लगा दिया। निरन्तर शीघ्रातिशीघ्र यात्रा करता हुआ १० दिन उपरान्त वह चौका के पास पहुंच गया। जब वह कोदी[2] नदी के निकट पहुंचा तो उसने उस स्थान पर गुप्तचरों से जो कि वहां पहुंचे थे पूछा कि, "दुष्ट चौका इस स्थान से कितने कोस पर है?" उन्होंने उत्तर दिया कि, "७ कोस पर है।" सुल्तान ने पूछा कि, "उसे हमारी सूचना है अथवा नहीं।" गुप्तचरों ने उत्तर दिया, "अभी उसे कोई सूचना नहीं।" जो सैनिक उसके साथ थे उनसे उसने कहा कि तैयार हो जाओ। कुछ अमीरों ने निवेदन किया कि सेना को आने दें। सुल्तान ने पूछा कि, "हमारे साथ कितने लोग हैं?" उत्तर मिला कि, "लगभग ५०० सवार होंगे।" सुल्तान ने कहा, "इस्लाम का सौभाग्य उन्नति पर है, इतना ही बहुत है।" उन्हीं को लेकर वह लपका। उस ओर १५००० अश्वारोही तथा ३ लाख पदाती थे। कई कोस की यात्रा के उपरान्त दूसरा समाचार-वाहक पहुंचा। सुल्तान ने उससे पूछा कि, "चौका इस स्थान से कितने कोस पर है?" उसने उत्तर दिया, "३ कोस पर।" सुल्तान ने पूछा, "उसे हमारी सूचना है अथवा नहीं?" उसने उत्तर दिया, "नहीं।" सुल्तान ने कहा कि, "हे मित्रो! प्रयत्न करो। शत्रु को अभी सूचना नहीं मिली है और वह भागा नहीं है। हम उसके पास तक पहुंच जायें।"

(२१) जब वह २ कोस और बढ़ा तो एक अन्य समाचार-वाहक ने आकर बताया कि, "हिन्दू को अभी-अभी सुल्तान के पहुंचने के समाचार प्राप्त हुए। वह जिस दशा में था उसी दशा में भाग खड़ा हुआ और अपने साथ किसी भी व्यक्ति को नहीं ले गया है।" सुल्तान ने कहा कि, "यदि वह सुनकर ठहर जाता तो उसे फिर पता चलता।" जब सुल्तान उसके शिविर में पहुंचा तो उसने देखा कि, "वह अपने पहनने के वस्त्र भी अपने साथ नहीं ले गया और उसी प्रकार भाग गया।" सुल्तान ने उस स्थान से उसका पीछा किया। चौका, जौंद[3] के क़िले तक पहुंच गया। सुल्तान हुसेन शर्क़ी स्वयं वहां उपस्थित था। चौका सुल्तान हुसेन की सेवा में पहुंचा। सुल्तान सिकन्दर भी पीछा करता हुआ जौंद के क़िले तक पहुंच गया। उसने सुल्तान हुसेन के पास एक आदमी को भेज कर यह कहलाया कि, "आप मेरे चाचा के स्थान पर हैं। आप में तथा सुल्तान बहलोल के मध्य में जो कुछ होना था वह हुआ। मुझे आपसे कोई भी शत्रुता नहीं और मुझे आपके सम्मान का ध्यान है। यह क़िला तथा भूमि जो आज आपके अधिकार में है उसे आप अपने पास ही रखें। मेरे इस स्थान पर आने का उद्देश्य यह है कि आप चौका हरामखोर को दण्ड दें अथवा अपने पास से भगा दें ताकि मैं उसे उचित दण्ड दे सकूँ। आशा है आप काफ़िरों का पक्षपात न करेंगे।" सुल्तान हुसेन ने यह सूचना पाकर अपने एक बहुत बड़े अमीर मीर सैयिद खां को राजदूत के साथ भेजा और यह कहलाया कि, "चौका मेरा सेवक है, तेरा पिता एक सैनिक था, मैं उससे युद्ध करता था। तू मूर्ख बालक है। यदि तू व्यर्थ के कार्य करेगा तो तुझे तलवार के स्थान पर जूते से मारूंगा।" सुल्तान सिकन्दर ने यह सुनकर कहा कि, "मैं उसे पहले चाचा कहता था अतः मुझे उसके सम्मान का ध्यान था। मेरा उद्देश्य काफ़िर को दण्ड देना है। यदि वह काफ़िर का साथ देगा तो मुझे विवश होकर युद्ध करना पड़ेगा।

१ बल्ला
२ गोमती।
३ रोहतास सरकार में (आईने अकबरी)।

मैंने स्वयं कोई अनुचित बात नहीं कही है। उन लोगों ने मुसलमान होकर अपने मुंह से जूते का नाम लिया है। यदि ईश्वर ने चाहा तो वह उसी मुख पर पड़ेगा।" सुल्तान हुसेन का प्रतिष्ठित अमीर सैयिद खां यह सन्देश लाया था। सुल्तान सिकन्दर ने कहा कि, "तुम मुहम्मद साहब की संतान हो। उसे क्यों नहीं समझाते ताकि वह लज्जित हो।" मीरान ने उत्तर दिया कि, "इस बात में हम उसके अधीन हैं, जो कुछ वह कहेगा वह होगा।" सुल्तान ने कहा कि, "सौभाग्य तथा बुद्धि एक दूसरे से संबद्ध होते हैं। सौभाग्य के विमुख हो जाने के उपरान्त बुद्धि का भी अन्त हो जाता है। तुम लोग विवश हो, यदि ईश्वर ने चाहा तो कल जब कि वह पलायन करेगा तो मैं तुम्हें इस बात की स्मृति दिलाऊंगा। यदि आज ही समझ जाओ तो अच्छा है।" यह कह कर सुल्तान ने उसे विदा कर दिया। तदुपरान्त उसने अपने अमीरों से मिल कर युद्ध करना निश्चय किया। वह प्रत्येक अमीर के शिविर में पहुंचता और उससे कहता, "कि सुल्तान
(२२) बहलोल शाह के साथ तुम्हारे जैसे भाईचारे के सम्बन्ध थे वैसा ही तुमने किया। मेरा यह प्रथम कार्य है, प्रयत्न करने में किसी प्रकार कोई कमी न करना।"

जब दूसरे दिन प्रातःकाल सेनाओं की पंक्तियाँ ठीक हुईं तो दाईं ओर लोदी तथा शाहू ख़ेल थे, बाईं ओर फ़र्मुली तथा नोहानी थे। सेना के पीछे शिरवानी तथा विशेष दस्ते के अमीर थे। उमर खां जो अपने समय का वहुत बड़ा योद्धा था सेना के अग्रिम दल में था। सुल्तान सिकन्दर ने मध्य में स्थान ग्रहण किया और हाथी पर सवार हुआ और प्रत्येक को प्रोत्साहन देता जाता था। अचानक उसकी दृष्टि जौंद के क़िले पर पड़ी। उसने कहा कि, "यह वही क़िला है जिस पर सुल्तान हुसेन अभिमान करता है। हम अभी सहनशीलता से कार्य ले रहे हैं, संभव है वह समझ जाय।" वह यह बात कह रहा था कि सुल्तान हुसेन अपनी सेना लेकर क़िले के बाहर निकला। सेना के अग्रिम भाग से उसका युद्ध हुआ और वह भाग खड़ा हुआ। इसी बीच में मीरान सैयिद खां तथा अन्य लोग बन्दी बना कर लाये गये, अचानक सुल्तान सिकन्दर की दृष्टि मीरान के ऊपर पड़ी। वह नंगे सिर तथा पैदल था। उसकी पगड़ी उसकी ग्रीवा में बंधी हुई थी। सुल्तान ने उसकी ओर मुख करके कहा कि, "उसे घोड़े पर सवार करके लाया जाय।" ऐसा ही किया गया। जब उसे सुल्तान के समक्ष प्रस्तुत किया गया तो सुल्तान ने उसकी प्रशंसा करते हुए कहा कि, "स्वामी-भक्ति की दृष्टि से जो तुम्हें करना चाहिए था तुमने किया। सुल्तान हुसेन ही भाग्यहीन है, तुम क्या कर सकते थे। तुम लोग सन्तुष्ट रहो।" सुल्तान हुसेन के जितने अमीर बन्दी बनाकर लाये गये थे उनमें से प्रत्येक को उसने चहार-चोबी-सुतून का एक ख़ेमा, दो घोड़े, दो ऊँट, १० दास, पलंग तथा वस्त्र प्रदान किये। इस प्रकार शिविर लगवा कर उसने आदेश दिया कि उन्हें शिविरों में रखा जाय।

जिस समय सुल्तान हुसेन के पलायन के समाचार प्राप्त हुए तो मुबारक ख़ां नोहानी ने सुल्तान के समक्ष पहुंच कर निवेदन किया कि, "यदि आपका आदेश हो तो मैं उसका पीछा करूं।" सुल्तान ने कहा कि, "इस बात का पता चलाया जाय कि वह किस ओर गया है।" मुबारक ख़ां ने उत्तर दिया कि, "हमारे आदमी यह देख कर आये हैं कि वह अमुक ओर गया है। मैंने भी अपने आदमी उस ओर भेजे हैं।" सुल्तान ने कहा कि, "यह अच्छे समाचार नहीं। वह तुम्हारे पास से नहीं भागा है। ईश्वर के कोप से भागा है। यह वही सुल्तान हुसेन है जो कि कंछा[१] के घाट पर पहुंच गया था और तुम लोग पराजित हो गये थे। इस समय ईश्वर ने तुम्हें शक्ति दी और उसे पराजित किया। यदि तुम ईश्वर की ओर दृष्टि रखते हो तो अभिमान से परिपूर्ण वाक्य मत कहो और सहनशीलता से कार्य करो। वह अभिमान के

१ 'ब' के अनुसार 'कींछ'।

कारण इस दुर्दशा को प्राप्त हो गया, तुम लोग ईश्वर से क्षमा याचना करो और उसे ईश्वर को सौंप दो।" (२३) मुबारक ख़ां ने सिर नीचे करके कुछ न कहा। उसे युवावस्था में इतनी आश्चर्यजनक सहनशीलता प्राप्त थी।

छन्द

"युग की माता इस यश के लिए बधाई की पात्र है,
जो अपनी गोद में ऐसे पुत्र का पालन पोषण करती है।।"

मेरी यह इच्छा है कि सुल्तान सिकन्दर के राज्य-काल की कुछ घटनाओं का उल्लेख करूं। उसके कुछ मशायख़[1] तथा अमीरों के गुणों के विषय में लिखूँ।

शेख़ हसन से सम्बन्ध

सुल्तान सिकन्दर को जब कि वह शाहज़ादा था निज़ाम ख़ां कहा जाता था। ईश्वर ने उसे इतना अधिक रूपवान् बनाया था कि जो भी सुहृद उसकी ओर दृष्टिपात करता वह किसी अन्य को कुछ न समझता था। शेख़ अबुल अला के पौत्र शेख़ हसन जिनकी क़ब्र रापरी में है शाहज़ादे पर आसक्त हो गये थे। एक दिन मियां निज़ाम एकान्त में बैठा था। अचानक शेख़ हसन उस स्थान पर पहुंच गये। शाहज़ादे ने पूछा कि, "तू बिना सूचना के किस प्रकार आ गया ?" मियां शेख़ हसन ने कहा कि, "क्या तू नहीं जानता कि मैं किस प्रकार आया ?" शाहज़ादे ने पूछा कि, "तू अपने आपको मेरा आशिक़ कहता है ?" शेख़ ने उत्तर दिया कि, "इस बात में मेरा कोई अधिकार नहीं है।" शाहज़ादे ने उससे आगे आने के लिए कहा। शेख़ आगे बढ़े। सुल्तान के समक्ष एक जलती हुई अंगीठी रखी हुई थी। सुल्तान ने शेख़ की गर्दन को पकड़ कर शेख़ के सिर को धधकती हुई अंगीठी पर रख दिया। शेख़ हसन ने अपना सिर तथा मुख आग पर रहने के बावजूद कोई भी व्याकुलता प्रदर्शित न की। शाहज़ादा अपनी पूरी शक्ति से शेख़ की गर्दन को पकड़ कर अंगीठी पर रखे हुए था। इसी बीच में मुबारक ख़ां नोहानी पहुंच गया। उसने यह देख कर पूछा कि "यह कौन है ?" शाहज़ादे ने उत्तर दिया कि, "शेख़ हसन है।" मुबारक ख़ां ने कहा कि, "हे धृष्ट ! तू क्या कर रहा है ? शेख़ हसन को इस अग्नि से कोई हानि नहीं पहुंची है। तुझे अपनी हानि का भय करना चाहिए।" शाहज़ादे ने कहा कि, "यह अपने आपको मेरा आशिक़ बताता है।" ख़ान ने कहा कि, "तुझे ईश्वर के प्रति कृतज्ञ होना चाहिए कि एक बुज़ुर्ग ने तुझे पसन्द कर लिया। यद्रि तू लोक तथा परलोक में अपना कल्याण चाहता है तो इनकी सेवा कर।" उस समय उसने मियां निज़ाम का हाथ पकड़ कर शेख़ के सिर को आग से हटा दिया। आग का शेख़ पर कोई प्रभाव न हुआ था। तदुपरान्त सुल्तान ने आदेश दिया कि "शेख़ के गले, हाथ तथा पांव में ज़ंजीर डाल कर कोठरी में बन्द कर दिया जाय और उसमें ताला लगा दिया जाय।" कुछ समय उपरान्त बाज़ार से कुछ लोगों ने आकर यह समाचार पहुंचाये कि शेख़ हसन बाज़ार में नृत्य कर रहे हैं। सुल्तान ने आदेश दिया कि, "उसे पकड़ लाया जाय।" शाहज़ादे ने पूछा कि, "तू अपने आपको मेरा आशिक़ बताता है फिर तू क्यों मेरे वन्दीगृह (२४) से बाहर निकला ?" शेख़ ने कहा कि, "मैं स्वयं नहीं निकला। मेरे दादा शेख़ अबुल अला मेरा हाथ पकड़ कर ले गयें।" शेख़ ने जो कुछ कहा था, सत्य था, कारण कि कोठरी में ताला लगा हुआ था और

१ सूफ़ी सन्त।

ज़ंजीरें पड़ी हुई थीं[1] और शेख़ बाज़ार में नृत्य कर रहे थे। इसके उपरान्त फिर कभी शाहज़ादे ने शेख़ की परीक्षा न ली और उनके प्रति कोई धृष्टता प्रदर्शित न की।

सुल्तान सिकन्दर का शेख़ समाउद्दीन द्वारा आशीर्वाद प्राप्त करना

उसकी बुद्धिमत्ता तथा सूझबूझ के विषय में निम्नांकित घटना से अनुमान लगाना चाहिए। जब सुल्तान बहलोल की मृत्यु हो गई तो मियां निज़ाम को राज्य के समस्त उच्च पदाधिकारियों ने बादशाही के लिए बुलवाया। देहली से प्रस्थान करने के पूर्व वह शेख़ समाउद्दीन के पास विदा हेतु पहुंचा। मीज़ान[2] नामक पुस्तक अपने साथ ले ली और विदा के सम्बन्ध में कुछ न कहा। अभिवादन करके वह आदरपूर्वक बैठ गया। पुस्तक रखकर उनसे पाठ पढ़ाने की प्रार्थना की। उन्होंने उसके प्रति शुभकामना प्रकट करके उसे प्रारम्भिक पाठ पढ़ाना शुरू किया। पाठ को ईश्वर की वन्दना तथा मुहम्मद साहब एवं उनकी संतान की प्रशंसा से प्रारम्भ करके लोक तथा परलोक में उसके कल्याण से संबंधित शब्द कहे। जब लोक तथा परलोक के कल्याण के सम्बन्ध में शेख़ ने कहा तो मियां निज़ाम ने कहा कि, "एक बार आप पुनः इस वाक्य को कहें।" इसी प्रकार ३ बार शेख़ की शुभ वाणी से ये वाक्य कहलवाये। तदुपरान्त उसने पुस्तक को बग़ल में रख कर विदा चाही और प्रस्थान करने के विषय में शेख़ से कहा तथा धरती चुम्बन करके रवाना हो गया। इस घटना से पता चलता है कि वह कितना बुद्धिमान् तथा समझदार था।

न्याय

जिन लोगों पर अत्याचार होता था उनके प्रति न्याय करने में वह अत्यधिक परिश्रम करता था। वह किसी मलिक को अत्याचार नहीं करने देता था। उसका वकील दरिया ख़ां नोहानी न्याय हेतु चबूतरे पर समस्त दिन तथा एक घड़ी रात्रि तक उपस्थित रहता था। क़ाज़ियों तथा आलिमों में से १२ व्यक्ति फ़तवा[3] देने के लिए शाही दरबार में उपस्थित रहते थे। दीवाने विज़ारत के चबूतरे पर जो अभियोग प्रस्तुत होता था उसे उन विद्वानों के पास भेज दिया जाता था। वे लोग शरा के अनुसार अभियोगों का निर्णय करते थे और फ़तवा लिख कर सुल्तान की सेवा में भेजते थे। विज़ारत के चबूतरे पर अथवा आलिमों की गोष्ठी में जो भी वार्ता होती उनमें से प्रत्येक को गुलाम बच्चे, जो इसी कार्य हेतु नियुक्त रहते थे, सुल्तान की सेवा में पहुंचाया करते थे। गुलाम बच्चे प्रातःकाल से लेकर सभा के अन्त तक उपस्थित रहते थे और एक-एक बात पहुंचाया करते थे।

भूमि के सम्बन्ध में निर्णय

एक दिन अवल[4] क़स्बे के एक सैयिद ने एक प्रार्थना-पत्र भेजा कि "अवल परगने के मियां वजहदार मलीह ने हमारी इमलाक की भूमि का अपहरण कर लिया है और यद्यपि उससे बड़ा आग्रह किया गया किन्तु वापस नहीं करता।" सुल्तान ने आदेश दिया कि इस अभियोग को दीवाने विज़ारत के सिपुर्द कर
(२५) दिया जाय ताकि वे लोग पूछताछ करके इसका निर्णय कर सकें। दो मास तक इस अभियोग के विषय में वादविवाद होता रहा और कोई निर्णय न हो सका। नित्यप्रति दोनों पक्ष की बात सुल्तान

१ 'ब' के अनुसार 'ज़ंजीर भूमि पर पड़ी हुई थी'।
२ अरबी व्याकरण की एक पुस्तक।
३ धार्मिक समस्याओं में परामर्श।
४ 'ब' में भी 'अवल' है; सम्भवतः 'कोल'।

की सेवा में प्रस्तुत की जाती थी। दो मास उपरान्त सुल्तान ने आदेश दिया कि, "यह कौन सी विपत्ति है जो एक अभियोग का निर्णय नहीं हो पाता। आज यहीं बैठे रहो; जब तक इस अभियोग का निर्णय न हो जाय कोई भी यहां से न जाय।" आलिम, दीवाने विज़ारत के अधिकारी तथा मियां मलीह सभी उपस्थित हुए और वादविवाद करते रहे। पूरा दिन व्यतीत हो गया, ३ घड़ी रात व्यतीत हो गई। हर बार उन लोगों की वार्ता सुल्तान तक पहुंचायी जाती थी। यहां तक कि अभियोग समाप्त हो गया और जो बात सत्य थी उसका पता चल गया। यह निर्णय हुआ कि सैयिद पर मलीह तुर्क ने अत्याचार किया है। सुल्तान ने आदेश दिया कि मलीह से पूछा जाय कि, "मैंने आदेश दिया था या नहीं कि कोई किसी पर अत्याचार न करे? सभी की तौक़ी[1] पर यह बात बार-बार लिखी जाती है कि 'इमलाक तथा वज़ायफ़ के अतिरिक्त[2].' तूने आदेश की अवहेलना क्यों की?" उसने लज्जित होकर सिर झुका लिया और कहा कि "मैंने भूल की।" सुल्तान ने आदेश दिया कि "तू ३ बार इस बात की घोषणा कर कि मलीह अपराधी तथा ज़ालिम है और सैयिद मज़लूम है।"[3] जब उसने ३ बार यह वाक्य कहे तो सुल्तान ने कहा कि, "तू इसी योग्य है कि मुहकमे[4] में अपमानित हो।" उसने उसकी जागीर ज़ब्त कर ली और जब तक वह जीवित रहा ग़ैर वजही रह कर भूखा मरता रहा।[5]

घोड़े की चोरी

एक दिन शाही अश्वशाला से एक घोड़ा जो जलाल मीर आख़ुर के अधीन था चोरी चला गया। जब सुल्तान को इसकी सूचना दी गई तो सुल्तान ने पूछा कि, "घोड़ा किससे संबंधित था?" उत्तर दिया गया कि, "मलिक नत्थू कासी से सम्बन्धित था।" सुल्तान ने आदेश दिया कि, "जलाल को आगरा के शिक़दार मुहम्मद जैतून के सिपुर्द कर दिया जाय ताकि वह उससे घोड़े का असली मूल्य वसूल कर ले।" तीसरे दिन चोर को घोड़े सहित धौलपुर के निकट बन्दी बना लिया गया और उसे उपस्थित किया गया। सुल्तान ने आदेश दिया कि, "मुहम्मद जैतून से पूछा जाय कि उसने जलाल से धन वसूल किया था अथवा नहीं।" मुहम्मद जैतून बड़ी कठिनाई में पड़ गया। यदि वह कहता कि मैंने धन नहीं लिया है तो यह पूछा जाता कि इतने दिन तक विलम्ब क्यों किया गया। यदि वह कहता कि मैंने धन ले लिया तो यह झूठ होता। उसने ऐसा उत्तर दिया जिसमें दोनों ही बातें आती थीं। उसने कहा कि, "जलाल ने दास को उसी दिन संतुष्ट कर दिया था।" सुल्तान ने आदेश दिया कि, "क्योंकि जलाल ने मूल्य अदा करना निश्चय कर लिया है अतः घोड़ा उसे दे दिया जाय।" जलाल ने घोड़ा १० हज़ार तन्के में बेच डाला। ४ हज़ार तन्के उसने मुहम्मद को दे दिये और ६ हज़ार स्वयं ले लिये। चोर को ३ दिन तक बन्दी रक्खा गया।

दरबारे आम के दिन ख़ानेख़ानां नोहानी ने जब चोर को देखा तो कहा कि, "चोर को किस कारण रख छोड़ा है? ले जाकर इसकी हत्या कर दो।" इसी बीच में सुल्तान बाहर निकल आया और पहुंचते

१ 'ब' के अनुसार 'फ़रमान'।

२ 'ब' के अनुसार, 'इमलाक तथा वज़ायफ़ पर अधिकार न जमाया जाय। इमलाक तथा वज़ायफ़ को जागीर से पृथक् रक्खा जाय'।

३ 'ब' में 'सैयिद न्याय के अनुसार आचरण करता था'।

४ 'ब' के अनुसार 'मुहकमये शरईया'।

५ 'ब' के अनुसार 'जागीर का स्थानान्तरण कर दिया गया और जब तक वह जीवित रहा बिना जागीर के रहा'।

(२६) ही कहा कि, "चोर की हत्या करने का एक समय वह था जब कि उसने चोरी की थी, यदि उसी
स्थान पर उसकी हत्या कर दी जाती तो उचित था, दूसरा स्थान वह था जहां उसे संपत्ति सहित पकड़ा
गया था। वह उस स्थान पर मार डाला जाता तो उचित था। मेरे द्वार के समक्ष जो कि दारे अमान[1] है
उसकी हत्या का आदेश ऐसे अवसर पर देना जब कि संपत्ति भी प्राप्त कर ली गई है बड़े विचित्र प्रकार
के इस्लाम का प्रदर्शन करना होगा।" उसने आदेश दिया कि चोर को मलिक मुहम्मद ज़ैतून को सौंप
दिया जाय जो उसे बन्दीगृह में रखे। उसके आदेशानुसार उसे बन्दी बना दिया गया। उस समय यह
प्रथा थी कि ईद तथा बकरीद, आशूरे[2] एवं मुहम्मद साहब की मृत्यु के दिन[3] उन बन्दियों की सूची लाई
जाती थी जोकि धन के सम्बन्ध में बन्दी न बनाये जाते थे[4]। उनमें से कुछ लोगों को मुक्त कर दिया जाता
था। यह चोर भी ७ वर्ष तक बन्दी रहा। ७ वर्ष उपरान्त सुल्तान ने आदेश दिया कि "उससे पूछा जाय
कि यदि वह इस्लाम स्वीकार कर ले तो उसे मुक्त कर दिया जायगा।" उसने कहा, "यदि दास को ७
दिन उपरान्त भी इस्लाम स्वीकार करने का आदेश होता तो वह इस्लाम स्वीकार कर लेता। अब जब
कि ७ वर्ष व्यतीत हो चुके हैं तो वह अपनी इच्छा से मुसलमान होता है।" उसे बन्दीगृह से निकाला गया
और उसे इस्लाम की शिक्षा दी गई। उसका ख़तना[5] कराया गया, नमाज़ तथा इस्लाम के आदेशों की
शिक्षा दी गई। तदुपरान्त सुल्तान की सेवा में उसे उपस्थित करने की अनुमति मांगी गई। सुल्तान ने
आदेश दिया कि, "उसे वस्त्र प्रदान किये जायं। इसके अतिरिक्त उसे १५ तन्के भी प्रदान करके कह
दिया जाय कि यदि वह जाना चाहे तो यह धन उसे मार्ग-व्यय हेतु दिया जाता है अन्यथा इतने ही तन्के
उसे वेतन के रूप में प्राप्त होते रहेंगे।" उसने निवेदन किया कि, "अब मैं कहां जाऊं? ७ वर्ष बन्दीगृह
में रहने के उपरान्त मैं चोरी करना इस प्रकार भूल गया हूं कि अब यह कार्य करने की मेरी इच्छा नहीं।
इस्लाम स्वीकार करके मैं अपने सम्बन्धियों से भी पृथक् हो गया। यदि सुल्तान चोरी की रोक-थाम
इसी प्रकार करते रहेंगे तो दास का विश्वास है कि सुल्तान के राज्यकाल में कोई भी चोरी न करेगा।
कारण कि चोर जान पर खेल कर काम करता है। जो कुछ उसे मिल जाता है उसे वह पर्याप्त समझता
है और जो कुछ पैदा करता है उसे एक दिन में खा जाता है और भविष्य की कोई चिन्ता नहीं करता।
जब वह चोरी करने के लिए निकलता है तो प्राण से हाथ धो लेता है और यह समझ लेता है कि या तो
प्राण जाय या सफलता प्राप्त हो, किन्तु इस कुकर्म को वह अच्छा नहीं समझता। अब दास इस दरबार से
कहां जाय। दास से जो कुछ भी सेवा हो सकेगी वह करेगा।"[6] सुल्तान ने पूछा कि, "क्या सेवा कर सकते
(२७) हो?" उसने कहा कि, "मेरे साथ कुछ लोग नियुक्त कर दिये जायं, मैं क़िले के द्वार पर बैठा
रहूंगा, यदि समस्त सेना में चोरी हो जाय तो दास पर उसका उत्तरदायित्व होगा।"[7] उसकी प्रार्थना

१ शान्ति का घर अर्थात् जहाँ पहुँच कर किसी पर अत्याचार नहीं हो सकता।
२ १० मुहर्रम।
३ १२ रबी-उल-अव्वल।
४ सम्भवतः न का प्रयोग ठीक नहीं।
५ मुसलमान बच्चे के लिङ्ग के अगले भाग की त्वचा काट देने का संस्कार। इस्लाम स्वीकार कर लेने के उपरान्त प्रत्येक व्यक्ति के लिये चाहे उसकी जो भी अवस्था हो इस संस्कार का पालन उचित समझा जाता है।
६ 'ब' में चोर की वार्ता बड़े संक्षिप्त रूप में दी गई है। सारांश इस प्रकार है कि 'जो कष्ट मैंने ७ वर्ष तक भोगे, यदि उनका ज्ञान चोरों को हो जाय तो वे चोरी करना त्याग देंगे'।
७ 'ब' के अनुसार 'शहर का द्वार मेरे सिपुर्द कर दिया जाय। यदि चोरी हो जाय, तो फिर उसका उत्तर-दायित्व मेरे ऊपर होगा'।

स्वीकार कर ली गई। एक दिन चारसू नामक बाज़ार में चोरी हो गई। बज़ाज़ों की दूकानों को तोड़ कर कपड़े इत्यादि चुरा लिए गये; बज़ाज़ों ने न्याय की याचना की और सुल्तान से फ़रियाद की। सुल्तान ने आदेश दिया कि, "उस नवमुस्लिम से पूछा जाय कि वह तो कहता था कि यदि चोरी हो जाय तो मैं ज़मानत करता हूं, अब वह इस बात का उत्तर दे।" उसने कहा कि, "मुझे चार दिन का अवकाश दिया जाय ताकि मैं इस विषय में पूछताछ करूं।"[1] ३ दिन उपरान्त उसने कहा कि "यह चोरी सेना वालों ने की है। सेना में जहां कहीं भी मावियान[2] हों उन्हें उपस्थित करके मेरे सिपुर्द कर दिया जाय।" उन दिनों में कोई भी अमीर तथा सिपाही ऐसा न था जो मावियों को पहरे के लिए न रखता हो। कई सौ मावी एकत्र हो गये। जब पूछताछ की गई तो चोर भी उन्हीं लोगों में से निकला। उन लोगों ने उससे नम्रतापूर्वक प्रार्थना की कि, "हमें बन्दी न बनवाया जाय, हमें मुक्ति प्रदान कर दी जाय। सामान भी हमसे न दिलवाया जाय, अपितु जिस मूल्य पर वह क्रय किया गया था वह हम दे देंगे।"[3] तदुपरान्त उसने उन लोगों को क्षमा करवा दिया और वादियों को धन दिला कर संतुष्ट करा दिया। चोरों का नाम भी उसने किसी को न बताया और उनसे प्रतिज्ञा करा ली कि इस बार उन्हें क्षमा किया जाता है, यदि वे पुनः चोरी करेंगे तो उन्हें बन्दी भी बनवा[4] दिया जायेगा और जो सामान चुराया है उसे भी वसूल कर लिया जायगा। इस घटना के उपरान्त बहुत समय तक कोई चोरी न हुई।

सुल्तान का राज्य के सम्बन्ध में ज्ञान

वह सुल्तान (हर बात की) अत्यधिक छानबीन करता था। लोगों के विषय में इस सीमा तक जानकारी रखता था कि यदि किसी घर में कोई बात कही जाती तो वह उस तक पहुंच जाती थी।[5] यह बात प्रसिद्ध है कि एक रात्रि में भीकन खां लोदी कोठे पर सो रहा था। वर्षा आ गई। उस समय उसके विश्वासपात्रों तथा सेवकों में से कोई भी उपस्थित न था। वह तथा उसकी पत्नी वर्षा के कारण पलंग को भीतर ले गये। प्रातःकाल जब भीकन खां दरबार में उपस्थित हुआ तो सुल्तान ने कहा कि, "इतने बड़े-बड़े अमीर रात्रि में अपने पास कोई सेवक नहीं रखते और स्वयं पलंग बाहर से भीतर ले जाते हैं।"

सेना को फ़रमान भेजने की प्रथा

यदि वह विलायत की सीमा पर अर्थात् बिहार अथवा चन्देरी[6] की सीमा पर सेनायें भेजता तो रोज़ाना दो फ़रमान उनके पास पहुंचते थे। एक उस समय जब कि सेनायें कूच करती थीं और दूसरा उस समय जब सेनायें पड़ाव करती थीं और यह आदेश दिया जाता था कि अमुक स्थान पर शिविर लगाये जायँ।[7] जिस स्थान पर शिविर लगाने का आदेश होता था उसके विषय में वह लिखता था। यदि (सेना)

१ 'ब' के अनुसार 'पूछ-ताछ करके चोर का पता लगा सकूं'।
२ सम्भवतः मेवाती।
३ 'ब' के अनुसार 'उन लोगों ने आग्रह किया कि हमारे विषय में सुल्तान को सूचना न दी जाय। जो सामान चोरी गया है उसका मूल्य अदा करके हम उसके स्वामी को संतुष्ट कर लेंगे'।
४ 'ब' के अनुसार 'हत्या करा दी जायगी'।
५ 'ब' के अनुसार 'जब कोई अपने घर जल पीता तो उसकी भी सूचना सुल्तान को हो जाती'।
६ 'ब' में इन स्थानों का उल्लेख नहीं है।
७ 'ब' के अनुसार 'एक प्रस्थान के समय कि किस समय प्रस्थान करें और कितनी यात्रा करें और दूसरा पड़ाव के समय कि अमुक स्थान पर पड़ाव करें। उस स्थान का पता बताया जाता था।

५०० अथवा १००० कोस पर भी होती तो भी दो फ़रमान पहुंचते थे। यह पता नहीं कि यह किस (२८) प्रकार संपन्न होता था।

सुल्तान का न्याय

जिन दिनों में रायसेन के क़िले में काफ़िरों का अधिकार हो गया था तो वोरवा क़ौम के दो व्यक्ति आगरा से रायसेन पहुंच कर नौकर हो गये। एक दिन एक ग्राम में उन्हें अत्यधिक लूट की संपत्ति प्राप्त हुई। मुज़फ़्फ़री, अत्यधिक रंगीन वस्त्र तथा दो बहुमूल्य लाल प्राप्त हुए। उन दो भाइयों में से एक ने कहा कि, "हमें इतनी अधिक धन-संपत्ति प्राप्त हो गई है कि अब हम नौकरी के अपमान को सहन न करें और अपने घर चल कर शांति से जीवन व्यतीत करें।" दूसरे ने कहा, "हम लोग सिपाही हैं, पहली बार हमें इतना धन प्राप्त हुआ; यदि किसी दिन हमने कोई अन्य पौरुष का कार्य कर लिया तो हमें बड़ी उन्नति प्राप्त हो जायगी।" उस भाई ने कहा, "यदि तेरी इच्छा है तो तू रुक जा, मैं न रुकूँगा।" जो कुछ मिला था उसे दोनों भाइयों ने बांट लिया। मुज़फ़्फ़री, आधे वस्त्र तथा एक लाल उस भाई को प्राप्त हुए। वह विदा होकर जाने लगा तो दूसरे भाई ने भी अपना हिस्सा उसे दे दिया और यह कहा कि, "इसे मेरे घर पहुंचा देना।" जब वह घर पहुंचा तो उसने लाल के अतिरिक्त अपने भाई की समस्त सम्पत्ति उसके घर पहुंचा दी। २ वर्ष उपरान्त वह भाई भी अपने घर पहुंचा। जब वह अपनी पत्नी से मिला तो उसने उससे पूछा कि, "जो कुछ मैंने अपने भाई के हाथ भेजा था वह सब तुझे मिल गया अथवा नहीं? विस्तार से बता कि तुझे क्या-क्या मिला।" उसने कहा कि, "इतनी मुज़फ़्फ़री, इतने रंगीन वस्त्र तथा इतने टुकड़े महमूदी वस्त्र के मुझे प्राप्त हुए हैं।" उसने पूछा कि, "एक लाल भी प्राप्त हुआ अथवा नहीं?" उसने उत्तर दिया कि, "लाल नाम का कोई वस्त्र नहीं प्राप्त हुआ।" सिपाही ने कहा कि, "वह वस्त्र नहीं है। रत्न है।" स्त्री ने कहा कि, "मेरी समझ में नहीं आता कि तू क्या कहता है।" उसने उत्तर दिया कि, "वह एक पत्थर का टुकड़ा है जो चमकदार तथा लाल रंग का होता है।" उसने उत्तर दिया कि, "मैंने उसे नहीं देखा।" यह बात उसकी समझ में न आई। उसने कहा कि, "तू झूठ बोल रही होगी।" स्त्री ने शपथ ली कि, "तू जो कुछ कहता है मैंने उसे कदापि नहीं देखा है।" दोनों भाइयों के घर मिले हुए थे। उसने अपने घर के भीतर से भाई को पुकार कर कहा कि, "जो कुछ मैंने अपने घर भेजा था उसमें से तूने सब कुछ तो पहुंचाया किन्तु उस लाल नगीने को क्यों नहीं दिया?" उसने उत्तर दिया कि, "उसे भी मैंने तेरी पत्नी को दे दिया। तू उसे चेतावनी देकर पूछ, स्त्री का मामला है। संभवतः उसने तुझसे छुपा कर कहीं रख दिया हो। तू कई वर्ष से बाहर यात्रा कर रहा है, इन लोगों पर विश्वास न करना चाहिए। किसी को दे दिया होगा। कुछ डांट फटकार कर।" उसके पति ने उससे पुनः चेतावनी देकर पूछा और कठोर शब्द कहे। स्त्री समझ गई कि वह अपने भाई के कहने पर मुझे अपमानित करेगा, अतः उसने कहा कि, "मैं तेरी परीक्षा ले रही थी, तू ज़रा सा ठहर मैं उसे अपनी माता के घर रख आई हूं, ला दूँगी।" वह व्यक्ति समझ गया और उसने कोई कठोरता प्रदर्शित न की। प्रातःकाल स्त्री ने कहा कि, "मैं अपनी (२९) माता के घर जा रही हूं।" उसने कहा कि, "जा।" वहां से निकल कर वह मियां भूवा के दीवान[1] में पहुंची और फ़रियाद की। मियां ने कहा कि, "कोई जाकर देखे कि कौन न्याय चाहता है।" उस स्त्री

यदि शिविर ५०० अथवा १००० कोस पर भी होता तो इसी नियम का पालन किया जाता। सभी लोग को बड़ा आश्चर्य होता था'।

१ न्याय विभाग।

के विषय में समाचार मियां को पहुंचाये गये। उसने कहा कि, "जो बात यह कहना चाहती है उसका पता चलाया जाय।" जब उससे पूछा गया कि, "तू क्या कहना चाहती है ;" तो उसने उत्तर दिया कि, "मैं मियां के समक्ष ही निवेदन करूंगी।" जब मियां के समक्ष उसे उपस्थित किया गया तो मियां ने पूछा कि, "हे स्त्री! तू क्या कहना चाहती है?" उसने कहा कि "मेरा पति मेरे प्रति कठोरतापूर्वक व्यवहार करता है।"[1] मियां ने पूछा कि, "इसका क्या कारण है?" उसने कहा कि, "मेरे पति के भाई ने मेरे ऊपर झूठा अपराध लगाया है। वह इस प्रकार है कि दोनों भाई नौकरी हेतु गये थे। उसका भाई कुछ समय उपरान्त अपने घर लौट आया और मेरे पति ने उसके हाथ जो कुछ मेरे लिए भेजा था उसे पहुंचा दिया, पत्थर के एक टुकड़े जिसे लाल कहते हैं के विषय में उसने उस समय मुझसे कुछ कहा भी न था। अब मेरे पति ने घर आकर मुझसे पूछा कि 'मैंने अपने भाई के हाथ जो कुछ भेजा था वह तुझे मिल गया अथवा नहीं?' मैंने बताया कि हां मिल गया। जब उसने पूरा व्योरा पूछा तो जो कुछ भी मुझे प्राप्त हुआ था उसके विषय में मैंने उसे बता दिया। उसने पूछा कि, 'क्या लाल नहीं मिला?' मैंने उत्तर दिया कि मैंने लाल का नाम भी नहीं सुना है कि वह क्या होता है। अन्त में उसने अपने भाई से पूछा कि, 'लाल मेरे घर क्यों न पहुंचाया।' उसने मेरे ऊपर झूठा इल्ज़ाम लगाया कि 'मैंने तेरी पत्नी को दे दिया था, उससे पूछो।' दोनों को[2] उपस्थित किया गया और जब उससे पूछा गया तो उसने कह दिया कि, "मैंने उसे स्त्री को दे दिया था"। मियां ने पूछा कि, "कोई साक्षी भी है?" उसने कहा कि, "हां, कई साक्षी हैं।" उसने पूछा कि, "कौन हैं?" उसने उत्तर दिया कि, "दो ब्राह्मण हैं।" मियां ने उन्हें बुलाने का आदेश दिया। वह वहां से जुआघर पहुंचा। वहां उसे दो दरिद्र जुआड़ी[3] मिले। उनसे उसने कहा कि "मेरा थोड़ा सा कार्य है। यदि हो सके तो करो। दोनों को ३-३ तन्के दूंगा।" उन्होंने पूछा कि, "क्या कार्य है?" उसने कहा कि, "मियां भूवा के समक्ष गवाही देना है।" उन लोगों ने उत्तर दिया कि, "जहां ले चलो गवाही दे देंगे।" वह उन्हें अपने घर ले गया तथा स्नान कराया और उत्तम वस्त्र पहना कर उनके गले में यज्ञोपवीत डाला और उनके सीने तथा मस्तक पर चन्दन मल दिया। वह उन्हें पान खिला कर अपने साथ लेकर मियां भूवा की सेवा में पहुंचा। मियां भूवा ने उन्हें देख कर कहा कि, "तेरे साक्षी विश्वस्त ज्ञात होते हैं।" उसने उनसे प्रश्न किया। उन लोगों ने उत्तर दिया कि, "जो कुछ उसने दिया है उसके विषय में हम गवाही देते हैं।" जिस प्रकार उन्हें सिखाया गया था उन्होंने एक-एक करके बता दिया कि "मुज़फ़्फ़री तथा वस्त्र दो टुकड़ों में रखे हुए थे और दो लाल, वस्त्र के ऊपर दोनों ओर रखे हुए थे। हम लोग उस मार्ग से जा रहे थे। उसने चिल्लाकर कहा कि, 'ईश्वर के लिए एक कार्य है, थोड़ी देर के लिए आ
(३०) जाओ।' जब हम पहुंचे तो उसने हमारे हाथ में दो पांसे दिये और कहा कि इनमें से प्रत्येक को इन पर रखो। हमने ऐसा ही किया और चले गये।" मियां ने उनकी गवाही स्वीकार कर ली। स्त्री के पति से कहा कि, "जाकर अपनी पत्नी से जिस प्रकार तू समझे ले ले।"[4] स्त्री के विलाप का उस पर कोई भी प्रभाव न हुआ। दोनों भाई तथा वह स्त्री घर पहुंचे। पति ने उसे दण्ड देना चाहा। स्त्री समझ गई कि "वह मुझे मारे पीटेगा और मेरी कोई इज़्ज़त न रह जायेगी। नगर में मैं चोर प्रसिद्ध हो जाऊंगी।"

१ 'ब' में यह वाक्य भी है: 'आप कृपया मेरे प्रति न्याय करें ताकि मेरे ऊपर अकारण अत्याचार न हों'।

२ 'ब' के अनुसार 'दोनों कोरवों को उपस्थित किया गया'।

३ 'ब' के अनुसार 'दरिद्र ब्राह्मण'।

४ 'ब' के अनुसार, 'तसल्ली देकर ले ले'।

उसने उससे कहा कि, "हे पुरुष ! तू मुझे न मार, यदि तू मुझे मारेगा तो मैं आत्म-हत्या कर लूँगी, तुझे कुछ भी प्राप्त न होगा और तू भी लज्जित होगा और मैं भी। यदि तू धैर्य धारण करे तो मैंने उसे एक स्थान पर छिपा दिया है, तुझे लाकर दे दूंगी।" पति ने धैर्य धारण किया। जब रात्रि समाप्त हो गई तो वह वहां से भाग कर बादशाह के महल के विशेष द्वार पर पहुंची और फ़रियाद करने लगी। भीतर से लोग दौड़ते हुए आये और उन्होंने उसके विषय में पूछा। उसने जो कुछ हाल कहा वह सुल्तान के समक्ष प्रस्तुत किया गया। सुल्तान ने पुछवाया कि वह मियां भूवा के पास भी गई अथवा नहीं ? उसने उत्तर दिया कि, "सर्व प्रथम मैं मियां भूवा के पास ही गई थी। उनके छानबीन न करने के उपरान्त सुल्तान की सेवा में उपस्थित हुई हूँ। यदि मुझे यहां से भी न्याय प्राप्त न हुआ तो मेरा पति मुझे अकारण ही दण्ड देगा और मैं आत्महत्या कर लूँगी। अतः यही उचित है कि मैं इसी स्थान पर आत्महत्या कर लूँ।" सुल्तान ने आदेश दिया कि दोनों को बुलवाया जाय। जब वे दोनों आये तो इसी बीच में मियां भूवा भी पहुंच गया। मियां भूवा से सुल्तान ने पूछा कि, "तुमने इस स्त्री के अभियोग में छानबीन की ?" मियां ने निवेदन किया कि, "मैंने साक्षियों का ब्यान सुना और तदनुसार निर्णय कर दिया।" सुल्तान ने आदेश दिया कि, "साक्षियों को भी उपस्थित किया जाय।" वह भाई पुनः जुआघर पहुंचा और उन दोनों व्यक्तियों को दो-दो तन्के दिये और पूर्व की भांति वस्त्र पहना कर ले आया। सुल्तान की दृष्टि जैसे ही उन लोगों पर पड़ी उसने कहा कि, "ये दोनों जुआड़ी हैं, ३-४ तन्के देकर इन्हें लाया होगा।" मियां भूवा ने कहा कि, "देखने में ये लोग सदाचारी ज्ञात होते हैं, वास्तव में क्या हैं इसका पता नहीं।" सुल्तान ने कहा कि, "यह भी छिपा न रहेगा।" सुल्तान ने आदेश दिया कि, "दोनों को अलग-अलग कोठरियों में बैठा दिया जाय, जिसे बुलाया जाय वह उपस्थित हो। उसके वापस जाने के उपरान्त फिर दूसरे को बुलवाया जाय।" सुल्तान के आदेशानुसार प्रत्येक व्यक्ति को पृथक्-पृथक् बैठा दिया गया। सर्व प्रथम
(३१) पति को बुलवाया गया। उसके बुलवाने के पूर्व थोड़ा सा मोम मंगवा लिया गया था। सुल्तान ने उससे पूछा कि, "जो लाल तूने भेजा था वह कैसा था ? इस मोम से उस आकृति का लाल बना।" उसने जिस प्रकार का लाल था वैसी ही आकृति बना दी। सुल्तान ने उसे लौटा दिया और उस आकृति को छुपा लिया। तदुपरान्त उसने उसके भाई को बुलवाया और पूछा कि, "लाल कैसा था ? इस मोम से वैसा ही लाल बना।" उसने भी बनाया। दोनों ने जो लाल बनाये थे वह एक ही प्रकार के निकले। उसने उन दोनों को लौटा दिया और अपने स्थान पर बैठा दिया। तदुपरान्त उसने एक साक्षी को बुलाया और पूछा कि, "तू ने जिन लालों को देखा था उनके समान लाल इस मोम से बना।" उसने अनुमान से लाल बनाया। दोनों के बनाये हुए लाल एक-दूसरे से भिन्न निकले। उसने (सुल्तान ने) उन्हें भी वापस लौटा दिया और उस स्त्री को भी उपस्थित कराया। उसने उससे भी पूछा कि, "उन लालों की आकृति को इस मोम से बना दे।" उसने कहा कि, "मैंने उसे कभी देखा ही नहीं कि वह कैसा था तो, मैं क्या बनाऊं।" उससे अत्यधिक आग्रह किया गया किन्तु उसने वही उत्तर दिया। उसे भी लौटा दिया गया। तदुपरान्त उसने चारों को एक साथ बुला कर पूछा कि, "तुममें से प्रत्येक ने अपनी आंख से लाल देखा था ?" जिस व्यक्ति ने भेजा था उसने कहा कि, "मैंने स्वयं भेजा था।" उसके भाई ने कहा कि, "मैं लाया था, क्यों न देखता।" साक्षियों से पूछा गया कि, "तुमने भी देखा था ?" उन लोगों ने कहा कि, "हम गवाही देते हैं कि हमने देखा था।" जब उस स्त्री से पूछा गया तो उसने वही उत्तर दिया, "मैंने उसे कदापि नहीं देखा था।" तदुपरान्त सुल्तान ने उन (मोम के लालों) को निकाल कर मियां भूवा से कहा कि, "तुम इसी प्रकार का न्याय करते हो ? इस स्त्री को अकारण ही चोर बना दिया। चोर इसके पति का भाई है।" तदुपरान्त सुल्तान ने कहा कि, "यदि सच बोलेगा और उसका हक़ वापस कर देगा तो तुझे क्षमा कर दिया

जायेगा अन्यथा तेरी हत्या कर दी जायेगी।" उसने लाल देना स्वीकार किया। तदुपरान्त सुल्तान ने साक्षियों से पूछा कि, "तुमने ऐसी धृष्टता क्यों की और मेरे समक्ष झूठी गवाही क्यों दी ?" उन लोगों ने उत्तर दिया, "हम लोग जुआड़ी हैं; भूखे, प्यासे और दरिद्र अवस्था में बैठे थे; प्रथम बार उसने हमें ३-३ तन्के दिये और इस वस्त्र को पहना कर स्वयं लाया। हमने इसी को बहुत समझा कारण कि हम लोग बाज़ारों में मारे मारे घूमते थे और अपने आपको नष्ट किया करते थे।" उन्होंने सुल्तान के समक्ष (३२) अपने मुंह से भूमि को इतना मला कि उनके होंठ सूज गये; तदुपरान्त उन्होंने ऐसा (कार्य कभी) न किया।

एक बार एक व्यक्ति की नाव यमुना नदी में डूब गई और उसकी डेढ़ हज़ार अशर्फ़ियां भी उसी में डूब गईं। उसने मल्लाहों से कहा, "यदि कोई उसे बाहर निकाल लाये तो मैं उसे सौ अशर्फ़ियां दे दूँगा।" किसी ने इस बात को स्वीकार न किया। उन लोगों में से एक व्यक्ति ने कहा कि, "जो कुछ मैं पसन्द करूं उसे देने का यदि तू वचन दे तो फिर मैं प्रयत्न करूं।" उसने विवश होकर कहा कि, "मुझे स्वीकार है।" यह निश्चय करके मल्लाह जल में घुस गया और कई बार डुबकी लगाई। अचानक एक बार उसे वह थैली मिल गई। उसने जल से निकल कर उससे पुनः वचन लिया कि, "तेरी संपत्ति मुझे मिल गई है; मैं उसे उसी अवस्था में बाहर लाऊंगा जब कि तू मुझे जो मैं चाहूं वह प्रदान करे।" उसने उत्तर दिया कि, "मैं ऐसा ही करूंगा।" अतः वह उसे बाहर लाया। जब उसने उसे उस व्यक्ति के समक्ष रखा तो उसके विचारों में परिवर्तन हो गया और उसने कहा कि, "मैंने इससे पूर्व सौ अशर्फ़ियां देने के लिए जो कहा था वह तुम्हें दूंगा, तेरे कहने से क्या होता है ?" मल्लाह ने कहा कि, "मैं पुनः इसे जल में फेंक दूँगा, मेरा परिश्रम नष्ट होगा और तेरी संपत्ति।" दोनों में झगड़ा होने लगा और वे विज़ारत के चबूतरे के समक्ष उपस्थित हुए और उन्होंने अपना अभियोग पेश किया। कई दिन व्यतीत हो गये किन्तु कुछ निर्णय न हो सका। दैनिक विवरण प्रथानुसार सुल्तान के समक्ष प्रस्तुत किया जाता था। सुल्तान ने कहा कि, "यह कौन सी आफ़त है कि इतने दिन हो गये और अभी तक निर्णय नहीं हुआ।" कुछ लोगों ने निवेदन किया कि, "हम लोग कोई आदेश नहीं देना चाहते। जो कुछ सुल्तान का आदेश हो उसके अनुसार कार्य किया जाय।" सुल्तान ने आदेश दिया कि, "दोनों को सम्पत्ति सहित उपस्थित किया जाय।" जब वे सुल्तान के दरबार में उपस्थित हुए तो सुल्तान ने उनसे पूछा कि, "तुम लोगों ने क्या निश्चय किया था ?" सर्व प्रथम सम्पत्ति के स्वामी ने कहा कि, "मैंने सौ अशर्फ़ियों के लिए कहा था, उसे मैं देता हूं।" सुल्तान ने आदेश दिया कि, "जो कुछ तूने कहा था उसे गिन कर पृथक् कर दे।" तदुपरान्त उसने मल्लाह को बुलवाया और कहा कि, "किस शर्त पर इसे बाहर लाया था ?" उसने कहा कि, "जो कुछ इस व्यक्ति ने कहा था मैंने उसे स्वीकार नहीं किया था। मैंने जो बात कही वह उसने स्वीकार कर ली, अतः मैं जल में घुस गया। जब मैं बाहर निकला तो यह अपनी बात पर नहीं रहा।" सुल्तान ने पूछा कि, "तू ने क्या (३३) कहा था ?" उसने कहा कि, "मैंने कहा था कि जो कुछ मुझे अच्छा लगेगा वह मुझे मिल जायेगा ? उसने यह बात स्वीकार कर ली थी।" सुल्तान ने आदेश दिया कि, "सौ अशर्फ़ियां पृथक् रखी हुई हैं और १४०० अलग रखी हैं। तुझे कौन अच्छी लगती हैं ?" उसने कहा कि, "मुझे सौ लेना स्वीकार नहीं। मुझे १४ सौ अच्छी लगती हैं जिन्हें मैं लेना चाहता हूं और सौ उसे देना चाहता हूं।" सुल्तान ने कहा कि, "अपनी बात से क्यों फिर रहा है।" उसने कहा कि, "किस प्रकार ?" सुल्तान ने कहा, "तूने कहा था कि जो कुछ तेरा जी चाहेगा मैं तुझे दे दूँगा। अब इस समय तुझे १४ सौ अच्छे लगे। उसको इसे दे दे।" सुल्तान ने यह आदेश देकर झगड़े को समाप्त कर दिया।

एक बार एक व्यक्ति ने एक सर्राफ़ को सौ[1] सोने की मुहरें एक थैली में रख कर धरोहर के रूप में सौंप दीं। थैली किसी स्थान से सिली हुई न थी। जब वह लौटा तो उसने अपनी थैली सर्राफ़ से ले ली और अपनी गिरह तथा मुहर की परीक्षा कर ली। जब वह घर पहुंचा तो उसे उसमें अपनी चीज़ न मिली। उसके स्थान पर अन्य वस्तुयें ही रखी थीं। वह पुनः सर्राफ़ के पास पहुंचा और कहा कि, "यह मेरी थैली नहीं है।" सर्राफ़ ने उत्तर दिया कि, "तूने अपनी थैली पहचानी, अपनी गिरह तथा मुहरें देख लीं?" उसने कहा कि, "मुहर तथा थैली यही हैं किन्तु जो धन मैंने उसमें रखा था वह मौजूद नहीं है।" उसने पूछा कि, "तूने जो कुछ रखा था उसे इसी प्रकार बंधा हुआ मुझे सौंपा था अथवा खुला हुआ?" उसने कहा कि, "मैंने बंधा हुआ सौंपा था। उसी प्रकार बंधा हुआ अपने घर ले गया। जब मैंने उसे खोला तो मुझे धन नहीं मिला।" उसने कहा कि, "तू मुझसे क्यों कहता है, इससे पूर्व किसी व्यक्ति ने तेरे घर में (तुझसे) विश्वासघात किया होगा। आज झूठ बोल रहा है, उत्तरदायित्व तेरे ऊपर है मेरे ऊपर कुछ नहीं।" वह भी वहां से विज़ारत के चबूतरे पर पहुंचा। सर्राफ़ को भी बुलवाया गया। दोनों में वादविवाद होने लगा। इस झगड़े का भी किसी प्रकार निर्णय न होता था। सुल्तान ने पुनः कहा कि, "आख़िर निर्णय क्यों नहीं होता?" उसे उत्तर मिला कि, "बिना साक्षियों के हम लोग किसी प्रकार इसका निर्णय नहीं कर सकते, इसके पास कोई साक्षी नहीं है।" सुल्तान ने आदेश दिया कि, "हमारे पास भेज दिया जाय।" जब वे उपस्थित हुए तो सुल्तान ने प्रत्येक से अलग-अलग पूछा। सर्व प्रथम उसने वादी से पूछा और कहा कि, "झूठ मत बोलना।" उसने कहा कि, "जो सत्य बात है उसे मैंने दीवान के उच्च अधिकारियों से कह दिया है। मैंने जिस प्रकार अपनी थैली को मुहर लगा कर सर्राफ़ को सौंपा था वह उसी प्रकार मेरे पास है, उसमें किसी प्रकार का अन्तर नहीं है किन्तु मेरी सम्पत्ति उसमें नहीं है। जो कुछ भी विश्वासघात हुआ है वह सम्पत्ति के सम्बन्ध में हुआ है।" तदुपरान्त सुल्तान ने सर्राफ़ से कहा कि, "ठीक-ठीक बता कि क्या बात है।" उसने निवेदन किया कि, "जिस प्रकार उसने मुझे थैली दी थी मैंने उसी प्रकार उसे लौटा दिया है, इसमें मेरा कोई दोष नहीं है और यह मेरे ऊपर दोषारोपण करता है।" सुल्तान ने कहा, "थैली जैसी इससे पूर्व थी उसी प्रकार मुहर लगा कर मुझे दे दी जाय।" लोगों ने लाकर थैली दे दी और वापस चले गये।

(३४) तदुपरान्त सुल्तान ने जो वस्त्र उंतारे थे उनमें से अपने कमरबन्द को मंगवाया। उसे लपेट कर सुल्तान ने एक व्यक्ति को आदेश दिया कि वह कमरबन्द को ज़ोर से खींचे।[2] उसने सुल्तान के आदेशानुसार उसे ज़ोर से खींचा। उसमें बीच-बीच में बहुत से छेद हो गये। इसके पश्चात् सुल्तान ने उसे वस्त्रों में मिला कर धोबी के पास भेज दिया। जब धोबी ने वस्त्र खोले तो उसे सुल्तान के कमरबन्द में बहुत से छेद मिले। उसने सोचा कि इससे उसे अवश्य हानि पहुंचेगी। वह उसे एक रफ़ू करने वाले के पास ले गया। उस रफ़ू करने वाले ने कहा कि, "यह मैं नहीं कर सकता। अमुक रफ़ू बनाने वाले को, जो कि दूकानों के पीछे रहता है, ले जाकर दे दो कारण कि यह उसका कार्य है।" धोबी उसके पास पहुंचा और उसने कमरबन्द को दिखा कर उससे कहा कि, "यह बादशाह का कमरबन्द है। मेरे घर में यह

१ 'ब' के अनुसार '६०'।

२ 'ब' के अनुसार 'सुल्तान ने आदेश दिया कि मेरे प्रयोग के पाजामे को लाया जावे। जब पाजामा उपस्थित किया गया तो उसने आदेश दिया कि इसको तह करके कटार की नोंक से इसमें छेद कर दिये जावें। पाजामे में कई सूराख़ हो गये। सुल्तान ने आदेश दिया कि अन्य वस्त्रों के साथ इसे दोबी (धोवी) को दे दिया जाय'।

खराब हो गया है। उसे इस प्रकार से ठीक कर दे कि पता न चले।" उसने कहा कि, "एक सोने की मुहर[1] इसकी मज़दूरी होगी उसे ले आ।" धोबी ने उसे सोने की मुहर लाकर दे दी। उसने समय निश्चित करके धोबी को बुलवाया। जब वह निश्चित समय पर पहुंचा तो उसने उसे इस प्रकार ठीक कर दिया था कि कोई भी पता न चलता था। धोबी ने जाकर वस्त्रों को धोकर जामादार[2] को सौंप दिया। सुल्तान ने जामादार को आदेश दे दिया था कि, "जब ये वस्त्र धोबी के घर से आयें तो मेरे सामने प्रस्तुत किये जायं।" जब वस्त्र धुल कर आ गये तो जामादार ने इसके विषय में सूचना दी। सुल्तान ने वस्त्र अपने पास मंगवा कर कमरबन्द को खोला किन्तु अत्यधिक छानबीन करने पर भी कुछ पता न चला। तदुपरान्त सुल्तान ने धोबी को बुलवाया और कहा कि, "यह मेरा कमरबन्द नहीं है?" धोबी ने कहा कि, "वही कमरबन्द है।" सुल्तान ने कहा कि, "इसमें छेद हो गये थे, वह कहां गये?" उसने कहा कि, "दास को भय हुआ कि संभव है मुझे इसके लिए दण्ड दिया जाय अतः मैंने उसे ठीक करा दिया।" सुल्तान ने आदेश दिया कि, "उस रफ़ू करने वाले को बुलाओ।" धोबी रफ़ू करने वाले को लाया। जब वह सुल्तान के समक्ष उपस्थित हुआ तो सुल्तान ने उससे पूछा कि, "तूने इस कमरबन्द को ठीक किया है?" उसने उसे देख कर कहा कि, "हां मैंने ठीक किया है।" सुल्तान ने आदेश दिया कि, "खोल कर दिखा कि तूने कहां मिलाया है?" उसने उसे उसी स्थान से खोल दिया। सुल्तान ने उसे विदा करके सर्राफ़ को बुलवाया और कहा कि, "मैंने तेरी चोरी पकड़ ली है। यदि तू सच बोलेगा तो तुझे क्षमा कर दिया जायेगा अन्यथा तेरी हत्या कर दी जायेगी।" सुल्तान नें थैली को खोल कर उसे दिखा दिया कि थैली अमुक स्थान से खोली गई थी। उसने उसे स्वीकार कर लिया। सुल्तान ने आदेश दिया कि, "जो वस्तु इसके भीतर थी उसे भी ला।" वह उसे ले आया। तदुपरान्त उसने उसे ठीक करके उसमें पैबन्द
(३५) लगवा दिया और उसके स्वामी को बुलवा कर थैली उसे दे दी कि, "तेरी थैली और संपति यह है। वह थैली तेरी न थी।" उसने अपने घर पर पहुंच कर उसे खोला। अपनी चीज़ें देख कर उसे पहचान लिया।

सुल्तान के चमत्कार

सुल्तान की कुछ ऐसी बातें भी प्रसिद्ध हैं जोकि उसका चमत्कार बताई जाती हैं। एक बार चन्देरी के भूभाग का एक निवासी अपनी पत्नी को लेकर यात्रा हेतु पैदल चल खड़ा हुआ। एक दिन की यात्रा ही में वे थक गये और स्त्री के पांव में छाले पड़ गये और वह बड़ी कठिनाई से यात्रा करने लगी। अचानक दो अश्वारोही भी उधर से यात्रा करते हुए निकले। स्त्री की दशा को देख कर उन्होंने खेद प्रकट करते हुए उसके पति से कहा कि, "तू इस स्त्री को पैदल क्यों ले जा रहा है और उसे कष्ट क्यों दे रहा है?" उसने कहा कि, "मैं क्या करूं, मेरे पास कोई साधन नहीं है।" उन्होंने कहा कि, "हम एक बात कहते हैं यदि तू स्वीकार करे तो अच्छा है।" उसने पूछा कि "क्या बात है?" उन लोगों ने कहा कि, "हमारा घोड़ा कोतल जा रहा है तू अपनी पत्नी को सवार कर दे और घोड़े की लगाम को पकड़ कर चल।" उसने कहा कि, "मुझे विश्वास नहीं होता।" उन लोगों ने शपथ ली और कहा कि, "हम ईश्वर को बीच में दे कर कहते हैं कि तू कोई भय मत कर और तू घोड़े को पकड़ कर ले चल।" अन्त में उसने यह बात स्वीकार कर ली और स्त्री को सवार कर दिया और स्वयं घोड़े की लगाम पकड़ कर चलने लगा। जब वह जंगल

१ 'ब' के अनुसार 'अशर्फ़ी'।
२ वह अधिकारी जो सुल्तान के वस्त्र रखता था।

में पहुंचे तो उनके हृदय में कुत्सित विचार उत्पन्न हो गये। उन्होंने उसके पति की हत्या कर दी और स्त्री को एक के घोड़े के पीछे बैठा लिया तथा चल दिये। वह स्त्री बार बार पीछे देखती जाती थी। उन लोगों ने पूछा कि, "क्या कोई अन्य व्यक्ति भी तेरे साथ है जो तू देख रही है?" उसने उत्तर दिया कि, "कोई भी अन्य व्यक्ति नहीं है किन्तु मैं उसे देख रही हूं जिसे मध्यस्थ बनाया गया था और जिसके विश्वास पर मेरे पति ने तुम्हारी बात को स्वीकार कर लिया था।" वे हंसने लगे और उन्होंने कहा कि, "इस प्रकार के विचार मत कर।" वे यह बात कह ही रहे थे कि बुरक़ा[1] पहने हुए दो सवार हाथों में भाले लिए हुए पहुंच गये और उन्होंने दोनों की हत्या कर दी। उन्होंने स्त्री से कहा कि, "बता तेरा पति कहां पड़ा हुआ है?" वे वहां पहुंच कर घोड़े से उतर पड़े और उसके सिर को ग्रीवा से मिला दिया तथा चादर ढांक कर स्वयं सवार हो गये और उस स्त्री से कहा कि, "जब हम लोग अदृश्य हो जायं तो चादर को उसके ऊपर से हटा लेना। ये तीनों घोड़े हम तुम्हें प्रदान करते हैं।" जब वे लोग चले गये और अभी दिखाई ही पड़ रहे थे कि उस मुर्दे ने सांस ली और चादर हिलने लगी। वह स्त्री प्रतीक्षा न कर सकी और उसने चादर को खोला तो देखा कि उसके पति का सिर शरीर से मिला हुआ है और वह सो रहा है। स्त्री ने उसे जगाया। जब वह जागा तो उसने पूछा कि, "तू कहां बैठी हुई है और वे लोग कहां हैं?" उसने उत्तर दिया कि, "तेरी यह दशा हो गई थी। परोक्ष से दो व्यक्तियों ने उपस्थित होकर तुझे पुनः जीवित किया। वे लोग वह जा रहे हैं।" उस व्यक्ति ने एक घोड़े पर सवार होकर उनका पीछा किया। जब वह उनके निकट (३६) पहुंचा तो उसने उन्हें शपथ देकर कहा कि, "ईश्वर के लिए खड़े हो जाओ और मुझे अपना शुभ मुख दिखाओ।" उन लोगों ने पूछा कि, "तू हमसे क्या चाहता है? ईश्वर का जो आदेश था वह हुआ। अब चला जा और अपना काम कर।" उसने पुनः शपथ देकर कहा कि, "एक बार अपना मुख दिखा दो।" उन लोगों ने बुरक़ा हटा लिया। उनमें से एक वृद्ध था और एक युवक। वह दोनों को सलाम करके लौट गया तथा स्त्री के पास पहुंच कर इस घटना पर आश्चर्य प्रकट करते हुए वहां से चल दिया।

संयोग से वे आगरा पहुंचे। उस व्यक्ति की ग्रीवा में चिन्ह बना हुआ देख कर प्रत्येक व्यक्ति उसके विषय में पूछता था और वह कुछ न कुछ उत्तर दे देता था किन्तु सत्य बात किसी से न बताता था। संयोग से एक दिन सुल्तान की सवारी निकली। लोग गलियों में दर्शनार्थ खड़े हो गये। यह व्यक्ति भी खड़ा होकर दर्शन करने लगा। सवारी के समय मलिक आदम काकर के लिए यह आदेश था कि वह निषंग लेकर चला करे और पक्षियों की ओर तकमार[2] फेंकता जाय।[3] मलिक प्रथानुसार पक्षियों के समक्ष तकमार फेंकता जाता था। जब इस व्यक्ति की दृष्टि मलिक के ऊपर पड़ी तो उसे बड़ा आश्चर्य हुआ और उसने कहा कि, "मैं एक विचित्र घटना देख रहा हूं जिसका मैं कोई उल्लेख नहीं कर सकता।" लोगों ने उससे पूछा, "क्या बात है?" उसने कहा कि, "मैं कुछ नहीं बता सकता।" वह यह बात कह ही रहा था कि सुल्तान भी पहुंच गया। इस बार उसे और भी आश्चर्य हुआ और उसने कहा कि, "यह और भी विचित्र बात है। यह तो उसी का मित्र है।" लोगों ने पूछा कि, "क्या बात है?" उसने कहा कि, "तुम लोग मेरी ग्रीवा पर जो यह चिह्न देख रहे हो इसका कारण यह है कि मेरा गला काट डाला गया था।" उसने अपनी हत्या और अपने पुनः जीवित होने का वृत्तान्त अपने मित्रों को दिया और बताया कि, "दो

१ लम्बा पहनावा जिससे बाहर निकलने के समय मुसलमान स्त्रियाँ अपना शरीर ढक लेती हैं।
२ एक प्रकार का बिना लोहे की नोक का बाण जिसमें लोहे की नोक के स्थान पर बटन होता है।
३ 'ब' के अनुसार 'मलिक सेना के आगे-आगे चलता था और تیر (वीता) फेंकता जाता था'।

व्यक्ति जो बुरक़ा पहने हुए मेरी सहायतार्थ आये थे उन दोनों को मैंने आज देख कर पहचान लिया है।" उन लोगों ने पूछा कि, "वे दोनों कौन हैं?" उसने कहा कि, "मैं नहीं समझता कि तुम्हें विश्वास होगा अथवा नहीं।" लोगों ने कहा कि, "बताओ क्या बात है। हम विश्वास करेंगे।" तदुपरान्त उसने कहा कि, "वृद्ध व्यक्ति मलिक आदम था और युवक सुल्तान सिकन्दर था।"

जब क़ुतुब आलम सैयिदुस्सादात शेख़ हाजी अब्दुल वह्हाब मक्का गये हुए थे तो सुल्तान ने आगरा के विद्वान् मियां शेख़ लादन को उनके वापस पहुंचने की सूचना दे दी कि, "आज शेख़ हाजी जहाज से उतरे हैं।" बन्दगी मियां ने उस दिन को याद कर लिया।[1] क़ुतुब आलम की वापसी के उपरान्त जब शेख़ ने उनसे इस विषय में पूछा तो ज्ञात हुआ कि वास्तव में बात सत्य थी।

उन्हीं दिनों में जब कि मसनदे आली आज़म हुमायूँ शिरवानी पटना की विलायत पर चढ़ाई करने
(३७) गया था, तो १७ दिन व्यतीत हो जाने पर भी उसके कोई समाचार प्राप्त न हुए। १७ दिन उपरान्त सुल्तान ने आज़म हुमायूँ के पुत्र फ़तह खां से पूछा कि, "आज़म हुमायूँ के भी कोई समाचार प्राप्त हुए हैं अथवा नहीं?" उसने उत्तर दिया कि "बहुत समय व्यतीत हो गया किन्तु अभी तक उनका कोई समाचार नहीं प्राप्त हुआ।" सुल्तान ने बताया कि, "वह वापस हो चुका है और प्रयाग को पार कर चुका है; कुछ ही दिनों में अपनी विलायत[2] में पहुंच जायेगा।" सुल्तान ने फ़तह खां के घर १ लाख तन्के भेजे और कहलाया कि "मैंने मनौती की थी कि जब आज़म हुमायूँ की कुशलता के समाचार प्राप्त हो जायंगे तो १ लाख तन्के फ़क़ीरों को दान करूंगा। तू इन १ लाख तन्कों को फ़क़ीरों को दान कर दे।" इसके अतिरिक्त १ लाख तन्के और भी शाही महल के द्वार पर फ़क़ीरों को दान किये गए। कुछ दिन उपरान्त आज़म हुमायूँ का पत्र प्राप्त हुआ कि, "मैंने अमुक स्थान पर पहुंच कर उस विलायत को विजय किया और अब वापस लौट रहा हूँ।" सुल्तान ने जैसा कहा था उसी के अनुसार वह बात सत्य निकली।

सुल्तान सिकन्दर के राज्यकाल की विचित्र कहानियाँ

जौनपुर में एक व्यक्ति का विवाह हुआ। वह अपनी दुलहिन को अपने घर ज़फ़राबाद ले जा रहा था। नगर के समीप एक वृक्ष के नीचे वे लोग ठहरे और एक स्थान पर बैठ कर भोजन करने लगे। दुलहिन के डोले को जिस पर पर्दा पड़ा हुआ था एक स्थान पर उतार दिया गया। वह डोले से पर्दा उठा कर बैठी हुई थी। उसकी दाई उसके समक्ष थी। संयोग से उस वृक्ष के नीचे एक फ़क़ीर[3] बैठा हुआ था। उसकी दृष्टि उस स्त्री की सुन्दरता पर पड़ी और वह आसक्त हो गया। वह उसकी ओर निरन्तर देखता रहा। जब वह स्त्री उसकी ओर देखती तो उसे अपनी ओर दृष्टि डालता हुआ पाती। उसे आश्चर्य हुआ और उसके विषय में उसे कुछ सन्देह हो गया। उसने अपनी दाई से पूछा कि, "हम लोग इस स्थान पर पुनः कब आयेंगे।" उसने उत्तर दिया कि, "४ दिन उपरान्त इस स्थान पर पुनः पहुंचेंगे।" स्त्री ने कहा कि, "जब मैं इस स्थान पर पुनः पहुंचूँ तो मुझे सूचना दे देना ताकि इस स्थान पर फिर थोड़ी देर बैठूँ।" दाई ने कहा कि, "अच्छा।" ४ दिन तक वह फ़क़ीर[3] उसके आगमन की प्रतीक्षा करता रहा। अंतिम दिन उसने दिन भर प्रतीक्षा की और सूर्य अस्त होने के समय निराश होकर प्राण त्याग दिये। जो

१ 'ब' के अनुसार 'उस तिथि को अपने पास लिख कर रख दिया'।
२ प्रान्त (राज्य)
३ 'ब' के अनुसार 'यात्री'।

मुसलमान वहां उपस्थित थे उन्होंने उसे दफ़न कर दिया। जब वे दफ़न कर चुके तो उस स्त्री का डोला वहां पहुंचा। दाई ने उसे उस स्थान की सूचना दी। उसने डोले को उतरवाया और जिस स्थान पर पहले बैठी थी वहीं बैठ कर दायें बायें दृष्टि डालने लगी। जब उसे फ़क़ीर[1] न मिला तो उसने अपनी दाई से कहा कि, "मैंने मनौती की थी कि जब मैं इस स्थान पर वापस आऊंगी तो उस फ़क़ीर[1] को कुछ दूँगी। वह दिखाई नहीं पड़ता। किसी से उसके विषय में पता लगा।" दाई ने लोगों से पूछा कि, "जो फ़क़ीर[1] इस स्थान पर था वह दिखाई नहीं देता; कहां चला गया?" उन लोगों ने बताया कि उसकी अचानक मृत्यु
(३८) हो गई और उसकी यह क़ब्र है। जब स्त्री ने पुछवाया कि "उसकी मृत्यु किस प्रकार हुई?" तो लोगों ने उत्तर दिया कि, "वह केवल एक बात कहता था कि 'खेद है कि वह न आई' और प्राण त्याग दिये।" यह बात सुनकर उस स्त्री की दशा में विशेष परिवर्तन हो गया। उसने अपनी दाई से कहा कि "मैं अपनी मनौती के अनुसार उसके लिए कुछ लाई थी। अब मैं चाहती हूं कि उसकी क़ब्र के दर्शन कर लूँ और फ़ातेहा[2] पढ़ लूँ।" चारों ओर चादर घेर ली गई और वह चादर के भीतर क़ब्र के दर्शनार्थ चली गई। क़ब्र के समीप पहुंच कर उसने अपना सिर क़ब्र के पायँती रख दिया। जब देर हो गई तो दाई ने चाहा कि वह उससे उठने के लिए कहे। उसने जब सिर उठा कर देखा तो पता चला कि चादर के भीतर कोई नहीं है। जो पुरुष साथ थे उन्हें दाई ने इस घटना की सूचना दी। उन लोगों ने पूछा कि, "यह कैसे हो गया?" दाई ने पहले दिन तथा इस दिन की घटना का उल्लेख किया। वे लोग समझ गये कि यह प्रेम का रहस्य है। उन्होंने क़ब्र खोदी तो देखा कि वह मुर्दा उस स्त्री के समस्त वस्त्र, फूल तथा आभूषण धारण किये हुए है और मेहँदी हाथ और पांव में लगाये हुए है तथा स्त्री का पता नहीं। इस घटना से उन लोगों को बड़ा आश्चर्य हुआ और वे लोग रोते-पीटते लौट गये।

जिस समय में सुल्तान सिकन्दर की सेना चन्देरी में थी तो एक सिपाही उदयपुर के क़स्बे के एक मंदिर में पहुंचा। वहां उसने मंदिर के एक खम्भे पर एक मूर्ति देखी। वह उस पत्थर की मूर्ति पर आसक्त हो गया। ४ दिन और ४ रात वहीं खड़ा रहा। तदुपरान्त वह वहां से चल दिया। जब मंदिर के पुजारियों ने यह देखा कि पत्थर पर वह मूर्ति नहीं है तो वे उसके पीछे दौड़े और उन्होंने उसे पकड़ लिया। उसे पकड़ कर वे आमिल[3] के पास ले गये और कहा कि, "यह व्यक्ति पत्थर पर से मूर्ति निकाल कर ले जा रहा था।" उसने उत्तर दिया कि, "ये लोग रात दिन मंदिर में रहते थे। यदि मैंने मूर्ति उखाड़ी होती तो इन्हें पता चल जाता।" उन लोगों ने उत्तर दिया कि, "हमने मूर्ति इसके पास से निकाली है।" आमिल[3] ने मूर्ति उन लोगों को लौटा दी और वे लोग चले गये। उन लोगों ने जाकर मूर्ति को उसके स्थान पर लगा दिया और उसकी रक्षा करते रहे किन्तु प्रातःकाल मूर्ति उन्हें अपने स्थान पर न मिली। वे लोग उस व्यक्ति के पास आये और उन्हें मूर्ति उसी के पास मिली। उन लोगों ने[4] कहा कि, "हमने मूर्ति उसके स्थान पर
(३९) रख दी थी, पुनः किसी व्यक्ति ने लाकर इसे दे दी।" जब उससे पूछा गया तो उसने उत्तर दिया कि, "कोई भी व्यक्ति नहीं लाया है, यह मूर्ति मेरे पास स्वयं आ गई।" दीवान के आमिल[5] ने मूर्ति को

१ 'ब' के अनुसार यात्री।

२ क़ुरान का पहला सूरा (अध्याय)। परलोकगत आत्मा की शान्ति के लिये इस अध्याय को पढ़ा जाता है।

३ 'ब' के अनुसार "क़स्बे के हाकिम"।

४ 'ब' के अनुसार 'उन लोगों ने दीवान में निवेदन किया'।

५ 'ब' के अनुसार 'दीवान ने'।

अपने पास रख लिया और उसे बक्स में बंद कर दिया। वह मूर्ति वहां से भी निकल गई और उसके पास पहुंच गई। दीवान के अधिकारी ने आदेश दिया कि इसे पुनः उस व्यक्ति को दे दिया जाय। वह मूर्ति उसे दे दी गई और यह कहानी उस प्रदेश में प्रसिद्ध हो गई।

नोहानी क़बीले के एक व्यक्ति का विवाह ग़ाज़ीपुर में हुआ था। वह अपनी दुलहिन को विदा करा कर ले जा रहा था। जब वह नदी के किनारे पहुंचा तो उसने दुलहिन के डोले को नाव पर रख दिया। जो लोग नाव पर थे उन्हें उतरवा दिया गया। डोला नौका के ऊपर रख दिया गया। एक भिखारी कमली ओढ़े हुए नौका के कोने में पड़ा हुआ था। उसे किसी ने नहीं देखा। जब नौका चली तो उस स्त्री ने डोले के भीतर से दाई को पुकारा और कहा कि, "मैंने कभी गंगा तथा नौका नहीं देखी। जब कोई न हो तो मैं पर्दा उठाऊँ और नदी तथा नौका को देखूँ।" दाई ने कहा कि, "यहां एक भिखारी के अतिरिक्त कोई अन्य नहीं है। वह एक कोने में बैठा है।" स्त्री पर्दे को उठा कर दायें बायें देखने लगी। अचानक उसकी दृष्टि उस भिखारी पर पड़ी। वह किसी अन्य ओर न देखता था। जब भी वह उसकी ओर दृष्टि डालती तो उसे अपनी ओर देखता हुआ पाती। वह कुछ समझ गई। वह अपने पांव नौका के किनारे पर ले जाकर हिलाने लगी। दाई ने कहा कि, "पांव मत हिला कारण कि जूती गिर पड़ेगी।" स्त्री ने कहा कि, "यदि जल में गिर पड़ेगी तो क्या कोई है जो उसे निकाल कर ला सकता है?" यह कह कर उसने भिखारी की ओर देखा। भिखारी ने हाथ से संकेत किया कि, "मैं ले आऊंगा।" उसने अपनी जूती जल में डाल दी। वह भिखारी नौका से कूद कर जल में घुस गया। जब थोड़ी देर तक वह दृष्टिगत न हुआ तो स्त्री अपने कार्य के ऊपर लज्जित हुई, उसके ऊपर एक विशेष दशा छा गई और वह डोले से गंगा में कूद पड़ी। शोर होने लगा। लोगों ने आकर नदी में जाल डलवाये। संयोग से दोनों जाल में एक दूसरे को आलिंगन किये हुए मिले। भिखारी अपने एक हाथ में जूती लिए हुए था और दूसरा हाथ उस स्त्री की ग्रीवा में डाले हुए था। लोगों को इस पर बड़ा आश्चर्य हुआ। इसकी सूचना नसीर खां नोहानी को दी गई। वह स्वयं सवार होकर पहुंचा और उसने सब हाल देख कर कहा कि, "इन दोनों को पृथक् न किया
(४०) जाय और एक साथ दफ़न कर दिया जाय।" लोगों ने कहा कि, "दो मुर्दों को एक क़ब्र में नहीं दफ़न किया जा सकता।" अन्त में यह निश्चय हुआ कि दोनों की क़ब्रें एक दूसरे के समीप बना दी जायं। ऐसा ही किया गया। जब रात हो गई तो स्त्री के घर वाले स्त्री की लाश इस आशय से क़ब्र से निकालने के लिए आये कि उसे ले जाकर अपने पूर्वजों के क़ब्रिस्तान में दफ़न कर दें। जब उन्होंने क़ब्र खोदी तो वहां उन्हें स्त्री न मिली। जब उन्होंने फ़क़ीर की क़ब्र खोदी तो उन्हें दोनों आलिंगन की अवस्था में मिले। वे लोग भयभीत होकर वहां से भाग गये और उस क़ब्र को बन्द करा दिया गया।

कहा जाता है कि एक विद्यार्थी एक बार कहीं जा रहा था। वह भूगांव[1] पहूँचा। वह एक कुएं पर जल पीने के लिए गया। कुएं पर उसे एक रूपवती दृष्टिगत हुई। जब उस व्यक्ति ने किसी अन्य के हाथ से भी जल पीना स्वीकार न किया और उस रूपवती के विषय में कहा कि, "यदि यह जल पिलाये तो मैं जल पी सकता हूं" तो अन्य स्त्रियों ने कहा कि, "यह यात्री है, तुझे इसकी ओर ध्यान देना चाहिए।" अन्य लोगों के कहने से युवती जल लेकर उसके पास गई। उसने अपने मुंह के समक्ष अपने दोनों हाथ रख कर जल डालने के लिए कहा। विद्यार्थी रूपवती की ओर देखता जाता था किन्तु जल की एक बूंद भी उसके मुख में न पहुंचती थी। रूपवती ने क्रोधवश जल को फेंक दिया और अपना डोल भरने चल दी।

१ 'ब' के अनुसार 'परगना गांव पहुँचा'।

वह व्यक्ति उसी प्रकार जल की मांग करता रहा। अन्य स्त्रियां जल देती थीं किन्तु वह जल न पीता था और कहता था कि, "यदि वही जल पिलायेगी तो पीऊंगा अन्य लोगों के हाथ से जल नहीं पीऊंगा।" अन्य स्त्रियों ने कहा कि, "वह दूसरों के हाथ से जल नहीं पीता तेरे ही हाथ से जल पीयेगा।" उसने कहा कि, "मैं कहती हूं कि वह कुयें में कूद पड़े तो क्या वह कुयें में कूद पड़ेगा ?" उसने यह बात सुन ली और तुरन्त कुयें में कूद पड़ा। सभी स्त्रियां कोलाहल मचाने लगीं और कहने लगीं कि, "यह तू ने क्या किया, यह खून तेरी गर्दन पर है।" जब वह लज्जित हुई तो वह स्वयं कुयें में कूद पड़ी। अत्यधिक कोलाहल मचने पर उस नगर का शिक़दार, उसके घर के लोग तथा क़स्बे वाले एकत्र हो गये। कुयें में जाल डाला गया। दोनों जाल के बाहर आलिंगन किये हुए निकले। स्त्री के आदमियों ने कहा कि, "हम उसे ले जाकर जलायेंगे।" शिक़दार ने कहा कि, "वह एक मुसलमान के लिए मरी है और दोनों साथ ही निकले हैं। उसे जलाना नहीं चाहिये और दफ़न कर देना चाहिए।" अन्त में यह निश्चय हुआ कि उस स्त्री को भी पुरुष के निकट दफ़न कर दिया जाय। जब स्त्री के आदमियों ने उसे निकाल कर जलाना चाहा तो लाश वहां न मिली। उन्होंने देखा कि उस स्त्री की क़ब्र से पुरुष की क़ब्र में एक खिड़की लगी हुई है और उसमें
(४१) एक दीपक जल रहा है। दोनों पलंग पर बैठे हुए हैं। जब उन्होंने यह देखा तो वे वहां से चले गये और क़ब्र को बन्द कर दिया गया। यह कहानी प्रसिद्ध हो गई और इसे बहुत से लोग जानते हैं।

भांदीर के एक ग्राम में एक व्यक्ति किसी माली[1] के घर पर मेहमान हुआ। ग्रामीणों में यह प्रथा है कि जब उनके घर कोई मेहमान जाता है तो उसके हाथ पैर धोने के लिए जल घर के स्वामी की स्त्री देती है और उसके समक्ष चौकी ले जाती है। यहां भी माली की स्त्री अतिथि की सेवार्थ जल ले गई। उसकी दृष्टि उस पर पड़ी। तदुपरान्त वह अपने घर में कार्य करने लगी। वह व्यक्ति उसी की ओर देखता जाता था। स्त्री भी यह बात समझ गई। जब भोजन लाया गया तो वह स्त्री भोजन कराने लगी। पुरुष अपने हाल में मग्न था। वह एक दो दिन[2] तक वहां ठहरा रहा और फिर चला गया। कुछ समय उपरान्त वह फिर वहां आया। इस बीच में उस स्त्री की मृत्यु हो गई थी और उसे जला कर उसकी राख एक बर्तन में रख कर छींके पर लटका दी गई थी। अन्य स्त्री अतिथि के लिये जल लाई और चौकी उसके समक्ष रखी। उसने देखा कि वह स्त्री वहां नहीं है। वह वहां बैठ कर चारों ओर देखने लगा किन्तु उसे वह स्त्री न मिली। उसने उससे पूछा कि "वह स्त्री कहां है ?" उसने बताया कि "उसकी मृत्यु हो गई है और उसकी हड्डियां लटकी हुई हैं।" उसने सिर को ऊपर उठा कर देखा। उसके देखते ही देगची तथा हड्डियां उसके सिर पर गिर पड़ीं। वह मूर्च्छित हो गया और प्रेम के प्रभाव से मृत्यु को प्राप्त हो गया।

'इश्क़ में ऐसी ही विचित्र घटना घटती है।'

किन्तु यह बात उसी समय थी आज का युग न तो ऐसा है और न उस प्रकार का इश्क़ है और न वैसे लोग हैं।

सिरवार की विलायत में एक दिन कुछ हिन्दू एक व्यक्ति के विवाह हेतु एक ग्राम के निकट पहुंचे। उन्हें वहां एक बहुत बड़ा हौज़ मिला। युवक ने जिसका विवाह होने वाला था कहा कि, "इस स्थान पर मैं शौच के लिए जाना चाहता हूं।" सभी बराती आगे चल दिये। वह व्यक्ति तथा एक ब्राह्मण शौच के

१ 'अ' के अनुसार 'काछी'।
२ 'ब' के अनुसार 'दो तीन दिन'।

लिए जल के निकट पहुंचे। संयोग से वहां कुछ स्त्रियां स्नान कर रही थीं और उनके वस्त्र जल के निकट रखे हुए थे। युवक ने देखा कि जंगल से एक सर्प निकल कर एक स्त्री के वस्त्रों में घुस गया। जो स्त्रियां (४२) स्नान कर रही थीं उन्हें उसने चेतावनी दे दी कि उन वस्त्रों में सर्प घुस गया है अतः वे लोग सावधानी से वस्त्र धारण करें। अन्य स्त्रियों ने निकल कर शीघ्र ही अपने वस्त्र पहन लिये। वह स्त्री जिसके वस्त्र में सर्प था रोने लगी और नंगी जल में खड़ी रही। युवक ने कहा कि, "मैं तेरे वस्त्र तुझे दे दूँगा।" शौच के उपरान्त उसने एक डंडा लेकर वस्त्रों को उससे उठाया। अचानक सर्प ने उस युवक के हाथ को डस लिया और जंगल की ओर चला गया। स्त्री वस्त्र पहन कर अपने घर चली गई। जब बरातियों को यह पता चला कि वर को सर्प ने डंस लिया है तो उन्होंने कुछ लोगों को ग्राम में इस आशय से भेजा कि जो लोग सर्प के विष के सम्बन्ध में झाड़-फूँक करते हों वे उपस्थित हों। वे लोग इस विषय में पता चला ही रहे थे कि उस युवक की मृत्यु हो गई। स्त्री भी रोती हुई "जै राम जै राम" कहती हुई घर से निकली और लाश के समीप आई। लाश के सिर को उसने अपनी जांघ पर रख कर कहा कि, "इसने मेरे कारण प्राण त्यागे हैं मैं अपने आपको इसके साथ जला डालूँगी।" उसे बहुत समझाया गया किन्तु उसने स्वीकार न किया और कहा कि, "मेरे भाग्य में यही लिखा था, तुम लोग हमारी चिन्ता न करो।" स्त्री तथा उस युवक के माता-पिता ने इस बात की अनुमति दे दी। स्त्री तथा पुरुष के विवाह हेतु जो कुछ उन्होंने एकत्र किया था उससे उस हौज़ के निकट एक भव्य भवन का निर्माण कराया और समस्त धन-सम्पत्ति उस देवहरा के व्यय हेतु दे दी।

उस राज्य-काल में किसी को भी परोक्ष से[1] जो धन मिलता था उसके प्रति सुल्तान कोई लोभ प्रदर्शित नहीं करता था। जिसे जो कुछ मिलता वह उसे स्वयं ले लेता।[2] संभल के भूभाग में एक भूमि खोदी जा रही थी। वहां भूमि से एक मटका[3] निकला उसमें ५ हज़ार सोने की मुहरें थीं।[4] संभल के आमिल मियां क़ासिम को इसकी सूचना मिल गई। उसने सुल्तान को इस विषय में सूचना प्रेषित की। सुल्तान ने आदेश दिया कि वह धन जिसे प्राप्त हुआ है उसी को दे दिया जाय। मियां क़ासिम ने पुनः निवेदन किया कि वह इतने धन के योग्य नहीं है। सुल्तान ने आदेश दिया कि, "हे मूर्ख ! जिसने दिया है यदि वह उसे इस योग्य न समझता तो क्यों देता। सभी उसके दास हैं। कौन जानता है कौन योग्य है और कौन अयोग्य।"

एक बार अजोधन में बन्दगी शेख मुहम्मद की भूमि के खेतों में एक हलवाहा हल चला रहा था। वहां पत्थर का एक बहुत बड़ा टुकड़ा दृष्टिगत हुआ। वह हलवाहा हल छोड़ कर शेख़ की सेवा में पहुंचा (४३) और इस घटना की सूचना दी। शेख़ ने अपने आदमियों को पता लगाने के लिए नियुक्त किया। जब भूमि खोदी गई और पत्थर उठाया गया तो वहां एक गड्ढा मिला जिसमें ख़ज़ाना भरा हुआ था। उन लोगों ने गढ़े को उसी प्रकार बन्द कर के शेख़ के पास पहुंच कर सूचना दी। शेख़ स्वयं सवार होकर वहां पहुंचे और पत्थर हटवाया। उस पत्थर के नीचे एक कुआं निकला जिसमें ख़ज़ाना भरा हुआ था। शेख़ ख़ज़ाना निकलवा कर अपने घर ले आये। जब इस घटना के विषय में पूछताछ की गई तो पता चला

१ वह धन जो गड़ी हुई धन-सम्पत्ति के रूप में प्राप्त हो।
२ 'ब' में यह वाक्य इस घटना के अन्त पर है।
३ 'ब' के अनुसार 'बरतन'।
४ 'ब' के अनुसार 'अशर्फ़ी'।

कि यह खज़ाना जुलक़रनैन[1] के समय से वहां बन्द है। कुछ बर्तन सोने के थे जिन पर जुलक़रनैन का तमग़ा बना हुआ था। दीपालपुर के मुक्ता अली खां लोदी को इस बात की सूचना मिल गई। उसने शेख़ के पास सूचना भेजी कि "यह विलायत मेरे अधीन है अतः परोक्ष से जो धन प्राप्त हुआ है उसका सम्बन्ध मुझसे है।" शेख़ ने कहा कि, "यदि यह धन ईश्वर तुझे देता तो मैं तुझसे कुछ न कहता किन्तु यह धन मुझे प्रदान किया है अतः तुझे इसमें से कुछ भी नहीं प्राप्त हो सकता।" अली ख़ां के वाक़या-निगार[2] ने सुल्तान सिकन्दर को लिखा कि, "शेख़ की भूमि में बादशाहों का ख़ज़ाना निकला है।" सुल्तान ने आदेश दिया कि, "तुझे इससे क्या मतलब ?" शेख़ ने भी अपने वकील[3] सुल्तान की सेवा में भेजे और कुछ सोने के बर्तन जुलक़रनैन के सिक्कों सहित प्रेषित किये और लिखा कि, "इस प्रकार की इतनी-इतनी चीज़ें प्राप्त हुई हैं। आप जिसे आदेश दें उसे इन वस्तुओं को प्रदान कर दिया जाय।" सुल्तान ने आदेश दिया कि, "इन वस्तुओं को आप अपने पास ही रखें। आपको भी हिसाब देना है और मुझे भी; राज्य ईश्वर का है वह जिसे चाहता है देता है।"

मैंने बन्दगी शम्सुद्दीन से सुना है कि एक व्यक्ति शाबान[4] मास में २० ता० से कोठरी में एकान्त-वास ग्रहण कर लेता था और ४० दिन तक कोठरी में ही रहता था। वह कोठरी से न निकलता[5] और अन्न-जल भी त्याग देता था। ईद के दिन वह बाहर निकलता था और पूर्व की भांति स्वस्थ पाया जाता था। जब लोग उसके दर्शनार्थ पहुंचे तो उन्हें पता चला कि वह एक साधारण सा ग्रामीण है। जब लोगों ने उसे देखा तो उससे पूछा कि, "बाह्य रूप से तुझमें यह शक्ति दृष्टिगत नहीं होती, किस प्रकार तू इतनी रियाज़त[6] करता है ?" उसने कहा कि, "मैं एक बार क़ुतुब आलम शेख़ फ़रीद[7] (की क़ब्र) के दर्शनार्थ गया था। बन्दगी शेख़ अहमद वहां उपस्थित थे। शाबान का महीना था, सूफ़ियों को कोठरियां बांटी जा रही थीं और उन्हें हाथ पकड़ कर कोठरियों में बैठाया जा रहा था। संयोग से मैं भी उस भीड़ में उपस्थित यह लीला देख रहा था। उन्होंने अपने शुभ हाथ मेरी ग्रीवा पर रख कर कहा कि, 'कोठरी में बैठ जा।' मेरे ऊपर मूर्च्छा छा गई और मैं कोठरी में चला गया। ४० दिन तक मैं वहां बिना अन्न-जल के रहा और मुझे वहां कोई सूचना न हुई और न किसी ने मेरी ख़बर ली। इसका कारण यह था कि जिन सूफ़ियों (४४) के नाम लिखे हुए थे उनमें से प्रत्येक की देखभाल की जाती थी। मेरा नाम उस सूची में न था अतः किसी को भी मेरी सूचना न थी और मुझे भी अपनी सूचना न थी। उस दिन से जब यह मौसम आता है तो मेरी वैसी ही दशा हो जाती है और मैं उनके हाथ अपनी ग्रीवा पर पाता हूं। इस शक्ति के सहारे मैं ४० दिन व्यतीत करता हूं।"

१ जुलक़रनैनः दो सींगों वाला आदमी। सिकन्दर महान् को मध्यकालीन फ़ारसी अरबी इतिहास तथा साहित्य में सिकन्दर जुलक़रनैन लिखा जाता है। इसके सम्बन्ध में बड़ी विचित्र घटनाओं का उल्लेख किया जाता है।

२ वह अधिकारी जो राज्य में घटने वाली समस्त घटनाओं की सूचना बादशाह को भेजा करता था।

३ प्रतिनिधि।

४ हिजरी वर्ष का ८वां महीना।

५ 'ब' के अनुसार 'कोठरी को मिट्टी से बन्द करवा देता था'।

६ तपस्या।

७ शेख़ फ़रीदुद्दीन गंजशकर: ख़्वाजा क़ुतुबुद्दीन बख़्तियार काकी के शिष्य जिनका जन्म ११७३ ई० तथा मृत्यु १२६५ ई० में हुई। उन्होंने अजोधन अथवा पाक पटन में, जो मुल्तान में है, विशेष रूप से प्रचार किया।

दास ने अपनी आंखों से यह देखा है कि मलिक अल्लाहदी जलवानी के दायरे[1] में एक व्यक्ति रहता था। उसे १६ वर्ष से पेशाब पाखाना न हुआ था। जो अन्न अथवा जल उसे मिलता था उसे वह निश्चिन्त होकर खा लेता था। उससे यह पूछा गया कि "तेरे लिए यह बात किस प्रकार संभव हो सकी?" उसने उत्तर दिया कि, "मैं नदी के किनारे यात्रा कर रहा था। वहां एक दरवेश से मेरा सत्संग हो गया और मैं उसकी सेवा करने लगा। मैंने उसे कभी यह कार्य करते हुए नहीं देखा, अतः मैंने उससे आश्चर्य से पूछा कि, 'मैंने आपको कभी भी यह कार्य करते हुए नहीं देखा।' उसने कहा कि, 'क्या तेरी भी यही इच्छा है?' मैंने कहा कि, 'यदि हो जाय तो अहो भाग्य।' उसने उत्तर दिया कि, 'तुझमें भी यह शक्ति आ जायगी।' इसके उपरान्त फिर कभी मुझसे यह बात प्रकट न हुई। उनको २४ साल से यह शक्ति प्राप्त थी। मुझे भी १६ वर्ष हो चुके हैं।" बहुत से लोग उसके पास जाते थे और उसके विषय में पता लगाते थे किन्तु इस सम्बन्ध में कुछ पता न चलता था अपितु उसके पास इस प्रकार का भोजन जैसे दूध, उरद तथा चना भोजनार्थ ले जाते थे किन्तु उसकी दशा सर्वदा एक ही सी रहती थी।

जौनपुर में एक विद्यार्थी बड़ा ही दरिद्र था। ३ दिन तक उसे कुछ भी भोजन न मिला और उसके परिवार वाले भूख के कारण बड़ी दुर्दशा को प्राप्त हो गये। उन लोगों ने उससे कहा कि "जाकर कहीं अपने भाग्य की परीक्षा करो, संभव है कि कहीं कुछ प्राप्त हो जाय, अब हममें शक्ति नहीं है।" यह व्यक्ति चौथे दिन शहर के बाहर निकला। वहां उसे एक चने का खेत मिला। उसने सोचा कि अन्य लोगों की सम्पत्ति पर हाथ डालना अनुचित है किन्तु इतने दिनों से भोजन न करने के उपरान्त भी चाहे मैं स्वयं न खाऊं किन्तु परिवार वालों के लिए लें चलूँ। यह सोच कर वह चना प्राप्त करने के लिए खेत में घुस गया। उस खेत के निकट एक हौज़ था जिसके किनारे एक दरवेश बैठा हुआ था। उसने चिल्ला कर कहा कि, "क्यों दूसरे की संपत्ति नष्ट कर रहा है?" विद्यार्थी ने कहा कि, "तूने अभी तक न जाने कितने घरों का भोजन किया होगा, तुझे क्या पता कि मैं किस दशा में यहां आया हूं।" उसने कहा कि, "मेरे पास आ और जो हाल हो मुझे बता।" यह व्यक्ति उसके पास पहुंचा। उसने देखा कि एक व्यक्ति नंगे सिर तथा नंगे पांव एक तहबंद बांधे खाली अम्बानी[2] अपने समक्ष रखे हुए बैठा है। उसने पूछा कि, "कुछ (४५) भोजन करेगा?" उसने उत्तर दिया कि, "क्यों न करूंगा।" दरवेश ने अम्बानी में हाथ डाल कर १० सिकन्दरी तन्के निकाले और उसे देकर कहा कि "जाकर इससे घी, मांस तथा जो कुछ भी आवश्यकता हो ले आओ।" उसने पूछा कि, "पकवा कर लाऊं?" उत्तर मिला कि, "नहीं, बिना पका हुआ ला, यहीं पकवा लेंगे।" उसने जाकर जो कुछ वताया गया था क्रय किया और ले आया। दरवेश ने अम्बानी से चाकू तथा तख्ता निकाल कर कहा कि मांस को काट। तदुपरान्त उसने चकमक[3] निकाल कर दिया और देग[4], तबाक़[5] तथा दस्तरख्वान[6] भी निकाल कर दिये। देग तैयार करने के लिए लोहे के यंत्र भी दिये। संक्षेप में उसे जिस वस्तु की आवश्यकता होती थी उसे वह अम्बानी से निकाल लेता था, यहां तक

१ गोल घेरा। कार्य अथवा अधिकार का क्षेत्र।

२ कमाया हुआ चमड़ा।

३ एक प्रकार का पत्थर जिस पर आघात करने से अग्नि निकलती है। दियासलाई के आविष्कार के पूर्व इसी से आग सुलगाई जाती थी।

४ खाना पकाने का तांबे का बड़ा बरतन।

५ थाल।

६ वह कपड़ा जिस पर भोजन रख कर खाया जाता है।

कि लकड़ी भी।[1] जब भोजन पक गया और थालों में लग गया तो दरवेश ने स्वयं भोजन किया तथा उसे भोजन कराया और ख़ाली अम्बानी को कंधे पर रखकर चल खड़ा हुआ। उस व्यक्ति ने सोचा कि यह व्यक्ति अकेला है और इसे किसी वस्तु की चिन्ता नहीं अतः वह बैठ कर उन वस्तुओं को इस आशय से एकत्र करने लगा कि उन्हें बांध कर ले जाये। दरवेश ने उसे पीछे देख कर पुनः रोका और कहा कि "ऐसा विचार मत कर और उठ कर चला जा।" वह उसके कहने से उठ खड़ा हुआ और वह वस्तुयें वहीं पड़ी रह गईं। एक दिन यात्रा करने के उपरान्त दूसरे दिन भी उसने इसी प्रकार भोजन की व्यवस्था की और भोजन किया। इस व्यक्ति ने सोचा कि, "मैं तो भोजन कर रहा हूँ पता नहीं मेरे घर वालों की क्या दशा होगी।" दरवेश ने अपने अन्तःकरण के प्रकाश से उसकी इच्छा का पता लगा लिया और पूछा कि, "क्या तू अपने घर जाना चाहता है?" उसने कहा कि "हां।" दरवेश ने अम्बानी से १० तन्के निकाल कर दिये और कहा कि जा। जब वह जाने लगा तो उसने उसे पुनः बुलवाया और कहा कि, "मैं तुझे एक ऐसी वस्तु देता हूं जो आजीवन तेरे काम आयेगी" और आदेश दिया कि "वज़ू[2] कर तथा दुगाना[3] पढ़।" जब वह दुगाना पढ़ चुका तो उसने उसे अपने पास बैठाया और कहा कि, "अपनी आंखें बन्द कर ले।" जब उसने आंखें बन्द कीं तो दरवेश ने आदेश दिया कि "आंखे खोल।" जब उस व्यक्ति ने आंखें खोलीं तो उसने देखा कि एक व्यक्ति फ़क़ीरों के वस्त्र धारण किये हुए उसकी दायीं ओर बैठा हुआ है और एक तुर्की घोड़ा सुनहरी ज़ीन सहित उसके पीछे खड़ा है। दरवेश ने उस परोक्ष के व्यक्ति का हाथ पकड़ कर उस व्यक्ति की उससे बैअत[4] करायी और सिफ़ारिश की और कहा कि, "जिस प्रकार तू मेरे साथ व्यवहार करता है उसी प्रकार इस व्यक्ति के साथ व्यवहार कर।" यह कह कर वह मर्दे ग़ैब[5] अदृश्य हो गया और उसने इस व्यक्ति को यह कह कर विदा कर दिया कि "तुझे जिस बात की आवश्यकता हो उसे मांग लिया करना और जो कुछ प्राप्त हो उसे उचित अवसर पर व्यय करना; अनुचित स्थान पर
(४६) व्यय मत करना।" व्यक्ति अपने घर पहुंचा और उसके आदेशानुसार आचरण करने लगा। उसकी दरिद्रता का अन्त हो गया। एक दिन उससे एक भूल हो गई। जो कुछ प्राप्त हुआ था वह भी लुप्त हो गया और उसका प्रभाव भी न रहा।

उमर ख़ां कम्बोह, जो मियां शेख़ लादन का ससुर[6] था, सुल्तान सिकन्दर का अमीर आख़ुर था। एक दिन उसकी अश्वशाला के एक जानवर पर जिन्नात[7] का प्रभाव हो गया। झाड़ फूंक करने वाले उपस्थित हुए किन्तु किसी का कोई भी प्रभाव न हुआ। अपितु जो कोई भी झाड़ फूँक करता जिन्नात उससे अधिक अपनी शक्ति का प्रदर्शन करता। दो तीन दिन इसी प्रकार व्यतीत हो गये। जिन्नात ने कहा कि, "तुम मुझे शैतान न समझो और तुम जिस कष्ट में पड़े हो उससे कोई लाभ न होगा। मेरा एक

१ 'ब' में इतना विस्तृत उल्लेख नहीं है।
२ नमाज से पूर्व यथाविधि हाथ मुँह तथा पांव धोना।
३ दो रकात नमाज में खड़े होकर यथाविधि क़ुरान के कुछ अंश पढ़ कर झुकना पुनः खड़े होना तथा भूमि पर दो बार बैठे बैठे सिर रख कर पुनः खड़ा होना एक रकात कहलाता है। इसी प्रकार से दो बार करना।
४ अधीनता स्वीकार करने की शपथ। किसी पीर का मुरीद अथवा चेला बनना।
५ वह व्यक्ति जो परोक्ष से आया था।
६ 'ब' के अनुसार 'उमर ख़ां कम्बोह जो मिया शेख़ लादन के जामाता का ससुर था'।
७ मुसलमानों के विश्वास के अनुसार एक तैजस योनि।

कार्य है यदि उसे संपन्न कर दो तो मैं इसे मुक्त कर दूंगा।" उन लोगों ने पूछा कि, "वह क्या कार्य है?" उसने कहा कि "उमर खां के पुत्र मियां भिखारी हाफ़िज़ को यहां ले आओ। मैं स्वयं चला जाऊंगा।" उन लोगों ने मियां के समक्ष पहुंच कर प्रार्थना की कि "आप वहां चलने का कष्ट करें।" वे वज़ू करके वहां चले। जब वे वहां पहुंचे तो जिन्नात ने उनके प्रति अभिवादन किया। वे बैठ गये। जिन्नात ने कहा कि, "ईश्वर के लिए जिस प्रकार आप एकान्त में रहमान का सूरा पढ़ते हैं उसी प्रकार पढ़ें।" वे बड़े उत्तम स्वर तथा रुचि से पढ़ने लगे। एक स्थान पर वे भूल गये। जिन्नात ने कहा कि, "इस स्थान पर दृष्टि डालें।" तदुपरान्त उन्होंने ठीक पढ़ा। जब वे पढ़ चुके तो जिन्नात ने आशीर्वाद देते हुए कहा कि, "जैसा मैं सुनता था वैसा ही मैंने पाया।" उन्होंने पूछा कि, "क्या बात है?" जिन्नात ने कहा कि, "मैं परियों के समूह से हूं और एकान्तवासी था। दीर्घ काल के उपरान्त आपके क़ुरान का पाठ सुनने के लिए एकान्त के बाहर निकला। हमारे भाई जो इस ओर से जाते थे वे आपको क़ुरान पढ़ते हुए देखते थे और सर्वदा आपके गुणों की मुझसे चर्चा किया करते थे। मुझे सुनने की इच्छा हुई। यदि मैं इस व्यक्ति को मध्यस्थ बनाये बिना आप तक पहुंचता तो आप इसे सहन न कर पाते। अतः मैंने इस व्यक्ति को इस बात का साधन बनाया। अब आप मुझे विदा करें मैं आपको ईश्वर के सिपुर्द करता हूं।" तदुपरान्त वह सलाम करके चला गया और लोग अपने कार्य में व्यस्त हो गये।

(४७) एक बार यह लेखक मियां हुसेन फ़र्मुली के पुत्र मियां मुजीब का सेवक था। उनके घर में उनकी सेवा में बैठा हुआ था। मियां उस स्थान से उठ कर अन्तःपुर में पहुंचे और वहां आम खाने लगे। मियां की पीठ द्वार की चौखट की ओर थी। एक स्त्री सामने बैठी हुई उनके समक्ष आम रखती जाती थी। वह द्वार की ओर देख रही थी। आधा दिन व्यतीत हो चुका था। जब उस स्त्री ने ऊपर दृष्टि डाली तो उसे एक व्यक्ति खड़ा हुआ मिला। उसने मियां से पूछा कि, "यह व्यक्ति कौन है जो अन्तःपुर में प्रविष्ट हो गया है?" मियां ने जब ऊपर देखा तो उन्हें भी एक व्यक्ति दिखाई दिया। मियां के हाथ में चाक़ू था, वे चाक़ू लेकर उसकी ओर बढ़े। यद्यपि मियां उसकी ओर बढ़ते गये किन्तु वह उस स्थान से न हटा और उनकी ओर देखता ही रहा। जब मियां उसके समीप पहुंचे तो उन्होंने उसकी ओर चाक़ू फेंका। वह उस दीवार में जिस पर दृष्टि डाली जा रही थी घुस गया। उनके मध्य में एक गज़ से अधिक दूरी न थी। जब मियां ने दीवार के पीछे देखा तो कोई भी दृष्टिगत न हुआ। एक स्त्री धोबी को कपड़े दे रही थी। मियां ने उससे पूछा कि, "तूने किसी को देखा है?" उसने उत्तर दिया कि, "नहीं देखा है।" मियां उस स्थान पर जहां कि दास बैठा हुआ था पहुंचे और पूछा कि, "क्या तूने किसी को देखा है?" मैंने उत्तर दिया कि, "नहीं।" मियां ने कहा कि "यह बड़ी ही विचित्र घटना है। क्या कोई ऐसा व्यक्ति मिल सकता है जिससे इसके विषय में पूछ ताछ की जाय?" मैंने कहा कि "ख़्वाजा हमीदुद्दीन[२] सूफ़ी की संतान में शेख़ जमाल नागौरी नामक एक व्यक्ति हैं जिन्हें इस कार्य में पूर्ण कुशलता प्राप्त है।" मियां ने आदेश दिया कि उन्हें बुलवाया जाय। मैंने शेख़ को बुलवाया और यह हाल सुनाया। उन्होंने समस्त जिनों को उपस्थित किया। जब वे उपस्थित हुए तो उन्होंने पूछा कि, "मियां के घर में जो प्रेम की दृष्टि डाल रहा हो उसे उपस्थित किया जाय।" थोड़ी देर उपरान्त जिन्नातों ने उसे उपस्थित किया। तदुपरान्त मियां मुजीब ने शेख से कहा कि "आप उससे पूछें कि वह जिस व्यक्ति को देख रहा था वह कैसा

१ क़ुरान का एक अध्याय।

२ शेख़ हमीदुद्दीन सूफ़ी नागौरी बहुत बड़े विद्वान् थे और उन्हें क़ाज़ी का पद प्राप्त था। उनकी मृत्यु १२६६ ई० में हुई और वे देहली में ख़्वाजा क़ुतुबुद्दीन बख़्तियार की क़ब्र के समीप दफ़न हैं।

था।" उसने कहा कि, "वह लाल वस्त्र धारण किये हुए था, नमदे की टोपी पहने था और बाल कान की लहर तक थे।" मियां ने कहा कि "आप सच कहते हैं उसका रूप यही था।" तदुपरान्त मियां ने कहा (४८) कि, "आप उससे पूछें कि वह मेरे घर की ओर क्यों देख रहा था?" उसने उत्तर दिया कि, "मुझे किसी के घर से कोई मतलब नहीं, मैं एकान्तवासी हूं, वर्षों उपरान्त मैं एकान्तवास से निकला। मेरे मित्र जो भ्रमण करते रहे हैं इस स्थान से गुज़रते थे। मियां की सुन्दरता की वे मुझे रोज़ाना सूचना दिया करते थे अतः मुझे भी उनके देखने की इच्छा हुई। मैंने उनको देखकर पुनः एकान्तवास ग्रहण कर लिया। मुझे किस कारण कष्ट दे रहे हो और एकान्तवास से निकाल रहे हो?" मियां ने कहा कि, "इससे शपथ ले लो कि वह पुनः न आयगा।" शपथ लेकर तथा प्रतिज्ञा करा कर उसे विदा कर दिया गया।

एक बार दो व्यक्ति एक गठरी को एक सर्राफ़ के पास अमानत में दे गये और कहा कि, "जब हम दोनों साथ आयें तभी देना। यदि एक आये तो न देना।" कुछ दिन उपरान्त उनमें से एक ने आकर गठरी मांगी। उसने कहा कि "तुम दोनों इकट्ठा आकर ले जाओ।" उसने कहा कि, "मेरे वह मित्र भी आये हैं, देखो वह खड़े हैं। वह संकेत कर रहा है कि गठरी दे दो।" सर्राफ़ ने गठरी को लाकर उसे अपने स्थान से दिखाया और कहा कि, "मैं इसे देता हूं।" उसने भी दूर से संकेत किया कि, "दे दे।" सर्राफ़ ने गठरी दे दी। दूसरे दिन दूसरा मित्र आया और उसने कहा कि, "मेरा वह मित्र मेरे पास से भाग गया। यदि वह आये तो उसे कदापि गठरी मत देना।" सर्राफ़ ने कहा कि, "कल तुम लोग आकर गठरी मेरे पास से ले गये।" उस व्यक्ति ने पूछा कि, "कौन ले गया?" सर्राफ़ ने कहा कि, "तुम उसके साथ आकर ले गये।" उसने कहा कि, "मैं कल अपने घर से निकला ही नहीं।" सर्राफ़ ने कहा कि, "कल तेरा मित्र मेरे पास आया था और तूने दूर से कहा था एवं संकेत किया था कि दे दे।" उसने कहा कि, "मैं नहीं था, कोई अन्य व्यक्ति होगा। २ दिन हुये कि मेरे मित्र का पता नहीं; आज मैंने सोचा कि कहीं ऐसा न हो कि वह विश्वासघात करें और गठरी ले जाय, मैंने तेरे पास आकर गठरी देने के लिए मना किया ताकि जब तक दोनों न आयें तू गठरी न दे। अब तू विश्वासघात करता है।"

जब दोनों का झगड़ा अधिक बढ़ गया तो वे दीवान के चबूतरे पर पहुंचे।[1] यह अभियोग कई दिन तक चलता रहा किन्तु उसका निर्णय न हो सका। सुल्तान ने कहा, "इसे मेरे पास भेज दिया जाय।" दोनों को सुल्तान की सेवा में उपस्थित किया गया। सुल्तान ने उनसे पूछा कि, "जब तुम लोगों ने गठरी दी थी तो क्या शर्त की थी?" उसने कहा कि, "मैंने शर्त की थी कि जब तक हम दोनों न आयें गठरी मत देना। मेरा मित्र कई दिन से अनुपस्थित है। यह कहता है कि वह गठरी ले गया।" सुल्तान ने सर्राफ़ से पूछा तो उसने उत्तर दिया कि, "दोनों व्यक्ति मेरे पास से आकर गठरी ले गये।" उसने कहा कि, "यदि मैं आया हूं तो मुझे मृत्युदण्ड दिया जाय।" सर्राफ़ ने कहा कि, "इसका मित्र मेरे पास आया था और यह दूर खड़ा था। उसने मुझे इस व्यक्ति को दिखलाया। जब उसने देने के लिए कहा तो मैंने इसे दिखा कर दे दिया।" जब सुल्तान ने उससे पूछा तो उसने उत्तर दिया कि, "मैं वहां नहीं था कोई अन्य व्यक्ति (४९) रहा होगा जो छल करके ले गया अथवा यह व्यक्ति छल करता है।" सुल्तान समझ गया कि यह सर्राफ़ सत्य कहता है और वह झूठा दोष लगा रहा है। सुल्तान ने कहा कि, "तेरी गठरी सर्राफ़ के पास है। दोनों साथ-साथ जैसी कि शर्त थी जा कर ले लो।" सुल्तान ने उन्हें लौटा दिया। क्योंकि बादी धूर्त था वह न आया और सर्राफ़ मुक्त हो गया।

१. 'ब' के अनुसार 'क़ाज़ी के पास पहुँचे'।

सुल्तान के कार्य करने की विधि

सुल्तान की यह प्रथा थी कि वह रात्रि में न सोता था, केवल दिन के भोजन के उपरान्त सोता था। रात भर वह न्याय करता था और शासन प्रबन्ध की व्यवस्था किया करता था। सीमान्त के अमीरों तथा समकालीन बादशाहों को पत्र लिखवाया करता था इसी कारण वह रात्रि में कार्य करता था। १७ आलिम तथा विद्वान् उसके विश्वासपात्र थे। जब रात्रि समाप्त होने में ६ घड़ी रह जातीं तो वह उनके साथ भोजन करता। उस समय यह प्रथा थी कि वे लोग हाथ धोकर सामने बैठ जाते थे, सुल्तान पलंग पर बैठता था, एक बड़ी कुर्सी पलंग के समीप लाई जाती थी, भोजन का थाल उस कुर्सी पर रखा जाता था। उसमें से वह स्वयं भोजन करता था। अन्य लोगों के समक्ष सहनक[1] (थाल) रखा जाता था। सुल्तान के समक्ष कोई भी भोजन न करता था। सब हाथ धोकर बैठे रहते थे। जब सुल्तान भोजन कर चुकता तो वे लोग अपना अपना सहनक (थाल) अपने अपने सेवकों को सौंप देते थे। यदि आवश्यकता होती तो वे लोग भोजन करते अन्यथा अन्य लोग भोजन करते थे। रसोई से प्रत्येक व्यक्ति के लिए सहनक (थाल) निश्चित थे, प्रत्येक के घर वे पहुंचते रहते थे। सुल्तान की यह प्रथा थी कि, "जिस व्यक्ति के लिए एक बार भोजन तथा वस्त्र से संबंधित एवं नक़द इत्यादि जो वस्तु निश्चित हो जाती थी तो आजीवन उसमें कोई परिवर्तन न होता था। उदाहरणार्थ क़ुतुब आलम शेख़ हाजी अब्दुल वह्हाब, शाह जलालुद्दीन मुहम्मद शीराज़ी को अपने साथ मक्का से लाये। जिस दिन वे सुल्तान के दर्शनार्थ गये सुल्तान ने उनके लिए भोजन के थाल भिजवाने का आदेश दिया। उस दिन भेंड़ का मांस, कुछ हलवे तथा समोसे उपस्थित थे वही भेज दिये गये और प्रथा अनुसार वही भेजा जाता रहा।

एक बार बन्दगी शेख़ अब्दुल ग़नी जौनपुरी ग्रीष्म ऋतु में सुल्तान से भेंट करने पहुंचे। प्रथम दिन शरबत के छः गिलास उनके पास आतिथ्य सत्कार हेतु भेजे गये। जब तक वे वहां रहे वही शरबत (५०) तथा भोजन उन्हें भेजा जाता रहा। उनकी मृत्यु के उपरान्त जब शेख़ अब्दुल ग़नी के पुत्र शेख़ अब्दुस्समद सुल्तान के दर्शनार्थ आये तो सुल्तान ने आदेश दिया कि जो कुछ शेख़ अब्दुल ग़नी को भेजा जाता था वही उनको भेजा जाया करे। वे कभी-कभी सुल्तान के दर्शनार्थ आया करते थे। यह निश्चित वस्तुयें उन्हें सर्वदा प्राप्त होती रहती थीं। शीत ऋतु हो अथवा ग्रीष्म ऋतु शरबत में कभी कमी नहीं होती थी। इसी प्रकार जिसके लिए एक बार आदेश हो जाता वह सर्वदा चलता रहता।

सुल्तान से जब कभी कोई एक वार भेंट कर लेता और फिर उसकी सेवा में उपस्थित होता तो उसके प्रति वही सम्मान प्रदर्शित किया जाता था जो प्रथम बार प्रदर्शित होता था। उसमें किसी प्रकार का कोई परिवर्तन न होता था। वह उनसे वार्तालाप भी उसी प्रकार करता था। जो अमीर जिस स्थान पर खड़ा होकर अभिवादन करता था वह सर्वदा उसी स्थान पर खड़े होकर अभिवादन करता। जिस समय सुल्तान की सवारी निकलती तो जो व्यक्ति अपनी गली में खड़ा हो जाता था वह उसी स्थान से अभिवादन करता था। यदि वह किसी स्थान पर किसी से कोई वार्ता कर लेता अथवा किसी को कोई फ़रियाद सुन लेता तो जब कभी भी वह उस गली में पहुंचता तो वहां ठहर जाता और अभिवादन स्वीकार करता था।

१. 'ब' के अनुसार 'तबक़'।

जागीर के सम्बन्ध में नियम

सुल्तान ने प्रत्येक कार्य के लिए ऐसे योग्य अधिकारी नियुक्त किये थे कि किसी भी फ़रियादी को उसके पास आने की आवश्यकता न पड़ती थी। यदि कोई भी फ़रियादी सुल्तान की सवारी के समय फ़रियाद करता था तो सुल्तान देखते ही कहता था कि वह किसका दामाद (जामाता) है।[1] प्रत्येक व्यक्ति के वकील उपस्थित रहते थे। वे उसका हाथ पकड़ कर ले जाते थे और उसे संतुष्ट करते थे।[2] वह जब कभी किसी को एक बार जागीर प्रदान कर देता था तो जब तक उससे कोई बहुत बड़ा अपराध न हो जाता उसमें कोई परिवर्तन न किया जाता था। जिस किसी से कोई अपराध हो जाता तो सुल्तान उसे फिर कोई वस्तु न प्रदान करता था। यदि सुल्तान किसी के विषय में यह आदेश दे देता कि इस व्यक्ति को १ लाख तन्के की जागीर दे दी जाय और वहां से १० लाख तन्के प्राप्त होते और कोई व्यक्ति सुल्तान से इस विषय में चुग़ली खाता तो सुल्तान उससे कहता कि, "इस व्यक्ति ने जागीर स्वयं प्राप्त की है अथवा मेरे आदेश से?" उत्तर मिलता कि "सुल्तान के आदेशानुसार प्राप्त हुई है।" इस पर सुल्तान उसको जवाब देता, "जो कुछ उसके भाग्य में था उसे प्राप्त हो गया।"

मलिक बदरुद्दीन भीलम को एक बार ७ लाख तन्के की जागीर किसी परगने में प्रदान की गई। उस परगने से ९ लाख प्राप्त हुए। मलिक ने निवेदन किया कि, "इस परगने की जागीर ७ लाख तन्के की थी। अब ९ लाख प्राप्त हुए हैं। जहां कहीं सुल्तान का आदेश हो मैं उसे दे दूं।" सुल्तान ने आदेश दिया कि, "इसे अपने पास रखो।" दूसरी फ़सल में १२ लाख तन्के पैदा हुए, उस मलिक ने पुनः इस विषय में निवेदन किया। सुल्तान ने आदेश दिया कि, "इसे भी अपने पास रख।" अन्य फ़सल में १५ लाख तन्के पैदा हुए; उसने पुनः निवेदन किया। सुल्तान ने आदेश दिया कि, "यह सब तेरा है। बारबार क्यों इस विषय में सूचना देता है।"

(५१) कोल के मीरान सैयिद फ़ज़्लुल्लाह रसूलदार[3] तथा उसके भाइयों को ५ लाख की जागीर प्राप्त थी। एक व्यक्ति ने इस प्रकार निवेदन किया कि "बन्दगी मीरान की जागीर को मैं ९० लाख के इजारे[4] पर लेता हूं। जो उनकी जागीर की प्राप्ति है वह उन्हें दे दूंगा, ३ लाख खज़ाने में अदा करूंगा, शेष जो कुछ मेरे भाग्य में होगा वह मुझे मिल जायेगा।" सुल्तान ने कहा कि, "तु बड़ा डींग मारता है।" उसने कहा कि, "यदि मैं डींग मारता हूं तो मेरी गर्दन उड़ा दी जाय।" सुल्तान ने आदेश दिया कि एक जानदार[5] को इस आशय से नियुक्त किया जाय कि वह उन ग्रामों में से एक ग्राम की नाप करके पता लगाये और जो सत्य बात हो उसे प्रस्तुत करे। जो जानदार इस स्थान से भेजा गया था उसे उस ग्राम के छद[6] ने डेढ़ सौ तन्के दिये। सुल्तान ने उसी समय एक अन्य व्यक्ति को इस आशय से नियुक्त किया कि वह उस जानदार को लौटा लाये और उस ग्राम के मुक़द्दमों, पटवारियों तथा प्रजा को अपने साथ ले आये। तदनुसार वे उपस्थित किये गये। सुल्तान ने उनसे कहा कि "सच सच बताओ कि इन

१ किसको उसके प्रति न्याय करना चाहिये।
२ 'ब' में इन गुणों का विवरण बड़े संक्षिप्त रूप से किया गया है।
३ रसूलदार अथवा हाजिबुल इरसाल, देश के प्रान्तों तथा देश के बाहर के राज्यों से सम्पर्क स्थापित रखता था। वह एक प्रकार से राजदूतों का अफ़सर होता था।
४ ठेका।
५ सुल्तान के अंगरक्षक।
६ मूल ग्रन्थ में यह शब्द स्पष्ट नहीं, सम्भवतः चौधरी।

ग्रामों का हासिल (आय) क्या है।" उन्होंने बताया कि, "१५ लाख तन्के हैं।" सुल्तान ने दीवान के अधिकारियों से पूछा कि, "तुम लोग किस प्रकार जागीर प्रदान करते हो? इसमें दो बातों के अतिरिक्त कोई अन्य बात नहीं। या तो तुम रियायत करते हो अथवा घूस लेते हो।" उन लोगों ने कहा कि, "हम लोग आज्ञा की अवहेलना किस प्रकार कर सकते हैं? जब यह आदेश हो जाता है कि अमुक परगने से इतने ग्राम लिख कर दे दो तो हम लोग आदेशानुसार कार्य करते हैं। इसके अतिरिक्त सब बादशाह के अधिकार में है।" सुल्तान ने आदेश दिया कि "क्योंकि सैयिदों की जागीर ऊपर के हुक्म से दी गई है अतः जो कुछ प्राप्त होता है वह उनका है।"

यदि किसी स्थान से कोई गायक अथवा वादक सुल्तान की सेवा में उपस्थित होता तो सुल्तान अपने समक्ष उसे नहीं बुलवाता था। मीरान सैयिद रुहुल्लाह तथा सैयिद इब्नुर्रसूल को शाही सरापर्दे के समीप स्थान दे दिया गया था जो कलाकार उपस्थित होता था वह उनके समक्ष अपनी कला का प्रदर्शन करता था। यदि वे योग्य होते थे तो सुल्तान के दरबार में उपस्थित किये जाते थे। शहनाई बजाने वाले १० व्यक्ति एक पहर रात्रि व्यतीत हो जाने पर खास सरापर्दे के समक्ष उपस्थित होते थे और शहनाई बजाते थे। सुल्तान का आदेश था कि इन चार मुक़ामों के अतिरिक्त कुछ न गाया जाय। सर्व प्रथम गौरा, तदुपरान्त कल्याण, इसके पश्चात् काणा[1] और फिर हुसैनी और इसे इस प्रकार समाप्त किया
(५२) जाता था। यदि इन चारों मुक़ामों के अतिरिक्त वे अपनी इच्छा से कुछ बजाते थे तो इसके लिए उनसे पूछताछ की जाती थी।[2]

सुल्तान ने प्रत्येक कार्य के लिए समय निश्चित कर दिया था और हर एक का एक क्रम था जिसमें कमी बेशी न होती थी। उसने अपना समस्त राज्यकाल इसी प्रकार व्यतीत किया। उसके कार्य के विषय में किसी प्रकार की कोई आपत्ति न प्रदर्शित की जा सकती थी। केवल वह दाढ़ी मुंडवाता था और कहा जाता है कि कभी-कभी वह मदिरापान करता था; किन्तु कोई ऐसा व्यक्ति न था जिसने उसे बादशाही के समय मदिरापान करते देखा हो अथवा किसी समय उसे मादक अवस्था में पाया हो।

जब उसका अंतिम समय आ गया तो उसने मियां शेख लादन नामक एक आलिम से जोकि इमाम थे पुछवाया कि, "नमाज़ न पढ़ने, रोज़ा न रखने, दाढ़ी मुंडवाने, मदिरापान करने तथा दण्ड हेतु नाक-कान कटवाने जैसे अपराधों का क्या प्रायश्चित हो सकता है?" जब बन्दगी मियां ने आदेशानुसार उसकी सेवा में पूर्ण विवरण प्रस्तुत किया तो सुल्तान ने आदेश दिया कि वाक़या नवीसों[3] को हुक्म दिया जाय कि उसने अपने जीवन काल में जितनी नमाज़ न पढ़ी हों और रोज़ा न रखा हो और नाक और कान कटवाये हों उनमें से प्रत्येक का अलग-अलग हिसाब करें। जब उन लोगों ने हिसाब करके सुल्तान की सेवा में विवरण प्रस्तुत किया तो सुल्तान ने खज़ानेदार[4] को आदेश दिया कि बैतुलमाल[5] के खज़ाने से जो कुछ धन पृथक् है उसे आलिमों के व्यय के लिए प्रदान कर दिया जाय। आलिमों ने खज़ानेदार से पूछा कि, "यह खज़ाना जो पृथक् किया गया है वह कहां से प्राप्त हुआ?" उसने उत्तर दिया कि, "जो पेशकश बादशाह लोग भेजा करते थे और अमीर लोग उसके सम्मान में अपनी ओर से जो वस्तुयें प्रेषित

१ 'ब' में 'कांरा'।
२ यह वाक्य 'ब' में नहीं है।
३ समाचार लिखने वाले।
४ कोषाध्यक्ष।
५ शाही खज़ाने।

करते थे वे प्रत्येक वर्ष एकत्र होती रहती थीं। जब वह उनके विषय में निवेदन करते थे तो आदेश होता था कि "उन्हें पृथक् रखा जाय और जिस स्थान पर व्यय करने का हम आदेश दें वहां व्यय किया जाय। आज उसके व्यय का आदेश हुआ है।" सभी उसके पवित्र विचारों की प्रशंसा करने लगे।

उसके कण्ठ में जो रोग उत्पन्न हो गया था उसका कारण यह है कि मियां शेख़ हाजी अब्दुल वह्हाब ने सुल्तान को दाढ़ी रखने के विषय में शरा[1] के आदेश बताये और कहा कि, "आप मुसलमानों के बादशाह हैं और दाढ़ी नहीं रखते ?" सुल्तान ने कहा कि, "मेरी इच्छा है। मैं रखूँगा।" शेख़ ने कहा कि, "किसी उत्तम कार्य के लिए विलम्ब न करना चाहिए।" सुल्तान ने कहा कि, "मेरी दाढ़ी बड़ी छोटी है। यदि मैं दाढ़ी रखाऊंगा तो लोग हंसी उड़ायेंगे और उनको इससे हानि होगी, मैं मुसलमानों की हानि नहीं चाहता।" शेख़ ने कहा कि, "मैं अपना हाथ तुम्हारे मुख पर मलता हूं। तुम्हारे घनी दाढ़ी निकल
(५३) आयेगी। सभी दाढ़ियां इस दाढ़ी के अभिवादन हेतु आया करेंगी। आपकी हंसी उड़ाने का किसी को साहस नहीं होगा।" सुल्तान ने सिर झुका लिया और कोई उत्तर न दिया। शेख़ ने कहा "उत्तर क्यों नहीं देते ?" सुल्तान ने कहा कि, "जब मेरे पीर[2] का आदेश होगा तो मैं रखा लूँगा।" शेख़ ने पूछा कि "आपके पीर कहां हैं ?" सुल्तान ने कहा कि "वे शाहपुर नामक ग्राम के जंगल में रहते हैं और कभी कभी मेरे पास आते हैं।" शेख़ हाजी ने पूछा कि "उनके दाढ़ी है अथवा नहीं ?" सुल्तान ने उत्तर दिया, "नहीं। वे चारज़र्बी[3] हैं।"[4] शेख़ ने कहा कि, "जब मैं उनसे मिलूँगा तो उन्हें भी शरा के आदेश का पालन करने के लिए कहूंगा। आपको जल्दी करनी चाहिए।" सुल्तान ने मुंह फेर लिया और चुप हो गया।

क़ुतुब आलम उठकर सलाम करके चले गये। उनके चले जाने के उपरान्त सुल्तान ने कहना प्रारम्भ किया कि, "शेख़ समझते हैं कि जो लोग उनकी सेवा में जाते हैं और उनके चरणों का चुम्बन करते हैं यह सब उनकी योग्यता के कारण है। वे इतनी बात नहीं समझते कि हम एक तुच्छ दास को यदि डोले[5] पर बैठा दें तो सभी अमीर उस डोले को कन्धे पर उठाये घूमेंगे।" शेख़ सीदी अहमद के पुत्र शेख़ अब्दुल जलील उस स्थान पर उपस्थित थे। जब वे शेख़ हाजी अब्दुल वह्हाब के पास पहुंचे तो उन्होंने कहा कि, "सुल्तान आपकी अनुपस्थिति में यह बात करता था।" शेख़ ने अब्दुल जलील के कन्धे पर हाथ रख कर कहा कि, "आप मुहम्मद साहब की संतान हैं। सुल्तान ने आपको दासों से सम्बन्धित किया है, आप सन्तुष्ट रहें, उसका कण्ठ पकड़ा जायेगा।" शेख़ देहली आ गये। सुल्तान के कण्ठ के रोग का कारण यही था।

इस समय मैं स्वर्गीय सुल्तान के कुछ अमीरों का सविस्तार उल्लेख करता हूं तदुपरान्त सुल्तान इबराहीम के राज्यकाल की घटनाओं का उल्लेख करूंगा।

सुल्तान सिकन्दर के राज्यकाल के अमीर

मैं उन अमीरों तथा पदाधिकारियों का उल्लेख नहीं करता जिन्हें मैंने नहीं देखा था किन्तु जिन्हें

१ इस्लामी नियम।
२ गुरु।
३ जिसकी दाढ़ी, मूँछ, भंवें तथा पलकें कटी रहती हों।
४ 'ब' में यह शब्द नहीं है।
५ 'ब' के अनुसार 'चुडवल'।

मैंने स्वयं देखा था उनका उल्लेख प्रारम्भ करता हूं। सर्वप्रथम मैं उन अमीरों की चर्चा करता हूं जो आगरा में सुल्तान के साथ उपस्थित रहते थे।

मसनदे आली, हुसेन ख़ां, ख़ाने जहाँ लोदी

ख़ाने जहां लोदी की यह प्रथा थी कि वह जब किसी सिपाही को नियुक्त करता था तो जो इस्तेक़ामत (जीविका साधन) उसे प्रदान कर देता था उसमें किसी प्रकार का कोई परिवर्तन न करता था।[1] ९० वर्ष उपरान्त जब अफ़ग़ानों की बादशाही में परिवर्तन हुआ तो उस समय उसकी दी हुई वजह (जीविका साधन) समाप्त हुई। उसका यह नियम था कि जब कभी वह सेना में होता तो सभी सैनिक उपस्थित रहते थे। जब वह घर पर आता और कोई व्यक्ति अभिवादन हेतु उपस्थित होता तो वह उससे उपस्थिति का कारण पूछता था। वह उसका उत्तर देता कि, "मैं अभिवादन हेतु आया हूं।" वह कहता कि, "जब (५४) तक मैं सेना में रहूं तब तक तुम बिना बुलाये हुए आओ। इस समय जब कि मैं घर में बैठा हूं तब भी तुम मेरे सामने आ रहे हो, तुम्हारे परिवार वाले बुरा भला कहते होंगे। ऐसा ज्ञात होता है कि तुम्हें अपने परिवार वालों से स्नेह नहीं है।" वह उसे तत्काल विदा कर देता और बैठने न देता।

जब कभी वह किसी के लिए कुछ निश्चित कर देता था तो उसकी वृत्ति उसकी मृत्यु के उपरान्त उसके पुत्र को प्रदान कर दी जाती। यदि उसके पुत्र न होता तो उसके भाई को दे दी जाती। यदि भाई भी न होता तो भतीजे, भागिनेय, जामाता तथा जो कोई भी उसका सम्बन्धी होता उसे प्रदान कर दी जाती। यदि उनमें से कोई भी न मिलता तो उसकी बिरादरी में से कोई भतीजा अथवा भागिनेय मिलता तो उसे बुलवा कर प्रदान कर दी जाती। यदि उनमें से भी कोई व्यक्ति न मिलता तो फिर यह आदेश होता कि आक़ाज़ियों में से किसी के पुत्र को गोद ले लिया जाय। यदि उनमें से भी कोई न मिलता तो वह यह आदेश देता कि "किसी भी एहरारज़ादे[2] को पुत्र बनाकर उसे किसी ऐसे दास के जोकि सेवा योग्य हो सिपुर्द कर दिया जाय और उसे पेशवा बना दिया जाय।" उस बालक को गुरु को सौंप कर बाण चलाना तथा घुड़सवारी सिखाई जाती थी। संक्षेप में, किसी कारण भी वृत्ति को बन्द न किया जाता था।

आलिमों तथा सूफ़ियों में से जो कोई भी उससे भेंट करता उसे वह कोई ग्राम, भूमि अथवा अदरार प्रदान कर देता था। वह अपने पड़ोसियों तथा आसपास की मस्जिदों की देखरेख रखता था। एक दिन बन्दिगी मियां क़ादन नामक एक आलिम प्रातःकाल ख़ाने जहां के पास पहुंचे। ख़ाने जहां ने उनसे उस समय उपस्थित होने का कारण पूछा। मियां ने कहा कि, "मैं खिचड़ी खाना चाहता हूं। मैंने सोचा कि यदि मैं इस समय खिचड़ी अपने घर में पकाता हूं तो विलम्ब हो जायेगा और खिचड़ी का समय निकल जायेगा अतः किसी ऐसे भाग्यवान् का स्मरण करना चाहिए जिसके यहां खिचड़ी मौजूद हो। तदुपरान्त आपकी याद आई और मैं उठ कर चला आया।" उसने कहा कि, "मैं खिचड़ी नहीं खाता, भोजन उपस्थित किया जा सकता है।" उसने कहा कि, "फिर वही बात आ गई। खिचड़ी का समय न रहेगा।" ख़ाने जहां ने कहा कि, "जब तक भोजन उपस्थित किया जायेगा मैं बाज़ार से हलवा मंगवाता हूँ।" शेख़ ने कहा, "बहुत अच्छा, किन्तु धन लेकर मेरे पास आओ, जो कुछ मैं कहूं उसे मंगवाओ।"

१ 'ब' के अनुसार 'उसकी यह प्रथा थी कि वह जिस सैनिक को भी जागीर प्रदान करता था उसमें किसी कारण परिवर्तन न करता था। अपितु ६० वर्ष उपरान्त जब अफ़ग़ानों की बादशाही का अन्त हो गया तो उनकी जागीरों में परिवर्तन हुआ'।

२ 'ब' में 'बुज़ुर्गज़ादे' : किसी सम्मानित व्यक्ति की संतान।

ख़ाने जहां ने एक व्यक्ति को आदेश दिया कि वह धन लेकर शीघ्र उपस्थित हो। जब वह धन लाया तो शेख़ ने कहा कि, "इसे मुझे दे दो और भोजन मंगवाओ।" संक्षेप में, भोजन मंगाया गया और शेख़ ने भोजन किया। जब वह भोजन कर चुका तो शेख़ ने कहा कि, "मैंने निश्चिन्त होकर भोजन किया है, डोले में कष्ट होगा।" ख़ान ने कहा कि, "आप डोले पर क्यों बैठते हैं, क्या आपके पास घोड़ा नहीं है?" (५५) शेख़ ने कहा कि, "मन्दगति का घोड़ा डोले से भी ख़राब होता है। मेरे पास कोई ऐसा उत्तम घोड़ा नहीं है।" उसने कहा कि, "मैं अपनी सवारी का एक घोड़ा जोकि बड़ा ही उत्तम है आपको देता हूं।" शेख़ ने कहा कि, "यदि ऐसा घोड़ा हो तो मैं क्यों न सवार हूंगा।" ख़ाने जहां ने आदेश दिया कि, "अमुक घोड़ा ले आओ।" घोड़ा जिस प्रकार अश्वशाला में बंधा था उसी प्रकार लाया गया। ख़ाने जहां ने आदेश दिया कि घोड़ा शेख़ के आदमियों को सौंप दिया जाय। मियां क़ादन ने कहा कि, "मैंने अत्यधिक भोजन कर लेने के कारण डोले की शिकायत की किन्तु यह तो उससे भी अधिक कठिन हो गया।" ख़ाने जहां ने पूछा कि, "किस प्रकार?" उसने कहा कि, "मैं कभी नंगी पीठ के घोड़े पर सवार नहीं हुआ।" ख़ाने जहां ने कहा कि, "ज़ीन भी लाओ।" ज़ीन भी लाकर घोड़े पर रखा गया। मियां ने पूछा कि, "यह घोड़ा मेरे घर रहेगा या पुनः इस स्थान पर आ जायेगा?" ख़ाने जहां ने कहा कि, "आपके घर रहेगा।" मियां ने कहा कि, "वहां कोई व्यक्ति इसकी देखरेख करना नहीं जानता।" ख़ाने जहां ने कहा कि, "एक व्यक्ति को मासिक वेतन अदा करके इस कार्य हेतु नियुक्त कर दिया जाय।" मियां ने पुनः कहा कि, "यह क्या खाता है?" उत्तर मिला कि "उरद, मिश्री तथा घी सर्वदा खाता है।" मियां ने कहा कि, "ये वस्तुएँ फ़क़ीर के घर में कहां हैं?" ख़ाने जहां ने उसे भी निश्चित कर दिया। मियां ने कहा कि, "जब यह ज़ीन पुरानी हो जायगी तो दूसरी ज़ीन की आवश्यकता होगी और झूल भी जब फट जायेगी तो दूसरी झूल की आवश्यकता होगी।" ख़ाने जहां ने कहा कि, "उसे भी यहां से ले लो।" तदुपरान्त मियां ने कहा कि, "सेवक अपने दैनिक व्यय की आवश्यकता हेतु आया करेगा इससे चिन्ता बढ़ेगी, कृपा करके एक ग्राम हमें दे दिया जाय ताकि सेवक वेतन, ज़ीन, साज़, झूल इत्यादि का प्रबन्ध करता रहे।" ख़ाने जहां ने उसकी प्रार्थनानुसार बदायूँ के परगने का एक ग्राम उसे मददे मआश में इनाम के रूप में दे दिया। चलते समय मियां ने कहा कि, "हमने भोजन किया, घोड़ा पाया, जो लोग डोला लाये थे उन्हें कुछ नहीं प्राप्त हुआ।" ख़ाने जहां ने उन्हें कुछ धन देकर लौटा दिया।

ख़ाने जहाँ के उत्तराधिकारी : ज़ैनुद्दीन

ख़ाने जहाँ ऐसा महान् व्यक्ति था[1]। जब ख़ाने जहां की मृत्यु हो गई तो उसके पुत्र अहमद ख़ां को न तो ख़ाने जहां की उपाधि मिली और न उसका स्थान। मियां ज़ैनुद्दीन तथा मियां ज़बरुद्दीन स्वर्गीय ख़ाने जहां के पदाधिकारी थे। ख़ान की सेना तथा परगने उन्हें सौंप दिये गये। शाही क़लम से उनके लिए लिखा गया कि "ज़ैनुद्दीन को ज्ञात होना चाहिए कि उसके मवाजिब शाही सरकार से निश्चित हुए हैं। मसनदे आली तथा उसके पदाधिकारियों से उसका कोई सम्बन्ध नहीं।" तदुपरान्त मियां ज़ैनुद्दीन सेना तथा परगनों की गणना[2] करते रहे और तर्कशबन्दों[3] की जागीर भी उसी समान रही। ख़ाने जहां के पुत्र

१ 'ब' में इस घटना का उल्लेख संक्षिप्त रुप में किया गया।
२ 'ब' के अनुसार 'प्रबन्ध'।
३ 'ब' के अनुसार 'सिपाहियों'।

अहमद खां को कैथल के समीप उसकी माता के नाम से एक तत्ता[1] दिया गया, उसे (ज़ैनुद्दीन को) प्रति वर्ष एक लाख तन्के घोड़े के क्रय हेतु तथा १ लाख वस्त्रों के क्रय के लिए और १ लाख पान तथा अन्य वस्तुओं (५६) के लिए प्रदान होते थे[2]। इसका ब्योरा प्रति वर्ष जब सुल्तान के समक्ष प्रस्तुत किया जाता तो वह आदेश देता कि दे दिया जाय। कई वर्ष इसी प्रकार व्यतीत हो गये। एक बार जब उसने प्राचीन प्रथानुसार प्रार्थना ब्योरा प्रस्तुत किया तो सुल्तान ने आदेश दिया कि, "न तो बन्द न तो खुला।" सुल्तान ने स्वयं अपने हाथ से ये शब्द लिखे। उसे आश्चर्य हुआ कि "हमने सविस्तार प्रार्थना-पत्र प्रस्तुत किया किन्तु संक्षिप्त उत्तर प्राप्त हुआ। इसका समाधान किस प्रकार किया जाय? कोई कुछ कहता और कोई कुछ।" मियां ज़ैनुद्दीन ने कहा कि "मैं समझ गया।" लोगों ने कहा कि "आप बतायें कि क्या समझे?" उसने कहा कि, "सुल्तान ने आदेश दिया कि खालसे के परगनों में से जो रह गया है उसे बांट दिया जाय ताकि उसके मांगने का कोई प्रश्न ही न रहे।" तदुपरान्त उसे उतना न प्राप्त हुआ।

मियां ज़ैनुद्दीन इतने धर्मनिष्ठ तथा भाग्यशाली थे कि उनके विषय में यह छन्द पढ़ा जा सकता है—

छन्द

"मैं अपने काल का आसिफ़[3] हूं और निष्ठा के इस अकाल में
मेरा रूप स्वामियों का है और चरित्र दरवेशों का।"

अब मैं उसके चरित्र के विषय में लिखता हूं ताकि लोगों को यह पता चल सके कि उस काल के पदाधिकारी ऐसे थे जैसे कि आज के मशायख (सन्त) भी नहीं हैं। उसका नियम यह था कि रात्रि के अंतिम समय से उठता था और थोड़ी सी रात रह जाने पर स्नान करता और तहज्जुद पढ़ता। जमाअत के उत्तरदायित्व को भी वह न त्यागता था[4]। इशराक़ तथा नवाफ़िल में भी व्यस्त रहता था। दिन में क़ुरान के १० सिपारे वह खड़े-खड़े पढ़ डालता था। वह १७ सिपारे पढ़ा करता था। कभी वह बैठ कर न पढ़ता था। वह हज़रत ग़ौसुस्सक़लैन का एक तकमिला[5] पढ़ता था। पूरी "हिस्ने हसीन" एवं विभिन्न

१ 'ब' के अनुसार 'तप्पये हापरी' सम्भवतः ग्राम।

२ 'ब' के अनुसार "उसे प्रत्येक वर्ष एक लाख तन्के ख़ासे के व्यय हेतु १ लाख तन्के घोड़ों की ख़ूराक तथा १ लाख तन्के पान के लिये निश्चित थे। प्रत्येक वर्ष जब वह प्रार्थना-पत्र प्रस्तुत करता तो यह आदेश होता कि पिछले वर्ष की भाँति दे दिया जाये। 'उनचे अज़ पर्गनाते ख़ालसा मान्दा अस्त ऑरा क़िस्मत कुनेद कि जाय तलबे ऊ न मानद। हमचुनी कर्दन्द। बाज़ ऊ रा मवाजिब न रसीद"।

३ मुसलमानों के विश्वास के अनुसार सुलेमान पैग़म्बर का वज़ीर जो अपनी बुद्धिमत्ता के लिये प्रसिद्ध था।

४ 'ब' के अनुसार 'तहज्जुद की नमाज़ पढ़ता तथा क़ुरान के सिपारे खड़े-खड़े पढ़ता था यहां तक कि प्रातःकाल की नमाज़ का समय आ जाता जिसे वह घर में पढ़ता था। जमाअत की नमाज़ बहुत बड़े समूह के साथ पढ़ता था'।

५ 'ब' के अनुसार 'वह ग़ौसुस्सक़लैन के अवराद का एक भाग पढ़ता'। ग़ौसुस्सक़लैन, शेख़ अब्दुल क़ादिर जीलानी अथवा जीली, जो पीरे दस्तगीर ग़ौसुल आज़म मुहीउद्दीन कहलाते हैं, का जन्म १०७८ ई० में गीलान अथवा जीलान में हुआ जो ईरान में है। उनकी मृत्यु ११६६ ई० में हुई और वे बग़दाद में दफ़न हुए। क़ादिरी सूफ़ी आप ही के अनुयायी होते हैं। उन्होंने सूफ़ी मत से सम्बन्धित अनेक ग्रन्थों की रचना की जिसमें फ़ुतूहाते ग़ैब, मल्फ़ूज़ाते क़ादिरी, ग़ुनयतुत्तालेबीन, बहजतुल असरार, इत्यादि बड़ी प्रसिद्ध हैं।

दुआयें पढ़ा करता था। रात-दिन में ५०० रकातें नवाफ़िल की खड़े-खड़े पढ़ा करता था। दोपहर से आधी रात तक ईश्वर की उपासना में व्यस्त रहता था। इस बीच में वह कभी भी सांसारिक विषयों पर वार्तालाप न करता था। यदि यह वार्ता आवश्यक होती तो संकेत से बता देता था कि ऐसा ऐसा किया जाय। भोजन के समय भी विभिन्न ज्ञानों के सम्बन्ध में बातचीत हुआ करती थी। आलिमों तथा पवित्र व्यक्तियों के साथ वह भोजन करता था। तदुपरान्त वह विश्राम करता। मध्याह्नोत्तर की नमाज़ जमाअत के साथ पढ़ता था। नमाज़ के उपरान्त दरुद तथा अवराद पढ़ने लगता था। इन दोनों कार्यों के बीच में जो आवश्यक बातें कहनी होती थीं वह उससे कह दी जाती थीं। दिन के अंतिम समय की नमाज़ पढ़ कर वह अवराद पढ़ने लगता था। तदुपरान्त वह मग़रिब की नमाज़ पढ़ता था। वह अत्यधिक नवाफ़िल पढ़ता था। जब अवराद तथा नवाफ़िल पढ़ चुकता तो एक घड़ी रात्रि व्यतीत हो जाती थी। थोड़ी देर वह अपने मित्रों तथा विश्वासपात्रों के साथ बैठता था और मेवा अथवा थोड़ी सी शीर बिरंज (५७) खाता था। तदुपरान्त वह घर के भीतर चला जाता था। उसके सेवकों में से कोई भी स्त्री अथवा पुरुष ऐसा न था जो नमाज़ न पढ़ता हो। यदि वह बाज़ार से किसी दास को बुलवाता तो उसे शिक्षक के सिपुर्द कर देता ताकि वह उसे नमाज़ पढ़ाये और शरा संबंधी आदेश दिखाये। जब जुमे की रात्रि होती तो वह अस्र की नमाज़ के समय से एबादत प्रारम्भ कर देता था। यदि कोई हिन्दू उस समय उपस्थित होता तो उसे लौटा देता था। और उस रात्रि में वह किसी हिन्दू का मुंह न देखता था।

जुमे की एक रात्रि में सुल्तान ने उसको बुलवाने के लिए ३ बार दूत भेजे। जब सुल्तान को इस बात का ज्ञान हो गया कि "मैंने ३ बार आदमी भेजे और मियां ज़ैनुद्दीन उपस्थित नहीं होता" तो उसने आदेश दिया कि "आज जुमे की रात्रि है नमाज़ के उपरान्त बुलाया जाय।" वह प्रत्येक मास में वैज़ के दिनों में तथा बृहस्पतिवार एवं शुक्रवार को अनिवार्य रूप से रोज़ा रखता था। इनके अतिरिक्त जो आवश्यक रोज़े होते थे उन्हें भी वह रखता था। ग्रीष्म ऋतु हो अथवा शीत ऋतु इसमें कोई कमी नहीं होती थी। यदि वह इस बात को सुन लेता कि १० कोस पर भी शुक्रवार की नमाज़ हो रही है तो वह जिस दशा में भी होता उसे न छोड़ता था। प्रत्येक जुमे की रात्रि में छः मन शरबत तथा हलवा दरबार में उपस्थित किया जाता था। प्रत्येक शबे क़दर[1] में उसमें वृद्धि कर दी जाती थी। उसकी रसोई सभी के लिए खुली रहती थी। प्रत्येक साधारण तथा सम्मानित व्यक्ति, गोरे और काले, विशेष और साधारण को ३ बार भोजन प्रदान किया जाता था। मित्रों तथा शत्रुओं एवं आने-जाने वालों में से जो कोई उपस्थित होता उसे भोजन मिल जाता। रमज़ान के पवित्र महीने में अफ़तार का भोजन तथा सहर का खाना जिसमें शीर बिरंज के प्याले होते थे प्रत्येक के पास पहुंच जाते थे। वह जो कुछ स्वयं खाता वही अन्य लोगों को भी खिलवाता था। प्रत्येक वर्ष वह अपने संबन्धियों में से समस्त स्त्रियों तथा पुरुषों को देहली से आगरा भेंट करने के लिए बलवाता था। विदा के समय वह प्रत्येक व्यक्ति को यह आदेश दे देता था कि जो कुछ भी उसकी इच्छा हो उसे वह कह दे। वही वस्तु वह उसे प्रदान कर देता था। जो कोई पुत्री के विवाह के सम्बन्ध में कहता था चाहे वह उसका सम्बन्धी हो, पड़ोसी अथवा अपरिचित व्यक्ति, वह उसे पूरा सामान, वस्त्र, पलंग, सोने के समय के कपड़े और यदि वह पालकी के योग्य होता था तो पालकी भी प्रदान करता था। जो कुछ एक पिता को करना चाहिए उसे वह संपन्न करता था। यदि उसके दायरे के किसी व्यक्ति के घर में कोई अतिथि आ जाता तो वह उसके भोजन हेतु उसकी रसोई से भोजन मंगवा लेता, उसे वह

१ शक्ति की रात अर्थात् २७ रमज़ान की रात।

अपना अतिथि समझता था। नाना प्रकार के उत्तम भोजन वह इतनी अधिक मात्रा में उसके पास भेजता था कि सभी निश्चिन्त होकर खाते थे और अपने सेवकों को दे देते थे। मुहम्मद साहब की मृत्यु के १२ (५८) दिनों के बीच में वह नित्यप्रति २ हज़ार तन्के का भोजन वितरण करता था। प्रथम और अंतिम दिन ४, ४ हज़ार तन्के के उत्तम भोजन तथा अत्यधिक हलवे तैयार होते थे। यह समझ लेना चाहिए कि उस समय के ४ हज़ार तन्कों का मूल्य आजकल क्या होगा।

सुल्तान सिकन्दर की मृत्यु के उपरान्त उसका अधिकार क्षीण हो गया और अहमद खां वल्द खाने जहां को प्राप्त हो गया। जब वह पदच्युत हुआ तो उसने कोई धन एकत्र न किया था। बहुत से लोग उसकी सेवा में उसी प्रकार निष्ठावान् रहे। वह प्रत्येक की योग्यतानुसार उसकी सहायता करता था, यद्यपि उसके पास व्यय हेतु धन की कमी हो जाती थी। एक दिन लेखक के पिता शेख सादुल्ला जो कि बाल्यावस्था से उस समय तक मियाँ के प्रति निष्ठावान् थे मियाँ के पास पहुंचे। उन्होंने देखा कि उनके समक्ष काग़ज़ रखे हुए हैं जिन्हें वे फाड़-फाड़ कर दास को देते जा रहे हैं और दास उन्हें धोता जाता है। मेरे पिता ने पूछा, कि "आप क्या कर रहे हैं ?" उत्तर मिला कि, "सम्मानित तथा प्रतिष्ठित व्यक्ति मुझसे जो धन मांगते थे उसे मैं ऋण के उद्देश्य से न देता था। वे लोग ऋण से संबन्धित पत्र लिख कर भेज देते थे। यदि मैं नहीं लेता था तो उन्हें दुःख होता था। आज मैं ग़ैरवजही हो गया हूं, संभव है कि मेरे हृदय में कुछ अन्य विचार आ जायं। मेरे पास ३ लाख के पत्र हैं। चाहे कितनी भी व्यय की कमी हो किन्तु मैं इन्हें फाड़े डालता हूं ताकि इनसे लाभान्वित होने के विषय में न सोच सकूँ। इसके अतिरिक्त यदि मेरी मृत्यु हो जाय तो कहीं ऐसा न हो कि मेरे पुत्र अज्ञानवश ऋण का अभियोग चला दें।" उनके समस्त मित्र भी उन्हीं के समान साहसी थे। उनमें से एक मेरे पिता भी थे जिनका एक बहुत बड़ा परिवार था। जब उन्हें व्यय की कमी हो जाती तो घर वाले तथा कुछ मित्र उनके हितैषी होने के कारण कहते थे कि, "अन्य लोग जो आपके पूर्व मियां की सेवा में थे, वे न रहे, आप दो-तीन साल रहे। यह ईश्वर की कृपा है किन्तु इस प्रकार समय व्यतीत न हो सकेगा।" वे उत्तर देते कि, "जिन लोगों का उद्देश्य धन तथा रोज़गार था वे इन वस्तुओं के चले जाने के उपरान्त न रहे। हमारा जो कुछ उद्देश्य है वह अपने स्थान पर है।" जब लोग उनके उद्देश्य के विषय में पूछते तो वे कहते कि, "बाल्यावस्था से इस समय तक हमारा उद्देश्य आप लोगों के प्रति निष्ठा है। इसमें कोई भी कमी नहीं। आप लोगों के सौभाग्य से मैं यह समझता हूं कि दो-तीन वर्ष तक मैं काम चला ले जाऊंगा।" मित्रगण कहते कि, "हमें भली भांति ज्ञात है कि आपके घर में कुछ भी नहीं है।" इसका उत्तर वे यह देते कि, "भवन को बेच कर खायेंगे (५९) और पुस्तकालय भी इतना बड़ा है कि उसे बेच कर खाते रहेंगे। जब तक इस संपत्ति के चिह्न हैं मुझे कोई दुःख नहीं है।" मियां ज़ैनुद्दीन तीन-चार वर्ष तक जीवित रहे और इसी प्रकार बिना वजह के जीवन व्यतीत करते रहे। वे ५५ वर्ष तक सेवा करते रहे।

मामून नामक एक मुग़ल एक स्थान से नौकरी छोड़ कर मियां ज़ैनुद्दीन के पास पहुंच गया था। उन दिनों में सुल्तान सिकन्दर की मृत्यु हो गई। मियां ग़ैर वजही[1] हो गये। उस व्यक्ति ने भी अन्तिम सीमा तक स्वामी-भक्ति प्रदर्शित की। वह सैनिक था और उत्तम घोड़े तथा सिपाहियों के वस्त्र रखता था। जब आय का अभाव हो गया तो लोगों ने उससे कहा कि, "तुझे यहां कुछ भी भोजनार्थ नहीं मिलता। क्यों परेशान होता है ?" वह कहता था कि "आजकल मेरी जीविका के साधनों में ईश्वर ने कमी कर दी है। जहां कहीं भी मैं जाऊंगा मेरा यही भाग्य मेरे साथ रहेगा। यदि संपन्नता भाग्य में है तो वह यहां भी

१ 'ब' के अनुसार 'माज़ूल (पदच्युत) हो गये थे'।

आ जायेगी किन्तु ऐसे धर्मनिष्ठ व्यक्ति का साथ छोड़कर जोकि अत्यधिक मूल्यवान् है कहां जाऊं।" उसके जितने घोड़े थे वे एक-एक करके नष्ट होने लगे। यदि उससे कोई यह कहता कि, "एक घोड़े को बेच कर अन्य घोड़ों के भोजन का प्रबन्ध करो" तो इसका उत्तर वह यह देता कि, "इन्हें भी मैंने ईश्वर के लिए क्रय किया था। अब मैं इन्हें अपनी आवश्यकता हेतु नहीं बेच सकता।" अतः उसने उन्हें नहीं बेचा। उसके पास एक भैंस थी, लोग उससे कहते कि "इसे बेच डाल", तो वह उत्तर देता कि, "मैंने इसका दूध पीकर ईश्वर की उपासना की है। उसने ईश्वर की उपासना में मेरा साथ दिया है। यह क़यामत मीज़ान[1] के पलड़े में मेरे साथ होगी।"

खोई हुई वस्तु के सम्बन्ध में नियम

एक बार एक घोड़ा बीमार हो गया। उसके पुत्र उसे नदी में जल पिलाने ले जा रहे थे। बालू में उसके पांव के नीचे कोई वस्तु आ गई, बालक ने उसे उठा लिया। उसने देखा कि एक तलवार[2] तथा सोने का ख़ोल है। उसे लेकर वह अपने पिता की सेवा में पहुंचा और उसे अपने पिता को दिखाया कि, "मैंने इसे बालू में पाया है। मामून उठकर अपने पुत्र के हाथ पकड़ कर मियां की गोष्ठी में पहुंचा और उस ख़ोल को पुत्र के हाथ से लेकर भूमि पर फेंक दिया और ज़ैनुद्दीन से कहा कि, "आप मेरे स्वामी हैं। (६०) मेरे पुत्र ने यह वस्तु पाई है। यह जिस किसी का हक़ हो उसे दे दी जाय।" मियां ने उसे विज़ारत के चबूतरे पर भेज दिया और कहलाया कि, "एक व्यक्ति ने इसे पड़ा हुआ पाया है अतः आप लोगों को में इसे सौंपता हूं।" उस समय यह प्रथा थी कि "जिस किसी को कोई वस्तु पड़ी हुई मिलती थी वह उसे चबूतरे तक पहुंचा देता था अथवा नगर के द्वार की ज़ंजीर में इस आशय से लटका देता था कि किसी दिन उसका स्वामी मिल जायेगा और पूछताछ के उपरान्त वह वस्तु उसे दे दी जायगी।"

बेगराज नामक एक हिन्दू उस द्वार से जा रहा था। उसने ख़ोल को पहचान कर चबूतरे वालों से कहा कि, "यह मेरा है।" उससे पूछा गया कि, "इसका क्या प्रमाण है?" उसने उत्तर दिया, "यह १५ तोले का है।" पूछताछ के उपरान्त वह उसे दे दिया गया। उसने पूछा कि "यह किस व्यक्ति को मिला था जिसने इसे दीवान में लाकर दिया?" लोगों ने बताया कि, "मियां ज़ैनुद्दीन के दायरे में से किसी व्यक्ति ने इसे पाया है।" वह वहां से उठ कर मियां के पास आया और उनसे पूछा कि, "इसे किसने पाया है?" मियां ने मामून मुग़ल का नाम बता दिया। बेगराज ने उसके देखने की इच्छा प्रकट की। जब वह बुलवाया गया तो बेगराज ने २०० तन्के उसके समक्ष रख दिये, किन्तु उसने स्वीकार न किया। लोगों ने कहा कि, "वह अपनी इच्छा से शुकराना देता है। इसे ले लो।" उसने उत्तर दिया कि, "यदि मेरे पुत्र को यह वस्तु न मिलती तो वह मुझे यह धन न देता इस प्रकार यह उसी का एक भाग है। क्योंकि वह मेरे लिए हराम था अतः यह भी हराम है।"

इसके अतिरिक्त वह प्रत्येक सोमवार को १ लाख बार दरुद पढ़ता था और मुहम्मद साहब की आत्मा की शांति हेतु ४०० तांबे के तन्के दान करता था। बृहस्पतिवार के दिन १ लाख बार एख़लास पढ़ता था और ग़ौसुस्सक़लैन की आत्मा की शांति हेतु ४०० तन्के का हलवा दान करता था। यह कार्यक्रम उसके लिए प्रत्येक सप्ताह में आवश्यक था। ईश्वर को धन्य है कि वह ऐसा उत्तम काल था और उसमें इतना महान् बादशाह और इतने उत्कृष्ट पदाधिकारी थे।

१ तराज़ू। मुसलमानों के विश्वास के अनुसार उनके सांसारिक कर्म एक तराज़ू पर तौले जायेंगे।
२ 'ब' के अनुसार 'चाक़ू'।

ज़बरुद्दीन

अब मैं दूसरे भाई मियां ज़बरुद्दीन के विषय में लिखता हूं। वे बड़ा ही पवित्र जीवन व्यतीत करते थे। नफ़्ल तथा रोज़े उसी प्रकार से रखते थे किन्तु उतनी अधिक क़ुरान न पढ़ते थे। अनिवार्य नमाज़ों के पूर्व तथा नवाफ़िल के पूर्व अलग-अलग वजू करते थे। वे अधिकांश देहली में रहते थे। ८ मास देहली में तथा ४ मास आगरा में। जब तक वे देहली में रहते तो सोमवार के दिन शम्सी हौज़ पर आलिमों, (६१) सूफ़ियों, कवियों, विद्वानों, क़व्वालों तथा वादकों के साथ समय व्यतीत करते थे। उनकी रसोई में अत्यधिक भोजन पकता था। बुधवार को सुल्तानुल मशायख़[1] की ख़ानक़ाह में यमुना नदी के तट पर उपर्युक्त गोष्ठी के समान एक गोष्ठी का आयोजन होता था। बृहस्पतिवार को क़दम रसूल नामक स्थान पर इसी प्रकार की गोष्ठी का आयोजन होता था। शुक्रवार के दिन फ़ीरोज़ाबाद में इसी प्रकार की गोष्ठी आयोजित होती थी। शुक्रवार के दिन वह शहर देहली में जुमे की नमाज़ हेतु उपस्थित होता था। शनिवार के दिन मालचा[2] नामक स्थान के महल में गोष्ठी का आयोजन होता था। वह वहाँ दो दिन तक शिकार खेलता। उसका अन्तःपुर तथा उसका शिविर उसके साथ रहता था। यदि वह एक रात्रि के लिए भी कहीं ठहरता तो बिना अन्तःपुर के न रहता था। वह बड़ा वीर था, और सुल्तान इबराहीम के युद्ध के समय मारा गया। उसने बादशाह से दो मास तक कुछ नहीं लिया और केवल ईश्वर के लिए शिविर में रहा यहाँ तक कि शहीद हो गया। मियां ज़ैनुद्दीन के शम्सी हौज़ के ऊपर दफ़्न हुआ और उसका मक़बरा तथा ख़ानक़ाह शम्सी हौज़ के किनारे हैं।

मुजाहिद ख़ाँ काला

इनके अतिरिक्त एक अन्य अमीर महामिद था। उसे मुजाहिद ख़ां काला कहते थे। उसका यह नियम था कि जब वह किसी को कोई कार्य सौंप देता था तो वह उसे बुलवा कर यह कहता था कि, "मैंने तुम्हें सेवा इस कारण प्रदान की है कि मैं अकेला हूं। मेरे बहुत से मित्र हैं। मैं सभी स्थानों पर नहीं पहुंच सकता। जिन स्थानों पर मुझे जाना चाहिए वहां मैं तुम्हें अपना वकील[3] बनाकर भेजता हूं।" जब वह इसे स्वीकार कर लेता तो वह उससे कहता कि "तेरी प्राचीन जागीर उदाहरणार्थ २० हज़ार थी अब तेरे मन्सब म ृद्धि हो गई तो तुझे व्यय में भी वृद्धि करनी ही होगी। वह वेतन सेना के प्रबन्ध हेतु था, अब मैं तेरे वेतन को दुगना करता हूं।" वह उससे कहता कि, "तेरे बहुत से सम्बन्धी तथा मित्र तेरी उन्नति के विषय में सुनकर तेरे पास उपस्थित होंगे। तुझे आतिथ्य-सत्कार करना पड़ेगा। इस वेतन से तू अपना प्रबन्ध करेगा। उन लोगों को कहां से दे सकेगा? २० हज़ार तन्के नक़द मेरे ख़ज़ाने से ऋण के रूप में ले ले और फ़स्ल के समय जो वस्तु सस्ती हो उसे क्रय कर ले। कुछ समय उपरान्त उसे बेच डाल। जो लाभ हो उसे अपने अधिकार में कर ले और ऋण का धन अपने स्थान पर पहुंचा दे। परगने में उदाहरणार्थ ५० अथवा सौ ग्राम होंगे, प्रत्येक ग्राम में एक हल की खेती कर। वह तेरे अतिरिक्त व्यय (६२) हेतु पर्याप्त होगी।" तदुपरान्त वह उसे अपने पास बुलवा कर पान प्रदान करता था और

१ देहली के प्रसिद्ध सूफ़ी शेख़ निज़ामुद्दीन औलिया जिनका जन्म बदायूँ में अक्तूबर १२३३ ई० में हुआ और मृत्यु देहली में १३२५ ई० में हुई।

२ 'ब' के अनुसार 'आलचा'।

३ प्रतिनिधि।

वदा कर देता था और कहता था कि, "अपनी संपत्ति की रक्षा के विषय में जहां तक तेरी ईमानदारी का संबन्ध था मैंने व्यवस्था कर दी। इसके अतिरिक्त यदि तू बेईमानी करेगा तो तू जाने और तेरा कार्य।"

ख़्वाजा जौहर

ख़्वाजा जौहर ख़वास ख़ां तथा मियां भूवा का परवाना नवीस था। इसकी यह प्रथा थी कि जब वह दीवान में उपस्थित होता था तो उसके समक्ष पंजिकायें रख दी जाती थीं। जब तक वह ईश्वर के लिए कोई कार्य न कर लेता था वह क़लम हाथ में न लेता और पंजिकाओं को न खोलता था। स्वर्गीय सुल्तान सिकन्दर उसके परवाने को इतना विश्वस्त समझता था कि यदि कोई यह प्रार्थना-पत्र प्रस्तुत करता कि मेरे पास ख़्वाजा जौहर का परवाना है तो अविलम्ब ही उसके उद्देश्य की पूर्ति हो जाती थी।

ख़वास ख़ाँ

ख़वास ख़ां को सुल्तान ने नगरकोट की ओर पर्वतीय प्रदेशों को अधिकार में करने के लिए भेजा। उसने उसे विजय किया और वहां के मंदिर का खण्डन करके मूर्ति को उठा लाया। उसके ऊपर जो पीतल का छत्र था उसे भी ले आया। उस छत्र पर हिन्दवी लिपि में कुछ लिखा हुआ था और वह लेख २ हज़ार वर्ष पुराना था। जब वे वस्तुएं सुल्तान के पास पहुंचीं तो काफ़िरों की मूर्ति को उसने क़साइयों को इस आशय से दे दिया कि वे इससे मांस तौलने के बांट तैयार करायें। पीतल के छत्र के जल गरम करने हेतु बरतन बनवा डाले और उन्हें मस्जिदों तथा अन्य स्थानों पर इस उद्देश्य से भेज दिया कि लोग उसके जल से वज़ू किया करें।

जिन दिनों ख़वास ख़ां को उस स्थान पर भेजा गया तो उसके अधिकार की विलायत वालों के लिए वजहे मआश[1] हेतु तीन लाख निश्चित थे। वह १५ लाख तक दिया करता था। राजधानी में लौटने के उपरान्त ख़ान अत्यधिक रुग्ण हो गया। उसने सुल्तान के पास सन्देश भेजा कि "मुझे दो बातें कहनी हैं।" सुल्तान ने पुछवाया कि, "वह मेरे समक्ष प्रार्थना करेगा अथवा किसी के द्वारा कहला भेजेगा?" उसने उत्तर भिजवाया कि, "बादशाह की सेवा में स्वयं निवेदन करूंगा।" सुल्तान ने कहलाया कि, "यदि आ सकते हो तो यहां तक आओ अन्यथा मैं स्वयं आऊंगा।" तदुपरान्त वह पालकी में बैठ कर सुल्तान की सेवा में पहुंचा। सुल्तान ने पालकी अपने पास मंगवाई और कहा, "जो कुछ कहना है वह कहो।" उसने निवेदन किया कि, "पता नहीं इस रोग के कारण मेरी मृत्यु हो जाय अथवा मैं जीवित रहूं। मुझे दीवान के संबन्ध में जो हिसाब करना है उसके काग़ज़ लाया हूं। किसी को आदेश हो कि वह हिसाब ले ले।" सुल्तान ने कहा कि, "मैंने तुझे वकीले मुतलक़[2] कर दिया था तुझसे किस प्रकार (६३) हिसाब हो सकता है?" उसने निवेदन किया कि, "मैंने सुल्तान के आदेश बिना कुछ लोगों को कुछ वस्तुएँ दे दी हैं। यदि उन्हें उन्हीं के पास रहने दिया जाय तो अच्छा है अन्यथा मेरे मवाजिब[3] से मुजरा कर लिया जाय।" सुल्तान ने पूछा कि, "किस प्रकार के व्यक्तियों को चीज़ें दी गई हैं?" उसने उत्तर दिया कि, "उनमें से बहुत से लोग सहायता के पात्र थे और उनकी जीविका के साधन अच्छे न थे।

१ विद्वानों तथा पवित्र लोगों की जीविका हेतु वृत्ति।
२ पूर्ण अधिकार सम्पन्न वकील (प्रतिनिधि)।
३ वेतन।

किसी के पास या तो कुछ न था और या यदि ३ लाख तन्के थे तो १५ लाख तन्के कर दिये गये।[1] जो कुछ भी आदेश हो उसका पालन किया जाय।" सुल्तान ने आदेश दिया कि, "तू मेरा वकील था मैं समझता हूं कि तूने जो कुछ किया होगा वह मेरे हित के लिए किया होगा। मैं इसे उचित समझता हूं और हिसाब तेरे सिपुर्द करता हूं।" सुल्तान ने उससे काग़ज़ लेकर धुलवा दिया। उसने पुनः निवेदन किया कि, "मैंने कुछ मुसाहिबों को कुछ कार्य हेतु नियुक्त किया था। मैंने उनसे हिसाब ले लिया है। उनके बारे में क्या आदेश होता है?" सुल्तान ने कहा कि, "क्योंकि तूने उनसे हिसाब ले लिया है, मुझे स्वीकार है।" वह जो कुछ निवेदन करता उसका उत्तर कृपायुक्त पाता। सुल्तान ने उसके प्रति नाना प्रकार से कृपादृष्टि प्रदर्शित करके उसे विदा कर दिया। ख़वास खां रोने लगा। सुल्तान ने पूछा कि, "तू क्यों रोता है?" ख़वास खां ने उत्तर दिया कि, "आपने मेरे प्रति अत्यधिक कृपा प्रदर्शित कर दी। इस समय मैं वास्तविक बादशाह के भय से रोता हूं कि वह मेरे साथ किस प्रकार का व्यवहार करेगा।" सुल्तान ने उससे कहा कि, "जो कुछ मैंने किया है यह उसकी कृपा का चिह्न है। क्योंकि उसकी तेरे प्रति कृपा है अतः उसने मेरे हृदय में कृपा डाल दी। जब तुझे यहां सुगमता प्राप्त हो गई तो वहां भी यही आशा कर।" तदुपरान्त सुल्तान ने उसे वापस कर दिया।

जब ख़वास ख़ां की मृत्यु हो गई तो मियां भूवा उसके स्थान पर नियुक्त हुआ। सर्वप्रथम सुल्तान ने यही आदेश दिया कि, "स्वर्गीय ख़वास ख़ां के पदाधिकारियों को स्थानान्तरित न किया जाय। वे जिस प्रकार कार्य करते थे उसी प्रकार कार्य करते रहें।"

मियाँ भूवा

ख़वास खां के उपरान्त मियां भूवा उसके स्थान पर हुआ। उसकी गोष्ठी में सर्वदा आलिम, विद्वान् तथा दार्शनिक लोग बैठे रहा करते थे। उसने प्रत्येक ज्ञान से सम्बन्धित ग्रन्थ एकत्र किये थे। वह उत्तम सुलेख लिखने वालों को प्रोत्साहन देता रहता था। वह ख़ुरासान, एराक़ तथा मावराउन्नहर से विद्वानों को एकत्र कराता रहता था और उनके प्रति कृपादृष्टि प्रदर्शित करता रहता था। उसने चिकित्सा सम्बन्धी ग्रन्थों को एकत्र करके उनमें से (महत्वपूर्ण भाग) चयन करके एक ग्रन्थ की रचना कराई जिसका नाम 'तिब्बे सिकन्दर शाही' रखा। हिन्दुस्तान में चिकित्सा सम्बन्धी उससे अधिक विश्वस्त कोई अन्य ग्रन्थ नहीं है। जिस किसी ने उसे देखा है वही भली भांति समझ सकता है कि वह कैसा ग्रन्थ है।

(६४) वह पांचों समय की नमाज़ जमाअत के साथ पढ़ता था और बहुत से लोगों के साथ मिल कर भोजन करता था। उसकी रसोई में अत्यधिक भोजन बनता था। रोज़ाना डेढ़ हज़ार पक्षियों का मांस पकाया जाता था। उसकी यह प्रथा थी कि यदि कोई सिपाही उसके पास नौकरी हेतु आता था तो चेहरा नवीस[2] उसका धनुष तथा कारकुन लोग उसके पास जो घोड़े तथा ऊंट होते थे उन्हें रखवा लेते थे और उसके लिए ख़ेमे तथा घोड़े और ऊंट की व्यवस्था कर देते थे। शिविर के घोड़ों का दाना, झूल, रसोई का सामान, पान, काफ़ूरदान[3], ख़ुशबूदान, पलंग, सोने के कपड़े, पहनने के कपड़ों के फ़र्श, अस्त्र-शस्त्र तथा युद्ध के यंत्रों में से एक-एक के विषय में लिख कर सुल्तान की सेवा में ब्योरा प्रस्तुत होता था। मियां के समक्ष सूची पेश की जाती थी। वह सूची रख दी जाती थी और विशेष स्थान पर रहती थी।

१ सम्भवतः उसने जो १५ लाख की वृद्धि कर दी थी उसकी अनुमति इस प्रकार ली है।
२ सैनिकों का पूर्ण विवरण लिखने वाले।
३ कपूर रखने का पात्र।

उस सिपाही को बादशाह के घर की चौकी[1] सिपुर्द कर दी जाती थी। चौकी नवीस उसका नाम चौकीदारी में लिख कर ले जाता था। वह सर्वदा चौकी की सूची का स्वयं निरीक्षण करता था। वह घोड़ों को बेच डालता था और दूसरे स्थान पर नौकरी का प्रयत्न करना चाहता था। एक घोड़ा अपने पास रख लेता था। दूसरे दिन उपस्थित होता था। यदि उसके पास व्यय का अभाव हो जाता तो बाज़ार में सर्राफ़ों के पास जाकर ऋण मांगता था। वे उससे पूछते कि, "क्या मियां भूवा ने तेरी धनुष रख ली है?" वह उत्तर देता कि, "हां रख ली है।" तदुपरान्त प्रत्येक बड़ी प्रसन्नता से उसके दैनिक व्यय की व्यवस्था कर देता था। उसके भोजन हेतु जिस वस्तु की आवश्यकता होती थी उसे प्रदान कर दी जाती थी। २, ३ वर्ष इसी प्रकार व्यतीत हो जाते। मियां को स्वयं उसका स्मरण हो जाता और महला[2] की वह सूची दीवान के अधिकारियों के पास इस आशय से भेज देता था "कि अमुक व्यक्ति को बुला लिया जाय। इस साज़ व महला के अनुसार जो कुछ उचित हो उसका वेतन निश्चित कर दिया जाय।[3] जब वह संतुष्ट हो जाय तो हमें सूचना दी जाय।" दीवान के अधिकारी उसे संतुष्ट करने के उपरान्त मियां को इस बात की सूचना देते थे। तदुपरान्त उससे वे पूछते कि "किस परगने में उसके वेतन हेतु जागीर दी जाय?" जहां उसका निवास-स्थान होता वहां के निकट के परगने में वह आदेश देता कि अमुक परगने से प्रदान कर दी जाय। मियां के ग्राम प्रत्येक विलायत में थे। उनमें उसे जागीर प्रदान की जाती थी। जिस दिन से उसकी भेंट हुई थी उस दिन से लेकर समस्त बातों के निश्चित होने के दिन तक हिसाब करके दो अथवा ३ वर्ष का वेतन वह ख़ज़ाने से दिलवा दिया करता था ताकि उसे ऋण से मुक्ति प्राप्त हो जाय। वह विदा होकर जो कुछ बच जाता उसे अपने घर इस आशय से ले जाता कि निश्चित होकर जीवन व्यतीत करे।

१ पहरा।

२ इस शब्द का अर्थ स्पष्ट नहीं।

३ यह भाग स्पष्ट नहीं है। 'ब' के अनुसार, 'नित्य प्रति नाना प्रकार के उत्तम भोजनों के अतिरिक्त १५० प्रकार के हलवों की व्यवस्था कराता था। सैनिकों के सम्बन्ध में उसकी यह प्रथा थी कि यदि कोई सिपाही नौकरी के लिये आता तो चेहरा नबीस धनुष और कारकुन घोड़ा, ऊँट और जो कुछ उसके पास होता था दाख़िल दफ़्तर करा लेते (रख लेते थे) उसके लिये ख़ेमे, भोजन, घोड़े, ऊँट इत्यादि दे देते। भोजन की वस्तुयें, पान, काफ़ूरदान, ख़ुशबूदान, पलंग, पहनने के वस्त्र, अस्त्र शस्त्र उसके लिये निश्चित कर देते थे। उस सिपाही को बादशाह की चौकी के लिये नियुक्त कर दिया जाता था। मियां भुवा के नियुक्त किये हुये चौकी के व्यक्तियों को बादशाह अपने समक्ष बुलवाता था और उन्हें सिपाहियों में भरती कर लेता था। मियां भुवा बादशाह से उसके लिये इनाम भी निश्चित करा देता था। यदि इस बीच में उसके पास व्यय हेतु धन न रहता तो वह सर्राफ़ के पास जाकर ऋण ले लेता। वे उससे पूछते कि क्या उसे मियां भुवा के समक्ष प्रस्तुत किया जा चुका है? यदि वह उत्तर देता कि हां मेरे चेहरे का वरक़ (क़ाग़ज) मियां भुवा के ख़ास ख़रीते में हैं तो सर्राफ़ लोग उसे उसके दैनिक व्यय हेतु धन दे देते थे। २, ३ वर्ष इसी प्रकार व्यतीत हो जाते थे। जिस समय बख़्शी तथा दीवान वाले उसका महला तथा साज़ वाजिब देखते तो मियां भुवा के समक्ष उसे मुजरा करा देते थे। मियां आदेश देता था कि दो-तीन वर्ष का वेतन खजाने से नक़द दे दिया जाय और उससे पूछा जाय कि उसके लिये किस परगने में जागीर निश्चित की जाये। जहां वह पसन्द करता उसे जागीर दे दी जाती थी और आदेश दे दिया जाता था कि कुछ समय के लिये जाकर निश्चिन्त होकर सेना के सामान की व्यवस्था करता रहे। मैंने मियां भुवा का कुछ थोड़ा सा हाल यहां लिखा, अब कुछ अन्य अमीरों का हाल लिखता हूं।'

(६५) यह विवरण जो मैंने दिया वह उसके पदाधिकारियों से संबन्धित था। अब मैं उसके अमीरों के विषय में जो कुछ जानता हूं उसका उल्लेख करूंगा। अब थोड़ा सा खाने जहां लोदी के विषय में उल्लेख करता हूं।

दौलत ख़ाँ लोदी

दौलत ख़ां लोदी लाहौर का हाकिम था और शरा पर पूर्ण रूप से आचरण करता था। उसने अपने महल में ज्योतिषियों के परामर्श से प्रत्येक घड़ी तथा क्षण के शुभ तथा अशुभ होने के विषय में लिखवा लिया था। वह शरा पर इतना अधिक आचरण करता था कि उसके अधीनस्थ राज्य में मदिरा, सुअर, दुराचार तथा जुआ कहीं भी दृष्टिगत न होता था। झूठ तथा अपशब्द उसकी शुभ जिह्वा से कभी न निकलते थे। वह सभा तथा एकान्त में क़ुरान का पाठ किया करता था और क़ुरान का वरक़ लौटने के लिए गुलाब का प्याला इस आशय से अपने पास रखता था कि थूक, जैसा कि सर्वसाधारण की प्रथा है, अंगुलियों में न लगाना पड़े। वह उचित रूप से ज़कात का धन प्रदान किया करता था। इसी प्रकार उसके अन्य कार्यों के विषय में भी अनुमान लगाना चाहिए।

मियां सुलेमान फ़र्मुली

मियां सुलेमान फ़र्मुली शेख मुहम्मद सुलेमान का पौत्र था और आगरा में निवास करता था। उसके भी बड़े विचित्र नियम थे। वह भी सर्वदा उचित समय पर जमाअत की नमाज़ के लिए उपस्थित होता था।

मियां बदरुद्दीन उसके इमाम[1] थे। लेखक ने उनके पास कंज़ नामक पुस्तक पढ़ी है। इमाम नमाज़ के पूर्व ही नमाज़ की व्यवस्था प्रारम्भ कर देते थे और अपने शिष्यों को विदा कर देते थे। एक दिन मैंने उनसे पूछा कि "अभी तो समय है आप इतनी जल्दी क्यों कर रहे हैं?" उन्होंने कहा कि "मैं यद्यपि बहुत पहले पहुंचने का प्रयत्न करता हूं किन्तु मियां के पूर्व नहीं पहुंच पाता। उन्हें मैं सदा मुसल्ले[2] पर पाता हूं।"[3]

जब वह दरबार करता था तो सिपाही अभिवादन हेतु उपस्थित होते थे। जब तक वह बैठा (६६) रहता तो २००० अश्वारोहियों से कम उपस्थित न होते थे। उसके पास ६००० अश्वारोही थे। उनमें से कोई वापस न जाता था। अन्य सवार आते जाते थे। जब वह स्वयं पान खाता था तो सभी उपस्थित गणों को पान खिलवाता था। उसके सेवक कई-कई सौ बीड़े लगवा कर लाते थे और दरबार में जितने लोग उपस्थित रहते थे उन्हें वे पान खिलाते थे। यदि वह १० बार स्वयं पान खाता तो १० बार ही उपस्थित लोगों को देता था। यदि वह कपूर खाता तो अपने दोनों ओर तीनों अंगुलियों से कपूर लेकर बांटता था। पांच-पांच सौ तोले की काफ़ूरदानी उसके दोनों ओर लोग लिये खड़े रहते थे। यदि वह कस्तूरी खाता था तो भी इसी प्रकार बांटता था। जब तक वह अन्य लोगों को न खिला लेता उस समय तक कोई वस्तु न खाता था। उसकी रसोई में अत्यधिक भोजन बनता था। उसके सहनक (थाल)

१ धार्मिक नेता। वह व्यक्ति जो सामूहिक नमाज़ पढ़ाये।
२ नमाज़ की चटाई।
३ 'ब' में इन कहानियों का क्रम कुछ परिवर्तित है और कुछ बातों का उल्लेख नहीं किया गया है।

इतने बड़े होते थे कि १० व्यक्तियों के लिए पर्याप्त होते थे। वर्षा ऋतु में वह दरिद्रियों को क़बा[1] तथा कम्बल प्रदान करता था। आशूरे के दिनों में वह विधवाओं को चादरें प्रदान करता था। मुहम्मद साहब की मृत्यु के दिनों में तथा रजब मास में वह सहायता के पात्रों को नक़द धन देता था। यदि कोई सिपाही उसके दर्शनार्थ आता और दरबार के समय वह खड़ा हो जाता तो वह उसे आलिंगन करता था। यदि वह सवारी में रहता था तो घोड़े से उतर पड़ता था। उसने कभी किसी से घोड़े पर बैठे-बैठे भेंट नहीं की। वह कुछ सांसारिक बातों में भी तल्लीन रहता था किन्तु यह मेरे लिए उचित नहीं कि मैं उसके विषय में लिखूँ।

मिसरा

"मेरा उद्देश्य तेरी ही प्रशंसा करना है।"

जलाल ख़ां लोदी, ख़ानेख़ाना नोहानी तथा मियां भूवा के पुत्र दिलावर ख़ां अपव्यय तथा भोग-विलास में व्यस्त रहते थे। उनके अत्यधिक पत्नियां थीं और तदनुसार उनका व्यय भी था। दिलावर ख़ां के घर में बाज़ार से ढाई हज़ार तन्के का प्रति दिन फूल आता था।

मियाँ गदाई फ़र्मुली

मियां गदाई फ़र्मुली क़न्नौज का मुक्ता भी बड़ा सम्मानित व्यक्ति था। उसमें अत्यधिक सूझ-बूझ तथा बुद्धिमत्ता थी। वह विद्वानों एवं आलिमों के साथ रहा करता था। जब वह सेना में था तो उसने कुछ ऊंटों को इस बात के लिए पृथक् कर दिया था कि उन पर 'देग हाय रवां' पकाये जाते थे। बादशाह के शिविर में से अमीरों एवं अन्य सम्मानित व्यक्तियों में कोई ऐसा न था जिसे उसकी श्रेणी के अनुसार हलवा न प्रदान होता हो। शाही सवारी के समय वह सर्वदा बादशाह के साथ रहता था।

सैयिद ख़ाँ

(६७) मुबारक ख़ां यूसुफ़ ख़ेल के पुत्र सैयिद ख़ां, जो लखनौती की अक़्ता में से खाता था और स्वयं तोरे के अधीन रहता था, का यह नियम था कि जब कभी भी कोई उसके द्वार पर पहुंचता था तो उसे तत्काल सूचना दे दी जाती थी चाहे आने वाला कहे अथवा न कहे। चाहे क़लन्दर आता चाहे सिपाही अथवा अमीर सभी के लिए यही नियम था। जब वह भोजन के लिए बैठता और उसके समक्ष भोजन लगाया जाता तो उसके समक्ष एक बहुत बड़ी चीनी[2] जिसमें प्रत्येक प्रकार का भोजन आ जाय रखी जाती थी। प्रत्येक प्रकार का अत्यधिक भोजन भी उसमें रखा जाता था। उसके ऊपर अत्यधिक रोटी तथा अचार जो उपलब्ध होता था रखा जाता था। उसके ऊपर पान का बीड़ा और बीड़े के ऊपर एक सोने की मुहर रखी जाती थी। उसे वह उन फ़क़ीरों को जो द्वार पर उपस्थित रहते थे भेज देता था। जब फ़क़ीरों की शुभ कामनाओं की ध्वनि उसके कान में पहुंचती तो वह ईश्वर का नाम लेकर भोजन प्रारम्भ करता था। जिस स्थान पर भी वह बैठता था उसके पास एक गठरी रहती थी। उसमें ३ प्रकार के वस्त्र होते थे। एक मलमल का, दूसरा जोबार, तीसरा खासा[3]। दरवेशों

१ एक लम्बा ढीला पहनावा जो सब वस्त्रों के ऊपर पहना जाता था।
२ चीनी की प्लेट।
३ विभिन्न प्रकार के वस्त्र।

से आशीर्वाद के रूप में जो वस्त्र उसे प्राप्त होते थे वे भी उसके पास रहते थे। वह इतना अधिक दानी था कि यदि वह किसी सेवक से भी वार्तालाप कर लेता तो उसे अमीर बना देता था। कोई भी ऐसा व्यक्ति न होता था जिसे वह एक लाख तन्के न दे दे।

एक दिन मियां एमाद फ़र्मुली का पुत्र शेख अहमद उसके पास उपस्थित हुआ। उसे इस विषय में सूचना दी गई। उसने उसे अपने पास बुलवाया और पूछा कि, "तू किस कारण आया है ?" उसने कहा कि, "मैं विदा होने आया हूं, कारण कि मैं अपनी पुत्री का विवाह करने के लिए घर जा रहा हूं।" उसने उसे पान का बीड़ा दिया और जो ग़ुलाम बच्चा उपस्थित था उससे कहा कि, "पलंग के नीचे जवाहरातों का जो बक्स रखा हुआ है उसे निकाल कर खोल।" जब उसने उसे खोला तो उसमें सोने की मुहरें निकलीं। उसने आदेश दिया कि "दोनों हाथों से मुहरें निकाल कर उसके पल्लू में डाल दे।" तदुपरान्त उसने उसे विदा कर दिया।

जब वह वहां से चला गया तो वही ग़ुलाम बच्चा पीछे से पहुंचा और उसने कहा कि "दीवान के अधिकारियों के सामने चलो ताकि वे हिसाब कर लें कि कितनी मुहरें हैं।" जब उन लोगों ने हिसाब किया तो ७० हज़ार तन्के निकले। जब मियां को इसकी सूचना मिली तो उसने आदेश दिया कि "जाकर एक लाख तन्के पूरे कर दो।"

एक दिन वह शिकार खेल रहा था। कोई ग्रामीण उसके पास दही लाया और निवेदन किया कि इस बरतन को सोने की मुहरों से भर दिया जाय। उसके आदेशानुसार उसे सोने से भर दिया गया। मुहरों की संख्या एक लाख से अधिक थी। एक बार चन्देरी की एक स्त्री एक थाल में नीम की पत्तियां लेकर खान के समक्ष आई। ख़ान ने देखा कि नीम की पत्तियां बड़ी हरी तथा ताज़ी हैं। खान के पूछने (६८) पर उसने उत्तर दिया कि, "मैं इस प्रकार साग पका कर लाई हूं कि इसके रूप में कोई परिवर्तन नहीं हुआ है किन्तु भोजन का स्वाद पूर्ण रूप से विद्यमान है।" उसने एक व्यक्ति को आदेश दिया कि वह उसे चखे। चखने पर साग बड़ा स्वादिष्ट निकला और उसमें नीम की कड़वाहट का कोई भी प्रभाव न था।

एक दिन पायगाह के घोड़ों का वह अर्ज़[1] कर रहा था। सद्दू खां उसके समक्ष उपस्थित था। वह उसका एक अमीर था। उस समय एक घोड़ा लाया गया। उसने घोड़ा देख कर सद्दू से उसके विषय में पूछा। सद्दू ने उसकी बड़ी प्रशंसा की। उसने आदेश दिया कि सद्दू ख़ां के आदमियों को घोड़ा दे दिया जाय। दूसरा घोड़ा लाया गया। उसने पुनः उसके विषय में पूछा, सद्दू ने उसकी पुनः प्रशंसा की। वह भी उसके आदमियों को दे दिया गया। इसी प्रकार उसने २० घोड़ों के विषय में पूछा, वह प्रशंसा करता जाता था और घोड़ा उसे मिलता जाता था। अन्त में वह चुप हो गया। मियां ने उसके चुप होने का कारण पूछा। सद्दू ने कहा कि, "दान सीमा से अधिक बढ़ गया, मैं कहां तक कहूं।" मियां ने मुस्करा कर कहा कि, "एक-एक लेने से थक गये।" जितने भी घोड़े उपस्थित थे उसके विषय में उसने आदेश दिया कि वे सब सद्दू ख़ां के घर भेज दिये जायं। कुल १२० घोड़े थे। उसने सब घोड़े उसे प्रदान कर दिये।

एक रात्रि में उसने सद्दू ख़ां से पूछा कि, "तू ने चकमक बोधा देखा है ?" उसने कहा कि, "मैंने चकमक बोधे का नाम सुना है किन्तु देखा नहीं है। वह एक प्रकार का नक़्श है जिससे लोग गाना गाते हैं।" मियां ने कहा, "जो कुछ तूने सुना है उसे इस स्थान पर देख।"........

1 निरीक्षण।

तीनों को खोला गया और सफ़ेद चादर पर रखा गया। सामने मोमबत्तियां लाई गईं। उस चबूतरे पर ९४ सफ़ेद तार के समान थीं। चारों ओर मोमबत्तियां खड़ी कर दीं।

"यह चकमक बोधा है इसे देखो। चकमक हिन्दुस्तानी भाषा में दुर्फ़श को कहते हैं।" सद्दू खां ने उसकी बड़ी प्रशंसा की और कहा कि, "जो कुछ मैंने सुना था आज अपनी आंख से देख लिया।"[१] उसने कहा कि "किस डिबिया के विषय में तूने सोचा है कि तुझे मिल जायेगी?" उसने कहा कि "मैंने किसी के विषय में नहीं सोचा है।" मियां ने उससे फिर ज़ोर देकर पूछा तो उसने उत्तर दिया कि, "मैंने इस नीचे वाली डिबिया के विषय में सोचा है।" वह तीन लाख की थी। मियां ने मुस्करा कर कहा कि, "बड़ी दर्जक डिबिया को छोड़ कर छोटी के विषय में सोचा है। बड़ी ७ लाख की थी।" उसने कहा कि, "मैं समझता था कि इस छोटी को जो एक ओर रखी है मुझे प्रदान करेंगे।" मियां ने कहा कि, "बहुत अच्छा तू ने इसके विषय में सोचा और मैंने इसके (बड़ी की) विषय में। तीसरी रही जाती है। मैं तुझे तीनो प्रदान करता हूं।" तीसरी ५ लाख की थी।

(६९) एक बार ख़ान को बादशाह ने चन्देरी की ओर भेजा। यात्रा बड़ी लम्बी थी। जो जानवर ख़ज़ाना ले जा रहे थे उनकी पीठ घायल हो गई। मियां को सूचना दी गई कि, "जानवर थक गये हैं। अब दूसरे जानवर नहीं मिलते यदि आदेश हो तो सैनिकों को ख़ज़ाना दे दिया जाय। उनके पास व्यय हेतु धन नहीं है। जानवरों को जो कोई ग्रामों में ले उन्हें दे दिया जाय।" ख़ान ने कहा कि, "दे दिया जाय।" जब प्रत्येक को ख़ज़ाना दे दिया गया तो इसकी सूची तैयार करके ख़ान के समक्ष भेजी गई। ख़ान ने सूची को टुकड़े-टुकड़े कर डाला और कहा कि, "क्या मैं वक़्क़ाल अथवा सर्राफ़ हो गया जो ऋण दिया करूं? मैं प्राप्त करता हूं और दान करता हूं।" इस प्रकार ७ लाख का वितरण कर दिया गया।

आज़म हुमायूँ शिरवानी

मसनदे आली आज़म हुमायूँ शिरवानी कड़ा का मुक्ता[२] बड़ा ही प्रतापी योद्धा था। धार्मिक एवं सांसारिक कार्यों में अत्यधिक योग्य था। उसकी यह प्रथा थी कि वह प्रत्येक वर्ष २ हज़ार क़ुरान शरीफ़ क्रय करता था और उनमें से कुछ को तो वह अध्ययन हेतु अंतःपुर में रखता था और कुछ को हाफ़िज़ों को इस आशय से दे देता था कि वे उसे ठीक कर दें। जब मुहम्मद साहब की मृत्यु का मास अथवा रजब आता तो वह उन्हें आलिमों को प्रदान कर देता था और अन्य क़ुरान क्रय कर लेता था। मुल्तान तथा उच्छ की सीमा तक से लोग क़ुरान की इच्छा से उसके पास आते थे। वह उन्हें क़ुरान देकर विदा कर देता था। दूसरे वर्ष फिर उतनी ही क़ुरान क्रय करता था।

ईदुज़्ज़ुहा[३] के दिन वह ३ हज़ार गाय, दुम्बे तथा ऊंट की क़ुर्बानी करता था। रात्रि के पिछले पहर में तहज्जुद की नमाज़ पढ़ कर क़ुरान का पाठ करता था और नाश्ते के समय तक या तो क़ुरान का पाठ करता या नमाज़ पढ़ता रहता था। इस बीच में वह कोई सांसारिक बात न करता था। उसके पास ४५ हज़ार सवार थे और उसकी गजशाला में ७०० हाथी थे। प्रत्येक प्रकार के घोड़ों की पायगाह पृथक् थी। उसके दो हज़ार पांच सौ मरातिबदार[४] थे और कई बड़े-बड़े अमीर उसकी सेवा में रहते थे।

१ इसका अर्थ स्पष्ट नहीं।
२ 'ब' में 'हाकिम', अक़्ता का अधिकारी।
३ हिजरी वर्ष के अन्तिम (१२वां) मास की १०वीं तारीख़ : बकरईद।
४ 'ब' के अनुसार 'मन्सबदार'।

उनमें से एक सैफ़ ख़ां अचा खेल उसका नायब था। उसके पास छः हज़ार अश्वारोही थे। दौलत ख़ां ख़ानी के पास ४ हज़ार अश्वारोही थे। अली ख़ां ऊशी के पास ४ हज़ार अश्वारोही थे। फ़ीरोज़ ख़ां शिरवानी के पास छः हज़ार थे। इनके अतिरिक्त विभिन्न अमीरों के पास २५ हज़ार अश्वारोही थे। उसने दो बार पटना के काफ़िरों पर आक्रमण किया और उन्हें भगा कर उनका पीछा किया।[1]

एक दिन वह मध्याह्न के भोजन के पश्चात् सो रहा था। उठने के उपरान्त उसने सैफ़ ख़ां को बुलवा कर कहा कि, "यह ढिंढोरा पिटवा दो कि समस्त सेना तैयार रहे। मैं शीघ्रातिशीघ्र आक्रमण करूंगा।" वह स्वयं जौशन पहन कर तथा अस्त्र-शस्त्र लगा कर चल खड़ा हुआ। २० कोस की यात्रा के (७०) उपरान्त सैफ़ ख़ां ने पूछा कि, "हे ख़ान! हमें भी बताया जाय कि आप कहां जा रहे हैं।" उसने कहा कि, "मुहम्मद साहब ने मुझे स्वप्न में बताया है कि सवार हो जाओ। अमुक स्थान पर काफ़िर बहुत बड़ी संख्या में हैं, तुझे विजय प्राप्त हो जायगी। मुझे जिस स्थान पर जाने का आदेश हुआ है मैं वहां तक जा रहा हूं।" सैफ़ ख़ां ने कहा कि, "कोई भी स्वप्न के आधार पर अपनी सेना को इस प्रकार नहीं परेशान करता।" उसने दांतों के नीचे अंगुली दबा कर कहा कि, "तुझे तोबा[2] करनी चाहिए। मैंने स्वप्न में मुहम्मद साहब के शुभ अस्तित्व को देखा है।" उसने कहा कि, "मैं २० कोस यात्रा कर चुका हूं कुछ पता चलना चाहिए कि कहां जाना है।" ख़ान ने कहा कि, "मुझे स्थान दिखा दिया गया है, उस स्थान तक चलना है। वह चाहे जहां भी हो।" उसने पूछा कि, "किस प्रकार इस बात का पता चलेगा कि वह स्थान कहां है?" ख़ान ने कहा कि, "वह स्थान मेरी दृष्टि में है। जब वह स्थान आ जायगा तो मैं तुम्हें बता दूंगा।" इसी प्रकार वे यात्रा करते रहे।[3] अचानक एक स्थान पर पहुंच कर ख़ान ने कहा कि, "मित्रो! तैयार हो जाओ। जो स्थान मुझे दिखाया गया था वह आ गया है।" अल्प समय में वे अचानक काफ़िरों के विरुद्ध पहुंच गये और उन पर आक्रमण करके विजय प्राप्त कर ली। कुछ दिन वहां ठहर कर वे लौट आये।

अहमद ख़ां

जमाल ख़ां लोदी सारंग ख़ानी का पुत्र अहमद ख़ां जौनपुर का हाकिम था। उसके पास २० हज़ार अश्वारोही थे। उसका बड़ा ही उत्तम स्वभाव था। उसने प्रत्येक कार्य के लिए एक समय निश्चित किया था, वह कार्य उस समय पर करता था। यदि वह कार्य उस समय पर पूर्ण न हो जाता तो दूसरे दिन उसी समय पर करता था। रात्रि के अन्त में वह स्नान करता तथा तहज्जुद पढ़ता था। दो सफ़ेद वस्त्र धारण करता था और गुलाब की दो कुमकुमें[4] वस्त्रों पर छिड़कता था। प्रातःकाल सुन्नत[5] की नमाज़ घर के भीतर पढ़ता था और अनिवार्य नमाज़ें जमाअत के साथ पढ़ता था। जानेमाज़[6] पर बैठे बैठे सौ बार ईश्वर का नाम लेता था। वह ख़्वाजा हुसैन नागौरी का मुरीद था। तदुपरान्त वहां से उठ कर

१ 'ब' के अनुसार 'पटना का राजा भागकर समुद्र में प्रविष्ट हो गया उसने समुद्र तक उसका पीछा किया। राजा का राज्य तथा वंश छिन्न-भिन्न हो गया। तदुपरान्त वह लौट आया'।

२ तोबा : घृणित अथवा निंद्य कर्म पुनः न करने की प्रतिज्ञा अथवा शपथ पूर्वक की गयी दृढ़ प्रतिज्ञा।

३ 'ब' के अनुसार 'उन्होंने ६० कोस यात्रा की'।

४ 'ब' के अनुसार 'शीशे'।

५ वह नमाज़ जो अनिवार्य न हो।

६ नमाज़ पढ़ने की चटाई अथवा वह कपड़ा जिसे बिछा कर नमाज़ पढ़ी जाती है।

अपने पिता के समक्ष अभिवादन हेतु जाता था। कुछ अवराद[1] वहां पढ़ता था। ३ घड़ी तक वह घर में रहता था। गुलाम बच्चे आकर उसे सूचना देते थे। जब २ घड़ी व्यतीत हो जातीं तो वह वहां से अखाड़े की शिक्षा के स्थान पर पहुंचता था। वहां जो कुछ भी कहना, देखना तथा सुनना होता था कहता सुनता था। २ घड़ी वहां रहता था। वहां से उठ कर वह पेशख़ाने[2] में पहुंचता था जहां से वह प्रत्येक व्यक्ति का अभिवादन स्वीकार करता था। वहां बैठे-बैठे वह हाजिब[3] को बुलवाता था और उन्हें आदेश देता (७१) था कि वे विशेष पदाधिकारियों को लायें। ४ व्यक्ति आते थे, एक नायब परवाना नवीस[4], एक मजमूआदार[5], एक वकील जोकि घर के द्वार पर चबूतरे[6] पर बैठता था। उन लोगों से सम्बन्धित जो कार्य होते थे उनके विषय में पूछताछ करता था। तदुपरान्त वह हाजिब को बुलवा कर आदेश देता था कि जो कोई भी उसके द्वार पर कोई आवश्यकता लेकर आया हो उसे बुलवाया जाय। ४ घड़ी तक वह समस्त प्रबन्ध करता था। तदुपरान्त वह पूछता था कि, "क्या कोई व्यक्ति ऐसा रह गया है जिसे कुछ कहना है ?" वे लोग जाकर पूछताछ करते थे। जब कोई न मिलता तो वह आदेश देता कि द्वारपाल को द्वार से हटा दिया जाय ताकि प्रत्येक व्यक्ति अभिवादन हेतु उपस्थित हो सके। विशेष तथा साधारण व्यक्ति अभिवादन हेतु उपस्थित होते थे। वह ४ घड़ी तक बैठा रहता था। दिन व्यतीत हो जाने के उपरान्त वह उठ कर अन्तःपुर में चला जाता था। भोजन इत्यादि से निवृत्त होकर वह विश्राम करता था। फिर लोगों का अभिवादन स्वीकार करता था। एशा[7] की नमाज़ के समय तक वह बैठा रहता था।

मशायख़ (सन्त) आलिम, पदाधिकारी तथा उच्च पदाधिकारियों के पुत्र इत्यादि अपने-अपने निश्चित स्थान पर बैठते थे। यदि सिपाही भूल से आलिमों की सभा में आ जाता तो वह उनसे कहता कि, "अपना स्थान पहचानो।" वह उसे वहां से उठवा कर सिपाहियों की पंक्ति में बैठा देता। यदि आलिमों तथा सूफ़ियों की पंक्ति में से कोई सिपाहियों की पंक्ति में बैठ जाता तो वह यही कहता कि "आप अपना स्थान पहचानें" और उसे अपने समीप बुलवा कर बैठाता था।

एक दिन उसने एक ज़मुर्रद[8] क्रय किया। उसका मूल्य २५ हज़ार तन्के दिया। धन की थैलियाँ दीवान ख़ाने के प्रांगण में एकत्र थीं कि नमाज़ का समय आ गया। ख़ान ने आकर पूछा कि, "इन थैलियों को इस स्थान पर क्यों रख छोड़ा है ?" उत्तर मिला कि, "सैयिदों से जो ज़मुर्रद ख़रीदा गया है, यह उसका मूल्य है।" ख़ान ने स्वयं ज़मुर्रद न देखा था। उसने कहा कि, "ज़मुर्रद लाया जाय।" जब उसने ज़मुर्रद देखा तो कहा कि, "यह उचित नहीं कि इस पत्थर के टुकड़े के लिए इतना धन दिया जाय।" उपस्थित

१ क़ुरान के विभिन्न भागों का विभिन्न अवसरों पर पाठ।
२ 'ब' के अनुसार 'दीवान ख़ाने'।
३ दरबार में सुल्तान तथा दरबारियों के मध्य में हाजिब लोग खड़े होते थे और उनकी आज्ञा बिना कोई सुल्तान तक न पहुँच सकता था। उनका सरदार अमीर हाजिब कहलाता था। समस्त प्रार्थना-पत्र भी अमीर हाजिब तथा हाजिबों द्वारा ही सुल्तान के सम्मुख प्रस्तुत होते थे। लगभग इसी प्रकार के कार्यों के लिये बड़े-बड़े अमीर भी हाजिब रखते थे।
४ परवाना लिखने वाले।
५ वह अधिकारी जो कर वसूल करने वालों के हिसाब-किताब की जांच किया करता था। अभिलेख का प्रबन्ध करने वाले भी मजमूआदार कहलाते थे।
६ सम्भवतः कचहरी के चबूतरे पर।
७ रात की अन्तिम अनिवार्य नमाज़।
८ हरे रंग का रत्न।

गण में से एक ने कहा कि, "यह अनुचित नहीं है। अपतु यह कूटनीति के अनुसार है। उन लोगों ने कई बार इस प्रकार का अपराध किया है। उन्हें इस धन को लादने के लिए बहुत से जानवरों की आवश्यकता होगी। ये लोग अपने कमर में कटार रखते हैं।" ख़ान ने पूछा कि, "क्यों रखते हैं ?" उत्तर मिला कि, "काल के कुचक्र के विषय में सभी को ज्ञान है। यदि वे इतना अपने पास रखेंगे तो कभी काम आयेगी।" ख़ान ने कहा कि, "यह उससे भी अनुचित है। एक यह कि वह अपने विषय में किसी बुरे समय को सोचता है और इस पत्थर के टुकड़े के भरोसे पर ईश्वर के समक्ष अपना विश्वास खोता है।" जिन लोगों ने उसे बेचा था उन्हें अपने समक्ष बुलवाया और उनसे पूछा कि, "तुम्हें यह कहां से मिला ?" उन्होंने उत्तर दिया कि, "हमें यह अपने पूर्वजों से पैतृक संपत्ति के रूप में प्राप्त हुआ है।" ख़ान ने पूछा (७२) कि, "उन्होंने कितने में क्रय किया था ?" उन्होंने उत्तर दिया कि, "एक लाख तन्के में।" ख़ान ने उन लोगों से कहा कि, "तुम लोग बड़ी विचित्र बात कहते हो। एक लाख तन्के की संपत्ति को २५ हज़ार तन्के में बेचते हो।" उन्होंने उत्तर दिया कि, "जब से हम इसे रखे हुए थे उस समय से इसके लिए ग्राहक ढूंढ रहे थे किन्तु कोई ग्राहक न मिलता था।" ख़ान ने पुनः मुस्करा कर कहा कि, "यह विचित्र बात है। यह तुम्हारी आवश्यकता के समय तुम्हारे काम आयेगा।" यह कह कर उसने उस रत्न को लौटा दिया। जो बात कठिन थी उसे सरल कर दिया। २५ हज़ार तन्के उसने ईश्वर के लिए दान कर दिये। ५ हज़ार तन्के उसने उन्हें दे दिये, ५ हज़ार बन्दगी मीरान सैयिद को दान कर दिये। शेष १५ हज़ार तन्के आलिमों, सूफ़ियों तथा दरिद्रियों को बांट दिये और कहा कि, "यह सौदा अच्छा है या वह ? तुम लोग निर्णय करो।" सभी उसकी प्रशंसा करने लगे।

लाद ख़ाँ

अहमद ख़ां का ज्येष्ठ पुत्र आज़म[1] लाद ख़ां बड़ा सदाचारी एवं दानी था। वह सांसारिक कार्यों के प्रति इतना उदासीन था कि कभी भी सांसारिक कार्यों को जिह्वा पर न लाता था। उसके पदाधिकारी तथा वकील ऐसे उत्तम थे कि वे इसके लिए उसके समस्त कार्यों को ईमानदारी से संपन्न कर देते थे और उसके लिए कोई कार्य न छोड़ते थे। वे जब कोई कार्य संपन्न कर लेते थे तो उसे उस विषय में सूचना दे देते थे। वह गणना में पूर्ण संख्या से अधिक कुछ भी न जानता था। वह स्वयं ढाई अथवा डेढ़ के विषय में कुछ न समझता था। यदि इसकी चर्चा होती तो वह पूछता कि "ढाई क्या होता है ?" यदि फ़ारसी भाषा में उसे समझाया जाता तो वह समझ लेता किन्तु हिन्दी भाषा में यदि उसे समझाया जाता तो वह न समझ पाता। जिस किसी को वह कुछ दान करता तो यही आदेश देता कि १ सेर अथवा दो सेर सोना तथा चांदी उसे दे दिया जाय। तोलचे तथा दिरहम का वह कभी उल्लेख न करता था। जहां कहीं से भी कोई उपहार आता उसे वह स्वयं अपनी आंख से न देखता, और न उसे ख़ज़ाने में भिजवाता। काग़ज़ अथवा पत्र में वस्तुओं की जो सूची दी होती थी वही उसे सुना दी जाती थी। उसकी यह भी प्रथा थी कि यदि वह किसी के साथ शतरंज खेलता होता और उस समय कोई पेशकश उसकी सेवा में आती तो वह उसे उसी व्यक्ति को प्रदान कर देता था। यदि वह शाहनामा[2] अथवा सिकन्दरनामा[3] सुनता तो

१ 'ब' में 'आज़म' नहीं है।

२ फ़िरदौसी (मृत्यु १०२० ई०) का प्रसिद्ध काव्य जिसमें प्राचीन ईरानी बादशाहों का विषद विवरण दिया गया है।

३ निज़ामी गंजवी (मृत्यु १२०६ ई०) का प्रसिद्ध काव्य जिसमें सिकन्दर की कुछ काल्पनिक कहानियों का उल्लेख है।

उस समय जो कुछ भी सामने आता वह पढ़ने वाले को दे देता। यदि कोई चीज़ जल पीने के समय आती तो वह उसे जल पिलाने वाले को दे देता था। यदि चौगान खेलते समय कोई चीज़ आती तो वह रिकाबदारों[1] को मिल जाती। यदि वह चिकित्सकों, ज्योतिषियों, वादकों तथा कहानी कहने वालों में से किसी के साथ, जिन्हें कत्थक कहते थे, होता तो जो कोई भी वहां उपस्थित होता वह वस्तु उसी व्यक्ति को प्रदान (७३) कर दी जाती थी। यह लेखक बहुत समय तक उसका इमाम[2] रह चुका है। पांचों समय की नमाज़ के वक़्त जो कुछ मुसल्ले[3] पर प्रस्तुत किया जाता वह मुझे प्रदान कर दिया जाता था। मेरे मित्रों को जब यह पता चल जाता कि किसी स्थान से कोई उत्तम वस्तु आई है तो वे उसे विशेष रूप से उसी समय प्रस्तुत करते थे। उत्तम प्रकार के वस्त्र अथवा क़िमाश अथवा बाण अथवा गुजरात की वस्तुएं उदाहरणार्थ क़लमदान, जवाहरातों का सन्दूक़, चौकी इत्यादि में से जो वस्तु पेशकश के रूप में आती उसे वह जिससे भी प्रसन्न होता उसे प्रदान कर देता था। एक दिन पटना के राजा ने एक हाथी, दो गधों के बोझ के बराबर उत्तम वस्त्र, बेलबूटों से सजा हुआ एक ख़ेमा जो अत्यधिक उत्तम था और बंगाल में तैयार हुआ था, भेजा। शुक्रवार के दिन उसका प्रार्थनापत्र प्रस्तुत किया गया। शेख़ मुहम्मद सिलाहदार[4] (की उपस्थिति) के लिए शुक्रवार का दिन निश्चित था, वह वस्तुओं को ले गया। मियां चन्दू कुकिलताश खां भी उस समय उपस्थित था। उसने कहा कि, "ख़ेमा बड़ा ही उत्तम है। यदि आदेश हो तो शेख़ मुहम्मद को इसका मूल्य ख़ज़ाने से दिला दिया जाय और उसे दास को सौंप दिया जाय, कारण कि वह उसके कार्य की वस्तु नहीं। हाथी तथा ख़ेमे को वह बेच डालेगा अपने पास न रखेगा। केवल वस्त्र, चन्दन इत्यादि अपने पास रख लेगा।" उसने कहा कि "तू मेरे नियम में परिवर्तन कराना चाहता है। जाकर उसी प्रकार की वस्तुएं तैयार करा और उसे ले ले।" इस प्रकार ५० हज़ार तन्के में उन वस्तुओं को तैयार करा कर उसने ले लिया।

यदि कोई बाज़ अथवा शिकरा भेजता था तो उसे भी वह कारख़ाने में न भिजवाता था। यदि किसी दरवेश के घर से कोई शुभ वस्तु अथवा पगड़ी आ जाती तो वह उस वस्तु को अपने हाथ में लेकर चूमता था और उन्हें किसी व्यक्ति को दे देता था। पगड़ी को अपने सिर पर बांध लेता था। यदि लाने वाला किसी अन्य स्थान से आता तो वह उसके आतिथ्य-सत्कार के लिए उसी दिन चीज़ें भेजता था। बादशाहों के समान उसका दैनिक व्यय निश्चित कर देता था। यदि वह इस योग्य होता कि वह उसके दर्शनार्थ स्वयं जाय तो वह स्वयं जाता था अन्यथा उसे अपने पास बुलवाता था। यदि क़लन्दरों का कोई समूह आ जाता तो उन्हें वह उसी दिन अपनी प्रथानुसार एक तन्का भिजवाता था और उन्हें विदा कर देता था। इसी नियम से आतिथ्य-सत्कार होता रहता था और पूछने की कोई आवश्यकता न होती थी। जो कोई द्वार पर होता था उसे इस बात की आज्ञा होती थी कि वह प्रत्येक व्यक्ति को एक अथवा दो तन्के उसकी आवश्यकतानुसार प्रदान कर दे। शीत ऋतु में वह सेवकों तथा अतिथियों को क़द[5] प्रदान करता किन्तु किसी को एक क़द न प्रदान करता था; किसी को चार तो किसी को दो। किसी को क़बायें[6]

१ वे लोग जो बादशाह तथा अमीरों के घोड़ों के साथ-साथ चलते हैं।
२ देखिये पृ० १४६, नोट नं० १।
३ देखिये पृ० १४६, नोट नं० २।
४ सुल्तान के अंगरक्षक। शस्त्रागार के अध्यक्ष भी सिलाहदार कहलाते थे।
५ सम्भवतः कपड़े की कोई क़िस्म।
६ एक लम्बा ढीला पहनावा जो अन्य वस्त्रों के ऊपर पहना जाता था।

तथा क़द प्रदान करता था। प्रत्येक दिन वह दो क़बायें पहनता था और उन्हें दान कर देता था। दो (७४) दिन उपरान्त वह लबादा पहनता था। शीत ऋतु में वह सोने के समय के वस्त्र तथा रंगीन क़द के वस्त्र तैयार कराता था और उनमें उत्तम प्रकार के मलमल का अस्तर लगवाता था। ८वें दिन वह उन्हें दान कर देता था। दो सौ अथवा इससे अधिक लोग उसके विश्वासपात्र थे, जिनमें से प्रत्येक अपने घर में घोड़ों के तबेले रखता था। घोड़ों का भोजन सवारी के समय उन लोगों को दीवान से प्रदान किया जाता था। यदि सेना के लौटने के उपरान्त वे लोग पायगाह के घोड़ों को अच्छा घी तथा चारा प्रदान करते थे तो घोड़ा उन्हीं को दे दिया जाता था अथवा उनके हाथ बेच दिया जाता था।

उसके लिए रात-दिन रेशमी वस्त्र सिये जाते थे। उसके घर कोई धोबी न आता था। जो वस्त्र पुराना हो जाता अथवा फट जाता वह दान कर दिया जाता था। उस समय के ख़ानों का यही नियम था।

उसने अपने अंतःपुर के लिए मंदल का निर्माण कराया था। किसी ने भी उस प्रकार का भवन संसार में न देखा था। रात्रि में वह मंदल में रहता था और छज्जे पर बैठ कर चारों ओर दृष्टिपात करता था।

घरों की छत पर जाने का कोई मार्ग न था। बाहर से भीतर जल भेजा जाता था। कारीज़ तथा फ़ौवारे बनवा लिये गये थे। भीतर हौज़ था। बाहर से जल डाला जाता था। वह उस हौज़ में एकत्र होता था। वहां से लोग ले जाते थे। दरबार के द्वार पर हाजिब बैठा रहता था। भीतर की चौखट के समक्ष पर्दादार बाहर खड़ा रहता था। भीतर की ओर ख़्वाजासरा रहता था। भीतर की दीवार के पीछे एक वृद्धा रहती थी। यदि कोई कार्य होता तो हाजिब पर्दादार से कहता। वह ख़्वाजासरा से कहता और वह दीवार के पीछे से वृद्धा से कहता था। वृद्धा उस स्त्री से जो हाजिब के पद पर नियुक्त होती थी कहती थी। वह इस बात को ख़ान तक पहुंचाती थी। यदि कोई बात कहने के योग्य होती थी तो इसी क्रम से कहलाई जाती थी। यदि किसी को कोई सूचना करानी होती थी तो उसके नायब अथवा परवाना नवीस के द्वारा इसी क्रम से सूचना कराई जाती थी।

महल के भीतर दान हेतु एक सप्ताह निश्चित था। जिन लोगों को दान प्राप्त होता था वे एकत्र हो जाते थे और उन्हें दान प्राप्त हो जाता था। रसोई के लिए लकड़ी दीवार के ऊपर से फेंकी जाती थी और वहां ले ली जाती थी। रसोई की अन्य वस्तुएँ पर्दादार को दे दी जाती थीं। वह ख़्वाजासरा को दे देता था। ख़्वाजासरा दीवार पर रख देता था वहां से वह स्त्री लेकर रसोई में पहुंचा देती थी। सहनक (थाल) भी इसी क्रम से भेजे जाते थे और दीवार पर रख दिये जाते थे। स्त्री वहां से लेकर ख़्वाजासरा को पहुंचा देती थी। ख़्वाजासरा पर्दादारों को दे देता था। वह फ़र्राशों को सौंप देते थे। फ़र्राश जिन लोगों के लिए वह निश्चित होते थे उन्हें पहुंचा देता था। मौसम के मेवे उदाहरणार्थ आम एवं (७५) ख़रबूज़े तथा तरबूज़ समस्त सेना वाले खाते थे। अधिकांश लोगों को रोज़ाना टोकरियां प्राप्त होती रहती थीं। किसी-किसी को दो-दो टोकरियां भी दी जाती थीं।[1]

स्त्रियां यात्रा के समय अराबों[2] में यात्रा करती थीं। इनमें सन्दूक़ रखे रहते थे। प्रत्येक सन्दूक़ में एक स्त्री रहती थी। सन्दूक़ में ताला लगा दिया जाता था। प्रत्येक सन्दूक़ के साथ एक डोला रहता था। उसमें स्त्री की गठरी तथा अन्य सामान रहता था। डोले पर दो ख़ोल चढ़े रहते थे। ३ स्थानों पर

१ 'ब' में इस विषय में बड़े संक्षिप्त रूप में लिखा गया है।
२ 'ब' के अनुसार 'बहल'। अराबा का भी अर्थ गाड़ी होता है।

शिविर लगाये जाते थे। प्रत्येक स्थान के लिए ऊँट तथा फ़र्राश निश्चित थे। वे प्रत्यंक स्थान का सामान लदवा कर ले जाते थे। यदि भूल से एक स्थान का बोझ दूसरे स्थान पर पहुंच जाता था तो वह ऊंट पुनः उस स्थान पर वापस भेजा जाता था।

मसनदे आली मियां मुहम्मद फ़र्मुली

वह अवध का मुक़्ता[1] था। उसे काला पहाड़[2] कहते थे। जब सुल्तान हुसेन शर्क़ी की बादशाही का अन्त हो गया तो मियां मुहम्मद को अवध प्रदान किया गया। शम्स खां जो सुल्तान हुसेन के अमीरों में से था बहराइच में रह गया था। सुल्तान सिकन्दर उस समय पटना में था। वहां बादशाह के दरबार में किसी ने निवेदन किया कि, "समस्त विलायत में सुल्तान हुसेन के अमीरों में से कोई नहीं रह गया है। केवल बहराइच में शम्स खां रह गया है। वह किसी शक्ति के आधार पर नहीं है।" एक व्यक्ति ने कहा कि, "हम लोगों में से कौन उस स्थान पर रह सकता है?" ख़ानेख़ाना फ़र्मुली वहां उपस्थित था। उसने मियां मुहम्मद को लिखा कि, "यहां इस प्रकार की वार्ता होती है। अपने कार्य की देखभाल किया करो।" जब ख़ानेख़ाना का पत्र मियां मुहम्मद को प्राप्त हुआ तो उसने सेना के सरदारों को बुलवा कर परामर्श किया कि, "हम सरयू नदी पार करके शम्स खां पर आक्रमण करना चाहते हैं।" सभी तैयार हो गये। उस समय उसने समस्त सिपाहियों तथा सरदारों को एक स्थान पर एकत्र किया और मलमल का एक टुकड़ा मंगवा कर अपने समक्ष रखा तथा बहुत से पान के बीड़े अपने सामने रखे और चिल्ला कर कहा कि, "मैं इस कफ़न को अपने सिर पर बांधता हूं। जिस किसी को भी अपने प्राण त्यागने हों वह (७६) हमारा साथ दे अन्यथा मुझसे यह पान लेकर प्रसन्नतापूर्वक विदा हो जाय, मैं उससे संतुष्ट रहूंगा। यदि कोई युद्ध में विश्वासघात करेगा तो यह अच्छा न होगा। मैं इस बात को अपनी इच्छा से कहता हूं कि ऐसा व्यक्ति मेरे साथ न आये।" सभी ने उसका साथ देना निश्चय किया। वह सब को लेकर सरयू नदी के तट पर पहुंचा। तदुपरान्त उसने सबसे कहा कि, "मैं नौका पर बैठता हूं। प्रत्येक व्यक्ति को अधिकार है कि वह नाव पर बैठे या न बैठे।" जिन लोगों ने नाव पर बैठना निश्चय किया उन्हें उसने नावों पर बैठा कर रवाना कर दिया। घोड़े नदी के इसी ओर रह गये। शम्स खां नदी के उस ओर घाट पर पहुंच गया। सबको विदा करके मियां मुहम्मद स्वयं नौका पर बैठा। जैसे ही नौकायें आगे बढ़ीं युद्ध होने लगा। मियां मुहम्मद पीछे से पहुंच गया और आदेश दिया कि, "सभी लोग धनुष-बाण अपने हाथ में ले लें और तलवार चलाने की इच्छा न करें।" जब उन लोगों ने बाण चलाने प्रारम्भ किये तो दुर्भाग्यवश शम्स खां के एक बाण लगा। उसकी सेना भाग खड़ी हुई। मियां के प्रयत्न से विजय प्राप्त हो गई और यह ज्ञात हुआ कि शम्स खां मारा गया। वह विलायत भी मियां मुहम्मद को प्रदान कर दी गई।

मियां मुहम्मद का एक बड़ा युद्ध यह था और दूसरा वह था जब कि मियां की विलायत में २४ राजाओं ने संगठित होकर विद्रोह कर दिया। मियां स्वयं सवार होकर मैदान में पहुंचा। जिस दिन युद्ध हुआ उस दिन मियां मुहम्मद ने सेना को ३ भागों में विभाजित किया। मध्य भाग की सेना का सरदार मियां नेमत को नियुक्त किया। अपनी पताका तथा मरातिब[3] उसे सौंप दिये। दायें भाग की सेना को

१ 'ब' के अनुसार 'हाकिम'।
२ 'अ' के अनुसार 'काला तबार'।
३ 'ब' के अनुसार 'तोग़ अलम तथा कूसे नक़्क़ारा'। मरातिब विशेष रूप से बड़े-बड़े अमीरों को प्राप्त होते थे। इनमें नक़्क़ारा इत्यादि सम्मिलित थे।

मलिक अलह दाद क़न्नौजी के सिपुर्द किया। बायें भाग की सेना क़याम खां को दी। मियां के साथ १२० योग्य अश्वारोही थे। एक जोड़ा नक़्क़ारा तथा एक हाथी भी उसके साथ था। एक स्थान पर ठहर कर उसने तीनों सेनाओं को युद्ध करने का आदेश दिया। युद्ध प्रारम्भ हो गया। वह स्वयं शतरंज खेलने लगा। काफ़िरों के दल आने लगे। मियां को समाचार पहुंचाये जाते थे। वह सुन कर कुछ पूछता था और खेलने में व्यस्त हो जाता था। उसमें किसी प्रकार का परिवर्तन न हुआ। जब इस बात की सूचना प्राप्त हुई कि हिन्दुओं तथा उसकी सेना में युद्ध होने लगा है तो भी वह शतरंज खेलने में व्यस्त रहा। वह इस बात को पूछता जाता था "कि क्या दशा है?" जब उसे यह समाचार पहुंचाये गये कि हमारी दोनों सेनायें पराजित हो गईं तो उसने पूछा कि "नेमतुल्ला अपने स्थान पर है अथवा उसने अपना स्थान छोड़ (७७) दिया है?" यह पूछ कर वह पुनः शतरंज खेलने लगा और उसने कहा कि "यदि नेमतुल्ला अपने स्थान पर है तो वे लोग कहां जा सकते हैं?" यह वार्ता हो ही रही थी कि उसे समाचार प्राप्त हुए कि वह दोनों सेनायें लौट आईं और तीनों सेनायें संगठित हो गईं। उस समय उसने खेलना बन्द किया और कहा, "बाज़ी को इसी प्रकार रहने दिया जाय।" वह उठ कर जिस स्थान पर घात लगाये हुए बैठा था वहां से अग्रसर हुआ और नक़्क़ारा बजवाया, कहा कि, "सब लोग मिल कर आक्रमण करें और इस बात का नारा लगायें कि मियां मुहम्मद आ गये।" हिन्दू लोग नक़्क़ारे की आवाज़ तथा मियां मुहम्मद का नाम सुनकर न ठहर सके और भाग खड़े हुए। उन्होंने इतना घोर युद्ध किया कि उनके हाथ तलवार की मूठ में चिपके रह गये। हाथी के शरीर में जितने लोहे चुभ गये थे उन्हें निकाल कर तौला गया तो ८ मन लोहा निकला। इससे पूर्व हाथी का नाम अंकासारी था। उस दिन से उसका नाम मग़दल बहार[1] हो गया। विजयोपरान्त वह फिर शतरंज खेलने में व्यस्त हो गया। जो लोग उसके साथ थे उनसे मैंने सुना है कि उसकी दशा में किसी प्रकार का कोई परिवर्तन न हुआ था, न उसके मुख पर न उसकी वार्ता में।

हिन्दू लोग भाग कर एक स्थान पर एकत्र हुए। इसी बीच में बादशाह की ओर से सहायतार्थ एक सेना आ गई। उसी दिन वह पुनः सवार होकर अवध पहुंचा। आलिम तथा मशायख़ उसके स्वागतार्थ निकले। दूसरी ओर से प्रजा की स्त्रियां सिर पर घड़े रखे हुए गाती हुई पहुंचीं। अमीर लोग मशायख़ से बात कर रहे थे। हिन्दुओं में से किसी व्यक्ति ने कहा कि, "सर्वप्रथम आप जल से भरे इन घड़ों में हाथ डालें कारण कि यह बात शुभ मुहूर्त की द्योतक है।" अमीरों ने मशायख़ की उपेक्षा करके उन स्त्रियों की ओर मुख किया। उन प्रतिष्ठित व्यक्तियों ने उन लोगों से भेंट न की और अपने घरों को चले गये। बन्दिगी शेख़ दरवेश उस समूह के साथ थे। उन्होंने कहा कि, "उन लोगों ने हमसे मुख फेर कर जल की ओर मुख किया है। देखते हैं कि जल उन लोगों की कैसे सहायता करता है।"

जब अमीर लोग हिन्दुओं की ओर बढ़े तो उसी समय वायु तीव्र गति से चलने लगी, आकाश पर कोई बादल न था किन्तु अचानक जल तथा ओले गिरने लगे। रणक्षेत्र असमतल तथा प्रतिकूल था। खेतों की समस्त भूमि में पुश्ते थे। उस ओर यह प्रथा है कि खेतों के लिए एक गज़ अथवा दो गज़ की दीवारें पुश्ते के रूप में खड़ी कर दी जाती हैं। उस दिन वर्षा के कारण वह दीवारें जल में छुप गईं। वे लोग (७८) घोड़ों पर सवार थे। घोड़े आगे न बढ़ सके। हिन्दू पदातियों ने चारों ओर से उन्हें घेर लिया और उनकी विजय हो गई। अश्वारोही पराजित हो गये। इस सेना के बहुत से लोग मारे गये। कुछ अमीरों का पता न चला। मियां मुहम्मद का नक़्क़ारा तथा नक़्क़ारा बजाने वाला हिन्दुओं द्वारा बन्दी बना लिया

१ 'ब' के अनुसार 'मन्दल पहाड़'।

गया। उन लोगों ने उससे कहा कि, "तू अपनी प्रथानुसार नक़्क़ारा बजा।" वह नक़्क़ारा बजाता था, जो लोग नक़्क़ारे को सुनते थे चारों ओर से नक़्क़ारे की आवाज़ पर एकत्र हो जाते थे। हिन्दू लोग उन्हें मार डालते थे। बन्दगी शेख़ दरवेश अवध से देहली चले गये। उनकी क़ब्र सिकन्दराबाद में है।

बादशाह मियां मुहम्मद का इतना सम्मान करता था कि जब वह उसे ख़िलअत प्रदान करता था तो १०१ घोड़े[1] प्रदान करता था। अन्य लोगों को एक घोड़ा दिया जाता था। वह सुल्तान बहलोल का भागिनेय था। उसकी यह प्रथा थी कि वह वर्ष भर में ३ मास[2] शिकार हेतु सवार होकर जाया करता था। वह शेर, भेड़िये तथा जंगली भैंसों का शिकार करता था। वे सीख[3] से मारे जाते थे और सिंह बाण से। मियां मुहम्मद का आदेश था कि सिंह की कोई भी हत्या न करे। वह स्वयं सिंह का शिकार करता था। उसका एक हाथ घाव के कारण बेकार हो गया था। केवल एक दाहिना हाथ ठीक था। बाण को बेकार हाथ से पकड़ कर सीने पर रखता था और बायें हाथ से धनुष को खींचता था। जिस स्थान पर सिंह होता था वहां मियां मुहम्मद का डोला[4] रख दिया जाता था। सिंह को हंकाया जाता था। मियां के समक्ष कोई न ठहरता था। केवल सिंह मियां के डोले की ओर आक्रमण करता था। मियां सिंह के ऊपर इतनी ज़ोर से बाण फेंकते थे कि वह उसी स्थान पर गिर पड़ता था और उसी एक बाण से उसकी हत्या हो जाती थी। दूसरे बाण की आवश्यकता न होती थी। डोले तथा सिंह में केवल एक बाण के पहुंचने की दूरी होती थी।

मियाँ हुसेन फ़र्मुली

वह सारन तथा चम्पारन का मुक्ता[5] था। उसे जलघट[6] कहते थे। वह बड़ा वीर तथा दानी था। उसकी मिल्क[7] अत्यधिक थी। उसने अपने मवाजिब के अतिरिक्त २०,००० ग्राम[8] काफ़िरों से प्राप्त कर लिये थे। जिन दिनों में उसने मलिक चम्पारन[9] के विरुद्ध आक्रमण किया और राजा के विरुद्ध जा रहा था तथा गण्डक नदी के तट पर उतरा हुआ था, उस समय मगूला मंगली करारानी एक उसका अमीर था। उसने उससे पूछा कि, "राजा इस स्थान से कितने कोस पर है?" उत्तर मिला कि, "नदी के उस ओर एक क़िला है और वह उस क़िले में है।" उसने पुनः पूछा कि, "वह कितने कोस पर होगा?" उत्तर मिला कि, "यही नदी बीच में है। इस नदी की चौड़ाई ७ कोस है।" मगूला ने जब यह सुना कि केवल
(७९) नदी बीच में है तो उसने कहा कि, "यह कैसा इस्लाम है कि काफ़िर नदी के उस तट पर रहें और

१ 'ब' के अनुसार 'कुछ घोड़े'।
२ 'ब' के अनुसार 'तीन बार'।
३ लोहे की छड़।
४ 'ब' के अनुसार 'पालकी'।
५ 'ब' के अनुसार 'हाकिम'।
६ 'ब' के अनुसार 'जगहित' कहते थे। हिन्दवी भाषा के अनुसार जगहित का अर्थ यह है कि उसका दान समस्त संसार में प्रसिद्ध था।
७ इसका अर्थ सम्पत्ति है, किन्तु वह भूमि जो किसी को सर्वदा के लिये प्रदान की जाती हो। यह भूमि हमेशा मिल्क के स्वामी के वंश में रहती थी। इस प्रकार की भूमि अधिकतर दान एवं धार्मिक कार्यों के लिये प्रदान की जाती थी।
८ 'ब' के अनुसार '२० हजार'।
९ 'ब' के अनुसार 'राजा चम्पारन'।

मैं इस तट पर बैठा रहूं ?" उसने शपथ ली कि "उस पर आक्रमण करने के समय तक मैं जो कुछ अन्न-जल भी खाऊं वह मुरदार खाऊं।" यह कह कर वह उठ खड़ा हुआ और ईश्वर का नाम लेकर घोड़े पर सवार हुआ। लोगों ने कहा कि, "नदी की चौड़ाई ७ कोस है, जल्दी न करो।" उसने कहा कि, "यदि ७० कोस भी हो तो मैंने शपथ ले ली है जो कुछ होना होगा वह होगा।" घोड़े को उसने नदी में डाल दिया, घोड़ा कहीं अपने पांव से, कहीं तैर कर चलने लगा। उसके समस्त सहायक भी इसी प्रकार उसके पीछे चल खड़े हुए। हैबत खां, बहादुर खां, इख्तियार खां तथा करारानी इत्यादि अमीर उसके साथ थे। जब करारानी समूह वालों ने सुना कि मगूला ने जल में आक्रमण कर दिया है तो उन लोगों ने भी आक्रमण कर दिया। समस्त सेना में से जो कोई भी वहां पड़ाव किये हुए था वहीं जल में कूद पड़ा। हाहाकार मच गया। मियां हुसेन अपने सरापर्दे[1] में था उसने पूछा कि "यह शोर कैसा हो रहा है ?" लोगों ने बताया कि समस्त सेना ने नदी में आक्रमण कर दिया है। सर्व प्रथम मगूला प्रविष्ट हुआ तदुपरान्त जिस किसी ने सुना उसके पीछे चल खड़ा हुआ। मियां स्वयं शीघ्रातिशीघ्र सवार हुआ, मगूला के पास नदी के बीच में पहुंच कर कहा कि, "लौट चल, आज आक्रमण करना उचित नहीं है।" उसने उत्तर दिया कि, "आप जब उचित समझें उस समय सवार हों, हमें इससे कोई सम्बन्ध नहीं। आपने हमें सेवा के लिए रखा है मैं सेवा करता हूं। यदि सेवक कार्य संपन्न न कर सके तो स्वामी को कष्ट करना चाहिए। आज आप मेरी सेवा को देखें और कुशलतापूर्वक वापस चले जायं। हम वापस नहीं लौटेंगे।" मियां ने उसे बहुत समझाया किन्तु उसने स्वीकार नहीं किया। मियां के लिए भी यह आवश्यक हो गया कि वह समस्त सेना सहित, जब कि वह जल में प्रविष्ट हो चुकी थी, प्रस्थान करे। सूर्यास्त के समय वे राजा के क़िले के पास पहुंचे। वह काफ़िर इस बात से प्रसन्न था कि बड़ी विशाल नदी मध्य में है। एक वर्ष तक भी इसे पार करना संभव नहीं। अचानक नगर में हाहाकार मच गया। वह उस स्थान पर बैठा था जहां नर्तकियों को शिक्षा दी जाती है। उसे समाचार पहुंचाया गया कि अफ़ग़ान लोग आ गये। उसने इस पर विश्वास नहीं किया और उसी प्रकार खेल में व्यस्त रहा। अफ़ग़ानों ने ज़ोर का आक्रमण किया। वे भाग खड़े हुए। दुर्भाग्यवश मग़ूला की उस दिन हत्या हो गई। मियां हुसेन अत्यधिक खेद प्रकट करता हुआ कहा करता था कि "काश उस दिन विजय न होती। यह लूट की धन-संपत्ति मग़ूला के बिना किसी भी काम की नहीं।"

(८०) दो सौ वर्ष उपरान्त उस राजा के राज्य में विघ्न पड़ा। उसका दो सौ वर्ष का ख़ज़ाना तथा गड़ी हुई धन-संपत्ति लूट ली गई। जितने काफ़िर उस युद्ध में मारे गये उनकी पायज़ार[2] मियां हुसेन के शिक़दार शेख दाऊद कम्बोह ने एकत्र करा ली थीं। उन सब को जलवा दिया गया। २० हज़ार सोने की मुहरें उन पायज़ारों से निकलीं।

मसनदे आली दरिया खां नोहानी

वह बिहार का मुक़्ता[3] था और बंगाल, उड़ीसा तथा तिरहुट की सीमा उससे सम्बन्धित थी। उसकी अत्यधिक वीरता के कारण उसके द्वारा महान् कार्य सम्पन्न हुए। सर्व प्रथम जब सुल्तान सिकन्दर जौनपुर से वापस हुआ तो २२ हरामखोर अमीरों ने विद्रोह कर दिया। किसी ने भी वहां रहना स्वीकार

१ 'शिविर'।
२ जूते।
३ 'ब' के अनुसार 'हाकिम'।

न किया। केवल जमाल खां सारंगखानी जौनपुर में था। दरिया खां बिहार में रह गया। अल्प समय में सुल्तान हुसेन बिहार पहुंचा। दरिया खां ने किसी से भी सहायता की याचना न की और क़िले से बाहर निकल कर युद्ध किया। रात रणक्षेत्र ही में व्यतीत की। दूसरे दिन वह क़िले में प्रविष्ट हो गया। सुल्तान वहीं ठहर कर युद्ध करने लगा। जिस दिशा से भी वह आक्रमण करता था दरिया खां कोट की दीवार को तोड़ कर बाहर निकलता था और युद्ध करता था। जब वे लोग लौट जाते तो वह पुनः क़िले में प्रविष्ट हो जाता था। सुल्तान हुसेन ने उसके प्रति न्याययुक्त यह बात कही कि, "दरिया ख़ां कैसा साहसी व्यक्ति है। हम इस बात की इच्छा करते रहे हैं कि किसी न किसी प्रकार क़िले की एक ईंट ही उखाड़ लें किन्तु वह अपनी इच्छा से क़िले की दीवार को तुड़वा कर बाहर निकलता है, यद्यपि उसका बादशाह इस स्थान से ५०० कोस दूर है।" २ मास तक वह इसी प्रकार क़िले की रक्षा करता रहा। जब शाही सेना सहायतार्थ पहुंची तो सुल्तान हुसेन ने युद्ध करना बन्द कर दिया।

जब सुल्तान सिकन्दर की मृत्यु हो गई तो बंगाल के बादशाह तथा उड़ीसा के राजा ने उस पर आक्रमण किया। उसने कहा कि, "सुल्तान सिकन्दर अपने स्थान पर रहता था, मैं सर्वदा इस स्थान पर राज्य करता था। यदि सुल्तान की मृत्यु हो गई तो फिर क्या हुआ? मैं तो जीवित हूँ मैं वही हूँ जो इससे पूर्व था। मेरा एक शिविर बंगाले की ओर तथा दूसरा शिविर उड़ीसा की ओर लगा दो। जिसको
(८१) आना हो वह आये।" यह देख कर कोई भी अपने स्थान से न हिल सका।

ख़्वाजा हसन ने इस युग की प्रशंसा इस मसनवी में की है :

"यह बड़ा विचित्र काल है, सभी धन धान्य सम्पन्न हैं,
प्रत्येक घर में ख़ुशी तथा सुख पाया जाता है।......"

सुल्तान इबराहीम

सुल्तान सिकन्दर की मृत्यु के उपरान्त उसका पुत्र सुल्तान इबराहीम सिंहासनारूढ़ हुआ। उसने सर्व प्रथम अपने भाइयों से दुर्व्यवहार प्रारम्भ कर दिया। उसने सुल्तान जलालुद्दीन से, जोकि एक ही माता से उसका भाई था, प्रतिज्ञा करके राज्य को दो भागों में बांट दिया किन्तु बाद में उसने अपना प्रण पूरा न किया और उसे निर्वासित कर दिया। अन्य भाइयों को भी उसने बन्दी बना लिया और हिसार फ़ीरोज़ा[1] के क़िले में बन्द करवा दिया। मियां भूवा की अकारण हत्या करा दी। आज़म हुमायूँ को ग्वालियर से बुलवा कर बन्दी बना दिया और बन्दीगृह में ही उसकी मृत्यु हो गई।

आज़म हुमायूं की हत्या

आज़म हुमायूँ का वृत्तान्त इस प्रकार है कि वह ग्वालियर के क़िले को घेरे हुए था। वहां वाले ऐसी दीन अवस्था को प्राप्त हो गये थे कि बड़ी दीनतापूर्वक क़िले को समर्पित कर रहे थे। सुल्तान ने उसे उस स्थान से बुलवाया। उसके समस्त अमीर तथा सैनिक उसके पास उपस्थित हुए और उससे कहा कि, "तुझे बन्दी बनवाने अथवा तेरी हत्या कराने के लिए बुलवाया जाता है। तू मत जा।" उसने कहा कि, "मैंने कोई अपराध नहीं किया है।" पुनः यह बात प्रमाणित हुई कि उसे बन्दी बनवाने के लिए ही बुलवाया जा रहा है। लोगों ने उससे फिर कहा कि, "तेरे पास ५० हज़ार अश्वारोही हैं। तू अपना

१ 'ब' के अनुसार 'फ़ीरोज़ाबाद के क़िले में'।

खुत्बा स्वयं क्यों नहीं पढ़वा देता[1], उसके पास क्यों जाता है?" उसने उत्तर दिया कि, "मैं यह नहीं कर सकता, मैंने उसके पूर्वजों का ३ पीढ़ियों का नमक खाया है। मुझे नहीं ज्ञात कि मैं कब तक जीवित रहूँगा। मैं यह नहीं चाहता कि मुझे लोग हरामखोर कहें।" तदुपरान्त आलिमों से परामर्श किया गया तो उन्होंने कहा कि, "जाना उचित नहीं है।" किन्तु आज़म हुमायूँ ने उत्तर दिया कि, "आलिमों का कहना ठीक ही है किन्तु मैं यह उचित नहीं समझता कि सर्वसाधारण मुझे हरामखोर कहें।" इसके उपरान्त जब उसने उस स्थान से प्रस्थान किया तो उसके अमीर लोग उसके साथ हो गये। वह सभी को वापस लौटाता था किन्तु कोई भी वापस न जाता था। जब वह चम्बल नदी के तट पर पहुंचा तो उस समय तक नौका पर सवार न हुआ जब तक उसने लोगों को लौटा न दिया।

अन्त में जब वह आगरा के निकट पहुंचा तो उसके लिए एक साधारण सा याबू[2] लाया गया और कहा गया कि, "तेरे लिए यही आदेश है कि तू इस पर सवार हो।" वह शीघ्र घोड़े से उतर कर उस पर सवार हो गया। जो लोग उपस्थित थे उन्होंने पुनः कहा कि, "अब भी कुछ नहीं बिगड़ा है। हम मरने (८२) के लिए उद्यत हैं। यदि तेरा आदेश हो तो तुझे सुरक्षित यहां से ले जायें।" उसने उत्तर दिया कि, "मित्रो! मेरी चिन्ता मत करो। मेरा जो कुछ कर्त्तव्य था मैंने उसे सम्पन्न किया। मैंने उसके कार्य हेतु अपने प्राणों की बलि दी, जितने दिन मुझे जीवित रहना है मैं उतने दिन तक ही जीवित रहूंगा, मेरे प्राण उसके कार्य हेतु हैं, चाहे मैं जीवित रहूं अथवा मर जाऊं। यह मेरा बहुत बड़ा सौभाग्य है कि मैंने कोई बुराई नहीं की। वह जाने और उसका कार्य, उसे ईश्वर के समक्ष उत्तर देना है।"

सुल्तान ने उस सरीखे हितैषी तथा निष्ठावान् को बन्दी बना दिया। ....मन[3] की जंजीर उसके पांव में डलवा दी। जिस दिन उसे बन्दीगृह में भेजा गया उसने सुल्तान इबराहीम के पास यह संदेश भेजा कि, "जो तू उचित समझे वह करे। मेरी एक इच्छा है कि वज़ू[4] के पानी और स्तन्जे[5] के ढेले के भेजने का आदेश दे दे। मेरा पुत्र इस्लाम खां बड़ा उद्दंड है उसका शीघ्र उपाय करें ताकि उसके पास लोग शीघ्र ही एकत्र न होने पायें।" इसके उपरान्त उसने कोई अन्य बात न कही। सुल्तान ने ऐसे व्यक्ति को बन्दी बनवा दिया जिसकी बन्दीगृह में मृत्यु हो गई।

अन्य अमीरों का बन्दी बनाया जाना

सुल्तान ने आज़म हुमायूँ के पुत्र फ़तह खां को बन्दी बना लिया, सैयिद खां लोदी को बन्दी बना कर उसकी हत्या कर दी। मियां भूवा तथा कबीर खां लोदी को बन्दी बनवा दिया। दौलत खां लोदी का पुत्र लाहौर से सुल्तान की सेवा में उपस्थित हुआ। सुल्तान उसे भी बन्दी बनवाना चाहता था किन्तु वह सूचना पाकर भाग गया। उस समय कुछ अन्य अमीर भी भाग खड़े हुए।

सुल्तान के विरुद्ध विद्रोह

सैयिद खां लोदी, खाने जहां लोदी, मियां हुसेन फ़र्मुली तथा मियां मारूफ़ फ़र्मुली आतंकित होकर

१ स्वतन्त्र रूप से सुल्तान क्यों नहीं हो जाता।
२ 'ब' के अनुसार '१ ख़राब घोड़ा'।
३ 'अ' में यह स्थान छूटा है। 'ब' के अनुसार केवल जंज़ीर।
४ देखिये पृष्ठ १२६ नोट नं० २।
५ मूत्र-क्रिया के उपरान्त ढेले से शिश्न को सुखाने का कार्य।

पूर्व[1] की विलायत में संगठित हुए और आज्ञाकारिता त्याग दी। मसनदे आली दरिया खां वज़ीर, जो बिहार में था, को सुल्तान नष्ट कराना चाहता था। उसके अमीरों ने उसे सुल्तान के विरुद्ध भड़काया। दरिया खां को इस बात की सूचना मिल गई। अमीरों को जब यह पता लगा तो उनमें से कुछ लोग भाग खड़े हुए। उदाहरणार्थ कमाल खां कम्बोह तथा हुसैन खां दोनों अमीर भाग कर आगरा पहुंचे। हुसेन खां के पास ६ हज़ार अश्वारोही तथा ३०० हाथी थे और वह राज्य की सीमा पर रहता था। उसकी अधिकांश सेना उसके साथ आई। कमाल खां के साथ अधिक समूह न था अतः उसके साथ थोड़े से लोग आये। दरिया खां अपने विषय में योजनायें बना रहा था कि अचानक उसकी मृत्यु हो गई। उसके पुत्र बिहार खां ने उसका स्थान ग्रहण किया। जो अमीर सुल्तान इबराहीम के पास से पलायन कर गये थे उसके पास एकत्र हो गये। एक लाख अश्वारोहियों से अधिक उसके पास जमा हो गये और उन्होंने उसे बादशाह बनाकर उसकी उपाधि सुल्तान मुहम्मद कर दी। बिहार से संभल तक की विलायत के स्थान उसके अधीन हो गये। २ वर्ष तथा कई मास तक उसका ख़ुत्बा पढ़ा जाता रहा।

(८३) सुल्तान ने मियां मुहम्मद फ़र्मुली के जामाता मियां मुस्तफ़ा फ़र्मुली तथा फ़ीरोज़ खां सारंगख़ानी को अमीरों एवं अत्यधिक सेना सहित नियुक्त किया। मियां मुस्तफ़ा फ़र्मुली को मियां मुहम्मद की जागीर प्रदान की। उन लोगों में कई बार घोर युद्ध हुआ। मियां मुस्तफ़ा ने ग़ाज़ीपुर को नष्ट-भ्रष्ट कर दिया। नसीर खां नोहानी ग़ाज़ीपुर से निकल कर सुल्तान मुहम्मद की सेवा में पहुंचा। मियां मुस्तफ़ा बिहार की सीमा पर पहुंचा। सोन नदी के तट पर युद्ध हुआ। मियां मुस्तफ़ा की भी मृत्यु हो गई। फ़ीरोज़ खां तथा मियां मुस्तफ़ा के भाई शेख़ बायज़ीद उसी अव्यवस्थित दशा में थे कि सुल्तान मुहम्मद की सेना ने नदी पार कर ली। इन्हें सूचना मिली कि सुल्तान मुहम्मद की सेनाओं ने अमुक स्थान पर नदी पार की है। दोनों सेनाओं में घोर युद्ध हुआ। सुल्तान इबराहीम के अमीरों की सेना उसके विश्वासघात के कारण छिन्न-भिन्न हो गई और पलायन कर गई। उस स्थान पर आज़म हुमायूँ का पुत्र फ़तह खां तथा नसीर खां थे। उन लोगों में युद्ध हुआ। इनके पास दो ओर की सेनायें एकत्र हुईं। एक फ़ीरोज़ खां की दूसरी शेख़ बायज़ीद की। उस ओर दो सेनायें एकत्र हुईं एक फ़तह खां दूसरी नसीर खां की। शेख़ बायज़ीद फ़तह खां के समक्ष था। फ़तह खां की सेना आगे आ गई। एक बहुत बड़ी नदी बीच में थी। शेख़ बायज़ीद ने बड़ा प्रयत्न किया। वह नदी तक पहुंचा भी न था कि शेख़ बायज़ीद ने नदी पार कर ली और उस पर आक्रमण किया। शेख़ बायज़ीद को भली भाँति ज्ञात था कि उस ओर के दोनों सरदार एक स्थान पर हैं। शेख़ बायज़ीद के अग्रसर होते ही फ़तह खां भाग खड़ा हुआ। शेख़ बायज़ीद ने उसका पीछा किया और भोजपुर[2] को नष्ट-भ्रष्ट कर दिया। बायज़ीद की सेना लूट की धन-संपत्ति लेकर छिन्न-भिन्न हो गई। उस ओर नसीर खां पताका को भूमि में गाड़ कर खड़ा हो गया। बादशाही अमीर जो उसके साथ नियुक्त हुए थे नसीर खां से बहाना बनाकर एक-एक करके पृथक् हो गये। नसीर खां के पास ३०० सवार थे। उसकी सेना में २२ अमीर थे। सभी भाग खड़े हुए। शेख़ बायज़ीद को सूचना मिली कि फ़ीरोज़ खां की समस्त सेना भाग खड़ी हुई। उसने पूछा कि, "यह वही सेना थी जिसे हम पराजित किया करते थे? वे लोग किसके समक्ष से भागे?" उत्तर मिला कि, "नसीर खां के समक्ष से।" नसीर खां का नाम सुनकर वह उस ओर चल खड़ा हुआ। उसके अपने आदमी छिन्न-भिन्न हो चुके थे। अधिकांश अपरिचित लोग साथ थे। वे नसीर खां के समक्ष पहुंच गये। वह विजय प्राप्त किये

१ 'ब' के अनुसार 'बंगाले में'।
२ 'अ' के अनुसार 'कानपुरा'।

हुए खड़ा था। शेख बायज़ीद ने तीन बार आक्रमण किया किन्तु उसने अपना स्थान न छोड़ा। लोगों ने शेख बायज़ीद के घोड़े की लगाम पकड़ कर उसे वहां से भगा दिया और यह छन्द पढ़ा।

छन्द

(८४) "जब तू यह देखे कि तेरे मित्र तेरी सहायता नहीं कर रहे हैं,
तो तुझे रणक्षेत्र से भागना ही अपने लिए उचित समझना चाहिए।"

कुछ समय उपरान्त सुल्तान मुहम्मद की भी मृत्यु हो गई। इधर से फ़ीरोज़ ख़ां की भी मृत्यु हो गई। शेख़ बायज़ीद भोजपुर पहुंचा। वह सेनायें गंगा तट पर पहुंच चुकी थीं कि उन्हें सूचना मिली कि "दौलत ख़ां लोदी बाबर बादशाह के पास गया था और उसे बादशाह बनाकर लाया है। दौलत ख़ां की मृत्यु हो चुकी है।" बाबर बादशाह ने सुल्तान इबराहीम की अयोग्यता तथा अमीरों के विरोध के विषय में भली भांति ज्ञान प्राप्त करके उस पर आक्रमण किया।[1] . . . .

सुल्तान इबराहीम के राज्य-काल की कुछ अन्य घटनायें

(११७) उसने मियां आज़म हुमायूं तथा मियां भूवा को बन्दी बनवाया और दोनों की बन्दीगृह में मृत्यु हो गई। अन्य लोग उसके पास से भाग खड़े हुए। उनमें से एक दरिया ख़ां वज़ीर था जो बिहार में था। उसका हाल मैं लिख चुका हूं।

मियां मारूफ़ तथा मियां हुसेन

दूसरा मियां हुसेन फ़र्मुली था जिसे सुल्तान ने मियां मकन की अधीनता में अन्य अमीरों के साथ राणा सांगा के विरुद्ध नियुक्त किया था। उसने मियां को ४० हज़ार अश्वारोही प्रदान किये थे। अन्त में सुल्तान ने मियां मकन को यह आदेश भेजा कि "किसी न किसी प्रकार मियां हुसेन तथा मियां मारूफ़ को बन्दी बना लो।" मियां हुसेन को इस बात की सूचना मिल चुकी थी। मियां मकन मियां मारूफ़ के शिविर में पहुंचा। मियां मारूफ़ का एक पुत्र मन्दू की विलायत में मृत्यु को प्राप्त हो चुका था और इसको बहुत समय व्यतीत हो गया था। उसकी मृत्यु के प्रति समवेदना प्रकट करने के बहाने वह मियां मारूफ़ के शिविर में प्रविष्ट हुआ। मियां हुसेन मियां मकन के पहुंचने का समाचार पाकर मियां मारूफ़ के शिविर में पहुंचा और मियां मकन से कहा कि, "मियां (११८) मारूफ़ को बन्दी बनाने का विचार अपने हृदय से निकाल दे अन्यथा यदि तू उसके पीछे पड़ेगा तो हम किसी के ओहदेदार[2] नहीं हैं जोकि निर्लज्जता प्रदर्शित करें।" मियां मकन ओहदेदार था और यह संकेत उसकी ओर था। "सिंह[3] को कोई जीवित बन्दी नहीं बना सका है। यहां से उठ कर चला जा। हमारा सुल्तान तो पागल हो गया है। तुझे क्या हो गया है?" मियां मकन उठ कर अपने शिविर में पहुंचा और उसने सुल्तान इबराहीम को समस्त घटना की सूचना दे दी। सुल्तान इबराहीम ने कुछ समय उपरान्त यह फ़रमान भेजा कि, "सर्व प्रथम मियां हुसेन को बन्दी बना ले। तू किसी के शिविर में क्यों जाता है? बादशाही सरापर्दा[4] लगवा कर प्रथानुसार जिस प्रकार अमीर लोग फ़रमान

१ पृ० ८४ से ११७ तक बाबर से लेकर अकबर के राज्य के प्रारम्भिक वर्षों का इतिहास दिया गया है।
२ साधारण पदाधिकारी।
३ 'ब' के अनुसार 'सिंह तथा चीते'।
४ शाही शिविर।

पढ़ने के लिए बुलवाये जाते हैं उसी प्रकार मियां हुसेन तथा मियां मारूफ़ को बुलवा कि बादशाह का फ़रमान आया है। जब वे आयें तो यह फ़रमान समस्त अमीरों को दिखा कर उन्हें बन्दी बना ले।" मियां मकन ने सुल्तान के आदेशानुसार समस्त अमीरों के साथ फिर उन्हें भी बुलवाया। मियां सुलेमान फ़र्मुली[1] अपनी समस्त सेना सहित, जिसमें ५ हज़ार अश्वारोही थे, पहुंचा और अपने आदमियों से कहा कि, "शिविर के खूँटों को उखाड़ डालो।" इस प्रकार समस्त शिविर भूमि पर गिर पड़ा और पूरी सेना जंगल में उसके चारों ओर खड़ी हो गई। मियां सुलेमान पहुंच कर अमीरों के घेरे में बैठ गया और कहा कि, "मियां मकन! फ़रमान निकाल कर क्यों नहीं पढ़ते?" उसने कहा कि, "इस प्रकार फ़रमान पढ़ने का आदेश नहीं है।" मियां हुसेन ने कहा कि, "जो योजना तूने बनाई है वह असंभव है। हमें भली भांति ज्ञात है कि यह सेना हमारे लिये आई है। हम लोग सिपाही हैं। हम बादशाह के कार्य हेतु प्राण त्याग देंगे किन्तु निर्लज्जता से जान न देंगे। राणा काफ़िर हमसे युद्ध करने आया है। तुम्हें बादशाह ने जो आदेश दिया हो वह करो। हम राणा पर आक्रमण करने के लिए जाते हैं। जो कुछ होना होगा वह होगा।" प्रातःकाल मियां हुसेन प्रस्थान करके तोदा नामक स्थान पर पहुंचा, राणा की सेना वहां निकट थी। मियां ने उससे संधि कर ली और उससे मिल गया। इस ओर के बहुत से अमीरों ने मियां हुसेन का साथ दिया। इस प्रकार मियां इस्माईल जलवानी, मियां लोधा[2] काकर, खिज्र् खां लोदी, मियां मारूफ़ तथा मियां ताहा फ़र्मुली उसी के भाई थे। राणा की सेना के ऊपर बोली क़स्बे के निकट आक्रमण किया गया और युद्ध हुआ। उस ओर से मियां इस्माईल जलवानी दूत बना कर भेजा गया। मियां हुसेन तथा राणा सवार होकर (११९) बढ़े। शाही सेना अव्यवस्थित हो गई। उसमें युद्ध की शक्ति न रही और वह पलायन कर गई।

मियां हुसेन इस आक्रमण के समय धीरे-धीरे बढ़ रहा था और घोड़े को तेज़ नहीं बढ़ा रहा था। मियां ताहा प्रयत्न करता था कि वह तीव्र गति से रवाना हो। उसने उत्तर दिया कि, "धीरे-धीरे चलना उचित है।" मियां ताहा ने कहा कि, "हमें भी बताया जाय।" मियां हुसेन ने कहा कि, "सेना में दो व्यक्ति हैं जिनकी चिन्ता है। कहीं वे मार न डाले जायं। इसी कारण धीरे-धीरे अग्रसर हो रहा हुँ।" जब दोनों सेनाओं में युद्ध हुआ तो इन्हें विजय हुई।

अचानक यह समाचार प्राप्त हुआ कि इबराहीम खां शिरवानी आहत होकर रणक्षेत्र में गिर चुका है। इसका कारण यह था कि वह राणा के समक्ष था। राणा का नायब नर सिंह उसकी सेना के अग्रिम दल में था। इबराहीम खां ने उस पर आक्रमण किया। उसकी सेना की संख्या थोड़ी थी। काफ़िर ने समस्त सेना तथा हाथियों को लेकर उस पर आक्रमण किया। जब तक उसका हाथ चलता रहा उसने कोई कमी न की; अन्त में आहत होकर अचेत हो गया और घोड़े से गिर पड़ा। शेख़ फ़रीद भी जो इबराहीम खां का सेवक था घोड़े से उतर पड़ा। दोनों हाथों में बर्छा लेकर वह इबराहीम ख़ां के शरीर के समीप खड़ा हो गया। हाथी उस पर आक्रमण करते थे। वह बर्छे द्वारा उन्हें भगा देता था। नर सिंह ने जब शेख़ फ़रीद सूर का पौरुष देखा तो उसने अपने आदमियों से कहा कि, "यह व्यक्ति बहुत बड़ा सिपाही है। इसकी रक्षा करो। उससे कहो कि वह अस्त्र-शस्त्र रख दे, हम उसकी हत्या न करेंगे।" जब शेख़ फ़रीद से यह बात कही गई तो उसने उत्तर दिया कि, "हमें मरने का कोई भय नहीं है। यह व्यक्ति जो मैदान में गिरा हुआ है वह मेरा स्वामी है। मैं उसका सिपाही हूं। यदि वह सुरक्षित रहता है तो अच्छा है। मुझे

१ 'मियाँ हुसेन' होना चाहिये।
२ 'ब' के अनुसार 'मियाँ बिल्लू'।

अपने जीवन की आवश्यकता नहीं।" उसने पूछा कि "उसका क्या नाम है?" उत्तर मिला, "इबराहीम खां शिरवानी।" नर सिंह ने जैसे ही इबराहीम खां का नाम सुना घोड़े से उतर पड़ा और इबराहीम खां को हाथी पर सवार कर लिया। मियां हुसेन को उसने सूचना दी। सिंह ने पूछा कि, "वह जीवित है अथवा मर गया?" उत्तर मिला कि, "उसके मुख तथा समस्त शरीर पर गहरे घाव लगे हैं किन्तु सांस चल रही है।" मियां हुसेन ने मियां ताहा से कहा कि, "मैं शनैः-शनैः चलने के लिए इन्हीं दो व्यक्तियों के कारण कह रहा था। इनमें से एक इबराहीम खां तथा दूसरा दरिया खां, मियां मारूफ़ नोहानी का पुत्र था। इन्हें (१२०) मैं इस दशा में देख रहा हूं। उसे जीवित बड़ी कठिनाई से ही पा सकता हूं।" जो लोग मारे गये थे उनके विषय में जब पूछताछ कराई गई तो दरिया खां रणक्षेत्र में मिला। उसकी हत्या हो चुकी थी। मियां हुसेन ने जब यह देखा तो घोड़े से कूद पड़ा और उन लोगों को उठा लिया। वह आजीवन उन लोगों के साथ रहता चला आया था। सुल्तान अलाउद्दीन तथा हैबत खां उनके पुत्र थे और वे दोनों भाई थे। उनकी अवस्था १२ तथा १५ वर्ष की थी। वे दोनों मारे गये। उनके भाइयों एवं भतीजों एवं पुत्रों की संख्या १८ थी। उनमें से एक-दो घायल हुए और कुछ मार डाले गये।

कहा जाता है कि जब शत्रु की सेना के पहुंचने के समाचार प्राप्त हुए और सेना सुव्यवस्थित न रही तो दरिया खां ने अपने भाई सुल्तान अलाउद्दीन से कहा कि, "इन लोगों की व्यवस्था ठीक ज्ञात नहीं होती। यह उचित होगा कि शीघ्र ही इनसे पृथक् हो जाया जाय।" सुल्तान अलाउद्दीन ने कहा कि, "यह हमारे लिए उचित नहीं कि बिना देखे यह बात कहें कि चले जायें।" दरिया खां ने कहा कि, "जाने का समय यही है। जब शत्रु दृष्टिगत हो जायगा तब जाना संभव न हो सकेगा।" वे खड़े रहे, यहां तक कि शत्रुओं की सेना दृष्टिगत हो गई। सुल्तान अलाउद्दीन ने कहा कि, "अब यह बात प्रमाणित हो चुकी है कि शत्रु पहुंच चुके हैं। उस समय हमारे लिए कुछ निश्चित न था। हमारा विचार था कि यह झूठे समाचार थे। हममें तथा उन लोगों में संधि हो गई है। यदि वे लोग न आते और हम चले जाते तो इससे हमें लज्जित होना पड़ता।" दरिया खां ने उत्तर दिया कि, "मैं जाता तो उसी समय जाता। अब मैं कहां जाऊं। मुझे दरिया खां कहते हैं, दरिया अपने स्थान से नहीं हिलता।"

मियां हुसेन फ़र्मुली तथा राणा अग्रसर हुए। सुल्तान इबराहीम ने आगरा से सेना लेकर चढ़ाई कर दी थी। वह कंफरा नदी तक पहुंच गया था। कंफरा[1] नदी के ऊपर स्वर्गीय सुल्तान सिकन्दर के जो पड़ाव के स्थान थे उन्हें उसने जलवा डाला। बहलोल की एक संतान का नाम सुल्तान ग़यासुद्दीन था। उसे बादशाह बनाकर उन घरों में उतरवा दिया गया था। मियां हुसेन अपने शिविर में था और समस्त (१२१) हिन्दू एक स्थान पर पड़ाव किये हुए थे। परामर्श हेतु समस्त हिन्दू तथा मुसलमान सरदार एवं सुल्तान ग़यासुद्दीन एक स्थान पर बैठे हुए थे कि हिन्दुओं के शिविर से राम राम की ध्वनि आने लगी। जो हिन्दू इस समूह में थे वे भी नारा लगाने लगे। उस दिन मियां हुसेन ने सिर हिला कर अपने कान में अंगुली डाल ली। सब लोग उठ खड़े हुए। जब मियां अपने शिविर में पहुंचा तो उसने मियां ताहा को अपने समक्ष बुलवा कर पूछा कि, "मेरे सिर हिलाने के विषय में तुमने कुछ पता चलाया?" मियां ताहा ने कहा कि, "नहीं।" उत्तर मिला कि, "मैं वृद्धावस्था को प्राप्त हो गया हूं और आजीवन काफ़िरों से युद्ध तथा शत्रुता करता रहा हूं। इस वृद्धावस्था में काफ़िरों से, जोकि निष्ठावान् नहीं होते, मैंने कह दिया था कि मुझे बादशाह से कोई शत्रुता नहीं है किन्तु मेरा उद्देश्य यह है कि वह मुझे नहीं पहचानता और मेरा

१ 'ब' के अनुसार 'कम्भीर'।

मूल्य नहीं समझता। मैं कुछ ऐसा उपाय करूं कि वह मुझे पहचानने लगे और मैं उसे अपनी योग्यता का परिचय दे दूँ ताकि वह समझ जाय कि जिन लोगों को स्वर्गीय सुल्तान सिकन्दर ने फ़र्द[1] की श्रेणी से उठाकर अमीरी तथा प्रतिष्ठा प्रदान की और उसने जो हमें अक़्तायें[2] दीं तो हममें इस बात की योग्यता थी अन्यथा वह अयोग्य सैनिकों से महान् कार्य संपन्न नहीं करा सकता था। हमें अपनी प्रतिष्ठा का परिचय देना था वह हमने दे दिया। मेरी यह एक और इच्छा है कि यदि बादशाह सैयिद खां यूसुफ़ खेल तथा आज़म हुमायूं के पुत्र फ़तह खां शिरवानी को जिन्हें उसने बन्दी बना लिया है मुक्त कर दे, वे यहां चले आयें तो मैं बादशाह का विरोध नहीं करूंगा और जो कुछ मुझसे हो सकेगा वह मैं करूंगा।"

सुल्तान ने उन लोगों को इस स्थान पर बन्दीगृह से मुक्त कर दिया और ख़िलअत प्रदान की। वे लोग सेना एकत्र करके आगरा से रवाना हुए और मियां हुसेन से मिल गये। जब वे इस स्थान पर पहुंचे तो सैयिद खां, इस कारण कि वह बहुत बड़ा विरोधी था, ने अभिमान प्रदर्शित करना प्रारम्भ कर दिया। एक दिन राणा, सैयिद खां के पास था। मियां हुसेन के आगमन के समाचार पाकर वह घबड़ा कर स्वागत हेतु उठ खड़ा हुआ। सैयिद खां ने कहा कि, "इतनी व्याकुलता की आवश्यकता नहीं। यहीं आने दो।" इसी बीच में मियां हुसेन सैयिद खां के शिविर में प्रविष्ट हो गया। राणा ने खेमे से निकल कर अभिवादन किया। सैयिद खां उसी स्थान पर रह गया। जब वह (मियां हुसेन) के शिविर में प्रविष्ट हुआ तो सैयिद खां ने भी अभिवादन किया। वह थोड़ी देर बैठ कर चला गया, राणा भी उसके साथ लौट गया। अन्य समय जब राणा सैयिद खां के पास पहुँचा तो सैयिद खां ने कहा कि, "हे राणा! तू जानता है कि मियां हुसेन कौन है?" उसने कहा कि, "मैं जानता हूं कि वह बड़ा सम्मानित व्यक्ति तथा प्रतिष्ठित अमीर है।" सैयिद खां ने कहा कि, "वह शेखज़ादा है, तुम लोगों में जैसे ब्राह्मण होते हैं वैसे ही सम्मानित वह है। (१२२) हम बादशाह के भाई हैं, शाहू खेल अथवा यूसुफ़ ख़ेल वाले बादशाही तक पहुंच जाते हैं। अन्य लोदी नौकर हैं।" जब कभी राणा, सैयिद खां के समक्ष पहुंचता तो सैयिद खां कुछ न कुछ दान करता था। राणा बड़ा लोभी था। जब उसने सैयिद खां को इस प्रकार दान करते हुए देखा तो उसे यह ज्ञात हो गया कि सैयिद खां से बढ़ कर कोई भी नहीं है। वह उससे मिलने लगा और मियां हुसेन से मिलना कम कर दिया।

एक दिन मियां हुसेन तथा मियां ताहा ने किसी कार्य के विषय में राणा को सूचना कराई। मियां ताहा जब पहुंचे तो सब लोग राणा के शिविर में एकत्र थे। यहां तक कि सुल्तान ग़यासुद्दीन भी वहीं था। मियां ताहा के विषय में सूचना भेजी गई। किसी ने कहा कि, "सूचना का अवसर नहीं है।" मियां ताहा लौट गया और मियां हुसेन के समक्ष आया और स्थिति का उचित परिचय दिया। मियां हुसेन ने कहा कि, "ये लोग उस मादक के कहने पर अपमानित तथा अभिमानी हो गये हैं। वे यह बात नहीं समझते कि मेरे परामर्श के बिना जो भी निश्चय करेंगे उससे उनका उपकार न होगा। वह मादक यह नहीं जानता कि हमारे ही कारण उसके पांव से बेड़ियां तथा ग्रीवा से ज़ंजीर निकल सकी है। बड़ा अच्छा है। देखता हूं कि वे लोग किस प्रकार मिल कर कोई कार्य कर सकते हैं।" उसने मियां ताहा से कहा कि, "सुल्तान के पास जाकर कहो कि मैंने उसे अपना स्वामी स्वीकार कर लिया है। मैं चाहता हूं कि जो लोग मेरे सहायक हैं उनके कार्यों की व्यवस्था किसी न किसी प्रकार करूं। सुल्तान इबराहीम तीन पीढ़ियों से मेरा आश्रयदाता है। उससे निवेदन करो कि हमारा उद्देश्य यही था कि वह अपने पिता के सेवकों को पहचान

१ सांधारण सैनिक।
२ वह भूमि जो सेना के सरदारों को सेना रखने तथा उसके प्रबन्ध के लिये दी जाती थी।

ले। मैं उसकी आज्ञाकारिता हेतु आता हूं। जो कोई भी मेरे साथ आयेगा वह भी उसका ही आज्ञाकारी होगा।" मियां ताहा ने बादशाह के समक्ष उपस्थित होकर मियां हुसेन की आज्ञाकारिता के विषय में समाचार पहुंचाये। सुल्तान ने कहा कि, "मियां हुसेन मेरा चाचा है जो कुछ हुआ वह हुआ।" मियां के लिए उसने तीन अक़्तायें[1] लिख भेजीं और कहलाया कि इन तीनों में से जो कोई भी अक़्ता मियां स्वीकार करेगा वह उसे प्रदान कर दी जायेगी। (१) उसकी प्राचीन जागीर सारन तथा चम्पारन। (२) चन्देरी की अक़्ता। (३) संभल की अक़्ता।" मियां हुसेन ने मियां लोधा काकर, ख़िज्र खां लोदी तथा मसनदे आली फ़तह खां को अपने साथ मिला लिया। जब राणा तथा सैयिद खां को यह समाचार प्राप्त हुए कि मियां हुसेन सुल्तान इबराहीम से मिल गया तो वे रात भर समस्त सेना तथा फ़तह खां शिरवानी सहित तैयार होकर मियां हुसेन के शिविर को घेरे खड़े रहे।

(१२३) प्रातःकाल मियां हुसेन को समाचार प्राप्त हुए कि उसकी समस्त सेना उसके शिविर को घेरे हुए है। मियां ने भी अपनी सवारी के लिए घोड़ा मँगवाया। ख़िज्र खां लोदी, मलिक लोधा काकर तथा मियां हुसेन के सिपाही भी तैयार होकर आये। मियां ने मलिक लोधा तथा ख़िज्र खां से पूछा कि, "तुमने अस्त्र-शस्त्र क्यों धारण किये?" उन लोगों ने कहा कि, "ये लोग रात भर तैयार थे।" मियां ने कहा कि, "सब लोमड़ियां एकत्र हुई हैं तुम अस्त्र-शस्त्र उतार दो और अपने शिविर में चले जाओ। उन्हें मुझसे मतलब है। मैं उनसे मिलने जाता हूं। मेरे साथ कोई भी न आये।" उसने अपने आदमियों को भी रोक दिया और किसी को भी साथ नहीं लिया। स्वयं सफ़ेद वस्त्र धारण करके सवार हुआ। अपने दो विशेष सेवक साथ लिये। उनमें एक सहजन तूनूर उसका एक प्राचीन हिन्दू सिपाही था। वह कभी-कभी धृष्टतापूर्वक वार्तालाप भी करने लगता था। वह भी उसके साथ हो लिया। मियां ने उसे मना किया कि, "तू भी अपने शिविर में ठहर।" उसने कहा कि, "मैं आपके साथ नहीं आ रहा हूं, तमाशा देखने के लिए आ रहा हूं। सती के समय जो स्त्री अपने आपको जला देती है, उसे देखने के लिए बहुत से लोग आते हैं। इसी प्रकार आप अकेले शत्रुओं के लाखों सवारों के समक्ष जा रहे हैं। मैं यह तमाशा देखने जा रहा हूं।" मियां ने कोई उत्तर न दिया और चल खड़ा हुआ और उनकी सेना के घेरे में पहुंच गया। सेना के बीच में घोड़े से उतर पड़ा और बैठ गया। उन विश्वासपात्रों में से एक से कहा कि "एक व्यक्ति राणा के पास चला जाय और एक फ़तह खां तथा सैयिद खां के पास और कह दे कि, 'मियां हुसेन तुम्हें बुला रहे हैं।" जब उन्हें सूचना मिली तो राणा तथा सलाहदी राजा उस ओर से दोनों आये। फ़तह खां भी अकेला पहुंचा। सैयिद खां न आया। जब सभी एक स्थान पर बैठ गये तो मियां हुसेन ने राणा से कहा कि, "हमने तुम्हें देख लिया और तुम्हारी परीक्षा कर ली। हम लोगों ने जो निश्चय किया था तुमने उसका पालन नहीं किया और हमारा साथ छोड़ दिया। हमें यह ज्ञात नहीं है कि तुम्हारी क्या इच्छा है; तुम्हारे हृदय में जो आये तुम वह करो। अब हम तुम्हारे साथ नहीं परेशान होंगे। अब यह उचित है कि सेना के दो भाग कर दिये जायं, एक तुम्हारे साथ रहे और एक में से जो मेरे साथ रहना चाहें वह मेरे साथ रहें। मुझे जो कुछ कहना था मैंने कह दिया।" वहां से उठ कर वह फ़तह खां तथा सलाहदी का हाथ पकड़ कर अपने साथ ले गया और पूछा कि, "तुम क्या कहते हो? राणा तथा सैयिद खां ने जो कुछ निश्चय किया है वह करोगे अथवा मेरा साथ दोगे?" उन लोगों ने कहा कि, "हमें राणा से क्या मतलब; हमें तुमसे मतलब है।" मियां ने कहा कि, "मैं तुमसे प्रतिज्ञा करता हूं कि सर्वप्रथम मैं तुम्हारी व्यवस्था करूंगा फिर अपनी।"

१ 'ब' के अनुसार 'तीन परगने'।

(१२४) राणा वहां से ऐसी अवस्था में वापस हो गया। उसके शिविर को ग्रामीणों ने नष्ट कर दिया और उसने पीछे मुड़ कर न देखा। कोई भी खेमा अपने साथ न ले गया। प्रथम दिन उसने २२ कोस की यात्रा की। राणा के नायब सत्यसिंह ने कहा कि, "पता नहीं चलता कि यह मियां हुसेन कैसा आदमी है। २०० अश्वारोहियों से उसने देहली के बादशाह का विरोध किया। अब वह उससे मिल गया है। हम लोगों के पास यद्यपि ७० हज़ार अश्वारोही हैं किन्तु उसके भय से हम इस प्रकार पलायन कर रहे हैं कि हमें इसकी कोई सूचना नहीं कि हमारे पीछे क्या हो रहा है।" सैयिद खां भी उनके साथ धौलपुर तक गया। सुल्तान इबराहीम ने उसके दासों द्वारा उसकी मदिरा में विष दिला दिया। जब उसकी बड़ी दुर्दशा हो गई तो मियां हुसेन उसके देखने के लिए पहुंचा और पूछा कि, "तुम क्या कहते हो? हमें सुल्तान इबराहीम ने बुलवाया है। हम लोग जा रहे हैं। तुमने क्या निश्चय किया है?" उसने कहा कि, "मैंने निश्चय किया है कि जब तक मैं जीवित रहूंगा इबराहीम का साथ न दूंगा और मदिरापान को न त्यागूंगा।" यह बात कह कर वह उठ खड़ा हुआ। उसकी उसी रात्रि में मृत्यु हो गई।

मियां हुसेन का चन्देरी को प्रस्थान

मियां हुसेन, सुल्तान इबराहीम की सेवा में पहुंचा और चन्देरी की अक़्ता स्वीकार कर ली। सलाहदी को भी वह अपने साथ लाया और उसे भी कुछ परगने दिलवा दिये। फ़तह खां को आज़म हुमायूं की विलायत प्रदान कर दी गई। मलिक लोधा को उसके पिता का वेतन[1] प्रदान कर दिया गया। बादशाह ने ख़िज़्र खां लोदी को कुछ न दिया और कहा कि "तू मेरा सेवक न था। अपने भाई का सेवक था। यदि तेरा भाई मियां भीखन खां तुझे कुछ दे दे तो वह ले ले, मैं कुछ न दूंगा।" मियां भीखन खां लोदी उसका विरोधी था। मियां हुसेन चन्देरी के लिए चल खड़ा हुआ और फ़तह खां अपनी विलायत के लिए।

मिंयां हुसेन ने चन्देरी की अक़्ता स्वीकार करते समय मियां ताहा से परामर्श किया कि "इन तीन अक़्ताओं[2] में से कौन सी स्वीकार करनी चाहिये?" मियां ताहा ने कहा कि, "यदि हमसे पूछते हो तो यही उचित है कि सारन तथा चम्पारन की विलायत को स्वीकार करो, कारण कि वह तुम्हारे अधीन रह चुकी है तथा सुल्तान से दूर है और विलायत की सीमांत पर है। यदि वह भी न हो तो संभल की विलायत भी सीमांत पर है। क्योंकि बादशाह तथा तुममें शत्रुता हो गई है अतः सीमांत पर रहना उचित है। (१२५) चन्देरी यद्यपि सीमांत पर है किन्तु वह विश्वासघातियों की विलायत है। पता नहीं वहां क्या हो।" मियां हुसेन ने कहा कि, "मैं चन्देरी को अच्छा समझता हूं कारण कि वह बहुत बड़ी अक़्ता है और वहां से अन्य राज्यों पर आक्रमण भी हो सकता है और उस स्थान से राणा से भी बदला लिया जा सकता है।" मियां ताहा ने कहा कि, "यदि तुम चन्देरी ही को चुनते हो तो फिर चन्देरी के क़िले के भीतर न रहना। अपने लिए अन्य स्थान निश्चित करना।" यह निश्चय करके वे लोग चल दिये। मियां ताहा को आगरा में रखा गया। जब मियां हुसेन चन्देरी में पहुंचा तो क़िले के भीतर दौलत खां के महल में उतरा। अपने पुत्रों को सेना देकर विभिन्न स्थानों के लिए नियुक्त किया और उन्हें इस क्रम से जागीर प्रदान की। एक भाग राणा की विलायत में, एक भाग कथूला परगने में लिख कर

१ 'ब' के अनुसार 'जागीर'।
२ 'ब' के अनुसार 'परगना'।

दिया। एक तिहाई भाग चन्देरी की विलायत में दिया। प्रत्येक व्यक्ति खुशी खुशी जागीर लेने लगा।

सुल्तान इबराहीम द्वारा मियां हुसेन की हत्या

इसी बीच में सुल्तान इबराहीम इस बात का प्रयत्न करने लगा कि वह किसी न किसी प्रकार मियां हुसेन से बदला ले। मियां हुसेन के एक विश्वासपात्र शेख़ फ़रीद दरियाबादी को सौ सोने की मुहरें तथा १० ग्राम प्रदान करके मिला लिया। उस हरामखोर ने शरफ़ुलमुल्क से जोकि चन्देरी का एक निवासी था मिलाया। चन्देरी के शेखज़ादों के पास १२ हज़ार अश्वारोही थे। शरफ़ुलमुल्क ने उनसे मिलकर षड्‌यंत्र रचना प्रारम्भ कर दिया। मियां हुसेन को इस बात की सूचना मिल गई। उसने शेख़ फ़रीद से पूछा कि "शरफ़ुलमुल्क का क्या हाल है?" शेख़ फ़रीद ने सर्वप्रथम शरफ़ुलमुल्क की मियां हुसेन से भेंट कराई थी और उसकी ओर से क़ुरान की शपथ ली थी। शरफ़ुलमुल्क ने भी हाथ में क़ुरान लेकर शपथ ली और कहा कि "इस स्थान पर मेरे बहुत बड़ी संख्या में शत्रु हैं। स्वामी किसी के कहने की ओर ध्यान न दें।" मियां हुसेन को शेख़ फ़रीद के प्रति किसी विश्वासघात की शंका न थी। उसने उसकी शपथ पर विश्वास कर लिया। शरफ़ुलमुल्क को भी उसने सच्चा समझा।

शेख़ दाऊद कम्बोह मियां हुसेन के महल में चबूतरे पर बैठता था[1]। सारन तथा चम्पारन की विलायत में भी उसे यही पद प्राप्त था।[2] चोरी के अपराध में उसने कई हज़ार आदमियों के गले अपने हाथ से काट डाले थे। इस स्थान पर भी उसने उसी प्रकार शासन प्रारम्भ कर दिया। जो कोई भी बाग़ों में से आम अथवा फूल तोड़ता वह उनके हाथ कटवा डालता था। बाग़ शेखज़ादों के थे। उन्हें यह बात (१२६) अच्छी न लगी। शेख़ दाऊद जब चबूतरे पर बैठता था तो लोगों के समक्ष चाक़ू खींच कर उन्हें दिखाता और यह कहता था कि, "यह वही चाक़ू है जिससे २० हज़ार दुष्टों के गले काट चुका हूँ। यदि ईश्वर ने चाहा तो शेखज़ादों से भी इसी प्रकार का व्यवहार करूंगा।" वे लोग अत्यधिक आतंकित हुये। शरफ़ुलमुल्क उन्हें अपनी ओर मिलाने का प्रयत्न कर रहा था। जब उन लोगों ने शरफ़ुलमुल्क के समक्ष शिकायत की तो उसने उन लोगों से कहा कि "मियां हुसेन की शक्ति में अभी वृद्धि नहीं हुई है। उसकी सेना छिन्न-भिन्न है। हम लोग विद्रोह कर दें। क़िले में कोई भी उसका सहायक नहीं है।" शेखज़ादों की १२ हज़ार संख्या है। नगर के लोग एक साथ उपद्रव करके उसे उसी महल में जहां वह उतरा है घेर लें और उसकी हत्या कर दें।" उसने सुल्तान इबराहीम का फ़रमान लोगों को दिखलाया। सभी लोगों ने यह बात स्वीकार कर ली और संगठित होकर उसकी हत्या करना निश्चय कर लिया। उन लोगों ने यह निश्चय किया कि जब द्वार बन्द हों और लोग इधर-उधर चले गये हों तो कुछ लोग द्वारों को दृढ़तापूर्वक बन्द कर लें। कुछ लोग मियां हुसेन के घर में प्रविष्ट हो जायं। मियां एमाद फ़र्मुली का पुत्र शेख़ मुहम्मद तथा मियां उस्मान फ़र्मुली का पुत्र शेख़ जमाल बादशाही अमीर क़िले के भीतर थे। उनके द्वारों पर तथा उनके प्रत्येक सिपाही के द्वार पर लोग नियुक्त कर दिये गये और उन लोगों से कहा गया कि, "हम लोग शाही आदेशानुसार कार्य कर रहे हैं। तुम लोग अपने घर से मत निकलो।" मियां

१ न्याय का कार्य करता था।
२ 'अ' में यह वाक्य नहीं है।

शेख़ जमाल को इस विषय में कुछ सूचना मिल चुकी थी। वह जुहर[1] की नमाज़ के समय मियां हुसेन के समक्ष पहुंचा और उसे इस विषय की सूचना दी। मियां ने मुस्करा कर कहा कि, "अच्छा मेरा भतीजा इतना बुद्धिमान् हो गया कि मुझे शिक्षा प्रदान करता है। इन पोस्तीनों तथा कोकनारों[2] को यह साहस हो गया कि मेरा विरोध करें। यदि मैं उनकी ओर थूक दूं तो उस थूक से कई व्यक्ति भूमि पर गिर पड़ेंगे। मैं कल क्या करता हूं तुम देख लोगे।" मियां जमाल ने कहा कि, "कल तुम्हारे भाग्य में कुछ और ही लिखा है; ईश्वर का आदेश इसी प्रकार है। यदि कोई अन्य उपाय नहीं कर सकते तो घर से निकल कर द्वार पर बैठ जाओ।" भाग्य के लिखे के समक्ष शेख़ जमाल की बात का कोई प्रभाव न हुआ। उसने कहा कि, "मुझे जो कुछ कहना था मैंने कह दिया, तुम स्वयं बुद्धिमान् हो।" वह उठ कर अपने घर चल दिया।

जब मियां हुसेन के आदमी अभिवादन करके लौटने लगे तो क़िले के बाहर अपने शिविर में पहुंचे। सायंकाल की नमाज़ के समय उन्होंने द्वार बन्द कर लिया। थोड़ी सी रात्रि व्यतीत हो जाने (१२७) के उपरान्त जैसा कि निश्चय हो चुका था वे एकत्र होकर शरफ़ुलमुल्क के द्वार पर पहुंचे। ख़्वाजा अहमद चन्देरी के शेख़ज़ादों में एक सम्मानित व्यक्ति समझा जाता था। वह मियां हुसेन के पास आता जाता रहता था। उसे उस विश्वासघात की सूचना (पहले) न की गई थी (केवल) उसी समय उसे सूचना की गई। उसने उन्हें रोका और कहा कि, "हे मूर्खो ! शेर खां के उपरान्त चन्देरी में यही एक प्रेमी वीर आया है। तुम लोग देखोगे कि हमें उसकी छत्रछाया में कितनी सुख-सम्पन्नता प्राप्त होगी। हम लोग काफ़िरों से बदला लेंगे। तुम लोग यह कैसा विश्वासघात कर रहे हो ? यह तुम्हारे विनाश तथा पतन का द्योतक है।" क्योंकि उन लोगों ने समस्त प्रबन्ध दृढ़तापूर्वक कर लिया था अतः कुछ लोगों ने ख़्वाजा अहमद की बात न सुनी। ख़्वाजा अहमद ने कहा कि, "मैं तुम्हारा साथ नहीं दे सकता और मैं अपने घर जाता हूं।"

वह वहां से लौट कर अपने घर न गया। मियां हुसेन के पास उपस्थित होकर उसने उसे यह सूचना पहुंचाई। वे लोग ख़्वाजा अहमद का पीछा करते हुए वहां पहुंचे। द्वार के आदमी द्वार की ओर बढ़े। शेख़ मुहम्मद, शेख़ जमाल तथा प्रत्येक सैनिक के द्वार पर उनके सेवक जैसा कि निश्चित हो चुका था, नियुक्त कर दिये गये। एक अन्य समूह मियां हुसेन के घर पहुंचा। हाहाकार मच गया। सभी लोग एकत्र होकर घर की प्रत्येक दिशा से प्रविष्ट हो गये। मियां हुसेन भी द्वार पर पहुंचा। थोड़े से लोगों के साथ उसने धनुष अपने हाथ में ले लिया और तीन बाण चलाये। तीनों बाण लक्ष्य पर न लगे। तत्पश्चात् उसने धनुष को भूमि पर फेंक दिया और कहा कि, "मैं समझता हूं कि आज ईश्वर का आदेश इसी प्रकार है। मेरा लक्ष्य कभी नहीं चूका था।" प्रत्येक दिशा से पत्थरों की वर्षा होने लगी और लोग घायल होने लगे। इसी बीच में मियां के एक विश्वासपात्र शेर खां ने कहा कि "लोग अन्तःपुर में प्रवेश कर रहे हैं। यदि आप आदेश दें तो मैं उनकी हत्या कर दूं।" मियां ने कहा कि, "हम मर्द हैं और ये लोग भी मर्द हैं। इस समय स्त्रियों का स्मरण न करना चाहिये। यदि तुम वीर हो तो वीरता का प्रदर्शन करो और अपनी मृत्यु को शोभा प्रदान करो तथा पौरुष प्रदर्शित करते हुए मरो।" तदुपरान्त मलिक बहलाई ख़ासा ख़ेल ने आकर कहा कि, "वे लोग अमान[3] प्रदान करते हैं और कहते हैं कि अस्त्र-शस्त्र रख दो हम

१ मध्याह्नोत्तर की प्रथम नमाज़।
२ अर्थात् हीन व्यक्तियों का।
३ क्षमा, शान्ति।

तुम्हें छोड़ देंगे।" उसने मलिक बहलाई पर क्रोध प्रदर्शित करते हुए कहा कि, "हे निर्लज्ज ! क्या वे लोग यह चाहते हैं कि हमें बन्दी बना लें ?[1] वे इतनी बात नहीं समझते हैं कि ईश्वर ने मुझे शहीद होने का सम्मान प्रदान किया है। तुम लोग साहस से काम लो और उन लोगों की कोई चिन्ता मत करो।" एक खुरासानी (१२८) हुसेन अली नामक उसका वकील मियां शाह के पास आता जाता था। मियां ने उससे कहा कि, "हे हसन अली ! यदि तू जीवित रहे तो सुल्तान इबराहीम से कह देना कि मैंने तेरी कोई बुराई नहीं की। तू मुझसे ईर्ष्या रखता था। मुझे तथा तुझे दोनों ही को मरना है।" अचानक एक पत्थर मियां हुसेन के सिर पर लगा वह व्याकुल होकर भूमि पर बैठ गया। उसके हाथ में तलवार थी जिसे वह हिलाता जाता था। एक व्यक्ति ने जो काले वस्त्र धारण किये हुए था मियां के समीप आकर मियां पर तलवार का वार करना चाहा। मियां ने उसी दशा में उसके ऐसी तलवार मारी कि उसका एक बाज़ू तथा सिर कट गया और सिर पृथक् होकर गिर पड़ा। उसके उपरान्त कोई भी मियां के समीप न आया। दूर ही से पत्थर बाण तथा बर्छे फेंकते थे, यहां तक कि उसकी हत्या हो गई। उसके सिर को काट लिया गया और द्वार पर लटका दिया गया। प्रातःकाल सेना वालों, जो क़िले के बाहर थे और सहायतार्थ आ रहे थे, ने मियां के सिर को द्वार पर देखा। वे निराश हो गये। शिविरों में लूट मार होने लगी। चन्देरी वालों ने घोड़े, धन-संपत्ति तथा अस्त्र-शस्त्र प्राप्त कर लिये। कई हज़ार अश्वारोही मुकम्मल[2] हो गये और उन्होंने अर्ज़[3] लिया। वे अपने आपको बहुत बड़ा समझने लगे। जो लोग अनुभव-शून्य थे, वे प्रसन्न होते रहते थे। अनुभवी लोग उदाहरणार्थ ख्वाजा अहमद तथा अन्य लोग हाथ मलते थे और पतन की प्रतीक्षा करते रहते थे। अचानक राणा तथा सलाहदी ने चन्देरी पर आक्रमण कर दिया। वे लोग केवल अपनी ही चिन्ता रखते थे और भीड़ को अत्यधिक महत्व प्रदान करते थे। वे राणा से युद्ध करने लगे। राणा के पास १ लाख अनुभवी अश्वारोही थे। ये लोग भाग खड़े हुए और अल्प समय में सभी की हत्या हो गई। बहुत थोड़े से लोग शेष रह गये। स्त्रियां बन्दी बना ली गईं और वह स्थान नष्ट हो गया। आबादी का वहां से अन्त हो गया।

उन्हीं दिनों में किसी ने शेख मुहम्मद सुलेमान को स्वप्न में देखा। वे नंगे सिर जा रहे थे। लोगों ने उनसे पूछा कि, "आप पगड़ी क्यों नहीं बांधते और अभी तक कहां थे ?" उन्होंने उत्तर दिया कि, "हम चन्देरी में थे और हमने मियां हुसेन खां का बदला शेखज़ादों से ले लिया। अब आगरा जा रहा हूं। जब इबराहीम की भी यही दशा हो जायेगी तब मैं पगड़ी बाँधूंगा।"

स्वर्गीय सुल्तान सिकन्दर के अन्य अमीर

आधा राज्य फ़र्मुलियों की जागीर में था और आधे में समस्त अफ़ग़ान थे। उस युग में नोहानियों तथा फ़र्मुलियों को प्रभुत्व प्राप्त था। शिरवानियों में आज़म हुमायूँ सब से अधिक प्रतिष्ठित था। लोदियों में ४ व्यक्ति अधिक प्रतिष्ठित थे। एक महमूद खां जिसके पास कालपी था। दूसरा मियां आलम जो इटावा तथा चन्दवार का हाकिम था। तीसरे मुबारक खां जो लखनऊ का स्वामी था। चौथे दौलत (१२९) खां जिसके अधीन लाहौर था। शाहू खेलों में से हुसेन खां तथा खाने जहां सुल्तान बहलोल के दादा की संतान से थे और इसका क्रम इस प्रकार था :

१ 'ब' के अनुसार 'बन्दी बना कर बादशाह के पास भेज दें'।
२ सशस्त्र एवं उत्तम घोड़ों के स्वामी।
३ सेना में भरती हो गये।

बहलोल
बिन
काला (पहाड़)
बिन
बहराम

हुसेन खां
बिन
फ़ीरोज़ खां
बिन
बहराम

फ़र्मुलियों का हाल

क़ुतुब खां लोदी शाहू खेल सुल्तान बहलोल के राज्य-काल में था। सारन तथा चम्पारन की अक़्ता मियां हुसेन के पास थी। अवध, अनयाला तथा होधना मियां मुहम्मद काला पहाड़ के पास थे। क़न्नौज मियां गदाई के अधीन था। शम्साबाद तथा थानेसुर एवं शाहाबाद मियां एमाद के अधीन था। (जलेसर तथा इन्द्री की जागीर मियां सुलेमान के अधीन थी। महाबन, अली खां की जागीर में था, झज्झर का परगना मियाँ उस्मान के पास था)[१], मारहरा मियां मुहम्मद के भाई तातार खां के पास था। हरियाना, दुईसुइया तथा कुछ अन्य परगने ख्वाजगी शेख़ सईद के अधीन थे। यद्यपि सभी वीरता तथा तलवार चलाने में श्रेष्ठ थे किन्तु शेख़ सईद के पुत्र योग्य तथा दानी थे और सभी से श्रेष्ठ थे। शेख़ सईद में अमीरी के अतिरिक्त अत्यधिक गुण पाये जाते थे। सुल्तान सिकन्दर उन्हें अपना बहुत बड़ा मित्र समझता था। एक दिन सुल्तान ने कहा कि, "३० वर्ष से ख्वाजगी मेरा मुसाहिब[२] है। कभी उसने कोई ऐसा कार्य नहीं किया जिससे कि मैं असंतुष्ट होता। कभी उसने कोई बात दुबारा नहीं कही। मैंने जिस कठिनाई के विषय में भी उससे प्रश्न किया उसका मुझे उत्तर मिल गया।"

ख्वाजगी शेख़ सईद

एक दिन सुल्तान सिकन्दर आलिमों के साथ बैठा था। सुल्तान ने आलिमों से पूछा कि, "पक्षी एक दूसरे की भाषा समझते हैं अथवा नहीं ?" (समस्त आलिमों ने एक मत होकर कहा कि तफ़सीरों[३] में लिखा है कि सभी पक्षी एक दूसरे से वार्तालाप करते हैं और एक दूसरे की बात समझते हैं)। इसी बीच में ख्वाजगी शेख़ सईद आ गये। सुल्तान ने कहा कि, "मैं इन लोगों से यह बात पूछ रहा हूं। वे कहते हैं कि तफ़सीरों में इस प्रकार लिखा हुआ है।" ख्वाजगी ने कहा कि, "मेरी भी श्रद्धा इसी पर है।" सुल्तान ने कहा कि, "धार्मिक विश्वास तो इसी प्रकार है किन्तु मैं माक़ूल[४] बात चाहता हूं। तुम्हारी समझ में कुछ आता है ?" ख्वाजगी ने कहा कि, "मनक़ूल[५] में बुद्धि का हस्तक्षेप नहीं होना चाहिए।" सुल्तान ने कहा

१ कोष्ठ के वाक्य 'अ' में नहीं हैं।
२ सहचर।
३ क़ुरान की टीका।
४ तर्क अथवा बुद्धि के अनुसार उचित।
५ जो बातें प्रामाणिक धार्मिक ग्रन्थों में लिखी हों अथवा मुहम्मद साहब या उनके मित्रों एवं अन्य धार्मिक व्यक्तियों की वाणी।

कि, "मेरा भी यही विश्वास है किन्तु जो कुछ तुम्हारी समझ में आता हो उसका उल्लेख करो।" ख्वाजगी ने कहा कि, "ऐसा ज्ञात होता है कि कुछ पक्षी समझते होंगे किन्तु सभी नहीं समझते। इसका प्रमाण यह है कि चिड़ीमार जाल बिछाकर मुंह में घास की पत्ती लेकर पक्षियों की बोली बोलता है। पक्षी उसके (१३०) पास एकत्र हो जाते हैं और जाल में फंस जाते हैं। वे इतना नहीं समझते कि बोलने वाला हमारे समूह का नहीं है। इसके अतिरिक्त किसी गौरय्ये को सीकर बैठाल दिया जाता है और उसे हिलाया जाता है। वह शोर मचाती है। पक्षी उसके सिर के चारों ओर चक्कर काट कर जाल में फंस जाते हैं और इतना नहीं समझते कि वह परेशान होकर चिल्ला रही है। हम वहां न जायं। वहां पहुंच कर हम नष्ट हो जायेंगे। कुछ पक्षी समझते भी हैं, जैसे कौवा। अधिकांश पक्षी, जोकि वृक्षों तथा पर्वतों पर रहते हैं जैसे कुलंग[1] तथा दुर्राज[2], एक दूसरे की भाषा समझते हैं और एक दूसरे की आवाज़ पर एकत्र हो जाते हैं और छिन्न-भिन्न हो जाते हैं। कुछ लोगों को इनके विषय में कोई भी जानकारी नहीं हो पाती।"

एक दिन सुल्तान के समक्ष यह छन्द पढ़ा गया :

छन्द

"यदि पुत्र उद्दंड है तो उसे दण्ड देना आवश्यक है।
दीवाने कुत्ते के लिए कुलूख (ढेला) औषधि है।"

सुल्तान ने कहा कि "पहली पंक्ति में अनुशासन तथा उद्दंड पुत्र का उल्लेख किया गया है। दूसरी पंक्ति में पागल कुत्ते तथा कुलूख (ढेले) का। अनुशासन का सम्बन्ध कुत्ते से है किन्तु औषधि का संबंध कुलूख (ढेले) से क्या हो सकता है,?" कोई कुछ कहता था और कोई कुछ। सुल्तान इस उत्तर से संतुष्ट न होता था। उसने कहा कि, "ढेले से कुत्ते को दण्ड दिया जाता है। उसके रोग का उपचार नहीं होता। औषधि रोग निवारण हेतु होती है।" इसी वार्तालाप के समय ख्वाजगी आ गया। सुल्तान ने कहा कि "अच्छा हुआ कि ख्वाजगी भी आ गया।" उसने इस वार्तालाप के विषय में ख्वाजगी से पूछा। ख्वाजगी ने कहा कि, "अन्य मित्र लोग क्या कहते हैं ?" सुल्तान ने कहा कि, "जो कुछ वे कहते हैं उससे मैं संतुष्ट नहीं हूं।" ख्वाजगी ने कहा कि "यह शब्द कुलूख (ढेला) नहीं है अपितु 'किलूख' है जो पागल कुत्ते की औषधि है और वर्षा ऋतु में घास की पत्तियों पर होती है। कुछ काली होती हैं और कुछ लाल और दोनों पर सफ़ेद बिन्दी होती है। उसे हिन्दी में पिंदली कहते हैं। यह पागल कुत्ते की तथा उस व्यक्ति की जिसे कुत्ते ने काट खाया हो औषधि है। खीर तथा भंगरे के शीरे में गोली बनाकर देते हैं और जिस व्यक्ति को कुत्ते ने काट लिया हो उसे खिलाते हैं।" उपस्थित गणों ने प्रश्न किया कि, "दण्ड के उद्देश्य का क्या उल्लेख है ? यह भी औषधि है दण्ड नहीं ?" ख्वाजगी ने कहा कि, "पागलपन समाप्त हो जाने के उपरान्त अनुशासन प्राप्त हो जाता है और पुत्र के अनुशासन के लिए इसी उदाहरण को दे दिया गया है ताकि लोग इस बात को समझें कि पुत्र को नरमी से तथा समझा-बुझा कर अनुशासन देना चाहिए, कठोरता तथा निष्ठुरता से नहीं। यदि ऐसा न हो तो पागल कुत्ता मारने से और भी पागल न हो जाता।"

१ एक प्रकार का सारस।
२ तीतर।

मियां महमूद (टोडर मल)

(१३१) ख़्वाजगी का पुत्र मियां महमूद था जिसे टोडर मल भी कहते थे। वह वीरता तथा दान में अद्वितीय था। एक दिन सुल्तान सिकन्दर ने उसे एक घोड़ा प्रदान किया जोकि बड़ा ही उत्तम था। सुल्तान ने उससे यह कहा कि, "इसे किसी अन्य व्यक्ति को मत देना।" एक दिन एक मांगने वाला बादफ़रोश[1] उसके पास आया और उसने उसी घोड़े को मांगा। मियां महमूद ने कहा कि, "बादशाह ने इस घोड़े को प्रदान किया है और मुझसे मना किया है कि किसी को मत देना। दो घोड़े या चार घोड़े इसके बदले में ले लो।" उसने कहा कि, "आप यदि यही घोड़ा प्रदान करते हैं तो आपकी कृपा है अन्यथा मैं नहीं लेता।" मियां ने कहा कि, "सुल्तान ने मुझे मना किया है।" उस बादफ़रोश ने कहा, "तो फिर तू भिखारी के प्रोत्साहन का प्रयत्न नहीं करता, बादशाह की इच्छा की चिन्ता करता है। में निराश जाता हूं। एक दिन यह घोड़ा मर जायगा और तुझे खेद प्रकट करना पड़ेगा।" यह कह कर वह चल दिया। मियां ने कहा कि, "अच्छा जा कर ले लो। जो कुछ होगा देखा जायेगा। मैं भिखारी को लौटा नहीं सकता।" मियां ने घोड़ा उसे दे दिया। दूसरे दिन सुल्तान कहीं सवार होकर जा रहा था। मियां महमूद उसके साथ उपस्थित था। वह बादफ़रोश भी घोड़े पर सवार होकर सुल्तान के समक्ष आया और उसने मियां महमूद के विषय में शुभकामनायें कीं। उसने एक कवित्त पढ़ा जिसकी एक पंक्ति इस प्रकार है :

"दान खड्ग महमूद न चूका बिरह रहा आलम सुल्तान।"

जब सुल्तान ने बादफ़रोश की ओर देखा तो उसे पता चला कि वह उसी घोड़े पर सवार है। उसने अपने महल में जाकर कहा कि, "महमूद ने वह घोड़ा बादफ़रोश को प्रदान कर दिया। मैंने मना किया था, उसने कोई भय न किया और बादफ़रोश की इच्छा का ध्यान दिया और मेरी बात को साधारण समझा।" सुल्तान की यह प्रथा थी कि जब वह किसी से रुष्ट हो जाता था तो उसे मवाजिब[2] नहीं देता था किन्तु उसके प्रति कृपा तथा उसकी श्रेणी में कमी न करता था। जब मियां महमूद कुछ समय बग़ैर वजह[3] के रहा तो ख़्वाजगी ने बादशाह की इच्छा पर दृष्टि रखते हुए, अपने पुत्र को कुछ न दिया। मियां, ख़्वाजगी से पृथक् होकर बादशाह का सेवक हो गया था। अतः वह उस स्थान से अलग होकर नौकरी के लिए रवाना हुआ। उसके ६० प्रसिद्ध तथा वीर सैनिक थे जो तलवार चलाने में उसी के समान दक्ष थे, वे उसके साथ हो लिये। जब वह इस स्थान से रवाना हुआ तो उसने अपने साथ कोई भी घोड़ा खेमा इत्यादि न लिया। पैदल काले जूते पहन कर रवाना हुआ। उसके साथी भी इसी प्रकार रवाना हुए। उसने कहा कि, "यदि ईश्वर मुझे सम्मान प्रदान करेगा तो सब चीज़ें दे देगा अन्यथा मैं घोड़ों को क्यों ले जाऊं।" उसके सभी सहायकों ने उसकी इस बात से सहमति प्रकट की। उन लोगों ने एक छोटा सा (१३२) साधारण याबू[4] अपने साथ ले लिया, समस्त सैनिकों के अस्त्र-शस्त्र भी उसी पर थे। सर्वप्रथम वह मेवात पहुंचा। वहां के हाकिम अलाउल खां ने उसे अत्यधिक प्रोत्साहन प्रदान किया किन्तु ख़्वाजगी ने उसकी

१ चापलूस भाट।
२ 'ब' के अनुसार 'उसकी जागीर ले लेता था'।
३ 'ब' के अनुसार 'बिना जागीर के रहा'।
४ 'ब' के अनुसार 'ऊँट'।

सेवा करना स्वीकार न किया और कहा, "घर से निकलना और प्रांगण में बैठना[१] नामर्दों का काम है।" वहां से चल कर वह ब्याना के परगने[२] के एक ग्राम में पहुंचा। वहां के ग्रामीण भागे जा रहे थे और हाहाकार मचा था। किसी ने आकर सूचना दी कि यह ग्राम नष्ट हुआ जा रहा है। ख्वाजगी ने एक व्यक्ति को उस ग्राम के मुक़द्दम के पास भेज कर पुछवाया कि, "वे लोग क्यों भाग रहे हैं?" उसने उत्तर दिया कि, "हमारे विरुद्ध सुल्तान अहमद की सेना भेजी गई है स्वयं इस कारण हम भागे जा रहे हैं।" मियां ने कहा कि, "यदि तुम लोग स्वयं सरदार होते तो भाग जाते। अब मैं तुम्हारे ग्राम में उतरा हूं। यदि हमारे रहते हुए कोई भी व्यक्ति तुम्हें कोई हानि पहुंचाता है तो उससे बदला लेना हमारे लिए आवश्यक है। तुम निश्चिन्त होकर अपने घर में रहो। हम उस सेना से समझ लेंगे।" उन लोगों ने कहा कि, "तुम अतिथि तथा यात्री हो। इतना भार अपने ऊपर किस प्रकार ले सकोगे? यदि तुम्हें कोई हानि पहुंची तो हमारा मुंह काला हो जायेगा।" मियां ने कहा कि, "यदि हमारे रहते हुए तुम्हें हानि पहुंचेगी तो हमारा भी मुंह काला होगा।" संक्षेप में मियां ने उन लोगों को प्रोत्साहन तथा दिलासा दिया। सूर्योदय के समय वह सेना आ गई। मियां के सहायक ग्राम को अपनी पीठ के पीछे करके पंक्तियों में खड़े हो गये और अपने साथ किसी भी ग्रामीण को न ले गये। जब सेना वालों ने उन्हें इस प्रकार सुव्यवस्थित देखा तो उन्होंने एक व्यक्ति को उन लोगों के विषय में पता लगाने के लिए भेजा। पूछताछ के उपरान्त ज्ञात हुआ कि वे यात्री मालूम होते हैं और सम्मानित व्यक्ति प्रतीत होते हैं। इस ग्राम में उनके समान कोई एक भी नहीं है। पता लगाना चाहिये कि ये लोग कौन हैं? उन्होंने एक व्यक्ति को पता लगाने के लिए उनके पास भेजा। उसने पता लगाकर सूचना दी कि, "ये लोग यात्री हैं।" उन्हें इतना ही पता चल सका। उन लोगों ने पुनः उनके नाम का पता लगाने के लिए भेजा। उसने उपस्थित होकर उन लोगों के सरदार का नाम पूछा। उन लोगों ने उत्तर दिया कि, "तुम इस ग्राम पर आक्रमण करने आये हो। हमारा नाम पूछ कर क्या करोगे? अपना कार्य करो।" उस व्यक्ति ने कहलाया कि, "तुम लोग यात्री हो। तुम्हें इस प्रकार वार्तालाप नहीं करना चाहिये। हम ग्राम पर आक्रमण करने आये हैं। हमें तुमसे कोई मतलब नहीं। तुम हट कर अपने स्थान को चले जाओ। हमको जो कुछ करना है हम ग्राम वालों से करेंगे।" उन्होंने कहलाया कि, "आज रात्रि में हमने इस ग्राम में विश्राम किया है और यहां का जल पिया है। हमारे लिए
(१३३) यह बड़ी लज्जा की बात है कि हमारे होते हुए इन लोगों को किसी प्रकार की हानि पहुंचे।" इस वार्तालाप के उपरान्त उन लोगों ने अपने आदमी सुल्तान अहमद जलवानी के पास भेजे और उसे इस विषय में सूचना दी। सुल्तान ने कहा कि, "इस बात का ठीक-ठीक पता लगाओ कि वे लोग कौन हैं।" उन लोगों ने ग्रामीणों से पूछा तो पता चला कि उसे लोग मियां महमूद फ़र्मुली कहते हैं। वह अपने पिता से पृथक् होकर चला आया है। जब सुल्तान अहमद को यह सूचना मिली तो उसने अपने विश्वासपात्र तथा पत्र मियां की सेवा में भेजे और वे (उसके सैनिक) उस ग्राम से चले गये। उन्हें अपने पास बुलवा कर (सुल्तान अहमद जलवानी ने) क्षमा याचना की और कहा कि, "तुमने हमें लज्जित कर दिया था। यह तो अच्छा हुआ कि सेना दिन में पहुंची और तुम्हें देख लिया। यदि रात्रि होती तो युद्ध हो जाता और पता नहीं क्या होता।" तदुपरान्त उसने उसके (मियां के) आने का कारण पूछा। उसने उत्तर दिया कि, "मैं नौकरी की खोज में जा रहा हूं।" सुल्तान अहमद ने सुल्तान सिकन्दर की कुछ शिकायत की।

१ 'ब' के अनुसार 'घर से निकल कर घर के द्वार पर बैठना नामर्दों का कार्य है'।
२ 'अ' के अनुसार 'क़िला'।

मियां ने उत्तर दिया कि, "तू यह समझता है कि मैं तेरे समक्ष उपस्थित हुआ हूं। और तू मेरे स्वामी की मेरे समक्ष शिकायत करता है। तू अपने आपको नहीं पहचानता।" यह कह कर वह उठ खड़ा हुआ और नागौर की ओर चल दिया। नागौर के मुक्ता[१] फ़ीरोज़ खां ने उन लोगों को रख लिया। उन लोगों द्वारा वहां महान् कार्य सम्पन्न हुए। फ़ीरोज़ खां ने उसे पताका तथा नक़्क़ारा प्रदान किया। चार सौ अश्वारोही उसके साथ हो गये। सुल्तान सिकन्दर को जब इस बात की सूचना मिली तो उसने ख़्वाजगी से कहा कि, "जो लोग मेरे काम के थे उन्हें तूने पृथक् कर दिया और अपने (उन) पुत्रों को जोकि तेरे काम के थे उन्हें अपने पास रख लिया। उसके कारण मैं तेरे पुत्रों की देख-रेख करता था।" ख़्वाजगी ने मियां महमूद को बुलवाने के लिए कुछ आदमियों को भेजा। वे उसे ले आये। वह पैदल काले जूते पहन कर गया था। चार सौ अश्वारोहियों, पताका तथा नक़्क़ारा सहित लौट आया।

मियां ताहा

वह बड़ा बुद्धिमान्, आलिम तथा कला-कौशल में निपुण था। कोई कला ऐसी न थी जिसका ज्ञान उसे न हो। सुल्तान सिकन्दर कहा करता था कि, "मियां ताहा एक हज़ार आदमियों का काम करता है।" यह ऐसा महान् बुद्धिमान् था। एक दिन दास उसकी सेवा में पहुंचा। वह क़ुतबी नामक ग्रंथ पढ़ा रहा था और उसे इस योग्यता से समझा रहा था कि मानो ख़ाक़ानी[२] तथा अनवरी[३] के (१३४) दीवान[४] अथवा शाहनामा[५] को पढ़ा रहा हो। वह संगीत में इतना अधिक निपुण था कि इस कला के बड़े-बड़े जानने वाले जो उसके समकालीन थे उसके विषय में कहते थे कि स्वर के ज्ञान में उसके समान कोई अन्य नहीं है। एक दिन एक वादक उसके द्वार पर वीणा बजा रहा था उसके बाजे में एक तार की कमी थी। मियां घर के भीतर से सुन रहा था। उसने खवास खां द्वारा यह संदेश भेजा कि "आठवें तार को किस कारण पृथक् कर दिया?" जब देखा गया तो पता चला कि जैसा मियां ने कहा था वैसा ही था।

तिब[६] के ज्ञान में सभी लोग उसकी योग्यता का लोहा मानते थे। तिब के ज्ञान के २४ हज़ार श्लोक उसे कंठस्थ थे। बड़े-बड़े ब्राह्मण तथा संगीतज्ञ उससे शिक्षा प्राप्त करते थे। एक दिन इस ग्रंथ का संकलनकर्ता उपस्थित था। इबराहीम खां शिरवानी के पुत्र को उपस्थित करके लोगों ने कहा कि, "यह किसी प्रकार स्वस्थ नहीं होता।" मियां ने कहा कि, "यदि ईश्वर ने चाहा तो साधारण प्रकार से स्वस्थ हो जायेगा। जाकर कनार के वृक्ष तथा नीम के वृक्ष की छाल को जल में उबालो। घाव को उससे धोओ तथा गोभी को मल कर बांध दो अच्छा हो जायेगा।" वह व्यक्ति जो उस बालक के साथ था

१ 'ब' के अनुसार 'हाकिम'।

२ अफ़ज़लुद्दीन इबराहीम बिन अली शिरवानी ख़ाक़ानी फ़ारसी का बड़ा प्रसिद्ध कवि था। तबरेज़ में उसकी ११८६ ई० में मृत्यु हो गई।

३ अनवरी भी फ़ारसी का बड़ा प्रसिद्ध कवि था। उसकी मृत्यु १२०० ई० में बलख़ में हुई।

४ कविताओं का 'संग्रह'।

५ फ़िरदौसी की प्रसिद्ध रचना 'शाहनामा' जिसमें इस्लाम से पूर्व ईरानी बादशाहों का वृत्तान्त दिया गया है। इसकी रचना फ़िरदौसी ने ३० वर्ष में की और इसमें लगभग ६०,००० छन्द हैं। फ़िरदौसी की मृत्यु तूस (मशहद) में १०२० ई० में ८६ वर्ष की अवस्था में हुई।

६ चिकित्सा।

गोभी न समझा। मियां ने कहा कि, "ग्रामीण उसे भत्तल कहते हैं।" फिर भी वह न समझा तो मियां ने कहा कि, "योगी लोग उसे यह कहते हैं और गुजराती यह।" जिस भाषा में भी मियां कहते उसकी समझ में न आता। अन्त में मियां ने कहा कि, "इबराहीम खां से जाकर कह दो कि अफ़ग़ान लोग उसे चमचल्ली कहते हैं। वह समझ जायेगा। जिस प्रकार से मैंने बताया है उसी प्रकार से उपचार करें वह स्वस्थ हो जायेगा।" मियां ने जिस प्रकार बताया था, उसकी चिकित्सा की गई। वह स्वस्थ हो गया।

मियां के आविष्कारों में एक आविष्कार यह है कि उसने हाथी दांत से काग़ज़ का एक ताव बनाया था। उसे जितना मोड़ा जाता कोई प्रभाव उस पर न पड़ता। उसने हाथी दांत की एक पताका तैयार की थी। मूल पताका से उसमें बाल बराबर भी अन्तर न था केवल यह कि वह अधिक सफ़ेद थी। उसने लाख की एक पताका तैयार की थी। मोड़ते तथा लपेटते समय उसे कोई हानि न पहुंचती थी। उसने बादशाह के लिए हाथी दांत की एक टोपी तैयार की थी। उसे जितना भी मला अथवा मोड़ा जाता उसे कोई हानि न होती थी।

ख़ाने जहां लोदी के पुत्र अहमद खां की पत्नी के लिए उसने हाथी दांत की नीलोफ़र[1] की कली के समान एक कुम्भी तैयार करायी थी और उसमें आबनूस[2] का एक भौंरा छिपा दिया था। जब तक वह सिर न हिलाती कली बंधी रहती। जब वह सिर हिलाती तो नीलोफ़र खिल जाता और भौंरा (१३५) भीतर से निकल कर आंख के समक्ष उड़ता रहता था। वह सोने के तार से बंधा रहता था। जब तक वह बातचीत करती रहती और सिर हिलता रहता, भौंरा भी हिलता रहता, जब वह सिर को रोक लेती तो भौंरा भी नीलोफ़र के भीतर चला जाता और वह फूल कली बन जाता था।

मियां मुहम्मद के भतीजे शेख़ बायज़ीद फ़र्मुली ने जो बड़ा बुद्धिमान् था, एक दिन मियां ताहा से कहा कि, "हमारे पास एक हिन्दुस्तानी तलवार, जिसे दोधारी खांडा लगवानी कहते हैं, बड़ी ही उत्तम है।" मियां ताहा ने कहा कि, "जो कोई कुशल कारीगर तलवार बनाता है वह उत्तम ही होती है और प्रत्येक वस्तु को काट देती है।" मियां शेख़ बायज़ीद ने कहा कि, "लगवानी किसी मनुष्य की बनाई हुई नहीं है। यह ईश्वर की एक लीला है जो आकाश से प्राप्त हुई है।" मियां ताहा ने कहा कि, "मियां बायज़ीद हमें तेरी समझ पर बड़ा विश्वास था। किसी ने यह बात नहीं सुनी कि तलवार आकाश से आई हो अथवा भूमि से निकली हो। यदि वह लगवानी तेरे पास हो तो उसे १ वर्ष के लिए भूमि में गाड़ दे तदुपरान्त तू उसे देख। यदि वह सुरक्षित रह जाय और उसमें मोरचा न लगे तो इस कथन पर विश्वास कर अन्यथा यह झूठ है।" शेख़ बायज़ीद ने कहा कि, "हिन्दुओं के ग्रंथों में इसी प्रकार लिखा है।" मियां ताहा ने शेख़ बायज़ीद से कहा कि, "यह बात उससे भी अधिक असत्य है। हिन्दुओं का धर्म, उनके ग्रन्थ तथा उनकी बातें झूठी हैं। यदि मुसलमान लोग हिन्दुओं की बातों पर विश्वास करेंगे तो मार्ग-भ्रष्ट हो जायंगे।" शेख़ बायज़ीद ने कहा, "आपको सभी विद्याओं का ज्ञान है, आपको इसके विषय में ज्ञात होगा। मैंने इस प्रकार की किसी तलवार का हाल नहीं सुना है। आपने तलवारें भी बनाई होंगी।" मियां ने कहा कि, "नहीं, किन्तु मैं यह बात समझता हूं कि यदि मैं बनाऊं तो मुझे आशा है कि वह लगवानी के समान होगी और उसके चिह्न न तो आग से और न उन यंत्रों से मिट सकेंगे जिनसे तलवारें तेज़ की जाती हैं।" शेख़ बायज़ीद ने कहा कि, "हम इसकी परीक्षा करना चाहते हैं।" मियां ताहा ने कहा कि, "एक

१ नील कमल, कुई।
२ तेंदू नामक एक जंगली वृक्ष।

खांडा मुझे दे दो।" शेख़ बायज़ीद ने कहा कि, "लगवानी आप ही के घर रहेगी आप औषधियों को मंगवायें। मैं उसे आपके पास भेज दूंगा।" मियां ने कहा कि, "मैं आज औषधियां मंगवाता हूं। कल तुम खांडा लाओ। मैं कल सूर्य, चन्द्रमा तथा लिंग का चिह्न उस पर बनाऊंगा। खांडा तुम अपने पास रख लेना। कुछ दिन उपरान्त मैं उसे निकालूंगा। यदि चिह्न बने रहें तो तुम जिस वस्तु पर चाहना अनुभव कर लेना। जब तक वह तलवार न टूटेगी वह चिह्न न जायेंगे।"

एक दिन मियां हुसेन फ़र्मुली के पुत्र मियां शेख़ मुहब्बत ने मियां ताहा के पास दास को भेजा। वे मग़रिब[1] की एक तलवार क्रय कर रहे थे। उसका मूल्य २५० तन्के लग गया था। उन दिनों में मग़रिबी तलवारें कम मिलती थीं। उसने मुझे आदेश दिया कि, "इसे मियां ताहा को दिखलाओ। यदि अच्छी होगी तो मैं क्रय कर लूंगा।" दास उनकी सेवा में पहुंचा। मैंने देखा कि वे अपने घर के प्रांगण के समक्ष इस्तिंजा[2] करके खड़े हुए हैं। उनकी दृष्टि मुझ पर पड़ी। उन्होंने मुझे अपने पास बुलवाया। मैंने तलवार के विषय में कहा कि मियां शेख़ मुहब्बत ने भेजी है। मियां ने कहा कि, "इसे मियान से निकालो।" मैंने उसे आधा खींचा। उन्होंने देख कर कहा कि, "संभवतः मुड़ भी गई होगी।" मैंने कहा कि, "हां।" मियां ने कहा कि "२०० तन्के कुछ अधिक मूल्य लगा दिया गया है।" मैंने कहा कि, "२५० तन्के मूल्य (१३६) लगाया गया है। यदि अच्छी हो तो ले ली जाय।" मियां ने कहा कि, "इतना अधिक मूल्य लगा दिया गया!" और कहा कि, "यदि मियां मुहब्बत को तलवार की इच्छा हो तो फ़ौलाद की एक ईंट मेरे पास भेज दें। अबू सईदी, मिश्री, ख़ुरासानी, मग़रिबी तथा फ़िरंगी जैसी भी तलवार की इच्छा होगी हम अपने दासों से तैयार करा कर भेज देंगे, जोकि इस मग़रिबी तलवार से अच्छी होगी।"

सुल्तान सिकन्दर के पास एक खांडा था। वह कुछ टेढ़ा हो गया था। उसे रापरी के लोहारों के पास जो अपने कार्य में कुशल थे तथा उसके सेवक थे उसे भेजा। लोहारों ने बड़ा प्रयत्न किया किन्तु वह सीधा न हो सका। २ मास व्यतीत हो चुके थे और वे कुछ भी न कर सके थे। यदि वे उसे आग में डालते तो उसकी तेज़ी का अन्त हो जाता। यदि ठंडी अवस्था में पीटते तो टूट जाने का भय था। वे उसे उसी प्रकार रखे हुए थे। एक दिन मियां ताहा लोहारों की ओर गया। उन्होंने उसके चरणों का चुम्बन करके निवेदन किया कि, "दास बड़ी कठिनाई में पड़े हुए हैं," और खांडे के विषय में निवेदन किया। मियां ने खांडे को मंगवा कर देखा तो पता चला कि वह बड़ा अव्यवस्थित हो गया है। मियाँ ने कहा कि, "थोड़ा सा तिल्ली का तेल लाकर मलो।" तेल मला गया। तदुपरान्त उसे धूप में रखा गया। जब वह ख़ूब गरम हो गया तो मियां ने उठकर खांडे को असमतल भूमि पर रख दिया और कई लातें ज़ोर से मारीं। तदुपरान्त उसे देखा तो पता चला कि वह सीधा हो गया है और उसमें टेढ़ापन नहीं रहा है। मियां ने उठा कर उसे उन लोगों के हाथ में दे दिया। वे मियां के चरणों में गिर पड़े, और उन्होंने कहा कि, "हमारी मर्यादा की आप रक्षा करें और इस रहस्य को किसी को न बतायें ताकि हम लोगों के कार्य को कोई हानि न पहुंचे।"

एक दिन मियां ताहा सुल्तान के पास अभिवादन हेतु जा रहा था। उसने देखा कि जौहरी लोग बादशाह के द्वार के समक्ष एकत्र हैं, मियां ने उन लोगों से उनके आने का कारण पूछा। उन लोगों ने कहा

१ अफ़रीक़ा।
२ पेशाब के उपरान्त शिश्न को सुखाने का कार्य।

कि, "दीवान[1] से हमें एक ऐसी वस्तु के लिये आदेश मिला है जिसकी हम व्यवस्था नहीं कर सकते।" मियां ताहा ने पूछा कि, "क्या बात है ?" उत्तर मिला कि, "दासों को एक मोती दिखा कर यह आदेश (१३७) हुआ है कि इसी के समान एक मोती कहीं से ढूंढ़ कर लाओ।" मियां ताहा ने सुल्तान की सेवा में उपस्थित होकर निवेदन किया कि, "जौहरियों को क्या आदेश हुआ है ?" सुल्तान ने कहा कि, "मैंने उन लोगों को एक मोती दिखा कर वैसा ही दूसरा मोती लाने का आदेश दिया है। वे इसे स्वीकार नहीं करते।" मियां ने कहा कि "दास को दिखाया जाय कि वह मोती कैसा है।" मोती मंगवा कर मियां को दिखाया गया। मियां ने कहा कि, "यदि दास को आदेश दिया जाय तो वह कहीं से ढूंढ़ कर ले आये।" सुल्तान ने आदेश दिया कि, "बहुत अच्छा।" मियां उसे अपने घर ले आया। दूसरे दिन जब वह अभिवादन हेतु गया तो वह दो मोती अपने साथ ले गया जिनमें एक ही प्रकार की चमक-दमक थी और जो एक ही प्रकार के थे। एक दूसरे में कोई अन्तर ज्ञात न होता था। मियां ने उसे दरबार में प्रस्तुत करके निवेदन किया कि, "बादशाह निरीक्षण के उपरान्त बता दें कि पुराना मोती कौन है।" सुल्तान ने यद्यपि बहुत देखा किन्तु वह पहचान न सका। उसने कहा कि, "कोई अन्तर ज्ञात नहीं होता। तुम्हीं बताओ।" मियां ने एक मोती दिखा कर कहा कि, "यह प्राचीन है और इसे दास लाया है।" उसे जौहरियों के पास भेजा गया और उनको उस मोती के मूल्यांकन करने का आदेश दिया गया। उन्होंने निवेदन किया कि, "इसका मूल्य एक हज़ार सिकन्दरशाही तन्के हो सकता है।" सुल्तान ने आदेश दिया कि, "यह धन मियां ताहा के आदमियों को दे दिया जाय।" मियां ताहा ने निवेदन किया कि, "बादशाह के सौभाग्य से इस प्रकार के बहुत से मोती दास के पास हैं। मैं इसका मूल्य न लूंगा।" सुल्तान ने कहा कि, "यदि मूल्य न लोगे तो मैं मोती भी न लूंगा।" मियां ताहा ने कहा कि, "मुझे कुछ निवेदन करना है। यदि आदेश हो तो मैं निवेदन करूं।" सुल्तान ने कहा कि, "कहो।" मियां ने कहा कि, "यह मोती दास ने बनाया है। इसमें कुछ व्यय नहीं हुआ है अतः क्या मूल्य लिया जाय।" बादशाह ने आश्चर्य प्रकट करते हुए कहा कि, "इस बात का क्या प्रमाण है कि तूने बनाया है ?" मियां ने कहा कि, "यदि सब लोग हट जायं तो मैं निवेदन करूंगा।" जो लोग वहां थे वे हटा दिये गये। मियां ताहा ने वह मोती अबरक से बनाया था और उसने उसका एक-एक छिल्का निकाल कर सुल्तान को दिखा दिया।

मियां ताहा सोना तथा चांदी रासायनिक क्रिया द्वारा बनाना जानता था। उसने अपने ख़्वाजगी को शपथ दे दी थी कि "इसका उल्लेख कहीं न करना।" सुलेख, नक़्क़ाशी तथा क़ैंची के काम में वह अद्वितीय था। उसके समान इस कला में कोई व्यक्ति भी दक्ष न था।

मियां मारूफ़ फ़र्मुली

मियां मारूफ़ फ़र्मुली भी बड़ा अद्वितीय व्यक्ति था। वह बड़ा ही ज्ञानी, वीर तथा दानी था। (१३८) सुल्तान बहलोल के समय से लेकर इस्लाम शाह के राज्य-काल तक वह प्रत्येक रणक्षेत्र में उपस्थित रहा। उससे अच्छी तलवार कोई भी न चला सकता था। वह किसी बादशाह से कोई भी इनाम तथा दान न लेता था। उसने कभी किसी हिन्दू के घर भोजन न किया था। एक बार मियां हुसेन फ़र्मुली तथा अन्य अमीर चित्तौड़ के राणा के अतिथि हुए। राणा ने बड़ी नम्रता से मियां के समक्ष खड़े होकर निवेदन किया कि, "अन्य अमीरों ने हमें सम्मानित करके हमारे यहां भोजन किया है। आप भी हमारे

१ 'ब' के अनुसार 'बादशाह'।

ऊपर कृपा करके भोजन करें।" मियां ने कहा कि, "मैंने कभी किसी हिन्दू के घर भोजन नहीं किया है।" राणा ने कहा कि, "आप हमारे अतिथि होना स्वीकार करें।" मियां ने कहा कि, "मैंने आजीवन ऐसा कार्य नहीं किया है। मैं नहीं कर सकता।" मियां हुसेन ने अफ़ग़ान भाषा में कहा कि, "बहुत से कार्य आवश्यकतावश किये जाते हैं। आप समय को देखते हुए इसके साथ भोजन कर लें।" मियां ने कहा कि, "आप हमारे बुज़ुर्ग हैं, आप इसकी प्रसन्नता के लिए कार्य करें।" जब समस्त अमीरों तथा राणा ने आग्रह किया तो उसने थोड़ा सा भोजन दोनों अंगुलियों से उठा कर रूमाल के कोने में बांध लिया और कहा कि, "खा लूँगा।" वहां से वापिस होकर उसने रूमाल में से भोजन खोल कर फेंक दिया।

उसने उस युद्ध में भी भाग लिया था जोकि शेरशाह तथा मालदेव में हुआ था। उस समय उसकी अवस्था १०७ वर्ष की थी। यह भी उसका एक चमत्कार था। जब शेरशाह ने उसके पास ३ लाख तन्के पुरस्कार स्वरूप भेजे तो उसने स्वीकार न किये और कहा कि, "मैंने कभी किसी बादशाह का दान स्वीकार नहीं किया है। मैं विशेष रूप से ईश्वर के लिए युद्ध करता हूं।"

जब बाबर बादशाह देहली पहुंचा तो वह सुल्तान बहादुर के पास गुजरात चला गया। एक दिन वह सुल्तान के पास बैठा हुआ था कि समुद्र से वस्त्रों तथा अन्य वस्तुओं के दो जहाज़ों के पहुंचने के समाचार प्राप्त हुए। उस जहाज़ में जो वस्त्र तथा वस्तुयें थीं वे एक-एक करके सुल्तान बहादुर के समक्ष दिखाने के लिए लाई गईं। दोनों जहाज़ों के सामानों का मूल्य ७ करोड़ था। सुल्तान ने आदेश दिया कि, "दोनों जहाज़ मियां मारूफ़ के सेवकों को दे दिये जायं।" मियां मारूफ़ ने कहा कि, "हे बादशाह! मैंने कभी किसी सुल्तान से कोई पेशकश स्वीकार नहीं किया। जब मैं कोई सेवा करूंगा और जो मेरी वजह[1] होगी उसे मैं स्वीकार कर लूंगा।" सुल्तान ने कहा कि, "यह धन मैं आतिथ्य-सत्कार के रूप में देता हूं।" मियां मारूफ़ ने कहा कि, "मैं किसी बादशाह का दान नहीं लेता।" सुल्तान बहादुर चुप हो गया। लोग उसके
(१३९) विषय में यह कहते थे कि वह कीमिया[2] बनाना जानता था और धन के प्रति उसकी उपेक्षा का यही कारण था।........[3]

बहलोल के राज्य-काल की एक व्यभिचारिणी की कहानी

(१७४) सुल्तान बहलोल के राज्य-काल में एक सिपाही था, वह कहीं यात्रा हेतु जाने वाला था। यात्रा हेतु प्रस्थान करते समय उसने अपने पड़ोसी से आग्रह किया कि, "तुम कभी-कभी मेरे घर के विषय में पूछताछ कर लिया करना, संभवतः किसी बात की कोई आवश्यकता पड़ जाय।" जब वह चला गया तो पड़ोसी कभी-कभी आकर पूछ जाता था कि, "यदि कोई कार्य हो तो बता दो।" पड़ोसी कभी-कभी उसके द्वार पर एक व्यक्ति को खड़ा देखता था। वह व्यक्ति पड़ोसी को देख कर हट जाता था। पड़ोसी ने सोचा कि, "यदि यह व्यक्ति उसका सम्बन्धी होता तो फिर उसके होते हुए वह मुझसे क्यों सिफ़ारिश करता और बाज़ार से कुछ लाने के लिए मुझसे क्यों कहता? यदि कोई अपरिचित व्यक्ति है तो फिर क्यों यहां आता है? इस बात के सम्बन्ध में पता लगाना चाहिये।" पड़ोसी ने अपने घर में पहुंच कर अपने घर की उस दीवार में जो उस व्यक्ति तथा अपने घर के बीच में थी एक छेद कर दिया। वह उस

१ वेतन।

२ सोने-चांदी के बनाने की विद्या।

३ इस वाक्य के उपरान्त सूर बादशाहों के इतिहास (पृ० १३६-१४६) तथा मालवा के बादशाहों के इतिहास (पृ० १४६-१७३) का उल्लेख है।

छेद से देखा करता था कि वह अपरिचित व्यक्ति उसके घर में आता जाता है। पड़ोसी ने सोचा कि उसके हृदय में कोई न कोई बुराई अवश्य है। एक रात्रि में वह व्यक्ति उस स्त्री के घर में पहुंचा। स्त्री का पुत्र दूसरी चारपाई पर सो रहा था। वह जाग उठा और रोने लगा। स्त्री ने उठ कर उसे सुला दिया और फिर उस पुरुष के पास आ गई। कुछ समय उपरान्त वह बालक उठकर फिर रोने लगा। स्त्री ने जाकर उसका गला काट डाला। कुछ समय तक जब बालक न जागा तो पुरुष ने पूछा कि, "वह बालक बार-बार जागता था, बड़ी देर से वह नहीं जागा। इसका क्या कारण है?" उसने कहा कि, "मैंने उसे अच्छी तरह सुला दिया है।" उस व्यक्ति ने जाकर देखा तो पता चला कि उसका गला कटा हुआ है। वह बड़ा भयभीत हुआ और उसने आकर कहा कि, "तूने कैसी दुष्टता प्रदर्शित की! तेरे ऊपर विश्वास न करना चाहिये, कारण कि तूने अपने पुत्र का गला काट डाला है।" स्त्री ने कहा कि, "मैंने तेरे लिए अपने पुत्र की हत्या कर दी और तुझ पर उसे न्योछावर कर दिया; तेरा भी विश्वास मुझसे हट गया और पुत्र भी हाथ से गया। जो कुछ होना था वह हो गया किन्तु तू मुझे अपमानित मत होने दे। मैं इस लाश को घर ही में दफ़न किये देती हूं। मैं समझती हूं कि तेरा मुझसे प्रेम नहीं रहा, अब तू लौट कर न आयेगा। इसे दफ़न करने में तू मेरी सहायता कर, कारण कि मुझसे अकेले यह कार्य न हो सकेगा।" घर के भीतर से उसने कुदाल लाकर उसे दे दी। एक स्थान पर क़ब्र खोदी गई। उस व्यक्ति ने क़ब्र के पास खड़े होकर लाश को लाने के लिए कहा और कुदाल क़ब्र के किनारे पर रख दी। स्त्री ने लाश उसे दे दी। उसने लाश को
(१७५) क़ब्र में रखा। वह सिर झुकाये हुए ही था कि उस स्त्री ने दोनों हाथ में कुदाल पकड़ कर उस व्यक्ति के सिर पर इतनी ज़ोर से प्रहार किया कि उसका भेजा बाहर निकल पड़ा और वह क़ब्र ही में पड़ा रह गया। तदुपरान्त उसने ऊपर से मिट्टी डाल दी और उसे बन्द कर दिया। पड़ोसी समस्त घटनाओं को अपनी आंख से देखता रहा और इस कार्य पर आश्चर्य प्रकट करता रहा। उसने सोचा कि, "यदि मैं आज इस कार्य की सूचना कर दूँगा तो यह मुझे भी कष्ट पहुंचायेगी। जब इसका पति आये तभी उससे यह बात कहूं।"

प्रातःकाल उस स्त्री ने रोना-चिल्लाना प्रारम्भ कर दिया कि "मेरे पुत्र को भेड़िया उठा ले गया।" जब उसका पति यात्रा से आया तो उसके सम्बन्धी समवेदना प्रकट करने के लिए उपस्थित हुए। यह पड़ोसी भी पहुंचा और देर तक बैठा रहा। जब लोग लौट गये तो उस पड़ोसी ने कहा कि, "मैंने तेरे पुत्र की मृत्यु का जो हाल अपनी आंखों से देखा है वह कह रहा हूं। तू जो कुछ भी कर सकता हो कर अन्यथा इसमें तेरे प्राणों का भय है।" उस व्यक्ति ने पूछा कि, "क्या बात है?" उस व्यक्ति ने उस आदमी को अपने घर ले जाकर उस छेद में से वह स्थान दिखाया जहां वह बालक दफ़न किया गया था और कहा कि, "जाकर यदि तू उस स्थान को किसी बहाने से खोद सकता है तो खोद ले। जो बात होगी वह प्रकट हो जायेगी।" वह व्यक्ति घर के भीतर जाकर भूमि की ओर देखने लगा। स्त्री ने पूछा कि, "क्या देखता है, क्या कोई चीज़ खो गई है?" उस व्यक्ति ने कहा कि "हां, इस स्थान पर मैंने एक चीज़ भूमि में गाड़ दी थी और अब मैं उस स्थान को भूल गया हूं। यदि कुदाल हो तो मैं उसे खोद कर देखूँ।" स्त्री ने कहा कि, "कुदाल कोठरी में है जा कर ले आ।" वह व्यक्ति कोठरी में चला गया। स्त्री ने द्वार बन्द कर लिया और ताला चढ़ा दिया तथा घर में आग लगा दी, यहां तक कि वह व्यक्ति जल गया। पड़ोसी ने सामाना के आमिल[1] के पास पहुंचकर उससे समस्त घटना का उल्लेख किया। वहां से वह प्यादों को ले आया।

१ हाकिम।

उन लोगों ने सर्व प्रथम उस व्यक्ति को देखा जो कोठरी में था। तदुपरान्त उन्होंने क़ब्र खोदी उसमें युवक तथा बालक दोनों निकले। उस अभागी स्त्री को वे लोग बन्दी बनाकर ले गये और उसकी हत्या कर दी।......[१]

डाकुओं की सहायक स्त्री की कहानी

(१७८) सुल्तान सिकन्दर के राज्य-काल में एक घटना के विषय में हुसेन खां शिरवानी, जो मियां सुलेमानी सनपथी का पुत्र था, कहा करता था कि, "मैं लखनऊ की विलायत में यात्रा कर रहा था। मैं एक ऐसे स्थान पर पहुंचा जहां एक रूपवती अपने मुख को छिपाये हुए रो रही थी। मैंने पूछा कि, 'तू कौन है और यहां क्यों रो रही है ?' उसने कहा कि, 'मैं अपने पति के घर से रुष्ट होकर निकल खड़ी हुई हूं। अब इस समय जब कि दिन निकल आया है मुझे न अपने पति के घर का मार्ग ज्ञात है और न पिता के। मैं विवश होकर रो रही हूं कि संभवतः कोई मेरी सहायता करे और मुझे मेरे पिता के घर जो अमुक ग्राम में है पहुंचा दे; वह ग्राम मार्ग पर है। मैं अपने पति के घर नहीं जाना चाहती, संभव है कोई व्यक्ति मुझे मेरे पिता के घर पहुंचा दे।" हुसेन खां ने कहा, "यदि तू पैदल चल सकती है तो उठ खड़ी हो।" उसने कहा कि, "रात्रि में मैंने बड़ी यात्रा की है। अब मैं पैदल नहीं चल सकती।" हुसेन खां ने कहा कि, "अच्छा मेरे पीछे सवार हो जा" और उसने हाथ पकड़ कर उसे सवार कर दिया। थोड़ी सी यात्रा के उपरान्त स्त्री ने पूछा कि, "आप पान खाते हैं ?" हुसेन खां ने पूछा कि, "पान कहां है ?" उसने उत्तर दिया कि, "मेरे पास है।" और बीड़े को बग़ल से निकाल कर हुसेन खां के हाथ में दे दिया। हुसेन खां ने सोचा कि पता नहीं इस बीड़े में क्या हो, उसने उसे न खाया और उसे बग़ल में रख लिया। जैसे ही उसने बीड़ा बग़ल में रखा वह असावधान हो गया। स्त्री ने अपने हाथ में लगाम लेकर उसे निश्चित स्थान पर पहुंचा दिया। जब वह वहां पहुंची तो जो डाकू वहां उपस्थित थे वे हुसेन खां के समक्ष आ गये और उसे घोड़े से उतार लिया। जब उन्होंने निषंग तथा तलवार उसकी कमर से खोली तो पान का वह बीड़ा भूमि पर गिर पड़ा। वह सावधान हो गया और उसने घोड़े के ऊपर से खांडा जो उसने ज़ीन में लगा रक्खा था निकाल लिया। वे लोग भाग खड़े हुए। वह शीघ्र ही घोड़े पर सवार हो गया और उस स्त्री को घोड़े की दुम में बांध कर ले जाने लगा। यहां तक कि वह अपनी मंज़िल पर पहुंच गया। यह स्त्री बड़ी ही रूपवान् थी अतः उसने उसे अपने पास रख लिया और उसकी हत्या न कराई। जिन दिनों उसने लेखक को यह कहानी सुनाई थी वह स्त्री उसके अन्तःपुर में थी।

डाकुओं की सहायक एक वृद्धा की कहानी

सुल्तान इबराहीम के राज्य-काल में सिकन्दर नामक एक युवक चन्दौस क़स्बे के समीप जा रहा था। सूर्य चढ़ चुका था। मार्ग में एक वृक्ष था। वह उसकी छाया में खड़ा हो गया। एक वृद्धा भी उस वृक्ष के नीचे थी। उसने युवक से कहा कि, "तेरी पगड़ी में तिनका है। यदि तू कहे तो मैं निकाल दूं।" उसने कहा कि, "बहुत अच्छा" और सिर को झुका लिया। उस वृद्धा ने उसके सिर में कोई वस्तु रख दी जिससे उसकी चेतना का अन्त हो गया और वह उस स्त्री के पीछे-पीछे घोड़े पर बैठ कर यात्रा करने लगा यहां तक कि वह एक जंगल में पहुंच गया। जो लोग उस स्त्री के सहायक थे वे दौड़ते हुए वहां पहुंच गये। इसी बीच में इस युवक की पगड़ी वृक्ष की डाली में उलझ कर सिर से गिर पड़ी। वह सावधान हो गया।

१ पृ० १७५ से १७८ तक इस्लाम शाह के राज्य-काल की विभिन्न कहानियों का उल्लेख है।

उसने देखा कि कुछ दुष्ट तलवार खींचे हुए उसकी ओर आ रहे हैं। जब उसने यह देखा तो धनुष-बाण निकाल लिये। वे लोग भाग खड़े हुए। वह वृद्धा को बांध कर चन्दौस ले आया और बाज़ार में कुन्दे[1] में किया और दारोग़ा को सौंप कर वहां से चला गया।[2]......

जोधपुर में एक जादूगर का चमत्कार

(१८४) कहा जाता है कि जोधपुर में भूतकाल में एक जादूगर पहुंचा और उसने जोधपुर के राय के समक्ष कुछ जादू दिखाना प्रारम्भ किया और कहा कि, "आप जिस प्रकार के उद्यान का आदेश दें उसे मैं एक दिन में तैयार कर दूंगा। वृक्ष बढ़कर बड़े हो जायेंगे और उनमें फल आने लगेंगे और उस फल को सभी खा सकेंगे।" उद्यान के लिए एक स्थान निश्चित किया गया। हल चलाने वालों को आदेश दिया गया कि वे हल चलाना प्रारम्भ करें। खेत बराबर किया गया। इस खेत के चारों ओर शिविर लग गये। जोधपुर का राय शिविरों के बाहर बैठ गया। वह जादूगर शिविर के भीतर चला गया और राय से पूछने लगा कि "कौन सा वृक्ष लगाऊं?" राय के दिल में जो नाम आया वह उससे कहने लगा। यहां तक कि उद्यान पूरा हो गया और खेती भी पूर्ण हो गई। लोगों ने देखा कि एक पूरा तथा सुसज्जित उद्यान लगा हुआ है और उसमें मेवे के वृक्ष लगे हुए हैं। राय ने सोचा कि, "यह जादू का उद्यान है। वह जब चाहेगा इसका अन्त कर देगा।" उसने सोचा कि, "यदि इसकी हत्या कर दी जाय तो यह उद्यान जोधपुर ही में रह जायगा। ऐसा उद्यान न तो किसी ने देखा है और न किसी को इसका ज्ञान है।"

मैंने सुना है कि जादूगर का पुत्र अपने घर में था। जब वह बड़ा हुआ तो उसने अपने पिता की मृत्यु का हाल सुना और उसे पता चला कि उसका पिता जोधपुर में मार डाला गया। वह अपने पिता की मृत्यु का बदला लेने के लिए चल खड़ा हुआ और जोधपुर में पहुंच कर उसने यह समाचार प्रसारित किये कि, "एक जादूगर आया है जो कहता है कि यदि राय का आदेश हो तो मैं बिना फ़स्ल का ख़रबूज़ा खिला सकता हूं। एक दिन में उसे बो दूंगा और दूसरे दिन उसमें ऐसे पके फल निकल आयेंगे कि लोग खा सकें।" राय ने आदेश दिया कि, "एक खेत इस प्रकार का तैयार किया जाय।" शाही शिविर लग गये। उसने ख़रबूज़े उपस्थित किये और दरबारियों से कहा कि वे सब एक-एक चाक़ू तथा एक-एक रकाबी ले लें। हर एक के समक्ष ख़रबूज़े रख दिये गये और उसने कहा कि, "जब मैं कहूं तो इन ख़रबूज़ों को सब एक साथ चाक़ू से काटें और काटने में किसी प्रकार का कोई अन्तर न होना चाहिये।" उसने अपने सब साथियों को विदा कर दिया और उनसे कह दिया कि, "मैं इन लोगों की दृष्टि से लुप्त हो सकता हूं।" अपने मित्रों को विदा करके वह दरबारियों के समक्ष आया और कहा कि, "आप लोग चाक़ू तथा ख़रबूज़ा अपने हाथ में लेकर एक साथ काटें।" सभी का सिर एक साथ कट गया और वह सब के समक्ष से लुप्त हो गया।[3]......

ग्वाले की प्रेम कथा

(१८५) सुना जाता है कि सुल्तान बहलोल के राज्य-काल के प्रारम्भ में जब अफ़ग़ान हिन्दुस्तान में आये तो यह घटना घटी कि क़न्नौज के अधीनस्थ नीमखार क़स्बे के निकट अफ़ग़ानों ने एक ग्राम पर

१ दंड की एक विधि जिसमें मनुष्य को लकड़ी के दो बड़े चपटे टुकड़ों में रख कर दंड दिया जाता था।
२ शेरशाह तथा मन्दू के बादशाहों के राज्य-काल की कुछ विभिन्न कहानियां हैं।
३ इसके बाद हुमायूं के राज्य-काल की एक कहानी है।

आक्रमण किया। कुछ लोगों की हत्या कर दी और कुछ को बन्दी बना लिया। एक दिन ख़्वाजा खां किसी स्थान पर जा रहा था। वर्षा ऋतु थी। वर्षा प्रारम्भ हो गई। ख़्वाजा ने एक वृक्ष के नीचे शरण ली। उस वृक्ष के निकट एक ग्वाला अपनी भैंस को दुह रहा था। उसकी पत्नी वर्षा में उसके ऊपर कपड़े की छाया किये हुए थी। वह व्यक्ति मना करता था और कहता था कि, "वर्षा से मुझे कोई हानि नहीं
(१८६) पहुंचेगी तू अपने वस्त्र को क्यों भिगाती है।" स्त्री ने कहा कि "यद्यपि तुझे कोई हानि न पहुंचेगी फिर भी मैं तेरे शरीर की इतनी हानि भी नहीं देख सकती।" उसने कहा कि, "ईश्वर को धन्य है, एक दिन वह था और एक दिन यह है कि वर्षा की बूंद भी तू मेरे शरीर पर नहीं देख सकती और उस समय मुझे इतना कष्ट पहुंचाती थी।" स्त्री ने कहा कि, "तू अभी तक उस बात को नहीं भूला।" पुरुष ने कहा कि, "जब तक मैं जीवित रहूंगा उस घटना को नहीं भूल सकता।" ख़्वाजा खां ने यह बात सुनकर पूछा कि, "क्या बात है मुझे बताओ।" ग्वाले ने कहा कि, "यह कहानी ऐसी नहीं है कि इस स्थान पर बताई जा सके। यदि आज रात्रि में तू यहां ठहर जाय तो मैं तुझे बताऊं।" ख़्वाजा ने कहा कि, "मुझे इस कहानी के सुनने की इच्छा है। आज मैं यहीं ठहर जाऊंगा और जब तक कहानी न सुन लूँगा न जाऊंगा।" स्त्री ने कहा कि, "एक तो यह पागल था ही और मैं समझती हूं कि अब तू इससे अधिक पागल है। तू जहां जा रहा हो वहां जा। तुझे इस वार्ता से क्या मतलब है?" उसके पति ने कहा कि, "इस कहानी को सुनना ही चाहिए। आज तू इस स्थान पर ठहर। जो नमक रोटी होगी वह मैं उपस्थित करूंगा, कल तुझे जहां जाना हो वहां चले जाना।" वह ख़्वाजा को अपने घर ले गया और उसने उसे एक स्थान दिया। उसके घोड़े को एक स्थान पर बांध दिया और स्वयं विदा हो गया। रात्रि में जब वह अपने घर आया तो आतिथ्य सत्कार में व्यस्त हो गया। सोते समय वह अपनी चारपाई को अतिथि के पास लाया। थोड़ी सी रात्रि व्यतीत हो जाने के उपरान्त उसने अपनी कहानी कहनी प्रारम्भ की और बताया कि, "एक बार सुल्तान बहलोल की सेना ने क़न्नौज की विलायत पर आक्रमण किया। हम लोगों का ग्राम नीमखार परगने में था। मेरे ग्राम को भी नष्ट-भ्रष्ट कर दिया गया। मैं ग्वालिन के साथ कहीं गया था और ग्राम में न था। मुझे सूचना मिली कि सब लोग बन्दी बना लिए गये। मेरे पड़ोस में एक बक़्क़ाल का घर था। मैं इस स्त्री को जो आज मेरे घर में है और बक़्क़ाल की पुत्री है बड़ा प्रिय रखता था और इस पर आसक्त था, किन्तु मेरे प्रेम का कोई स्वार्थ न था। जब उसे लोग बन्दी बना ले गये तो मैं इसके वियोग में पागल होकर योगी
(१८७) बन गया और घर से निकल खड़ा हुआ तथा इसके विषय में पता लगाने लगा।" इसी बीच में उस स्त्री ने घर के भीतर से पुकारा कि, "हे पुरुष! वह मूर्ख तो पागल हो गया है; तुझे क्या हो गया है?" उसके पति ने उसे फिर मना किया और कहा कि, "जा अब तुझसे कौन पूछता है।" उसके पति ने बताया कि, "घर से निकलने के उपरान्त कोई नगर अथवा ग्राम ऐसा न था जहां मैंने प्रत्येक घर में इसके विषय में पूछताछ न की हो। जहां मैं पहुंचता था वहां मैं उसके विषय में पूछताछ किया करता था। अचानक मैं एक अफ़ग़ान के घर पहुंचा। मैंने देखा कि अफ़ग़ान बैठा है और यह स्त्री उसके समक्ष बैठी हुई चावल साफ़ कर रही है। मैंने योगियों की भांति पुकारा। स्त्री ने मेरी आवाज़ पहचान ली और मेरी ओर मुख करके देखा तथा अपने कार्य में व्यस्त हो गई। उस अफ़ग़ान ने कहा कि, 'जाकर भिखारी को कुछ दे दे।' यह उठ कर थोड़ा सा चावल लेकर मेरे पास आई। जब यह मेरे पास आई तो मैंने धीरे से इससे कहा कि, 'अब तू मुझे मिल गई है मैं कहां जाऊं। या तो मैं तुझे ले जाऊंगा या अपने प्राण त्याग दूंगा।' इस स्त्री ने कुछ न कहा और जाकर अपने कार्य में लग गई। मैं उसी प्रकार खड़ा रहा और वहां से जाना भूल गया। किसी ने कहा कि 'वह योगी अभी खड़ा हुआ है।' स्त्री ने कहा कि 'यह योगी नहीं है हरामखोर है मुझे भगाने आया है।' अफ़ग़ान कोठे पर था। वह इस बात को सुन कर कोठे से उतर आया।

में उसी प्रकार खड़ा देख रहा था कि उसने अपने आदमियों से कहा कि,'इसे बांध लो।' वे जितना मुझे मार सकते थे उतना उन्होंने मारा और मुझे मुर्दा समझ कर घर के बाहर गली में फिकवा दिया। चार दिन उपरान्त मैंने आंख खोली, किन्तु मैं उठ न सकता था। जो लोग मार्ग पर जाते रहते थे उन्होंने मेरे ऊपर कृपा-दृष्टि करके मुझे कुछ भोजन तथा जल दिया। कुछ समय उपरान्त मैं थोड़ा बहुत चल लेने लगा। उस अफ़ग़ान की पायगाह[1] निकट थी। मैं उसकी पायगाह में पहुंचा और वहां पड़ा रहता था। जब मैं कुछ चल फिर लेने लगा तो घोड़ों की सेवा करने लगा। घोड़ों के लिए दाना मिलाया करता था। साईस लोग भी मेरे प्रति कृपा करते थे और मैं एक कोने में बैठा रहता था। रात भर मैं घोड़ों का पहरा दिया करता था। सब लोगों ने मिल कर कहा कि 'यह बड़ा अच्छा सेवक है और रात भर पहरा देता है।' अन्त (१८८) में यह अफ़ग़ान भी कृपा प्रदर्शित करने लगा और उसने कहा कि, 'यदि यह सेवक है तो इसे कोई कार्य दे दिया जाय। यह घोड़ियों की रक्षा करता रहे। जहां उन्हें भोजन दिया जाता है वहां ले जाकर बांधा तथा खोला करे।' घोड़ियों के लिए घर के भीतर एक स्थान था। मैं वहां नित्य प्रति उनको बांधने तथा खोलने जाया करता था और इस बहाने से देर तक वहां ठहर कर इस स्त्री के दर्शन किया करता था। एक दिन इस स्त्री को अपने निकट देख कर मैंने इससे कहा कि, 'अपने हृदय से यह बात निकाल दे। मैं जब तक जीवित रहूंगा तुझे न छोड़ूंगा। या तो तुझे ले जाऊंगा या अपने प्राण त्याग दूंगा।' इस स्त्री ने अपने पति से फिर कहा कि 'यह धूर्त मुझे भगाना चाहता है।' अफ़ग़ान ने,जो मेरा कार्य देख चुका था, मेरा पक्ष लिया और कहा कि, 'जब तक तू न भागेगी तुझे कोई नहीं भगा सकता।' इससे मुझे कुछ प्रोत्साहन मिला। मैं रात भर उसके घर के चारों ओर पहरा दिया करता था। उसने मुझे वस्त्र तथा अस्त्रशस्त्र प्रदान किये। घोड़ियों की देख-रेख अन्य व्यक्ति के सिपुर्द कर दी। वह मुझे अपने द्वार पर रखने लगा और मेरे द्वारा क्रय-विक्रय कराने लगा। मुझे उसने अपने घोड़ों का मीर आख़ुर[2] नियुक्त कर दिया और मैं उसका विश्वासपात्र हो गया। जब कभी मैं इसे अपने निकट देखता था इससे यही कहता था कि, 'तू मेरे पास से कहां जाती है, यदि मैं जीवित रहा तो तू मेरे ही पास रहेगी।' यह उत्तर न देती थी और शत्रुता प्रदर्शित करती थी और कोई भी इसकी बात को स्वीकार न करता था। आज यह मेरे शरीर पर वर्षा की कुछ बूंदें नहीं देख सकी तो मैंने इसे उस दिन की स्मृति दिलाई और कहा कि 'ईश्वर को धन्य है कि एक दिन वह था जब कि मेरे ऊपर इतना अत्याचार करती थी और एक दिन यह है।' अन्त में जब मेरे प्रति विश्वास बढ़ गया तो समस्त कार्य मेरे सिपुर्द हो गये।

"२ वर्ष उपरान्त सुल्तान बहलोल ने पुनः पूर्व की ओर प्रस्थान किया। यह अफ़ग़ान भी सेना के साथ गया। जब वह वहां पहुंचा तो उसने इस स्त्री को भी अपने पास बुलवाया और मुझे लिखा कि 'उसे अपने साथ ले आ। अमुक घोड़ा स्त्री के लिए और अमुक घोड़ा तेरे लिए है।' शिविर तथा अन्य वस्तुयें निश्चित कर दीं और लिखा कि, 'कुछ प्यादों को अपने साथ ले आ' मैं उसे अपने साथ लेकर चल खड़ा हुआ। मार्ग में भी मैं इससे यही बात कहता जाता था; यहां तक कि मैं सेना के निकट पहुंच गया। सब (१८९) लोगों ने यह निश्चय किया कि 'रात्रि में यहीं पड़ाव करना चाहिये, प्रातःकाल सेना में जायंगे।' सेना वहां से ३, ४ कोस पर थी। प्रातःकाल सब लोगों ने वहां से प्रस्थान किया, मैंने रात्रि में शिविर उतरवा कर समस्त व्यवस्था कराई। प्रातःकाल मैंने इसे सवार किया और स्वयं सवार हुआ। मैं जिस

१ अश्वशाला।
२ मुख्य देख-रेख करने वाला।

मार्ग पर जाना चाहता था उस मार्ग पर चल दिया। प्यादे तथा बैल सेना में पहुंच गये। अफ़ग़ान ने पूछा कि, 'अमुक व्यक्ति तथा स्त्री कहां है ?' उन्होंने कहा कि, 'पीछे आ रहे हैं।' कुछ देर तक उसने प्रतीक्षा की। जब हमारे पहुंचने में विलम्ब हुआ तो उसने पूछा कि, 'रात्रि में इस स्थान से कितने कोस पर उसने पड़ाव किया था ?' लोगों ने कहा कि '३ कोस होगा।' उसने कहा कि 'फिर इतना विलम्ब क्यों हुआ। तुम लोग और वे क्या साथ ही रवाना हुए थे ?' उन्होंने उत्तर दिया कि, 'उसने हमें पहले ही भेज दिया था और स्वयं घोड़े पर ज़ीन लगाने लगा था।' अफ़ग़ान ने कहा कि 'वह अवश्य ही भाग गया होगा।' घोड़े को भगाकर वह २ घड़ी दिन उपरान्त हमारे समीप पहुंच गया और बड़े ज़ोर से चिल्लाया। मैं सोच रहा था कि जब वह आयेगा तो ऐसा-ऐसा करूंगा। जब मैंने उसका नारा सुना तो अपना हिसाब भूल गया। उसने मेरे समीप पहुंच कर मुझे कई कोड़े मारे और घोड़े से उतार कर मेरे हाथों को रस्सी से बांध कर एक वृक्ष के नीचे पहुंचा। स्वयं घोड़े से उतर कर उसने घोड़े को एक स्थान पर बांध दिया और मुझे एक डाल में लटका दिया। स्त्री ने कहा कि, 'मैं तुझसे जो कहती थी वह तू स्वीकार न करता था।' अफ़ग़ान ने उत्तर दिया कि, 'अब देख मैं क्या करता हूं।' उसके कुछ ज्वर था। उसने थोड़ी सी मिश्री निकाल कर सुराही से जल लिया और कटोरे में शर्बत बनाकर थोड़ा सा शर्बत पिया। कटोरे में थोड़ा सा शर्बत छोड़ कर पगड़ी उतार दी। इस स्त्री के ज़ानू पर सिर रखकर लेट गया। स्त्री उसके सिर को खुजलाने लगी। अफ़ग़ान सो गया। मैं उसी प्रकार लटका रहा और ईश्वर की ओर देखता रहा। मैंने देखा कि वृक्ष पर एक काला नाग चक्कर लगा रहा है। मैंने दिल में सोचा कि ईश्वर इस नाग को आदेश देता कि वह मुझे खा जाता और मैं इस कष्ट से मुक्त हो जाता। वह नाग डालियों पर होता हुआ नीचे (१९०) उतरा और मेरे शरीर पर से होता हुआ भूमि पर उतरा। कटोरे में से उसने शर्बत पिया और अपना विष उस कटोरे में डाल दिया। किसी को इस बात की सूचना न थी। मैं इस घटना को देख रहा था। सर्प मेरे शरीर पर से होता हुआ वापस लौट गया। अफ़ग़ान जब सोकर उठा तो उसने पुनः शर्बत पिया और सो गया। जब वह पुनः जागा तो उसने स्त्री से कहा कि, 'मुझे ज्वर चढ़ रहा है और मेरी आंखों में आग जल रही है।' इसने कहा कि,'तू घोड़े को भगाता हुआ आ रहा है यह गर्मी उसी कारण होगी।' शेष शर्बत जो रह गया था वह उसे पी गया और कहने लगा कि 'मेरी आंखों के सामने अँधेरा छा रहा है और मेरा सीना तथा गला जल रहा है। मैं अपनी दशा अच्छी नहीं देखता।' यह कह कर उसने तलवार निकाल ली और उठ कर मेरे पास आया। जब वह मेरे समीप पहुंचा तो उसने मुझे तलवार मारी। रस्सी कट गई और मैं गिर पड़ा। उस तलवार द्वारा मुझे कोई हानि न हुई। उसकी मृत्यु हो गई। इस स्त्री ने कहा कि, 'जो कुछ ईश्वर चाहता है वह अवश्य होता है। अब यहां से शीघ्र चल दे और विलम्ब मत कर।' हम लोग उठ कर चल दिये।"

फ़िरिश्तों की कहानी

बन्दगी मियां ख़्वाजगी से मैंने यह कथा सुनी है। उन्होंने एक व्यापारी से सुनी थी, जिसने इस घटना का उल्लेख किया था। वह कहता था कि, "मैं एक जहाज़ पर सवार था। अचानक समुद्र में तूफ़ान आ गया और वह जहाज़ जल में डूब गया। मैं जल में पहुंच कर एक लहर से दूसरी लहर पर पहुंचता हुआ दूसरे दिन एक द्वीप में पहुंचा। वहां जिन लोगों ने मुझे देखा उन्होंने दौड़ कर मुझे बन्दी बना लिया। वे मुझे क़िले में ले गये और मेरी रक्षा करने लगे। मैं भी थोड़े ही दिनों में उनका मित्र हो गया और उस स्थान पर भ्रमण किया करता था। मैंने देखा कि वहां कई हज़ार घर थे जहां लोग लोहे के अस्त्र-शस्त्र इत्यादि बनाते थे। कोई घर ऐसा न था जहां लोगों का यह व्यवसाय न हो। मैंने सोचा कि

'ये लोग यह कार्य किसके लिए करते हैं ?' मैंने एक दिन एक व्यक्ति से जिसके घर में मैं था पूछा कि, 'तुम (१९१) सब लोग लोहारी का पेशा करते हो किन्तु कोई व्यक्ति ऐसा नहीं दृष्टिगत होता जो इन वस्तुओं को मोल ले।' उन्होंने बताया कि 'हम लोग साल भर यही कार्य करते रहते हैं। प्रत्येक वर्ष व्यापारियों का एक जहाज़ आता है। हमें जिन वस्तुओं की आवश्यकता होती है उन्हें हम उनसे ले लेते हैं और हम जौशन तथा अस्त्र-शस्त्र उन्हें दे देते हैं।' मैंने उनसे कहा कि, 'जब वह व्यापारी आयें तो उनसे मेरी सिफ़ारिश कर देना कि मुझे ख़ुश्की पर पहुंचा दें। वहां से यदि मेरे भाग्य में होगा तो मैं किसी स्थान को पहुंच जाऊंगा।' उन्होंने कहा कि, 'बहुत अच्छा।' जब उनके आने का समय आया तो लोग कोट पर चढ़ कर देखने लगे। एक दिन यह प्रसिद्ध हुआ कि जहाज़ आ गया। मैं भी ऊंचाई पर पहुंचा। मैंने देखा कि लोग आ रहे हैं। मैं उस क़िले के नीचे पहुंचा। वे लोग उनके स्वागतार्थ गये और जो व्यक्ति जिसे पहचानता था वह उसे अपने घर ले गया और उसे ठहराया। तदुपरान्त नित्य प्रति क्रय-विक्रय होने लगा। यहां तक कि वे निश्चिन्त होकर जाने की योजनायें बनाने लगे। मैंने अपने मित्र से कहा कि, "हमारी सिफ़ारिश उन लोगों से कर दो।" उसने अपने अतिथि से कहा कि, 'यह यात्री तूफ़ान की दुर्घटना के कारण यहां पहुंच गया है और चाहता है कि तुम लोगों के साथ ख़ुश्की में किसी स्थान पर पहुंच जाय।' उनमें से एक व्यक्ति राज़ी हो गया। दूसरे व्यक्ति ने कहा कि, 'हम किसी अन्य व्यक्ति को अपने साथ नहीं ले जाते।' उसके अतिथि ने कहा कि, 'हम तुझे इस शर्त पर ले जा सकते हैं कि तू चुपचाप बैठा रहे और हमसे कुछ मत पूछे।' मैंने प्रतिज्ञा की कि, 'मैं ऐसा ही करूंगा'। जहाज़ वहां से चल खड़ा हुआ। दो दिन तक मैंने कोई विचित्र बात न देखी। तीसरे दिन उन्होंने जो कुछ जहाज़ पर लदा था उसे फेंकना प्रारम्भ कर दिया। मुझे बड़ा आश्चर्य हुआ और मैं चुप न रह सका। मैंने कहा कि, 'तुम लोग इतना कष्ट भोग कर इस स्थान पर आये और इन वस्तुओं को क्रय किया और इस समय जब कि कोई विपत्ति नहीं है अपना धन क्यों नष्ट कर रहे हो ?' जो व्यक्ति मना कर रहा था उसने अपने दूसरे साथी से कहा कि, 'मैं नहीं कहता था कि यह व्यक्ति हम लोगों के समूह से सम्बन्धित नहीं है। यह हमारा साथ न दे सकेगा; तूने इसे अपने साथ ले लिया।' मैंने कहा कि, 'अब मैं कुछ न पूछूँगा।'

"दूसरे दिन वे लोग फिर अपना सामान फेंकने लगे। मैं इसे न देख सका और मैंने अपने मित्र से कहा कि, 'मेरा हृदय उस समय तक जलता रहेगा जब तक मैं इस रहस्य से अवगत न हो जाऊँगा।' उसने (१९२) कहा कि, 'तू संतुष्ट रह। जिस दिन हम लोग विदा होंगे उस दिन तुझे सब हाल बता देंगे।' दो तीन दिन तक वे यही कार्य करते रहे। जब उन्होंने अपना समस्त सामान जल में फेंक दिया तो मुझसे कहा कि 'आज हम तुझे विदा करते हैं।' मैंने पूछा कि, 'यह क्या बात थी ?' उन लोगों ने उत्तर दिया कि, 'हम लोग फ़िरिश्ते हैं। इन लोगों की जीविका के सम्बन्ध में हमें आदेश हुआ है; हम इस बहाने से इन्हें रोज़ी देते हैं; हम इन वस्तुओं का व्यापार नहीं करते।' यह कह कर उन्होंने आदेश दिया कि मैं आंख बन्द कर लूँ। जब मैंने अपनी आंखें बन्द कीं तो मेरे पांव भूमि पर थे। और जब मैंने आंखें खोल कर देखा तो पता चला कि मैं भूमि पर हूं।"

एक विचित्र द्वीप

मैंने मियां ख़्वाजगी से सुना है कि एक बार एक जहाज़ तूफ़ान के कारण एक कोने में पहुंच गया और बहुत समय तक वह उसी अवस्था में रहा। उन लोगों के जल के भण्डार का अन्त हो गया। अचानक वे एक द्वीप में पहुंचे। उस द्वीप के लोग उनके पास आये, उन लोगों के घोड़ों के समान दुमें थीं। उन्होंने अपने बादशाह को जहाज़ की सूचना पहुंचाई। बादशाह स्वयं पहुंचा। उसकी दुम जवाहरात की थी

और उसके सेवक उसे दोनों हाथ से पकड़े पीछे-पीछे आ रहे थे। जहाज़ वालों ने बादशाह के समक्ष पेशकश प्रस्तुत करके अभिवादन किया। उसने उन लोगों से आने का उद्देश्य पूछा। समुद्र के कोनों पर जो टापू है वहां लोग बहुत कम जाते हैं और उन लोगों को (अन्य लोगों की) भाषा का ज्ञान नहीं होता। वहां यह प्रथा है कि दलाल लोग पुस्तकें रखते हैं जिनमें विभिन्न स्थानों के लोगों की भाषायें लिखी रहती हैं। वे लोगों को भाषा सिखाते हैं। जब व्यापारी आते हैं तो वे उनके उद्देश्य का पता लगा कर अपनी भाषा में बादशाह को बताते हैं। उन लोगों (दलालों) ने बताया कि, "इन्हें जल की आवश्यकता है और ये लोग इतना उपहार प्रस्तुत कर रहे हैं।" बादशाह ने आदेश दिया कि जल दे दिया जाय। कुछ लोग उनके साथ हो लिये और उन्हें जंगल में ले गये और कहा कि, "जल ले लो।" उन लोगों ने पूछा कि, "जल कहां है?" उत्तर मिला कि, "आगे आओ।" जब वे आगे बढ़े तो उन्हें छोटे-छोटे वृक्ष मिले जिनके पत्ते थैलों के समान थे। पूरा जंगल इन्हीं वृक्षों से भरा हुआ था और सभी पत्ते जल से भरे हुए थे। जल ऐसा सुन्दर तथा मीठा था कि किसी ने ऐसा जल कभी न देखा था और न पिया था। जितने जल की उन्हें आवश्यकता थी उतना जल उन्होंने ले लिया। जहाज़ वालों ने पूछा कि, "तुम लोग जल कहां से पीते हो?" उत्तर (१९३) मिला कि "उसी स्थान से।" जहाज़ वालों ने पूछा कि, "इन पत्तियों में जल रखने का क्या कारण है?" उत्तर मिला कि, "यह ईश्वर की लीला है। यहां कहीं भी जल नहीं मिलता और यदि कहीं मिलता है तो वह समुद्र के जल से भी अधिक खारा होता है। अतः ईश्वर ने हमें इस प्रकार जल प्रदान कर दिया है। जब हमें जल की आवश्यकता होती है तो हम आकर यहीं से जल ले जाते हैं। कोई ऐसा समय नहीं होता जब कि हमें जल न मिले।"

मियां वलीद

मैंने मियां वलीद के विषय में सुना है और उन्हें अपनी आंख से देखा है। वह सिपाहियों की प्रथा के अनुसार जीवन व्यतीत करता था। वह लाद खां सारंगखानी का सेवक था। सैन्य-कला में उससे बढ़कर मैंने कोई व्यक्ति नहीं देखा। वह अपने सम्बन्धियों, परिचित तथा अपरिचित लोगों से एक ही प्रकार का व्यवहार करता था। वह अपना समस्त समय ईश्वर की उपासना में व्यतीत करता था। उसे किसी वस्तु से कोई विशेष लगाव न था, किन्तु उसे सभी बातों की योग्यता प्राप्त थी। सिपाहियों के समान वस्त्र धारण करता था। सोने के समय उत्तम वस्त्र पहनता था। मैंने उसे कभी पलंग पर सोते हुए नहीं देखा। यह तुच्छ अधिकांश उसके साथ रहा करता था। वह आधी रात तक जागता रहता था और अपने कार्यों में व्यस्त रहता था। आधी रात के समय वह नमाज़ पढ़ता था और उसी स्थान पर सो जाता था। जब एक घड़ी रात रह जाती तो वह उठ कर स्नान करता और ईश्वर के ध्यान में लीन हो जाता था। जो लोग उसके सेवक थे वे दिन में अधिकांश समय तक उसके पास बैठे रहते थे। वह उन्हें नाना प्रकार से दान दिया करता था। कोई समय ऐसा व्यतीत न होता था जब कि उसका घर अतिथियों से रिक्त हो और बाह्य रूप से वह इतना व्यय करता था कि लोग उसे कीमिया[1] बनाने वाला कहते थे। वह बड़ा कुशल (१९४) कारीगर था। वह हर महीने एक अथवा दो मन ऊद[2] क्रय करता था और १४ तैयार कराता था।[3] नाना प्रकार की सुगंधियां उसके घर में उपलब्ध रहती थीं। व्यापारी उत्तम प्रकार की जितनी सुगंधियां तथा अन्य प्रकार की वस्तुयें लाते थे उनकी सूचना उसे कर देते थे। जो चीज़ें उसे पसंद आतीं

१ रासायनिक विधि से सोना बनाने वाला।
२ अगर।
३ इसका अर्थ स्पष्ट नहीं।

वह सर्व प्रथम उन्हें क्रय कर लेता। तदुपरान्त वह उन्हें अपने साथियों को बेचने के लिए दे देता था, उनसे उनका उचित मूल्य ले लेता था। वे लोग जो कुछ उसमें मिलावट अथवा जाल करते थे और उससे जो लाभ होता था उसे वे ले लेते थे। वह स्वयं मूल वस्तु का मूल्य ले लेता था।

वह बिल्लौर का पत्थर क्रय करके उन्हें पत्थरों पर पालिश करने वालों को दे दिया करता था, जो उसके घर में रहा करते थे; वे उनसे चीज़ बना कर बेचते थे। इससे बड़ा लाभ होता था और इस प्रकार उसका ख़र्च चलता था। वे उसी प्रकार की बहुत सी अन्य वस्तुएँ रखते थे। उनका उल्लेख कहां तक किया जाय। युवावस्था में वह मदिरापान भी करता था किन्तु इसके विषय में केवल वही एक व्यक्ति जानता था जिससे वह मदिरा क्रय करता था। मध्याह्न के भोजन के उपरान्त वह मदिरापान करके जुहर[1] की नमाज़ के समय उठता था। एक दिन एक नाई रोहतक क़स्बे से आया। उसने नाई को बुलवाया। नाई ने कहा कि, "यदि आप कहें तो मैं आपकी दाढ़ी को ठीक कर दूँ।" उसने कहा कि, "कर दो।" जब नाई उसके निकट पहुंचा तो उसने मदिरा की गंध सूँघी। उसने पूछा कि, "आप मदिरापान करते हें ?" उत्तर मिला कि, "कभी-कभी पीता हूं।" पलंग के नीचे बोतल रखी हुई थी। मियां ने कहा कि, "यदि तेरी इच्छा है तो तू भी पी ले।" उसने भी मदिरापान किया। वहां से वह जलाल ख़ां के पास पहुंचा। जलाल ख़ां ने उस नाई को अपने पास बुलवाया और मदिरा की दुर्गंध से अवगत होकर उससे पूछा कि, "क्या तू मदिरापान करता है ?" उसने कहा कि, "हां। मैं मियां वलीद के पास गया था उन्हीं ने मुझे यह मदिरा पिलाई है।" जलाल ख़ां ने पूछा कि, "क्या वह मदिरापान करता है ?" नाई ने कहा कि, "हां।" वहां एक व्यक्ति था जो मियां वलीद के समक्ष पहुंचा। उसने मियां वलीद से कहा कि "आज जलाल ख़ां को आपके विषय में ज्ञात हो गया है कि आप मदिरापान करते हैं।" मियां ने लज्जित होकर यह प्रतिज्ञा की कि "मैं अब मदिरापान न करूँगा।" फिर उसने यह सोचा कि "जो मदिरा बोतल म है इसे पी लूँ अन्य बार फिर कभी न पिऊंगा।" तदुपरान्त उसने सोचा कि "इस समय मुझे यह चेतावनी मिली है। पता नहीं कुछ समय उपरान्त मेरे हृदय में रहे अथवा न रहे। इसी समय तोबा[2] करना चाहिये।" बोतल उठाकर उसने पत्थर पर पटक दी और यह सोचा कि क्योंकि "मैं लोगों के ज्ञान में मदिरापान न करता था अतः इस समय अपनी तोबा के विषय में भी किसी को कोई सूचना न दूं।"

(१९५) वह बन्दगी शेख़ बुद्धन शत्तारी का चेला था। वह अपना कोई समय भी व्यर्थ नष्ट नहीं करता था। जहां कहीं भी वह जाता वहां भूमि में कोठरी बना लेता था और अधिकांश समय उसी में रहता था। यदि वह सेना के साथ यात्रा में होता था तो भी जहां यह एक दिन के लिए ठहरता था कोठरी बनाता था। एक दिन वह एक अभियान पर गया हुआ था। यह तुच्छ भी उसके साथ था। रातभर वह अस्त्रशस्त्र लगाये हुए पहरा देता रहा। उस समय बड़ा कड़ाके का जाड़ा पड़ रहा था। उसका जिरह बक्तर इतना ठंडा हो गया था कि यदि उस पर कोई हाथ रख देता तो ऐसा ज्ञात होता कि मानो उसने बरफ़ पर हाथ रख दिया हो। वह उसी जिरह बक्तर को पहने हुए रात भर ईश्वर के ध्यान में लीन रहा। रात के अन्त में उसने अपना जिरह बक्तर उतारा। लोगों ने पूछा कि, "क्या करोगे ?" उसने उत्तर दिया कि, "इस समय मुझे स्नान की आवश्यकता है। मैं स्नान करूंगा।" पानी से भरी

१ मध्याह्नोपरान्त की प्रथम नमाज़ जो लगभग २ बजे पढ़ी जाती है।

२ घृणित अथवा निंद्य कर्म पुनः न करने की दृढ़ प्रतिज्ञा।

मशक लटक रही थी उसे उसने मंगवाया। जब मशक का मुंह खोला गया तो उसमें से जल न निकला। सब बरफ़ हो गया था। उसने उसी प्रकार बरफ़ के पानी को अपने सिर पर डाल लिया और पुनः ठंडे अस्त्रशस्त्र धारण कर लिए किन्तु उसमें किसी प्रकार का कोई परिवर्तन न हुआ। वह उसी प्रकार ईश्वर के ध्यान में लीन हो गया।

एक बार वह रुग्ण हो गया। मैं उस समय रापरी के क़िले में था। जब मैं वहां से आया तो उसके देखने के लिए गया। द्वार के समक्ष पर्दा पड़ा हुआ था और उस स्थान पर बड़ा ही अंधेरा था। मैंने उसके पलंग के समीप जाकर पूछा कि, "क्या हाल है?" उसने उत्तर दिया कि, "ईश्वर को धन्य है।" मैंने पुनः पूछा कि, "रात किस प्रकार व्यतीत होती है?" उत्तर मिला कि, "यदि रात्रि न होती तो मैं मर जाता।" मैंने पूछा कि, "क्या बात है?" उसने उत्तर दिया कि, "दिन में लोग मुझे पूछने आते हैं और कष्ट देते हैं किन्तु रात्रि बड़ी शांति से व्यतीत होती है।" मुझे इस बात से बड़ा दुःख हुआ। मैंने कहा कि ईश्वर प्रशंसनीय है। सर्व साधारण का यह मत है कि रोगी के लिए रात्रि का समय बड़ा कठिन होता है और वास्तव में है भी ऐसा ही। मैंने उसकी आध्यात्मिक शक्ति की प्रशंसा की। उसने कहा कि, "जो कोई आता है वह व्यर्थ की बातें करता है। मेरा रोग यही है अन्यथा मैं रात-दिन निश्चिन्त रहता हूं। तू इतने दिन कहां था जो मैं तुझसे बात भी न कर सका? अब तू इस स्थान से कहीं मत जा।"

इसी रोग के कारण लाद ख़ां के चिकित्सक उसके जीवन से निराश हो गये और वे उपस्थित न हुए। जुहर के समय उसने पूछा कि, "आज चिकित्सक लोग क्यों नहीं आये?" जो लोग उपस्थित थे उन्होंने कहा कि, "आज उन्हें काम है। इस कारण वे नहीं आये।" उसने कहा, "क्या सभी को काम (१९६) है? संभवतः वे लोग मेरे जीवन से निराश हो गये हैं और इस कारण वे नहीं आये।" मियां राजन सिद्दीक़ी उसका मित्र था; वह रोने लगा। उसने कहा कि, "क्यों रोते हो? वह दिन अभी बहुत आगे है। मैं आज नहीं मरूंगा। मुझे दो वर्ष और इस स्थान पर रहना है। अभी-अभी मुहम्मद साहब पधारे थे और मीरान सैयिद बुद्धन कासादार साथ थे। उन्होंने कहा कि 'मैं तेरे लिए आया हूं। चिकित्सक निराश होकर तुझे छोड़ गये हैं। यह उनकी भूल है। अभी तेरे जीवन में दो वर्ष शेष ह, तू निश्चिन्त रह, मैं जाता हूं। जुहर की नमाज़ के समय पुनः आऊंगा।" उसके मित्रगण इस सुखद समाचार से प्रसन्न हो गये। जुहर की नमाज़ के समय मुहम्मद साहब फिर पधारे। वह नित्य प्रति स्वस्थ होने लगा और दो वर्ष उपरान्त सुल्तान इबराहीम के युद्ध में मारा गया।

एक विचित्र कहानी

उसने मुझसे एक कहानी का इस प्रकार उल्लेख किया है। वह एक बार पटना की विलायत में लाद ख़ां के साथ था। एक स्थान पर शिविर लगे थे। सैनिक लोग गज़[1] फेंकने के लिए उस पर्वत में प्रविष्ट हो गये। मियां वलीद एक ओर था। वहां से ऊंचाई पर एक स्थान दृष्टिगत हुआ, मानों पर्वत में कोई कोठरी तैयार की गई हो। वह उसके देखने के लिए रवाना हुआ और ऊपर पहुंचा। उसने देखा कि एक खुला हुआ स्थान है जो अत्यन्त दृढ़ है। उसके ऊपर एक समतल पत्थर बिछा हुआ है। वह पत्थर की छत को देख रहा था कि उस पत्थर में जल की तरी दृष्टिगत हुई। उसने इस बात की खोज प्रारम्भ कर दी कि "यह जल कहां से आ रहा है?" उसने उस स्थान के स्रोत का पता लगाने के लिए अपने

१ सम्भवतः भाला।

हाथ से साफ़ किया। इसी बीच में एक बूंद उसके हाथ पर टपकी। उसने ऊपर देखा कि एक-एक बूंद पत्थर की छत से टपक रही है। उसका एक मित्र भी वहां पहुंच गया। उसने उससे कहा कि, "देख ऊपर से एक बूंद टपक रही है।" जब दूसरे व्यक्ति ने देखा तो दो बूंदें टपकने लगीं। वह पुनः बूंदों (१९७) के टपकने के विषय में सोचने लगा। उसने अपने समस्त मित्रों को बुलवाया। जितने आदमी बढ़ते जाते थे उतनी ही बूंदें बढ़ती जाती थीं। यहां तक कि नहर के समान जल बहने लगा। शिविर के लोग यह सुनकर वहां पहुंच गये। नहर के जल में वृद्धि होती गई। तदुपरान्त जिस प्रकार धीरे-धीरे सब लोग जाने लगे, जल भी कम होने लगा। यहां तक कि जल की केवल एक ही बूंद रह गई। मैंने यह कहानी उसी से सुनी है। एक दिन मैंने इस कहानी का उल्लेख शाह जलालुद्दीन शीराज़ी से किया। उसने कहा कि, "यह जादू का प्रभाव है।" मैंने पूछा कि, "क्या इस प्रकार का कहीं कोई और भी स्थान है?" उसने उत्तर दिया कि, "अनेकों स्थानों पर इस प्रकार की बातें पाई जाती हैं। जिस स्थान पर आजकल मिश्र नगर आबाद है वह ग़ाज़ी कोह था। सुल्तान सिकन्दर ज़ुलक़रनैन ने उसे बसाया था। वहां कई खंडों के घर बने हुए हैं। किसी स्थान पर कुछ घरों पर ७, किसी स्थान पर ६ और कहीं ५ खंड हैं। जब से वह स्थान आबाद हुआ, वहां कभी वर्षा नहीं हुई है। क़िले की दीवार बाहर की ओर वर्षा के दिनों में भीग जाती थी किन्तु भीतर की ओर नहीं भीगती थी।

विषैली मकड़ी की कहानी

शेख ताहा, चन्देरी वाले मियां अहमद दानिशमन्द का भतीजा था। उसने बताया कि, "हम कुछ मित्रों को लेकर धनुष-बाण सहित शिकार हेतु गये। हम लोग धनुष-बाण लेकर एक कोने में बैठे थे। अन्य मित्रगण हिरनों को भगाने के लिए चले गये। हम लोग हिरनों के आने की प्रतीक्षा कर रहे थे कि हमने पीछे से सर्प की फुनकार सुनी। जब हमने पीछे दृष्टि डाली तो हमें पता चला कि एक सर्प कुण्डल मारे हुए एक कोने में बैठा हुआ है। एक मकड़ी ने उसके ऊपर जाला तान दिया है और वह उस पर बैठी हुई है। जब वह सर्प के निकट जाती है तो वह फुनकार मार देता है और मकड़ी ऊपर को भाग जाती है। कुछ समय तक सांप ने फुनकार न मारी और हम भी मृगों की प्रतीक्षा करते रहे। जब वे न आये तो हम सांप को देखने उठ खड़े हुए। जब हम सर्प के निकट पहुंचे तो हमने देखा कि मकड़ी उसके ऊपर बैठी हुई है। हमने सोचा कि जब तक मकड़ी लटकी हुई थी उस समय तक वह सर्प को अपने निकट न आने देती थी। अब वह इस समय उसके ऊपर बैठी हुई है तो वह उसे अपने पास से क्यों नहीं पृथक् करती? जो बाण हमारे हाथ में था उससे हमने सांप को छुआ। जिस प्रकार कच्चे धागे के गोले को यदि बाण से छुआ जाय तो वह छिन्न-भिन्न हो जाता है उसी प्रकार सर्प भी बाण द्वारा छूने के कारण फट गया। हम लोग डर गये और उस स्थान पर न रुके और पुनः अपने स्थान पर चले आये तथा मृगों की प्रतीक्षा करने लगे। (१९८) मृग दौड़ते हुए हमारे पास तक आये हमने उन पर बाण चलाया। एक मृग भूमि पर गिर पड़ा, उसने हाथ-पांव बिल्कुल न हिलाये। हम यह सोच कर दौड़े कि संभवतः उसको घातक घाव लगा है अतः उसके मरने के पूर्व पहुंच कर हम उसे ज़िबह[1] कर डालें। जैसे ही हमने उसके सींगों को पकड़ कर खींचा उसका सिर शरीर से पृथक् हो गया और मेरे हाथ में आ गया। मेरे अन्य मित्र भी मेरे पास पहुंच गये। मैंने उनसे सर्प, मकड़ी तथा बाण के विषय में जिससे मैंने सर्प को छुआ था बताया। सब लोगों ने कहा कि

१ अल्लाह का नाम लेकर इस प्रकार गला काटना कि सिर पूर्णतः पृथक् न हो। मरने के उपरान्त किसी पशु अथवा पक्षी का सिर नहीं काटा जा सकता। मरने के पूर्व ही यह कार्य सम्पन्न किया जाता है।

यह मकड़ी के विष का प्रभाव है। जब हमने इस विषय में अधिक खोज की तो पता चला कि जिस प्रकार सर्प फट चुका था उसी प्रकार मृग भी फट गया।"

मैंने मीरान सैयिद बुढ्ढन से सुना है। उसने इस कहानी का इस प्रकार उल्लेख किया : "एक बार जब मैं मुग़लों से भाग कर पर्वत की ओर चला गया तो जंगल में निवास करता रहा। एक दिन मैं भ्रमण कर रहा था कि मैंने एक बहुत बड़ी मकड़ी देखी। वह जंगल में जा रही थी। जिधर से वह जाती थी वह सूखी घास, जो निकट होती थी, जलती जाती थी। मेरे साथ शेख़ ख़लील नामक मेरा एक सेवक था। मुझे मकड़ी के विषय में कोई ज्ञान नहीं था। उसने मुझसे पूछा कि, 'आप कुछ देखते हैं ?' मैंने पूछा कि, 'क्या बात है?' उसने कहा कि, 'आपको जो यह धुआं तथा आग दृष्टिगत हो रही है उसके विषय में पता भी है कि यह क्या है ?' मैंने कहा कि, 'मैं अग्नि देख रहा हूं किन्तु कारण नहीं जानता।' उसने कहा कि 'आप इस विषय में सोचें।' इसी बीच में दूसरे स्थान से अग्नि दृष्टिगत हुई। वह मुझे उस अग्नि के पास ले गया और अग्नि दिखा कर मुझसे कहा कि 'यह अग्नि इस मकड़ी के कारण जल रही है।' मैं यह देख ही रहा था कि मेरी दृष्टि मकड़ी तथा सूखी घास पर पड़ी, वहां अग्नि जलने लगी। उस समय मैंने समझा कि यह अग्नि उसके कारण है। मैंने उससे पूछा कि, 'यदि यह मनुष्य के शरीर में पहुंच जाय तो फिर उसकी क्या दशा होगी ?' उसने कहा कि, 'ईश्वर ने इस विष की औषधि भी उत्पन्न की है।' मैंने पूछा कि, 'वह औषधि कहां है?' उसने कहा कि, 'एक प्रकार की घास होती है।' मैंने पूछा कि, 'कहां मिलती है ?' उत्तर मिला कि, 'जिस जंगल में यह मकड़ी होती है उसी जंगल में घास भी होती है ?' मैंने उससे कहा कि, 'मुझे दिखाओ।' उसने कुछ दूर जाकर उस घास को दिखा कर कहा कि,'यह घास इसकी औषधि है ; और बताया कि 'आपने मकड़ी देख ली, अब इसे भी देखें।' उसने आग लगाकर वह घास जला दी। वह जल कर राख हो गई। उसने मुझसे कहा कि, 'कल आप आकर यहां फिर देखें।' मैंने दूसरे दिन वहां जाकर देखा कि घास एक हाथ लम्बी हो गई है। मुझे बड़ा आश्चर्य हुआ।"

क़ाज़ी मुईनुद्दीन

(१९९) मैंने क़ाज़ी मुईनुद्दीन से उसके सम्बन्ध में जो बात सुनी है वह इस प्रकार है : वह बड़ा ही कामिल (सिद्ध पुरुष) था और ईश्वर के ध्यान में सर्वदा लीन रहता था। वह दक्षिण की विलायत का निवासी था। वह ख़्वाजा क़ुतुबुद्दीन[1] के पवित्र रोज़े के समीप मलिक क़ुबूल के क़ब्रिस्तान के एक कोने में निवास करता था। सेवक (लेखक) उसकी सेवा में बहुत जाया करता था। उसकी यह प्रथा थी कि सोने के समय की नमाज़ पढ़ कर वह मुराक़ेबे[2] में बैठ जाता था। रात भर पांव की अंगुलियों के सहारे वह अपना सिर ज़ानू पर रख कर बैठा रहता था। उसके बैठने का नियम यह होता था कि पाँवों की अंगुलियों को वह भूमि पर खड़ा कर देता था और एड़ियों को उठा देता था। कभी-कभी वह नितंब को दोनों पांव की एड़ियों पर रख कर इस प्रकार बैठ जाता था कि कोई अन्य व्यक्ति आधी घड़ी भी इस प्रकार न बैठ सकता था। वह प्रातःकाल तक इसी प्रकार बैठा रहता था। उसके चमत्कारों का उल्लेख करना संभव नहीं। उनमें से एक यह है कि एक दिन मैं ख़्वाजा की सेवा में जा रहा था। भाई मियां शेख़ जमाल तथा भाई मियां शेख़ इबराहीम ने कहा कि, "तू क़ाज़ी मुईनुद्दीन के पास अत्यधिक रहता है। आज हम लोग

१ ख़्वाजा क़ुतुबुद्दीन बख़्तियार काकी (मृत्यु १२३५ ई०)। इनका मज़ार देहली में है और अब भी इनके भक्त बहुत बड़ी संख्या में वहाँ एकत्र होते हैं।

२ ईश्वर के ध्यान में।

तेरे साथ चलना चाहते हैं।" मैंने उन्हे अपने साथ ले लिया। मार्ग में शेख जमाल ने कहा कि, "मेरे हृदय में एक बात है। यदि वह बात उनके द्वारा प्रकट हो जाय तो मैं समझूँगा कि वे सिद्ध पुरुष हैं।" मैंने कहा कि, "ईश्वर के भक्तों के पास ईश्वर ही के लिए जाना चाहिये।" उसने कहा कि, "मेरा भी उद्देश्य यही है; किन्तु तू उनकी अत्यधिक प्रशंसा करता है और उनके साथ रहता है। हम भी उनके पास जा रहे हैं। चाहते हैं कि उनके चमत्कार के विषय में ज्ञान प्राप्त कर लें।" हमने पूछा कि, "तेरे हृदय में क्या है मुझे भी बता।" उसने कहा कि, "जब हम जायं तो सबसे पहले वे हमें ख़्वाजा[1] की रोटी खिलायें, तदुपरान्त दूध तथा गरम चावल, घी एवं शकर सहित।" मैंने उससे कहा कि, "तुम यह बात समझो। हमें उनसे यह खेल नहीं करना है। हमारा उद्देश्य और ही है, जिसका संबन्ध इन बातों से नहीं है।" अन्त में मैं उनके समक्ष गया। सुबह का समय था। मैं उनसे मिला। मैं थोड़ी देर बैठा रहा कि रोटी मेरे समक्ष लाई गई। मैं सिर झुकाये हुए था। अन्य लोग खा रहे थे। जब लोग भोजन कर चुके तो एक (२००) व्यक्ति दूध तथा गरम चावल लाया। मैंने कहा कि, "अतिथियों को दो।" लकड़ी के प्याले में वह वस्तु उसके समक्ष रखी गई। वे खाते जाते थे और एक दूसरे की ओर देखते जाते थे। इसी बीच में उन्होंने अपने उस कम्बल के नीचे से जिस पर वे बैठे हुए थे एक पत्ते पर शकर तथा एक पत्ते पर घी रखकर प्रस्तुत किया और कहा कि, "यदि इन वस्तुओं की इच्छा है तो इन्हें खाओ।" भोजन के उपरान्त उन्होंने कहा कि, "तुम लोग सम्मानित व्यक्तियों की संतान में से हो। फ़क़ीरों के विषय में इस प्रकार का ख़्याल नहीं करना चाहिये। यदि यह वस्तु न मिलती तो तुम अपने इस भाई की खिल्ली उड़ाते।" उसने कान पकड़ कर कहा कि, "बाद में मैं यह कार्य न करूंगा।"

एक दिन दास ख़्वाजा के दर्शनार्थ जा रहा था और कुछ तन्के दरिद्रियों को भेंट करने के लिए निकाल लिये थे। जब मैं निकट पहुंचा तो मैंने देखा कि क़ाज़ी मुईनुद्दीन आ रहे हैं। मैंने हाथ मिला कर पूछा कि, "आप कहां थे?" उन्होंने कहा कि, "मैं बन्दगी शेख हसन तथा शाह मुहम्मद मीर के पास जाता हूं।" सेवक उस स्थान से चला गया और उनकी सेवा में पहुंचा। फ़ातेहा[2] पढ़ कर मैं वहां बैठ गया। कुछ समय उपरान्त उन्होंने कहा कि, "आज हम हज़रत ख़्वाजा के अतिथि हैं। आज के दिन जिस किसी ने भी उनकी ओर दृष्टि की होगी उसे उन्होंने मुझे प्रदान करा दिया है।" मैंने कुछ तन्के उन्हें भेंट किये। दास कई वर्ष तक उनकी सेवा में रहा। उस बीच में मैंने उन्हें कभी सोते हुए नहीं देखा। वे सर्वदा मुराक़बे[3] में रहते थे।

वे अपने विषय में कहते थे कि, "जिस समय मैं सिपाही था उस समय मुझे दरवेशों की सेवा की इच्छा थी। एक दिन मैं मलिक बरीद दखिनी की सेवा में बैठा था कि एक व्यक्ति कहीं से आ गया। वह एक डण्डे में एक छोटा सा बक्स बांध कर लाया और उसे मलिक बरीद के समक्ष रख दिया। उसने पूछा कि, 'इसमें क्या है और यह डण्डे में क्यों लटका हुआ है?' उसने कहा कि, 'यह विष है यदि इसमें हाथ लग जाय तो समस्त शरीर फट जायगा। इस कारण मैंने इसे बांध रखा है।' उसने उसके विषय में बताना प्रारम्भ कर दिया कि, 'यदि सरसों के दाने के बराबर भी बैल के सींग पर इसे मल दिया जाय तो उसका समस्त शरीर फट जायेगा। यदि कोई शत्रु कहीं सेना सहित हो तो उस स्थान पर जो कोई हौज़ अथवा नहर हो जहां से वह जल पीता हो, तो उस हौज़ में इस विष को लोहे की चिमटी से पकड़ कर

१ ख़्वाजा क़ुतुबुद्दीन बख़्तियार काकी।

२ परलोकगत आत्मा की शान्ति के लिये क़ुरान की पहली सूरत (अध्याय) का पाठ।

३ ईश्वर के ध्यान में।

(२०१)डाल दिया जाय तो जो कोई पशु भी जल पीने आयेगा तो उसके दो पांव जल के भीतर ही होंगे और दो जल के बाहर कि वह वहीं गिरकर मर जायेगा। यदि कोई नहर ऊपर से बहती हुई आ रही हो तो इस विष को एक लकड़ी में बांधकर लटका दिया जाय।' मैंने कहा कि, 'इसके खाने से कोई नहीं मरता।' लोग हंसने लगे और कहने लगे कि, 'इसके विषय में इतना सुन कर भी आप यह कहते हैं कि इसके खाने से कोई नहीं मरता।' मैंने कहा कि, 'वास्तव में मारने वाला ईश्वर है। वह नहीं मारता।' उन्होंने कहा कि, "इसे भी ईश्वर ने उत्पन्न किया है, जिसकी हत्या वह कराना चाहता है उसके पास तक वह वस्तु पहुंचा देता है।' मैंने कहा कि, 'मैंने इसके विषय में सुन लिया। अब इसके विषय में देख भी लूं।' उसने बक्स को लोहे की चिमटी से पकड़ कर झुका दिया। विष बाहर गिर पड़ा, मैंने उसे उठाने के लिए हाथ बढ़ाया। लोग शोर मचाने लगे। मैंने उसे मुंह में रख लिया और खा गया। जब तक मैं वहां बैठा रहा मैंने किसी बात की चिन्ता न की। जब मैं घर पहुंचा तो मैंने अपनी माता से पूछा कि, 'क्या कोई खाने की वस्तु उपलब्ध है?' उन्होंने शीघ्रातिशीघ्र कोई वस्तु प्याज़ में मिला कर तैयार की और मैंने थोड़ा सा हाथ में लेकर खा लिया और पलंग पर सोने के लिए चला गया। ८ मास तक मुझे अपने विषय में कोई सूचना न रही। तीन मास उपरान्त मैंने आंख खोली किन्तु मैं आंख से कुछ देख न सकता था। समस्त संसार में अंधकार था। ८ मास उपरान्त कुछ प्रकाश उत्पन्न हुआ। मैंने एक चम्चे से कुछ पिया। एक वर्ष उपरान्त मेरी दशा ठीक हो गई, किन्तु मेरी मृत्यु न हुई। तदुपरान्त मैंने अपना घर-द्वार छोड़ दिया। एक दिन मैं गुलबर्गा में क़ुतुबुस्सादात मीरान सैयिद मुहम्मद गेसू दराज़[1] के उर्स[2] के दिन उपस्थित था। उर्स की रात्रि में कुछ सम्मानित व्यक्तियों का समूह एक कोने में बैठा हुआ था; वहां उन्होंने कुछ खाया और जल मांगा। मैं उनकी सेवा हेतु उठ खड़ा हुआ और आबदार खाने[3] में पहुंचा। वहां जल न था। मैंने खाली मटका उठा लिया। उसमें पच्चीस घड़े जल आता था। उसे लेकर मैं रोज़े के निकट की नदी के पास
(२०२)पहुंचा और उसमें ५, ६ घड़े जल डाले। इससे अधिक जल उठाना बड़ा कठिन था। क्योंकि मुझे उन लोगों की सेवा की बड़ी इच्छा थी अतः मैंने साहस करके उसे कंधे पर उठा लिया और उनके समक्ष ले गया। एक व्यक्ति ने मेरी जब यह दशा देखी तो उसने अपने सीने पर हाथ मारा और चिल्ला कर भूमि पर गिर पड़ा। वह बड़ी देर तक मूर्च्छित रहा। उसने कहा कि, 'तेरे कष्ट को देख कर मेरा सीना घायल हो गया है। तूने इतना कष्ट भोगा। अब तेरी क्या दशा है?' इसी बीच में उस क़ाज़ी ने कहा कि, 'हे मित्रो! उन सम्मानित व्यक्तियों के प्रति न्याय करना जो दूसरों के दुःख के कारण दुखी हो जाते हैं।"

एक विचित्र बिच्छू

मैंने मियां बाबू शिरवानी से जोकि बड़ा ही पवित्र जीवन व्यतीत करता था, सुना है। वह दिन भर रोज़ा रखता था और रात्रि में जागा करता था। वह कहता था कि "हम लोग एक स्थान पर बैठे थे, वहां कई व्यक्ति उपस्थित थे। वहां से एक व्यक्ति उठ खड़ा हुआ और अपने घर को जाने लगा। एक छेद से एक बिच्छू निकला और छेद के द्वार पर बैठ गया। लोग उस व्यक्ति को बुलाने लगे। जब तक वे

१ सैयिद मुहम्मद गेसू दराज़ दौलताबाद के गुलबर्गा नामक स्थान के बहुत बड़े सन्त थे। वे शेख़ नसीरुद्दीन चिराग़ देहली निवासी के शिष्य थे। उनका जन्म देहली में ३० जुलाई १३२१ ई० को हुआ था। उन्होंने कई ग्रन्थों की रचना की, उनकी मृत्यु १४२२ ई० में हुई।
२ सूफ़ियों की निधन तिथि को मनाया जाने वाला उत्सव।
३ वह स्थान जहाँ जल रखा जाता था।

बुलाते रहे, बिच्छू बैठा रहा। जब वह न आया तो बिच्छू भीतर चला गया। इन लोगों ने फिर पुकारा, वह बिच्छू पुनः बाहर निकल आया। उन लोगों ने कहा कि 'यह आश्चर्यजनक बात देखो। जब भी तेरा नाम लिया जाता है वह निकल आता है। क्योंकि तू नहीं आता अतः वह भीतर चला जाता है।' उन्होंने उसे शपथ दी कि 'यहां आ।' वह बिच्छू भीतर चला गया था, वह पुनः निकला। उनके शपथ दिलाने के कारण वह आया और छेद के समीप बैठ गया। अपने हाथ में घास का एक तिनका लेकर बिच्छू को उससे छूने लगा। बिच्छू उसी प्रकार बैठा रहा। अचानक वह तिनका टूट गया और इस युवक का हाथ बिच्छू पर पहुंच गया। बिच्छू उसके डंक मार कर छेद में चला गया। वह युवक चीख मार कर मृत्यु को प्राप्त हो गया।"

मियां बाबू

मियां बाबू बड़ा ही धर्मनिष्ठ तथा सदाचारी था। उसने सैनिक जीवन त्याग दिया था और पिलखना नामक स्थान के समीप शेख़ खोरन के जीवन-काल में, वहां एक ग्राम में रहता था। उसका नाम उसने इस्लामपुर रख दिया था। यह ग्राम काली नदी के तट पर था। जलाली क़स्बे के शिक़दार ने उसे एक दिन इस कारण बुलवाया कि उसके सेवकों में से किसी ने एक व्यक्ति से युद्ध किया था और उसने शिक़दार से उसकी शिकायत की थी। शिक़दार ने कहा कि, "मियां बाबू को बुलाया जाय।" मियां ने शिक़दार के आदमियों से बहुत कुछ कहा किन्तु उन लोगों ने कोई चिन्ता न की। उसने उठ कर वज़ू किया, नमाज़ पढ़ी और सिज्दे में जाकर मृत्यु को प्राप्त हो गया। यह घटना इस्लाम शाह के राज्यकाल (२०३) में घटी थी और सेवक ने इसे स्वयं अपनी आंखों से देखा था।

एक ईमानदार वृद्ध की कहानी

कहा जाता है कि बन्दगी मीरान सैयिद हमज़ा रसूलदार[1] हौज़े ख़ास अलाई के समीप जो सीरी के कोट के निकट है जा रहा था। उसे ऊंचाई पर एक स्थान दृष्टिगत हुआ। उस ऊंचाई पर एक प्राचीन क़ब्र थी जो कई स्थानों पर टूट गयी थी। उस क़ब्र में उसने देखा कि सोने की मुहरों की एक थैली है जो कि मिट्टी में मिल गई है और मुहरें मिट्टी में जम गई हैं। मीरान ने अपने हृदय में सोचा कि "यदि कोई दरिद्र इधर से निकले तो मैं उसे इन मुहरों को दिखा दूं ताकि वह उन्हें ले जाय।" जो उस मार्ग से निकलता उसे वह देखने लगता। अचानक एक वृद्ध तथा शक्तिहीन लकड़हारा लकड़ी का गट्ठर लादे हुए धूप में नंगे पांव आया और उस ऊंचाई के समीप छाये में बैठ गया। मीरान ने कहा कि "इस व्यक्ति से अधिक और कोई दरिद्र न होगा।" उसने वृद्ध से कहा कि "यदि ईश्वर तुझे कुछ दे तो उसे लेगा अथवा नहीं?" उसने कहा कि, "यदि हलाल[2] होगा तो स्वीकार कर लूंगा।" मीरान ने कहा कि, "हलाल का भोजन बड़ा कठिन है।" उसने कहा कि, "संभवतः तुम इन वस्तुओं के विषय में कह रहे हो जोकि क़ब्र के भीतर दृष्टिगत हो रही हैं।" मीरान ने कहा कि, "हां।" उसने उत्तर दिया कि, "मैं ७ वर्ष से इन्हें देख रहा हूं। मेरा निवास-स्थान यहीं है, मेरे हृदय में कभी यह बात न आई और मुझे ईश्वर ने इस बात से बचाये रखा। हे मित्र! धैर्य, साहस तथा संतोष बहुत बड़ी चीज़ हैं। जिनको यह प्राप्त हो जायं, उन्हें किसी अन्य वस्तु की चिन्ता नहीं होती।"

१ वह अधिकारी जो बाहर से आने वाले राजदूतों की देखभाल करता था।
२ जिसका स्वीकार करना इस्लाम के नियमों के विरुद्ध न हो।

क़ब्रों की कहानी

(२०४) मैंने मलिक आदिल क़न्नौजी से सुना है कि सुल्तान बहलोल के राज्यकाल में गंगा नदी में बाढ़ आ गई। नदी तट पर जो क़ब्रें थीं वे नष्ट हो गईं और मुर्दों की हड्डियां जल में पहुंच गईं। बुख़ारा के कुछ सैयिदों ने यह निश्चय किया कि वे टूटी हुई क़ब्रों से हड्डियां निकाल कर अन्य स्थान पर पहुंचा दें। नावों पर बैठ कर वे क़ब्रों से हड्डियां निकाल-निकाल कर अन्य स्थान पर रखने लगे। उन्होंने एक क़ब्र में देखा कि "एक व्यक्ति कफ़न पहने इस प्रकार लेटा हुआ है, मानों उसे आज ही कफ़न पहनाया गया हो।" उसके पायंती राय बेल की झाड़ी उगी हुई थी और उसके पूरे कफ़न के ऊपर फूल पड़े हुए थे, उसके दोनों नथुनों में २ फूल लगे हुए थे। ईश्वर की लीला देख कर वे अन्य स्थान को पहुंच गये। वहां उन्होंने देखा कि एक क़ब्र एक स्थान से टूटी हुई है और उसमें इतने बिच्छू हैं कि वह व्यक्ति दृष्टिगत नहीं होता। यह देख कर उन्होंने बड़ी शिक्षा ग्रहण की और वहां फिर कभी न आये।

बुख़ारी सैयिद की कहानी

क़न्नौज में एक तब्बाख़[1] ने अपने लिए एक क़ब्रिस्तान बनाया था। वहां उसने एक बड़े ही उत्तम चबूतरे का निर्माण कराया और कुछ फूल तथा अनार के वृक्ष वहां लगवाये। एक बुख़ारी सैयिद जब वहां होकर गुज़रता तो यही कहता था कि "यह चबूतरा उस तब्बाख़ के योग्य नहीं है। यह बड़ा ही उत्तम है।" वह कभी-कभी वहां बैठा करता था। जब उस सैयिद की मृत्यु हो गई तो उसे उसके क़ब्रिस्तान में ले जाकर दफ़न कर दिया गया। जब उस तब्बाख़ की मृत्यु हो गई तो उसे भी उसके क़ब्रिस्तान में लोग ले गये। जब उन्होंने क़ब्र खोदी तो उन्हें बुख़ारी सैयिद उसमें मिला। जिन लोगों को इस बात की सूचना थी वे कहने लगे कि "सैयिद को यह स्थान बड़ा पसन्द था।" उसे वहीं दफ़न रहने दिया गया और तब्बाख़ को उसके पायंती दफ़न कर दिया गया।

मुर्दों की कहानियां

मैंने क़ाज़ी फ़तहुल्लाह हाफ़िज़ से जोकि बड़े ही पवित्र व्यक्ति थे सुना है। वे क़ुरान की शपथ लेकर कहा करते थे कि सुल्तान सिकन्दर के राज्यकाल में शम्सी हौज़ के ऊपर एक लाश दफ़न की गई। क़ब्र को बन्द करने के लिए तख़्ते लाये जा रहे थे। एक तख़्ता भूमि से निकाला गया। जब उन्होंने उसे उठाया तो उस क़ब्र में से एक व्यक्ति कम्बल पहने हुए निकला जो क़ुरान शरीफ़ को रेहल[2] पर रखे
(२०५) हुए पढ़ रहा था। जब तख़्ता उठाया गया तो उसने पूछा कि, "क्या क़यामत आ गई है?" लोग क़ब्र बन्द करके भाग खड़े हुए और उन्होंने लोगों से जाकर यह हाल बताया। कुछ लोग उस क़ब्र के पास पहुंचे। क़ाज़ी फ़तहुल्लाह कहते थे कि सर्व प्रथम जो व्यक्ति वहां पहुंचा था उसने क़ुरान का पाठ सुना था। जब बहुत से लोग वहां पहुंच गये तो फिर क़ुरान का पाठ सुनाई न दिया।

सुल्तान सिकन्दर के राज्यकाल में शम्सी हौज़ के ऊपर लोग एक मुर्दे को क़ब्र में दफ़न कर रहे थे। मख़दूम मौलाना मुईनुद्दीन हाफ़िज़ मुअल्लिम उपस्थित थे। वे कहते थे कि एक व्यक्ति एक स्थान से पत्थर का तख़्ता लाने गया और उसने भूमि से एक पत्थर के तख़्ते को उठाया। उसके नीचे एक क़ब्र

१ बावरची।
२ पेचदार तख़्ती जिस पर पढ़ते समय पुस्तक रखते हैं।

थी। उस व्यक्ति ने तख्ते को हिलाया, क़ब्र के भीतर से एक हाथ निकला और उसने इस हाथ को दृढ़तापूर्वक पकड़ लिया। वह व्यक्ति फ़रियाद करता था किन्तु वह न छोड़ता था। लोग सुनकर दौड़े। मखदूम मौलाना मुईनुद्दीन उपस्थित हुए। उन्होंने देखा कि क़ब्र वाले ने इस प्रकार हाथ खींच लिया था कि इस व्यक्ति का हाथ बग़ल तक क़ब्र में पहुंच गया था। मौलाना ने उससे तोबा कराई। तदुपरान्त हाथ छूटा।[१]......

(२०६) कहा जाता है कि एक बार सुल्तान सिकन्दर संभल के क्षेत्र में था। खाने जहां लोदी के एक आदमी की मृत्यु हो गई। उसे अस्थायी रूप से दफ़न कर दिया गया। ६ मास उपरान्त उसके पुत्रों ने उसकी क़ब्र को खोदा। उन्होंने देखा कि उसके शरीर पर कफ़न न था और वह ऐसा वस्त्र पहने हुए था जैसा योगी लोग पहनते हैं। उसके ललाट पर राख भी मली हुई थी और गले में मृग की सींग लटकी हुई थी। दर्शकगण ने शिक्षा ग्रहण की और क़ब्र को बन्द कर दिया।[२]......

विचित्र मोर की पूंछ

(२०७) मैंने मलिक अधू कांसी शिकारपुर क़स्बे के निवासी से सुना है जो अपने एक भाई से सुनकर इस कहानी का उल्लेख किया करता था कि, "मैं सुल्तान सिकन्दर के राज्यकाल में व्यापारियों के साथ रहता था और ऊपर[३] के प्रदेश की ओर व्यापार हेतु जाता था। मैं महाबन क़स्बे के समीप पड़ाव किए हुए था। वहां एक व्यक्ति मोर की पूंछ बेच रहा था। मैंने उसे इस आशय से क्रय कर लिया कि उससे किसी व्यक्ति से मोरछल बनवाऊंगा। मैं क़िज़िलबाश की विलायत में एक जंगल में उतरा हुआ था। वहां डाकुओं ने कारवाँ को लूट लिया। हम एक स्थान को भाग खड़े हुए। डाकुओं के चले जाने के उपरान्त हम लोग उस स्थान पर पहुंचे जहां पड़ाव किये हुए थे। जो वस्तुएँ वे लोग छोड़ गये थे उन्हें एकत्र करने लगे। मेरे एक सेवक को मोर की वह पूँछ मिल गई और उसने उसे असबाब में रख लिया। हमने सोचा कि अब हम में व्यापारियों के साथ यात्रा करने की शक्ति नहीं रही है। हम लोग उनका साथ छोड़कर दो तीन व्यक्तियों सहित एक ऐसी दिशा की ओर रवाना हो गये जहां बहुत कम लोग रहते थे। हम लोग एक विलायत की सीमा पर पहुंचे। वहां हम एक व्यक्ति के घर के द्वार पर ठहरे हुए थे। हमारे असबाब में से मोर का एक पंख गिर पड़ा था। घर के भीतर से एक बालक निकल कर उस पंख को ले गया। कुछ समय उपरान्त घर का स्वामी उस पंख को लिए हुए आया और उसने हमसे पूछा कि, 'यह पंख तुम्हारा है?' मैंने कहा कि, 'हां, थोड़े से पंख हमारे पास हैं।' उसने कहा कि, 'आप कुछ पंख मुझे प्रदान कर देंगे तो मैं बड़ा आभारी हूंगा।' मैंने उसे कुछ पंख दिलवा दिये। वह बड़ा प्रसन्न हुआ और उसने अत्यधिक कृतज्ञता प्रकट की। दूसरे दिन प्रातःकाल जब हम लोग चलने लगे तो वह व्यक्ति एक पत्र लाया और उसने वह पत्र देते हुए कहा कि, 'तुम लोग यहां नहीं ठहरे अन्यथा हम तुम्हारी सेवा करते। (२०८) यहां से दो मील पर एक स्थान है। वहां हमारे संबन्धियों में से एक व्यक्ति घोड़ों के गल्ले की देखभाल करता है। यह पत्र उसे पहुंचा दो।' मैं पत्र लेकर चल खड़ा हुआ। जब मैं उस स्थान पर पहुंचा तो मैंने उसे पत्र दिया। उसने पढ़ कर कहा कि, 'तुमने अमुक ख्वाजा को कौन सी वस्तु दी है

१ इसी पृष्ठ पर शेरशाह के राज्यकाल की भी एक कहानी का उल्लेख है।
२ कुछ शिक्षा सम्बन्धी वाक्य इस कहानी के उपरान्त हैं जिनका अनुवाद नहीं किया गया।
३ उत्तरी सीमान्त।

जिसके मूल्य में उसने एक उत्तम घोड़े को तुम्हें प्रदान किया है ?' मैंने उत्तर दिया कि, 'उसने मुझसे एक पंख मांगा, मैंने उसे दे दिया।' गल्ले के रक्षक ने पूछा कि, 'वह कहां पर है ? मुझे दिखाओ।' जब मैंने उसे पंख दिखाया तो उसने मेरे पांव छूकर कहा कि, 'यदि मुझे भी कुछ पंख दे दो तो मैं तुम्हें एक घोड़ा पेशकश के रूप में दूंगा।' मैंने उसे भी कुछ पंख दे दिये। उसने दो उत्तम प्रकार के घोड़े मुझे प्रदान किये। जब मुझे उन पंखों का मूल्य ज्ञात हो गया तो मैं उन्हें नक़द धन लेकर बेचने लगा और शहरुखी लेने लगा। जब मैं वहां से रवाना हुआ तो मुझे अत्यधिक धन प्राप्त हो चुका था। मैंने अन्य घोड़े क्रय किये और अपनी विलायत में आ गया।"

तबक़ाते अकबरी

(लेखक—ख्वाजा निज़ामुद्दीन अहमद)

(प्रकाशन—कलकत्ता १९११ ई०)

सुल्तान बहलोल लोदी

बहलोल का प्रारम्भिक जीवन

विश्वस्त सूत्रों से ज्ञात हुआ है कि मलिक बहलोल लोदी सुल्तान शाह लोदी का भतीजा था। सुल्तान शाह की उपाधि इस्लाम खां थी। वह खिज्र खां तथा सुल्तान मुबारक शाह के प्रसिद्ध अमीरों में से था और सरहिन्द में राज्य किया करता था। अपने भतीजे में योग्यता तथा गौरव के चिह्न देख कर उसने अपने पुत्र की भांति उसका पालन-पोषण किया और अंतिम अवस्था में उसे अपना उत्तराधिकारी बनाया। इस्लाम खां का एक पुत्र क़ुतुब खां नामक था। उसने मलिक बहलोल की आज्ञाकारिता से मुंह (२९५) मोड़ लिया और सुल्तान मुहम्मद की सेवा में पहुंच गया। सुल्तान मुहम्मद ने हाजी शुदनी को जिसकी उपाधि हुसाम खां थी अत्यधिक सेना देकर मलिक बहलोल के विरुद्ध भेजा। खिज्राबाद तथा साधोरा[1] के परगने के ग्रामों में से गढ़ा[2] नामक ग्राम में दोनों पक्षों में युद्ध हुआ। हुसाम खां पराजित हो कर देहली चला गया। मलिक बहलोल को अत्यधिक शक्ति तथा वैभव प्राप्त हो गया।

कहा जाता है कि मलिक बहलोल प्रारम्भ में अपने दो मित्रों सहित सामाना पहुंचा। वहां एक दरवेश सैयिद इब्बत[3] नामक थे। मलिक बहलोल अपने दोनों मित्रों सहित उनकी सेवा में पहुंचा और अत्यधिक शिष्टाचार प्रदर्शित करते हुए बैठ गया। उस मजज़ूब[4] ने कहा कि "तुम लोगों में से देहली की बादशाही २ हज़ार तन्कों में कौन क्रय कर सकता है ?" मलिक बहलोल के पास १ हज़ार ६०० तन्के थैली में थे। उसने उन्हें निकाल कर उनके समक्ष रख दिया और कहा कि, "मेरे पास इससे अधिक नहीं है।" उन्होंने उन तन्कों को स्वीकार करते हुए बहलोल को देहली की बादशाही की बधाई दी। उसके मित्र उसकी खिल्ली उड़ाने लगे और उससे परिहास करने लगे। उसने उत्तर दिया कि, "दो बातों के अतिरिक्त कुछ सम्भव नहीं। एक यह कि यदि ऐसा हो गया तो एक प्रकार से मुफ़्त सौदा हुआ और यदि ऐसा न हुआ तो दरवेशों की सेवा करना व्यर्थ नहीं है।"

छन्द

"भक्ति के मार्ग के पथिक, जब निष्ठा देखते हैं,
काऊस तथा फ़रीदूं का राज्य एक भिखारी को प्रदान कर देते हैं।"

१ फ़िरिश्ता के अनुसार, 'शाहपुरा'।
२ कुछ हस्तलिखित पोथियों के अनुसार 'करहा'।
३ फ़िरिश्ता के अनुसार 'सैदा'। यह नाम 'इब्बन' तथा फ़त्ता भी लिखा गया है।
४ मजज़ूबः—वह सूफ़ी जो ईश्वर के ध्यान में इतना लीन रहता है कि उसे किसी बात की सुध-बुध नहीं रहती।

कुछ इतिहासों में जो यह लिखा हुआ है कि मलिक बहलोल व्यापार किया करता था तो इसमें कोई वास्तविकता नहीं है। सम्भवतः उसके पूर्वज व्यापार करते तथा हिन्दुस्तान में आते जाते थे।

हुमायूं ख़ां की हत्या

संक्षेप में, मलिक बहलोल ने अपने चाचा मलिक फ़ीरोज़ तथा अपने समस्त संबन्धियों सहित सरहिन्द की विलायत[1] पर अधिकार जमा लिया। उन्हें अत्यधिक शक्ति एवं वैभव प्राप्त हो गया। उस दरवेश की बात से जो उसके हृदय में बाल्यावस्था से बैठी हुई थी और जसरथ खोखर के बहकाने से उसने राज्य प्राप्त करने के स्वप्न देखना प्रारम्भ कर दिया। हुसाम ख़ां पर विजय प्राप्त करने के उपरान्त (२९६) मलिक बहलोल ने हाजी शुदनी की शिकायत से संबन्धित तथा अपनी निष्ठा और भक्ति से परिपूर्ण एक पत्र सुल्तान की सेवा में भेजा और उसमें लिखा कि "यदि आप (सुल्तान मुहम्मद) हाजी की हत्या कर दें और विज़ारत का पद हमीद ख़ां को प्रदान कर दें तो दास आपका आज्ञाकारी तथा सेवक रहेगा।" सुल्तान मुहम्मद ने बिना सोचे समझे हुसाम ख़ां की हत्या करा दी और हमीद ख़ां को वज़ीर नियुक्त कर दिया।

लोदियों द्वारा अपनी शक्ति में वृद्धि करना तथा देहली पर चढ़ाई

लोदियों ने उससे निष्ठापूर्वक व्यवहार किया और उसकी आज्ञाकारिता स्वीकार कर ली। उसने उनके मुहाल तथा जागीर की पुष्टि पुनः की। मलिक बहलोल के सुल्तान मुहम्मद की ओर से मालवा के सुल्तान महमूद से युद्ध करने के कारण उसे ख़ाने ख़ानां की उपाधि से सम्मानित किया गया। शनैः-शनैः लोदियों की शक्ति बढ़ने लगी और उन्होंने लाहौर, दीपालपुर, सुनाम, हिसार फ़ीरोज़ा तथा अन्य परगनों पर ज़बरदस्ती अधिकार जमा लिया। उनके अत्यधिक प्रभुत्व प्राप्त कर लेने के कारण तथा लाहौर और दीपालपुर को अधिकार में कर लेने के पश्चात् वे सुल्तान मुहम्मद की आज्ञा बिना संगठित हुए और विरोध की पताका बुलन्द कर दी। उन्होंने देहली पर सुल्तान मुहम्मद के विरुद्ध चढ़ाई की और बहुत समय तक सुल्तान को घेरे रहे। क्योंकि वे देहली को अपने अधिकार में न कर सके अतः सरहिन्द लौट गये। बहलोल ने अपने आप को सुल्तान घोषित कर दिया किन्तु ख़ुत्बे तथा सिक्के का चलाना[2] देहली की विजय तक स्थगित कर दिया। इसी बीच में सुल्तान मुहम्मद की मृत्यु हो गई और अमीरों तथा राज्य के उच्च पदाधिकारियों के प्रयत्न से उसके पुत्र सुल्तान अलाउद्दीन को सिंहासनारूढ़ किया गया।......

स्वतंत्र राज्य

इस समय समस्त हिन्दुस्तान बड़ी अव्यवस्थित दशा में था। लोदियों को पूर्ण प्रभुत्व प्राप्त हो गया था। अहमद ख़ां मेवाती ने महरौती (महरौली) से लादो सराय तक, जो शहर देहली के निकट है, के स्थान अपने अधिकार में कर लिये। लोदियों के पास सरहिन्द तथा लाहौर की विलायत से लेकर पानीपत तक का क्षेत्र था। दरिया ख़ां लोदी संबल की विलायत से शहर देहली के निकट ख़्वाजा ख़िज़्र नामक (२९७) घाट तक के क्षेत्र का हाकिम था। ईसा ख़ां तुर्क बच्चे ने कोल पर अधिकार जमा लिया था।

१ राज्य, प्रदेश।
२ ख़ुत्बा तथा सिक्का स्वतन्त्र राज्य के चिह्न होते थे।

हसन खां अफ़ग़ान का पुत्र क़ुतुब खां, राबरी (रापरी) का हाकिम था। राय प्रताप ने भौगांव बैताली[1] तथा कम्पिला नामक क़स्बों को अधिकार में कर लिया था। ब्याना दाऊद खां औहदी के अधिकार में था। गुजरात, मालवा, दक्षिण, जौनपुर तथा बंगाल प्रत्येक में एक स्वतन्त्र राज्य स्थापित था। सुल्तान अलाउद्दीन के पास देहली नगर तथा कुछ ग्राम थे और इसी विलायत द्वारा वह बादशाही करता था।

हमीद खां का सुल्तान द्वारा बन्दी बनाया जाना

सुल्तान बहलोल सेना एकत्र करके पुनः सरहिन्द से देहली पहुंचा किन्तु देहली के क़िले को विजय न कर सका अतः वह पुनः सरहिन्द लौट गया। इसी बीच में सुल्तान अलाउद्दीन ने क़ुतुब खां, ईसा खां तथा राय प्रताप से अपनी शक्ति को बढ़ाने के विषय में परामर्श किया। उन्होंने उत्तर दिया कि, "यदि सुल्तान हमीद खां को बन्दी बनाकर विज़ारत से पदच्युत कर दे तो हम लोग कुछ परगनों को अमीरों के अधिकार से लेकर ख़ालसे[2] में सम्मिलित कर दें।" सुल्तान अलाउद्दीन ने हमीद खां को बन्दी बना लिया और देहली से प्रस्थान करके मारहरा[3] के निकट बुरहानाबाद पहुंचा। क़ुतुब खां, ईसा खां तथा राय प्रताप उस स्थान पर उसकी सेवा में उपस्थित हुए और उन्होंने निवेदन किया कि, "हम लोग ४० परगने इस शर्त पर ख़ालसे में सम्मिलित करते हैं कि आप (सुल्तान) हमीद खां की हत्या कर दें।" क्योंकि इससे पूर्व हमीद खां के पिता फ़तह खां ने राय प्रताप की विलायत को नष्ट-भ्रष्ट करके उसकी पत्नी पर अधिकार जमा लिया था अतः उसने प्राचीन शत्रुता के कारण हमीद खां की हत्या हेतु सुल्तान को प्रेरित किया। सुल्तान अलाउद्दीन ने, जिसे शासन-व्यवस्था का कोई अनुभव न था, बिना सोचे-समझे हमीद खां की हत्या का आदेश दे दिया। उसी समय हमीद खां की पत्नी के भाई तथा उसके हितैषियों ने जिस युक्ति से भी (२९८) संभव हो सका उसे बन्दीगृह से मुक्त कराया और वह देहली पहुंच गया। मलिक मुहम्मद जमाल जो हमीद खां का रक्षक[4] था उसके पीछे-पीछे पहुंचा और उसने युद्ध प्रारम्भ कर दिया। मलिक मुहम्मद जमाल की बाण द्वारा हत्या कर दी गई। हमीद खां से बहुत बड़ी संख्या में लोग मिल गये और उपद्रव तथा अशांति बढ़ गई। हमीद खां ने सुल्तान के अन्तःपुर में प्रविष्ट होकर सुल्तान की पत्नियों, पुत्रियों तथा पुत्रों को नंगे सिर देहली के क़िले के बाहर कर दिया और राज्य का ख़ज़ाना तथा संपत्ति अपने अधिकार में कर ली। सुल्तान अलाउद्दीन अपने दुर्भाग्य के कारण प्रतिकार को आज और कल पर छोड़ कर वर्षा ऋतु व्यतीत करने के लिए बदायूँ में ठहर गया।

हमीद खां द्वारा देहली के राज्य पर अधिकार जमाना

हमीद खां अवसर पाकर यह सोचने लगा कि किसी अन्य को सुल्तान अलाउद्दीन के स्थान पर सिंहासनारूढ़ करे। जौनपुर के बादशाह सुल्तान महमूद शर्क़ी के सुल्तान अलाउद्दीन का जामाता होने के कारण, उसने उसे बुलवाना उचित न समझा। मन्दू का बादशाह सुल्तान महमूद दूर था। लोदी निकट था। उसने मलिक बहलोल को जो सरहिन्द में था बुलवाया। मलिक बहलोल सेना लेकर देहली पहुंचा और प्रतिज्ञा तथा वचनबद्ध करके हमीद खां ने कुंजियां मलिक बहलोल को दे दीं। वह

१ पटियाली।
२ ख़ालसा :—वह भूमि जिसका प्रबन्ध सीधे केन्द्रीय शासन की ओर से होता था।
३ इसे विभिन्न रूप से लिखा गया है : वारहरा, पारहरा।
४ बन्दीगृह का रक्षक।

(बहलोल लोदी) १७ रबी-उल-अव्वल ८५५ हि० (१९ अप्रैल १४५१ ई०) को सिंहासनारूढ़ हुआ।

बहलोल के पुत्र तथा अमीर

उस समय सुल्तान बहलोल के ९ पुत्र थे : ख्वाजा बायज़ीद ज्येष्ठ पुत्र था, निज़ाम ख़ां, जो सुल्तान सिकन्दर की उपाधि से बादशाह हुआ, बारबक शाह, मुबारक ख़ां, आलम ख़ां जो सुल्तान अलाउद्दीन की उपाधि से प्रसिद्ध हुआ, जमाल ख़ां, मियां याक़ूब, फ़तह ख़ां, मियां मूसा तथा जलाल ख़ां। (२९९) उसके अमीरों तथा संबन्धियों में ३४ व्यक्ति थे। इस्लाम ख़ां लोदी का पुत्र क़ुतुब ख़ां, दरिया ख़ां लोदी, दरिया ख़ां लोदी का पुत्र तातार ख़ां, मुबारक ख़ां नोहानी[1], तातार ख़ां यूसुफ़ खेल, उमर ख़ां शिरवानी, हुसेन ख़ां अफ़ग़ान का पुत्र क़ुतुब ख़ां, अहमद ख़ां मेवाती, यूसुफ़ ख़ां जलवानी, यूसुफ़ ख़ां जलवानी का पुत्र अली ख़ां, अली ख़ां तुर्क बच्चा, शेख़ अबू सईद फ़र्मुली, अहमद ख़ां शामी, ख़ाने ख़ानां नोहानी, शम्स ख़ां, वज़ीर ख़ां, अहमद ख़ां का पुत्र ख़ाने ख़ानां, शेख़ अहमद ख़ां शिरवानी, निहंग ख़ां, लश्कर ख़ां, शिहाब ख़ां, मीर मुबारिज़ ख़ां भत्ता, रुस्तम ख़ां, मलिक ग़ाज़ी का पुत्र जोना ख़ां, ख़ाने जहां बलंकी का पुत्र मियां जमन[2], हुसेन ख़ां दौर, एमादुलमुल्क, इक़बाल ख़ां, मियां फ़रीद, मियां मारूफ़ फ़र्मुली, राय प्रताप, राय कीलन तथा राय करन।

बहलोल का जीवन

सुल्तान देखने में बड़ा पवित्र जीवन व्यतीत करता था और पूर्ण रूप से शरा के अनुसार आचरण करता था। प्रत्येक दशा में शरा के अनुसार कार्य करता था और न्याय तथा इन्साफ़ करने में बड़े उत्साह से कार्य करता था। वह अपना अधिकांश समय आलिमों तथा फ़क़ीरों के साथ व्यतीत करता था और फ़क़ीरों तथा दरिद्रियों पर कृपा करना आवश्यक समझता था।

बहलोल द्वारा राज्य पर अधिकार जमाने की योजनायें

संक्षेप में, जब सुल्तान बहलोल देहली पहुंचा तो हमीद ख़ां को पूर्ण शक्ति तथा प्रभुत्व प्राप्त हो गया था। समय की आवश्यकता पर ध्यान देते हुए वह उससे सौजन्यपूर्ण व्यवहार करता था और प्रत्येक दिन उसके अभिवादन हेतु जाया करता था। एक दिन वह हमीद ख़ां के घर अतिथि के रूप में गया और उसने अफ़ग़ानों को सिखा दिया कि, "तुम लोग हमीद ख़ां की सभा में कुछ ऐसे कार्य करना जो बुद्धिमत्ता तथा समझ से शून्य हों ताकि वह तुम्हें मूर्ख समझने लगे और तुम्हारा आतंक उसके हृदय से दूर हो जाय और वह तुमसे भयभीत न रहे।" जिस समय उसकी सभा में अफ़ग़ान पहुंचे तो वे विचित्र प्रकार के आचरण करने लगे। कुछ लोग अपने जूते अपने कमर में बांधे हुए थे और कुछ लोगों ने अपने जूते हमीद ख़ां के सिर पर जो आला था उस पर रख दिया। हमीद ख़ां ने पूछा, "यह क्या करते हो?" उन्होंने कहा कि, "चोरों के भय से उनकी रक्षा करते हैं।"

कुछ देर बाद अफ़ग़ानों ने हमीद ख़ां से कहा कि, "तुम्हारे क़ालीन में विचित्र प्रकार के रंग हैं (३००) यदि इस क़ालीन की एक कमली हमें प्रदान कर दी जाय तो हम उसकी टोपियां तथा ताक़िये[3]

१ लोहानी।
२ 'चमन' भी हो सकता है।
३ ताक़िया :—एक प्रकार की टोपी।

बनवा कर अपने पुत्रों के लिए पेशकश के रूप में भेज दें ताकि संसार वालों को ज्ञात हो जाय कि हमें हमीद ख़ां की सेवा में बड़ा सम्मान प्राप्त है।" हमीद ख़ां ने हंस कर उत्तर दिया कि, "इस कार्य के लिए तुम्हें बड़े अच्छे-अच्छे वस्त्र प्रदान किये जायेंगे।" जब सुगन्धित वस्तुओं के थाल सभा में लाये गये तो कुछ अफ़ग़ान डिब्बा चाटने लगे और कुछ फूलों को खाने लगे। कुछ लोग पान के बीड़े को खोल कर केवल चूना ही खा गये। जब उनके मुंह जलने लगे तो उन्होंने पान फेंक दिये। हमीद ख़ां ने मलिक बहलोल से पूछा कि, "इन लोगों ने ऐसा क्यों किया?" उसने उत्तर दिया कि, "ये लोग गंवार तथा मूर्ख हैं आदमियों में बहुत कम रहे हैं। खाने और मरने के अतिरिक्त इन्हें कुछ नहीं आता।"

दूसरे दिन मलिक, बहलोल हमीद ख़ां के घर मेहमान हुआ। इससे पूर्व यह नियम था कि जब मलिक बहलोल हमीद ख़ां के घर जाता था तो बहुत थोड़े से लोग भीतर प्रविष्ट होते थे और अधिकांश लोग बाहर खड़े रहते थे। इस बार जब वह मेहमान हुआ तो मलिक बहलोल के सिखलाने से अफ़ग़ान द्वारपालों को मारपीट कर ज़बरदस्ती प्रविष्ट हो गये और कहने लगे कि, "हम भी हमीद ख़ां के नौकर हैं। हम लोग अभिवादन से क्यों वंचित रहें।" जब शोरगुल होने लगा तो हमीद ख़ां ने उसके विषय में पूछा। उन लोगों ने कहा कि, "अफ़ग़ान लोग मलिक बहलोल को गाली दे रहे हैं और कहते हैं कि हम भी मलिक बहलोल के समान हमीद ख़ां के नौकर हैं। वह भीतर प्रविष्ट हो गया। हम क्यों न जायं और अभिवादन क्यों न करें?" हमीद ख़ां ने कहा, "आने दो।"

सुल्तान बहलोल का बादशाह होना

अफ़ग़ान एकत्र होकर प्रविष्ट हो गये और हमीद ख़ां के पास जो सेवक खड़े थे, उनमें से एक-एक के पास दो-दो अफ़ग़ान खड़े हो गये। इसी बीच में क़ुतुब ख़ां लोदी ने बग़ल से ज़ंजीर निकाल कर हमीद ख़ां के समक्ष रख दी और कहा कि, "यह उचित होगा कि तुझे कुछ समय तक एकान्त में रखा जाय। नमक का ख़्याल रखते हुए तेरी हत्या नहीं कराई जाती।" हमीद ख़ां को बन्दी बना लिया गया। मलिक (३०१) बहलोल का देहली पर बिना किसी विरोध के अधिकार हो गया। उसने अपने नाम का ख़ुत्बा तथा सिक्का चलवा दिया और सुल्तान बहलोल की उपाधि धारण कर ली। उसने सुल्तान अलाउद्दीन को लिखा कि, "क्योंकि मेरा पालन-पोषण आपके पिता ने किया है अतः मैं आपके वकील[1] के रूप में शासन-प्रबन्ध को जोकि आपके हाथ से निकल चुका है व्यवस्थित दशा में कर दूंगा। आपका नाम ख़ुत्बे से नहीं पृथक् करता।" सुल्तान ने उत्तर में लिखा कि, "क्योंकि मेरा पिता आपको पुत्र कहा करता था अतः मैं आपको अपने बड़े भाई के स्थान पर समझता हूं और राज्य आपके लिए छोड़े देता हूं। मैं केवल बदायूँ से संतुष्ट हूं।" सुल्तान बहलोल ने सफलता प्राप्त करके अपना राज्य प्रारम्भ कर दिया और उसी वर्ष मुल्तान की विलायत तथा उसके आसपास के स्थानों की व्यवस्था हेतु चल दिया।

सुल्तान महमूद शर्क़ी का आक्रमण तथा उसकी पराजय

सुल्तान अलाउद्दीन के अमीरों ने, जो लोदियों के राज्य से संतुष्ट न थे, सुल्तान महमूद शर्क़ी को जौनपुर से बुलवाया। ८५६ हि० (१४५२ ई०) में सुल्तान महमूद ने बहुत बड़ी सेना सहित देहली पहुँच कर उसे घेर लिया। सुल्तान बहलोल का पुत्र ख़्वाजा बायज़ीद अन्य अमीरों सहित क़िले में बन्द हो

१ प्रतिनिधि।

गया। सुल्तान बहलोल यह समाचार पाकर दीपालपुर से लौट आया। और नलीरा[1] ग्राम में जो देहली से १५ कोस है, पड़ाव कर दिया। उसके सैनिक सुल्तान महमूद की सेना के बैलों तथा ऊंटों को जो चरागाह जाते थे पकड़ लाये। सुल्तान महमूद ने फ़तह खां हरेवी को ३० हज़ार अश्वारोही तथा ३० हाथी देकर सुल्तान बहलोल पर आक्रमण हेतु नियुक्त किया। लोदियों ने अपनी सेना को ३ भागों में विभाजित करके युद्ध प्रारम्भ कर दिया। जो हाथी फ़तह खां हरेवी की सेना से अग्रसर होता था, उसे क़ुतुब खां लोदी, जो बड़ा प्रसिद्ध धनुर्धर था, एक बाण द्वारा बेकार कर देता था और युद्ध के योग्य न रहने देता था। क़ुतुब खां ने दरिया खां लोदी से, जो सुल्तान महमूद से मिल गया था और युद्ध क़ी व्यवस्था कर रहा था, चिल्ला कर कहा कि, "तेरी मातायें तथा बहिनें क़िले में बन्द हैं। तुझे यह क्या हुआ है जो शत्रु की ओर से युद्ध कर रहा है और स्त्रियों की रक्षा नहीं करता ?" दरिया ख़ां ने कहा, "मैं जाता हूं तू पीछा न कर।" (३०२) क़ुतुब ख़ां ने शपथ ली और दरिया ख़ां शर्क़ी सेना से पथक् हो गया। दरिया खां के पृथक् होते ही फ़तह ख़ां हरेवी पराजित होकर बन्दी बना लिया गया। क्योंकि फ़तह ख़ां ने राय करन के भाई पिथौरा की हत्या कर दी थी अतः राय करन ने फ़तह ख़ां का सिर उसके शरीर से पृथक् कर दिया और सुल्तान बहलोल की सेवा में पहुंच गया। सुल्तान महमूद में इस घटना के कारण युद्ध की शक्ति न रही और वह जौनपुर लौट गया।

सुल्तान बहलोल द्वारा मेवात पर आक्रमण

तत्पश्चात् सुल्तान वहलोल को स्थायित्व प्राप्त हो गया और उसकी शक्ति तथा अधिकार में वृद्धि होने लगी। उसने विलायतों[2] पर अधिकार जमाने के उद्देश्य से आक्रमण करना प्रारम्भ कर दिया। सर्वप्रथम वह मेवात पहुंचा। अहमद खां मेवाती ने उसका स्वागत करके आज्ञाकारिता स्वीकार कर ली। सुल्तान ने उसके अधिकार से ७ परगने लेकर शेष उसे प्रदान कर दिये। अहमद ख़ां मेवाती ने अपने चाचा मुबारक ख़ां को स्थायी रूप से सुल्तान की सेवा में रहने के लिए नियुक्त कर दिया।

देहली से इटावा तक के प्रदेश का बहलोल के अधीन होना

सुल्तान मेवात से वरन क़स्बे में पहुंचा। संबल के हाकिम दरिया खां लोदी ने भी आज्ञाकारिता प्रदर्शित की और ७ परगने भेंट किये। सुल्तान बहलोल वहां से कोल पहुंचा और कोल को पूर्व की भांति ईसा खां के पास रहने दिया। जब वह बुरहानाबाद पहुंचा तो सकेत का हाकिम मुबारक खां उसकी सेवार्थ उपस्थित हुआ। उसने उसकी जागीर के मुहाल में कोई परिवर्तन न किया। इसी प्रकार भोगांव के हाकिम राय प्रताप की विलायत उसी के अधिकार में छोड़ कर वह रापरी के क़िले की ओर बढ़ा। रापरी के हाकिम हसन ख़ां के पुत्र क़ुतुब खां ने क़िले को बन्द कर लिया। अल्प समय में रापरी का क़िला विजय हो गया। खाने जहां, क़ुतुब खां को वचन देकर सुल्तान के समक्ष लाया। उसकी जागीर के मुहाल को भी उसे प्रदान कर दिया गया। वहां से वह इटावा पहुंचा। इटावा के हाकिम ने भी आज्ञाकारिता स्वीकार कर ली।

१ फ़िरिश्ता के अनुसार 'बीर'। 'नरीला' भी लिखा गया है।
२ प्रदेशों, राज्यों।

सुल्तान महमूद शर्क़ी का बहलोल पर आक्रमण तथा संधि

इस समय सुल्तान महमूद शर्क़ी ने पुनः सुल्तान बहलोल पर आक्रमण हेतु प्रस्थान करके इटावा के निकट पड़ाव किया। प्रथम दिन दोनों ओर की सेनाओं में युद्ध हुआ। दूसरे दिन क़ुतुब खां तथा राय (३०३) प्रताप ने संधि करके यह निश्चय किया कि "जो कुछ भी देहली के बादशाह मुहम्मद शाह के अधिकार में था, वह सुल्तान बहलोल के अधीन रहे और जो कुछ जौनपुर के बादशाह सुल्तान इबराहीम के अधिकार में था वह सुल्तान महमूद के अधिकार में रहे। फ़तह खां हरेवी के युद्ध में ७ हाथी, जो सुल्तान महमूद के अधिकार से निकल कर सुल्तान बहलोल के अधिकार में चले गये थे, सुल्तान बहलोल लौटा दे और यह निश्चय हुआ कि वर्षा ऋतु के उपरान्त शम्साबाद को सुल्तान बहलोल जूना खां से, जो सुल्तान महमूद की ओर से उस ओर का हाकिम था, ले ले।"

बहलोल का शम्साबाद को विजय करना तथा महमूद शर्क़ी का आक्रमण

तत्पश्चात् सुल्तान महमूद जौनपुर चला गया और सुल्तान बहलोल ने जूना खां को फ़रमान भेजा कि वह निश्चित अवधि में शम्साबाद से चला जाय। उसने आज्ञा का पालन न किया। सुल्तान बहलोल ने उस पर आक्रमण किया। जूना खां भाग गया। सुल्तान बहलोल ने शम्साबाद को राय करन को प्रदान कर दिया। सुल्तान महमूद यह सूचना पाकर सुल्तान बहलोल के विरुद्ध शम्साबाद पहुंचा। क़ुतुब खां तथा दरिया खां लोदी ने सुल्तान महमूद की सेना पर रात्रि में छापा मारा। अचानक क़ुतुब खां का घोड़ा भड़क गया और क़ुतुब खां घोड़े से गिर पड़ा और बन्दी बना लिया गया। सुल्तान महमूद ने उसे जौनपुर भेज दिया और वह ७ वर्ष तक बन्दी अवस्था में रहा। सुल्तान बहलोल ने शाहज़ादा जलाल, शाहज़ादा सिकन्दर तथा एमादुलमुल्क को सुल्तान महमूद की सेना के विरुद्ध राय करन की सहायतार्थ जो क़िले में था भेजा और स्वयं सुल्तान महमूद से युद्ध करने लगा। इसी बीच में सुल्तान महमूद रुग्ण हो गया और उसकी मृत्यु हो गई।

जौनपुर के बादशाह मुहम्मद शाह तथा सुल्तान बहलोल में संधि

उसकी माता बीबी राजी ने अमीरों की सहमति से शाहज़ादा भीखन खां को सिंहासनारूढ़ कर दिया और उसकी उपाधि मुहम्मद शाह निश्चित हुई। दोनों बादशाहों में संधि हो गई और दोनों ने (३०४) प्रतिज्ञा की कि सुल्तान महमूद की विलायत मुहम्मद शाह के अधिकार में रहे और सुल्तान बहलोल के अधिकार में जो कुछ है वह उसी के अधीन रहे। मुहम्मद शाह जौनपुर चला गया और सुल्तान बहलोल देहली लौट गया। जब वह देहली के निकट पहुंचा तो क़ुतुब खां की बहिन शम्स ख़ातून ने यह संदेश भेजा कि जिस समय तक क़ुतुब खां मुहम्मद शाह के बन्दीगृह में है उस समय तक सुल्तान बहलोल को आराम तथा नींद हराम है।

बहलोल का जौनपुर पर आक्रमण

सुल्तान प्रभावित होकर धनकोर[1] से लौट पड़ा और मुहम्मद शाह के विरुद्ध चल खड़ा हुआ। मुहम्मद शाह ने भी जौनपुर से प्रस्थान किया और जब वह शम्साबाद पहुंचा तो उसने शम्साबाद को राय करन से जो सुल्तान बहलोल की ओर से हाकिम था लेकर जूना खां को दे दिया। राय प्रताप जो इससे

१ दनकौर, देहली तथा खुर्जा के मध्य में।

पूर्व बहलोल से मिल गया था, मुहम्मद शाह के प्रभुत्व को देख कर उससे मिल गया। मुहम्मद शाह सरसुती पहुंचा। सुल्तान ने रापरी नामक स्थान में जो सरसुती के समीप था पड़ाव किया। कुछ दिन तक युद्ध होता रहा।

जौनपुर के कोतवाल द्वारा हसन ख़ां की हत्या

मुहम्मद शाह ने जौनपुर के कोतवाल को सरसुती से आदेश भेजा कि उसके (सुल्तान के) भाई हसन खां तथा इस्लाम ख़ां लोदी के पुत्र क़ुतुब खां की हत्या कर दी जाय। कोतवाल ने निवेदन किया कि, "बीबी राजी दोनों की इस प्रकार रक्षा करती हैं कि मेरे लिए उनकी हत्या करना संभव नहीं।" जब मुहम्मद शाह को यह पत्र प्राप्त हुआ तो उसने अपनी माता को जौनपुर से इस बहाने से बुलवाया कि वह उसकी संधि उसके भाई हसन ख़ां से करा दे और थोड़ी सी विलायत हसन खां को दे दे। बीबी राजी ने जौनपुर से प्रस्थान किया। जौनपुर के कोतवाल ने मुहम्मद शाह के आदेशानुसार शाहज़ादा हसन खां की हत्या कर दी। बीबी राजी ने हसन ख़ां की मृत्यु की शोक संबन्धी प्रथाओं को क़न्नौज में सम्पन्न कराया और वहीं ठहर गई तथा मुहम्मद शाह के समक्ष न आई। मुहम्मद शाह ने अपनी माता को लिखा कि "क्योंकि समस्त शाहज़ादों का परिणाम यही होगा अतः आप सभी की मृत्यु की शोक संबन्धी प्रथाओं को सम्पन्न कर लें।"

सुल्तान बहलोल द्वारा मुहम्मद शाह की पराजय

मुहम्मद शाह बड़ा ही निष्ठुर तथा आतंकमयी बादशाह था। अमीर लोग उससे भयभीत तथा शंकित रहते थे। एक दिन मुहम्मद शाह के भाई शाहज़ादा हुसेन, सुल्तान शाह तथा जलाल खां अजोधनी ने मुहम्मद शाह की सेवा में निवेदन किया कि "सुल्तान बहलोल की सेना हमारे ऊपर रात्रि में (३०५) छापा मारने वाली है।" वे ३० हज़ार अश्वारोहियों तथा ३० हाथियों को लेकर शत्रुओं का मार्ग रोकने के उद्देश्य से मुहम्मद शाह की सेना से पृथक् हुए और झरने के किनारे पहुंच गये। सुल्तान बहलोल ने यह सूचना पाकर उनसे युद्ध करने के लिए एक सेना नियुक्त की। शाहज़ादा हुसेन खां चाहता था कि शाहज़ादा जलाल खां को अपने साथ ले ले। उसने किसी को उसके बुलाने के लिए भेजा। इसी बीच में सुल्तान शाह ने कहा कि "प्रतीक्षा करनी उचित नहीं। जलाल खां पीछे से आता रहेगा" और वे क़न्नौज की ओर चल खड़े हुए। संयोगवश सुल्तान बहलोल की सेना ने जो उनसे युद्ध करने के लिए नियुक्त हुई थी वहां पहुंच कर पड़ाव डाल दिया। शाहज़ादा जलाल ख़ां, हुसेन खां के बुलाने पर मुहम्मद शाह की सेना से पृथक् होकर निकला और झरने की ओर चल खड़ा हुआ। सुल्तान बहलोल की सेना को शाहज़ादा हुसेन ख़ां की सेना समझ कर निकट पहुंचा। सुल्तान बहलोल की सेना जलाल खां को बन्दी बनाकर सुल्तान के समक्ष ले गई। उसने उसे क़ुतुब खां के बदले में समझ कर बन्दी बना दिया। मुहम्मद शाह ने युद्ध न कर सकने के कारण क़न्नौज की ओर प्रस्थान किया। सुल्तान बहलोल ने गंगा नदी तक उसका पीछा किया और उसका बचा-खुचा सामान लूट कर लौट गया।

जौनपुर में हुसेन शाह शर्क़ी का सिंहासनारूढ़ होना

जब शाहज़ादा हुसेन ख़ां ८५० हि० (१४५१-२ ई०) में बीबी राजी के समक्ष पहुंचा तो अपनी माता तथा शर्क़ी राज्य के उच्च पदाधिकारियों की सहायता से सिंहासनारूढ़ हो गया। उसने सुल्तान हुसेन की उपाधि धारण कर ली। शर्क़ी सुल्तानों के राज्य के वृत्तान्त के सम्बन्ध में इसका सविस्तार उल्लेख हो चुका है। उसने मलिक मुबारक गुंग, मलिक अली गुजराती तथा अन्य अमीरों को महम्मद

शाह के विरुद्ध जो गंगा तट पर राजगर (राजगढ़) के घाट पर पड़ाव किये हुए थे, नियुक्त किया। जब सुल्तान हुसेन की सेना निकट पहुंची, तो कुछ अमीर, जो मुहम्मद शाह के सहायक थे पृथक् होकर उससे मिल गये। मुहम्मद शाह कुछ सवारों सहित भाग कर एक उद्यान में जो समीप था चला गया और उसे वहीं घेर लिया गया।

(३०६) मुहम्मद शाह बड़ा ही कुशल धनुर्धर था। उसने धनुष में बाण लगाये। बीबी राजी ने उसके सिलाहदार से मिल कर उसके निषंग के बाणों के लोहे की नोक को निकलवा दिया था। मुहम्मद शाह जो बाण भी हाथ में लेता, वह निषंग से बिना नोक के निकलता। अन्त में उसने तलवार से युद्ध प्रारम्भ कर दिया और कुछ लोगों की हत्या कर दी। अचानक मुबारक गुंग का एक बाण मुहम्मद शाह की ग्रीवा पर लगा; वह उसी घाव के कारण घोड़े से गिर कर मर गया।

सुल्तान हुसेन तथा सुल्तान बहलोल की संधि

तत्पश्चात् सुल्तान हुसेन ने सुल्तान बहलोल से संधि कर ली और दोनों ने प्रतिज्ञा की कि ४ वर्ष तक दोनों अपनी अपनी विलायत से संतुष्ट रहेंगे। राय प्रताप, जो इससे पूर्व मुहम्मद शाह से मिल गया था, क़ुतुब खां अफ़ग़ान के प्रोत्साहन देने पर सुल्तान बहलोल से मिल गया। जिस समय सुल्तान हुसेन ने क़न्नौज से प्रस्थान करके उस हौज़ के किनारे जिसे हरिहा कहते हैं पड़ाव किया तो उसने क़ुतुब खां लोदी को, जौनपुर से बुलवा कर घोड़ा, ख़िलअत तथा अन्य पुरस्कार देकर, बड़े सम्मान से सुल्तान बहलोल के पास भेज दिया। सुल्तान बहलोल ने भी शाहज़ादा जलाल खां को आदर-सम्मान
(३०७) तथा इनाम द्वारा प्रसन्न करके सुल्तान हुसेन की सेवा में विदा कर दिया।

सुल्तान बहलोल द्वारा शम्साबाद की विजय

कुछ समय उपरान्त सुल्तान बहलोल ने शम्साबाद पर चढ़ाई की और शम्साबाद को जूना खां के अधिकार से लेकर राय करन को प्रदान कर दिया। उस स्थान पर राय प्रताप का पुत्र नर सिंह राय[1] सुल्तान बहलोल की सेवा में उपस्थित हुआ। इससे पूर्व राय प्रताप ने एक भाला, जो उस समय प्रभुत्व की पताका सदृश होता था, एवं एक नक़्क़ारा दरिया खां से ज़बरदस्ती छीन लिया था। दरिया खां ने उसके पुत्र नर सिंह की क़ुतुब खां से परामर्श करके हत्या कर दी। इसी बीच में हुसेन खां अफ़ग़ान का पुत्र क़ुतुब खां, मुबारिज़ खां वेहता तथा राय प्रताप, सुल्तान हुसेन शर्क़ी से मिल गये। सुल्तान बहलोल युद्ध की शक्ति न देख कर लौट गया।

सुल्तान हुसेन द्वारा बहलोल पर आक्रमण

कुछ दिन उपरान्त सुल्तान बहलोल ने पंजाब की सुव्यवस्था एवं मुल्तान के हाकिम के विद्रोह के दमन हेतु मुल्तान की ओर प्रस्थान किया। क़ुतुब खां लोदी तथा खाने जहां को अपना नायब नियुक्त करके देहली में छोड़ दिया। सुल्तान बहलोल अभी मार्ग ही में था कि उसे सूचना प्राप्त हुई कि सुल्तान हुसेन सुव्यवस्थित सेनायें तथा पर्वतरूपी हाथियों को लेकर देहली पर चढ़ाई करने के उद्देश्य से आ रहा है। सुल्तान बहलोल शीघ्रातिशीघ्र देहली वापस हुआ और शत्रु से युद्ध करने के लिए बढ़ा। चंदवार में युद्ध हुआ तथा ७ दिन तक दोनों ओर की सेनायें युद्ध करती रहीं। इसी बीच में अहमद खां मेवाती तथा

१ यह शब्द विभिन्न रूप से लिखा गया है: बर सिंह, नर सिंह, हर सिंह।

कोल का हाकिम रुस्तम खां सुल्तान हुसेन से मिल गये। तातार खां लोदी, सुल्तान बहलोल से मिल गया। जब कुछ समय तक युद्ध होता रहा तो राज्य के उच्च पदाधिकारियों के प्रयास से यह निश्चय हुआ कि ३ वर्ष तक दोनों बादशाह अपनी-अपनी विलायत से संतुष्ट रहें और परस्पर युद्ध न करें।

सुल्तान बहलोल द्वारा राज्य के सुव्यवस्थित करने का प्रयत्न

(३०८) संधि के उपरान्त सुल्तान हुसेन ने इटावा को घेर लिया। सुल्तान बहलोल देहली पहुंच कर ३ वर्ष तक वहीं ठहरा तथा राज्य और सेना को सुव्यवस्थित करता रहा। इसी बीच में सुल्तान बहलोल, अहमद खां मेवाती के विरुद्ध जो इससे पूर्व सुल्तान हुसेन का सहायक बन गया था पहुंचा। जब वह मेवात पहुंचा, तो अहमद खां को सुल्तान हुसेन का एक प्रतिष्ठित अमीर खाने जहां प्रोत्साहन देकर सेवा में लाया। उसी समय व्याना के हाकिम यूसुफ़ खां जलवानी के पुत्र अहमद खां ने ब्याना में सुल्तान हुसेन के नाम का ख़ुत्बा पढ़वा दिया।

सुल्तान हुसेन द्वारा बहलोल पर आक्रमण तथा संधि

३ वर्ष व्यतीत हो जाने के उपरान्त सुल्तान हुसेन ने १ लाख अश्वारोही तथा १ हज़ार हाथी लेकर देहली पर आक्रमण किया। सुल्तान बहलोल देहली से निकला और उसने भतवारा[1] क़स्बे के निकट युद्ध किया। खाने जहां ने मध्यस्थ बन कर दोनों पक्षों में संधि करा दी। संधि के उपरान्त सुल्तान हुसेन इटावा पहुंचा और वहीं ठहर गया। सुल्तान बहलोल देहली पहुंचा। कुछ समय उपरान्त सुल्तान हुसेन ने पुनः सुल्तान बहलोल पर आक्रमण किया। सुल्तान बहलोल देहली से निकला। राय सिखर के निकट दोनों ओर की सेनाओं में युद्ध होता रहा। अंत में संधि हो गई और सुल्तान हुसेन इटावा की ओर चल दिया। सुल्तान बहलोल देहली लौट गया।

इसी समय सुल्तान हुसेन की माता बीबी राजी की इटावा में मृत्यु हो गई। राय करन सिंह का पुत्र कल्याण मल, ग्वालियर का राजा तथा क़ुतुब खां लोदी, जो चंदवार से ग्वालियर गया हुआ था, सुल्तान हुसेन के पास पहुंचे। जब क़ुतुब खां ने सुल्तान हुसेन को सुल्तान बहलोल से शत्रुता प्रदर्शित करते हुए देखा तो उसने चाटुकारी करते हुए कहा कि, "बहलोल आपके सेवकों के समान है। वह आपके बराबर नहीं है। मैं जब तक देहली को आपके अधीन न कर लूंगा उस समय तक निश्चिन्त नहीं रह (३०९) सकता।" इस प्रकार युक्ति द्वारा वह सुल्तान हुसेन से विदा होकर सुल्तान बहलोल की सेवा में पहुंचा और कहा कि, "मैं बड़ी युक्ति तथा बहाने से सुल्तान हुसेन के हाथ से मुक्त हो सका हूं। वह आपके प्रति शत्रुता में दृढ़ है। आपको अपनी चिन्ता करनी चाहिए।"

सुल्तान हुसेन द्वारा देहली पर आक्रमण

इसी बीच में सुल्तान अलाउद्दीन की बदायूं में मृत्यु हो गई। सुल्तान इटावा से शोक प्रकट करने के लिए बदायूं पहुंचा और शोक की प्रथाओं के समाप्त होने के उपरान्त उसने सुल्तान अलाउद्दीन के पुत्र से बदायूं को लेकर अपने अधिकार में कर लिया और इस प्रकार कृतघ्नता प्रदर्शित की। वहां से वह संबल पहुंचा और संबल के हाकिम तातार खां के पुत्र मुबारक खां को बन्दी बनाकर सारन भेज दिया। स्वयं बहुत बड़ी सेना तथा १ हज़ार हाथी लेकर देहली पहुंचा। ज़िलहिज्जा ८८३ हि० (फ़रवरी-मार्च

१ यह शब्द विभिन्न रूप से लिखा गया है : मतोरा, नहवारा, भतवारा, थनवारा, तहवारा।

१४७९ ई०) में यमुना तट पर कुंजा[1] नामक घाट पर पड़ाव किया। सुल्तान बहलोल, खाने जहां के पुत्र हुसेन खां को मेरठ की ओर से रवाना करके स्वयं सरहिन्द से देहली पहुंचा। दोनों सेनायें कुछ समय तक युद्ध करती रहीं। शर्क़ी सुल्तान अपनी संख्या की अधिकता के कारण विजयी रहते थे। अन्त में क़ुतुब ख़ां ने सुल्तान हुसेन के पास अपना आदमी भेज कर यह संदेश प्रेषित किया कि "मैं बीबी राजी का बड़ा आभारी हूं। जब मैं जौनपुर में बन्दी था तो उन्होंने मेरे प्रति नाना प्रकार के दयायुक्त व्यवहार किये थे। अब आपके लिए यही उचित है कि आप संधि करके लौट जायें। गंगा के उस ओर की विलायत[2] आपके अधिकार में रहे और जो कुछ गंगा के इस पार है उस पर सुल्तान बहलोल का अधिकार रहे।"

दोनों पक्षों ने यह बात स्वीकार करके विरोध का अन्त कर दिया। सुल्तान हुसेन ने संधि पर विश्वास करके अपनी सेना के शिविर इत्यादि छोड़ कर प्रस्थान किया। सुल्तान बहलोल ने अवसर पाकर उसका पीछा किया और सुल्तान हुसेन की सेना के शिविर को लूट कर कुछ ख़ज़ाना तथा असबाब जो घोड़ों एवं हाथियों पर लदा हुआ था अपने अधिकार में कर लिया। सुल्तान हुसेन की सेना के ४० प्रतिष्ठित अमीर उदाहरणार्थ क़ुतलुग़ खां वज़ीर[3], जो अपने समय का बहुत बड़ा विद्वान् था, बूधू नायबे अर्ज़[4] तथा उसी प्रकार के लोग बन्दी बना लिये गये। क़ुतलुग़ खां को बन्दी बनाकर क़ुतुब खां लोदी को (३१०) सौंप दिया गया। सुल्तान बहलोल ने पीछा करके सुल्तान हुसेन के परगनों, उदाहरणार्थ कम्पिला, पतियाली[5], शम्साबाद, सकेत, कोल, मारहरा, तथा जलाली नामक क़स्बों पर अधिकार जमा लिया। प्रत्येक परगने में उसने शिक़दार[6] नियुक्त कर दिये। जब इस प्रकार पीछा करता हुआ सुल्तान बहलोल सीमा से बढ़ गया तो सुल्तान हुसेन ने पलट कर रापरी के अधीन आराम महजूर[7] ग्राम में मुक़ाबला किया। अन्त में इस शर्त पर संधि हो गई कि सुल्तान हुसेन तथा सुल्तान बहलोल अपनी-अपनी विलायत[8] तथा प्राचीन सीमा से संतुष्ट रहें। संधि के उपरान्त सुल्तान हुसेन रापरी पहुंचा और सुल्तान बहलोल घोपामऊ[9] ग्राम को चला गया।

कुछ समय उपरान्त सुल्तान हुसेन ने पुनः सेना एकत्र करके सुल्तान बहलोल पर आक्रमण किया और सोनहार ग्राम के समीप घोर युद्ध हुआ। सुल्तान हुसेन पुनः पराजित हुआ। लोदियों को अत्यधिक धन-संपत्ति प्राप्त हुई। इससे सुल्तान बहलोल की शक्ति तथा वैभव में वृद्धि हो गई। सुल्तान हुसेन पुनः रापरी पहुंचा। सुल्तान बहलोल ने घोपामऊ ग्राम के निकट पड़ाव किया।

इसी बीच में ख़ाने जहां की मृत्यु के, जो देहली में था, समाचार सुल्तान बहलोल को प्राप्त हुए। सुल्तान ने उसके पुत्र को ख़ाने जहां की उपाधि देकर उसके पिता के स्थान पर नियुक्त कर दिया। वहां

१ इस स्थान का नाम हस्तलिखित पोथियों में विभिन्न प्रकार से लिखा है : कजा, खन्ना, कीचा, गनजीना, कच्छा।

२ प्रदेश।

३ मुख्य मन्त्री।

४ आरिज़े ममालिक का सहायक। सेना की भरती तथा निरीक्षण आरिज़े ममालिक किया करता था।

५ पटियाली।

६ शिक़ का हाकिम। देखिये पृ० ४ नोट नं० ३०।

७ इस नाम को विभिन्न रूप से हस्तलिखित पोथियों में लिखा गया है : आराम महजूर, आराम लहजू, आराम बख़ु। फ़िरिश्ता के अनुसार 'राम पिंझरा'।

८ राज्य।

९ हस्त लिखित पोथियों में यह नाम विभिन्न रूप से लिखा है : धोबामऊ, धोयामऊ, हरपामऊ।

से उसने सुल्तान हुसेन के ऊपर रापरी में चढ़ाई की। युद्ध में उसे विजय प्राप्त हुई। भागते समय यमुना नदी को पार करते हुए सुल्तान हुसेन के कुछ पुत्र तथा परिवार वाले नष्ट हो गये।

(३११) सुल्तान हुसेन ग्वालियर की ओर रवाना हुआ। हतकान्त[1] के समीप भदौरिया नामक समूह ने उसके शिविर पर छापा मारा और उसे लूट लिया। जब वह ग्वालियर पहुंचा तो ग्वालियर के राजा राय कीरत सिंह[2] ने अधीनता स्वीकार कर ली और सेवकों की भांति व्यवहार किया। उसने कई लाख तन्के नक़द, कुछ ख़ेमे, सरापर्दे[3], घोड़े हाथी तथा ऊंट पेशकश में भेंट किये और उसके हितैषियों की श्रेणी में सम्मिलित हो गया। उसने सुल्तान हुसेन के साथ एक सेना भी कर दी और वह स्वयं कालपी तक उसके साथ गया।

इस बीच में सुल्तान बहलोल ने इटावा पर आक्रमण कर दिया। सुल्तान हुसेन का भाई इबराहीम ख़ां, हैबत ख़ां उर्फ़ मलिक करकर इटावा के क़िले में बन्द हो गये और ३ दिन तक युद्ध करते रहे। अन्त में क्षमा-याचना करके उन्होंने इटावा को सौंप दिया। सुल्तान बहलोल ने इटावा मुबारक ख़ां नोहानी[4] के पुत्र इबराहीम ख़ां को दे दिया। इटावा की विलायत[5] के कुछ परगने राय दांदू को देकर उसने सुल्तान हुसेन पर एक भारी सेना सहित चढ़ाई की। जब वह कालपी के अधीन राकानू ग्राम में पहुंचा तो सुल्तान हुसेन भी कालपी से उसका मुक़ाबला करने के लिए बढ़ा। कुछ समय तक दोनों सेनाओं में युद्ध होता रहा। इसी बीच में बकसर[6] की विलायत के हाकिम राय तिलोक चन्द ने सुल्तान बहलोल की सेवा में पहुंच कर सुल्तान को उस स्थान से जहां नदी का घाट था पार उतार दिया। सुल्तान हुसेन युद्ध न कर सका और बेहता[7] की विलायत की ओर चला गया। बेहता के राजा ने उसका स्वागत किया और उससे सौजन्यपूर्ण व्यवहार किया। कई लाख तन्के, घोड़े तथा हाथी पेशकश के रूप में भेंट किये और उसको जौनपुर तक पहुंचाने के लिए सेना उसके साथ कर दी।

(३१२) तत्पश्चात् सुल्तान बहलोल ने जौनपुर पर आक्रमण किया। जब वह निकट पहुँचा तो सुल्तान हुसेन जौनपुर छोड़ कर बहराइच के मार्ग से क़न्नौज की ओर चल दिया। सुल्तान बहलोल ने भी क़न्नौज की ओर प्रस्थान किया। रहब नदी के निकट युद्ध हुआ। युद्ध में सुल्तान हुसेन की पराजय हुई जो अब स्वाभाविक हो गई थी। उसकी संपत्ति तथा सेना लोदियों के अधिकार में आ गई। उसकी सम्मानित पत्नी बीबी ख़ूँज़ा, जो ख़िज़्र ख़ां के पौत्र सुल्तान अलाउद्दीन की पुत्री थी, बन्दी बना ली गई। सुल्तान बहलोल ने सम्मानपूर्वक उसकी रक्षा की। कुछ समय उपरान्त सुल्तान बहलोल ने पुनः जौनपुर की विलायत पर आक्रमण किया। बीबी ख़ूँज़ा किसी न किसी युक्ति से मुक्त होकर अपने पति के पास पहुँच गई।

१ अबुल फ़ज़ल के अनुसार भदावर का मुख्य क़स्बा, आगरा के दक्षिण-पूर्व में। वहाँ के निवासी भदौरिया कहलाते थे।
२ कीर्तिसिंह।
३ सरापर्दे :— शिविर।
४ लोहानी।
५ प्रदेश।
६ गंगा के बायें तट पर, उनास (उन्नाव) से ३४ मील दक्षिण-पूर्व (फ़िरिश्ता के अनुसार 'कठिहर')।
७ कुछ हस्तलिखित पोथियों के अनुसार : भत्ता, थत्ता इत्यादि, बेहटा।

सुल्तान बहलोल द्वारा जौनपुर पर अधिकार

इस बार सुल्तान बहलोल ने जौनपुर पर अधिकार जमा लिया और उसे मुबारक खां लोहानी को प्रदान कर दिया। कुछ अन्य अमीरों को, उदाहरणार्थ क़ुतुब खां लोदी, खाने जहां, इत्यादि को मँझौली[1] क़स्बे में छोड़ कर बदायूँ की ओर लौट गया। सुल्तान हुसेन ने अवसर पाकर सेना सहित जौनपुर पर चढ़ाई की। सुल्तान बहलोल के अमीर जौनपुर को छोड़ कर क़ुतुब खां के पास मँझौली चल दिये। वे वहां भी न ठहर सके और सुल्तान हुसेन से निष्ठापूर्वक व्यवहार करके सहायता पहुंचने तक अपने आपको उसका हितैषी प्रदर्शित करते रहे। सुल्तान बहलोल को अपनी सेना की, जो क़ुतुब खां लोदी के अधीन थी, दुर्दशा के विषय में जब सूचना मिली, तो उसने अपने पुत्र बारबक शाह को उसकी सहायतार्थ भेजा और स्वयं भी उसके पीछे जौनपुर की ओर रवाना हुआ। सुल्तान हुसेन मुक़ाबला न कर सका और बिहार चल दिया।

सुल्तान का धौलपुर तथा रणथम्भोर पर आक्रमण

जब सुल्तान बहलोल हल्दी नामक क़स्बे में पहुंचा, तो उसे क़ुतुब खां लोदी की मृत्यु के समाचार प्राप्त हुए। कुछ दिनों तक वह शोक संबंधी प्रथाओं को सम्पन्न करने के उपरान्त जौनपुर पहुंचा और बारबक शाह को शर्क़ी सुल्तानों के सिंहासन पर आरूढ़ करके वहीं छोड़ गया। उसने स्वयं कालपी की ओर प्रस्थान किया और कालपी को शाहज़ादा ख्वाजा बायज़ीद के पुत्र आज़म हुमायूँ को सौंप कर
(३१३) चंदवार के मार्ग से धौलपुर पहुंचा। धौलपुर के राय ने उसका स्वागत करके कई मन सोना भेंट किया और उसके राज्य के हितैषियों में सम्मिलित हो गया। जब सुल्तान बहलोल बारी परगने के निकट पहुंचा तो बारी के हाकिम इक़बाल खां ने उसकी बड़ी सेवा की और उसके सेवकों में सम्मिलित हो गया। उसने भी कई मन सोना भेंट किया। सुल्तान ने बारी उसी को प्रदान कर दिया। वहां से उसने रणथम्भोर के अधीन अलहनपुर पर चढ़ाई की। अलहनपुर की विलायत को विध्वंस करके वहां के उद्यानों तथा वृक्षों को नष्ट-भ्रष्ट कर दिया और देहली वापस चला गया।

सुल्तान की मृत्यु

कुछ दिन उपरान्त वह हिसार फ़ीरोज़ा पहुंचा और कुछ मास वहां ठहर कर देहली लौट आया। कुछ समय उपरान्त उसने ग्वालियर की ओर प्रस्थान किया। ग्वालियर के हाकिम राजा मान ने अधीनता प्रदर्शित की और ८० लाख तन्के भेंट किये। ग्वालियर उसी के पास रहने दिया गया। वहां से वह इटावा पहुंचा। इटावा को राय दांदू के पुत्र सकत सिंह से लेकर लौट आया। मार्ग में वह रुग्ण हो गया और सकेत परगने के अधीन तिलावली ग्राम में ८९४ हि० (१४८९ ई०) में उसकी मृत्यु हो गई। उसने ३८ वर्ष ८ मास तथा ८ दिन तक राज्य किया।

सुल्तान सिकन्दर बिन सुल्तान बहलोल लोदी

सिंहासनारोहण

(३१४) जिस समय सुल्तान बहलोल की मृत्यु हुई तो शाहज़ादा निज़ाम खां देहली में था। वह शीघ्रातिशीघ्र अपने पिता के जनाज़े के पास जलाली पहुंचा, और अपने पिता की लाश देहली भेज दी।

१ गोरखपुर ज़िले में गंडक नदी के तट पर। हस्तलिखित पोथियों में उसके रूप निम्नांकित हैं : महजौली, मजहौली, महमूती, इत्यादि।

खाने जहां, खाने खानां फ़र्मुली तथा अपने पिता के समस्त अमीरों की सहमति से शुक्रवार १७ शाबान ८९४ हि० (१६ जुलाई १४८९ ई०) को जलाली क़स्बे के निकट एक टीले पर जो काली नदी के तट पर स्थित है और जिसे कूशके सुल्तान फ़ीरोज़[१] कहते हैं सिंहासनारूढ़ हुआ। उसकी उपाधि सुल्तान सिकन्दर हुई।

सुल्तान के पुत्र तथा अमीर

सुल्तान बहलोल के उस समय ६ पुत्र थे : इबराहीम खां, जलाल खां, इस्माईल खां, हुसेन खां, महमूद खां तथा शेख आज़म हुमायूँ। उसके प्रतिष्ठित अमीरों में ५३ व्यक्ति थे। ख़ाने जहां बिन (पुत्र) ख़ानजहां लोदी, अहमद खां पुत्र खाने जहां मुबारक खां लोहानी, महमूद खां लोदी, ईसा खां बिन (पुत्र) तातार खां लोदी, ख़ाने ख़ानां शेखज़ादा मुहम्मद फ़र्मुली, खाने ख़ानां लोहानी, आज़म हुमायूँ शिरवानी, दरिया खां का पुत्र मुबारक खां लोहानी बिहार का नायब, आलम खां लोदी, जलाल खां, महमूद खां लोदी का पुत्र, कालपी का नायब, शेर खां लोदी, मुबारक खां लोदी मूसा खेल, मुबारक खां लोदी का पुत्र अहमद खां, एमाद पुत्र खाने ख़ानां फ़र्मुली, उमर खां शिरवानी, भीखन खां पुत्र आलम खां लोदी, इटावा का हाकिम, (३१५) इबराहीम खां शिरवानी, मुहम्मद शाह लोदी, बाबर खां शिरवानी, हुसेन फ़र्मुली, सारन का नायब, सुलेमान फ़र्मुली ख़ाने ख़ानां का दूसरा पुत्र, सईद खां लोदी मुबारक खां लोदी का पुत्र, इस्माईल खां लोहानी, तातार खां फ़र्मुली, उस्मान खां फ़र्मुली, शेखज़ादा मुहम्मद पुत्र एमाद फ़र्मुली, शेख जमाल उस्मान, शेख अहमद फ़र्मुली, आदम लोदी, हुसेन खां, आदम लोदी का भाई, कबीर खां लोदी, नसीर खां लोहानी, ग़ाज़ी खां लोदी, तातार खां जथरा[२] का हाकिम, मौलाना जुम्मन कम्बोह हुज्जाबे खास[३], मज्दुद्दीन हुज्जाबे ख़ास, शेख उमर हुज्जाबे खास, शेख इबराहीम हुज्जाबे खास, मुक़बिल हुज्जाबे खास, ताहिर काबुली का पुत्र क़ाज़ी अब्दुल वाहिद हुज्जाबे ख़ास, ख़वास खां का पुत्र ख़वास खां भूवा, ख्वाजा नसरुल्ला, मुबारक खां, इक़बाल खां वारी क़स्बे का हाकिम, ख्वाजा असग़र देहली के हाकिम क़िवाम का पुत्र, शेर खां मुबारक खां लोहानी का भाई, एमादुलमुल्क कम्बोह, दरिया खां लोहानी से संबन्धित जो मीर अदल[४] था।

रापरी तथा इटावा की सुव्यवस्था

कुछ समय उपरान्त सुल्तान सिकन्दर ने रापरी परगने की ओर प्रस्थान किया। सुल्तान सिकन्दर का भाई आलम खां रापरी एवं चंदवार के क़िले में कुछ दिन तक बन्द रहा। अन्त में वह भाग कर ईसा खां बिन तातार खां लोदी के पास पटियाली चला गया। रापरी की विलायत खाने खानां लोहानी को प्रदान कर दी गई। सुल्तान ने इटावा पहुंच कर ७ मास वहां व्यतीत किये। आलम खां को अपनी ओर मिला कर उसे आज़म हुमायूँ से पृथक् कर दिया और इटावा की विलायत[५] उसे प्रदान कर दी। उसने इस्माईल खां लोहानी को संधि हेतु जौनपुर के बादशाह बारबक शाह के पास भेजा। उसने स्वयं

१ सुल्तान फ़ीरोज़ का महल।
२ यह शब्द विभिन्न रूप से लिखा गया है : जथरा, झतवा, जहरा, झतरा। फ़िरिश्ता के अनुसार तिजारा।
३ ख़ास हाजिब।
४ न्याय करने का कार्य मीर अदल के अधीन होता था।
५ प्रदेश।

पटियाली के हाकिम ईसा खां पर चढ़ाई की। ईसा खां युद्ध के उपरान्त आहत हुआ। अंत में उसने दीनता प्रकट करते हुए अधीनता स्वीकार कर ली और उन्हीं घावों के कारण मर गया।

सुल्तान द्वारा बारबक शाह पर आक्रमण

राय गणश जो बारबक शाह का सहायक था आकर सुल्तान से मिल गया। पटियाली की अक़्ता उसे प्रदान कर दी गई। सुल्तान ने बारबक शाह पर चढ़ाई की। बारबक शाह (३१६) जौनपुर से क़न्नौज पहुंचा। दोनों ओर की सेनाओं में युद्ध हुआ। युद्ध में मुबारक खां बन्दी बना लिया गया। बारबक शाह पराजित होकर बदायूँ चला गया। सुल्तान ने उसका पीछा करके बदायूँ को घेर लिया। बारबक शाह ने दीनता प्रकट करते हुए आज्ञाकारिता स्वीकार कर ली। सुल्तान ने उसे सम्मानित करके प्रसन्न किया और अपने साथ जौनपुर ले जाकर पूर्व की भांति शर्क़ी सुल्तानों के सिंहासन पर आरूढ़ कर दिया, किन्तु जौनपुर की विलायत के परगने अपने अमीरों में बांट दिये। प्रत्येक स्थान पर अपनी ओर से हाकिम नियुक्त कर दिये और उसकी सेवा में अपने विश्वासपात्रों को नियुक्त कर दिया।

कालपी से ब्याना तक की सुव्यवस्था

वहां से वह कोटला तथा कालपी पहुंचा। कालपी को शाहज़ादा ख्वाजा बायज़ीद के पुत्र आज़म हुमायूं से लेकर मुहम्मद ख़ां लोदी को प्रदान कर दिया। वहां से वह जथरा पहुंचा। जथरा के हाकिम तातार खां ने आज्ञाकारिता तथा स्वामिभक्ति प्रदर्शित की। उसने जथरा उसको प्रदान कर दिया और तत्पश्चात् ग्वालियर के क़िले की ओर प्रस्थान किया। ख्वाजा मुहम्मद फ़र्मुली को विशेष खिलअत प्रदान करके ग्वालियर के राजा मान के पास भेजा। राजा मान ने भी आज्ञाकारिता स्वीकार की और अपने भतीजे को सुल्तान की सेवा में इस आशय से भेजा कि वह ब्याना तक सुल्तान के साथ साथ जाय। ब्याना के हाकिम सुल्तान शरफ़ ने, जो सुल्तान अहमद जलवानी का पुत्र था, आज्ञाकारिता प्रदर्शित की। सुल्तान ने उससे कहा कि "तू ब्याना छोड़ दे ताकि उसके बदले में तुझे जलेसर, चंदवार, मारहरा तथा सकेत दे दिया जाय।" सुल्तान शरफ़, उमर खां शिरवानी को अपने साथ लेकर ब्याना इस आशय से पहुंचा कि क़िले की कुंजियाँ उसे सौंप दे। ब्याना पहुंचकर उसने विश्वासघात किया और क़िले को दृढ़ बना लिया। सुल्तान सिकन्दर आगरा पहुंचा। हैबत खां जलवानी जो सुल्तान शरफ़ के अधीन था आगरा के क़िले में बन्द हो गया। सुल्तान अपने अमीरों में से कुछ लोगों को आगरा में नियुक्त करके स्वयं ब्याना पहुंचा और ब्याना को बुरी तरह घेर लिया। सुल्तान शरफ़ ने विवश होकर दीनता प्रकट की और क्षमा याचना की। ८९७ हि० (१४९१-९२ ई०) में उसे ब्याना पर विजय प्राप्त हो गई। ब्याना की विलायत[1] (३१७) ख़ाने ख़ाना फ़र्मुली को प्रदान कर दी गई। सुल्तान शरफ़ को निर्वासित कर दिया गया। वह ग्वालियर पहुंचा। सुल्तान देहली लौट गया और २४ दिन तक देहली में ठहरा रहा।

जौनपुर में विद्रोह

इसी बीच में समाचार प्राप्त हुए कि जौनपुर की विलायत के ज़मींदारों, बजकूतियों[2] तथा अन्य लोगों ने लगभग १ लाख पदाती एवं अश्वारोही एकत्र कर लिये हैं। मुबारक खां के भाई शेर ख़ां की

१ प्रदेश।
२ बचगोटियों।

हत्या कर दी गई है। मुबारक खां झूसी पयाग[१] के घाट पर, जो अब इलाहाबाद कहलाता है और जिसका निर्माण खलीफ़ाये इलाही अर्थात् अकबर बादशाह द्वारा हुआ था, नदी पार कर रहा था किन्तु मल्लाहों द्वारा बन्दी बना लिया गया। पतना[२] के राजा राय भेद को जब इस घटना की सूचना मिल गई तो उसने मुबारक खां को बन्दी बना लिया। बारबक शाह उस समूह के प्रभुत्व को देख कर जौनपुर से दरियाबाद, मुहम्मद फ़र्मुली के पास जो काला पहाड़ के नाम से प्रसिद्ध था पहुंच गया।

सुल्तान का जौनपुर की ओर प्रस्थान

सुल्तान सिकन्दर ने पुनः ८९७ हि० (१४९१-९२ ई०) में उस ओर प्रस्थान किया। गंगा नदी पार करके जब वह दलमऊ पहुंचा तो बारबक शाह समस्त अमीरों सहित उसकी सेवा में उपस्थित हुआ और उसकी कृपाओं द्वारा सम्मानित हुआ। सुल्तान के आगमन के कारण राय भेद ने आतंकित होकर मुबारक खां लोहानी को बन्दीगृह से मुक्त करके सुल्तान की सेवा में भेज दिया। सुल्तान वहां से कहतर[३] पहुंचा। वहां ज़मींदारों की बहुत बड़ी संख्या ने एकत्र होकर सुल्तान से युद्ध किया। अंत में पराजित होकर वे तलवार के घाट उतार दिये गये और छिन्न भिन्न हो गये। सुल्तान के सैनिकों को अत्यधिक धन-संपत्ति प्राप्त हुई। सुल्तान जौनपुर पहुंचा और बारबक शाह को पुनः जौनपुर में छोड़ कर लौट आया।

जौनपुर की व्यवस्था

वह अवध के निकट एक मास तक भ्रमण करता तथा शिकार खेलता रहा। जब वह कहतर पहुंचा तो उसे यह समाचार प्राप्त हुए कि बारबक शाह ज़मींदारों के प्रभुत्व के कारण जौनपुर में नहीं ठहर सकता। सुल्तान ने आदेश दिया कि मुहम्मद फ़र्मुली, आज़म हुमायूँ तथा खाने खानां लोहानी अवध के मार्ग से और मुबारक खां आगरा के मार्ग से जौनपुर की ओर प्रस्थान करें और बारबक शाह को बन्दी बनाकर सुल्तान की सेवा में भेज दें। वे आदेशानुसार जौनपुर पहुंचे और बारबक शाह को पकड़वा कर (३१८) बन्दी बना लिया और सुल्तान की सेवा में भेज दिया। जब बारबक शाह सुल्तान के समक्ष प्रस्तुत किया गया तो उसे हैबत खां तथा उमर खां शिरवानी को सौंप दिया गया।

चुनार पर चढ़ाई

सुल्तान ने स्वयं जौनपुर के निकट से चुनार के क़िले पर चढ़ाई की। सुल्तान हुसेन शर्क़ी के कुछ अमीरों ने जो उस स्थान पर थे युद्ध किया और पराजित हुए। वे क़िले में प्रविष्ट हो गये। क़िले के दृढ़ होने के कारण सुल्तान ने क़िले को न घेरा और कन्तत[४] की ओर जो पटना के अधीन है पहुंचा। वहां के राजा राय भेद ने उसका स्वागत किया और सुल्तान ने कन्तत को उसे प्रदान कर दिया तथा अरैल[५] की ओर प्रस्थान किया। इसी बीच में राय भेद शंकित होकर अपनी संपत्ति तथा परिजन छोड़ कर पटना की ओर भाग गया। सुल्तान ने उसकी संपत्ति तथा परिजन उसके पास भेज दिये।

१ प्रयाग।

२ पटना।

३ कटिहर (रुहेल खंड)।

४ यह नाम विभिन्न रूप से लिखा है : कन्तल, कस्तत, कन्तत : इलाहाबाद सरकार में गंगा के दक्षिण-पश्चिम में।

५ अरैल :— इलाहाबाद के समीप।

जब सुल्तान अरैल पहुंचा, तो उसने लूट-मार प्रारम्भ कर दी और बाग़ों तथा उद्यानों को नष्ट करके कड़ा के मार्ग से दलमऊ पहुंचा। मुबारक खां लोहानी के भाई शेर खां की पत्नी से स्वयं विवाह कर लिया और शम्साबाद पहुंचा। वहां ६ मास तक ठहर कर संबल पहुंचा और संबल से पुनः शम्साबाद की ओर प्रस्थान किया। मार्ग में मदमऊ नाकुल[1] ग्राम को, जो विद्रोहियों का गढ़ था, नष्ट कर दिया और वहां के लोगों की हत्या कर दी। वहां के विद्रोही भाग कर वज़ीराबाद ग्राम में प्रविष्ट हो गये। वज़ीराबाद के आदमियों की भी हत्या करके तथा उन्हें बन्दी बनाकर शम्साबाद पहुंचा और वर्षा ऋतु वहीं व्यतीत की।

सुल्तान सिकन्दर का पटना की ओर प्रस्थान

९०० हि० (१४९४-५ ई०) में उसने राजा भेद को दण्ड देने के लिए पटना की विलायत[2] की ओर प्रस्थान किया। मार्ग में विद्रोहियों के स्थान नष्ट कर दिये। उनकी हत्या करने लगा और उन्हें बन्दी बनाने लगा। जब वह खारान खाती[3] पहुंचा तो उस स्थान पर राजा पतना[4] के पुत्र नर सिंह[5] से युद्ध हुआ। नर सिंह पराजित होकर खाती छोड़ कर पतना भाग गया। जब सुल्तान पटना पहुंचा तो पटना का राजा सरकिज[6] नामक स्थान की ओर भाग गया किन्तु मार्ग में मृत्यु हो गई। सुल्तान ने सरकिज से पटना के अधीनस्थ सन्ध[7] नामक स्थान की ओर प्रस्थान किया। जब वह वहां पहुंचा तो (३१९) अफ़ीम, कोकनार[8], नमक तथा तेल का मूल्य बहुत बढ़ गया। सुल्तान वहां से जौनपुर पहुंचा और जिन घोड़ों ने पटना की उस यात्रा में कष्ट भोगे थे वे नष्ट हो गये। जिसके पास पायगाह[9] में सौ घोड़े थे उसमें से ९० नष्ट हो गये।

सुल्तान हुसेन का सुल्तान सिकन्दर पर आक्रमण

राय भेद के पुत्र राय लक्ष्मी चन्द तथा समस्त ज़मींदारों ने सुल्तान हुसेन को लिखा कि "सुल्तान सिकन्दर के घोड़े नष्ट हो चुके हैं और अस्त्र-शस्त्र का विनाश हो गया है। यह बड़ा अच्छा अवसर है।" सुल्तान हुसेन ने सेना एकत्र करके १०० हाथी सहित बिहार से सुल्तान सिकन्दर पर आक्रमण किया। सुल्तान (सिकन्दर) कन्तत घाट से गंगा नदी पार करके चुनार पहुंचा और वहां से बनारस आया। उसने खाने खानां को राय भेद के पुत्र सालबाहन के पास इस आशय से भेजा कि वह उसको प्रोत्साहन देकर ले आये। उस समय सुल्तान हुसेन की सेना बनारस से १८ कोस पर थी। सुल्तान सिकन्दर ने शीघ्रातिशीघ्र सुल्तान हुसेन पर आक्रमण किया। मार्ग में सालबाहन उसकी सेवा में पहुँचा। दोनों सेनाओं में घोर युद्ध होने लगा। सुल्तान हुसेन पराजित होकर पटना की विलायत की ओर चला गया। सुल्तान ने अपना शिविर छोड़ कर १ लाख अश्वारोहियों सहित सुल्तान हुसेन का पीछा किया।

१ यह नाम विभिन्न रूप से लिखा गया है : मदमूनाकल, मदेवनॉकल, देव क़रया बाकली।
२ राज्य।
३ घाटी।
४ पटना।
५ कुछ हस्तलिखित पोथियों में 'वर सिंह'।
६ सरकहा, सरकंजा--कुछ अन्य हस्तलिखित पोथियों के अनुसार।
७ इस शब्द के अन्य रूप: सहदवार, सहदेव, इत्यादि हैं।
८ पोस्ते का टोडा।
९ अश्वशाला।

सुल्तान सिकन्दर का बिहार की ओर प्रस्थान

मार्ग में उसे ज्ञात हुआ कि सुल्तान हुसेन बिहार चला गया है। ९ दिन उपरान्त सुल्तान लौट कर अपने शिविर में पहुँचा और बिहार की ओर प्रस्थान किया। सुल्तान हुसेन मलिक कन्दू[1] को बिहार के क़िले में छोड़कर स्वयं लखनौती के अधीन कहल गाँव पहुँचा। सुल्तान सिकन्दर ने देवबार[2] के पड़ाव से मलिक कन्दू के विरुद्ध सेना नियुक्त की। मलिक कन्दू भाग गया और बिहार सुल्तान सिकन्दर के गुमाश्तों[3] के अधीन हो गया।

सुल्तान, मुहब्बत ख़ाँ को कुछ अमीरों सहित, बिहार में छोड़ कर दरवेशपुर पहुँचा। ख़ाने ख़ानां तथा ख़ाने जहाँ को भारी सामान एवं शिविर सौंप कर तिरहुट की ओर रवाना हुआ। तिरहुट के राय ने उसका स्वागत करके उसकी अधीनता स्वीकार की। तिरहुट के राय का ख़राज[4] कई लाख तन्के निश्चित (३२०) हुआ। मुबारक ख़ाँ लोहानी को ख़राज वसूल करने के लिए वहां छोड़कर वह पुनः दरवेश-पुर में अपनी सेना के शिविर में पहुँच गया।

बंगाल के बादशाह से संधि

१६ शव्वाल ९०१ हि० (२८ जून १४९६ ई०) को ख़ाने जहाँ की मृत्यु हो गई। सुल्तान ने उसके ज्येष्ठ पुत्र अहमद ख़ां को आज़म हुमायूँ की उपाधि प्रदान कर दी। तत्पश्चात् वह शेख़ शरफ़ मुनीरी[5] के मज़ार के दर्शन हेतु बिहार पहुंचा। वहां के दरिद्रियों तथा फ़क़ीरों को प्रसन्न करके पुनः दरवेश-पुर लौट आया। वहां से उसने बंगाल के बादशाह सुल्तान अलाउद्दीन पर चढ़ाई की। जब वह बिहार के अधीन तुग़लुक़पुर नामक स्थान पर पहुँचा तो सुल्तान अलाउद्दीन ने अपने पुत्र दानियाल को उससे युद्ध करने के लिये भेजा। सुल्तान सिकन्दर ने अहमद ख़ां लोदी तथा मुबारक ख़ां लोहानी को अपनी ओर से मुक़ाबले के लिये भेजा। दोनों सेनायें बारा नामक ग्राम में एकत्र हुईं और परस्पर संधि कर ली। यह निश्चय हुआ कि सुल्तान सिकन्दर, सुल्तान अलाउद्दीन की विलायत पर अधिकार न जमाये। इसी प्रकार सुल्तान अलाउद्दीन, सुल्तान सिकन्दर की विलायत को कोई हानि न पहुँचाये और उसके विरोधियों को शरण न प्रदान करे। संधि के उपरान्त महमूद ख़ां तथा मुबारक ख़ां लोहानी लौट गये। बिहार के अधीन पटना क़स्बे में मुबारक ख़ां की मृत्यु हो गई। सुल्तान सिकन्दर तुग़लुक़पुर से दरवेशपुर पहुँचा और वहां कई मास तक ठहरा रहा। उसने वह विलायत[6] आज़म हुमायूँ को प्रदान कर दी और बिहार की विलायत को मुबारक ख़ां लोहानी के पुत्र दरिया ख़ां को प्रदान कर दिया।

अकाल

उस वर्ष में अनाज का अभाव हो गया। प्रजा की शांति के लिए उसने अपने समस्त राज्य में

१ फ़िरिश्ता के अनुसार 'खन्दू'।
२ कुछ हस्तलिखित पोथियों के अनुसार 'देवमार'।
३ एजेंट।
४ कर।
५ शरफ़ुद्दीन यहया मनेरी, बिहार के प्रसिद्ध सूफ़ी। वे देहली के शेख़ निज़ामुद्दीन औलिया के समकालीन तथा बड़े ही विद्वान् सूफ़ी थे। उनके पत्रों का संग्रह बड़ा प्रसिद्ध है। उनकी मृत्यु १३७६ ई० में हुई। पटना के समीप मनेर में निवास करने के कारण वे मनेरी कहलाते हैं।
६ प्रांत।

अनाज का कर[1] क्षमा कर दिया और तत्सम्बन्धी फ़रमान जारी कर दिये। उस तिथि से अनाज पर जो कर लिया जाता था उसका अन्त हो गया।

पटना पर आक्रमण

उस समय सुल्तान सारन क़स्बे में पहुंचा। सारन के निकट के कुछ परगने, जो ज़मींदारों के (३२१) अधीन थे, उनसे लेकर अपने आदमियों को जागीर के रूप में प्रदान कर दिये। वहां से वह महलीगर[2] के मार्ग से जौनपुर पहुँचा। छः मास तक वहाँ उसने पड़ाव किया। तत्पश्चात् उसने पटना[3] की ओर प्रस्थान किया। कहा जाता है कि सुल्तान ने पटना के राय सालबाहन से उसकी पुत्री माँगी थी किन्तु उसने स्वीकार न किया। सुल्तान ने प्रतिकार हेतु ९०४ हि० (१४९८-९९ ई०) में पटना पर चढ़ाई की। जब वह पटना पहुंचा तो उसने उस प्रदेश का विनाश प्रारम्भ कर दिया और आवादी का कोई चिह्न न छोड़ा। जब वह बन्धूगर[4] के क़िले में, जो उस विलायत का अत्यन्त दृढ़ क़िला था और जहां उस स्थान का हाकिम रहता था, पहुंचा तो वहां के वीरों ने अपनी वीरता का प्रदर्शन किया। क़िले के दृढ़ होने के कारण सुल्तान वहां से जौनपुर चला गया और कुछ दिन तक वहां ठहर कर राज्य के कार्य सम्पन्न करने लगा।

जौनपुर के कर का हिसाब किताब

इसी बीच में मुबारक ख़ां मौजी ख़ेल लोदी का हिसाब, जिसे जौनपुर में बारबक शाह को बन्दी बनाने के समय नियुक्त कर दिया गया था, पेश किया गया। मुबारक ख़ां ने यद्यपि बहाना करके टालना चाहा और ख़ानों से सिफ़ारिश कराई किन्तु उससे कोई लाभ न हुआ। उससे कई वर्ष का हासिल[5] सुल्तान के बरबिस्त[6] के अनुसार वसूल करने का आदेश हुआ।

सुलेमान ख़ां था हैबत ख़ां में शत्रुता

संयोगवश उन्हीं दिनों सुल्तान चौगान[7] खेल रहा था। चौगान खेलते समय दरिया ख़ां शिरवानी के पुत्र सुलेमान का चौगान[8] हैबत ख़ां के चौगान से टकरा कर सुलेमान के सिर पर लगा और उसका सिर टूट गया। दोनों में इसके कारण झगड़ा होने लगा और शत्रुता बढ़ गई। सुलेमान के भाई ख़िज्र ने अपने भाई का बदला लेने के लिये जान-बूझकर हैबत ख़ां के सिर पर चौगान मारा। शोरगुल होने लगा। महमूद ख़ां तथा ख़ाने ख़ानां, हैबत ख़ां को तसल्ली देकर अपने स्थान पर ले गया। सुल्तान मैदान से निकल कर महल के भीतर चला गया। ४ दिन बाद उसने पुनः चौगान खेलने के लिए प्रस्थान किया। मार्ग में हैबत ख़ां का एक सम्बन्धी शम्स ख़ां नामक क्रोध में भरा खड़ा था। जैसे ही उसने सुलेमान के भाई ख़िज्र को देखा तो उसने तत्काल उसके सिर पर चौगान मारा। सुल्तान के आदेशानुसार शम्स ख़ां को बहुत मारा गया और सुल्तान लौट कर अपने महल में चला गया।

१ ज़काते ग़ल्ला।
२ महलीगढ़।
३ यह शब्द हस्तलिखित पोथियों में कई प्रकार से लिखा गया है : पटना, पन्ना, पथना।
४ बन्धूगढ़।
५ जो कर उसे अदा करना था।
६ बन्दोबस्त।
७ एक प्रकार का पोलो।
८ बल्ला।

अमीरों का षड्यंत्र

(३२२) तत्पश्चात्, उसे अमीरों के प्रति शंका हो गई। कुछ अमीरों को, जिन्हें वह हितैषी तथा निष्ठावान् समझता था, उसने पहरा देने के लिए नियुक्त कर दिया। अमीर लोग सशस्त्र होकर रात्रि में पहरा देते थे। इसी बीच में कुछ लोग विश्वासघात की योजना बनाने लगे। २२ सरदारों ने संगठित होकर शाहज़ादा फ़तह खां बिन सुल्तान बहलोल को राज्य पर अधिकार जमाने के लिए उकसाया और शपथ लेकर विद्रोह में उसका साथ देने की प्रतिज्ञा की। शाहज़ादे ने यह रहस्य शेख ताहिर[1] तथा अपनी माता को बता दिया और षड्यन्त्रकारियों के नाम उसे बता दिए। शेख ताहिर तथा शाहज़ादे की माता ने उसे सत्परामर्श देते हुए यह निश्चय किया कि वह सूची को सुल्तान सिकन्दर के समक्ष प्रस्तुत कर दे और विद्रोह के उपालम्भ से अपने आप को मुक्त करा ले। शाहज़ादे ने ऐसा ही किया। सुल्तान ने उन लोगों के विश्वासघात के कारण वज़ीर की सहमति से विद्रोह को शांत करने के लिए उस समूह के प्रत्येक व्यक्ति को इधर-उधर भेज दिया।

सुल्तान का सम्भल की ओर प्रस्थान

तत्पश्चात् उसने ९०५ हि० (१४९९-१५०० ई०) में संबल की ओर प्रस्थान किया और वहां पर ४ वर्ष ठहर कर राज्य के कार्य सम्पन्न कराता रहा और भोग-विलास में समय व्यतीत करता रहा। अपना अधिकांश समय वह चौगान खेलने तथा शिकार में व्यतीत करता था।

खवास खां का देहली प्राप्त करना

इसी बीच में देहली के हाकिम असग़र की कुकृतियों तथा दुष्टता की सूचना पाकर उसने माछवारा[2] के हाकिम ख़वास ख़ां को आदेश भेजा कि "तू असग़र को बन्दी बनाकर मेरी सेवा में भेज दे।" खवास खां ने देहली पर चढ़ाई की किन्तु खवास खां के देहली पहुँचने के पूर्व असग़र शनिवार सफ़र ९०६ हि० (अगस्त-सितम्बर १५०० ई०) की रात्रि में क़िले से निकल कर सुल्तान के पास संबल पहुंच गया और उसे बन्दी बना लिया गया। खवास ख़ाँ ने देहली पर अधिकार जमा कर राज्य प्रारम्भ कर दिया।

इस्लाम तथा हिन्दू—दोनों धर्मों की सत्यता

कहा जाता है कि कानीर[3] नामक ग्राम के लोधन[4] नामक जुन्नारदार[5] ने कुछ मुसलमानों के समक्ष यह बात स्वीकार की कि "इस्लाम सत्य है और मेरा धर्म भी सत्य है।" यह बात आलिमों के कान में (३२३) में पहुंच गई। क़ाज़ी प्यारा तथा शेख बुद्ध ने जो लखनौती[6] में थे एक दूसरे के विरुद्ध फ़तवे दिये। उस विलायत के हाकिम आज़म हुमायूँ ने उस जुन्नारदार को क़ाज़ी प्यारा तथा शेख़ बुद्ध के साथ सुल्तान

१ बदायूनी के अनुसार 'शेख़ ताहिर' तथा फ़िरिश्ता के अनुसार 'शेख ताहिर काबुली'। 'तारीख़े दाऊदी' के अनुसार 'शेख़ ताहा'।

२ हस्तलिखित पोथियों में 'माछीवारा'। माछीवारा सतलज नदी के तट पर है। यह वही स्थान है जहाँ बैरम ख़ां तथा हुमायूँ ने ईरान से लौटकर अफ़ग़ानों को पराजित किया था।

३ इस शब्द के निम्नांकित रूप भी हैं: कानीद, कान्हीर, कान्हेर, काथर, कांथी, कायथन।

४ यह नाम विभिन्न रूप से लिखा गया है: लोदन, लोधन, नोधन, पोधन तथा बोधन।

५ ब्राह्मण।

६ इसे 'लखनऊ' होना चाहिए।

के पास संबल भेज दिया। क्योंकि सुल्तान की इन्हीं समस्याओं पर वाद-विवाद करने की ओर विशेष रुचि थी अतः उसने प्रत्येक दिशा से प्रतिष्ठित आलिमों को बुलवाया। मियां क़ादन बिन शेख़ ख़ूजू, मियां अब्दुल्लाह बिन अलहदाद तलुम्बी, सैयिद मुहम्मद बिन सईद ख़ां देहली से, मुल्ला क़ुतुबुद्दीन, मुल्ला अलहदाद तथा सालेह सरहिन्द से, सैयिद अमान तथा मीरान सैयिद अख़न क़न्नौज से आये। बहुत से आलिम जो सुल्तान के साथ सर्वदा रहते थे उदाहरणार्थ सैयिद सद्रुद्दीन क़न्नौजी, मियां अब्दुर्रहमान सीकरी निवासी, तथा मियां अज़ीज़ुल्लाह संबली भी वाद-विवाद में उपस्थित हुए। आलिमों ने यह बात निश्चय की कि उसे बन्दी-गृह में डाल कर इस्लाम की शिक्षा दी जाय, यदि वह इस्लाम स्वीकार न करे तो उसकी हत्या कर दी जाय। लोधन ने इस्लाम स्वीकार न किया और उसकी हत्या कर दी गई। सुल्तान ने उपर्युक्त आलिमों को इनाम देकर उनके स्थानों पर उन्हें भेज दिया।

षड्यंत्रकारियों का निर्वासित होना

कुछ दिन उपरान्त ख़वास ख़ां देहली को अपने पुत्र इस्माईल ख़ां को सौंप कर सुल्तान के आदेशानुसार संबल पहुंचा। उसे ख़िलअत द्वारा सम्मानित किया गया। उसी समय सईद ख़ां शिरवानी लाहौर से आकर सुल्तान की सेवा में उपस्थित हुआ। क्योंकि वह षड्यंत्रकारी था, अतः उसे, तातार ख़ां, मुहम्मद ख़ां तथा समस्त षड्यंत्रकारियों को अपनी विलायत[1] से निर्वासित कर दिया। वे लोग ग्वालियर के मार्ग से गुजरात चले गये। इसी बीच में राजा ग्वालियर ने जिसका नाम मान था निहाल नामक ख़्वाजासरा को उत्तम पेशकश देकर सुल्तान की सेवा में भेजा। जब सुल्तान ने ख़्वाजासरा से कुछ बातें पूछीं तो उसने कठोर उत्तर दिये। सुल्तान ने दूत को वापस कर दिया और उस ओर चढ़ाई करने तथा क़िले पर अधिकार जमाने की धमकी दी।

ब्याना तथा आगरा का शासन प्रबन्ध

(३२४) उसी समय ब्याना के हाकिम ख़ाने ख़ानां फ़र्मुली की मृत्यु के समाचार प्राप्त हुये। उसने कुछ समय तक ब्याना को ख़ाने ख़ानां के पुत्रों, एमाद तथा सुलेमान के अधिकार में रखा। क्योंकि ब्याना का क़िला दृढ़ता तथा राज्य की सीमा पर स्थित होने के कारण विद्रोह तथा उपद्रव का केन्द्र बन चुका था, अतः एमाद तथा सुलेमान अपने संबन्धियों सहित ब्याना से संबल पहुँचे। सुल्तान ने ब्याना को एमाद तथा सुलेमान से लेकर ख़वास ख़ां को प्रदान कर दिया। कुछ दिन उपरान्त सफ़दर ख़ां को आगरा की जो ब्याना से संबन्धित था अमलदारी[2] हेतु नियुक्त किया गया। एमाद तथा सुलेमान को शम्साबाद, जलेसर, मंगलौर, शाहाबाद तथा कुछ अन्य परगने जागीर में प्रदान कर दिये गये।

धौलपुर पर चढ़ाई

मेवात के हाकिम आलम ख़ां तथा रापरी के हाकिम ख़ाने ख़ानां लोहानी को आदेश हुआ कि वे ख़वास ख़ां के साथ धौलपुर[3] के क़िले को विजय करके राय विनायक देव के अधिकार से ले लें। राय ने अपनी रक्षा हेतु घोर युद्ध प्रारम्भ कर दिया। ख़्वाजा बब्बन[4] भी जोकि बड़ा ही शूरवीर था वहीं मारा गया।

१ राज्य।
२ शासन प्रबन्ध।
३ आगरा से दक्षिण में ३४ मील पर तथा ग्वालियर से उत्तर-पश्चिम में ३७ मील पर।
४ यह नाम भी विभिन्न रूप से लिखा गया है : बब्बन, हन्नन, बैन, मैन।

नित्यप्रति बहुत से लोगों की हत्या होती थी। जब सुल्तान सिकन्दर को यह समाचार प्राप्त हुये तो वह व्याकुल होकर उसी वर्ष की ६ रमज़ान की शुक्रवार को संबल से धौलपुर पहुंचा। जब वह धौलपुर के समीप पहुंचा तो राय विनायक देव अपने संबन्धियों को क़िले में छोड़कर ग्वालियर चला गया। उसके संबन्धी सुल्तान सिकन्दर की सेना का मुक़ाबला न कर सके और आधी रात में क़िले से निकल कर भाग गये। प्रातःकाल सुल्तान ने क़िले में पहुंचकर ईश्वर के प्रति कृतज्ञता प्रकट करने के लिये नमाज़ पढ़ी और विजय से संबन्धित प्रथाओं को सम्पन्न कराया। सैनिकों ने लूटमार तथा ध्वंस प्रारम्भ कर दिया। उन्होंने घरों को नष्ट-भ्रष्ट कर दिया, और धौलपुर के निकट ७ कोस तक जो वृक्ष लगे थे उनका समूलोच्छेदन कर दिया।

ग्वालियर पर आक्रमण

सुल्तान वहां एक मास तक ठहरा रहा। तत्पश्चात् उसने ग्वालियर की ओर प्रस्थान किया। आदम लोदी को बहुत से अमीरों सहित वहां नियुक्त करके चम्बल नदी पार की। आसी नदी के तट पर जिसे मेंदकी[1] कहते हैं पड़ाव किया। वह वहां २ मास तक ठहरा रहा। जल की ख़राबी के कारण रोग व्यापक हो गया तथा महामारी फैल गई। ग्वालियर का राजा भी सुल्तान की सेवा में उपस्थित हुआ (३२५) और उसने संधि की याचना की। उसने सईद ख़ां, बाबू ख़ां तथा राय गणेश को, जिन्होंने सुल्तान के पास से भाग कर उसके पास शरण ली थी, अपने क़िले से निकाल दिया और अपने ज्येष्ठ पुत्र बिकरमाजीत (विक्रमादित्य) को सुल्तान की सेवा में भेजा। सुल्तान ने उसे घोड़े तथा ख़िलअत प्रदान किये और उसे वापस जाने की अनुमति देकर आगरा की ओर वापस चला गया। जब वह धौलपुर पहुंचा तो उसने वह स्थान भी विनायक देव को प्रदान कर दिया और आगरा में पहुंच कर वर्षा ऋतु वहीं व्यतीत की।

मुँदरायल पर आक्रमण

वर्षा ऋतु के व्यतीत हो जाने के उपरान्त रमज़ान ९१० हि० (फ़रवरी-मार्च १५०५ ई०) में उसन मुंदरायल[2] के क़िले को विजय करने के लिए प्रस्थान किया। एक मास तक धौलपुर के निकट ठहरा रहा और सेनाओं को भेजकर आदेश दिया कि वे ग्वालियर तथा मुंदरायल के समीप के स्थानों को विध्वंस कर दें। तत्पश्चात् उसने स्वयं मुंदरायल के क़िले को घेर लिया। क़िले वालों ने संधि करके क़िला समर्पित कर दिया। सुल्तान ने मंदिरों का खण्डन करवा कर उनके स्थान पर मस्जिदों का निर्माण कराया। क़िला मुजाहिद ख़ां के गुमाश्ते[3] मियां मकन के अधीन कर दिया और स्वयं समीप के स्थानों को नष्ट-भ्रष्ट करने के लिये प्रस्थान किया। उसने बहुत बड़ी संख्या में प्रजा को बन्दी बना लिया और उद्यान तथा भवन नष्ट करा दिये। वहां से उसने आगरा की ओर प्रस्थान किया। जब वह धौलपुर पहुंचा तो उसने क़िले का पुनः निर्माण कराया और उसे राय विनायक देव से लेकर मालिक क़मरुद्दीन को प्रदान कर दिया। उसने स्वयं आगरा में ठहर कर अमीरों को उनकी जागीरों की ओर विदा कर दिया।

१ सम्भवतः मंदकी।

२ 'मंदलायर' अथवा 'मंदरायल' चम्बल के पश्चिमी तट पर दो मील पर एक गोल पहाड़ी के समीप और केरौली के दक्षिण-पूर्व में १२ मील पर।

३ एजेंट।

आगरा में भूकम्प

इसी समय रविवार ३ सफ़र ९११ हि० (६ जुलाई १५०५ ई०) को आगरा में बहुत बड़ा (३२६) भूकम्प आया और पर्वत तक कांपने लगे। भव्य तथा दृढ़ भवन भी गिर पड़े। जीवित लोग क़यामत[1] समझने लगे और मुर्दे हश्र[2]। . . . . आदिकाल से लेकर इस समय तक हिन्दुस्तान में इस प्रकार का भूकम्प कभी न आया था और ऐसे भूकम्प के विषय में किसी को कोई स्मृति नहीं। कहा जाता है कि उसी दिन हिन्दुस्तान के अधिकांश नगरों में भूकम्प आया था।

सुल्तान का ग्वालियर की ओर प्रस्थान

वर्षा ऋतु के उपरान्त सुल्तान ने ९११ हि० (१५०५-६ ई०) में ग्वालियर की ओर प्रस्थान किया और डेढ़ मास तक धौलपुर में ठहरा रहा। वहां से उसने चम्बल नदी के किनारे कसला घाट के निकट पड़ाव किया और कुछ मास तक वहां विश्राम किया। शाहज़ादा इबराहीम, जलाल खां तथा अन्य खानों को वहां नियुक्त करके उसने स्वयं जेहाद[3] तथा ध्वंस के विचार से प्रस्थान किया और अधिकांश लोगों, जो जंगलों तथा पर्वतों में प्रविष्ट हो गये थे, की हत्या करा दी तथा बन्दी बना लिया। बंजारों के आने जाने में कमी हो जाने के कारण सेना में भी अनाज की कमी हो गई। सुल्तान ने आज़म हुमायूँ अहमद खां तथा मुजाहिद खां को बंजारों के लाने के लिए भेजा। यद्यपि ग्वालियर के राय ने मार्ग रोका किन्तु वह सफलता न प्राप्त कर सका।

सुल्तान सैर करता हुआ जब ग्वालियर के अधीन हशावर ग्राम में पहुँचा तो वहां से सेना की रक्षा हेतु तलीया[4] १० कोस आगे शत्रु की ओर रवाना हुआ। प्रत्येक दिन पहरा दिया जाता था और शत्रु की सेना से सचेत रहा जाता था।

ग्वालियर के राय की सेना सुल्तान की वापसी के समय छिपने के स्थान से बाहर निकली और घोर युद्ध हुआ। औध खां तथा खाने जहां के पुत्र अहमद खां इसी सेना में थे। उन लोगों के प्रयत्न तथा वीरता एवं सुल्तान की सेना की सहायता से राजपूत पराजित हुए और बहुत बड़ी संख्या में लोगों की हत्या हो गई और वे बन्दी बना लिये गये। सुल्तान ने औध खां को मलिक औध की उपाधि प्रदान की और वर्षा ऋतु के प्रारम्भ हो जाने के कारण आगरा की ओर प्रस्थान किया। जब वह धौलपुर पहुंचा तो प्रतिष्ठित अमीरों का एक बहुत बड़ा समूह वहां पर नियुक्त करके वह स्वयं आगरा चला गया और वर्षा ऋतु वहीं व्यतीत की।

शासन-प्रबन्ध सम्बन्धी विभिन्न कार्य

(३२७) वर्षा ऋतु के उपरान्त ९१२ हि० (१५०६-७ ई०) में उसने उदित नगर[5] के क़िले की ओर चढ़ाई की। जब वह धौलपुर पहुँचा तो उसने एमाद खां फ़र्मुली तथा मुजाहिद खां को कई हजार अश्वारोहियों तथा १०० हाथी देकर उदित नगर के क़िले की ओर भेजा और वह स्वयं वहीं ठहरा रहा।

१ मुसलमानों, ईसाइयों आदि के विश्वासानुसार जिस दिन समस्त सृष्टि का अन्त हो जायगा (प्रलय)।
२ क़यामत के उपरान्त प्राणियों के कर्मों का लेखा लेने का दिन।
३ इस्लाम के विस्तार हेतु धर्म-युद्ध।
४ सेना का वह अग्रिम भाग जो शत्रु का पता लगाने के लिये सेना के आगे आगे जाता है।
५ हस्तलिखित पोथियों में यह शब्द निम्न प्रकार से लिखा गया है: उननकर, ऊसकी, उनतगर, अवनतगर।

हुज्जाबी[1] का पद थानेसुर के क़स्बे के निवासी ताहिर बेग काबुली के पुत्र क़ाज़ी अब्दुल वाहिद, शेख़ उमर तथा शेख़ इबराहीम को प्रदान कर दिया। कालपी की विलायत महमूद खां लोदी की मृत्यु के उपरान्त उसके पुत्र जलाल ख़ां को प्रदान की गई। भीखन खां तथा जलाल ख़ां के भाई हाजी खां ने झगड़ा करके सुल्तान की सेवा में अपने-अपने विषय में निवेदन किया। सुल्तान ने फ़ीरोज़ अग़वान को उनके पास भेजा। अग़वान, अफ़ग़ानों के समान एक समूह है। मुजाहिद ख़ां को धौलपुर में नियुक्त करके सुल्तान ने चम्बल नदी के निकट पड़ाव किया। भीखन ख़ां तथा हाजी ख़ां सुल्तान की सेवा में उपस्थित हुए और उन्हें सम्मानित किया गया।

उदित नगर की विजय

सुल्तान ने उपर्युक्त मास की २३ तारीख़ को उदित नगर पहुंच कर क़िले को घेर लिया और आदेश दिया कि "समस्त सेना युद्ध के लिये तैयार हो जाय और सशस्त्र होकर क़िले की विजय का प्रयत्न प्रारम्भ कर दे।" सुल्तान ने ज्योतिषियों द्वारा निश्चित शुभ मुहूर्त में प्रस्थान किया और युद्ध प्रारम्भ कर दिया। सैनिक चींटियों तथा टिड्डियों की भांति चिपक कर वीरता प्रदर्शित करने लगे। सुल्तान को विजय प्राप्त हुई। मलिक अलाउद्दीन जिस ओर से क़िले पर आक्रमण कर रहा था उस ओर क़िले में दरार पड़ गई और वीर लोग पौरुष प्रदर्शित करते हुए क़िले में प्रविष्ट हो गये तथा युद्ध प्रारम्भ कर दिया। यद्यपि क़िले वालों ने क्षमा याचना का अत्यधिक प्रयत्न किया किन्तु उसे किसी ने न सुना और चारों ओर से क़िले में दरारें पड़ गईं और क़िला विजय हो गया। राजपूत लोग अपने घरों में तथा भवनों में घुस कर युद्ध करते थे और अपने परिवार की हत्या करते जाते तथा जलाते जाते थे। इसी बीच में (३२८) एक बाण मलिक अलाउद्दीन की आंख में लगा और वह अंधा हो गया। सुल्तान ने विजय के उपरान्त ईश्वर के प्रति कृतज्ञता प्रकट की और क़िले को मकन तथा मुजाहिद ख़ां को सौंप दिया। उसने मंदिरों का खण्डन करा दिया और उनके स्थान पर मस्जिदों का निर्माण कराया। जब सुल्तान को यह ज्ञात हुआ कि मुजाहिद ख़ां उदित नगर के राजा से घूस लेकर सुल्तान को वापस करने के विषय में वचन दे चुका है तो उसने १६ मुहर्रम ९१३ हि० (२८ मई १५०७ ई०) को मुल्ला जमन[2] ख़ास हाजिब को, जो मुजाहिद ख़ां का विश्वासपात्र था, बन्दी बनाकर मलिक ताजुद्दीन कम्बोह को सौंप दिया। जो ख़ान धौलपुर में थे, उन्हें आदेश दिया कि वे मुजाहिद ख़ां को बन्दी बना लें।

आगरा की ओर सुल्तान की वापसी

उसने मुहर्रम ९१३ हि० (मई-जून १५०७ ई०) में आगरा की ओर प्रस्थान किया। मार्ग में एक दिन मार्ग के संकीर्ण तथा असमतल होने के कारण लोगों के पार करने की प्रतीक्षा में पड़ाव किया गया। बहुत से लोग जल के अभाव, भीड़ तथा पशुओं की अधिकता के कारण नष्ट हो गये। उस दिन एक गिलास पानी का मूल्य १५ तन्के तक पहुँच गया था। बहुत से लोग तृष्णा के कारण जब जल पीते तो इतना पी लेते कि उनकी मृत्यु हो जाती थी। जब सुल्तान के आदेशानुसार लाशों की गणना की गई तो ८०० लाशें मिलीं। वह २८ मुहर्रम को (९ जून १५०७ ई०) धौलपुर पहुंचा, और कुछ दिन तक वहां ठहर कर आगरा चला गया और वर्षा ऋतु वहीं व्यतीत की।

१ हाजिब।
२ फ़िरिश्ता के अनुसार 'चमन'।

नरवर पर चढ़ाई

वर्षा के उपरान्त ९१३ हि० में (१५०७–८ ई०) उसने मालवा के अधीन नरवर के क़िले पर अधिकार जमाने का संकल्प किया। उसने कालपी के हाकिम जलाल खां लोदी को आदेश दिया कि "तू वहां पहुंच कर क़िले को घेर ले। यदि क़िले वाले संधि की प्रार्थना करें तो तू उनकी प्रार्थना को रद्द न करे।" सुल्तान भी कुछ दिन उपरान्त नरवर पहुंचा। दूसरे दिन वह क़िला देखने के लिए रवाना हुआ। जलाल खां अपनी सेना तैयार करके मार्ग में इस आशय से खड़ा हो गया कि सुल्तान सेना पर दृष्टिपात कर सके और वह स्वयं अभिवादन भी कर ले। उसने अपनी सेना को ३ भागों में विभाजित किया। एक पदातियों (३२९) की सेना, दूसरी अश्वारोहियों की, तीसरी हाथियों की। सुल्तान को उसकी सेना की अधिकता देखकर उसके प्रति ईर्ष्या हो गई और उसने निश्चय कर लिया कि वह शनैः-शनैः उसे नष्ट करके अपने मध्य से हटा दे। सुल्तान एक वर्ष तक क़िले को घेरे रहा। क़िला अत्यधिक दृढ़ तथा ८ कोस लम्बा था। सैनिक नित्यप्रति युद्ध के लिये जाते और मारे जाते थे। कुछ समय इसी प्रकार व्यतीत हो गया। सुल्तान ने आदेश दिया कि लोग रस्सियों के फंदे, बड़े बड़े चाक़ू, कुठार, तथा बेलचे लेकर क़िले को नष्ट-भ्रष्ट करने तथा युद्ध हेतु तैयार हो जायं। सेना वालों ने आज्ञा का पालन किया और दो दिशाओं से युद्ध प्रारम्भ कर दिया और पौरुष एवं वीरता का प्रदर्शन किया। सुल्तान महल की छत के ऊपर टहलता जाता था। उसने देखा कि क़िले के एक ओर दरार पड़ गई और तत्काल उसे भीतर के लोगों ने भर दिया। उसके सैनिक बहुत बड़ी संख्या में मारे गये। उस दिन क़िले पर विजय प्राप्त न हो सकी और वह सेना को लौटा लाया।

जलाल खां का बन्दी बनाया जाना

इसी बीच में सुल्तान ने जलाल खां को बन्दी बनाने एवं नष्ट करने के उद्देश्य से उसके योग्य सहायकों को अपनी ओर मिला लिया और उसकी सेना छिन्न-भिन्न कर दी। तत्पश्चात् दो फ़रमान निकाले गये, एक जलाल खां को बन्दी बनाने के विषय में इबराहीम खां लोहानी, सुलेमान फ़र्मुली तथा मलिक अलाउद्दीन जलवानी[1] के नाम और दूसरा मियां भुवा वज़ीर, सईद खां बिन जकू तथा मलिक आदम के नाम। उपर्युक्त खानों ने जलाल खां एवं शेर खां को शाही आदेशानुसार बन्दी बना लिया और उदित नगर के क़िले में ले जाकर उन्हें क़ैद कर दिया।

नरवर के क़िले की विजय

तत्पश्चात् नरवर क़िले के निवासी जल के अभाव तथा अनाज के मँहगे होने के कारण दुर्दशा को प्राप्त हो गये और उन्होंने क्षमा-याचना कर ली। वे अपनी धन-संपत्ति सहित बाहर चले गये। सुल्तान ने मंदिरों को वीरान करके मस्जिदों का निर्माण कराया। आलिमों तथा विद्यार्थियों को वज़ीफ़े तथा अदरार[2] प्रदान करके वहां बसा दिया। वह ६ मास तक क़िले के नीचे ठहरा रहा।

मालवा के शाहज़ादे के आगमन का प्रस्ताव

(३३०) इसी बीच में मालवा के वली सुल्तान नासिरुद्दीन के पुत्र शिहाबुद्दीन ने अपने पिता से रुष्ट होकर सुल्तान की सेवा में उपस्थित होना निश्चय किया। जब शिहाबुद्दीन मालवा के अधीन सीरी[2]

१ देखिये पृ० २२८ नोट नं० ३।

२ हस्तलिखित पोथियों में : सीरी, सिपरी, सेहरी, तथा तबसरी है।

नामक स्थान तक पहुँचा तो सुल्तान ने घोड़े एवं ख़िलअतें भेज कर उसे संदेश भेजा कि "यदि तू चंदेरी को जो मालवा के अधीन है समर्पित कर दे तो तेरी इस प्रकार सहायता की जायगी कि सुल्तान नासिरुद्दीन तुझे कुछ हानि न पहुंचा सकेगा।" संयोगवश किन्ही कारणों से शाहज़ादा शिहाबुद्दीन मालवा से बाहर न जा सका। इसका उल्लेख मालवा के सुल्तानों के संबन्ध में किया जा चुका है।

नरवर के चारों ओर क़िले का निर्माण

सुल्तान सिकन्दर ने २६ शाबान ९१४ हि० (२० दिसम्बर १५०८ ई०) को नरवर के क़िले से प्रस्थान किया और उसी वर्ष के ज़ीक़ाद मास में सिपरा नदी के तट पर पड़ाव किया। इस स्थान पर सुल्तान ने सोचा कि नरवर का क़िला अत्यधिक दृढ़ है। यदि वह किसी शत्रु को प्राप्त हो जायेगा तो उससे पुनः न लिया जा सकेगा। इस कारण उसने दूसरा क़िला उसके चारों ओर बनवाया ताकि शत्रु उस पर अधिकार न जमा सके।

शाहज़ादा जलाल ख़ां को कालपी प्रदान किया जाना

इस भय से निश्चिन्त होकर वह लाहायर[1] क़स्बे में पहुँचा और वहां १ मास तक पड़ाव किया। इसी बीच में क़ुतुब ख़ां लोदी की पत्नी नेमत ख़ातून शाहज़ादा जलाल ख़ां के साथ सुल्तान के लश्कर में उपस्थित हुई। सुल्तान उनसे भेंट करने गया और उन्हें प्रोत्साहन प्रदान किया। कुछ दिन उपरान्त उसने कालपी की सरकार को शाहज़ादा जलाल ख़ां की जागीर में दे दिया और १२० घोड़े, १५ हाथी ख़िलअत तथा नक़द धन प्रदान किया। उसे ख़ातून के साथ कालपी भेज दिया।

आगरा की ओर सुल्तान का प्रस्थान

१० मुहर्रम ९१५ हि० (३० अप्रैल १५०९ ई०) को शाही पताकाओं ने लाहायर से प्रस्थान किया और हतकान्त[2] के निकट पहुंच कर उस क्षेत्र के विद्रोहियों के विरुद्ध सेना नियुक्त की। उस मुहाल को मुशिरकों[3] तथा विद्रोहियों से पाक साफ़ कर दिया और विभिन्न स्थानों पर थाने निश्चित करके आगरा (३३१) की राजधानी में विश्राम किया।

अहमद ख़ां का इस्लाम त्याग कर मुर्तिद होना

उसी समय यह समाचार प्राप्त हुये कि लखनौती के हाकिम अहमद ख़ां जो मुबारक लोदी का पुत्र था क़ाफिरों के साथ रहने के कारण मुर्तिद[4] हो गया है और उसने इस्लाम त्याग दिया है। अहमद ख़ां के भाई मुहम्मद ख़ां को आदेश हुआ कि वह उसे बन्दी बनाकर सुल्तान की सेवा में भेज दे और लखनौती[5] की सरकार उसके भाई सईद ख़ां को प्रदान कर दी गई।

१ हस्तलिखित पोथियों में 'लाहायर' तथा 'लहाबर' है। फ़िरिश्ता के अनुसार 'बिहार लहावर'। ग्वालियर से सम्भवतः ५० मील दूर पर दक्षिण-पूर्व में है।

२ अबुल फ़ज़ल के अनुसार भदावर का मुख्य नगर जो कि आगरा के दक्षिण-पूर्व में है। यहाँ के निवासी भदावरी कहलाते थे। (आईने अकबरी)।

३ जो एक ईश्वर के अतिरिक्त कई ईश्वरों पर श्रद्धा रखते हैं।

४ जो मुसलमान इस्लाम त्याग कर अन्य धर्म स्वीकार कर लेता है वह मुर्तिद कहलाता है।

५ अधिकांश हस्तलिखित पोथियों में 'लखनौती' है। एक हस्तलिखित पोथी के अनुसार 'लखनऊ' जोकि उचित है।

मुहम्मद ख़ां का मालवा से सुल्तान की सेवा में पहुंचना

उन्हीं दिनों मालवा के सुल्तान नासिरुद्दीन का पौत्र मुहम्मद खां अपने दादा से भयभीत होकर शरण हेतु सुल्तान की सेवा में पहुंचा। चंदेरी की सरकार उसे जागीर के रूप में दे दी गई और शाहज़ादा जलाल खां को आदेश हुआ कि वह उसकी सहायता करता रहे ताकि मालवा की सेना उसे कोई हानि न पहुंचाये।

सुल्तान का नागौर की ओर प्रस्थान एवं नागौर के हाकिम का अधीनता स्वीकार करना

इस समय सुल्तान ने शिकार तथा भ्रमण की इच्छा से धौलपुर की ओर प्रस्थान किया और आगरा से धौलपुर तक प्रत्येक पड़ाव पर महल तथा इमारत का निर्माण कराया। क्योंकि उसका भाग्य उन्नति पर था अतः शिकार ही के समय एक राज्य उसके हाथ में आ गया। संक्षेप में उसका विवरण इस प्रकार है। नागौर के हाकिम मुहम्मद ख़ां के भाइयों में से अली खाँ तथा अबाबक्र ने मुहम्मद खां के विरुद्ध षड्यन्त्र रच कर यह योजना बनाई कि किसी युक्ति से उसकी हत्या करके उसके राज्य पर अधिकार जमा लिया जाय। उसे इस षड्यन्त्र की सूचना मिल गई। उसने उन पर आक्रमण किया और वे भाग कर सुल्तान के दरबार में पहुंचे। मुहम्मद खां ने अपने भाइयों तथा संबन्धियों के विरोध और उनके बादशाह की सेवा में शरण लेने के कारण भविष्य पर ध्यान रखते हुए निष्ठायुक्त पत्रों सहित अत्यधिक पेशकश सुल्तान की सेवा में भेजे और सुल्तान के नाम का ख़ुत्बा तथा सिक्का चलाना स्वीकार कर लिया। सुल्तान ने उसे घोड़ा तथा ख़िलअत भेजी और धौलपुर से लौट कर आगरा पहुंचा। कुछ समय तक भोग-विलास में समय व्यतीत करता रहा। उसके राज्य-काल में आगरा राजधानी बन गया था।

मियाँ सुलेमान का निर्वासित किया जाना

कुछ समय उपरान्त उसने पुनः धौलपुर की ओर प्रस्थान किया। इस समय उसने खाने खानां फ़र्मुली के पुत्र सुलेमान को आदेश दिया कि वह अपनी सेना लेकर सुई-सबेर[1] की सीमा पर स्थित उदित (३३२)नगर के नौ मुस्लिम अधिकारी हसन खां की जिसका इससे पूर्व नाम राय दुन्गर था सहायतार्थ प्रस्थान करे। उसने निवेदन किया कि, "मैं आपकी सेवा से दूर नहीं होना चाहता।" इस बात से सुल्तान उससे रुष्ट हो गया और उसने आदेश दिया कि "उसे हमारी सेवा से पृथक् कर दिया जाय। रात भर में जो कुछ धन-संपति वह लश्कर से ले जा सके उसे ले जाय। वह उसके अधीन रहेगी। जो वह न ले जा सके उसे नष्ट कर दिया जाय।" इन्द्री नामक परगना उसको मददे मआश[2] में दे दिया गया और उसने इस क़स्बे में पहुंच कर निवास ग्रहण कर लिया।

चन्देरी का सुल्तान के अधीन होना

उसी समय चंदेरी के हाकिम बहजत खां ने जिसके पूर्वज भी मालवा के बादशाहों के अधीन थे मालवा के सुल्तान महमूद के शक्तिहीन हो जाने एवं उसके राज्य में विघ्न पड़ जाने के कारण, सुल्तान

१ हस्तलिखित पोथियों में यह नाम विभिन्न रूप से लिखा है : सूरी, सुई सबेर, सुई मियूर, सुई मेवर। फ़िरिश्ता के अनुसार 'शिवपुर'।

२ सहायता के रूप में दी जाने वाली भूमि।

सिकन्दर की सेवा में पेशकश भेजीं और उसके अधीन हो गया। सुल्तान ने एमादुलमुल्क़ बुद्ध को, जिसका नाम अहमद था, चंदेरी की ओर इस आशय से नियुक्त किया कि वह बहजत खां की सहायता से चंदेरी तथा उस क्षेत्र में सुल्तान के नाम का खुत्बा पढ़वा दे। तत्पश्चात् सुल्तान धौलपुर से लौट कर आगरा पहुँचा और बहजत ख़ां की अधीनता से सम्बन्धित फ़रमान भिजवाने तथा चंदेरी में सुल्तान सिकन्दर के नाम का ख़ुत्बा पढ़े जाने एवं नई विजयों के प्राप्त होने के सुखद समाचार के प्रसारित होने के कारण उसकी प्रसिद्धि बहुत बढ़ गई।

जागीरों का प्रबन्ध

उसी समय सुल्तान ने राज्य के हित में कुछ अमीरों की जागीरों को परिवर्तित करने का निश्चय किया और इटावा की सरकार को आलम खां लोदी के पुत्र भीखन ख़ां से लेकर उसके अनुज खिज्र खां को प्रदान कर दिया। इसी प्रकार ख्वाजा मुहम्मद एमाद फ़र्मुली की जागीर उसके भाई ख्वाजा मुहम्मद[1] को प्रदान की गई। इसी प्रकार अन्य अमीरों की जागीरें परिवर्तित की गईं।

चन्देरी पर पूर्ण अधिकार

तत्पश्चात् सुल्तान ने मुबारक ख़ां लोदी के पुत्र सईद ख़ां, उस्मान फ़र्मुली के पुत्र शेख़ जमाल, राय जग़रसेन कछवाहा, खिज्र ख़ां तथा ख्वाजा अहमद को चंदेरी में नियुक्त किया। इन लोगों ने उस विलायत को अपने अधिकार में कर लिया तथा उस राज्य पर प्रभुत्व प्राप्त कर लिया। सुल्तान के आदेशानुसार मालवा के सुल्तान नासिरुद्दीन का पौत्र शाहज़ादा मुहम्मद खां शहर के भीतर बन्द कर लिया गया। उस प्रदेश का राज्य उसी के अधिकार में दे दिया गया किन्तु वही लोग शक्तिशाली (३३३) बन गये।[2] बहजत ख़ां ने यह देख कर उस ओर ठहरना उचित न समझा और सुल्तान की सेवा में पहुंच गया।

रणथम्भोर के क़िले पर अधिकार करने का प्रयत्न

उस समय सारन क़स्बे के हाकिम हुसेन खां फ़र्मुली से सुल्तान रुष्ट हो गया और उसने कूटनीति से हाजी सारंग को उस ओर भेजा और हुसेन खां की सेना को अपनी ओर मिला कर, उसे बन्दी बनाने की चिंता में रहने लगा। उसने (हुसेन ख़ां ने) सूचना पाकर अपने कुछ सहायकों सहित लखनौती की विलायत की ओर प्रस्थान किया और बंगाले के वाली सुल्तान अलाउद्दीन के पास शरण ली। उस समय अली खां नागौरी ने, जो सुई सबेर प्रान्त में नियुक्त किया गया था, शाहज़ादा दौलत खां को जो रणथम्भोर के क़िले का हाकिम था और मालवा के सुल्तान महमूद के अधीन था मिला लिया और उससे मित्रता बढ़ाकर उसे सुल्तान सिकन्दर की अधीनता स्वीकार करने के लिए अपने उत्तम व्यवहार द्वारा प्रेरित किया और यह निश्चय कराया कि रणथम्भोर का क़िला वह सुल्तान को उपहार स्वरूप दे दे। अली खां ने उस विषय में सुल्तान को प्रार्थना-पत्र भेजा। सुल्तान ने इस सुखद समाचार से प्रसन्न होकर उस ओर प्रस्थान किया और शीघ्रातिशीघ्र ब्याना के समीप पहुँच गया। वह ४ मास तक वहां भ्रमण

१ 'अहमद' उचित होगा।

२ मूल ग्रन्थ के शब्द स्पष्ट नहीं किन्तु तात्पर्य यही है कि शाहज़ादा मुहम्मद ख़ां को नाम-मात्र को चन्देरी का हाकिम रक्खा गया।

करता, शिकार खेलता तथा आलिमों और मशायख[1] विशेषकर सैयिद नेमतुल्लाह तथा शेख़ अब्दुल्लाह हुसेनी के साथ जो अपने चमत्कार के लिए प्रसिद्ध थे समय व्यतीत करता रहा।

संक्षेप में शाहज़ादा दौलत ख़ां तथा उसकी माता को, जो रणथम्भोर के क़िले के स्वामी थे, अलीख़ां ने अत्यधिक प्रोत्साहित करके यह निश्चय किया कि शाहज़ादा शीघ्रातिशीघ्र सुल्तान की सेवा में उपस्थित हो। सुल्तान के आदेशानुसार समस्त अमीर उसका स्वागत करके उसे पूर्ण सम्मान सहित सुल्तान की सेवा में ले गये। सुल्तान ने उसे अपने पुत्रों की भांति सम्मानित करके विशेष खिलअत, कुछ घोड़े तथा हाथी प्रदान किये, और पूर्व निश्चित वादे के अनुसार रणथम्भोर का क़िला समर्पित करने के लिए कहा। संयोगवश (३३४) उसी अली ख़ां ने शत्रुता प्रदर्शित करते हुए शाहज़ादा दौलत ख़ां को इस बात पर तैयार किया कि वह रणथम्भोर का क़िला न दे और उसे अपने वचन को तोड़ने के लिए प्रोत्साहित किया। शाहज़ादा क़िले को समर्पित करने में टालमटोल करने लगा। सुल्तान ने अली ख़ां की शत्रुता से परिचित होकर सुई सबेर की सरकार उसके भाई अबाबक्र को दे दी। उसने अपनी स्वाभाविक दया तथा सौजन्य के कारण अली ख़ां के प्रति इससे अधिक कठोरता न प्रदर्शित की और रणथम्भोर के शाहज़ादे के प्रति भी किसी प्रकार का क्रोध प्रदर्शित न किया।

सुल्तान का धौलपुर की ओर प्रस्थान तथा वापसी

जब सुल्तान ब्याना तथा उस क्षेत्र की विलायत से निश्चिन्त हो गया तो उसने थनकिर[2] की ओर प्रस्थान किया और वहां से बारी[3] के क़स्बे में पहुंचा तथा उस परगने को मुबारक ख़ां के पुत्रों से लेकर शेखज़ादा मकन को सौंप दिया और धौलपुर पहुंच गया। धौलपुर से वह आगरा की राजधानी में पहुँचा और प्राचीन प्रथानुसार विभिन्न स्थानों पर फ़रमान भेज कर बहुत से अमीरों को सीमान्त से बुलवाया।

सुल्तान की मृत्यु

इस समय सुल्तान रुग्ण हो गया। यद्यपि वह अपनी निर्बलता को प्रदर्शित न करता था और उसी दशा में दीवान में बैठता और सवार होता था किन्तु शनैः-शनैः उसका रोग बढ़ता गया यहां तक कि जल तथा भोजन भी उसके कण्ठ के नीचे न उतरता था और सांस का मार्ग भी बन्द हो गया। रविवार ७ ज़ीक़ाद ९२३ हि० (२१ नवम्बर १५१७ ई०) को उसकी मृत्यु हो गई। उसने २८ वर्ष तथा ५ मास तक राज्य किया।

सुल्तान का चरित्र

सुल्तान के गुणों तथा उसकी विशेषताओं के विषय में कुछ इतिहासों में इतना अधिक लिखा (३३५) हुआ है कि उसमें से अधिकांश भाग को अतिशयोक्ति ही कहा जा सकता है। जो कुछ सत्य समझा गया है उसी का उल्लेख यहां किया जाता है। कहा जाता है कि सुल्तान सिकन्दर बाह्य सौन्दर्य तथा मस्तिष्क की निपुणता से सुशोभित था। उसके राज्यकाल में अत्यधिक अल्पमूल्यता थी और पूर्ण शांति थी। सुल्तान नित्यप्रति आम दरबार करता था और स्वयं न्याय करता था। कभी-कभी

१ सूफ़ियों।
२ हस्तलिखित पोथियों में : थनकिर, थकर, इत्यादि है। यह ब्याना के अधीन था।
३ आगरा सरकार में।

प्रातःकाल से सायंकाल तक तथा सोने के समय तक राज्य के कार्य में व्यस्त रहता था और पांचों समय की नमाज़ एक ही स्थान पर पढ़ता था। उसके राज्य काल में हिन्दुस्तान के ज़मींदारों का प्रभुत्व कम हो गया और सभी आज्ञाकारी बन गये। शक्तिशाली तथा शक्तिहीन एक समान हो गये और वह विभिन्न कार्यों में न्याय करता था और अपनी वासना के अनुसार कार्य न करता था। वह ईश्वर का अत्यधिक भय करता था और प्रजा के प्रति कृपा करता रहता था।

सुल्तान का क़लन्दर को उत्तर

कहा जाता है कि एक दिन जब वह अपने भाई बारबक शाह से युद्ध कर रहा था तो युद्ध के समय एक क़लन्दर[1] दृष्टिगत हुआ और उसका हाथ पकड़ कर उसने कहा "तेरी विजय है।" सुल्तान ने घृणा से अपना हाथ खींच लिया। दरवेश ने कहा कि, "मैं सुखद समाचार कहता हूँ और तुझे विजय की सूचना दे रहा हूं। किन्तु तू अपना हाथ किस कारण खींच रहा है?" उसने उत्तर दिया, "जब दो मुसलमान सेनाओं में युद्ध हो रहा हो तो एक के विषय में निर्णय न देना चाहिये अपितु वह कहना चाहिये कि जिससे इस्लाम का भला हो और जिससे प्रजा की उन्नति हो, उसे विजय हो और ईश्वर से यही शुभ कामना करनी चाहिए।"

फ़क़ीरों तथा सैनिकों का प्रबन्ध

वह अपनी विलायत के समस्त फ़क़ीरों तथा सहायता के पात्रों को आदेश दिया करता था कि वे अपनी आवश्यकताओं के विषय में सविस्तार उल्लेख किया करें। प्रत्येक व्यक्ति को उसकी आवश्यकतानुसार ६ मास का धन प्रेषित किया करता था। जो कोई सेवा करने के लिए आता उससे वह उसके पूर्वजों के वंश के विषय में पूछताछ करता और तदनुसार सेवा प्रदान करता था। उसके घोड़ों एवं अस्त्र-शस्त्र का निरीक्षण किये बिना उसे जागीर प्रदान करके आदेश दे देता था कि वह अपनी जागीर से अपना सामान ठीक कर ले।

मथुरा में हिन्दुओं के विरुद्ध नियम

वह इस्लाम का बड़ा कट्टर पक्षपाती था और इस विषय में बड़ी अति करता था। उसने काफ़िरों के समस्त मंदिरों का खण्डन करा दिया और उनके चिह्न भी शेष न रहने दिये। मथुरा में जहां हिन्दू स्नान के लिए एकत्र होते थे वहां उसने सराय, बाज़ार, मस्जिदें तथा मदरसे निर्मित कराये और वहां (३३६) पर इस आशय से अधिकारी नियुक्त किये कि वह किसी को भी स्नान न करने दें। यदि कोई हिन्दू मथुरा नगर में अपनी दाढ़ी अथवा सिर के बाल कटवाने की इच्छा करता तो कोई भी नाई उसके बाल न काटता था।

सालार मसऊद के नेज़े का बन्द कराया जाना

उसने कुफ़्र की प्रथायें जोकि खुल्लम-खुल्ला संपन्न होती थीं पूर्ण रूप से बन्द करा दीं। सालार

१ सालार मसऊद :—सैयिद सालार मसऊद ग़ाज़ी अथवा ग़ाज़ी मियां जिनकी क़ब्र बहराइच में है। वे ग़ज़नी के सुल्तान [illegible]मूद के भागिनेय थे। और कहा जाता है कि १०३३ ई० में बहराइच में हिन्दुओं के साथ युद्ध करते समय वे मारे गये। इनकी क़ब्र पर प्रत्येक वर्ष ज्येष्ठ मास के प्रथम रविवार को एक बहुत बड़ा मेला लगता है।

मसऊद के नेज़े का (जलूस), जो प्रत्येक वर्ष निकाला जाता था, रुकवा दिया और स्त्रियों को मज़ारों पर जाने से मना कर दिया।

थानेश्वर के स्नान के विरोध का प्रयत्न

उसने अपनी बाल्यावस्था में जब कि वह शाहज़ादा था यह सुना कि थानेश्वर में एक कुण्ड है, जहां हिन्दू एकत्र होकर स्नान करते हैं। उसने आलिमों से पूछा कि "इसके विषय में शरा[1] का क्या आदेश हैं?" उन्होंने उत्तर दिया कि "प्राचीन मंदिरों को नष्ट करने की अनुमति नहीं है। जब कि उस कुण्ड में प्राचीन काल से स्नान करने की प्रथा चली आ रही है, उसमें स्नान का निषेध आपके लिए उचित नहीं।" शाहज़ादे ने कटार निकाल ली और उस आलिम की हत्या का संकल्प करते हुए कहा कि, "तू काफ़िरों का पक्षपाती है।" उस बुज़ुर्ग ने उत्तर दिया कि, "जो कुछ शरा में लिखा है उसे मैं कहता हूँ और सत्य बात कहने में कोई भय नहीं।" शाहज़ादा संतुष्ट हो गया।

फ़क़ीरों को दान

संक्षेप में, उसने अपने पूरे राज्य की मस्जिदों में क़ुरान पढ़ने वाले, ख़तीब[2] तथा झाड़ू देने वाले नियुक्त किये और उनके लिए वृत्ति तथा अदरार[3] निश्चित किये। शीत ऋतु में वह फ़क़ीरों के लिए वस्त्र तथा शाले भेजा करता था। प्रत्येक शुक्रवार को वह फ़क़ीरों को जुमागी के नाम से धन भेजा करता था। हर रोज़ बिना पक्का तथा पक्का भोजन नगर में विभिन्न स्थानों पर बांटा जाता था। यौमिया[4], जुमागी[5] तथा वर्ष में दो बार के इनाम समस्त राज्य के फ़क़ीरों के लिए निश्चित थे। शुभ दिनों उदाहरणार्थ रमज़ान[6], आशूरा[7], विजयों, तथा सफलताओं के प्रति कृतज्ञता प्रकट करने के अवसरों पर फ़क़ीरों और दरवेशों को प्रसन्न करता था।

शिक्षा का प्रसार

उसके राज्यकाल में शिक्षा का प्रसार हुआ और अमीरों तथा सैनिकों के पुत्र भी शिक्षा ग्रहण किया करते थे। अन्य लोग भी अपने-अपने धन से शरा के अनुसार फ़क़ीरों तथा उन लोगों को, जो सहायता के पात्र होते थे, धन दिया करते थे।

शेख़ समाउद्दीन से सुल्तान के सम्बन्ध

कहा जाता है कि जब सुल्तान बहलोल की मृत्यु हो गई और सुल्तान सिकन्दर को राज्य ग्रहण
(३३७) करने के लिए बुलाया गया और उसने जाने का संकल्प किया तो जिस दिन वह देहली के बाहर

१ शरा :—इस्लाम धर्म के नियम।
२ ख़तिब :—ख़ुत्बा अथवा धार्मिक प्रवचन करने वाला। जुमे की सामूहिक नमाज़ तथा दोनों ईदों के दिन विशेष ख़ुत्बा पढ़ा जाता है।
३ विद्वानों तथा धार्मिक व्यक्तियों को जीविका की सहायतार्थ दी जाने वाली भूमि।
४ दैनिक दान।
५ शुक्रवार को दिया जाने वाला दान।
६ हिजरी वर्ष का नवां मास जिसमें मुसलमान रोज़ा रखते हैं।
७ हिजरी वर्ष के प्रथम मास मुहर्रम की दसवीं तिथि।

जा रहा था उसी दिन शेख़ समाउद्दीन, जो उस समय के बहुत बड़े बुज़ुर्ग थे, की सेवा में अपने लिये ईश्वर से प्रार्थना करने के उद्देश्य से पहुंचा और कहा कि "मैं मीज़ाने सर्फ़[1] नामक पुस्तक आपसे पढ़ना चाहता हूं।" उसने पढ़ना प्रारम्भ कर दिया। बुज़ुर्ग ने जब उसमें से यह पढ़ा कि, "परमेश्वर तुझे दोनों लोक में भाग्यशाली करे" तो सुल्तान ने उससे तीन बार उस शुभ कामना को दोहराने के लिए आग्रह किया और तत्पश्चात् उसके हाथ को चूमकर यह शुभकामना अपने लिए एक सुखद फाल[2] समझ कर चला गया।

फ़क़ीरों की सहायता करने वालों को प्रोत्साहन

अमीरों तथा राज्य के उच्च अधिकारियों में से जो कोई भी दरिद्रियों तथा फ़क़ीरों को वृत्ति एवं मददे मआश[3] प्रदान करता था तो सुल्तान उसे सम्मानित करता था और कहता था कि, "तूने एक अच्छे कार्य को प्रारम्भ किया है, इससे किसी प्रकार की हानि न होगी।"

अमीरों के विषय में सूचना

वह प्रजा तथा सैनिकों की देखभाल इस सीमा तक रखता था कि लोगों के घरों की साधारण से साधारण बात भी उसे ज्ञात रहती थी। कभी-कभी उसे लोगों के एकान्त जीवन के विषय में भी ज्ञान प्राप्त हो जाता था। इस कारण लोग यह समझते थे कि सुलतान के अधिकार में कोई जिन्नात[4] है जो परोक्ष की बातें उसे बताता रहता है।

फ़रमान भेजने की प्रथा

कहा जाता है कि जब वह अपनी सेना को कहीं भेजता था तो सेना के पास प्रतिदिन दो फ़रमान पहुंचा करते थे। एक प्रातःकाल इस विषय में कि 'प्रस्थान करके अमुक मंज़िल पर पड़ाव करो' और एक मध्याह्नोत्तर में इस विषय का प्राप्त होता था कि 'इस प्रकार अथवा उस प्रकार कार्य करो।' इस अधिनियम के विरुद्ध कभी आचरण न होता था। मार्ग में डाक चौकी के घोड़े सर्वदा तैयार रहते थे।

सीमा के अमीरों के पास जब फ़रमान पहुंचते थे तो अमीर लोग २, ३ कोस तक आगे बढ़कर (३३८) उसका स्वागत करते थे। जो कोई फ़रमान ले जाता था उसके लिये एक चबूतरा तैयार किया जाता था। फ़रमान ले जाने वाला चबूतरे पर खड़ा होता था। फ़रमान पाने वाला चबूतरे के नीचे दोनों हाथों से फ़रमान लेकर सिर पर रखता था। यदि फ़रमान के उसी स्थान पर पढ़ने के विषय में आदेश होता था तो लाने वाला यह आदेश पहुंचा देता था और फ़रमान उसी स्थान पर पढ़ा जाता था। यदि फ़रमान को मस्जिद में मिम्बर पर पढ़ने का आदेश होता तो तदनुसार उसका पालन किया जाता था। यदि फ़रमान विशेष रूप से उसी व्यक्ति के विषय में होता था तो गुप्त रूप से उसके समक्ष पढ़ा जाता था।

रोज़नामचे

प्रतिदिन के भाव, परगनों तथा विलायतों की घटनाओं के रोज़नामचे उसके समक्ष प्रस्तुत किये जाते थे। यदि बाल बराबर भी कोई अनुचित बात देखता तो तुरन्त उसका प्रबन्ध प्रारम्भ कर

१ अरबी व्याकरण की एक शाखा।
२ किसी घटना द्वारा भविष्य के विषय में ज्ञान।
३ मददे मआश :—सहायतार्थ दी जाने वाली भूमि।
४ जिन्नात :—मुसलमानों के विश्वास के अनुसार एक तैजस योनि।

देता। वह सर्वदा झगड़ों का अंत कराने तथा राज्य के कार्यों को संपन्न कराने और प्रजा की सुख-शांति के प्रयत्न के विषय में संलग्न रहा करता था।

सुल्तान द्वारा मणि के विषय में निर्णय

उसकी सूझबूझ तथा बुद्धिमत्ता के विषय में विचित्र बातें कही जाती हैं। जो बातें सत्य प्रतीत होती हैं और जिनमें अतिशयोक्ति कम दृष्टिगत होती है उनका उल्लेख किया जाता है। एक समय ग्वालियर के दो भाई दरिद्रता के कारण व्याकुल होकर उस सेना के साथ जो किसी विलायत पर आक्रमण करने के लिए नियुक्त की गई थी हो लिए। लूट के समय उन्हें थोड़ा सा सोना, कुछ रंगीन वस्त्र और दो बहुमूल्य मणि प्राप्त हो गये। उनमें से एक भाई ने कहा कि "हमारा उद्देश्य पूरा हो गया। अब हम क्यों कष्ट भोगें? घर चलें और निश्चिंत होकर जीवन व्यतीत करें।" दूसरे ने कहा कि "हे भाई! पहली बार हमें ऐसा धन लूट में प्राप्त हुआ है; संभवतः दूसरी बार कोई वस्तु इससे भी श्रेष्ठ प्राप्त हो जाये।" पहले ने कहा, "मैं तो किसी अन्य स्थान को न जाऊँगा।" तदनुसार लूट का धन बांट लिया गया। बड़े भाई ने अपना भाग भी इस आशय से उसे दे दिया कि वह उस धन को उसकी पत्नी को दे दे। उस व्यक्ति ने अपने घर पहुंच कर मणि के अतिरिक्त समस्त लूट का धन भाई की पत्नी को दे दिया। २ वर्ष उपरान्त जब उसका भाई आया और उसने पूछताछ की तो मणि न मिला। भाई ने पूछा कि, "मणि क्या हो गया?" उसने कहा कि, "मैंने तेरी पत्नी को दे दिया।" भाई ने कहा कि, "वह कहती है कि मुझे (३३९) नहीं मिला।" उसने उत्तर दिया कि "झूठ बोलती है। उसे थोड़ी बहुत डांट फटकार करो।" उसने अपनी पत्नी को डराया धमकाया। पत्नी ने कहा कि, "आज रात्रि में मुझे अवकाश दो। प्रातःकाल उसे उपस्थित करूंगी।" प्रातःकाल वह मियां भूवा के पास, जो सुल्तान सिकन्दर का एक बड़ा अमीर तथा मीर अदल[1] था, पहुँची और उससे समस्त घटना का उल्लेख किया। मियां भूवा ने उसके पति तथा उसके भाई को उपस्थित कराया और उनसे इस विषय में पूछा। उसके पति के भाई ने कहा कि "मैंने मणि भी इसे दे दिया था।" भूवा ने कहा कि "तेरे पास कोई साक्षी भी है?" उसने कहा, "हां"। मियां ने पूछा, "कौन है?" उसने कहा, "दो ब्राह्मण हैं।" मियां ने कहा, "उन्हें उपस्थित कर।" वह जुआघर में पहुँचा और दो जुआड़ियों को कुछ देकर सिखा दिया कि वे इस प्रकार गवाही दें। उन लोगों को उत्तम वस्त्र पहना कर दीवान में उपस्थित किया। जब उन्होंने गवाही दे दी तो मियां भूवा ने उस स्त्री के पति से कहा कि "जा और जिस प्रकार कठोरतापूर्वक हो सके पत्नी से मणि ले ले।" पत्नी वहां से निकल कर सुल्तान के दीवान[2] में पहुंची और न्याय की याचना की। सुल्तान ने उसे बुलवा कर पूछताछ की। स्त्री ने जो बात थी वह बता दी। सुल्तान ने कहा कि, "तू मियां भूवा के पास क्यों न गई?" उसने कहा कि, "मैं गई थी किन्तु जिस प्रकार पूछताछ होनी चाहिये थी उसने नहीं कराई।" सुल्तान ने आदेश दिया कि, "सबको उपस्थित किया जाय।" उसने सबको अलग-अलग बुलवाया। थोड़ा सा मोम स्त्री के पति तथा उसके भाई को दिया और कहा कि "तुम लोग जैसा कि मणि था वैसा ही मोम द्वारा बनाओ।" उन दोनोंने एक ही प्रकार का मणि बनाया। तत्पश्चात् उसने साक्षियों को अलग-अलग बुलवा कर उन लोगों को मोम दिया। उन लोगों ने विभिन्न आकार के मणि बनाये। उसने सबको रख लिया। स्त्री को बुलवा कर कहा कि "तू भी बना।" स्त्री ने कहा, "मैंने कोई वस्तु देखी ही नहीं; किस प्रकार बनाऊं?" यद्यपि सुल्तान ने

१ मीर अदल :—न्यायाधीश।
२ दरबार।

इस विषय पर बहुत ज़ोर दिया किन्तु स्त्री ने स्वीकार न किया। तत्पश्चात् उसने मियां भूवा को संबोधित करते हुए साक्षियों से कहा कि, "यदि तुम लोग सच-सच बता दोगे तो तुम्हें क्षमा कर दिया जायेगा, यदि झूठ बोलोगे तो तुम्हारी हत्या कर दी जायेगी।" उन लोगों ने जो बात सत्य थी वह कह दी। पति के भाई को भी बुलवा कर उसे कठोर दण्ड देने की धमकी दी। उसने भी ठीक-ठीक घटना का उल्लेख कर दिया। उस स्त्री को उस अपराध से मुक्ति प्राप्त हो गई। इससे उस बादशाह की पूर्ण योग्यता तथा बुद्धिमत्ता का पता चलता है।

शेख़ जमाली[1]

(३४०) वह फ़ारसी में बड़ी सुन्दर शैली में कविता करता था और उसका तख़ल्लुस गुलरुख़ी था। शेख़ जमाल कम्बोह उसका मुसाहिब तथा मित्र था। सुल्तान उससे अत्यधिक वार्तालाप किया करता था। यह छन्द उसी के हैं:

छन्द

"हमारे शरीर पर तेरी डाली की धूल से वस्त्र बन गया है,
वह भी आंसुओं से दामन तक सैकड़ों स्थान से फटा है।
मेरे शरीर के दोनों ओर उसके बाण ही बाण लगे हैं,
अब मैं उसके धनुष रूपी कटाक्ष तक उड़कर पहुंचूँगा।"

मियां भूवा की बुद्धिमत्ता

कहा जाता है कि एक बार सुल्तान सिकन्दर नमाज़ पढ़कर कुछ विर्द[2] पढ़ रहा था। वहां एक ख़्वाजासरा उपस्थित हुआ। सुल्तान ने संकेत किया कि "उसे बुला ला।" ख़्वाजासरा उसे न समझा और बाहर जाकर उसने मियां भूवा से कहा कि "सुल्तान वज़ीफ़ा पढ़ रहा था। मुझसे संकेत किया कि बुला ला। मैं उससे संकोचवश यह न पूछ सका कि किसे बुला लाऊं। अब सुल्तान की सेवा में पुनः उपस्थित होने का मुझमें साहस नहीं और न मैं किसी को बुलाकर ले जा सकता हूँ।" मियां भूवा ने पूछा कि "सुल्तान का मुख किस ओर था और वह किस वस्तु को देख रहा था?" ख़्वाजासरा ने कहा कि, "वह उस नये भवन, जिसका निर्माण हो रहा है, की ओर देख रहा था।" मियां भूवा ने कहा कि "थवई तथा बढ़ई को बुलवा कर ले जा।" जब ख़्वाजासरा थवई तथा बढ़ई को बुलवा कर ले गया तो सुल्तान ने वास्तविक बात को समझ कर उससे पूछा कि, "तुझे कैसे ज्ञात हुआ कि मैंने इन लोगों को बुलवाया है?" उसने कहा कि "मियां भूवा ने बताया है।" सुल्तान को मियां भूवा की बुद्धि तथा सूझ-बूझ के विषय में और भी श्रद्धा हो गई।

जरीब के सम्बन्ध में प्रस्ताव

कहा जाता है कि एक बार सुल्तान सिकन्दर ने मियां भूवा से, जो उसका वज़ीर[3] तथा मीर अदल

१ जमाली :—उसका नाम जलाल ख़ां था। सर्वप्रथम वह जलाली तख़ल्लुस करता था। अन्त में वह अपने पीर समाउद्दीन के कहने पर जमाली तख़ल्लुस करने लगा। उसने हिन्दुस्तान के बाहर के अनेक इस्लामी देशों की यात्रा की थी। उसकी रचनाओं में 'सियरुल आरेफ़ीन दीवान' तथा मसनवी 'मेहर माह' बड़ी प्रसिद्ध हैं।

२ क़ुरान के कुछ अंश जो विशेष रूप से सफलता एवं सौभाग्य के लिये प्रसिद्ध हैं।

३ प्रधान मंत्री।

था, कहा कि "मेरे राज्य में प्रजा को मलबा[1] के कारण बड़ा कष्ट होता है और वह नष्ट हो रही है। मुझे इसकी बड़ी चिन्ता रहती है और इसका कोई उपाय समझ में नहीं आता। यदि तेरी समझ में कोई बात (३४१)आये तो बड़ा अच्छा है।" मियां भूवा ने निवेदन किया कि "मलबा का अंत कराना बड़ा सरल है जरीब का एक सिरा सुल्तान अपने हाथ में लें और दूसरा सिरा मुझे दे दें। मलबा कदापि न हो सकेगा। जिस किसी को भी किसी सेवा हेतु नियुक्त किया जाये तो जब तक वह लोभ को न त्यागेगा, मलबा का अंत न हो पायेगा।"

सुल्तान इबराहीम बिन सुल्तान सिकन्दर बिन सुल्तान बहलोल लोदी

राज्य का विभाजन

जब सुल्तान सिकन्दर की मृत्यु हो गई तो अमीरों तथा राज्य के उच्च पदाधिकारियों की सहमति से राज्य का महान् पद सुल्तान इबराहीम को, जो अपनी योग्यता, बुद्धिमत्ता, वीरता तथा चरित्र की उत्कृष्टता के लिए प्रसिद्ध था, प्राप्त हो गया। क्योंकि षड्यन्त्रकारी सैनिक विशेष रूप से अपने हित में इस बात का प्रयत्न किया करते हैं कि राज्य में शांति तथा एक व्यक्ति का प्रभुत्व न रहने पाये, अपितु उनकी सेवाओं की उन्नति होती रहे तथा सेना एवं परिजनों का कार्य चलता रहे, अतः उन लोगों ने यह निश्चय किया कि सुल्तान इबराहीम देहली के राजसिंहासन पर आरूढ़ रहे और जौनपुर की सीमा तक के प्रदेश उसके अधीन रहें। जौनपुर के सिंहासन पर शाहज़ादा जलाल खां आरूढ़ होकर राज्य करे और उस ओर के प्रदेश उसके अधीन रहें। किन्तु उन्हें यह ज्ञात न था कि दो व्यक्ति मिल कर राज्य नहीं कर सकते जिस प्रकार एक खोल में दो तलवारें नहीं रह सकतीं।

शाहज़ादा जलाल को देहली बुलवाने का प्रयत्न

संक्षेप में, शाहज़ादा जलाल खां अन्य अमीरों तथा जौनपुर के अधिकारियों सहित उस ओर चल दिया और वहां के राज्य को दृढ़तापूर्वक अपने अधिकार में करके उसने फ़तह ख़ां बिन (पुत्र) (३४२)आज़म हुमायूँ शिरवानी को अपना वकील तथा पेशवा[2] नियुक्त किया। उसी समय ख़ाने जहाँ लोहानी रापरी से सुल्तान इबराहीम की सेवा में पहुंचा और उसने वज़ीरों तथा वकीलों की निन्दा करनी तथा उन्हें बुरा-भला कहना प्रारम्भ कर दिया और कहा कि, "दो व्यक्तियों का मिल कर राज्य चलाना बहुत बड़ी भूल है और यह बात बुद्धि के अनुकूल नहीं।" अंत में राज्य के उच्चाधिकारियों ने इस भूल के सुधार का प्रयत्न प्रारम्भ कर दिया। उन्होंने यह उचित समझा कि क्योंकि अभी शाहज़ादा जलाल खां को अधिक प्रभुत्व नहीं प्राप्त हुआ है अतः उसे देहली बुलवाया जाय। शाहज़ादे को बुलवाने के लिए हैबत खां गुर्गअन्दाज़ को भेजा गया और कृपायुक्त एक फ़रमान इस आशय का भेजा गया कि इस समय यह उचित होगा कि वह जरीदा[3] शीघ्रातिशीघ्र पहुंच जाय। जब हैबत खां शाहज़ादे की सेवा में पहुंचा तो उसने यद्यपि धूर्तता, चापलूसी तथा चाटुकारी का प्रदर्शन किया किन्तु शाहज़ादा

१ इस शब्द का अर्थ स्पष्ट नहीं। सम्भवतः भूमि के नापने वालों की बेईमानी से तात्पर्य है जिसका उपाय मियां भूवा ने यह बताया कि 'यदि बादशाह स्वयं तथा मैं नापने का कार्य करें तो बेई-मानी न होगी'।

२ प्रतिनिधि तथा प्रधान मंत्री।

३ देखिये पृ० ३७ नोट नं० २।

उन लोगों के विश्वासघात तथा उनकी चाल से परिचित हो गया था। अतः उसने वापस जाना स्वीकार न किया और नम्रतापूर्वक उत्तर देकर टालमटोल करने लगा। हैबत ख़ां ने यह बात सुल्तान की सेवा में पहुंचा दी। सुल्तान ने शेख़ सईद फ़र्मुली के पुत्र शेख़ज़ादा मुहम्मद, मलिक अलाउद्दीन जलवानी के पुत्र मलिक इस्माईल तथा क़ाज़ी मज्दुद्दीन हुज्जाब[1] को शाहज़ादे को बुलवाने के लिए भेजा किन्तु उनके जादू का भी उस पर कोई प्रभाव न पड़ा और शाहज़ादा वापस होने के लिए तैयार न हुआ।

सुल्तान द्वारा उस ओर के अमीरों को मिलाने का प्रयत्न

तत्पश्चात् सुल्तान ने बुद्धिमानों तथा अपने समय के फ़ैलसूफ़ों[2] के परामर्श से उस क्षेत्र के हाकिमों को फ़रमान भेजे और प्रत्येक को उसकी श्रेणी के अनुसार कृपा, प्रोत्साहन तथा उन्नति प्रदान करने के आदेश प्रेषित किये गये। जो कुछ उन लोगों को लिखा गया वह संक्षिप्त रूप में इस प्रकार था, कि वे लोग शाहज़ादा जलाल ख़ां की आज्ञाकारिता को त्याग दें और न तो उसकी नौकरी करें और न उसकी सेवा में उपस्थित हों। बहुत से बड़ी-बड़ी सेनाओं के अधिकारी अमीरों, जो उस ओर थे तथा ३०, ४० हज़ार नौकर रखते थे, उदाहरणार्थ बिहार की विलायत के हाकिम दरिया ख़ां लोहानी, ग़ाज़ीपुर के हाकिम नसीर ख़ां, अवध तथा लखनऊ के हाकिम शेख़ज़ादा मुहम्मद फ़र्मुली इत्यादि, के पास उसने अपना एक-एक (३४३) विश्वासपात्र भेजा और विशेष ख़िलअत, घोड़े तथा अन्य वस्तुएँ प्रेषित कीं। जब यह फ़रमान उन लोगों को प्राप्त हुआ तो वे शाहज़ादे की आज्ञाकारिता छोड़कर विरोधी बन गये।

सुल्तान का दरबार तथा दान-पुण्य

उस समय सुल्तान ने एक जड़ाऊ सिंहासन उत्तम रत्नों द्वारा सुसज्जित दीवानख़ाने में रखवाया। शुक्रवार १५ ज़िलहिज्जा ९२३ हि० (२९ दिसम्बर १५१७ ई०) को वह उस सिंहासन पर आरूढ़ हुआ और उसने एक बहुत बड़ा दरबार किया जिसमें सर्वसाधारण को उपस्थित होने की अनुमति दी गई तथा दरबार के सेवकों, उच्च पदाधिकारियों तथा समस्त सैनिकों को उनकी श्रेणी के अनुसार ख़िलअत, तलवार, कटार, घोड़े, हाथी, उच्च पद, उपाधि तथा जागीरें प्रदान कीं और उन्हें पुनः अपने प्रति निष्ठावान् होने के लिए प्रेरित किया। कृपा तथा दया द्वारा समस्त विशेष तथा साधारण व्यक्तियों को प्रसन्न किया। फ़क़ीरों तथा दरिद्रियों के लिये दान के द्वार खोल दिये। मददे मआश[3], वज़ीफ़े, अद्रार[4] तथा ऐमा[5] में वृद्धि कर दी। एकान्तवासियों को फ़ुतूहात[6] तथा उपहार भेजे। राज्य तथा शासन के कार्यों को अत्यधिक शोभा प्रदान की और उसकी शासन-व्यवस्था दृढ़ हो गई।

जलालुद्दीन का कालपी में बादशाह होना

जब शाहज़ादा जलाल ख़ां ने यह सब बातें देखीं और उस प्रदेश के अमीरों के विरोध का उसे विश्वास हो गया तो वह भाग कर कालपी पहुंचा और समझ गया कि अब सुल्तान इब्राहीम से कोई

१ हाजिब।
२ दार्शनिकों, योग्य व्यक्तियों।
३ किसी विद्वान् अथवा किसी को किसी सेवा इत्यादि के कारण दी जाने वाली भूमि।
४ वृत्ति।
५ वृत्ति अथवा सहायता।
६ उपहार जो विना इच्छा अथवा आशा के प्राप्त हो।

आशा न रखनी चाहिये और खुल्लमखुल्ला शत्रुता प्रकट करनी चाहिये। जो लोग उसके सहायक थे (३४४) उनके परामर्श से उसने जौनपुर की विलायत को त्याग कर कालपी को अपने अधिकार में कर लिया और अपने नाम का खुत्बा तथा सिक्का[1] चलवा दिया और जलालुद्दीन की उपाधि धारण कर ली। उसने लोगों को नौकर रखना, सैनिकों की भरती, सेना तथा तोपखाने की व्यवस्था और आस-पास के परगनों के ज़मींदारों तथा राजाओं को प्रोत्साहन देना प्रारम्भ कर दिया। उसकी शक्ति तथा वैभव में वृद्धि हो गई।

जलालुद्दीन का आज़म हुमायूं को मिलाना

उसने आज़म हुमायूं शिरवानी के पास, जो एक भारी सेना लिए हुए कालिंजर के क़िले को घेरे हुए था, कुछ आदमी भेजे और यह संदेश प्रेषित करवाया कि "आप मेरे पिता तथा चाचा के स्थान पर हैं। आप स्वयं जानते हैं कि मैंने कोई अपराध नहीं किया है और सुल्तान इबराहीम द्वारा विश्वासघात प्रारम्भ हुआ है। उसने जो थोड़ा सा राज्य तथा धन मेरे हक़ को देखते हुये प्रदान किया था अब वह उस ओर से भी उपेक्षा करने लगा है और सहायता के बन्धन तोड़ कर उसने कृपा तथा दया को समाप्त कर दिया है। आपको चाहिये कि आप न्याय के मार्ग से विचलित न हों और पीड़ित की सहायता करें।" वास्तव में आज़म हुमायूँ, सुल्तान से रुष्ट था। सुल्तान जलालुद्दीन की दरिद्रता, दुर्दशा तथा दीनता का उस पर बड़ा प्रभाव हुआ अतः शाहज़ादे से युद्ध करना उसे उचित ज्ञात न हुआ और वह कालिंजर के क़िले को छोड़कर सुल्तान जलालुद्दीन की सेवा में पहुँच गया।

जलालुद्दीन द्वारा अवध पर आक्रमण

उन लोगों ने यह निश्चय किया और इस बात की प्रतिज्ञा की कि वे जौनपुर की विलायत तथा उस क्षेत्र को अधिकार में कर लें तत्पश्चात् किसी अन्य ओर ध्यान दें। यह निश्चय करके उन लोगों ने मुबारक खां लोदी के पुत्र सईद खां पर, जो अवध का हाकिम था, शीघ्रातिशीघ्र पहुंच कर, आक्रमण किया। वह मुक़ाबला न कर सका और लखनऊ पहुंच गया। उसने इस घटना की सूचना सुल्तान इबराहीम को दे दी।

सुल्तान इबराहीम द्वारा अवध पर चढ़ाई

सुल्तान इबराहीम ने संकल्प किया कि एक चुनी हुई सेना लेकर इस विद्रोह को शांत करे। उस समय उसने अपने हितैषियों के परामर्श से अपने कुछ भाइयों, जो बन्दी थे, उदाहरणार्थ शाहज़ादा इस्माईल खां, हुसेन खां, महमूद खां तथा शाहज़ादा शेख़ दौलत खां, के विषय में आदेश दिया कि हांसी के क़िले (३४५) में ले जाकर उनकी भली भांति रक्षा की जाय। प्रत्येक की रक्षा हेतु उसने अपने दो विश्वास-पात्र भी नियुक्त किये और उनके भोजन, वस्त्र तथा अन्य आवश्यकताओं की व्यवस्था कर दी गई। बृहस्पतिवार २४ ज़िलहिज्जा ९२३ हि० (७ जनवरी १५१८ ई०) को शाही पताकाओं ने पूर्व की ओर प्रस्थान किया और निरन्तर यात्रा करती हुई वे भोगांव क़स्बे में पहुंच गईं। वहां से उन्होंने क़न्नौज पहुंचने का संकल्प किया। मार्ग में समाचार प्राप्त हुये कि आज़म हुमायूँ अपने सुपुत्र फ़तह खां सहित शाहज़ादा जलाल खां से पृथक् होकर सुल्तान की सेवा में उपस्थित हो रहा है। इस समाचार द्वारा सुल्तान के हृदय

१ राज्य के विशेष चिह्न।

को अत्यधिक शक्ति प्राप्त हो गई। जब आज़म हुमायूँ निकट पहुंचा तो सुल्तान इबराहीम ने अधिकांश अमीरों को उसके स्वागतार्थ भेजा और उसे शाही कृपाओं द्वारा सम्मानित किया।

सुल्तान इबराहीम द्वारा जलाल ख़ां के विरुद्ध सेना भेजना

उस समय कोल परगने के अधीन जरतौली के ज़मींदार मानचन्द ने सिकन्दर सूर के पुत्र उमर से युद्ध करके उसकी हत्या कर दी। जरतौली एक प्रसिद्ध मवास[1] है। संबल के हाकिम मलिक क़ासिम ने उस पर चढ़ाई करके उसे पराजित कर दिया और उसकी हत्या कर दी। वहां से वह क़न्नौज, जहां सुल्तान पड़ाव किये हुये था, पहुंचा। जौनपुर के अधिकांश अमीर तथा जागीरदार उदाहरणार्थ सईद ख़ां, शेख़ज़ादा मुहम्मद फ़र्मुली इत्यादि, सुल्तान की सेवा में उपस्थित हुए और उसके हितैषियों में सम्मिलित हो गये। उस समय आज़म हुमायूँ शिरवानी, आज़म हुमायूँ लोदी, नसीर ख़ां लोहानी इत्यादि को अत्यधिक सेना तथा अजगर रूपी हाथी देकर शाहज़ादा जलाल ख़ां के विरुद्ध भेजा गया। उस समय शाहज़ादा जलाल ख़ां कालपी में था। इन अमीरों के उस स्थान पर पहुंचने के पूर्व उसने नेमत ख़ातून, क़ुतुब ख़ां लोदी के सहायकों, एमादुलमुल्क, मलिक बद्रुद्दीन तथा अपने परिवार को कुछ सेना सहित कालपी में छोड़कर ३० हज़ार अश्वारोहियों तथा कुछ हाथियों को लेकर राजधानी आगरा की ओर प्रस्थान किया। सुल्तान इबराहीम की सेना ने कालपी पहुंच कर उसे घेर लिया। कुछ दिनों तक तोप तथा बन्दूक़ (३४६) की लड़ाई होती रही। अंत में क़िले वाले परेशान हो गये। उस सेना ने कालपी के क़िले को विजय कर लिया और शहर को नष्ट-भ्रष्ट कर दिया। सेना को अत्यधिक धन-संपत्ति प्राप्त हो गई।

जलाल ख़ां का आगरा पहुंचना तथा मलिक आदम के प्रयत्न से बादशाही के लोभ को त्यागना

सुल्तान ने आगरा की रक्षा हेतु मलिक आदम को एक सेना देकर शीघ्रातिशीघ्र भेजा। शाहज़ादा जलाल ख़ां आगरा के समीप पहुंच गया और कालपी के प्रतिकार हेतु उसने आगरा को नष्ट करने का संकल्प कर लिया। इसी बीच में मलिक आदम आगरा पहुँच गया और उसने जलाल ख़ां को बहला-फुसला कर आगरा को नष्ट न करने दिया, यहां तक कि उसके पीछे अलाउद्दीन जलवानी का पुत्र मलिक इस्माईल, कबीर ख़ां लोदी, बहादुर ख़ां लोहानी तथा कुछ अन्य अमीर बहुत बड़ी सेना लेकर पहुंच गये। मलिक आदम को बड़ी शक्ति प्राप्त हो गई। तत्पश्चात् उसने जलाल ख़ां को संदेश भेजा कि "तू मिथ्या-पूर्ण लोभ को त्याग दे और चत्र, आफ़ताबगीर[2], नौबत[3], नक़्क़ारा[4] तथा अन्य बादशाही चिह्नों को त्याग दे और अमीरों के समान व्यवहार कर ताकि सुल्तान से तेरे विषय में क्षमा-याचना की प्रार्थना की जाय। कालपी की सरकार पूर्व की भांति तेरी जागीर में रहेगी।" जलाल ख़ां इससे संतुष्ट हो गया और बादशाही के चिह्नों को उसने त्याग दिया।

१ मवास :—वह स्थान जहां विद्रोही शरण हेतु छिप जाते थे।
२ एक प्रकार का शामियाना अथवा छत्र।
३ विभिन्न बाजे जो विशेष रूप से बादशाहों अथवा बड़े-बड़े अमीरों के द्वार पर, जिन्हें बादशाह अनुमति देता था, बज सकते थे।
४ नगाड़ा।

जलाल खां का ग्वालियर की ओर प्रस्थान

मलिक आदम ने उसका चत्र, आफ़ताबगीर तथा नक़्क़ारा लेकर सुल्तान की सेवा में, जो क़न्नौज से इटावा[1] पहुंच गया था, भेज दिया। सुल्तान ने यह संधि स्वीकार न की और जलाल ख़ां से युद्ध करने के लिए रवाना हुआ। शाहज़ादा यह समाचार पाकर ग्वालियर के राजा के पास शरण हेतु भाग गया।

नई नियुक्तियाँ

सुल्तान आगरा में ठहरा और उसने शासन-प्रबन्ध को, जिसमें सुल्तान सिकन्दर की मृत्यु के उपरान्त विघ्न पड़ गया था, दृढ़ता प्रदान की। विरोधी अमीरों ने क्षमा-याचना करके निष्ठा प्रदर्शित (३४७) की। तत्पश्चात् उसने हैबत ख़ां गुर्गअन्दाज़, करीमदाद तोग़ा तथा दौलत ख़ां इन्द्र को देहली की रक्षा हेतु भेजा। शेख़ज़ादा मन्झू को चंदेरी के क़िले की रक्षा हेतु तथा मालवा के सुल्तान नासिरुद्दीन के पौत्र शाहज़ादा मुहम्मद ख़ां को पेशवा नियुक्त किया।

मियां भूवा का बन्दी बनाया जाना

कुछ समय उपरान्त सुल्तान मियां भूवा से, जो समस्त अमीरों से श्रेष्ठ तथा सुल्तान सिकन्दर का वज़ीर था, रुष्ट हो गया। मियां भूवा पिछली सेवाओं के भरोसे पर सुल्तान की इच्छाओं की उपेक्षा करने लगा था। अन्ततोगत्वा उसे बन्दी बना लिया गया और मलिक आदम को सौंप दिया गया। सुल्तान ने उसके पुत्र को सम्मानित करके उसके पिता के स्थान पर नियुक्त कर दिया। मियां भूवा की उसी बन्दीगृह में मृत्यु हो गई।

ग्वालियर की विजय का प्रयत्न

उसी समय सुल्तान ने यह सोचा कि "सुल्तान सिकन्दर ने ग्वालियर को विजय करने तथा उस क्षेत्र के क़िलों को नष्ट करने के लिए कई बार चढ़ाई की किन्तु उसे सफलता प्राप्त न हुई। यदि भाग्य मेरा साथ दे तो ग्वालियर के क़िले तथा तत्संबन्धी सब विलायत पर विजय प्राप्त कर ली जाय।" तदनुसार उसने कड़ा की विलायत के हाकिम आज़म हुमायूँ शिरवानी को ३० हज़ार अश्वारोही तथा तीन सौ हाथी देकर ग्वालियर की विजय के लिए भेजा। जब आज़म हुमायूँ ग्वालियर के निकट पहुंचा तो शाहज़ादा जलाल ख़ां वहां से भाग कर मालवा की ओर सुल्तान महमूद के पास चला गया। उसी अवसर पर आलम ख़ां लोदी के पुत्र भीखन ख़ां, जलाल ख़ां लोदी, सुलेमान फ़र्मुली, बहादुर ख़ां लोहानी, बहादुर ख़ां शिरवानी, मलिक फ़ीरोज़ अग़वान के पुत्र इस्माईल, ख़िज़्र ख़ां लोहानी, भीखन ख़ां लोदी के भाई ख़िज़्र ख़ां तथा ख़ाने जहां को बहुत बड़ी सेना तथा कुछ हाथी देकर आज़म हुमायूँ की सहायतार्थ तथा ग्वालियर के क़िले के अवरोध एवं उसके आसपास के क़िलों को विजय करने के लिए नियुक्त किया। संयोगवश (३४८) उन्हीं दिनों ग्वालियर के राजा मान की, जो वीरता एवं दान-पुण्य में अद्वितीय था, और जो देहली के सुल्तानों का वर्षों से मुक़ाबला कर रहा था, मृत्यु हो गई। उसका पुत्र राय बिकरमाजीत (विक्रमादित्य) अपने पिता के स्थान पर गद्दी पर बैठा और क़िले को दृढ़ बनाने के लिए अत्यधिक प्रयत्न करने लगा। सुल्तान इबराहीम के अमीरों ने सुल्तान के आदेशानुसार एक शाही दौलतख़ाने का निर्माण कराया। वे नित्यप्रति वहां एकत्र होते थे और नाना प्रकार की व्यवस्था करते एवं क़िले के अवरोध

१ मूल ग्रन्थ में 'अमावा' है।

को सफल बनाने का प्रयत्न किया करते थे। संयोगवश राजा मान ने क़िले के नीचे एक अत्यधिक दृढ़ तथा भव्य भवन का उस दृढ़ क़िले के चारों ओर निर्माण कराया था जिसका नाम बादलगढ़ रक्खा गया। कुछ समय उपरान्त शाही सेना ने सुरंग लगाकर उसमें बारूद भर दी और बारूद में आग लगा दी। क़िले की दीवार के टूट जाने पर वे उसमें प्रविष्ट हो गये और उसे विजय कर लिया। वहां उन्हें पीतल का एक बैल[1] मिला जिसकी हिन्दू वर्षों से पूजा कर रहे थे। शाही आदेशानुसार वह पीतल का बैल देहली लाया गया और बग़दाद द्वार पर डाल दिया गया। अकबर के राज्यकाल तक वह बैल देहली के द्वार पर रहा। इस इतिहास के लेखक ने उसे देखा है।

शाहज़ादा जलाल खां का बन्दी बनाया जाना

संक्षेप में, उन्हीं दिनों सुल्तान इबराहीम का सिकन्दर के प्राचीन अमीरों के प्रति विश्वास समाप्त हो गया। उसने अधिकांश बड़े बड़े ख़ानों को बन्दी बना लिया। शाहज़ादा जलाल ख़ां, जो मालवा के सुल्तान महमूद के पास चला गया था, उसके व्यवहार से संतुष्ट न होकर गढ़कतंगा की बिलायत को भाग गया और वहां गोंड लोगों के समूह ने उसे बन्दी बना लिया। उन्होंने उसे बन्दी बनाकर सुल्तान की सेवा में भेज दिया। सुल्तान ने उसे बन्दी बनाकर हांसी के बन्दीगृह में भेज दिया। मार्ग में उसकी मृत्यु हो गई।

कड़ा में विद्रोह

(३४९) कुछ समय उपरान्त सुल्तान के आदेशानुसार आज़म हुमायूँ शिरवानी तथा उसका पुत्र फ़तह खां, जो ग्वालियर के क़िले को घेरे हुए थे और लगभग विजय प्राप्त करने वाले ही थे, आगरा उपस्थित हुए। सुल्तान ने उन्हें बन्दी बना लिया। इसी कारण आज़म हुमायूं के पुत्र इस्लाम खां ने कड़ा में विद्रोह कर दिया और अपने पिता की सेना तथा धन संपत्ति पर अधिकार जमा लिया। अहमद खां को, जो उस स्थान की शिक़दारी[2] के लिए नियुक्त हुआ था, उसने कोई अधिकार न दिया और सेना एकत्र करने लगा। अहमद खां ने उससे युद्ध किया किन्तु वह पराजित हुआ।

लखनऊ की ओर सुल्तान द्वारा सेना भेजना

सुल्तान इबराहीम यह समाचार पाकर उसके विरुद्ध सेना भेजना चाहता था कि अचानक आज़म हुमायूँ तथा सईद खां लोदी, जोकि प्रतिष्ठित अमीर थे, सुल्तान की सेना से भाग कर अपनी जागीर लखनऊ की विलायत में चले गये। इस्लाम खां को पत्र भेजकर वे विद्रोह का प्रयत्न करने लगे। सुल्तान इबराहीम ने अहमद खां, आज़म हुमायूँ लोदी के भाई, हुसेन फ़र्मुली के पुत्रों, अली खां, ख़ाने ख़ानां फ़र्मुली, मजलिसे आली भिखारी फर्मुली, अहमद खां के पुत्र दिलावर खां, सारंग खां, ग़ाज़ी खां तलौनी[3] के पुत्र क़ुतुब खां, भीखन खां लोहानी, आदम काकर के पुत्र सिकन्दर इत्यादि को बहुत बड़ी सेना देकर उन लोगों के विरुद्ध भेजा। जब वे क़न्नौज के निकट बांगरमऊ के क़स्बे के समीप पहुंचे तो आज़म हुमायूँ लोदी का ख़ासाख़ेल[4] इक़बाल खां ५ हज़ार अश्वारोहियों तथा कुछ हाथियों को लेकर एक गुप्त स्थान

१ संभवतः गाय।
२ देखिये पृ० ४ नोट नं० ३।
३ जलवानी।
४ आज़म हुमायूं लोदी की क़ौम का इक़बाल खां।

से निकला और उसने उनकी सेना पर छापा मार कर बहुत से लोगों की हत्या कर दी तथा उन्हें घायल करके उनकी सेना को छिन्न-भिन्न कर दिया।

विद्रोह का दमन

जब यह सूचना सुल्तान को प्राप्त हुई तो उसने उन अमीरों की बड़ी कटु आलोचना की और आदेश भेजा कि जब तक वे लोग उस विलायत को विद्रोहियों के हाथ से निकाल न लेंगे उस समय तक वे लोग दण्डनीय रहेंगे। सावधानी की दृष्टि से उसने अमीरों तथा ख़ानों को बहुत बड़ी सेना देकर उनकी (३५०) सहायतार्थ भेजा। विद्रोहियों की ओर भी लगभग ४० हज़ार सशस्त्र अश्वारोही तथा ५०० हाथी एकत्र हो गये थे। जब दोनों ओर की सेनायें आमने सामने हुईं और युद्ध होने वाला ही था कि शेख राजू बुख़ारी, जिसके प्रति उस युग के सभी लोगों को श्रद्धा थी, मध्यस्थ हो गया और दोनों पक्षों को रोक कर विद्रोहियों को परामर्श तथा शिक्षा प्रदान की। उन लोगों ने बहुत सी शिकायतें उपस्थित करके निवेदन किया कि "यदि सुल्तान आज़म हुमायूँ सरवानी[1] को मुक्त कर दें तो हम लोग सुल्तान की विलायत से हाथ खींच कर उसका विरोध त्याग देंगे और किसी अन्य बादशाह के राज्य में चले जायेंगे।" जब सुल्तान को यह समाचार मिले तो उसे यह बात अच्छी न लगी। उसने बिहार के हाकिम दरिया ख़ां लोहानी, नसीर ख़ां लोहानी तथा शेख़ज़ादा मुहम्मद फ़र्मुली को आदेश भेजा कि वे लोग भी उस ओर के विद्रोहियों पर आक्रमण करके उस उपद्रव को शांत कर दें।

जब सेना उस ओर से पहुंची तो विद्रोहियों ने अपने अभिमान के कारण, शाही सेना के प्रभुत्व की ओर ध्यान न देते हुए, युद्ध प्रारम्भ कर दिया। दोनों ओर की सेनायें आपस में भिड़ गईं और ऐसा हत्याकाण्ड होने लगा जिसे देखकर समय की आंखों में भी अंधकार छा गया। अन्त में, क्योंकि विद्रोह तथा नमकहरामी तो दुष्टों का कार्य है और जिससे कदापि किसी को कोई लाभ नहीं होता, अतः इस्लाम ख़ां विद्रोही की हत्या हो गई। सईद ख़ां लोदी, दरिया ख़ां लोहानी के सैनिकों द्वारा बन्दी बना लिया गया और वह उपद्रव शाँत हो गया। उनकी समस्त धन-संपत्ति सुल्तान इबराहीम के अधिकार में आ गई।

अमीरों की सुल्तान के प्रति घृणा

(३५१) सुल्तान को इस सफलता के समाचार प्राप्त हुये किन्तु अमीरों के प्रति उसका रोष, ईर्ष्या तथा विरोध सीमा से बढ़ चुका था अतः उसने बहुत से अमीरों तथा मलिकों, उदाहरणार्थ मियां भूवा तथा आज़म हुमायूँ सरवानी को जो अमीरुलउमरा था बन्दी बना लिया और बन्दीगृह ही में उनकी मृत्यु हो गई। बिहार का हाकिम दरिया ख़ां लोहानी, ख़ाने जहां लोदी, मियां हुसेन फ़र्मुली इत्यादि उस भय तथा आतंक के कारण जो उन पर आरूढ़ था सुल्तान के विरोधी बन गये और विद्रोह की पताका बलन्द कर दी। संयोगवश उन्हीं दिनों चंदेरी में सुल्तान के संकेत पर मियां हुसेन फ़र्मुली की उस स्थान के कमीने शेख़ज़ादों द्वारा हत्या हो गई। इस कारण सुल्तान के अमीर उससे और भी घृणा करने लगे।

बहादुर ख़ां का बिहार में विद्रोह

कुछ समय उपरान्त दरिया ख़ां लोहानी की मृत्यु हो गई। उसका पुत्र बहादुर ख़ां, सुल्तान का विरोध करके अपने पिता के स्थान पर आरूढ़ हो गया। जो अमीर सुल्तान के विरोधी हो गये थे वे

१ 'शिरवानी' तथा 'सरवानी' दोनों शब्दों का प्रयोग किया गया है।

उसके सहायक बन गये। बिहार के क्षेत्र में उन लोगों ने लगभग एक लाख सवार एकत्र कर लिये और संबल की विलायत तक अपने अधिकार में कर ली। उसने अपनी उपाधि सुल्तान मुहम्मद निश्चित कर ली और अपने नाम का ख़ुत्बा तथा सिक्का चलवा दिया। उसी समय ग़ाज़ीपुर का हाकिम नसीर ख़ां लोहानी सुल्तान की सेना से पराजित होकर उसके पास पहुंचा। कुछ मास तक बिहार की विलायत तथा उसके आसपास में बहादुर ख़ां का ख़ुत्बा पढ़ा जाने लगा। इस बीच में वह सुल्तान की सेनाओं से युद्ध करके उसका मुक़ाबला करता रहा।

इबराहीम लोदी की पराजय तथा हत्या

संयोगवश दौलत ख़ां लोदी का पुत्र लाहौर से सुल्तान की सेवा में पहुँचा किन्तु सुल्तान के प्रति शंकित होकर भाग खड़ा हुआ तथा अपने पिता के पास चला गया। दौलत ख़ां किसी प्रकार सुल्तान के क्रोध तथा आतंक से अपने आपको मुक्त न होते देख कर काबुल चला गया और उसने बाबर बादशाह के पास शरण ली और बादशाह को हिन्दुस्तान पर आक्रमण करने के लिये लाया। मार्ग में दौलत (३५२) ख़ां की मृत्यु हो गई। बिहार में सुल्तान मुहम्मद की भी मृत्यु हो गई। यद्यपि हिन्दुस्तान की विजय के साधन तथा उपाय पूर्णतः नष्ट हो चुके थे किन्तु बादशाह ने ईश्वर पर आश्रित होकर पानीपत के निकट सुल्तान इबराहीम से युद्ध किया। सुल्तान इबराहीम की सेना पराजित हुई। सुल्तान अपने अमीरों सहित युद्ध में मारा गया। हिन्दुस्तान का राज्य लोदी अफ़ग़ानों के वंश से निकल कर इस भाग्यशाली वंश (मुग़लों) को प्राप्त हो गया। इबराहीम लोदी ने सात वर्ष तथा कुछ मास तक राज्य किया।

तारीख़े दाऊदी

(लेखक—अब्दुल्लाह)

(प्रकाशन—अलीगढ़ १९५४ ई०)

सुल्तान बहलोल

सुल्तान बहलोल की बाल्यावस्था

(३) इतिहासकारों ने लिखा है कि सुल्तान बहलोल की बाल्यावस्था ही में उसके पिता की मृत्यु हो गई। बहलोल का नाम बल्लू खां था। उसका पालन-पोषण उसके चाचा सुल्तान शाह लोदी के घर में हुआ। इस सुल्तान शाह को खिज्र खां ने बहुत बड़ा अमीर बना कर इस्लाम खां की उपाधि दे दी थी और सरहिन्द का राज्य उसके अधिकार में दे दिया था। एक दिन इस्लाम खां नमाज़ पढ़ रहा था। बल्लू ने बालकों के समान धृष्टतापूर्वक इस्लाम खां की जा नमाज़[1] पर पांव रख दिया। घर के लोगों ने उसे ज़बरदस्ती रोकते हुये कहा, "हे बालक! खेलने का स्थान दूसरा है। खान के मुसल्ले[2] पर धृष्टता-पूर्वक पांव मत रख।" इस्लाम खां ने कहा, "बालक है। यदि मेरे सिर पर भी पांव रक्खे तो उचित है।" घर वालों को इस बात पर आश्चर्य हुआ। इस्लाम खां ने कहा, "तुम्हें इस पर आश्चर्य न होना चाहिये। मैं इस भतीजे में ऐसे गुण देखता हूं जिनसे पता चलता है कि वह किसी दिन उच्च श्रेणी को प्राप्त होगा और हमारे वंश को उसके द्वारा प्रसिद्धि प्राप्त होगी।"

मजज़ूब से भेंट

जब बल्लू बड़ा हुआ तो घोड़ों का व्यापार करने लगा। सर्वदा विलायत[3] से घोड़े लाकर हिन्दुस्तान में बेचा करता था और इस प्रकार अपना समय व्यतीत किया करता था। एक दिन बल्लू खां व्यापारियों के एक समूह सहित घोड़ों के क्रय हेतु विलायत को रवाना हुआ और सामाना पहुंचा। वहां इब्बन नामक एक पहुंचा हुआ मजज़ूब[4] जीवित था। बल्लू खां क्योंकि कारवान वालों का नेता था अतः वह अपने दो विश्वासपात्र मित्रों अर्थात् क़ुतुब खां तथा फ़ीरोज़ खां सहित उसकी सेवा में जाकर आदर-पूर्वक बैठ गया। उनके बैठते ही उस पहुँचे हुये मजज़ूब ने पूछा, "क्या तुम लोगों में कोई देहली की बाद-शाही २००० तन्के में क्रय कर सकता है?" क़ुतुब खां तथा फ़ीरोज़ खां दोनों चुप रहे। बल्लू खां ने
(४) १६०० तन्के उसके समक्ष रख कर कहा, "मेरे पास इससे अधिक नहीं।" उस बुज़ुर्ग ने स्वीकार

१ वह चटाई अथवा कपड़ा जिसे बिछाकर नमाज़ पढ़ी जाती है।
२ जा नमाज़; वह चटाई अथवा कपड़ा जिस पर नमाज़ पढ़ी जाती है।
३ विलायत :—राज्य।
४ वह संत जो ईश्वर के प्रेम में इतना लीन हो कि उसे संसार में किसी भी वस्तु की चिन्ता न हो। वह पागलों के समान जीवन व्यतीत करता है।

कर लिया और कहा, "तुझे देहली का राज्य शुभ हो। ये दोनों व्यक्ति जो तेरे साथ हैं वे तेरी सेवा करेंगे।" वहां से बल्लू ख़ां अपने दोनों मित्रों सहित चल खड़ा हुआ। उसके साथी उसकी खिल्ली उड़ाने लगे। बल्लू ख़ां ने कहा, "मैंने जो कार्य किया उसके दो ही परिणाम हैं। यदि जैसा कि इस बुज़ुर्ग ने कहा सच निकला तो मुफ़्त में सौदा हो गया और यदि ऐसा न हुआ तो सैयिद दरवेश की सेवा व्यर्थ न जायगी।" यह कह कर वह चल खड़ा हुआ।

परगने को अधिकार में करना

कहा जाता है कि इस बार बल्लू ख़ां विलायत से उत्तम घोड़े लाया और घोड़ों को मोटा करके अपने चाचा के साथ देहली में ख़िज़्र ख़ां के पौत्र सुल्तान मुहम्मद की सेवा में, जो सिंहासनारूढ़ हो चुका था, ले गया। समस्त घोड़ों को शाही सरकार में एक साथ बेच डाला। शाही पदाधिकारियों ने व्यापारियों की बरात[1] का काग़ज़ दे दिया कारण कि वह समस्त परगना विद्रोह करके आज्ञा के क्षेत्र से निकल चुका था। जब इन व्यापारियों में से एक व्यक्ति परगने में धन वसूल करने गया तो उसने वहां अन्य ही दशा पाई। लौट कर उसने अपने मित्रों को अवगत कराया। बल्लू ख़ां ने समस्त व्यापारियों के साथ
(५) इस्लाम ख़ां से निवेदन किया कि, "मैं व्यापारियों के साथ परगने में जा रहा हूं। जो कुछ मुझसे हो सकेगा मैं करूंगा।" इस्लाम ख़ां ने सुल्तान को इस बात की सूचना भेज दी। सुलतान ने आदेश दिया, "यदि तेरा भतीजा विद्रोहियों को दंड देकर आज्ञाकारी बना ले तो मैं वह परगना उसे प्रदान कर दूँगा। जो बन्दी तथा लूट की धन-सम्पत्ति प्राप्त हो उसे मैं उन लोगों को प्रदान कर दूँगा।"

लाहौर के समीप के परगनों का बहलोल के अधिकार में आना

बल्लू ख़ां ने व्यापारियों के समूह सहित उस परगने में पहुंच कर अल्प समय में ही विद्रोहियों को दंड देकर आज्ञाकारी बना लिया। दास, मवेशी तथा अपनी बरात का धन लेकर देहली पहुंच गया। सुल्तान बल्लू की वीरता देख कर उसको आश्रय प्रदान करने लगा और समस्त लूट की धन-सम्पत्ति उसे प्रदान कर दी और व्यापारियों के क्षेत्र से निकाल कर सेवकों तथा अमीरों के क्षेत्र में सम्मिलित कर लिया। कुछ अन्य परगने उसकी जागीर में दे दिये और उसकी उपाधि मलिक बहलोल कर दी। तदुपरान्त मलिक बहलोल के कार्य को उन्नति प्राप्त होने लगी। वह प्रत्येक वर्ष सेना तैयार करके सुल्तान के समक्ष प्रस्तुत करता था और इन नौकरों के समूह के वेतन हेतु अन्य परगने प्राप्त कर लिया करता था, यहां तक कि लाहौर के समीप के अधिकांश परगने मलिक बहलोल के अधिकार में आ गये।

बहलोल की क़ुतुब ख़ां तथा हुसाम ख़ां पर विजय

उस दरवेश की बात के कारण वह राज्य प्राप्त करने की आकांक्षा किया करता था। सुल्तान मुहम्मद के राज्यकाल में ही इस्लाम ख़ां की मृत्यु हो गई और इस्लाम ख़ां ने बहलोल की योग्यता को देखकर अपने पुत्रों के होते हुये उसे अपना उत्तराधिकारी बना दिया। इसी कारण मुहम्मद इस्लाम ख़ां के ज्येष्ठ पुत्र क़ुतुब ख़ां तथा बहलोल में शत्रुता हो गई। क़ुतुब ख़ां बहलोल से विद्रोह करके हुसाम ख़ां की शरण में, जो सुल्तान का वज़ीर था, पहुंच गया और हुसाम ख़ां के पास बदायूँ चला गया। हुसाम ख़ां

१ एक प्रकार की हुण्डी जिसके द्वारा राजधानी में बिके हुये सामान का मूल्य प्रान्तों अथवा राज्य के अधीन अन्य भागों में वसूल किया जा सकता था।

(६) से मिलकर उसने अत्यधिक सेना एकत्र की और बहलोल पर चढ़ाई की। दोनों दलों का गढ़ नामक स्थान पर जो खिज़्राबाद तथा साढोरा परगने में है युद्ध हुआ। हुसाम ख़ां पराजित होकर बदायूँ चला गया और बहलोल ने विजय प्राप्त करके इस्लाम ख़ां के स्थान पर सरहिन्द में अधिकार जमा लिया। वह अधिकांश सरहिन्द तथा लुधियाना में निवास करता था। सुल्तान मुहम्मद ने इस विजय का हाल सुनकर, जो मलिक बहलोल ने हुसाम ख़ां तथा क़ुतुब ख़ां पर प्राप्त की, मलिक बहलोल को फ़तह ख़ां की उपाधि प्रदान कर दी। उस क्षेत्र में उसके द्वारा बहुत बड़े-बड़े कार्य सम्पन्न हुये।

हमीद ख़ां का वज़ीर नियुक्त होना

कुछ समय उपरान्त मांडू के बादशाह सुल्तान मुहम्मद ने देहली को घेर लिया। फ़तह ख़ां ने बड़ी वीरता का प्रदर्शन किया। अन्त में उसके कारण विजय प्राप्त हो गई। सुल्तान मुहम्मद ने बहलोल को पुत्र तथा ख़ाने ख़ानां की उपाधि देकर सरहिन्द प्रान्त की ओर भेज दिया। इसी बीच में सुल्तान मुहम्मद की मृत्यु हो गई और उसके स्थान पर उसका अभागा पुत्र अलाउद्दीन सिंहासनारूढ़ हुआ। संसार का कारोबार अव्यवस्थित हो गया और नित्य प्रति उसकी व्यवस्था क्षीण होने लगी। मलिक बहलोल ने सुल्तान अलाउद्दीन की सेवा में बदायूँ में पत्र भेजा कि "आप हुसाम ख़ां की हत्या करा दें और हमीद ख़ां को वज़ीर नियुक्त कर दें। सेवक आज्ञाकारी रहेगा।" सुल्तान ने बिना सोचे-समझे हुसाम ख़ां की जिसके कारण उसके राज्य को उन्नति प्राप्त थी हत्या करा दी और हमीद ख़ां को वज़ीर नियुक्त कर दिया। लोदियों ने उसके प्रति निष्ठा प्रदर्शित करते हुये सेवा करनी प्रारम्भ कर दी। उनके महाल तथा जागीर को उन्हीं के पास रहने दिया गया। हुसाम ख़ां की हत्या के कुछ समय उपरान्त ही लोदी लोग शनैः-शनैः प्रभुत्वशाली बनने लगे और लाहौर, द्युपालपुर[1], सुनाम, हिसार, फ़ीरोज़ाबाद तथा अन्य परगनों पर बल-पूर्वक अधिकार जमा लिया।

स्वतंत्र राज्य

(७) उस समय समस्त हिन्दुस्तान की दशा अव्यवस्थित हो गई थी। प्रत्येक नगर में एक हाकिम पैदा हो गया था। अहमद ख़ां मेवाती ने महरौली से लेकर लादो सराय, जो देहली के समीप है, तक के स्थान अपने अधिकार में कर लिये। लोदियों ने लाहौर से लेकर पानीपत तक के स्थान अपने अधिकार में कर लिये। देहली नगर तथा समीप के कुछ स्थान अलाउद्दीन शाह के अधिकार में थे और वह उस विलायत पर राज्य करता था। संसार वाले यह लोकोक्ति कहते थे :

"बादशाहिये आलम अज़ देहली ता पालम"[2]

हमीद ख़ां के निमन्त्रण पर बहलोल का देहली पहुंचना

इसी बीच में अलाउद्दीन के कुछ विश्वासपात्रों ने बहलोल के संकेत पर सुल्तान से निवेदन किया कि, "यदि आप हमीद ख़ां की हत्या करा दें तो हम चालीस परगने ख़ालसे[3] में सम्मिलित कर देंगे।"

१ दीपालपुर तथा दीबालपुर भी प्रयुक्त हुआ है।

२ 'संसार के बादशाह का राज्य देहली से पालम तक'।

३ राज्य की भूमि के वे भाग जिनका कर बिना किसी मध्यस्थ के शाही ख़ज़ाने में दाख़िल किया जाता था।

अलाउद्दीन ने जिसे राज्य के कार्य से कोई लगाओ न था हमीद ख़ां के वध का आदेश दे दिया। हमीद ख़ां ने बड़ी कठिनाई से अपने आप को विनाश के भंवर से निकाला और देहली पहुंच गया। वह इस बात की चिन्ता करने लगा कि किसी अन्य को अलाउद्दीन के स्थान पर सिंहासनारूढ़ कर दे। उसने दो व्यक्तियों को बादशाही के लिये बुलवाया। एक क़याम ख़ां को और दूसरे मलिक बहलोल को। जब दोनों व्यक्तियों के पास पत्र पहुंचे तो वे देहली की ओर चल दिये। बहलोल उस समय सरहिन्द में था। वह शीघ्रातिशीघ्र अत्यधिक सेना लेकर देहली पहुंच गया। क़याम ख़ां, बहलोल के पहले ही पहुंच जाने के समाचार पाकर मार्ग से लौट गया।

मलिक बहलोल हमीद ख़ां की सेवा में उपस्थित हुआ। हमीद ख़ां ने भय के कारण प्रथम भेंट ही में बहलोल से कहा, "देहली की बादशाही तुम्हारे लिये शुभ हो। विज़ारत का पद मेरे पास रहने दो।" मलिक बहलोल ने हमीद से कहा, "मैं एक सैनिक हूं। राज्य का कार्य भली भांति सम्पन्न नहीं कर सकता। आप बादशाह हो जायं और मैं सेनापति रहूं। जो आप आदेश देंगे, मैं उसका पालन करूंगा।" हमीद ख़ां ने कहा, "इस कार्य में मैंने अपने लिये हाथ नहीं डाला है। अपितु इस्लाम के लाभार्थ यह कार्य किया है। मुझे विश्वास हो गया था कि इस्लाम उसकी बादशाही में दुर्दशा को प्राप्त हो गया है। मुझे भय हुआ कि कहीं इसमें कोई ख़राबी न हो, कारण कि कहा गया है, 'राज्य प्रभुत्वशाली को प्राप्त होता है' और तुझसे अधिक कोई अन्य व्यक्ति प्रभुत्वशाली नहीं है। इसी कारण मैंने तुझे सूचना दे दी।" संक्षेप
(८) में, प्रतिज्ञा तथा वचन लेकर हमीद ख़ां ने क़िले की कुंजी मलिक बहलोल के समक्ष रख दी। बहलोल ने कहा, "आप जिस सेवा का आदेश देते हैं मैं उसे स्वीकार करता हूं। मैंने शहर तथा द्वारों की रक्षा अपने लिये अनिवार्य कर ली है कारण कि मलिकों तथा बादशाहों के लिये प्रजा की रक्षा अनिवार्य है और यह उनका बहुत बड़ा कर्तव्य है।"

बहलोल द्वारा राज्य प्राप्त करने का प्रयत्न

यद्यपि बहलोल बाह्य रूप से हमीद ख़ां का आदर-सत्कार करता था किन्तु हृदय से वह अपने कार्यों की व्यवस्था किया करता था। उसने समस्त बादशाही कारख़ानों[1] को अपने अधिकार में कर लिया। उस समय हमीद ख़ां को अत्यधिक शक्ति प्राप्त थी। इसी कारण समय की आवश्यकतानुसार सुल्तान बहलोल हमीद ख़ां से नम्रतापूर्वक व्यवहार करता रहता था और रोज़ाना वह उसके अभिवादन हेतु जाया करता था। एक दिन हमीद ख़ां के घर बहलोल की दावत हुई। उसने अफ़ग़ानों को समझा दिया कि "तुम लोग हमीद ख़ां की गोष्ठी में ऐसे कार्य करना जिससे वह तुम्हें मूर्ख समझने लगे और उसके हृदय से तुम्हारे भय का अन्त हो जाय।" जब अफ़ग़ान लोग बहलोल के साथ भोजन हेतु पहुंचे तो विचित्र प्रकार के कार्य करने लगे। कुछ लोगों ने अपने जूते अपनी कमर में बांध लिये और कुछ लोगों ने अपने जूते हमीद ख़ां के सिर के ऊपर के आले में रख दिये। हमीद ख़ां ने कहा, "तुम लोग यह क्या कर रहे हो?" अफ़ग़ानों ने कहा, "चोरों से रक्षा कर रहे हैं।" हमीद ख़ां ने कहा, "निश्चिन्त रहो, यहां से कोई न ले जायगा।" कुछ क्षण उपरान्त अफ़ग़ानों ने हमीद ख़ां से कहा, "हे ख़ान! आपके क़ालीन बड़े रंग

१ शाही आवश्यकताओं तथा शिकार आदि के प्रबन्ध के लिये बहुत से कारख़ानों की स्थापना की जाती थी। शिकारी कुत्ते, बाज़, चीते आदि का प्रबन्ध भी इन्हीं कारख़ानों द्वारा होता था। शाही आवश्यकता की वस्तुएँ भी कारख़ानों में तैयार होती थीं। प्रत्येक कारख़ाना एक मलिक अथवा ख़ान के अधीन होता था।

बिरंगे हैं। यदि इनमें से एक क़ालीन हमें प्रदान हो जाय तो उसकी टोपियां बनवा कर अपने पुत्रों के पास उपहार स्वरूप भेज दें ताकि संसार वाले समझें कि हमें हमीद ख़ां की सेवा के कारण अत्यधिक सम्मान प्राप्त हो गया है।" हमीद खां ने कहा, "तुम्हारी सेवा के बदले में मैं सुन्दर प्रकार के वस्त्र प्रदान करूंगा।" भोजन के उपरांत सुगन्धियों तथा पान के बीड़ों के थाल लाये गये। कुछ लोगों ने सुगन्धियों को चखा और कुछ लोग फूलों को खा गये। कुछ लोग पान के बीड़े खोल कर केवल चूना ही खा गये। जब उनके (९) मुंह जलने लगे तो बीड़े फेंक दिये। हमीद ख़ां ने बहलोल से पूछा, "यह लोग ऐसा क्यों कर रहे हैं?" उसने उत्तर दिया, "ये लोग गंवार तथा मूर्ख हैं। आदमियों में कम रहे हैं। खाने तथा मरने के अतिरिक्त कोई अन्य कला नहीं जानते।"

दूसरे दिन फिर बहलोल पुनः हमीद ख़ां के घर पहुंचा। उसका नियम यह था कि जब वह हमीद ख़ां के घर जाता तो थोड़े से लोग उसके साथ जाते थे। अधिकांश अफ़ग़ान बाहर रहते थे। इस बार अफ़ग़ान लोग बहलोल के नेतृत्व में दरबानों को पीट कर ज़बरदस्ती भीतर प्रविष्ट हो गये और कहने लगे, "हम भी हमीद ख़ां के सेवक हैं। हम उसके अभिवादन से क्यों वंचित रहें?" जब शोर होने लगा तो हमीद ख़ां ने पूछा, "यह कैसा शोर है?" लोगों ने बताया, "अफ़ग़ान लोग बहलोल को गाली देते हुये घुसे आ रहे हैं।" जब वे हमीद ख़ां के समीप पहुंचे तो उन्होंने कहा, "हम भी बहलोल के समान आपके सेवक हैं। वह भीतर आये तो हम क्यों न आयें और अभिवादन से किस कारण वंचित रहें?" हमीद ख़ां ने कहा, "इन्हें छोड़ दो और मत रोको।"

अफ़ग़ान लोग भीड़ करके भीतर प्रविष्ट हो गये और प्रत्येक सेवक के बराबर, जो हमीद ख़ां के चारों ओर खड़े थे, दो दो अफ़ग़ान खड़े हो गये। इसी बीच में बहलोल के चचेरे भाई क़ुतुब ख़ां लोदी ने आस्तीन से ज़ंजीर निकाल कर हमीद ख़ां के समक्ष रख दी और कहा, "अब यह उचित होगा कि तू शीघ्र एकान्त में चला जा। तेरे नमक के विचार से हम तेरी हत्या नहीं करते।" हमीद ख़ां ने कहा, "हमने तुम्हारे साथ कौन सी बुराई की थी जो तुमने हमारे विरुद्ध यह षड्यंत्र रचा?" क़ुतुब ख़ां ने कहा, "हम तेरे प्राण को कोई हानि न पहुंचायेंगे किन्तु नवाब साहब! क्योंकि तुमने स्वयं हरामख़ोरी की है (१०) अतः हमें तुम पर विश्वास नहीं रहा।" यह कह कर उसने हमीद ख़ां के पांव में ज़ंजीर डाल दी और कोट के बाहर उस महल में, जिसका निर्माण उसके लिये हुआ था, उसे बन्दी बना दिया।

सुल्तान बहलोल ने सुल्तान अलाउद्दीन के पास बदायूँ पत्र भेजा कि, "मेरा पालन-पोषण आपके द्वारा हुआ है। इसी कारण मैं आपका वकील[1] बन कर राज्य के कार्य जो आपके हाथ से निकल चुके थे, सुव्यवस्थित कर रहा हूं। आपके नाम को ख़ुत्बे तथा सिक्के से नहीं पृथक् करता।" अलाउद्दीन ने जिसके भाग्य में राज्य न था, उत्तर में लिखा कि, "मेरा पिता आपको पुत्र कहा करता था और मैं आपको बड़ा भाई समझता था। राज्य के कार्य आप पर छोड़ता हूं और मैं बदायूँ के एक परगने से संतुष्ट हूं।" सुल्तान बहलोल सिंहासनारूढ़ हो गया।

सुल्तान बहलोल लोदी का सिंहासनारोहण

सुल्तान बहलोल का चरित्र

बहलोल १७ रबी-उल-अव्वल ८५० हि०[2] (१२ जून १४४६ ई०) को देहली में सिंहासनारूढ़

१ प्रतिनिधि।

२ १४ रबी-उल-अव्वल ८५५ हि० (१६ अप्रैल १४५१ ई०) होना चाहिये।

हुआ और अपनी उपाधि सुल्तान बहलोल शाह ग़ाज़ी रक्खी। वह धर्म को उन्नति देने वाला, वीर तथा दानी था। उसे सहनशीलता तथा दया स्वाभाविक रूप से प्राप्त थी। वह शरा[1] का पूर्ण रूप से पालन करता था और कोई भी कार्य शरा के विरुद्ध कदापि न करता था। वह अपना अधिकांश समय आलिमों तथा फ़क़ीरों के साथ व्यतीत करता था और दरिद्रियों के प्रति दयापूर्ण व्यवहार करता था। भिखारी को कभी न लौटाता और पांचों समय की नमाज़ जमाअत के साथ पढ़ता था। न्याय करने का अत्यधिक प्रयत्न करता और अपनी प्रजा के प्रार्थना-पत्र स्वयं सुनता और उन्हें अमीरों तथा वज़ीरों पर न छोड़
(११) देता था। सुल्तान बहलोल न्यायकारी, बुद्धिमान्, कार्यकुशल, किसी को हानि न पहुंचाने वाला, कृपालु, दयालु तथा प्रजा का पोषक था। धन-सम्पत्ति तथा नये परगने जो कुछ उसे प्राप्त होते वह उन्हें सेना में बांट देता था। कोई वस्तु भी अपने पास न रखता और ख़ज़ाना एकत्र न करता था। वह बनावट से शून्य तथा बड़े सरल स्वभाव का बादशाह था। भोजन करते समय द्वारपालों को दरबार से हटवा देता था। जो कोई आता वह भोजन करता।

अमीरों के प्रति व्यवहार

गोष्ठियों में वह सिंहासन पर आसीन न होता था। अमीरों को भी खड़ा न रहने देता था और दरबारे आम में भी सिंहासन पर आरूढ़ न होता था। क़ालीन पर आसीन होता। वह अमीरों को फ़रमानों में "मसनदे आली" शब्द से सम्बोधित करता था। यदि कभी कोई अमीर उससे रुष्ट हो जाता तो सुल्तान स्वयं उसके पास जाता और कमर से तलवार खोल कर उसके समक्ष रख देता और क्षमा-याचना करते हुये कहता, "यदि आप हमें इस कार्य के योग्य नहीं समझते तो किसी अन्य को इस कार्य के लिये चुन लें और हमें कोई अन्य कार्य प्रदान कर दें।"

साधारण प्रथाओं का आविष्कार

वह समस्त अमीरों तथा सैनिकों से भाइयों के समान व्यवहार करता था। यदि कोई रुग्ण हो जाता तो वह उसके विषय में पूछ-ताछ करने जाता था। उसके राज्यकाल के पूर्व देहली में यह प्रथा थी कि "तीजे"[2] के दिन शर्बत, पान, गिलौरी, मिश्री तथा शकर का वितरण होता था। सुल्तान बहलोल ने इस प्रथा का अन्त करा दिया और केवल फूल तथा गुलाब बाँटे जाते थे। उसका कथन था कि "हम इस प्रथा को न चला सकेंगे कारण कि यदि कोई अफ़ग़ान भिखारी मर जायगा तो उसकी क़ौम के एक लाख अफ़ग़ान एकत्र हो जायेंगे। उस अभागे का उत्तराधिकारी इन वस्तुओं की किस प्रकार व्यवस्था कर सकेगा? केवल सुगन्धियां ही पर्याप्त होनी चाहिये।"

सुल्तान की वीरता

वह इतना अधिक वीर था कि युद्ध के समय जब उसकी दृष्टि शत्रु पर पड़ती तो वह घोड़े से उतर कर दुगाना[3] पढ़ता और इस्लाम तथा मुसलमानों की कुशलता की ईश्वर से प्रार्थना करता था और अपनी विवशता को स्वीकार करता था। जिस दिन से उसे राज्य प्राप्त हुआ कोई भी शत्रु उस पर विजय न पा

१ इस्लामी नियम।
२ मृत्यु के तीन दिन के भीतर सम्पन्न की जाने वाली प्रथायें।
३ दो रकात नमाज़। नमाज़ में खड़े होने, झुकने तथा सिज्दे में जाने और पुनः खड़े होने की पूरी क्रिया को एक रकात कहते हैं।

सका। किसी भी युद्ध में वह पराजित न हुआ। या तो उसे जीत लेता, या आहत होकर रण-क्षेत्र में गिर पड़ता या फिर पहले से ही युद्ध न करता।

मुल्ला क़ादन से वार्ता

(१२) कहा जाता है कि जिस दिन वह सिंहासनारूढ़ हुआ तो उस सप्ताह में नमाज़ हेतु जामा मस्जिद में उपस्थित हुआ। मुल्ला क़ादन जोकि उस नगर का एक प्रतिष्ठित व्यक्ति था, ख़ुत्बा पढ़ने के लिये मिम्बर पर पहुंचा। ख़ुत्बा समाप्त करके जब वह नीचे उतरा तो उसने कहा, "ईश्वर को धन्य है, विचित्र क़ौम उत्पन्न हो गई है। समझ में नहीं आता कि क्या दज्जाल[1] इनका पूर्वगामी होगा। उनकी भाषा ऐसी है कि वे मां को मोर, भाई को रोर, ग्राम को शोर, सेना को तोर तथा[2] को नोर कहते हैं।" जब वह यह बात कह रहा था तो सुल्तान बहलोल ने मुंह पर रूमाल रख कर हंसते हुये कहा "मुल्ला क़ादन बस करो। हम भी ईश्वर के दास हैं।"

सुल्तान के पुत्र

जिस समय सुल्तान सिंहासनारूढ़ हुआ तो उसके ९ पुत्र थे। उसका ज्येष्ठ पुत्र, ख़्वाजा बायज़ीद था, दूसरा निज़ाम ख़ां जिसकी उपाधि सुल्तान सिकन्दर हुई, तीसरा मुबारक ख़ां जिसकी उपाधि बारबक शाह हुई, चौथा आलम ख़ां जो सुल्तान अलाउद्दीन के नाम से प्रसिद्ध हुआ, पांचवां जमाल ख़ां, छठा मियां याक़ूब ख़ां, सातवां फ़तह ख़ां, आठवां मियां मूसा ख़ां, नवां जलाल ख़ां। प्रतिष्ठित अमीरों में, जो सुल्तान के सम्बन्धी थे और जो सेनापति की श्रेणी तक पहुंचे, चार व्यक्ति थे : (१) क़ुतुब ख़ां सुल्तान बहलोल का चचेरा भाई जो प्रारम्भ में सुल्तान का शत्रु था। क़ुतुब ख़ां वीरता एवं पौरुष में अद्वितीय था; (२) ख़ाने जहां लोदी; (३) दरिया ख़ां लोदी; (४) तातार ख़ां लोदी। ये चारों व्यक्ति सुल्तान के सम्बन्धी थे। इनके अतिरिक्त २४ अन्य व्यक्ति थे जो प्रतिष्ठित अमीर थे।

सुल्तान के सिंहासनारोहण के बाद की घटनायें

सुल्तान महमूद शर्क़ी का आक्रमण

(१३) अलाउद्दीन के कुछ अमीरों ने जो अफ़ग़ानों के राज्य से संतुष्ट न थे गुप्त रूप से सुल्तान महमूद शर्क़ी को जौनपुर से बुलवाया। कुछ इतिहासकारों का मत है कि सुल्तान महमूद शर्क़ी के जौनपुर पर आक्रमण का कारण यह था कि बदायूँ के अलाउद्दीन शाह की पुत्री ने, जो सुल्तान महमूद की पत्नी थी, अपने पति से कहा, "देहली मेरे पिता के राज्य में है। बहलोल कौन होता है जो देहली का बादशाह हो गया है? यदि तू सवार न होगा तो मैं निषंग बांधती हूं और बहलोल पर आक्रमण करती हूं।" सुल्तान बहलोल ने यह समाचार पाकर अत्यधिक विनय तथा नम्रता प्रदर्शित की किन्तु सुल्तान महमूद ने कोई बात स्वीकार न की और सुल्तान बहलोल की बात पर ध्यान न दिया।

८५६ हि० (१४५२ ई०) में सुल्तान महमूद एक बहुत बड़ी सेना लेकर, जिसमें १,७०,००० अश्वारोही तथा पदाती और १४०० युद्ध के हाथी थे, देहली पहुंचा और देहली को घेर लिया। उन दिनों सुल्तान सरहिन्द में था। सुल्तान का ज्येष्ठ पुत्र ख़्वाजा बायज़ीद तथा इस्लाम ख़ां की पत्नी बीवी मत्तू,

१ दज्जाल :—हदीस के अनुसार वे लोग जो झूठे धर्म चलाने का प्रयत्न करेंगे।
२ मूल पुस्तक में यहाँ कुछ नहीं लिखा है; सम्भवतः शिश्न होगा।

समस्त परिवार, अफ़ग़ानों तथा अन्य अमीरों सहित देहली के क़िले में बन्द हो गये। क्योंकि क़िले में पुरुषों की संख्या बड़ी कम थी अतः बीवी मत्तू कुछ स्त्रियों को पुरुषों के वस्त्र पहना कर क़िले के ऊपर भेज देती थी और क़िले की रक्षा किया करती थी। जितने अफ़ग़ान क़िले में रह गये थे वे बाणों की वर्षा किया करते थे। एक दिन शाह सिकन्दर शिरवानी, जो खाने जहां लोदी का जामाता था, क़िले के एक कंगूरे[1] पर बैठा था। यह सिकन्दर बड़ा ही कुशल धनुर्धर था। अपने बाणों के लोहे की नोक पर वह सोने का मुलम्मा करवा देता था और नोक पर लिखवा देता था, "सिकन्दर शाह है।" उसके बाण ११ मुट्ठी लम्बे होते थे और ८०० पग तक जाते थे। एक दिन सुल्तान महमूद का सक़्क़ा[2] कंगूरे के नीचे के कुएं का जल उसके लिये ले जा रहा था और क़िले से तीन बाण के मार की दूरी पर गुज़र रहा था। सिकन्दर ने उस पर बाण चलाया। वह बाण दोनों पखालों तथा बैल को पार करता हुआ भूमि में प्रविष्ट हो गया। बाण की नोक को वह भूमि से निकाल कर सुल्तान के समक्ष ले गया और उसे समस्त हाल बताया। तदुपरान्त कोई भी क़िले के निकट न जाता था।

(१४) जब अवरोध की अवधि बहुत बढ़ गई और सुल्तान बहलोल के आने में विलम्ब हुआ तो क़िले वालों ने सन्धि करना निश्चय करके यह बात स्वीकार की कि वे क़िला तथा नगर ख़ाली करके सुल्तान महमूद के आदमियों को सौंप देंगे और बाहर चले जायेंगे। शम्सुद्दीन नामक एक सम्मानित व्यक्ति क़िले के भीतर से कुंजियां लेकर दरिया खां अथवा मुबारक खां के पास जो महमूद का एक उत्कृष्ट अमीर था, पहुंचा और उससे कहा, "मैं एकान्त में तुमसे कुछ वार्ता करना चाहता हूं।" दरिया खां ने अपने आस पास के आदमियों को हटा कर पूछा, "क्या कहना चाहते हो?" सैयिद ने पूछा, "तुममें तथा सुल्तान महमूद में क्या कोई रिश्तेदारी है?" दरिया खां ने कहा, "कोई नहीं। मैं उसका सेवक हूं।" उसने पुनः पूछा, "सुल्तान बहलोल से तुम्हारा क्या सम्बन्ध है?" उसने उत्तर दिया, "हम एक दूसरे के भाई हैं। वह भी लोदी है हम भी लोदी हैं।" सैयिद ने पूछा, "उसकी माता तथा बहिन तेरी कौन हैं?" उसने उत्तर दिया, "उसकी माता मेरी माता तथा उसकी बहिन मेरी बहिन है।" सैयिद शम्सुद्दीन ने कुंजियां निकाल कर उसके समक्ष रख दीं और कहा, "अपनी माता तथा बहिन को चाहे पर्दे में रख और चाहे अपमानित कर।" दरिया खां ने कहा, "मैं क्या करूं? यदि सुल्तान बहलोल होता तो कुछ बात करता।" सैयिद ने कहा, "मेरा विचार है कि सुल्तान बहलोल क़िले की ओर अग्रसर होने में संकोच कर रहा है।" दरिया खां ने कहा, "यदि यही बात है जो तूने कही तो कुंजियां ले जा। मुझसे जो कुछ हो सकेगा मैं करूँगा।"

दरिया खां उसे विदा करके सुल्तान महमूद के पास पहुंचा और कुंजियों के लाने का हाल उसे बता कर कहा कि, "मेरे पास कुंजियां आई थीं, मैंने नहीं लीं। इसका कारण यह है कि सुना जाता है कि सुल्तान बहलोल अत्यधिक सेना लेकर पहुंच गया है। यदि हम उसे विजय कर लेते हैं तो समस्त राज्य हमारे अधिकार में आ जायगा।" सुल्तान ने पूछा, "फिर क्या करना चाहिये?" दरिया खां ने कहा, "मुझे तथा फ़तह खां को आदेश हो कि हम उससे युद्ध करने जायं और उसे नष्ट कर डालें। बाद-
(१५) शाह अपने स्थान ही पर रहे।" सुल्तान ने इन दोनों अमीरों को ३०,००० अश्वारोहियों तथा ३० हाथियों सहित सुल्तान बहलोल से युद्ध करने के लिये भेजा।

१ क़िले की दीवार में थोड़ी थोड़ी दूर पर बने हुये ऊँचे स्थान जहाँ खड़े होकर सिपाही लड़ते हैं, शिखर।

२ पानी ले जाने वाला।

सुल्तान दीपालपुर के मार्ग से सेना एकत्र करके नरीला नामक स्थान पर ज़ो देहली से १४ कोस पर है पहुंच गया था। सुल्तान बहलोल की सेना सुल्तान महमूद के बैल तथा ऊंट, जो चरागाह में थे, दो बार पकड़ ले गई थी। महमूद शाह की सेना ने थोड़ी सी दूरी पर पड़ाव किया। दूसरे दिन दोनों सेनाओं में युद्ध निश्चय हुआ। सुल्तान बहलोल की सेना कुछ लोगों के मतानुसार १४००० और कुछ सूत्रों के अनुसार ७००० से अधिक न थी। सुल्तान बहलोल विजय प्रदान करने वाले ईश्वर पर आश्रित होकर रणक्षेत्र में प्रविष्ट हो गया। लोदियों ने ऐसा घोर युद्ध किया कि सुल्तान महमूद की सेना वालों ने आश्चर्य से दांतों के नीचे अंगुली दबा ली। इसी बीच में सुल्तान बहलोल के चचेरे भाई का, जो धनुर्विद्या में अद्वितीय था, एक बाण महमूद शाह के हाथी के, जो एक ही आक्रमण में सेना को छिन्न-भिन्न कर देता था, मस्तक पर लगा और उसके घाव से वह बेकार हो गया। इसी बीच में क़ुतुब खां ने दरिया खां से चिल्ला कर कहा, "तेरी मातायें तथा बहिनें क़िले में बन्द हैं। तेरे लिये क्या यह उचित है कि तू शत्रु की ओर से प्रयत्न करे और अपने वंश की मर्यादा पर ध्यान न दे?" दरिया ख़ां ने कहा, "मैं जाता हूं। तू पीछा मत कर।" क़ुतुब खां ने शपथ ली।

दरिया ख़ां (सुल्तान महमूद) की सेना से निकल गया और दरिया ख़ां के निकलते ही सुल्तान महमूद की सेना पराजित हो गई। फ़तह ख़ां हरेवी, जो सेना का सरदार था, बन्दी बना लिया गया और उसकी हत्या करा दी गई और नरीला में दफ़न कर दिया गया। सुल्तान महमूद की सेना पराजित होकर शाही शिविर में पहुंच गई। क़िले के भीतर वाले सुल्तान महमूद की सेना की व्याकुलता देख कर बीबी मत्तू के पास पहुंचे और उससे सब हाल बताया। बीबी ने पूछा, "कुछ पता चलता है कि वे पराजित (१६) होकर आ रही हैं अथवा विजय पा कर?" लोगों ने अपनी अज्ञानता प्रदर्शित की। बीबी मत्तू ने कहा, "देखो कि जो लोग आये हैं, वे बादशाह के दरबार में जाते हैं अथवा अपने ख़ेमों में।" जब लोगों ने सावधानी से देखा तो पता चला कि सेना वाले अपने अपने ख़ेमों में खेद प्रकट करते हुये अपना असबाब एकत्र कर रहे हैं। जब बीबी मत्तू को यह ज्ञात हुआ तो उसने कहा कि, "शीघ्र जाकर ख़ुशी के नक़्क़ारे बजा दो।" जब ख़ुशी के बाजों की आवाज़ सुल्तान महमूद ने सुनी तो उसने अपने आदमियों से पूछा कि, "नक़्क़ारे क्यों बजाये जा रहे हैं?" लोगों ने बताया कि क़िले के भीतर वालों द्वारा ज्ञात हुआ है कि हमारी सेना पराजित हो गई। सुल्तान ने आदेश दिया कि "ठीक ठीक पता लगा कर आओ।" इसी बीच में दरिया ख़ां लोदी ने पहुंच कर फ़तह ख़ां की हत्या तथा सेना की पराजय के समाचार पहुंचाये। सुल्तान समझ गया कि उसके साथ विश्वासघात हुआ है और वह जौनपुर की ओर चला गया।

राज्य-विस्तार हेतु बहलोल का प्रस्थान

इस विजय के उपरान्त सुल्तान बहलोल के कार्यों को स्थायित्व प्राप्त हो गया। उसने विलायतों[1] की विजय हेतु प्रस्थान किया। सर्वप्रथम वह मेवात पहुंचा और अहमद खां मेवाती से सात परगने लेकर शेष परगने उसने उसी के पास रहने दिये। अहमद खां ने अपने चाचा को सर्वदा सुल्तान की सेवा में रहने के लिये नियुक्त कर दिया। सुल्तान बहलोल ने राज्य के अधीनस्थ समस्त भागों पर उपर्युक्त प्रथानुसार अपना अधिकार स्थापित कर लिया और कुछ महालों से कई मन सोना लेकर शम्साबाद की ओर रवाना हुआ। वहां का हाकिम महमूद, सुल्तान बहलोल के पहुंचने के कारण चल दिया।

१ अन्य प्रदेशों।

सुल्तान महमूद का शम्साबाद पर आक्रमण

यह समाचार पाकर सुल्तान महमूद जौनपुर से बहुत बड़ी सेना लेकर शम्साबाद की ओर रवाना हुआ। जब वह शम्साबाद के निकट पहुंचा तो सुल्तान के चचेरे भाइयों, क़ुतुब ख़ां तथा दरिया ख़ां ने महमूद शाह की सेना पर रात्रि में छापा मारा। अचानक क़ुतुब ख़ां के घोड़े ने ठोकर खाई और वह घोड़े से गिर पड़ा और सुल्तान महमूद की सेना द्वारा बन्दी बना लिया गया। सुल्तान ने उसे जौनपुर भेज दिया। (१७) वह सात वर्ष तक बन्दी रहा। इसी बीच में सुल्तान महमूद रुग्ण हो गया और उसकी मृत्यु हो गई। उसकी माता बीबी राजी ने अमीरों की सहमति से शाहज़ादा भीखन ख़ां को शर्क़ी सुल्तानों के सिंहासन पर आरूढ़ कर दिया और उसकी उपाधि मुहम्मद शाह रख दी। सुल्तान बहलोल तथा इस बादशाह में सन्धि हो गई और प्रत्येक अपनी अपनी राजधानी को लौट गया।

मुहम्मद शाह तथा बहलोल का युद्ध

जब सुल्तान बहलोल देहली के समीप पहुंचा तो क़ुतुब ख़ां की बहिन शम्स ख़ातून ने सुल्तान बहलोल के पास सन्देश भेजा कि "जब तक क़ुतुब ख़ां जौनपुर के बादशाह के वन्दीगृह में है उस समय तक सुल्तान को नींद तथा आराम हराम है।" सुल्तान बहलोल प्रभावित होकर दनकौर से लौट गया और उसने मुहम्मद शाह पर चढ़ाई की। वहां से भी उसकी सेना ने प्रस्थान किया और रापरी तथा चन्दवार के परगनों में दोनों सेनाओं में युद्ध हुआ। मुहम्मद शाह ने जौनपुर के कोतवाल को लिखा कि सुल्तान शाह के दोनों पुत्रों की, जो बन्दी हैं, हत्या करा दी जाय। कोतवाल ने उत्तर लिखा कि, "बीबी राजी उनकी इस प्रकार रक्षा कर रही हैं कि मैं उनकी हत्या नहीं करा सकता।" मुहम्मद शाह ने अपनी माता को जौनपुर से बुलवाया। वह मार्ग में ही थी कि (कोतवाल ने) क़ुतुब ख़ां के भाई हसन ख़ां की हत्या करा दी। बीबी राजी क़न्नौज में उसकी मृत्यु पर शोक प्रकट करने के लिये रुक गई। मुहम्मद शाह ने अपनी माता को लिखा कि, "क्योंकि समस्त शाहज़ादों की यही दशा होगी अतः आप सभी के लिये एक साथ शोक प्रकट कर लें।"

सुल्तान हुसेन शर्क़ी का सिंहासनारोहण

(१८) संयोग से मुहम्मद शाह का पुत्र शाहज़ादा जलाल ख़ां सुल्तान बहलोल की सेना द्वारा बन्दी बना लिया गया और उसे क़ुतुब ख़ां के बदले में बन्दी रक्खा गया। मुहम्मद शाह बड़ा ही अत्याचारी, निष्ठुर तथा कठोर था। लोग उससे घृणा करते थे। लोगों ने बीबी राजी के प्रयत्न से शाहज़ादा हुसेन ख़ां को सिंहासनारूढ़ कर दिया और उसकी उपाधि सुल्तान हुसेन ख़ां शर्क़ी रक्खी गई। मुहम्मद शाह कुछ अश्वारोहियों सहित भाग कर एक उद्यान में, जो उस क्षेत्र में था, चला गया। उसे वहां घेर लिया गया। क्योंकि मुहम्मद शाह बड़ा ही कुशल धनुर्धर था अतः उसके कुछ शत्रुओं ने उसके सिलाहदार[1] से मिलकर उसके निषंग के बाणों से नोकें निकलवा लीं। जब उसने निषंग से बाण निकाले तो उन्हें बिना नोक के पाया और तलवार निकाल ली तथा कुछ लोगों की हत्या कर दी। अचानक एक बाण मुहम्मद शाह की ग्रीवा पर लगा और उसी घाव से उसकी मृत्यु हो गई।

सुल्तान हुसेन ने सुल्तान बहलोल से प्रतिज्ञा की कि चार वर्ष तक वे लोग अपनी अपनी

१ ये भी सुल्तान के अंगरक्षक होते थे और जब सुल्तान दरबार करता अथवा कहीं बाहर जाता तो वे उसके साथ साथ रहते थे। उनका सरदार सरसिलाहदार कहलाता था।

विलायत[1] से संतुष्ट रहेंगे। सुल्तान हुसेन ने उसी पड़ाव पर क़ुतुब खां को जौनपुर से बुलवा कर घोड़ा तथा खिलअत प्रदान करके सम्मानपूर्वक सुल्तान बहलोल के पास भेज दिया। सुल्तान बहलोल ने शाहज़ादा जलाल खां को खिलअत प्रदान करके आदरपूर्वक सुल्तान हुसेन की सेवा में भेज दिया।

सुल्तान हुसेन तथा बहलोल के युद्ध

कुछ समय उपरान्त सुल्तान बहलोल का (सुल्तान हुसेन) से शम्साबाद के परगने में कई बार युद्ध हुआ। कई बार सुल्तान हुसेन ने देहली को घेर लिया और सुल्तान बहलोल ने किसी न किसी युक्ति से उसे पराजित कर दिया। कहा जाता है कि एक बार सुल्तान हुसेन शर्क़ी ने बहुत बड़ी सेना तथा १००० युद्ध में आज़माये हुये हाथियों को लेकर देहली पर चढ़ाई की और ज़िलहिज्जा मास में देहली पहुंच कर (१९)उसे घेर लिया। दोनों सेनाओं में बहुत समय तक युद्ध होता रहा। सुल्तान बहलोल सुल्तान हुसेन शर्क़ी की सेना की अधिकता देखकर ख़्वाजा क़ुतुबुद्दीन के मक़बरे में पहुंच कर रात भर नंगे सिर खड़े होकर प्रार्थना करता रहा। प्रातःकाल की नमाज़ के समय परोक्ष से एक व्यक्ति प्रकट हुआ और बहलोल के हाथ में एक डंडा देकर उसने कहा, "इन थोड़ी सी भेड़ों को, जो आयी हैं, इससे भगा दे।"

सुल्तान बहलोल ने इस सुखद भविष्यवाणी को सुनकर ईश्वर के प्रति कृतज्ञता प्रकट की और सुल्तान हुसेन के मुक़ाबले के लिये सेना को नियुक्त करके युद्ध में व्यस्त हो गया। सुल्तान बहलोल के चचेरे भाई क़ुतुब खां ने जौनपुर की सेना के प्रति धूर्तता से कार्य लेते हुये गुप्त रूप से सुल्तान हुसेन के पास यह सन्देश भेजा कि "मैं बीबी राजी का आभारी हूं। जब मैं जौनपुर में बन्दी था तो उस पवित्र स्त्री ने मेरे प्रति अत्यधिक कृपा प्रदर्शित की थी। इस समय तुम्हारे लिये यही उचित है कि तुम सन्धि करके चले जाओ। गंगा के उस ओर की विलायत तुम्हारे अधिकार में रहे और इस ओर की सुल्तान बहलोल के अधिकार में।"

सुल्तान हुसेन दूसरे दिन संधि करके, संधि के विश्वास पर घोड़ों इत्यादि को छोड़कर रवाना हो गया। सुल्तान बहलोल ने अवसर पाकर उसका पीछा किया। जो ख़ज़ाना घोड़ों तथा हाथियों पर लदा हुआ था, बहलोल के अधिकार में आ गया। सुल्तान हुसेन के चालीस प्रतिष्ठित अमीर, उदाहरणार्थ क़ुलीज खां वज़ीर जोकि अपने समय का बहुत बड़ा आलिम था, बन्दी बना लिये गये। सुल्तान बहलोल ने सुल्तान हुसेन का पीछा किया और उसके अधिकांश परगनों को अपने अधिकार में कर लिया। सुल्तान हुसेन ने रापरी नामक स्थान के समीप से वापस होकर युद्ध किया। अन्त में इस शर्त पर संधि हो गई कि दोनों बादशाह अपनी अपनी विलायत से सन्तुष्ट रहें। प्रत्येक अपने अपने स्थान को चला गया।

इसके उपरान्त सुल्तान हुसेन ने बहलोल पर पुनः चढ़ाई की और इस बार पुनः पराजित हुआ। (२०) सुल्तान बहलोल को अत्यधिक धन सम्पत्ति प्राप्त हो गई। इससे अफ़ग़ानों की शक्ति में वृद्धि हो गई। सुल्तान बहलोल ने उस स्थान से इटावा की ओर प्रस्थान किया। इटावा भी अल्प समय में विजय कर लिया और उसे मुबारक खां नोहानी के पुत्र को प्रदान कर दिया। उसने स्वयं एक भारी सेना लेकर कालपी की ओर जहां सुल्तान हुसेन था प्रस्थान किया। कुछ मास तक दोनों सेनाओं में युद्ध होता रहा। इसी बीच में उस स्थान के हाकिम राय त्रिलोक चन्द्र ने वहां पहुंच कर उसे उस स्थान से जहां नदी का जल कम था, नदी पार करा दी। सुल्तान शर्क़ी मुक़ाबला न कर सका और पटना की ओर भाग गया।

१ राज्य।

पटना के राजा ने उससे सौजन्यपूर्ण व्यवहार किया। कई लाख तन्के, कई घोड़े तथा हाथी उसकी सेवा में उपस्थित किये और सेना को उसके साथ करके उसे जौनपुर पहुंचवा दिया।

सुल्तान बहलोल इस घटना के उपरान्त जौनपुर पहुंचा। सुल्तान हुसेन उस स्थान से भी भाग कर बिहार की ओर चला गया। सुल्तान बहलोल ने सफलता प्राप्त करके अपने पुत्र बारबक शाह को जौनपुर में शर्क़ी सुल्तानों के सिंहासन पर आरूढ़ कर दिया और वहां असंख्य सेना नियुक्त करके कालपी की विलायत की ओर चला गया। उसने कालपी शाहज़ादा ख्वाजा बायज़ीद के पुत्र आज़म हुमायूँ को, जो उसका पौत्र था, प्रदान कर दी और धौलपुर की ओर रवाना हुआ। जब वह ग्वालियर पहुंचा तो राजा मान ने अधीनता प्रदर्शित करते हुये, ८० लाख तन्के उसे भेंट किये। सुल्तान बहलोल ग्वालियर को राजा मान को सौंप कर देहली लौट गया।

बहलोल की मृत्यु

मार्ग में वह रुग्ण हो गया। अपना अन्तिम समय निकट समझ कर उसने अपने एक विश्वासपात्र को बुलवा कर उससे कहा कि "मेरी वसीयत निज़ाम खां को," जो सुल्तान सिकन्दर के नाम से बादशाह हुआ, "पहुंचा देना : १. सूर क़ौम के किसी व्यक्ति को अमीर अथवा खान नियुक्त न करना कारण कि उन्हें बादशाही की महत्वाकांक्षा है; २. न्याज़ी (अफ़ग़ानों) को सेवा न प्रदान करना कारण कि वे लोग किसी बात की ओर ध्यान नहीं देते और नमक का भी ख्याल नहीं रखते।" तदुपरान्त जलाली क़स्बे में जो सकेत क़स्बे के अधीन है, ८९४ हि० (१४८८–८९ ई०) में उसकी मृत्यु हो गई। जूद नामक
(२१) उद्यान में, जो देहली के समीप है और जहां एक भव्य मक़बरा है, दफ़न किया गया।

कुछ विचित्र घटनायें

दो मुर्दों की कहानी

अब मैं उन विचित्र घटनाओं का उल्लेख करता हूँ जो सुल्तान बहलोल के राज्यकाल में घटीं। कहा जाता है कि सुल्तान बहलोल के राज्यकाल में क़न्नौज में गंगा नदी में अत्यधिक बाढ़ आ गई। नदी तट पर जो भवन तथा मज़ार थे वे ध्वस्त हो गये। मुर्दों की हड्डियां जल में पहुंच गईं। वहां के कुछ बुख़ारी[1] सैयिदों ने यह निश्चय किया कि अपने पूर्वजों की हड्डियां निकालकर दूसरे स्थान पर दफ़न कर दें। नाव पर बैठकर वे क़ब्रों से हड्डियां निकालने लगे। उन्होंने एक क़ब्र में देखा कि एक व्यक्ति सफ़ेद कफ़न पहिने हुए इस प्रकार लेटा है कि मानो उसे कफ़न आज ही पहिनाया गया हो। उसके पांव की ओर रायबेल का पौधा उगा हुआ था और उसमें फूल खिले हुए थे। उसके पूरे कफ़न पर फूल पड़े थे और उसके नाक के दोनों नथनों में भी दो फूल थे। उन फूलों की सुगन्धि जब उनकी नाक में पहुँची तो उनको ऐसा आभास हुआ कि वे लौकिक फूल न थे। उन लोगों ने अन्य एक क़ब्र भी देखी जो पूरी की पूरी सांप
(२२) बिच्छुओं से भरी हुई थी। क़ब्र वाला दृष्टिगत न होता था। उस नगर के हाकिमों ने दोनों बातों के विषय में लिखकर सुल्तान बहलोल को भेज दिया।

एक व्यभिचारिणी की कहानी

सुल्तान बहलोल के राज्यकाल में सामाना में एक सिपाही निवास करता था जो कहीं यात्रा

१ जिनके पूर्वज बुख़ारा के निवासी थे ।

को जा रहा था। प्रस्थान करते समय उसने अपने एक पड़ोसी से जिसका घर उसके घर से मिला हुआ था अपनी पत्नी की सिफ़ारिश करते हुए कहा कि, "पड़ोसी का हक़ बहुत अधिक होता है।" यह कहकर वह चल दिया। पड़ोसी कभी कभी उसके घर के द्वार पर जाता था और वहां हर बार एक दुराचारी युवक को पाता था। जब वह पड़ोसी को देखता तो अन्य स्थान को चला जाता था। पड़ोसी ने सोचा कि "मैं हर बार इस युवक को घर के द्वार पर देखता हूं। यदि यह उसका सम्बन्धी होता तो फिर मुझसे सिफ़ारिश क्यों की जाती ? यदि यह अपरिचित है तो क्यों आता है ?" उसके घर तथा पड़ोसी के घर के मध्य में जो दीवार थी उसमें उसने एक छेद कर दिया और उस छेद से पड़ोसी के घर में देखा करता था। उसने देखा कि वह युवक उसके घर आता जाता है। उस व्यभिचारिणी के एक दूध-पीता बालक था। जब माता उससे पृथक् हो जाती तो वह रोने लगता। वह अभागिनी हर बार उस युवक के पास से उठकर उस बालक को सुला देती थी। तदुपरान्त उस दुष्ट के पास पहुंच जाती थी। कुछ देर उपरान्त बच्चा पुनः रोया। यह स्त्री उठकर बच्चे के पास पहुंची और उसके गले को चाक़ू से काट कर उस दुराचारी के पास चली गई। कुछ समय उपरान्त उसने पूछा कि, "हर बार बालक जाग जाता था, बड़ी देर हो गई वह नहीं जागा।" स्त्री ने कहा, "मैंने उसे चिरनिद्रा में सुला दिया है।" युवक उठकर बालक के पास पहुंचा। उसने देखा कि बालक का गला कटा हुआ है। युवक अत्यधिक भयभीत हुआ और उसने कहा, "हे ईश्वर का भय न करने वाली स्त्री ! तूने यह बड़ा बुरा कार्य किया। अब तेरे ऊपर विश्वास न करना
(२३) चाहिये कारण कि तूने अपने पुत्र का गला काट डाला।" व्यभिचारिणी ने कहा कि, "मैंने तेरे लिये अपने पुत्र की बलि दे दी। अब तेरा भी मेरे ऊपर से विश्वास उठ गया। मेरा पुत्र भी चला गया और तू भी मुझसे शंकित हो गया। जो कुछ मेरे भाग्य में था वह हुआ किन्तु अब तू मुझे अपमानित मत कर। मैं यह भली-भांति समझ गई हूं कि अब तू पुनः न आयेगा। अब तू इतनी सहायता कर कि इस लाश को घर में दफ़न कर दे कारण कि मुझसे यह कार्य सम्पन्न नहीं हो सकता।" वह घर में जाकर कुदाल लाई और लाकर उसने उस पुरुष को दे दी और कहा कि, "इस स्थान पर क़ब्र खोदो।" उसने गहरी क़ब्र खोदी और उस अभागिनी से कहा कि "लाश ले आ" और कुदाल वाहर रख दी। उस धूर्त स्त्री ने लाश उसके हाथ में दे दी। वह व्यक्ति सिर को झुकाकर उसे भूमि में रखने लगा। स्त्री ने दोनों हाथों से कुदाल पकड़कर उस व्यक्ति के सिर पर इतने ज़ोर से मारी कि उसके सिर का भेजा कान के मार्ग से बह गया और वह मृत्यु को प्राप्त हो गया। स्त्री ने दोनों को क़ब्र में छोड़कर क़ब्र बन्द कर दी। पड़ोसी यह पूरी घटना अपनी आंखों से देखकर कांप उठा और उसने सोचा कि "यदि मैं इस बात की चर्चा करता हूँ तो सम्भवतः यह मुझे कोई हानि पहुंचायेगी। जब तक इसका पति न आये मैं इस बात को प्रकट न करूं।" जब दिन निकला तो स्त्री ने रोना प्रारम्भ कर दिया और कहा कि "रात्रि में मेरे पुत्र को भेड़िया उठा ले गया।" जब उसका पति यात्रा से लौटा तो उसके मित्र तथा अन्य सम्बन्धी संवेदना प्रकट करने के लिये एकत्र हुए। वह पड़ोसी भी जाकर बैठ गया। जब सब लोग लौट गये तो पड़ोसी ने कहा, "मैं तुझे तेरे पुत्र की मृत्यु की घटना का हाल अपनी आंखों से देखा बताना चाहता हूँ। तुझसे जो कुछ हो सके कर अन्यथा इसमें तेरे प्राण का भय है।" वह उस पुरुष का हाथ पकड़कर अपने घर ले गया और उसके घर में जो छेद था उसे दिखाकर उस बालक तथा युवक के दफ़न करने का वृतांत दिया और कहा कि "यदि किसी युक्ति से अपने घर में जाकर तू उस स्थान को देख सकता हो तो देख ले। जो सत्य बात है उसका पता चल जायेगा।" यह व्यक्ति अपने घर जाकर भूमि की ओर देखने लगा। स्त्री ने पूछा कि, "क्या तू देखता है ? क्या तेरी कोई वस्तु खो गई है ?" उसने कहा "हां, मैंने यहां पर एक चीज़ गाड़ दी थी किन्तु मैं उस स्थान को भूल गया हूँ। यदि कुदाल होती तो मैं उसे खोदता।" स्त्री ने कहा कि "कुदाल कोठरी

(२४) में है जाकर देख ले।" वह व्यक्ति कोठरी में गया। स्त्री ने द्वार को बन्द करके ताला लगा दिया और घर में आग लगा दी तथा धूर्ततापूर्वक विलाप करना प्रारम्भ कर दिया ताकि उस व्यक्ति के चिल्लाने की आवाज़ किसी के कान में न पहुँच सके। आग बहुत बढ़ गई और उस स्त्री का पति जल गया। पड़ोसी ने समस्त हाल सामाना के हाकिम के पास जाकर कह दिया। हाकिम के आदमियों ने आकर सर्वप्रथम उस जले हुए घर को देखा जहां उसका पति जला हुआ पड़ा था। तदुपरान्त उन लोगों ने युवक तथा बालक को देखा। स्त्री को बन्दी बना लिया। सामाना के हाकिम ने सुल्तान को इस घटना की सूचना दे दी। सुल्तान बहलोल के आदेशानुसार उसके टुकड़े टुकड़े कर दिये गये। इस इतिहास का लेखक दास उबैदुल्ला निवेदन करता है कि यह कहानी एक रात्रि में अकबर बादशाह के पुत्र जहांगीर बादशाह ने अपने एक विश्वासपात्र को सवारी के समय बताई। सेवक भी साथ था। उसने सावधानी से इसे सुना और इसका उल्लेख सुल्तान बहलोल के इतिहास में पाया।

एक प्रेमी की कहानी

कहा जाता है कि सुल्तान बहलोल ने सिंहासनारूढ़ होने के उपरान्त क़न्नौज की विलायत पर अधिकार जमाने के लिये प्रस्थान किया। नीमखार परगने का एक ग्राम, जहां समस्त विद्रोही एकत्र हो गये थे, सुल्तान के आदेशानुसार नष्ट-भ्रष्ट कर दिया गया और उस ग्राम के सभी निवासी बन्दी बना लिये गये। उस ग्राम के एक चरवाहे का एक बनिये की पुत्री से प्रेम था। उस चरवाहे ने सुना कि उस ग्राम के सभी लोग बन्दी बना लिये गये। वह अपनी प्रियतमा के वियोग में पागल होकर योगियों का वस्त्र धारण करके उसके विषय में पता लगाने के लिये चल खड़ा हुआ और सेना के पीछे पीछे सहरिन्द[1] पहुंच गया। अचानक उसकी दृष्टि एक अफ़ग़ान के घर में पड़ी। उसने देखा कि उसकी प्रियतमा अफ़ग़ान स्त्री के समक्ष बैठी हुई चावल साफ़ कर रही है। चरवाहे ने योगियों के समान पुकारा। अफ़ग़ान ने कहा कि, "जाकर इस भिखारी को भिक्षा दे दे।" उसकी प्रियतमा वहां से उठकर थोड़े से चावल लेकर उसके
(२५) पास पहुंची। चरवाहे ने कहा, "हे स्त्री! मैं तेरे लिये आया हूं। या तो मैं तुझे ले जाऊँगा अथवा प्राण त्याग दूंगा।" स्त्री ने कोई उत्तर न दिया और वापस चली गई। यह व्यक्ति उसी प्रकार खड़ा रहा। लोगों ने कहा, "योगी अभी तक खड़ा है।" बक़्क़ाल की पुत्री ने कहा, "वह योगी नहीं, हरामख़ोर है, मुझे भगाने आया है।" अफ़ग़ान कोठे पर था। यह सुनते ही वह कोठे से नीचे उतरा और उस अभागे को इतना पीटा कि उसे मुर्दा समझ कर गली में फेंक दिया। चार दिन उपरान्त उसने आंखें खोलीं। जो लोग उस मार्ग पर यात्रा कर रहे थे उन्होंने कृपा करते हुए उसे कुछ जल पिलाया। कुछ समय उपरान्त उसमें चलने की शक्ति आ गई। अफ़ग़ान की अश्वशाला निकट थी। वह गिरता पड़ता वहां पहुंचा और मीर आख़ुर[2] से मिलकर घोड़ों का दाना मिलाने लगा। उसे थोड़ा सा दाना दे दिया जाता था। वह उसी से अपना जीवन निर्वाह करता था और कोने में बैठा हुआ रात भर जागा करता तथा अफ़ग़ान के घोड़ों का पहरा दिया करता था। जब अफ़ग़ान के सेवकों ने उसे उचित सेवा सम्पन्न करते हुए देखा तो वे मिलकर अफ़ग़ान के पास पहुंचे और उन्होंने कहा कि "यह बड़ा अच्छा सेवक है, रात भर जागता रहता है और पहरा देता रहता है।" अफ़ग़ान ने कहा कि "इसे कोई वेतन दे दो।" उस व्यक्ति ने अल्प समय में अफ़ग़ान की अत्यधिक सेवा की किन्तु जब कभी भी वह अपनी प्रियतमा को देख पाता था तो वही

१ 'सरहिन्द' भी प्रयुक्त हुआ है।
२ वह अधिकारी जो घोड़ों की देख-रेख करता हो।

वाक्य कहता था कि, "या तो मैं तुझे ले जाऊंगा या अपने प्राण त्याग दूंगा।" वह स्त्री अफ़ग़ान से कहा करती थी कि, "यह दग़ाबाज़ मुझे भगाने आया है।" अफ़ग़ान उस (युवक) की सेवा पर दृष्टि करते हुए कहा करता था कि, "जब तक तू न भागेगी कोई न भगायेगा।" बहुत समय इसी प्रकार व्यतीत हो गया। इस घटना के दो वर्ष उपरान्त सुल्तान बहलोल ने पुनः पूर्व की ओर आक्रमण किया। यह अफ़ग़ान सेना के साथ गया और वहां से उसने एक पत्र उस व्यक्ति को इस आशय का लिखा कि "अमुक कनीज़ को साथ लेकर सेना में चले आओ।" जब वह सेना के समीप पहुंच गया तो उसने अपने साथियों से कहा कि "कल हम (२६) पहुंच जायेंगे। जब आधी रात रह जायेगी तो यहां से प्रस्थान करेंगे।" आधी रात व्यतीत हो जाने के उपरान्त उसने अपने साथियों को जगाया और सब लोग जाने की तैयारी करने लगे। जब थोड़ी सी रात रह गई तो उसने सब लोगों को आगे जाने का आदेश दे दिया, और स्वयं अपनी प्रियतमा को घोड़े के पीछे सवार करके ख़ान के पास पहुंचने के बहाने से चल खड़ा हुआ किन्तु दूसरे मार्ग से अपने घर की ओर चल दिया। जब लोग अफ़ग़ान के डेरे में पहुंचे तो उसने पूछा, "वह हरामख़ोर कहां रह गया?" लोगों ने बताया कि "वह आ रहा है।" कुछ क्षण उपरान्त अफ़ग़ान ने कहा कि, "वह कहां रह गया?" लोगों ने बताया कि, "वह अभी ही पहुंच जायगा।" अफ़ग़ान ने कुछ क्षण उपरान्त फिर कहा कि, "अभी तक वह कहां रह गया? अवश्य ही वह पाजी उसे भगा ले गया।" वह अफ़ग़ान भी उसके पीछे चल खड़ा हुआ। मध्याह्नोपरान्त वह उस व्यक्ति तथा स्त्री के पास पहुंचा गया और उसने उस व्यक्ति को कई कोड़े लगाये और उसे घोड़े से नीचे उतार कर उसके हाथों को बांधा। मध्याह्न के कारण घोड़े से उतरकर वृक्ष के नीचे बैठ गया और उस व्यक्ति को वृक्ष में उल्टा लटका दिया। स्त्री ने अफ़ग़ान से कहा कि, "मैं तुझसे कितना कहती थी लेकिन तुझे विश्वास नहीं होता था।" अफ़ग़ान ने कहा कि, "अब देख मैं क्या करता हूँ।" अफ़ग़ान के पास थोड़ी सी मिश्री थी। उसे पानी में मिलाकर उसने शरबत बनाया और थोड़ा सा पीकर शेष प्याले में छोड़ दिया। फिर स्त्री की ज़ानू पर सिर रख कर सो गया। इस युवक ने जोकि वृक्ष से लटका हुआ था देखा कि वृक्ष के ऊपर से एक काला नाग उतरा और उसके पांव तथा पीठ से होता हुआ भूमि पर पहुंचा और उस कटोरे में अपना विष मिलाकर पुनः जिस मार्ग से आया था वृक्ष पर चढ़ गया। जब अफ़ग़ान जागा तो वह शरबत पीकर पुनः सो गया। कुछ देर उपरान्त वह फिर जागा और उसने स्त्री से कहा कि, "मुझे अत्यधिक गर्मी लग रही है, मेरे शरीर में आग धधक रही है।" स्त्री ने कहा कि, "तुम घोड़े पर भागकर आये हो। यह गर्मी इसी कारण होगी।" शेष शरबत जिसमें विष था वह भी पी गया। आधी घड़ी उपरान्त अफ़ग़ान ने स्त्री से कहा कि, "मेरी आंखों के सामने अंधेरा छा रहा है। मेरा सीना (२७) तथा गला जल रहा है, मैं अपनी दशा अच्छी नहीं देखता।" यह कहकर उसने तलवार निकाल ली और उस व्यक्ति की ओर बढ़ा और उसकी ओर तलवार फेंकी। संयोग से तलवार उस युवक की बांह पर लगी और जिस रस्सी से वह बंधा था वह कट गई। अफ़ग़ान वहीं गिर कर मर गया। स्त्री ने उठकर उस व्यक्ति से कहा कि, " जो कुछ देता है वह ईश्वर देता है। उठ और घर चल।"

चरवाहा अपने उद्देश्य की पूर्ति के उपरान्त, जब कि वह निराश हो चुका था, स्वदेश को लौट गया और शेष जीवन एकान्त में व्यतीत करने लगा।

सुल्तान सिकन्दर की शाहज़ादगी के समय की घटनाएं

शेख़ हसन

इतिहासकारों का कथन है कि जब सुल्तान सिकन्दर शाहज़ादा था तो उसे निज़ाम खां कहते थे। ईश्वर ने उसे अत्यधिक रूपवान् बनाया था। इतना अधिक रूपवान् कोई अन्य व्यक्ति न था।

जो सुहृद उसके मुख की ओर देख लेता वह उस पर आसक्त हो जाता था। शेख़ अबुल अला के पौत्र शेख़ हसन, जिनकी क़ब्र रापरी में है, सुल्तान सिकन्दर पर आसक्त हो गये। शेख़ हसन अपने समय के बहुत बड़े पहुंचे हुए व्यक्ति थे। एक दिन शाहज़ादा निज़ाम खां शीत ऋतु में एकान्त में अपने कमरे में बैठा (२८) हुआ था। शेख़ हसन को शाहज़ादे के दर्शन की इच्छा हुई। शेख़ ने अपने हृदय की स्वच्छता के कारण, जोकि ईश्वर के भक्तों को प्राप्त होती है, निज़ाम खां के पास अपने आपको जहां कि वायु भी नहीं पहुंच सकती थी पहुंचा दिया। सुल्तान सिकन्दर को यह देखकर बड़ा आश्चर्य हुआ। उसने कहा कि, "शेख़ हसन ! इतने द्वारपालों के होते हुए बिना आदेश किस प्रकार आ गये ?" शेख़ हसन ने कहा, "तू भली-भांति जानता है कि मैं किस प्रकार आया और किस कारण आया।" सुल्तान ने कहा कि, "तुम अपने आपको मेरे ऊपर आसक्त कहते हो ?" शेख़ ने कहा कि, "मुझे इस कार्य में कोई अधिकार नहीं।" सुल्तान ने कहा कि, "आगे आओ।" शेख़ आगे पहुंचे। जलती हुई अंगीठी सुल्तान के समक्ष रखी हुई थी। शेख़ की ग्रीवा में हाथ डालकर उसने शेख़ के सिर को धधकती हुई अंगीठी पर रख दिया और ज़ोर से गर्दन पकड़े रहा। शेख़ हसन अपने सिर तथा मुख को आग के ऊपर रखे रहे और सिर बिल्कुल न हिलाया। कुछ समय इस प्रकार व्यतीत हो गया। इसी बीच में मुबारक ख़ां लोहानी पहुंच गया। यह विचित्र घटना देखकर उसने सुल्तान से पूछा कि, "यह कौन व्यक्ति है ?" सुल्तान ने कहा, "शेख़ हसन है।" मुबारक ख़ां ने कहा, "हे ईश्वर का भय न करने वाले ! तू क्या करता है ? शेख़ हसन को इस अग्नि से कोई भी हानि न पहुंचेगी। तुझे अपनी हानि का भय होना चाहिये।" सुल्तान ने कहा, "यह अपने आपको मेरे ऊपर आसक्त बताता है।" मुबारक ख़ां ने कहा कि, "तुझे ईश्वर का कृतज्ञ होना चाहिये कि एक बुज़ुर्ग तुझे प्रिय समझता है। यदि तुझे लोक तथा परलोक के कल्याण की इच्छा है तो इनकी सेवा कर।" उसने निज़ाम ख़ां के हाथ को शेख़ की ग्रीवा से हटा दिया। घातक अग्नि का शेख़ के मुख तथा बालों पर कोई प्रभाव न पड़ा था। इस पर भी सुल्तान ने आदेश दिया कि "इसके पांव तथा गले एवं हाथ में ज़ंजीर डालकर कोठरी में बन्द कर दिया जाय और द्वार पर ताला लगा दिया जाय।" उसके आदेशों का पालन किया गया। दूसरे दिन अथवा उसी दिन सुल्तान सिकन्दर को यह समाचार प्राप्त हुआ कि शेख़ हसन वाज़ार में नृत्य कर रहे हैं। सुल्तान ने आदेश दिया कि उसे बन्दी बनाकर लाया जाय। जिस समय वह सुल्तान के समक्ष उपस्थित किया गया, सुल्तान ने पूछा कि "तुम अपने आपको मेरे ऊपर आसक्त कहते हो। मेरे बन्दीगृह से क्यों बाहर गये ?" शेख़ ने कहा, "मैं स्वयं नहीं गया। मेरे पूर्वज शेख़ अबुल अला (२९) मेरा हाथ पकड़कर ले गये।" सुल्तान ने आदेश दिया कि उस कोठरी को जिसमें शेख़ बन्द थे, देखा जाय। जब ताला खोला गया तो कोठरी में ज़ंजीर लगी हुई थी और शेख़ हसन बाज़ार में थे। इस घटना के उपरान्त सुल्तान सिकन्दर ने शेख़ के प्रति कोई धृष्टता प्रदर्शित न की।

धर्मान्धता

कहा जाता है कि एक बार कुरुक्षेत्र में हिन्दुओं की एक अपार भीड़ एकत्र हुई। सुल्तान थानेश्वर पहुंचकर कुरुक्षेत्र के हिन्दुओं के क़त्लेआम का आदेश देना चाहता था। सुल्तान के मुसाहिबों में से एक ने कहा कि, "सर्वप्रथम आलिमों से पूछ लेना चाहिये।" सुल्तान ने समस्त आलिमों को उपस्थित किया और मलिकुलउलमा से इस विषय में पूछा। मलिकुलउलमा का नाम मियां अब्दुल्लाह अजोधनी था। मियां मलिकुलउलमा ने सुल्तान से पूछा कि "वहां क्या है ?" सुल्तान ने कहा कि, "वहां एक हौज़ है जहां प्रत्येक स्थान के काफ़िर एकत्र होकर स्नान करते हैं।" मलिकुलउलमा ने पूछा कि, "यह प्रथा कब से चल रही है ?" शाहज़ादे ने कहा कि, "यह प्राचीन प्रथा है।" मियां अब्दुल्लाह ने पूछा कि, "तुम्हारे

पूर्वजों ने, जो मुसलमान बादशाह थे, इस विषय में क्या किया ?" शाहज़ादे ने कहा कि, "यही प्रथा चलती आ रही है और किसी ने इस विषय में कुछ नहीं किया।" मियां अब्दुल्लाह ने कहा कि, "प्राचीन मन्दिर को नष्ट कराना उचित नहीं और जिस हौज़ में प्राचीन काल से स्नान करने की प्रथा चली आ रही है उसे रोकना हमारे लिये उचित नहीं।" यह बात सुनकर शाहज़ादे ने कटार निकाल ली और कहा कि, "तू काफ़िरों का पक्षपात कर रहा है। सर्वप्रथम मैं तेरी हत्या करूँगा। तदुपरान्त मैं कुरुक्षेत्र पर आक्रमण करूँगा।" मियां अब्दुल्लाह ने कहा कि, "मरना सभी को है। ईश्वर के आदेश बिना कोई नहीं मरता। जब कोई किसी अत्याचारी के पास आता है तो सर्वप्रथम अपनी मृत्यु निश्चित कर लेता है। जो कुछ होना है वह होगा। मैंने शरा का आदेश बता दिया, यदि आप को शरा की चिन्ता नहीं है तो पूछने की आव-
(३०) श्यकता न थी।" सुल्तान का क्रोध कम हो गया। उसने कहा कि, "यदि तू आज्ञा दे देता तो इससे कई हज़ार मुसलमानों का भला हो जाता।" मियां अब्दुल्लाह ने कहा, "जो कुछ कहना था वह मैंने कह दिया। अब आप जानें।" शाहज़ादा गोष्ठी से उठ गया। सभी आलिम शाहज़ादे के साथ चल दिये। मियां अब्दुल्लाह अपने स्थान पर ठहरे रहे। शाहज़ादे ने उनसे कहा, "मियां अब्दुल्लाह! कभी कभी मिलते रहना।" यह कहकर वह चल दिया।

तातार खां से युद्ध

कहा जाता है कि सुल्तान बहलोल के राज्यकाल में तातार खां तथा सैफ़ खां ने, जो बहुत बड़े अमीर थे, विद्रोह करके अत्यधिक प्रदेश तथा जागीरें अपने अधिकार में कर ली थीं। शाहज़ादा मियां निज़ाम खां उन दिनों पानीपत में था। उसने पानीपत के समीप के परगने के अमीरों के कुछ ग्राम सुल्तान बहलोल के आदेश बिना अपनी जागीर में कर लिये। अमीरों ने सुल्तान बहलोल को यह समाचार पहुंचाया। सुल्तान बहलोल ने ख़्वाजा शेख़ सईद फ़र्मुली को जो शाहज़ादे की सरकार का दीवान था लिखा कि, "यह कार्य शाहज़ादा तुम्हारे परामर्श से करता है। यदि तुममें पौरुष हो तो तातार खां की विलायत से ले लो। हमारी विलायत को क्यों नष्ट करते हो? यह कौन-सा पौरुष है?" शेख़ सईद वही फ़रमान हाथ में लेकर शाहज़ादे के पास पहुंचा और उसने कहा कि, "तुम्हें बादशाही मुबारक हो।" शाहज़ादे ने पूछा, "किस प्रकार?" शेख़ सईद ने कहा, "इस लिये कि सुल्तान बहलोल ने अपनी ओर से तुम्हें बादशाही सौंपी है।" शाहज़ादे ने पूछा कि, 'तू यह किस प्रकार कहता है?" उसने उत्तर दिया कि, "यह फ़रमान लिखकर भेजा है।" उसने कहा कि, "मैं देखूँ।" जब उसने फ़रमान देख लिया तो जो कुछ उसमें लिखा था उसके विषय में उसे ज्ञान प्राप्त हुआ। उसने देखा कि उसमें लिखा है कि "यदि शक्ति तथा साहस हो तो तातार खां मलिक की विलायत से ले लो।" शाहज़ादे ने कहा, "ख़्वाजा! बड़ी ही विचित्र बादशाही है जो तुम
(३१) दे रहे हो।" ख़्वाजा ने कहा कि, "बादशाही मुफ़्त नहीं मिलती। तुम्हें जिस कार्य का आदेश हुआ है यदि वह तुम सम्पन्न कर लेते हो तो तुम अवश्य ही बादशाह हो जाओगे। जिस कार्य को बादशाह को स्वयं करना चाहिये था वह उसने तुम्हें सौंप दिया है। यह बादशाही का संकेत है।" शाहज़ादे ने कहा, "तो फिर क्या करना चाहिये?" उसने उत्तर दिया कि, "उठो और अपने भाग्य की परीक्षा करो।"

> "राज्य किसी को तर्क में नहीं मिलता,
> जब तक वह दुधारी तलवार नहीं चलाता।"

जिन दिनों शाहज़ादा निज़ाम खां पानीपत में था उसके पास १५०० सवार तथा १५०० सेवक थे, उदाहरणार्थ ख़्वाजा सईद फ़र्मुली अपने सम्बन्धियों सहित, मियां हुसेन अपने पांचों भाइयों सहित, दरिया खां, शेर खां लोहानी, उमर खां शिरवानी इत्यादि।

एक दिन शाहज़ादे ने पानीपत में इस समस्त सेना को एकत्र करके परामर्श करना प्रारम्भ किया और कहा कि, "बादशाह का संकेत इस प्रकार है। क्या करना चाहिये ?" समस्त अमीरों तथा शाहज़ादे ने निश्चय किया कि, "इन डेढ़ हज़ार सवारों में से कुछ लोगों को सरहिंद के समीप के परगनों में नियुक्त किया जाय ताकि वे उन परगनों में पहुंच कर अपना अधिकार स्थापित करें।" इस कारण युद्ध प्रारम्भ हो गया। उस ओर से तातार खां बहुत बड़ी सेना लेकर रवाना हुआ। पानीपत में शाहज़ादा निज़ाम खां कुछ लोगों को लेकर चला। अम्बाला के परगनों के उस मैदान में युद्ध हुआ जहां इस घटना के उपरान्त मियां सलीम शाह तथा हैबत खां न्याज़ी में, जिसकी उपाधि आज़म हुमायूँ थी, युद्ध हुआ था।

शाहज़ादा निज़ाम खां जितने आदमी उसके साथ थे उन्हें साथ लेकर रणक्षेत्र की ओर चल खड़ा हुआ। उस युद्ध में शाहज़ादे के चारों ओर बड़े ही वीर युवक थे जो सशस्त्र चल खड़े हुए। ख्वाजा (३२) शेख सईद घोड़े पर सवार होकर शाहज़ादे के सामने जा रहा था। इसी बीच में ख्वाजा ने २-३ बार शाहज़ादे की ओर दृष्टिपात किया। शाहज़ादे ने संकेत किया कि, "क्या देखता है ?" ख्वाजा ने निकट पहुंचकर निवेदन किया कि, "देखता हूं कि तुम्हारे चारों ओर शूरवीर एकत्र हैं। यदि तुम नेतृत्व पर दृढ़ रहो तो विजय की आशा है। यदि कोई और बात हो तो तुम्हारी इच्छा है। इन लोगों को एकत्र कर लो, अपने दासों के परिश्रम तथा सेवा की लीला देखो कि यह लोग क्या करते हैं। यद्यपि उस ओर तातार खां के पास १५,००० अश्वारोही हैं किन्तु इन लोगों के समान १० अश्वारोही भी न होंगे। यदि ईश्वर सफलता प्रदान करे और ये लोग कार्य सम्पन्न कर लें तो बड़ा अच्छा है अन्यथा तुम हवा के घोड़े पर सवार हो, तुम्हारे पास कोई भी नहीं पहुंच सकेगा।" शाहज़ादा इन वाक्यों को सुनकर हंसा और उसने ख्वाजा से कहा, "मैं तुम्हारे घोड़े के पांव भूमि पर देखता हूं और अपने घोड़े को सीने तक भूमि में डूबा पाता हूं। वह कहां जा सकता है ?" ख्वाजा तत्काल घोड़े से उतर पड़ा। शाहज़ादे का दायां हाथ पकड़ कर कहा, "विजय के चिह्न यही हैं। सरदार का साहस ऐसा ही होना चाहिये।"

जब दोनों सेनाओं में युद्ध हुआ तो सर्वप्रथम जो व्यक्ति घोड़ा लेकर रणक्षेत्र में आया वह दरिया खां था। उसके साथ ३० व्यक्ति थे। वह दोनों पंक्तियों के मध्य में खड़ा हो गया और इन तीसों सवारों को संगठित करते हुए कहा कि "जिस स्थान पर एक तलवार पड़े वहीं तीस तलवारें पड़ें।" उस ओर से ५००सवारों ने आक्रमण किया। लोहे से चिनगारियां निकलने लगीं। दोनों सेनायें यह लीला देखने लगीं। दरियां खां ने इन ५०० अश्वारोहियों को पराजित कर दिया। वे पराजित होकर अपनी सेना में चले गये। दरियां खां लौटकर अपने स्थान पर पहुँचा और खड़ा हो गया। कहा जाता है कि तीन बार ५०० अश्वारोहियों ने दरिया खां पर आक्रमण किया और दरिया खां ने तीनों बार उन लोगों को पराजित किया और पुनः अपने स्थान पर पहुँच कर खड़ा हो गया। तदुपरान्त फिर उस सेना से कोई न निकला। दरिया खां ने अपने साथियों से कहा, "तुम्हारे साहस तथा तुम्हारे स्वामी के सौभाग्य से यह कार्य सम्पन्न हुआ। (३३)तुम लोग यहीं रहो मैं अकेला आक्रमण करूंगा।" दरिया खां तीन बार सेना में अकेला घुसा और पुनः सुरक्षित वापस आकर अपने स्थान पर खड़ा हो गया। तदुपरान्त मियां हुसेन १७ अश्वारोहियों सहित सुल्तान सिकन्दर की सेना से निकला। तातार खां की ओर से डेढ़ हज़ार सवारों ने मियां हुसेन पर आक्रमण किया। तीन बार जिस प्रकार दरिया खां ने विजय प्राप्त की थी, मियां हुसेन ने भी विजय प्राप्त की। मियां हुसेन स्वयं तीन बार अकेले सेना में घुसा और वहां से लौट कर अपने स्थान पर खड़ा हो गया। तदुपरान्त उमर खां शिरवानी ५०० अश्वारोहियों सहित शाहज़ादे से विदा हुआ। जब वह मियां हुसेन

के समीप पहुंचा तो मियां हुसेन ने सलाम अलेक कहा। उमर ख़ां ने उत्तर देने के उपरान्त मियां हुसेन से कहा कि, "हमने कोई कार्य नहीं किया। इस समय हम इस कारण आये हैं कि तुम्हारे परामर्श अनुसार कार्य करें। तुम जो कुछ कर सकते थे तुमने कर दिया, अब मेरी बारी है।" इसी बीच में उमर ख़ां का पुत्र इबराहीम ख़ां घोड़े को भगाकर अपने पिता के पास पहुंचा और कहा कि, "आपको शाहज़ादे के नमक की शपथ है, घोड़े को आगे मत बढ़ाइये।" उमर ख़ां ने कहा कि, "इसका क्या कारण है?" इबराहीम ने कहा, "जिस प्रकार आपने मुबारक ख़ां के पुत्र दरिया ख़ां तथा ख़्वाजा के पुत्र मियां हुसेन का तमाशा देखा उसी प्रकार अपने पुत्र की लीला देखिये।" उमर ख़ां ने कहा, "हम भी इसी लिये खड़े हैं।" इबराहीम ख़ां ने कहा, "भीड़ में कुछ पता न चलेगा। अकेले देखना चाहिये।" यह कहकर वह १५ हज़ार की सेना में तीन बार घुसा और दूर से २-३ शत्रुओं को बर्छे से गिरा दिया। घोड़े बिना सवार के हो गये। उमर ख़ां यह देखकर मुसलमानों के समान नारा लगाकर तातार ख़ां की विशेष सेना में पहुंच गया। तातार ख़ां मारा गया। उसके भाई हुसेन ख़ां को जीवित बन्दी बना लिया गया। तातार ख़ां की समस्त सेना पराजित हो गई। जिस समय सुल्तान शाहज़ादा था उसी समय इतनी महान् विजय प्राप्त हो जाने के कारण उसका आतंक सभी अमीरों के हृदय पर आरूढ़ हो गया। तदुपरान्त सुल्तान बहलोल भी भली (३४) भांति समझ गया कि समस्त पुत्रों में निज़ाम ख़ां ही सबसे अधिक योग्य है और उसने उसे अपना उत्तराधिकारी बनाया।

सुल्तान सिकन्दर का बादशाह होना

जब शाहज़ादा निज़ाम ख़ां को सुल्तान बहलोल की मृत्यु के समाचार प्राप्त हुए तो उसने जमाल ख़ां अमीर आख़ुर को, जोकि शाहज़ादे का विश्वासपात्र था, देहली में छोड़कर प्रस्थान करने का संकल्प किया। जिस दिन वह देहली के बाहर निकला तो सर्वप्रथम (शेख़) समाउद्दीन की सेवा में, जो उस काल के बहुत बड़े सम्मानित व्यक्ति थे, फ़ातेहा[1] की प्रार्थना के लिये पहुंचा और कहा कि, "हे शेख़! मैं चाहता हूं कि सर्फ़[2] की मीज़ान नामक पुस्तक आपसे पढ़ूँ" और पाठ पढ़ना प्रारम्भ किया। गुरु ने कहा कि "हे भाग्यशाली! ईश्वर तुझे लोक तथा परलोक में भाग्यशाली बनाये।" सुल्तान ने निवेदन किया कि, "आप फिर यह वाक्य कहें।" गुरु ने यह वाक्य पुनः कहा। उसने तीन बार यही वाक्य कहलाया और तदुपरान्त उनके हाथ चूमकर अपनी यात्रा के विषय में निवेदन किया और उपर्युक्त प्रार्थना से अपने लिये फ़ाल निकाला।

सुल्तान सिकन्दर बिन सुल्तान बहलोल लोदी का सिंहासनारोहण

शाहज़ादा निज़ाम ख़ां प्रतिष्ठित अमीरों के पथ-प्रदर्शन से शीघ्रातिशीघ्र जलाली पहुँचा; उसने अपने पिता की लाश देहली भेज दी। १७ शाबान ८९४ हि० (१६ जुलाई १४८९ ई०) को शुक्रवार के दिन जलाली क़स्बे के समीप एक ऊंचाई पर आबेसियाह, जिसे इस ओर के निवासी काली (नदी) कहते हैं, के तट पर उस महल में जो सुल्तान फ़ीरोज़ का महल कहलाता है, ख़ाने जहां, ख़ाने ख़ानां (३५) फ़र्मुली तथा समस्त प्रतिष्ठित अमीरों की सहमति से १८ वर्ष की अवस्था में सिंहासनारूढ़ हुआ और उसकी उपाधि सिकन्दर ग़ाज़ी हुई।

१ परलोकगत आत्मा की शान्ति के लिये क़ुरान के वाक्यों का पाठ।

२ अरबी व्याकरण।

सुल्तान का चरित्र

सुल्तान सिकन्दर बड़ा प्रतापी, सहनशील, दानी तथा आदर सम्मान एवं गौरव वाला बादशाह था। वेशभूषा, बादशाही शान व शौक़त एवं घोड़े इत्यादि से सम्बन्धित बनावट के कार्यों में बड़ा सरल व्यवहार करता था। उसके सरापर्दे[1] के निकट कोई भी पाप, कुकर्म, एवं दुराचार से सम्बन्धित वस्तु न जा सकती थी। वह आलिमों तथा पवित्र व्यक्तियों के साथ उठता बैठता था। बहिरंग तथा अन्तरंग में पूरी तरह योग्यता से परिपूर्ण था। वासनाओं का वह सर्वदा दमन करता और ईश्वर का अत्यधिक भय करता था। प्रजा पर दया करता था। न्याय तथा वीरता में अद्वितीय था। शक्तिशाली तथा शक्तिहीन को न्याय से सम्बन्धित कार्यों में समान दृष्टि से देखता था और सर्वदा झगड़ों को समाप्त कराने, समस्याओं के समाधान और प्रजा के उपकार में लगा रहता था। वह हर रोज़ दरबारे आम करता था और स्वयं दीन-दुखियों की सहायता किया करता था।

दिन-रात का कार्यक्रम

मध्याह्नोत्तर की नमाज़ से लेकर एशा[2] की नमाज़ तक आलिमों के साथ रहता, क़ुरान का पाठ किया करता और जमाअत[3] के साथ नमाज़ पढ़ता था। सोने के समय की नमाज़ पढ़कर वह अन्तःपुर में प्रविष्ट होता। कुछ देर तक अन्तःपुर में रहकर एकान्त में जाकर बैठ जाता और पूरी रात वहां जागता रहता। दिन के भोजन के उपरान्त वह सोया करता था। रात्रि के समय वह जिस स्थान पर बैठता वहां अधिकतर दरिद्रियों की आवश्यकताओं को पूरा कराने तथा न्याय की व्यवस्था में लगा रहता। रात्रि का थोड़ा सा भाग वह राज्य-व्यवस्था के संचालन, सीमांतों के अमीरों को फ़रमान तथा समकालीन बादशाहों को पत्र लिखने में व्यतीत करता था।

रात्रि का भोजन तथा आलिम

चुने हुये १७ आलिम तथा विद्वान् उसकी विशेष गोष्ठी में उपस्थित रहते थे। जब रात के समाप्त होने में छः घड़ी शेष रह जातीं तो वह भोजन मंगवाता था। ये १७ आलिम हाथ धोकर सुल्तान के समक्ष बैठ जाते थे। सुल्तान पलंग पर आसीन रहता था। पलंग के बराबर एक बड़ी कुर्सी लाकर रख दी जाती थी। भोजन के थाल कुर्सी के ऊपर रक्खे जाते थे। सुल्तान स्वयं भोजन करता था। इन १७ (३६) व्यक्तियों के समक्ष भी भोजन रख दिया जाता था किन्तु उन्हें भोजन करने की अनुमति न होती थी। जब बादशाह भोजन कर चुकता था तो ये लोग थालों को अपने घर ले जाकर भोजन करते थे।

भोग-विलास

कुछ जानकार लोगों का मत है कि संभवतः उस समय सुल्तान अपने स्वास्थ्य की रक्षा तथा उपचार की दृष्टि से बड़े शिष्ट तथा सभ्य ढंग से भोग-विलास कुछ इस प्रकार करता था कि किसी को इसकी सूचना न होती थी।

१ शिविर। यहाँ महल से भी तात्पर्य है।
२ रात्रि की अन्तिम अनिवार्य नमाज़।
३ बहुत से लोगों का समूह।

मस्जिदों का निर्माण तथा दान

उसने अपने राज्य के समस्त प्रदेशों में मस्जिदों का निर्माण कराया और वहां क़ुरान पढ़ने वाले, ख़तीब[1] तथा झाड़ू देने वाले नियुक्त किये और उनके लिये वृत्ति निश्चित कर दी। प्रत्येक वर्ष शीत ऋतु में वह फ़क़ीरों के लिये वस्त्र तथा शाल भेजा करता था और प्रत्येक शुक्रवार को फ़क़ीरों को धन प्रदान करता था। वह रोज़ाना कच्चा तथा पक्का भोजन नगर में कुछ स्थानों पर बंटवाया करता था। रमज़ान तथा आशूरे[2] के पवित्र दिनों में फ़क़ीरों एवं दरवेशों को प्रसन्न करता और बादशाहों की श्रेणी के अनुकूल इनाम तथा उपकार द्वारा उन्हें प्रसन्न करता था।

वह साल में दो बार अपनी विलायत (राज्य) के फ़क़ीरों तथा सहायता के पात्र व्यक्तियों की दशा का सविस्तार लिखित विवरण मंगवाता था और प्रत्येक व्यक्ति को उसकी श्रेणी के अनुसार अर्ध वार्षिक धन अपने समक्ष दिलवाता था। उसके राज्यकाल में प्रतिष्ठित लोग, सूफ़ी तथा आलिम अरब, ईरान एवं हिन्दुस्तान के अन्य भागों से उसकी कृपा तथा स्नेह के आकर्षण से देहली तथा आगरा में आ-आ कर निवास ग्रहण कर लेते थे। वह अपना अधिकांश समय आगरा में व्यतीत करता था।

कृषि, व्यापार तथा सेवायें

सिकन्दर के राज्यकाल में कृषि को अत्यधिक उन्नति प्राप्त थी। व्यापारी, व्यवसायी, प्रजा तथा समस्त लोग बड़े आराम, संतोष एवं सुख सम्पन्नता का जीवन व्यतीत करते थे। जो कोई सेवा की इच्छा से आता उसके वंश तथा बुज़ुर्गों के विषय में पूछ-ताछ करने के उपरान्त उसके बुज़ुर्गों की श्रेणी के अनुकूल उसे वेतन प्रदान किया जाता था। जो कोई बिना घोड़े तथा अस्त्र-शस्त्र के दृष्टिगत होता तो
(३७) उसे जागीर प्रदान कर दी जाती और आदेश दे दिया जाता कि इस जागीर से वह अपने सामान की व्यवस्था कर ले। उसके राज्यकाल में सैनिकों को अत्यधिक सम्मान प्राप्त था। राज्य के चारों ओर के मार्गों पर इतनी अधिक शान्ति थी कि चोरी तथा डकैती का उसके अधीन समस्त राज्य में कोई चिह्न भी न पाया जाता था।

काफ़िरों के प्रति व्यवहार

जो काफिर इस्लाम स्वीकार कर लेते थे उन्हें वह अपनी विलायत में स्थान दिया क़रता था और जो कोई विद्रोह करता उसे अपने राज्य का शत्रु समझ कर उसकी हत्या का आदेश दे दिया करता था अथवा उसे अपनी विलायत (राज्य) से निर्वासित कर देता था। किसी ग्राम में भी मिट्टी का क़िला, जिसे "मट कोट" कहते थे, तथा खाईं और जंगल न रहने दिया था। वह इस्लाम का इतना बड़ा पक्षपाती था कि उसने काफ़िरों के समस्त मन्दिरों का खंडन करवा दिया था और उनका नाम निशान भी न रहने दिया। मथुरा में, जो कि कुफ़् की खान है, उसने काफ़िरों के कार्य का कोई चिह्न न रहने दिया। मथुरा में जहां हिन्दुओं के मन्दिर थे वहां उसने कारवांसराय तथा मदरसों के निर्माण का आदेश दे दिया। हिन्दुओं के पूजा के पत्थरों (मूर्तियों) को क़साइयों को प्रदान करा दिया ताकि वे उससे मांस तौला करें। मथुरा में हिन्दुओं के लिये दाढ़ी तथा सिर मुंडवाने एवं नदी में स्नान करने का आदेश न था। संक्षेप में उसने कुफ़् की समस्त प्रथाओं का अन्त करा दिया। यदि कोई हिन्दू सिर अथवा दाढ़ी मुंडवाने की इच्छा

१ जुमे तथा ईदों का ख़ुत्बा (धार्मिक प्रवचन) पढ़ने वाले।
२ मुहर्रम मास की १०वीं तिथि।

करता तो कोई नाई उसकी ओर हाथ न बढ़ाता। प्रत्येक शहर में इस्लाम के नियमों का ऐसा पालन होता था, जैसा कि होना चाहिये। प्रत्येक मुहल्ले में जमाअत की नमाज़ हुआ करती थी। प्रत्येक घर में चाहे वह अमीर का घर हो अथवा किसी साधारण व्यक्ति का, इल्म[1] की चर्चा होती रहती थी।

धनी लोगों द्वारा दान-पुण्य

सिकन्दर के राज्यकाल में अधिकांश लोग किसी न किसी कार्य में लगे रहते थे। समस्त धनी लोग दान के सम्बन्ध में, एक दूसरे से ईर्ष्या किया करते थे और अधिकांश व्यय दान-पुण्य हेतु ही करते थे। सुल्तान सिकन्दर ने आदेश दे दिया था कि वर्ष में दो बार बादशाही खज़ाना प्रत्येक नगर में सहायता के पात्रों के लिये ले जाया जाय। ईश्वर का ज्ञान रखने वाले बहुत से व्यक्ति इस कार्य हेतु नियुक्त थे। वे वहां पहुंच कर सहायता के पात्रों को धन बांटा करते थे।

मआश व ऐमा का प्रबन्ध

(३८) मआश व ऐमा[2] के लिए उसने आदेश दे दिया था कि "जागीर वाले अमीरों को, जो प्रत्येक परगने में वेतन पाते हैं, इस आशय का फ़रमान लिखा जाय कि 'अमुक महाल में इमलाक तथा वज़ायफ़[3] को छोड़कर जागीर का आदेश हुआ।" केवल एक आदेश से सुल्तान सिकन्दर ने ममालिके महरूसा[4] की समस्त ऐमा को मुक्त कर दिया और किसी को भी नये फ़रमान की आवश्यकता न थी। किसी अमीर के घर में स्वयं उसकी ओर से बन्दोबस्त न होता था (अपितु) प्रत्येक व्यक्ति अपने आमिल[5] के द्वारा करता था और वह दीवाने विज़ारत में आकर हिसाब समझ लेता था। परगनों में कोई भी किसी वस्तु को मूल्य अदा किये बिना न लेता था।

फ़रमान प्राप्त करने की प्रथा

जिस अमीर के नाम फ़रमान जारी होता वह दो तीन कोस आगे जाकर उसका स्वागत करता था और वहां एक चबूतरा बनवाता था। जो फ़रमान लाता था वह उस पर खड़ा होता था। अमीर चबूतरे के नीचे खड़े होकर सम्मान-पूर्वक अपने दोनों हाथों से फ़रमान लेता था और उसे अपने सिर तथा आंख पर रखता था। यदि सुल्तान का आदेश होता तो वह उसे वहीं पढ़ता अन्यथा घर ले आता। यदि फ़रमान के गुप्त रूप से पढ़ने का आदेश होता तो वह ऐसा ही करता।

शासन प्रबन्ध सम्बन्धी अन्य आदेश

सालार मसऊद[6] के नेज़े[7], जो हर साल निकाला जाता था, का उसने अपने समस्त राज्य से

१ ज्ञान-विज्ञान।
२ आलिमों अथवा सहायता के पात्रों को भूमि।
३ वृत्ति। आलिमों इत्यादि को सहायतार्थ दी जाने वाली भूमि।
४ राज्य के वे भाग जो सुल्तान के अधीन थे।
५ कर वसूल करने वाले।
६ सैयिद सालार मसऊद ग़ाज़ी अथवा ग़ाज़ी मियां, सालार साहू के पुत्र तथा सुल्तान महमूद ग़ज़नवी के भागिनेय जिनका निधन बहराइच में १०३३ ई० में हुआ। बहराइच में इनका उर्स बड़ी धूम से होता है और प्रत्येक स्थान से उनका झंडा बहराइच ले जाया जाता है।
७ भाला अथवा झंडा।

अन्त करा दिया और इस नेज़े की प्रथा पूर्णतः बन्द करा दी। स्त्रियों का मज़ारों पर जाना निषिद्ध करा दिया। उसके राज्यकाल में अनाज, कपड़ा तथा समस्त वस्तुयें इतनी सस्ती थीं कि जिस किसी की थोड़ी बहुत रोज़ी हो जाती वह निश्चिन्त होकर शान्तिपूर्वक जीवन व्यतीत करता था। ईद, आशूरे तथा महम्मद साहब के निधन की तिथि पर उसके आदेशानुसार समस्त बन्दियों के नाम लिख कर उनकी सूची उसकी सेवा में प्रस्तुत की जाती। जो कोई माल से सम्बन्धित किसी अभियोग में बन्दी होता उसके नाम के सामने वह अपने हाथ से मुक्त किये जाने का आदेश लिख देता था। यदि कोई पीड़ित उसकी सवारी के समय फ़रियाद करता तो वह देखते ही कहता कि "पीड़ित कौन है?" उसके वकील उसका हाथ पकड़कर उसे प्रोत्साहन देते थे और जिसे वह एक बार जागीर प्रदान कर देता था तो जब तक वह कोई अपहरण न करता उसमें किसी प्रकार का परिवर्तन न होता। यदि कोई किसी प्रकार का अपराध करता तो फिर वह उसे कोई वस्तु न प्रदान करता था किन्तु उसके आदर-सम्मान में कोई कमी न करता था।

संगीत

यदि कोई अद्वितीय गायक अथवा वादक आ जाता तो वह स्वयं सामने न सुनता अपितु मीरान (३९) सैयिद रूहुल्लाह तथा सैयिद इब्ने रसूल सुल्तान के आदेशानुसार ख़ास सरापर्दे के समीप सुनते थे। इस कारण जिन जिन स्थानों से लोग (गाने बजाने वाले) आते, वे उन्हीं के समक्ष गाना गाते और सुल्तान भी सुनता। दस लोग प्रत्येक रात्रि में बारी बारी रात्रि के एक पहर के उपरान्त शाही दरबार में उपस्थित होकर सरनाई जिसे शहनाई भी कहते थे बजाते थे। उसका आदेश था कि चार रागों को बजाये बिना कुछ न बजायें। सर्वप्रथम मालकोस, फिर कल्याण, फिर कांड़ा (कांगड़ा) तदुपरान्त हुसैनी बजा कर समाप्त करते थे। यदि इनके अतिरिक्त वे कुछ बजाते तो उन्हें दंड दिया जाता।

प्रत्येक कार्य हेतु निश्चित समय

उसने प्रत्येक कार्य के लिये समय निश्चित कर दिया था। जो क्रम उसने बना लिया था, उसमें कोई परिवर्तन न होता था। वह कोई ऐसी बात न कहता और न करता कि कोई उसकी निन्दा कर सकता। केवल दाढ़ी मुंडवाता था। वह जिसके लिये एक बार (जो कुछ प्रदान करने का) आदेश दे देता उसमें उसके जीवन-पर्यन्त कोई कमी न करता। इनाम में किसी को चाहे भोजन हो अथवा वस्त्र जो कुछ एक बार प्रदान कर दिया जाता उसमें उसके राज्य के अन्त तक कोई परिवर्तन न होता। कहा जाता है कि शेख़ अब्दुल ग़नी नामक एक प्रतिष्ठित व्यक्ति ग्रीष्म ऋतु में जौनपुर से सुल्तान से भेंट करने आये। नाना प्रकार के भोजन उनके लिये निश्चित किये गये। ग्रीष्म ऋतु के कारण उनके लिये शरबत के छः कूज़े[1] भी भेजे गये। इसके उपरान्त जब शेख़ शीत ऋतु में भी आते तो उनके छः कूज़े शर्बत में कमी न की जाती। अपने राज्यकाल के प्रतिष्ठित तथा सम्मानित व्यक्तियों के प्रति जिस प्रकार वह प्रारम्भ से आदर सम्मान करता वैसा ही आदर सम्मान, चाहे वह वर्षों बाद आता और चाहे रोज़ सेवा करता, वह प्रदर्शित किया करता। उसमें किसी प्रकार की कमी अथवा वृद्धि न होती थी। सुल्तान वार्तालाप भी नियमानुसार करता था। जिस अमीर के लिये जिस स्थान पर खड़े होने का आदेश होता वह सर्वदा उसी स्थान पर खड़ा होता था। उसकी स्मरण-शक्ति इतनी अच्छी थी कि रोज़ाना विलायत के परगनों

१ गिलास।

के भाव के रोज़नामचे उसकी सेवा में प्रस्तुत किये जाते। यदि बाल बराबर भी अन्तर पाता तो वह तुरन्त उसकी रोक-टोक का प्रयत्न प्रारम्भ कर देता।

आगरा

वह अधिकांश आगरा में निवास किया करता था। कुछ लोगों का मत है कि आगरा नगर उसके राज्यकाल में बसाया गया। सुल्तान सिकन्दर के पूर्व वह प्राचीन ग्रामों में से एक ग्राम था। अधिकांश हिन्दुस्तानियों का मत है कि आगरा राजा किशन के समय में जो मथुरा में राज्य करते थे एक कोट (४०) था। राजा जिससे रुष्ट हो जाता उसे आगरा के क़िले में बन्दी बना देता था। बहुत समय तक यही होता रहा। जिस वर्ष सुल्तान महमूद ग़ज़नवी की सेना ने हिन्दुस्तान पर आक्रमण किया तो आगरा इस प्रकार नष्ट-भ्रष्ट हो गया कि वह हिन्दुस्तान का एक तुच्छ ग्राम बन कर रह गया। सुल्तान सिकन्दर के राज्यकाल में पुनः आगरा को उन्नति प्राप्त होने लगी और अकबर बादशाह के राज्यकाल से आगरा देहली के सुल्तानों की राजधानी हो गया और हिन्दुस्तान का एक भव्य नगर बन गया।

राज्य में समृद्धि

ईश्वर ने सुल्तान सिकन्दर के राज्यकाल में संसार वालों को ऐसी समृद्धि प्रदान की थी जो अन्य राज्यकालों में ख़ज़ानों के बाहुल्य के बावजूद भी न पाई जाती थी। उसके राज्यकाल में पवित्रता, धर्मनिष्ठता, ईमानदारी तथा सदाचरण को इतनी उन्नति प्राप्त हो गई थी कि समस्त साधारण तथा विशेष व्यक्तियों में शिष्टता, नेकी, सदाचार तथा धर्मनिष्ठता उत्पन्न हो गई थी। सुल्तान सिकन्दर के राज्यकाल के प्रारम्भ में सर्फ़, नहो[1] तथा फ़िक़्ह[2] के अतिरिक्त किसी अन्य बात का प्रचार न था। लोगों में सदाचरण तथा सत्यता की प्रधानता थी। ज्ञान को इतनी उन्नति प्राप्त थी कि समस्त अमीरों के पुत्र तथा सैनिक ज्ञानोपार्जन करते थे। सुल्तान सिकन्दर के राज्यकाल में वैद्यक के ग्रन्थों में से, चिकित्सा सम्बन्धी एक ग्रन्थ का मियां भूवा की देख-रेख में अनुवाद हुआ और उसका नाम 'तिब्बे सिकन्दरी' रक्खा गया। हिन्दुस्तान के हकीम उसी ग्रन्थ के आधार पर चिकित्सा करने लगे। कहा जाता है कि यह उसका एक बहुत बड़ा कारनामा था जो संसार में प्रकट हुआ।

सुल्तान के पुत्र

कहा जाता है कि सुल्तान सिकन्दर के छः पुत्र थे। उसके ज्येष्ठ पुत्र का नाम इबराहीम खां था जो सुल्तान सिकन्दर के उपरान्त सुल्तान इबराहीम के नाम से प्रसिद्ध हुआ और देहली का बादशाह बना। दूसरा जलाल खां था जो जौनपुर का बादशाह हुआ और उसकी उपाधि सुल्तान जलालुद्दीन (४१) हुई। तीसरा इस्माईल खां, चौथा हुसेन खां, पांचवां महमूद ख़ां, छठा आज़म हुमायूँ।

प्रसिद्ध अमीरों के विषय में, जिनमें से प्रत्येक को बड़ा गौरव प्राप्त हुआ और जो वीरता एवं पौरुष में अद्वितीय था, कहां तक लिखा जाय। उसके राज्यकाल में अफ़ग़ान क़ौम के असंख्य अमीर उसके पास एकत्र हो गये थे। वह खानों, अफ़ग़ानों तथा अपने क़बीले को अत्यधिक आश्रय प्रदान किया करता था। उसके अमीरों में से जो कोई दरिद्रियों की जीविका हेतु वृत्ति प्रदान करता उसे सुल्तान अत्य-

१ अरबी व्याकरण।
२ इस्लामी धर्म-शास्त्रों के अनुसार इस्लामी नियम।

धिक सम्मानित करता और उससे कहा करता कि, "तूने ऐसी वस्तु की नीव रक्खी है जिसमें कोई कमी न होगी। उसके भतीजों में से प्रत्येक वीरता एवं दान करने में अद्वितीय था। सुल्तान सिकन्दर के समस्त अमीर तथा सैनिक अत्यन्त सुखी रहते थे। उसके अमीरों में से जिसे भी जो विलायत प्राप्त थी, वह उसके लिये पर्याप्त थी। सुल्तान सिकन्दर सर्व-साधारण की समृद्धि तथा सुख-सम्पन्नता के लिये अत्यधिक प्रयत्न किया करता था। सेना तथा अमीरों के उपकार के लिये उसने युद्ध करना बन्द कर दिया था और अपने समकालीन अमीरों एवं मलिकों में झगड़े का अन्त करके फ़साद के द्वार बन्द करा दिये थे। वह उतनी ही अक़्ता से जो उसे अपने पिता से तर्के में प्राप्त हुई थी संतुष्ट था और अपना समय शान्ति तथा प्रसन्नतापूर्वक व्यतीत करता था। सुल्तान सिकन्दर के कुछ अमीरों का विवरण उचित स्थान पर दिया जायगा।

सिंहासनारोहण के प्रथम वर्ष का वृत्तांत

गड़ी हुई धन-सम्पत्ति पाने वालों के लिये नियम

(४२) सम्भल में एक व्यक्ति भूमि खोद रहा था। वहां एक मटका मिला। उसमें पांच हज़ार सोने की मोहरें थीं। सम्भल के हाकिम मियां क़ासिम ने उससे समस्त धन लेकर इस विषय में सुल्तान को सूचना दी। सुल्तान सिकन्दर बड़ा ही साहसी तथा सदाचारी बादशाह था। अतएव उसने आदेश दिया कि जिस किसी ने यह धन प्राप्त किया हो उसी को वह दे दिया जाय। मियां क़ासिम ने पुनः निवेदन किया कि, "बादशाह सलामत! जिस व्यक्ति ने यह धन पाया है वह उसके योग्य नहीं।" सुल्तान सिकन्दर ने मियां क़ासिम को पुनः इस विषय में फ़रमान लिखा कि, "हे मूर्ख! जिसने दिया है यदि वह योग्य न समझता तो न देता, सभी ईश्वर के दास हैं। वह भली-भांति जानता है कि कौन योग्य है और कौन अयोग्य। समस्त धन उसे प्रदान कर दे।"

इसी प्रकार अजोधन में बन्दगी शेख़ मुहम्मद की भूमि में एक किसान हल चला रहा था। वहां एक बहुत बड़ा सा पत्थर दृष्टिगत हुआ। किसान हल चलाना छोड़कर शेख़ के पास पहुँचा और उसने इस विषय में निवेदन किया। उन्होंने बहुत से लोगों को घटना का पता लगाने के लिये भेजा। जब उन लोगों ने भूमि खोदी तो एक पत्थर प्रकट हुआ। जब वह पत्थर हटाया गया तो उस पत्थर के नीचे एक कुआं मिला। लोगों ने पुनः उस पत्थर को उसी स्थान पर लगाकर शेख़ को सूचना दे दी। वह स्वयं सवार होकर वहां पहुंचा और उसने उस पत्थर को हटवाया। जब लोग कुएं में प्रविष्ट हुए तो उन्होंने देखा कि वह स्थान खज़ाने से परिपूर्ण है। शेख़ समस्त खज़ाने को उस स्थान से हटाकर अपने घर ले गया। बहुत से सोने के थाल तथा बरतन थे जिनपर सुल्तान ज़ुलक़रनैन[1] का नाम लिखा था। सभी लोग इस बात से सहमत थे कि यह ज़ुलक़रनैन का खज़ाना है। द्युपालपुर (दीपालपुर) की हुकूमत अली खां नामक एक अमीर के अधीन थी और लाहौर उससे सम्बन्धित था। उसने बन्दगी शेख़ को लिख भेजा कि "यह विलायत मुझसे सम्बन्धित है, परोक्ष से जो धन मिला है वह भी मुझसे सम्बन्धित है।" शेख़ ने उत्तर लिखा (४३) कि, "यदि ईश्वर तुझे देता तो मुझे कुछ नहीं कहना था। क्योंकि ईश्वर ने मुझे प्रदान किया है अतः तुम्हें कुछ नहीं मिल सकता।" अली खां ने सुल्तान की सेवा में यह बात प्रस्तुत की कि, "शेख़ मुहम्मद की भूमि में खज़ाना प्राप्त हुआ है।" सुल्तान सिकन्दर ने कहा कि, "तुझे क्या, दरवेशों को क्यों कष्ट देता है?"

१ सिकन्दर ज़ुलक़रनैन। मध्यकालीन अरबी फ़ारसी इतिहास एवं साहित्य में सिकन्दर महान्, सिकन्दर ज़ुलक़रनैन कहा जाता था।

शेख़ मुहम्मद ने भी अपने कुछ आदमी सोने के कुछ बरतनों सहित जिनपर ज़ुलक़रनैन का नाम खुदा था सुल्तान की सेवा में भेजकर निवेदन किया कि, "इस प्रकार के बरतन इतनी संख्या में प्राप्त हुए हैं। जहां कहीं भी आदेश हो भेज दिये जायं।" सुल्तान सिकन्दर ने लिखा कि, "सभी अपने पास रक्खो। हमें भी ईश्वर को हिसाब देना है और तुम्हें भी। राज्य ईश्वर का है वह जिसे चाहता है देता है।"

जागीर के सम्बन्ध में नियम

यदि सुल्तान सिकन्दर किसी को जागीर प्रदान करता तो वह राज्य के उच्च पदाधिकारियों को आदेश दे देता था कि उस व्यक्ति को एक लाख तन्के की जागीर दे दो, तदुपरान्त वेतन (निश्चित करो)। यदि कोई कहता, "उस स्थान का हासिल[1] १० लाख है" तो सुल्तान सिकन्दर उत्तर देता "वह जागीर मेरे आदेशानुसार मिली है अथवा स्वयं अधिकार में कर ली है?" उत्तर मिलता, "आपके आदेशानुसार मिली है।" सुल्तान कहता, "जो कुछ उसे प्राप्त हुआ है, उसी के अधिकार में रहने दिया जाय।"

मलिक बद्रुद्दीन भीलम को सात लाख तन्के की जागीर प्रदान करने का आदेश हुआ। उसे एक परगना प्रदान किया गया।[2] प्रथम वर्ष में उस परगने में ९ लाख पैदा हुये। मलिक ने बढ़े हुये हासिल के विषय में निवेदन किया कि, "दास को ७ लाख तन्के की जागीर प्रदान हुई थी और उससे ९ लाख प्राप्त हुये हैं। जहां आदेश हो वहां उसे दे दूँ।" सुल्तान ने आदेश दिया कि, "उसे अपने पास रख।" दूसरे वर्ष में १५ लाख पैदा हुये। मलिक भीलम ने सुल्तान से इसके विषय में निवेदन किया। सुल्तान सिकन्दर ने आदेश दिया कि, "उसे अपने पास रक्खो।" तीसरे वर्ष १५ लाख पैदा हुये। मलिक भीलम ने सुल्तान से पुनः इस विषय में निवेदन किया। सुल्तान सिकन्दर ने कहा, "यह सब धन तेरी जागीर से पैदा हुआ है अतः सब धन तेरा है। बार बार मुझसे क्या कहता है?" उसके राज्यकाल के अमीर कितने अधिक सदाचारी थे और वह बादशाह कितना अधिक साहसी तथा दूसरों का शुभचिन्तक था।

न्याय

सुल्तान सिकन्दर इतना अधिक न्यायकारी था कि कोई भी अपने किसी दास की ओर कड़ी दृष्टि से न देख सकता था। दरिया ख़ां नोहानी के वकील को आदेश था कि वह न्यायालय के चबूतरे पर दिन (४४) भर तथा एक घड़ी रात तक उपस्थित रहे। शरा[3] का क़ाज़ी १२ आलिमों सहित बादशाह के विशेष दौलतख़ाने[4] में उपस्थित रहता था। जिन बातों की न्यायालय में जांच पड़ताल हो जाती, वे १२ आलिमों के समक्ष प्रस्तुत की जातीं। वे लोग फ़तवा[5] लिखकर दे देते। उनके फ़तवे के अनुसार सुल्तान से तत्काल निवेदन किया जाता। कुछ ग़ुलाम बच्चे केवल इसी कार्य के लिये नियुक्त थे। प्रातःकाल से सायंकाल तक तथा सभा (न्यायालय) के अन्त तक जो कुछ होता, वे एक-एक बात सुल्तान तक पहुंचाते थे।

एक दिन अरवल क़स्बे के एक सैयिद का अभियोग प्रस्तुत किया गया। अरवल पटना से २३ कोस

१ आय।
२ यह वाक्य मूल ग्रन्थ में स्पष्ट नहीं है।
३ इस्लामी नियम।
४ राज-प्रासाद।
५ किसी कर्म के उचित अथवा अनुचित होने के सम्बन्ध में मुफ़्ती द्वारा इस्लामी शास्त्रों के अनुसार दी मयी व्यवस्था।

पर आगरा की दिशा में है। उसका दावा था कि, "मियां मलीह जागीरदार उस परगने में ज़मीने महदूदा[१] पर जो मुझे प्राप्त हो गई थी अधिकार प्राप्त करने नहीं देता।" सुल्तान ने मियां भूवा को आदेश दिया कि, "इस मामले की जांच करके जो सच बात हो उसके विषय में निवेदन करो।" दो मास तक इस समस्या पर बातचीत होती रही। इस अवधि के उपरान्त सुल्तान ने कहा, "क्या मुसीबत है! अभियोग की जांच-पड़ताल ही नहीं हो पाती। जब तक इस अभियोग की जांच-पड़ताल न हो जाय आज कोई भी न्यायालय से न जाय।" मियां मलीह, दीवान तथा १२ आलिम दिन भर और तीन पहर रात तक वाद-विवाद करते रहे। हर बार उनके व्याख्यान सुल्तान की सेवा में उपस्थित किये जाते। यहां तक कि अभियोग का निर्णय हो गया और सत्य को केन्द्रीय स्थान प्राप्त हो गया और यह पता चला कि सैयिद पर अत्याचार हुआ था। सुल्तान सिकन्दर ने कहा कि, "मियां मलीह से पूछा जाय कि मैंने आदेश दिया था कि कोई भी किसी शक्तिहीन पर अत्याचार न करे और यह भी आदेश दिया था कि जागीरदारों के फ़रमान में मिल्क तथा वज़ायफ़ को निकाल कर जागीर लिखी जाय। तूने क्यों आज्ञा का उल्लंघन किया?" मियां मलीह ने लज्जित होकर सिर नीचा करके कहा, "मैंने भूल की।" सुल्तान ने पुनः आदेश दिया कि, "तू तीन बार इस बात को स्वीकार कर, मलीह अपराधी तथा अत्याचारी और सैयिद पीड़ित।" जब मियां मलीह ने तीन बार ये वाक्य कहे तो सुल्तान ने कहा "तुझे यही दंड मिलना चाहिये था कि तू न्यायालय में अपमानित हो।" तदुपरान्त उसने उसकी जागीर के परिवर्तन का आदेश दे दिया और मियां मलीह जब तक जीवित रहा उसे जागीर न मिल सकी।

बारबक शाह से युद्ध

सुल्तान सिकन्दर ने उसी वर्ष जब कि उसका सिंहासनारोहण हुआ ब्याना की विजय का संकल्प किया (४५) और अल्प समय में अज़मुल मुलूकी[२] पर आचारण करके ब्याना विजय कर लिया और शीघ्रातिशीघ्र लौट कर देहली पहुंचा। तीन दिन उपरान्त सुल्तान चौगान खेलने के लिये खड़ा हुआ था कि जौनपुर से समाचार प्राप्त हुये कि बारबक शाह ने अत्यधिक सेना लेकर आक्रमण कर दिया है। सुल्तान सिकन्दर ने इस्माईल ख़ां नोहानी को जौनपुर के बादशाह बारबक शाह के विरुद्ध भेजा और स्वयं उसके पीछे-पीछे कम्पिला तथा पटियाली की ओर रवाना हुआ। उस स्थान के हाकिम ईसा ख़ां ने उससे युद्ध किया। युद्ध में ईसा ख़ां घायल होकर मृत्यु को प्राप्त हो गया। सुल्तान सिकन्दर ने उस स्थान से बारबक शाह पर आक्रमण किया और जौनपुर से बारबक शाह भी सेना तैयार करके युद्ध करने के लिये निकला। क़न्नौज के समीप दोनों सेनाओं में युद्ध हुआ। जिस समय युद्ध हो रहा था तो एक ज्ञानी क़लन्दर प्रकट हुआ और सुल्तान सिकन्दर का हाथ पकड़ कर उसने कहा, "तेरी विजय है।" सुल्तान ने रुष्ट होकर अपना हाथ खींच लिया। दरवेश ने कहा, "मैं तुझे नेक फ़ाल[३] बताता हूं और तेरी विजय के विषय में भविष्यवाणी करता हूं। तू किस कारण हाथ खींचता है?" सुल्तान ने कहा, "जब इस्लाम के दो समूहों के मध्य में युद्ध हो रहा हो तो एक की ओर से निर्णय न करना चाहिये अपितु यह कहना चाहिये कि जिस

१ सम्भवतः वह सीमित भूमि जो किसी को पुरस्कार स्वरूप अथवा दान में दी जाती थी।

२ बादशाही का दृढ़ संकल्प। देखिये ज़ियाउद्दीन बरनी, 'फ़तवाये जहांदारी' (इंडिया आफ़िस मैनुस्क्रप्ट नं० २५६३ पृ० ३३३, अ ३३ ब) 'तुग़लुक़कालीन भारत', भाग २, पृ० २८३—२८४।

३ शुभ भविष्यवाणी।

बात में इस्लाम का हित तथा ईश्वर के प्राणियों का कल्याण हो वही सम्पन्न हो। उसी की ईश्वर से शुभ कामना करनी चाहिये।"

संक्षेप में, युद्ध के उपरान्त बारबक शाह की सेना पराजित हो गई और वह वहां से बदायूँ चला गया। सुल्तान सिकन्दर ने उसका पीछा करके उसे घेर लिया और अपने छोटे भाई पर नाना प्रकार से कृपादृष्टि प्रदर्शित करते हुये प्रसन्न करके अपनी ओर मिला लिया और जौनपुर पहुंच कर दूसरी बार पूर्व की भांति बारबक शाह को शर्क़ी सुल्तानों के सिंहासन पर आरूढ़ कर दिया। बारबक शाह ने दीनता प्रकट करते हुये सुल्तान की आज्ञाकारिता स्वीकार कर ली। सुल्तान ने जौनपुर को अमीरों को बांट कर प्रत्येक स्थान पर हाकिम नियुक्त कर दिये और बारबक शाह की सेवा में अपने विश्वासपात्रों को नियुक्त कर दिया।

सुल्तान का कालपी की ओर प्रस्थान

वहां से वह कालपी पहुंचा और कालपी अपने भतीजे आज़म हुमायूँ से लेकर महमूद ख़ां लोदी को सौंप दी और वहां से उसने ब्याना के आस-पास के स्थानों को विजय करने के लिये प्रस्थान किया (४६) और समस्त विलायत को अपने अधिकार में कर लिया। अल्प समय में वह वापिस होकर देहली पहुंचा।

जौनपुर पर पुनः आक्रमण

तीन दिन उपरान्त वह पुनः चौगान[1] खेलने के लिये निकला और चौगान हाथ में लिये हुये खेलने की तैयारी कर ही रहा था कि इसी बीच में समाचार प्राप्त हुये कि जौनपुर की विलायत के ज़मींदारों ने, जिनका नेता जौका[2] नामक एक हिन्दू था, लगभग एक लाख अश्वारोही तथा पदाती एकत्र करके मुबारक ख़ां नोहानी से युद्ध किया। मुबारक ख़ां पराजित हो गया और उसके भाई की हत्या हो गई। मुबारक ख़ां इलाहाबाद के घाट पर, जिसे उस समय प्रयाग कहते थे, मुल्ला ख़ां द्वारा बन्दी बना लिया गया। बारबक शाह उस समूह के प्रभुत्व को देखकर मियां मुहम्मद फ़र्मुली के पास चला गया।[3] सुल्तान इस दुर्घटना के समाचार पाकर अपने हाथ से चौगान को भूमि पर पटक कर रणक्षेत्र से ख़ाने जहां लोदी के घर पहुंचा और सब हाल बता कर उससे पूछा कि, "क्या करना चाहिये?" ख़ाने जहाँ ने निवेदन किया कि, "भोजन उपस्थित है। फ़ाल[4] के लिये इसमें थोड़ा सा लेकर जौनपुर की ओर सवार हो जायं।" सुल्तान ने कहा कि, "भोजन भी आगे के पड़ाव ही पर करूंगा।"

सुल्तान सिकन्दर, ख़ाने जहां के निवास स्थान से निकल कर दौलतख़ानये शाही[5] को न गया, अपितु शहर से निकल कर लाल सायबान[6] लगवाकर उतर पड़ा और देहली से इस प्रकार शीघ्रातिशीघ्र निकला कि दस दिन में जौका के विरुद्ध पहुंच गया। जब वह कोई[7] नदी के तट पर उतरा तो वहां एक

१ पोलो।
२ चौका।
३ यह वाक्य मूल में स्पष्ट नहीं।
४ भविष्य में सफलता।
५ राज-प्रासाद।
६ शामियाना।
७ सम्भवतः गोमती।

समाचार वाहक ने शत्रु के समाचार पहुंचाये। सुल्तान ने पूछा कि, "जौका इस स्थान से कितने कोस पर है?" उसने उत्तर दिया, "निकट पहुंच गया है।" सुल्तान ने कहा, "यह क़िला तथा भूमि जिस पर तुमने अधिकार जमा लिया है, तुम्हीं को वापस कर दूँगा। मैं जौका हरामखोर को दंड देने के उद्देश्य से आया हूं।" (उसने सुल्तान शर्क़ी को कहलाया) "यदि आप उसे दंड दें तो बड़ा अच्छा है अन्यथा उसे अपने पास से निकाल दें ताकि मैं उसे उचित दंड दे सकूं। क्योंकि वह काफ़िर है अतः मुझे विश्वास है कि आप काफ़िर का साथ न देंगे।"

(४७) सुल्तान हुसेन शर्क़ी ने सूचना प्राप्त करने के उपरान्त मीर सैयिद ख़ां को जो एक प्रतिष्ठित अमीर था दूत बना कर सुल्तान सिकन्दर की सेवा में भेजा और अनुचित उत्तर प्रेषित किया। उसने उत्तर भेजा कि, "जौका मेरा सेवक है और तेरा पिता एक सैनिक था। मैं उससे युद्ध करता था। तू मूर्ख बालक है। यदि तू व्यर्थ की बातें करेगा तो तुझे तलवार के स्थान पर जूते से पीटूंगा।" सुल्तान सिकन्दर ने इन वाक्यों को सुनकर कहा, "सर्वप्रथम मैंने उसे अपनी जिह्वा से चाचा[1] कहा है। मैं उसके सम्मान की रक्षा करूंगा। मेरा उद्देश्य काफ़िरों को दंड देना है। यदि वह काफ़िरों की सहायता करेगा तो मुझे दंड देना पड़ेगा। मैंने स्वयं कोई व्यर्थ कार्य नहीं किया है। ये लोग मुसलमान होकर जूते का नाम लेते हैं। ईश्वर ने चाहा तो जूता उसी मुंह पर लगेगा।" सुल्तान सिकन्दर ने मीरान सैयिद ख़ां से कहा, "तुम रसूलल्लाह[2] की संतान से सम्बन्धित हो। तुम उसे क्यों नहीं समझाते, कारण कि बाद में उसे पश्चाताप करना पड़ेगा।" मीरान ने उत्तर दिया, "मैं उसका सेवक हूं। जिस बात को वह उचित समझे मुझे उसकी आज्ञा का पालन करना पड़ेगा।" सुल्तान सिकन्दर ने कहा, "भाग्य तथा बुद्धि एक दूसरे के अधीन होते हैं। जिसका भाग्य पलट जाता है उसकी बुद्धि भी भ्रष्ट हो जाती है। तुम विवश हो। कल यदि ईश्वर ने चाहा, और वह भागा और तुम बन्दी बनाये गये तो तुम्हें याद दिलाऊंगा। यदि अब भी समझ जाओ तो अच्छा है।" यह कहकर उसने मीर सैयिद ख़ां को बिदा कर दिया और स्वयं अपने अमीरों से परामर्श किया। समस्त अमीरों ने युद्ध करना निश्चय किया और ईश्वर से प्रार्थना करके मीर के साथ-साथ वे भी अपने स्थान को चले गये। उस समय जब समस्त बड़े-बड़े अमीर उपस्थित थे तो सुल्तान सिकन्दर ने कहा कि, "आप लोगों ने सुल्तान बहलोल के कार्यों के सम्बन्ध में जो बिरादरी तथा नमक का हक़ था, उसे पूरा किया, किन्तु मेरा यह पहला कार्य है। मुझे विश्वास है कि आप लोग प्रयत्न करने में किसी प्रकार की कमी न करेंगे।"

जब दूसरे दिन सेना की पंक्तियां रणक्षेत्र में जमीं तो समस्त लोदी तथा शाहूख़ेल शाही सेना के (४८) हिरावल[3] बने। बाईं ओर फ़र्मुली तथा दाईं ओर नोहानी एवं सेना के पीछे शिरवानी थे। उमर ख़ां शिरवानी जो अपने समय का बहुत बड़ा योद्धा था सेना का मुक़दमा[4] बन कर शत्रु की सेना का निरीक्षण करने के लिये हाथी पर सवार हुआ और प्रत्येक को प्रोत्साहन प्रदान करता जाता था। अचानक उसकी दृष्टि जोंद के क़िले पर पड़ी। उसने कहा, "क्या यह वही क़िला है जिस पर उसे अभिमान हो गया है? अब भी हम सहनशीलता प्रदर्शित करते हैं। यदि वह न समझे तो उसकी भूल है।" इसी बीच में सुल्तान हुसेन ने अपनी सेना क़िले से निकाल कर (सुल्तान सिकन्दर की सेना के) हिरावल से युद्ध प्रारम्भ कर दिया। युद्ध प्रारम्भ होते ही साधारण सी लड़ाई के उपरान्त सुल्तान हुसेन पलायन

१ ऊदर (चाचा) होना चाहिये किन्तु मूल पुस्तक में 'ब्रादर (भाई)' है।

२ मुहम्मद साहब।

३ सेना का अग्रिम दल।

४ सेना का अग्रिम भाग।

कर गया। मीर सैयिद ख़ां को जो दूत बन कर आया था अन्य लोगों के साथ अपमानित करके तथा बन्दी वना कर सुल्तान सिकन्दर के समक्ष प्रस्तुत किया गया। जिस समय सुल्तान की दृष्टि मीर सैयिद ख़ां पर पड़ी तो उसने देखा कि लोग उसे नंगे सिर उसकी ग्रीवा में पगड़ी बांधे हुये पैदल ला रहे हैं। सुल्तान ने मीर की ओर देखकर कहा, "इसे पगड़ी दे दो और घोड़े पर सवार करके मेरे समक्ष लाओ।" सैयिद ख़ां को जिस प्रकार आदेश हुआ था सुल्तान के समक्ष उपस्थित किया गया। सुल्तान ने मीर सैयिद तथा अन्य अमीरों से कहा, "तुम्हें धन्य हो। तुमने अत्यधिक स्वामिभक्ति प्रदर्शित की। जब वह अभागा है तो तुम क्या करते? तुम लोग निश्चिन्त रहो।" सुल्तान हुसेन के जो अमीर बन्दी बना लिये गये थे, उनमें से प्रत्येक के लिये दो खंड का सरापर्दा[1], एक सायबान, एक चार चोबी सुतून, दो घोड़े, दस पर्दादार, पलंग तथा सोने के समय के वस्त्र प्रदान किये। जब डेरे सज गये तो सुल्तान ने कहा कि "उन्हें डेरे में उतारा जाय।"

शेष वृत्तांत

सुल्तान शर्क़ी जोंद से पराजित होकर भाग खड़ा हुआ और सुल्तान सिकन्दर को उसी रण-क्षेत्र में विजय प्राप्त हो गई। उस अवसर पर मुबारक ख़ां नोहानी ने सुल्तान से निवेदन किया कि (४९) "दास के आदमी देखकर आ रहे हैं कि वह अमुक ओर जा रहा है।" सुल्तान ने कहा, "शाही आदमी भी गये हैं। जब तक प्रमाणित समाचार न प्राप्त हो जायं, प्रतीक्षा करो।" मुबारक ख़ां ने पुनः निवेदन किया, "वह अच्छी दशा में नहीं है।" सुल्तान ने कहा, "वह तुम्हारे सामने से नहीं भागा है। दैवी कोप के कारण भागा है। यह वही सुल्तान है जो कच्छ पहुंच गया था और तुम्हें पराजित कर दिया था। जिस ईश्वर ने उसे ऊपर से भूमि पर गिरा दिया और हमें उन्नति प्रदान कर दी है, वही हमें विजय प्रदान करेगा। उसके कार्यों पर दृष्टि रक्खो और अभिमान के वाक्य मत कहो। धैर्य धारण करो।" क्योंकि सुल्तान हुसेन को अपने कार्यों पर अभिमान था वह इस दुर्दशा को प्राप्त हो गया। सुल्तान सिकन्दर ने यह वाक्य अपनी युवावस्था के प्रारम्भ में जब कि उसकी अवस्था १८–१९ वर्ष की थी, कहे थे। ईश्वर ने सुल्तान सिकन्दर को इतना धैर्य तथा सहनशीलता प्रदान की थी।

बारबक शाह का बन्दी बनाया जाना

सुल्तान हुसेन भाग कर बिहार पहुंचा और सुल्तान वहां से जौनपुर गया। बारबक शाह ने उसके (सुल्तान सिकन्दर के) प्रस्थान के समय दलमऊ में उससे भेंट की। सुल्तान सिकन्दर दुबारा अपने भाई को जौनपुर छोड़कर लौट गया। अवध के समीप लगभग एक मास तक वह सैर तथा शिकार में व्यस्त रहा। इसी बीच में यह समाचार पुनः प्राप्त हुये कि बारबक शाह जौनपुर के ज़मींदारों के प्रभुत्व के कारण वहां नहीं ठहर सकता। सुल्तान सिकन्दर ने आदेश दिया कि मुहम्मद फ़र्मुली, आज़म हुमायूँ तथा ख़ाने खानां नोहानी अवध के मार्ग से एवं मुबारक ख़ां आगरा के मार्ग से जौनपुर पहुंच कर बारबक शाह को बन्दी वना लें और उसे भेज दें। जब बारबक शाह को बन्दी बनाकर सुल्तान के समक्ष प्रस्तुत किया गया तो वह हैबत ख़ां शिरवानी तथा उमर ख़ां शिरवानी को सौंप कर स्वयं चुनार के क़िले की ओर उस दिशा के निवासियों को दंड देने के लिये रवाना हुआ।

(५०) जब सुल्तान की सेना वहां पहुँची तो वहां का राजा थोड़ा सा युद्ध करके भाग खड़ा हुआ।

१ ख़ेमा।

मार्ग में राजा भेद, जो भाग गया था, नरक पहुंच गया। सुल्तान उस स्थान से आगे जाना चाहता था किन्तु अफ़ीम तथा कोकनार का मूल्य बहुत अधिक बढ़ गया और जो घोड़े इस पर्वतीय यात्रा में साथ थे उनमें से अधिकांश नष्ट हो गये। जिनकी अश्वशाला में १०० घोड़े थे, उनमें से ९० नष्ट हो गये। सुल्तान सिकन्दर सेना को व्यवस्थित करने के लिये कई मास तक जौनपुर में ठहरा रहा।

एक छन्द की व्याख्या

इन्हीं दिनों में से एक दिन सुल्तान के एक विश्वासपात्र ने सुल्तान के समक्ष यह छन्द पढ़ा:

छन्द

"अनुशासन आवश्यक है, यदि पुत्र उद्दंड है,
दीवाने कुत्ते की औषधि कुलूख (ढेला) है।"

सुल्तान सिकन्दर न कहा, "प्रथम पंक्ति में अनुशासन तथा उद्दंड पुत्र का उल्लेख किया गया है और दूसरी पंक्ति में दीवाने कुत्ते तथा कुलूख़ (ढेले) का उल्लेख हुआ है किन्तु औषधि का कुलूख (ढेले) से क्या सम्बन्ध ?" सबने अपनी अपनी बात कही किन्तु सुल्तान किसी की बात से संतुष्ट न हुआ सुल्तान कहता था कि "ढेले से कुत्ते को अनुशासन में रक्खा जा सकता है किन्तु उसका उपचार नहीं हो सकता। औषधि रोग के उपचार हेतु होती है।" इसी बीच में ख़्वाजा, जोकि सुल्तान का एक निकटतम मुसाहिब था, आ गया। सुल्तान ने कहा "अच्छा हुआ ख़्वाजा भी आ गया।" सुल्तान सिकन्दर ने जो बात हो रही थी, उसका उल्लेख किया। ख़्वाजा ने कहा, "अन्य मित्र लोग क्या कह रहें हैं ?" सुल्तान ने कहा "वे जो कुछ कह रहे हैं मैं उससे संतुष्ट नहीं।" ख़्वाजा ने कहा "कुलूख़ जिसके 'क़ाफ़' को 'ज़ेर' से पढ़ा जाता है एक ऐसा कीड़ा होता है जो दीवाने कुत्ते की औषधि होता है। वह वर्षा ऋतु में हरे पत्तों पर होता है। उसका रंग काला होता है और उसके ऊपर सफ़ेद तथा लाल बिन्दी होती है। हिन्दी भाषा में उस कीड़े को बिन्दी कहते हैं और वह कीड़ा पागल कुत्ते तथा उस व्यक्ति की जिसे कुत्ता काट खाता है औषधि होता है। गेरू तथा भंगरे के शीरे में गोलियां बना कर रख ली जाती हैं और जिसे कुत्ता काट लेता है उसे वह खिलाई जाती हैं।" उपस्थितगण ने पूछा, "अनुशासन का कीड़ा किसे कहते हैं जो औषधि (५१) बने ?" ख़्वाजा ने कहा, "पागलपन का अन्त हो जाने के उपरान्त अनुशासन प्राप्त हो जाता है। यह उदाहरण पुत्र के लिये दिया गया है कि पुत्र को नरमी तथा युक्ति से अनुशासन प्रदान किया जाय, कठोरता एवं निष्ठुरता से नहीं। यदि ऐसा न होगा तो पागल कुत्ते को कष्ट पहुंचाने से वह और भी पागल हो जाता है।"

एक विद्यार्थी की कहानी

सुल्तान ने जौनपुर में एक विचित्र कहानी सुनी। यह घटना उन्हीं दिनों की है जब सुल्तान वहां पड़ाव किये हुये था। कहा जाता है कि जौनपुर में एक विद्यार्थी था जिसके कार्य अत्यन्त अव्यवस्थित दशा को प्राप्त हो गये थे। तीन रात तथा तीन दिन तक भोजन की सुगन्धि उसकी नाक तक न पहुंची थी। उसके परिवार ने भूख से व्याकुल होकर कहा, "जा और कहीं अपने भाग्य को आज़मा। सम्भव है कि परोक्ष से तेरे लिये कोई द्वार खुल जाय।" जब विद्यार्थी में चलने की शक्ति न रही तो वह चार दिन उपरान्त शहर से निकल कर जंगल की ओर चल खड़ा हुआ। कुछ दूर चलने के उपरान्त वह एक चने के खेत में पहुंचा। उसने सोचा कि "यद्यपि किसी अन्य व्यक्ति की सम्पत्ति में हस्तक्षेप करना मना है किन्तु चार दिन हुये कि मुझे भोजन की सुगन्धि तक नहीं प्राप्त हुई है, अतः मेरे लिये उचित है। यदि मैं

स्वयं न खाऊं तो अपने परिवार के लिये ले जाऊँ।" कृषि में घुस कर उसने उस पर हाथ साफ़ करना प्रारम्भ कर दिया।

एक दरवेश खेत के समीप हौज़ पर बैठा था; उसने विद्यार्थी से चिल्ला कर कहा, "हे ईश्वर का भय न करने वाले! दूसरे के हक़ को क्यों नष्ट करता है?" विद्यार्थी ने उसे उत्तर दिया, "तूने सैकड़ों घरों के टुकड़े खाये होंगे। तुझे क्या मालूम कि मैं किस दशा में यहां आया हूं।" उसने कहा "मेरे पास आकर जो कुछ तेरा हाल हो उसे बता।" विद्यार्थी उस दरवेश के पास पहुंचा। उसने देखा कि एक व्यक्ति सिर से पांव तक नंगा लंगोट बांधे एक रिक्त अम्बान[1] अपने सामने रक्खे बैठा है। उसने विद्यार्थी से पूछा, "क्या तू भोजन करना चाहता है?" उसने उत्तर दिया, "मैं उसी के लिये आया हूं।" दरवेश ने अम्बान में हाथ डालकर एक सिकन्दरी तन्का निकाला और उसे देकर कहा, "बाज़ार जाकर मांस, घी तथा जिस वस्तु की आवश्यकता हो ले आ।" विद्यार्थी ने कहा, "यदि आप कहें तो पक्का ले आऊं।"
(५२) दरवेश ने कहा, "कच्चा ले आ। यहीं पका लेंगे।" विद्यार्थी ने नगर जाकर जो कुछ दरवेश ने कहा था वह सब क्रय किया। दरवेश ने चाक़ू तथा तख़्ता अम्बान से निकाल कर उसे दिया कि "मांस का क़ीमा बना डाल।" तदुपरान्त अम्बान से एक थाल, दस्तरख़्वान तथा लोहे के यंत्र निकाल कर उसे दिये कि "देगदान को ठीक करो।"[2] दरवेश को जिस वस्तु की आवश्यकता होती वह उसी अम्बान से निकाल लेता, यहां तक कि ईंधन भी उसने अम्बान से निकाला। जब भोजन पक गया तो उसने विद्यार्थी के साथ भोजन किया। तदुपरान्त उठकर ख़ाली अम्बान कंधे पर डालकर चल खड़ा हुआ। इस विद्यार्थी ने शेष सामान जो बच गया था, एकत्र करना प्रारम्भ कर दिया और सोचा कि "इस व्यक्ति को इसकी चिन्ता नहीं और मेरे लिये यह पर्याप्त है अतः इसे घर उठा ले जाऊं।" उस दरवेश ने जब पीछे देखा तो पता चला कि, "विद्यार्थी अपने कार्य में लगा है।" दरवेश ने उसे डांट कर कहा, "यह कार्य मत कर और इस विषय में मत सोच। उठकर मेरे पास चला आ।" विद्यार्थी ने जो कुछ उठाया था, उसे उसी स्थान पर छोड़कर, एक दिन उसके साथ यात्रा की। दूसरे दिन उन्होंने उसी प्रकार पुनः भोजन किया। विद्यार्थी ने सोचा, "हम दो दिन से नाना प्रकार के भोजन कर रहे हैं, मेरे घर वालों की पता नहीं क्या दशा होगी।" दरवेश ने अपने अन्तःकरण के प्रकाश से इस बात का पता लगा कर उससे पूछा, "घर जाना चाहता है?" विद्यार्थी ने कहा, "जो कुछ मेरे हृदय में था, वह तो आपने बता दिया।" दरवेश ने अम्बान से दस सिकन्दरी तन्के निकाल कर उसे दे दिये और कहा, "चला जा।" जब विद्यार्थी कुछ दूर निकल गया तो दरवेश ने उसे पुनः पुकार कर कहा, "मेरे पास आ तो मैं तुझे एक वस्तु दे दूं। वह आजीवन तेरे काम आयेगी।" (तदुपरान्त) उसने उससे कहा "वज़ू[3] करके दो रकात[4] नमाज़ पढ़।" जब विद्यार्थी नमाज़ पढ़ चुका तो दरवेश ने कहा, "आँखें बन्द कर।" जब उसने आँखें बन्द कीं तो दरवेश ने कहा, "आँखें खोल।" जब उसने आँखें खोलीं तो उसने देखा कि एक पवित्र व्यक्ति जिसका मुख चमक रहा है उसके दाईं ओर बैठा है और एक अरबी घोड़ा सुनहरी ज़ीन सहित उसके पीछे खड़ा है।

१ कमाया हुआ चमड़ा।
२ 'पकाने के लिये देग को ठीक करो'।
३ नमाज़ तथा अन्य पवित्र कार्य प्रारम्भ करने के पूव क्रम से मुँह-हाथ धोना।
४ नमाज़ के लिये खड़े होना, झुकना, तथा दो बार भूमि पर सिर रख कर खड़े होना, यह सब कार्य एक रकात में होते हैं।

दरवेश ने इस विद्यार्थी तथा उस परोक्ष के व्यक्ति के हाथ पकड़कर बैअत[1] कराई और सिफ़ारिश (५३) की कि, "जिस प्रकार आप मेरी सहायता करते हैं उसी प्रकार इसकी भी सहायता करें।" इस वचन के उपरान्त परोक्ष का व्यक्ति दरवेश से बिदा होकर रिकाब में पांव रख कर अदृश्य हो गया। दरवेश ने विद्यार्थी से कहा, "तुझे जो आवश्यकता हो, उसकी प्रार्थना कर लेना और जो कुछ परोक्ष से प्राप्त हो उसे उचित स्थान पर व्यय करना। अन्य स्थान पर व्यय न करना।" विद्यार्थी घर पहुंच कर दरिद्रता से मुक्त हो गया और सुख-सम्पन्नता के द्वार उसके लिये खुल गये।[2] यह घटना जौनपुर में प्रसिद्ध हो गई और सुल्तान सिकन्दर को उसका पता चला। विद्यार्थी को उसने अपने समक्ष बुलवाया और इस बात की जांच की। उसे इस पर आश्चर्य हुआ।

जौनपुर का शेष वृत्तांत

सुल्तान सिकन्दर जितने समय तक जौनपुर में पड़ाव किये हुये था, उसकी सेना की बड़ी दुर्दशा हो गई थी। उस स्थान के समस्त ज़मींदारों ने सुल्तान हुसेन को लिखा कि सुल्तान सिकन्दर की सेना में घोड़े नहीं रहे हैं और सेना की सामग्री पूर्णतः नष्ट हो गई है अतः अवसर का महत्व समझना चाहिये। सुल्तान हुसेन ने अत्यधिक सेना तथा १०० हाथी लेकर सुल्तान सिकन्दर पर आक्रमण किया। सुल्तान सिकन्दर न सेना को अव्यवस्थित देखकर ख़ाने ख़ानां को सालबाहन के पास इस आशय से भेजा कि वह उसे प्रोत्साहन देकर ले आये। उस समय शत्रु की सेना १८ कोस की दूरी पर थी। सुल्तान सिकन्दर इस दशा के बावजूद सुल्तान हुसेन से युद्ध करने के लिये अग्रसर हुआ। इसी बीच में सालबाहन भी अपनी सेना लेकर सुल्तान सिकन्दर की सेवा में पहुंच गया। जब दोनों सेनाओं का युद्ध हुआ तो सुल्तान हुसेन पराजित हो गया। सुल्तान सिकन्दर ने बिहार तक उसका पीछा किया। उसे (सुल्तान हुसेन को) वहां पता चला कि लखनौती के अधीन बगहल गांव तथा बिहार सुल्तान सिकन्दर के गुमाश्तों[3] के अधीन हो गये। सुल्तान सिकन्दर बिहार तथा तिरहुट की विलायत को सुव्यवस्थित करने में लग गया। तदुपरान्त वह शेख़ शरफ़ुद्दीन यहया मुनेरी[4] (के मज़ार) के दर्शन हेतु पहुंचा और उस स्थान के फ़क़ीरों (५४) तथा दरिद्रियों को प्रसन्न करके पटना चला गया। इसी बीच में ख़ाने जहां की जो उसका प्रतिष्ठित अमीर था मृत्यु हो गई। उसके ज्येष्ठ पुत्र अहमद ख़ां को आज़म हुमायूँ की उपाधि प्राप्त हुई।

बंगाल की ओर आक्रमण

सुल्तान ने सेना को तैयार होने का आदेश दिया और बंगाले के बादशाह पर आक्रमण किया। बंगाले के बादशाह सुल्तान अलाउद्दीन ने अपने लघु पुत्र को सेनायें देकर सुल्तान सिकन्दर से युद्ध करने के लिये भेजा। सुल्तान सिकन्दर ने भी इस ओर से विजयी सेनायें उससे युद्ध करने के लिये भेजीं। जब दोनों पक्षों की सेनाओं में युद्ध होने लगा तो इस शर्त पर सन्धि हो गई कि कोई भी दूसरे के राज्य पर आक्रमण न करे। सुल्तान अलाउद्दीन सुल्तान सिकन्दर के विरोधियों को शरण न प्रदान करे। सुल्तान

१ चेला बनाना, प्रतिज्ञा करना।

२ सुख-सम्पन्नता से जीवन व्यतीत करने लगा।

३ एजेंटों।

४ शरफ़ुद्दीन अहमद यहया मुनेरी बिहार के प्रसिद्ध सूफ़ी थे। वे पटना के निकट मुनेर नामक स्थान में निवास करते थे। उनकी मृत्यु १३७६ ई० में हुई।

सिकन्दर वहां से वापिस होकर दरवेशपुर पहुंचा। कुछ महीनों तक वहां ठहर कर उस विलायत को उसने आज़म हुमायूँ को सौंप दिया।

अनाज की ज़कात का अन्त

इसी बीच में अनाज महंगा हो गया। प्रजा के सुख के लिये उसने लोगों को अनाज की ज़कात[१] पूर्णतः क्षमा कर दी और अनाज की ज़कात के निषेध के फ़रमान जारी कराये। तदुपरान्त अनाज की ज़कात का निषेध हो गया। यह प्रथा समकालीन बादशाह जहांगीर के समय में बन्द हो गई।

राजा भट्टा पर आक्रमण

वहां से सुल्तान सिकन्दर ने एक बहुत बड़ी सेना राजा भट्टा[२] पर चढ़ाई करने के लिये भेजी और स्वयं भी पीछे-पीछे रवाना हुआ। इसके पूर्व सुल्तान सिकन्दर ने राजा भट्टा से उसकी पुत्री मांगी थी और उसने यह बात स्वीकार न की थी। सुल्तान प्राचीन बदले की दृष्टि से उसके राज्य में प्रविष्ट हो गया और वहां किसी भी आबादी का चिह्न न छोड़ा। वांधू के क़िले में जो उस विलायत का सबसे अधिक दृढ़ क़िला है योग्य जवानों ने वीरता का प्रदर्शन किया। सुल्तान सिकन्दर ने उस समस्त राज्य को नष्ट-भ्रष्ट कर दिया और पुनः जौनपुर लौट आया। जौनपुर में भी कोई विरोधी न रहा। वहां से उसने सम्भल की ओर प्रस्थान किया और चार वर्ष तक सम्भल के क्षेत्र में ठहरा रहा। इस अवधि में सुल्तान जश्नों के आयोजन तथा भोग-विलास में ग्रस्त रहा।

मोती की खोज

एक दिन उसने सम्भल में आगरा तथा देहली के जौहरियों को बुलवाया। उन लोगों के उपस्थित होने के उपरान्त सुल्तान ने राज प्रासाद से एक मोती लाकर जौहरियों को दिया और कहा "इसी प्रकार का दूसरा मोती ला दो।" समस्त जौहरियों ने मोती देख कर कहा, "शाहे आलम सलामत ! इस प्रकार
(५५) के मोती का हिन्दुस्तान में मिलना असम्भव है। सम्भवतः यह फ़िरंग अथवा हुरमुज़ में जो मोतियों की खान हैं मिल सकेगा।" सुल्तान ने आदेश दिया कि "जब तक ये दूसरा मोती न लायें दरबार से न जायें।" सुल्तान के दरबार में योग्य जौहरियों का एक बहुत बड़ा समूह एकत्र हो गया।

मियाँ ताहा की योग्यता

इसी बीच में मियां ताहा, जो सुल्तान का एक विश्वासपात्र था तथा समस्त गुणों से सुशोभित था, सुल्तान के अभिवादन हेतु जा रहा था। उसने जौहरियों से पूछा, "तुम्हें किस कारण रोका गया है ?" उन्होंने कहा, "हमें एक ऐसी चीज़ के लाने का आदेश हुआ है जो हमारी शक्ति से बाहर है।" उन लोगों ने मोती दिखाकर कहा, "इस प्रकार का दूसरा मोती मांगा गया है।" मियां ताहा ने सुल्तान के समक्ष जाकर निवेदन किया कि, "जौहरियों को क्या आदेश हुआ है ?" सुल्तान ने कहा, "मैंने उन्हें एक मोती दिखाकर उसी के समान दूसरा मोती लाने का आदेश दिया है।" मियां ताहा ने निवेदन किया कि "उस मोती को दास को दिखाने का आदेश दिया जाय।" सुल्तान ने मोती मियां ताहा को दे दिया। मियां

१ कर।
२ अन्य स्थानों पर 'भट्टी' है।

ताहा ने निवेदन किया कि "यदि दास को आदेश हो तो वह इस प्रकार का मोती कहीं से ढूँढ़ लाये।" सुल्तान ने कहा, "इससे अच्छा और क्या है।" मियां ताहा उस मोती को अपने घर ले गया। दो दिन उपरान्त वह सुल्तान के अभिवादन हेतु पहुंचा और अपने साथ दो मोती ले गया जो एक ही चमक तथा एक ही प्रकार के थे और एक दूसरे को पहचाना नहीं जा सकता था। उसने उन्हें सुल्तान के समक्ष प्रस्तुत किया और पूछा, "पुराना मोती कौन है?" यद्यपि सुल्तान सिकन्दर ने अत्यधिक ध्यान देकर निरीक्षण किया किन्तु वह पहचान न सका। उसने मियां ताहा से कहा, "देखने में कोई अन्तर नहीं। आप स्वयं बता दें।" मियां ताहा ने कहा, "यह मोती पुराना है और इसे दास लाया है।" सुल्तान ने मोती को जौहरियों के पास भेजकर उसका मूल्यांकन कराया। जौहरियों ने ३०,००० सिकन्दरी तन्के मूल्य निश्चित किया। सुल्तान ने कहा, "यह धन मियां ताहा के आदमियों को दे दो।" मियां ताहा ने कहा, "बादशाह के सौभाग्य से मेरे पास इस प्रकार के बहुत से मोती हैं। मैं इसका मूल्य न लूँगा।" सुल्तान ने कहा, "जब तक तुम मूल्य न लोगे मैं मोती न लूँगा।" मियां ताहा ने निवेदन किया कि, "दास ने इस मोती को स्वयं बनाया है, इसका मूल्य किस प्रकार से ले?" सुल्तान ने आश्चर्य प्रकट करते हुये कहा, "यह कैसे पता (५६) चले कि इसे तुमने बनाया है?" मियां ताहा ने कहा, "यदि आप एकान्त में चलें तो मैं निवेदन करूं।" सुल्तान के आदेशानुसार समस्त अमीर चले गये। मियां ताहा ने मोती की एक-एक परत को, जिसे उसने अबरक से तैयार किया था, पृथक् कर दिया। सुल्तान ने यह आश्चर्यजनक बात देखकर मियां ताहा को नाना प्रकार की शाही कृपाओं द्वारा सम्मानित किया।

कहा जाता है कि संसार की कोई कला ऐसी न थी जिसका ज्ञान मियां ताहा को न हो। सुल्तान सिकन्दर मियां ताहा के विषय में कहा करता था, "हज़ार कलाकारों का कला-ज्ञान एक मियां ताहा में है।" उसने काग़ज़ के एक तख्ते से हाथी के दांत बनाये थे और बादशाह के लिये हाथी दांत का ताज बनाया था। उसे जितना भी मला जाता वह न टूटता था। उसने नीलोफ़र[1] के फूल के समान करण फूल जिसे हिन्दुस्तान की स्त्रियां पहनती हैं बनाया था। उसके भीतर भौंरा रक्खा था। जब कोई स्त्री उसे पहनती तो उस समय तक जब तक वह सिर न हिलाती वह कली के रूप में रहता। जब वह सिर हिलाती तो वह नीलोफ़र फूल बन जाता और उसके बीच से भौंरा निकल कर उसकी आंखों के सामने उड़ने लगता। जब वह सिर को हिलाना बन्द कर देती तो भौंरा पुनः उसी नीलोफ़र में प्रविष्ट होकर कली बन जाता। उसके (मियां ताहा के) गुणों का कहां तक उल्लेख किया जाय। उसे कीमिया[2] तथा सीमिया[3] का भी ज्ञान था। सुल्तान सिकन्दर के राज्यकाल में मियां ताहा अद्वितीय था। उसके विषय में यह छन्द पढ़ा जा सकता है:

छन्द

"संसार में वह कौन सी कला है जिसका तुझे ज्ञान नहीं,
जिसकी 'सादी'[4] तेरे लिये ईश्वर से प्रार्थना करे?"

१ नील कमल, कुई।
२ सोना चांदी बनाने का ज्ञान।
३ काल्पनिक वस्तुओं के बनाने का ज्ञान।
४ शेख़ सादी शीराज़ी का जन्म शीराज़ में ११७५ ई० के लगभग तथा मृत्यु १२९२ ई० में हुई। उनकी रचनाओं में 'गुलिस्तां' तथा 'बोस्तां' बड़ी प्रसिद्ध हैं।

उन्हीं दिनों में सुल्तान ने आलिमों से पूछा, "जानवर एक दूसरे की भाषा जानते हैं अथवा नहीं ?" आलिमों ने निवेदन किया, "तफ़सीर[1] के अनुसार एक दूसरे की भाषा जानते हैं।" सुल्तान ने ख़्वाजा से जो उसका मुसाहिब तथा विश्वासपात्र था पूछा, "जो कुछ आलिम लोग कहते हैं, उस पर धर्म के अनुसार
(५७) मुझे विश्वास है किन्तु जो बात बुद्धि के अनुसार हो वह मुझे बताओ।" ख़्वाजा ने कहा, "जो मनक़ूल[2] है उसमें बुद्धि का कोई हस्तक्षेप नहीं हो सकता।" सुल्तान ने कहा, "मैं स्वयं कहता हूं कि मेरा विश्वास यही है किन्तु जो कुछ तुम्हारी समझ में आये वह कहो।" ख़्वाजा ने कहा, "चिड़ीमार जाल बिछाता है और घास की पत्ती मुंह में रख कर आवाज़ लगाता है। अन्य पक्षी आकर फंस जाते हैं। वे इतना नहीं समझते कि यह हमारे समूह की आवाज़ नहीं। दूसरा कारण यह है कि गौरैये की आंख सीकर उसे जाल पर बैठा दिया जाता है और उसे हिलाया जाता है। वह उस क़ैद में चिल्लाती है। अन्य गौरैये उसके सिर पर चक्कर लगाती हैं और कष्ट के जाल में फंस जाती हैं। वे इतना नहीं समझतीं कि वह व्याकुल तथा विवश है और उस स्थान पर भय है, हम न जायं। कुछ पक्षी अर्थात् कौए शोर से और कुछ पक्षी जो पर्वत तथा वृक्षों पर रहते हैं आवाज़ से एकत्र हो जाते हैं और छिन्न-भिन्न भी हो जाते हैं।"

मियाँ महमूद

उन्हीं दिनों में सुल्तान ने ख़्वाजा के पुत्र को जिसका नाम मियां महमूद था एक ऐसा घोड़ा प्रदान किया जिसके समान हिन्दुस्तान में कोई घोड़ा न था। सुल्तान ने कहा, "मियां महमूद ख़ां ! मैं तुझे यह घोड़ा इस शर्त पर प्रदान करता हूं कि तू इसे किसी अन्य व्यक्ति को न दे।" मियां महमूद ने यह निश्चय कर लिया था कि वह भिखारी को किसी दशा में भी न लौटायेगा। वह दान-पुण्य तथा वीरता में अद्वितीय था। एक दिन एक वाद फ़रोश[3] ने आकर उससे वही घोड़ा मांगा। मियां महमूद ने कहा, "बादशाह ने यह घोड़ा मुझे इस शर्त पर प्रदान किया है और आदेश दिया है कि, "मैं इसे किसी को भी न दूँ। इस घोड़े के बदले में मुझ से चार घोड़े ले लो।" बाद फ़रोश ने कहा, "यदि देना हो तो यह घोड़ा दो अन्यथा मैं दूसरा घोड़ा न लूँगा।" मियां महमूद ने कहा, "बादशाह ने मना किया है।" बाद फ़रोश ने कहा, "तू भिखारी की इच्छा की चिन्ता नहीं करता अपितु बादशाह के आदेश पर ध्यान देता है। मैं निराश होकर जाता हूं। यह घोड़ा एक दिन अन्त में मर जायगा। तुझे फिर पश्चात्ताप करना पड़ेगा।" यह कह कर वह चल दिया। मियां महमूद ने कहा, "मत जा, घोड़ा ले ले। जो कुछ होगा देखा जायेगा। भिखारी को मैं नहीं लौटा सकता।"

दूसरे दिन सुल्तान सिकन्दर जंगल की सैर को रवाना हुआ। मियां महमूद सुल्तान की सवारी के साथ उपस्थित था। बाद फ़रोश भी उसी घोड़े पर सवार हुआ और दूर से दिखाई पड़ा। सुल्तान ने घोड़े को पहचान कर आदेश दिया कि सवार को उपस्थित किया जाय। जब बाद फ़रोश सुल्तान के
(५८) पास लाया गया तो उसने यह कवित्त पढ़ कर महमूद के लिये शुभ कामना की :

दोहरा

"दान खरक महमूद ने जो का बिरज रहा सुल्तान।"

१ .क़ुरान की टीका।

२ धर्म ग्रन्थों में लिखी हुई अथवा धार्मिक व्यक्तियों विशेष रूप से मुहम्मद साहब तथा उनके साथियों की वाणी तथा .क़ुरान एवं .क़ुरान की टीका में लिखी हुई बातें।

३ भाट।

सुल्तान ने बाद फ़रोश तथा मियां महमूद की ओर दृष्टि डाली और कुछ न कहा। जब वह राजधानी में आया तो उसने (मियां महमूद से) पूछा, "क्या मैंने वह घोड़ा बाद फ़रोश के लिये दिया था? मेरी बात को तूने साधारण समझा।" उसने उसकी जागीर ले ली। ख़्वाजा ने भी पुत्र की ओर से हाथ खींच लिया और उसे कुछ भी न दिया। सुल्तान ने भी उसकी जागीर ले ली थी। मियां महमूद ६० मित्रों[1] सहित पैदल चल पड़ा और उसने किसी का भी घोड़ा न लिया और कहा, "यदि ईश्वर मुझे देगा तो सब कुछ दे देगा।" उसने अस्त्र-शस्त्र के लिए एक लोहे की टोपी ले ली। मेवात में आदिल ख़ां मेवाती ने उन्हें अपने साथ रखना चाहा। मियां महमूद ने कहा, "घर से निकलकर घर के प्रांगण में बैठना तथा रहना बुद्धिमानों का कार्य नहीं।" वह वहां से नागौर चला गया। वहां के हाकिम के साथ उसकी भली भाँति निभने लगी और उसने महान् कार्य सम्पन्न किये।

जब सुल्तान सिकन्दर को इस बात का पता चला तो उसने ख़्वाजा से कहा, "जो मेरे काम आता था, उसे तूने अपने पास से पृथक् कर दिया और जो पुत्र तेरे काम आते हैं उन्हें तू अपने पास रक्खे हुये है। उसी के कारण तेरे अन्य पुत्रों को मैं कुछ दिया करता था।" ख़्वाजा ने शीघ्रातिशीघ्र अपने पुत्र को बुलवाया। मियां महमूद ६० व्यक्तियों सहित पैदल गया था। ४०० अश्वारोहियों सहित पुनः सेवा में उपस्थित हुआ। सुल्तान ने उसे नाना प्रकार से सम्मानित करके प्रसन्न किया।

सुलेमान तथा हैबत ख़ां शिरवानी में झगड़ा

सुल्तान सिकन्दर उन दिनों सम्भल के क्षेत्र में निवास किया करता था और अधिकांश समय चौगान खेला करता था। संयोग से एक दिन सुल्तान चौगान खेलने गया। दरिया खां शिरवानी के पुत्र सुलेमान का चौगान, हैबत ख़ां शिरवानी के चौगान से टकरा गया और उसका सिर फूट गया। दोनों इस बात पर झगड़ा करने लगे। सुलेमान के भाई ख़िज्र ने अपने छोटे भाई का बदला लेने के लिये जान-बूझ कर हैबत ख़ां के सिर पर चौगान मारा। शोर गुल होने लगा। ख़ाने ख़ानां तथा कुछ अन्य अमीर (५९) हैबत ख़ां को समझा-बुझा कर अपने निवास-स्थान को ले गये। सुल्तान मैदान से निकल कर महल के भीतर चला गया।

अमीरों का षड्यंत्र

चार दिन उपरान्त सुल्तान पुनः चौगान खेलने निकला। मार्ग में शम्स ख़ां नामक हैबत ख़ां का एक सम्बन्धी क्रोध में भरा खड़ा था। जब उसने सुलेमान के भाई ख़िज्र को देखा तो उसके सिर पर चौगान मारा। सुल्तान ने शम्स नामक इस अफ़ग़ान को बहुत पिटवाया। सुल्तान लौट कर अपने महल को चला गया। तदुपरान्त सुल्तान को अफ़ग़ान अमीरों के प्रति शंका हो गई। कुछ हितैषी अमीर सेना सहित प्रत्येक रात्रि में सुल्तान की रक्षा किया करते थे। २२ प्रसिद्ध अमीरों ने यह षड्यंत्र रचा कि वे शाहज़ादा फ़तह इब्न सुल्तान बहलोल को सिंहासनारूढ़ कर दें। उन्होंने इस सम्बन्ध में शपथ ली और वचनबद्ध हुये। शाहज़ादे ने यह बात शेख़ ताहिर तथा अपनी माता को बताई और षड्यंत्रकारियों की सूची उन्हें दे दी। शेख़ ताहिर तथा फ़तह ख़ां की माता ने शाहज़ादे को उपदेश देते हुए उसे इस कार्य से रोका और यह निश्चय किया कि शाहज़ादा षड्यंत्रकारियों की सूची सुल्तान के पास ले जाकर अपने आप को विद्रोह के अपराध से मुक्त करा ले। शाहज़ादे ने ऐसा ही किया। सुल्तान सिकन्दर ने उस

१ सैनिकों।

समूह के षड्यन्त्र की सूचना पाकर वज़ीरों की सहमति से उन्हें इधर-उधर की विलायतों में भेज दिया।

'अकवरशाही' में लिखा है कि कटिहर नामक स्थान पर एक ज़ुन्नारदार (ब्राह्मण) लोधन निवास करता था। एक दिन उसने मुसलमानों के समक्ष इस बात को स्वीकार किया कि "इस्लाम सत्य है और मेरा धर्म भी ठीक है।" उसकी यह बात प्रसिद्ध हो गई और आलिमों के कानों तक पहुंच गई। क़ाज़ी पावा तथा शेख़ बुद्ध ने जो लखनौती (लखनऊ) में थे एक दूसरे के विरुद्ध फ़तवे दिये। उस क्षेत्र के हाकिम आज़म हुमायूँ ने ज़ुन्नारदार को क़ाज़ी तथा शेख़ बुद्ध सहित सुल्तान की सेवा में सम्भल भेज दिया। सुल्तान सिकन्दर को धार्मिक समस्याओं के ज्ञान के विषय में बड़ी रुचि थी। उसने चारों ओर से आलिमों को बुलवाया। मुल्ला अब्दुल्लाह बिन मुल्ला अलहदाद तलवेनी, सैयिद मुहम्मद तथा मियां क़ादन को दिल्ली से बुलवाया। राज्य के समस्त आलिम सम्भल में इस वाद-विवाद में सम्मिलित हुए। वाद-
(६०) विवाद के उपरान्त आलिमों ने यह निश्चय किया कि "उसे बन्दी बनाकर इस्लाम स्वीकार करने के लिए कहा जाय। यदि वह मना करे तो उसकी हत्या कर दी जाय।" ज़ुन्नारदार ने इस्लाम स्वीकार न किया और आलिमों के आदेशानुसार उसकी हत्या हो गई। सुल्तान ने समस्त आलिमों को शाही इनाम द्वारा प्रसन्न करके विदा कर दिया।

धौलपुर पर आक्रमण

उसी वर्ष सुल्तान ने ख़वास ख़ां को धौलपुर के क़िले की विजय हेतु रवाना किया। वहां के राजा ने युद्ध किया। नित्यप्रति युद्ध होता रहता था। सुल्तान ने धौलपुर के राय की दृढ़ता के समाचार पाकर अपनी विजयी सेनाओं को लेकर प्रस्थान किया। जब सुल्तान की सेना धौलपुर के समीप पहुंची तो राय रकीक काफ़िर ने यह निश्चय किया कि वह युद्ध किये बिना भाग जाय। वह अपने कुछ सम्बन्धियों को क़िले में छोड़कर ग्वालियर की ओर चला गया। कुछ हिन्दू, जो वहाँ रह गये थे, युद्ध न कर सके और आधी रात में क़िले से निकल कर भाग खड़े हुये। सुल्तान सिकन्दर ने प्रातःकाल क़िले में प्रविष्ट होकर ईश्वर के प्रति कृतज्ञता प्रकट की और विजय सम्बन्धी प्रथाओं को पूर्ण किया। सुल्तान के सैनिकों ने लूट मार प्रारम्भ कर दी। धौलपुर के उद्यानों को जो सात कोस तक अपनी छाया डाले हुये थे जड़ से कटवा डाला। सुल्तान सिकन्दर ने एक मास तक वहाँ पड़ाव किया और मन्दिरों के स्थान पर मस्जिदों का निर्माण कराया और आगरा की ओर चल खड़ा हुआ। जब वह राजधानी---आगरा---में पहुंचा तो समस्त अमीरों को उनकी जागीरों को विदा कर दिया।

आगरा में भूकम्प

इसी बीच में रविवार ३ सफ़र ९११ हि० (६ जूलाई १५०५ ई०) को आगरा में एक बहुत बड़ा भूकम्प आया। पर्वत हिलने लगे और बड़े-बड़े दृढ़ भव्य भवन भी गिर पड़े। जीवित लोग क़यामत समझने लगे और मुर्दे हश्र[1]। आदम[2] के काल से सुल्तान सिकन्दर के राज्यकाल तक कभी इस प्रकार का

१ समस्त संसार के नष्ट हो जाने के उपरान्त जब समस्त प्राणियों को ज़िन्दा करके उनसे उनके सांसारिक कार्यों के विषय में प्रश्नोत्तर होंगे।

२ यहूदी, ईसाई तथा इस्लाम आदि धर्मों के अनुसार ईश्वर-सृष्ट प्रथम मनुष्य।

(६१) भूकम्प न आया था और किसी को इस बात की स्मृति नहीं कि इस प्रकार का भूकम्प हिन्दुस्तान में पुनः कभी आया।

ग्वालियर तथा आसपास के क़िलों पर आक्रमण

सुल्तान ने वर्षा ऋतु आगरा में व्यतीत की। तदुपरान्त वह सेना तैयार करके ग्वालियर तथा उसके आसपास के क़िलों की विजय हेतु रवाना हुआ और अल्प समय में ग्वालियर के अधिकांश स्थान अपने अधिकार में कर लिये। मन्दिरों के स्थान पर उसने मस्जिदों का निर्माण कराया और आगरा की ओर लौट गया। मार्ग के सकरे तथा ऊबड़-खाबड़ होने के कारण आवश्यकतानुसार लोगों को पार कराने के लिये वहां पड़ाव किया। बहुत बड़ी संख्या में लोग जल के अभाव तथा पशुओं की अधिकता के कारण मर गये। कहा जाता है कि उस समय जल के एक कूज़े[1] का मूल्य १५ तन्के तक पहुंच गया था। कुछ लोग प्यास के कारण इतना जल पी जाते कि मृत्यु को प्राप्त हो जाते। जल के अभाव के कारण जो लोग मृत्यु को प्राप्त हो गये, उनकी जब गणना हुई तो ८०० व्यक्ति निकले।

नरवर के क़िले पर आक्रमण

सुल्तान सिकन्दर दो वर्ष उपरान्त ९१३ हि० (१५०७–८ ई०) में नरवर के क़िले की विजय हेतु रवाना हुआ। उसने कालपी के हाकिम जलाल खां को फ़रमान लिखा कि, "सेना तैयार करके शीघ्रातिशीघ्र नरवर को घेर लिया जाय।"

फ़रमान भेजने की प्रथा

सुल्तान सिकन्दर की यह प्रथा थी कि जब कभी वह सेना किसी दूरस्थ स्थान को भेजता तो वह रोज़ाना उस सेना के पास दो फ़रमान भेजा करता था। एक प्रातःकाल इस आशय का कि इस स्थान से कूच करो और अमुक स्थान पर पड़ाव करो, और वह उस स्थान का पता लिखा करता था। दूसरा फ़रमान दिन के अन्त में इस आशय का प्राप्त होता कि ऐसा करो, वैसा करो। यदि सेना ५०० कोस की दूरी पर भी पहुंच जाती तो भी इस अधिनियम का उल्लंघन न होता था। डाक चौकी के घोड़े प्रत्येक सराय में सर्वदा तैयार रहते थे।

सुल्तान सिकन्दर का नरवर की ओर प्रस्थान

(६२) जलाल खां लोदी ने सुल्तान के आदेशानुसार नरवर को घेर लिया। सुल्तान सिकन्दर जलाल खां के पीछे शीघ्रातिशीघ्र नरवर पहुंचा। दूसरे दिन सुल्तान सिकन्दर क़िले की दृढ़ता एवं सेना के घेरा डालने का निरीक्षण करने के लिये सवार हुआ। जलाल खां ने अपनी सेना को तीन भागों में विभाजित करके सुल्तान के मार्ग में खड़ा कर दिया ताकि वह अपनी सेना सुल्तान के समक्ष प्रस्तुत करके अभिवादन करे। एक सेना पदातियों की, एक सेना अश्वारोहियों की और एक सेना हाथियों की थी। सुल्तान सिकन्दर को उसकी सेना की अधिकता देख कर बड़ी ईर्ष्या हुई और उसने यह संकल्प कर लिया कि जलाल खां को शनैः-शनैः वह नष्ट कर दे तथा उसे बीच से हटा दे। वह एक वर्ष तक क़िले को घेरे रहा। उस क़िले की लम्बाई ८ कोस थी। नित्य-प्रति दोनों ओर से आदमी मारे जाते थे। उपर्युक्त अवधि के

1 गिलास।

उपरान्त क़िले वालों ने जल के अभाव तथा अनाज के महंगे होने के कारण क्षमा याचना कर ली और अपनी धन-सम्पत्ति सहित बाहर चले गये। सुल्तान ने मन्दिरों को नष्ट करके उनके स्थान पर मस्जिदों का निर्माण कराया। उसने नरवर के आलिमों तथा पवित्र व्यक्तियों के लिये वृत्तियां एवं अदरार निश्चित कर दिये और उन्हें उस स्थान पर बसा दिया और छः मास तक क़िले के नीचे ठहरा रहा।

इसी बीच में सुल्तान के हृदय में यह आया कि "नरवर का क़िला अत्यन्त दृढ़ है। यदि वह किसी विरोधी को प्राप्त हो जायगा तो उससे पुनः छीना न जा सकेगा।" इस कारण उसने नरवर के क़िले को नष्ट कर दिया ताकि वह शत्रु को न प्राप्त हो सके। इस ओर से निश्चिन्त होकर वह राजधानी आगरा की ओर रवाना हुआ। मार्ग में सुल्तान बहलोल के चाचा के पुत्र क़ुतुब ख़ां की पत्नी नेमत ख़ातून शाहज़ादा जलाल ख़ां के साथ सुल्तान की सेना में उपस्थित हुई। सुल्तान सिकन्दर उनसे भेंट करने गया और उन्हें प्रोत्साहन प्रदान किया। कुछ दिन उपरान्त उसने कालपी की सरकार शाहज़ादे को जागीर के रूप में प्रदान कर दी। विदा होते समय १२० घोड़े, १५ हाथी, ख़िलअत तथा नक़द धन प्रदान करके शाहज़ादे तथा ख़ातून को कालपी की ओर भेज दिया और वहां से आगरा की ओर चल दिया।

सिकन्दर के राज्य की सुख-सम्पन्नता

(६३) उसके राज्यकाल में चीज़ों का मूल्य अत्यधिक सस्ता था एवं सुख-शान्ति थी। प्रातः-काल से सायंकाल तक वह राज्य के कार्यों में व्यस्त रहता था। उसके राज्यकाल में हिन्दुस्तान के ज़मींदारों का अत्याचार कम हो गया था और सभी उसके आज्ञाकारी बन गये थे।

बाबर का देहली पहुंचना

एक इतिहास में यह लिखा हुआ देखा गया है कि उन्हीं दिनों में बाबर बादशाह जिसका नाम बाबर क़लन्दर था क़लन्दरों के वस्त्र में देहली पहुंचा और सुल्तान के दरबार में उपस्थित हुआ। सुल्तान के कुछ विश्वासपात्रों ने उसे सूचना दी कि एक ज्ञानी क़लन्दर दरबार में खड़ा हुआ सुल्तान के दर्शन की प्रतीक्षा कर रहा है। सुल्तान ने अपने कुछ विश्वासपात्रों को उसे भीतर लाने का आदेश दिया। जब बाबर क़लन्दर प्रविष्ट हुआ तो उसने सुल्तान से हाथ मिलाया। हाथ पकड़ते समय सुल्तान को उसके सौभाग्य के बोझ का अनुभव हुआ। उसने सोचा कि अभी उसके राज्य का दबदबा उन्नति करने वाला है। सुल्तान सिकन्दर ने पूछा, "दरवेशों का क्या मशरब[1] है?" बाबर क़लन्दर ने कहा, "क़लन्दरी।" सुल्तान ने तत्काल यह छन्द पढ़ा :

छन्द

"इस स्थान पर सहस्रों बाल से अधिक बारीक रहस्य हैं,
जो कोई सिर मुंडवाले वही क़लन्दरी का ज्ञाता नहीं हो जायगा।"

बाबर क़लन्दर ने सुल्तान की ओर दृष्टिपात करते हुये यह छन्द पढ़ा :

छन्द

"प्रत्येक व्यक्ति जो टेढ़ी टोपी पहन लेता है और अकड़कर बैठ जाता है,
ताज धारण करना तथा बादशाही के नियम (नहीं) जानता।"

१ नियम, रहन-सहन का ढङ्ग।

सुल्तान सिकन्दर को उसका एक ही ग़ज़ल के छन्द पढ़ना बड़ा अच्छा लगा। कुछ समय तक वे
(६४) साथ रहे। सुल्तान दरबार से उठ खड़ा हुआ और उसने अपने विश्वासपात्रों से कहा कि "दरवेशों की दावत के लिये जो आवश्यकतायें हों उन्हें बिना माँगे पूरा किया जाय।" क़लन्दर लोग स्वदेश को लौट गये। कुछ दिन उपरान्त सुल्तान को क़लन्दरों के देखने की इच्छा हुई। उसने "आम ख़ास" में उपस्थित होकर क़लन्दरों को बुलवाया। कुछ क़लन्दरों को उपस्थित किया गया। सुल्तान ने कहा "क़लन्दरों के नेता को उपस्थित करो।" उन लोगों ने कहा, "वह क़लन्दर हम लोगों का साथ छोड़ कर उसी दिन चला गया।" सुल्तान सिकन्दर समझ गया कि "वह क़लन्दर बाबर होगा।" क़लन्दरों ने कहा, "हां हम लोग उसे बाबर कहते थे।" सुल्तान हाथ मलकर कहने लगा "हुमा[1] पक्षी प्राप्त हो गया था किन्तु हाथ से निकल गया।" कहा जाता है कि बाबर बादशाह ने विलायत से कुछ छन्द लिख कर सुल्तान सिकन्दर को भेजे और इस स्थान से सुल्तान सिकन्दर ने उत्तर प्रेषित किये, जिनका उल्लेख इस संक्षिप्त इतिहास में सम्भव नहीं।

सुल्तान सिकन्दर का प्रजा के विषय में ज्ञान

मियाँ भीखन के विषय में ज्ञान

यह कार्य इस सीमा को पहुंच गया था कि लोगों के घर की बात भी सुल्तान तक पहुंच जाती थी। यदि कोई अपने घर में कोई बात कहता तो वह बात सुल्तान तक पहुंच जाती। यह कहानी प्रसिद्ध है कि एक रात्रि में भीखन ख़ां[2] लोदी वर्षा ऋतु में घर के कोठे पर सोया हुआ था। आधी रात अथवा रात के अन्त में वर्षा आ गई। उस समय सेविकाओं में से कोई दाया उपस्थित न थी। भीखन ख़ां तथा उसकी पत्नी पलंग उठाकर घर के भीतर ले गये। दूसरे दिन ख़ान अभिवादन हेतु गया। सुल्तान ने उसे देखते ही मियां भूवा अथवा अन्य विश्वासपात्र से कहा, "इस प्रकार के बड़े-बड़े अमीर रात्रि में अपने निकट कोई सेवक नहीं रखते और स्वयं रात में पलंग बाहर से भीतर ले जाते हैं।" सुल्तान सिकन्दर को लोगों के घरों का अधिकांश हाल ज्ञात रहता था। लोगों का विचार था कि कोई जिन[3] सुल्तान का परिचित है जो उसे परोक्ष से समाचार पहुंचाता है और कुछ लोग इसे सुल्तान का चमत्कार बताते थे।

हाजी अब्दुल वहहाब

कुछ घटनायें जो सुल्तान सिकन्दर द्वारा घटीं उन्हें उसका चमत्कार बताया जा सकता है। उनमें
(६५) से एक यह है कि जिस दिन हाजी अब्दुल वहहाब जहाज़ से उतरा, सुल्तान सिकन्दर ने उसी दिन मियां शेख़ लादन को आगरा में बता दिया कि आज हाजी अब्दुल वहहाब जहाज़ से उतरा है। शेख़ लादन ने उस दिन की तिथि लिखकर रख ली। जिस दिन हाजी अब्दुल वहहाब आगरा पहुंचा और शेख़ लादन ने पता लगाया तो ज्ञात हुआ कि सुल्तान ने ठीक कहा था।

आज़म हुमायूँ के समाचार प्राप्त होना

सुल्तान ने आज़म हुमायूँ शिरवानी को बहुत बड़ी सेना देकर ठट्ठा[4] की विजय हेतु नियुक्त किया;

१ एक कल्पित पक्षी। कहा जाता है कि यह जिसके सिर से गुज़र जाय वह बादशाह हो जाता है।
२ 'भीकन' तथा 'भीखन' दोनों शब्दों का प्रयोग हुआ है।
३ मुसलमानों के विश्वास के अनुसार एक तैजस योनि।
४ पटना होना चाहिये।

१७ दिन तक उस सेना के कुछ समाचार न प्राप्त हुये। सुल्तान सिकन्दर ने आज़म हुमायूँ के पुत्र से, जिसका नाम फ़तह ख़ां था, पूछा, "तुम्हें आज़म हुमायूँ के कुछ समाचार प्राप्त हुये हैं?" फ़तह ख़ां ने कहा, "१७ दिन से कोई समाचार प्राप्त नहीं हुये।" सुल्तान ने कहा, "मुझे ज्ञात हुआ है कि वह आज पराग (प्रयाग) से लौट आया है। कुछ दिन में अपनी विलायत में पहुंच जायगा।" सुल्तान ने एक लाख तन्के फ़तह ख़ां के घर भेज कर कहलाया कि "मैंने मनौती की थी कि जब आज़म हुमायूँ की कुशलता के समाचार मुझे प्राप्त होंगे तो मैं एक लाख तन्के फ़क़ीरों को न्योछावर करूंगा। तू एक लाख तन्के फ़क़ीरों को दे दे।" एक लाख तन्के शाही दरबार के फ़क़ीरों को बांटे गये। कुछ दिन उपरान्त जिस प्रकार सुल्तान ने कहा था, उसी के अनुसार उसका पत्र प्राप्त हुआ।

सुल्तान सिकन्दर द्वारा एक व्यक्ति को ज़िन्दा करना

कहा जाता है कि चन्देरी के समीप एक व्यक्ति अपनी स्त्रीं के साथ पैदल जा रहा था। दोनों पैदल आगरा की ओर चल खड़े हुए। एक दिन यात्रा के उपरान्त स्त्री के पांव में छाले पड़ गये। वह स्त्री बड़ी कठिनाई से यात्रा कर सकती थी। अचानक दो अश्वारोही उधर पहुंच गये। उन्होंने उसके प्रति कृपादृष्टि प्रदर्शित करते हुए उस रूपवती के पति से कहा कि, "इस कोमल स्त्री को पैदल क्यों ले जा रहा है और किस कारण कष्ट दे रहा है?" उसनें उत्तर दिया, "मैं क्या करूं? मैं किसी सवारी का प्रबन्ध नहीं कर सकता।" उन दोनों अश्वारोहियों ने कहा, कि "हम लोग एक बात कहते हैं। यदि तेरी इच्छा हो तो उसके अनुसार आचरण कर।" उस व्यक्ति ने पूछा, "क्या बात है?" उन लोगों ने कहा कि, "हमारा घोड़ा कोतल है। यदि तू चाहे तो उसे सवार करके उसकी लगाम पकड़कर चल सकता है।" उस व्यवित (६६) ने कहा कि "मुझे विश्वास नहीं होता।" उन लोगों ने शपथ लेकर प्रतिज्ञा की कि, "हम ईश्वर को साक्षी करते हैं कि कोई भय नहीं है। तू घोड़े की लगाम पकड़कर यात्रा कर।" अत्यधिक आग्रह के उपरान्त वह व्यक्ति चल खड़ा हुआ। स्त्री को सवार करके लगाम उसने अपने हाथ में ले ली। थोड़ी सी यात्रा के उपरान्त वे एक घने जंगल में पहुँच गये। दोनों अश्वारोहियों ने अपनी प्रतिज्ञा को भुला दिया और रूपवती पर आसक्त होकर उसके पति की हत्या कर दी। स्त्री को एक अश्वारोही ने अपने पीछे अपने घोड़े पर बैठा लिया। वह स्त्री बार बार पीछे देखती जाती थी। इन अश्वारोहियों ने पूछा कि, "क्या तेरे साथियों में से कोई रह गया है जो हर बार पीछे देखती है?" स्त्री ने कहा, "कोई अन्य नहीं है किन्तु जिसको तुम लोगों ने मध्यस्थ बनाया था और जिसके विश्वास पर मेरे पति ने मुझे तुम्हारे सिपुर्द किया था उसे देख रही हूं।" वे दोनों अश्वारोही हंसने लगे और उन्होंने कहा कि, "यह विचार त्याग दे।" वे यह वार्ता कर ही रहे थे कि दो अश्वारोही बुरक़ा पहिने भाले अपने हाथों में लिये हुए प्रकट हुये और उन दोनों अश्वारोहियों के निकट पहुँचकर इन्होंने उन दोनों को भूमि पर गिरा दिया और उस स्त्री से पूछा कि, "तेरा पति कहां पड़ा है? हमें दिखा।" वह स्त्री दोनों अश्वारोहियों को अपने पति के पास लाई। इन्होंने देखा कि उसका सिर पृथक् पड़ा हुआ है। दोनों सवारों ने घोड़े से उतरकर उसके शरीर को उसकी ग्रीवा से मिलाकर उस पर एक चादर डाल दी और स्त्री से कहा, "जिस समय हम लोग अदृश्य हो जायँ उस समय अपने पति के ऊपर से चादर हटाना, यह तीनों घोड़े हम तुझे प्रदान करते हैं।" जब वे रवाना हो गये तो अभी स्त्री को दृष्टिगत हो ही रहे थे कि मुर्दे ने सांस लेना प्रारम्भ कर दिया और चादर हिलने लगी। इस विचित्र घटना को देखकर उसमें शक्ति न रही और उसने अपने पति के ऊपर से चादर हटाई। उसने देखा कि उसका सिर मिला हुआ है और वह सो रहा है। स्त्री ने पति को जगाया। पति ने पूछा कि, "यहां क्यों बैठी है और हमारे साथी कहां हैं?" स्त्री ने उससे समस्त घटना का उल्लेख

किया और कहा कि, "दो अश्वारोही परोक्ष से प्रकट हुए और उन्होंने तुझे पुनः जीवित कर दिया और वे जा रहे हैं।" वह व्यक्ति एक घोड़े पर सवार होकर उन परोक्ष के सवारों के पीछे रवाना हुआ और उनके
(६७) पास पहुंच कर कहा, "ईश्वर के लिये अपने घोड़ों की लगाम रोक लो और क्षण भर के लिये खड़े हो जाओ तथा अपना मुख मुझे दिखाओ।" इन लोगों ने कहा, कि "तू हमसे क्या चाहता है? जो ईश्वर का आदेश था, वह हुआ। तू अपना कार्य कर।" वह शपथ देकर कहने लगा, "एक बार अपना मुख मुझे दिखाओ।" इन दोनों अश्वारोहियों ने अपने मुख से बुरक़ा हटा दिया। उसने देखा कि एक युवक है और दूसरा वृद्ध। दोनों को अभिवादन करके वह स्त्री के पास चला गया। दोनों ही आश्चर्य करते हुए चल खड़े हुए। कुछ यात्रा के उपरान्त वह आगरा पहुंचे। उस व्यक्ति की ग्रीवा में क़त्ल किये जाने के चिह्न वर्तमान थे। जो कोई उससे इसके विषय में पूछता वह किसी न किसी प्रकार कोई उत्तर दे देता था।

संयोग से एक दिन सुल्तान सिकन्दर आगरा में किसी स्थान को सवार होकर जा रहा था। नगर के लोग गलियों में दर्शनार्थ खड़े हो गये। वह व्यक्ति भी, जिसका गला कटा था, खड़ा हो गया। सवारी के सम्बन्ध में सुल्तान का ऐसा आदेश था कि मलिक आदम काकर निषंग तथा धनुष लेकर सुल्तान के समक्ष चला करे और पक्षियों के लिये करबास फेंकता जाया करे। जब उस व्यक्ति ने जिसका गला कटा था मलिक आदम को देखा तो उसे बड़ा आश्चर्य हुआ और उसके पास जो लोग थे उससे उसने कहा, "मैं एक बड़ी विचित्र बात देख रहा हूं किन्तु मैं इसके विषय में कुछ कह नहीं सकता।" उसकी इस बात से बहुत से लोगों की भीड़ लग गई। वे उससे कहने लगे कि, "क्या बात है जिसे तू नहीं कह सकता?" इसी बीच में सुल्तान सिकन्दर की सवारी पहुंच गई। जब उसने सुल्तान को देखा तो कहा कि, "यह उससे भी अधिक विचित्र बात है।" उसके एक मित्र तथा अन्य लोगों ने उससे इस विषय का वृत्तांत देने के लिये आग्रह किया। जिस व्यक्ति का गला कटा था उसने कहा कि, "तुम लोग मेरी ग्रीवा पर जो यह चिह्न देखते हो तो इसका कारण यह है कि मेरा गला काट डाला गया था।" अपनी हत्या तथा पुनः जीवन पाने का हाल उसने बताया और कहा कि, "यह दोनों सवार बुरक़ा पहिने हुए प्रकट हुए और इन्होंने मुझे जीवित किया। आज मैंने दोनों को पहिचान लिया।" लोगों ने पूछा कि, "वे कौन हैं?" उसने कहा कि, "मैं नहीं जानता कि तुम्हें विश्वास होगा अथवा नहीं। जो वृद्ध था वह मलिक आदम था और जो युवक था वह सुल्तान सिकन्दर था।"

चोरी

आगरा में एक रात्रि में शाही अश्वशाला से एक घोड़ा चोरी गया। रात की घटनाओं का विवरण सुल्तान के समक्ष दिन में प्रस्तुत किया गया। सुल्तान ने पूछा कि, "घोड़ा किससे सम्बन्धित था?"
(६८) निवेदन किया गया कि, "नान्हू कांसी से सम्बन्धित था।" सुल्तान ने आदेश दिया कि "जलाल मीर आखुर को कोतवाल सहित[1] मुहम्मद जैतून आगरा के शिक़दार को सौंप दिया जाय ताकि जिस मूल्य पर घोड़ा क्रय किया गया था उनसे वसूल करा ले।" तीन दिन उपरान्त घोड़े को चोर सहित धौलपुर के निकट एक घाट पर बन्दी बनाकर सुल्तान के समक्ष प्रस्तुत किया गया। सुल्तान ने कहा, "मुहम्मद

१ मूल पुस्तक में "जलाल नाम मीर आखुर या कोतवाल रा हवालये मुहम्मद जैतून शिक़दार आगरा नुमायन्द" है; किन्तु 'या' के स्थान पर 'बा' पढ़ने से अनुवाद में जो अर्थ दिया गया है निकल आता है अन्यथा 'या' से अर्थ बड़ा अनिश्चित हो जाता है।

ज़ैतून से पूछा जाय कि जलाल से धन वसूल किया है अथवा नहीं ?" मुहम्मद ज़ैतून ने उससे धन न लिया था। वह वड़े असमंजस में पड़ गया कि "मैं क्या कहूँ ? यदि कहता हूँ कि धन लिया है तो झूठ होगा। बादशाहों के समक्ष झूठ न बोलना चाहिये और यदि कहता हूँ कि नहीं लिया तो यह आज्ञा का उल्लंघन होगा।" बहुत सोच-विचार करके उसने कहा कि "जलाल ने दास की तसल्ली उसी दिन कर दी थी।" सुल्तान ने कहा, "यदि जलाल ने धन की तसल्ली कर दी हो तो घोड़ा जलाल को दे दिया जाय।" जलाल ने उस घोड़े को १०,००० तन्के में बेच कर मुहम्मद ज़ैतून को घोड़े का मूल्य ४००० दे दिया और ६००० अपने अधिकार में कर लिये।

चोर को तीन दिन तक शाही दरबार के समक्ष रक्खा गया। तीन दिन उपरान्त दरबारे आम के समय जब कि बादशाह न आया था ख़ाने ख़ानां लोहानी ने कहा, "चोर की क्यों रक्षा कर रहे हो ? यहां से ले जाकर उसकी हत्या कर दो।" चोर के रक्षक चोर को ले जाने वाले थे कि इसी बीच में सुल्तान सिकन्दर "आम ख़ास" में आकर राजसिंहासन पर आसीन हो गया। पहुंचते ही खाने ख़ानां को अपने पास बुलवा कर उसने कहा कि, "चोर की हत्या के दो स्थान होते हैं। सर्वप्रथम उस स्थान पर जहां उसने चोरी की हो। यदि उस समय कोई जाग उठे और उसकी हत्या कर दे तो एक स्थान तो वह होता है। दूसरा वह स्थान होता है जहां उसे सामान सहित पकड़ा जाय। इस समय जब कि वह दरबार में है जो कि दारुल अमान[1] है और अपनी सम्पत्ति हमने उससे ले ली है, तो तुम कहते हो कि उसकी हत्या कर दी जाय। आश्चर्य होता है कि तुम कैसे मुसलमान हो।" ख़ाने ख़ानां ने भूमि का चुम्बन करके कहा, "आपको दैवी ज्ञान प्राप्त है, जो आपने अन्तःकरण के प्रकाश से इस बात का पता चला लिया अन्यथा दास ने केवल एक बात रक्षक से कही थी।"

सुल्तान ने आदेश दिया कि, "चोर को मुहम्मद ज़ैतून को सौंप दिया जाय ताकि वह उसे बन्दी-गृह में रखे।" प्रथानुसार हर वर्ष जब चोरों की सूची सुल्तान के हाथ में दी जाती तो वह हर बार लिख देता कि उसकी रक्षा की जाय। ७ वर्ष तक चोर बन्दीगृह में रहा। ७ वर्ष उपरान्त सुल्तान ने आदेश दिया कि "उससे पूछा जाय कि यदि वह इस्लाम स्वीकार कर ले तो उसे मुक्त कर दिया जाय।" चोर ने कहा, "यदि दास को ७ दिन उपरान्त इस्लाम स्वीकार करने का आदेश होता तो भी वह इस्लाम स्वीकार
(६९) कर लेता। अब ७ वर्ष व्यतीत हो चुके हैं। दास स्वेच्छा से मुसलमान होता है।" सुल्तान ने आदेश दिया कि "उसे बन्दीगृह से निकाल कर मुसलमान किया जाय और शरा के आदेश सिखाये जायँ और उसे खिलअत देकर १५ तन्के दे दिये जायँ और कह दिया जाय कि यदि वह कहीं जाना चाहता है तो यह उसका मार्ग-व्यय है और यदि वह यहीं रहना चाहता है तो उसका मासिक वेतन यही होगा।" चोर ने कहा, कि "अब मैं कहां जाऊँ ? इन सात वर्षों में दास के हृदय में चोरी की कोई इच्छा नहीं रही। अब मैं इस दरबार को छोड़कर कहां जाऊं ? क्योंकि सुल्तान इस प्रकार चोरों की रोक टोक कर रहे हैं अतः दास लिख कर देता है कि सुल्तान के राज्यकाल में कदापि कोई चोरी न करेगा। कारण कि चोरी करना जान की बाज़ी लगाना है। चोर अपने प्राणों पर खेल जाता है। जो कुछ पैदा करता है एक दिन में व्यय कर देता है। क्योंकि चोरी के समय वह प्राणों की आशा त्याग कर जाता है अतः या तो वह प्राणों की इस कार्य हेतु बलि दे देता है या सफलता प्राप्त कर लेता है। जो सेवा दास से हो सकेगी वह उसे सम्पन्न करेगा।" सुल्तान ने पूछा, "क्या सेवा करेगा ?" उसने निवेदन किया कि, "दास को कुछ पदाती प्रदान कर दिये

१ जहाँ किसी को कष्ट न पहुँचाया जा सके।

जायें। दास क़िले के द्वार पर बैठा रहा करेगा। यदि समस्त सेना में चोरी हो जायगी तो दास उसके लिये उत्तरदायी रहेगा।" सुल्तान ने आदेश दिया कि "ऐसा ही किया जाय।"

एक रात्रि में आगरा के चारसू नामक बाज़ार में चोरी हो गई। बज़ाज़ों की दूकान तोड़ कर कपड़ा निकाल लिया गया। जब इस दुर्घटना के समाचार सुल्तान को प्राप्त हुये तो उसने आदेश दिया कि "उस नव मुस्लिम से पूछा जाय कि वह तो यह कहता था कि चोरी हो जायगी तो वह उसका उत्तरदायी होगा। अब वह उसका उत्तर दे।" उसने निवेदन किया कि, "मुझे चार दिन का अवकाश दिया जाय।" तीन दिन उपरान्त उसने जाकर निवेदन किया, "यह चोरी सेना वालों ने की है। बाहर का चोर नहीं है। आदेश दिया जाय कि जहां जहां सेना में मावियान[1] हैं, वे दास को सौंप दिये जायं ताकि दास चोर को प्रस्तुत कर सके।" सुल्तान ने आदेश दिया कि "ऐसा ही किया जाय।" उन दिनों में कोई ऐसा अमीर न था जो मावियों को नौकर न रखता हो। लगभग ४००,५०० मावी जिन्हें उस राज्यकाल में ख़िदमतिया कहा जाता था, एकत्र किये गये। उसने चोर को उन्हीं लोगों में ढूँढ़ लिया। वह उसे बन्दी बना कर सुल्तान के समक्ष प्रस्तुत करना चाहता था कि वे लोग पांव पर गिर पड़े। उन लोगों ने बज़ाज़ों को संतुष्ट कर दिया। उसने (नव मुस्लिम ने) चोर को प्रकट न किया और उन लोगों से ज़मानत ले ली कि "यदि तुम लोग अब चोरी करोगे तो चोर को सुल्तान के समक्ष उपस्थित कर दिया जायगा।" दीर्घ काल तक चोरी का कोई नाम-निशान न रहा।

सुल्तान का निर्णय

(७०) कहा जाता है कि कोरुआ क़ौम के दो भाई, जो ग्वालियर के निवासी थे, आगरा में धन की कमी के कारण परेशान होकर सुल्तान सिकन्दर की सेना के साथ, जो रायसेन के क़िले पर आक्रमण करने के लिये नियुक्त हुई थी, चल दिये। उन्हें एक ग्राम में कुछ मुज़फ़्फ़री, कुछ नगीने और दो बहुमूल्य लाल मिले। दोनों भाइयों में से एक ने कहा, "हमारा उद्देश्य पूरा हो गया। अब हम क्यों अपमानित हों? घर पहुंचकर निश्चिन्त होकर जीवन व्यतीत करें।" दूसरे ने कहा, "हे भाई, हमें प्रथम बार इतना धन प्राप्त हुआ है। सम्भवतः दूसरी बार इससे अधिक धन प्राप्त हो जाय।" उसने कहा, "मैं स्वयं किसी अन्य स्थान को न जाऊंगा।" दोनों भाइयों ने धन को आपस में बांट लिया। बड़े भाई ने अपना हिस्सा छोटे भाई को देते हुए कहा कि, "यह मेरी पत्नी को पहुंचा देना।" छोटे भाई ने घर पहुंचकर समस्त धन लाल के अतिरिक्त उसकी पत्नी को दे दिया। दो वर्ष उपरान्त उसका भाई पुनः आया और उसने लाल के विषय में प्रश्न किया। उसे वह न मिला। उसने भाई से पूछा कि "लाल क्या हुआ?" भाई ने उत्तर दिया कि, "मैंने तेरी स्त्री को दे दिया था।" उसने कहा कि, "वह कहती है कि मुझे नहीं मिला।" भाई ने कहा कि, "वह झूठ बोलती है, उसे कुछ दंड दो।" उस व्यक्ति ने अपने भाई के कहने से उस बेचारी को दंड दिया। उसने कहा कि, "आज की रात्रि में मुझे क्षमा करो, कल प्रातःकाल मैं उसे उपस्थित कर दूँगी।" प्रातःकाल स्त्री मियां भूवा के पास पहुंची। अदालत[2] तथा वकालत[3] की सेवायें मियां भूवा से सम्बन्धित थीं। पत्नी ने अपना हाल उसे बताया। मियां भूवा ने उसके पति तथा उसके भाई को उपस्थित करके पूछा। उसके भाई ने कहा कि, "मैंने अपने भाई की पत्नी को लाल दे दिया था।" मियां भूवा ने

१ इसे 'मादियान' तथा 'मावियान' दोनों लिखा गया है। सम्भवतः मेवों अथवा मेवीतियों से तात्पर्य है।

२ न्याय-विभाग।

३ प्रधान मंत्री का कार्य।

पूछा कि, "तेरे पास साक्षी हैं ?" उसने कहा, "हां।" मियां भूवा ने कहा कि, "वे किस क़ौम के हैं ?" उत्तर मिला कि, "दोनों ब्राह्मण हैं।" मियां भूवा ने कहा कि, "शीघ्र साक्षियों को उपस्थित कर।" वह व्यक्ति जुआघर पहुंचा। दो जुआरियों को तीन तन्के दिये और सिखा दिया कि इस प्रकार गवाही दें। उन्हें उत्तम वस्त्र पहिनाकर उनके माथे तथा सीने पर चंदन मला और पान खिलाकर दारुल अदालत में उपस्थित किया। दोनों ब्राह्मणों ने झूठी गवाही दे दी। मियां भूवा ने साक्षियों को देखते ही कहा कि "इसके साक्षी विश्वस्त हैं। जिस प्रकार हो सके, दंड देकर लाल अपनी पत्नी से ले ले।" स्त्री वहाँ से निकल
(७१) कर राजधानी में पहुंची और उसने फ़रियाद की। सुल्तान सिकन्दर ने उस स्त्री को अपने समक्ष बुलवाकर पूछताछ की। स्त्री ने सच सच बात बता दी। सुल्तान ने पूछा कि, "मियां भूवा के पास क्यों नहीं गई ?" स्त्री ने कहा, "हे न्यायकारी बादशाह ! मैं गई थी। उसने, जैसा चाहिये, ध्यान न दिया।" सुल्तान ने कहा कि, "इन सब आदमियों को मेरे समक्ष उपस्थित कर।" इसी बीच में मियां भूवा भी पहुंच गया। सुल्तान सिकन्दर ने मियां भूवा पर क्रोधित होते हुए कहा, "तुमने इस अभागिन का निर्णय किस प्रकार किया ?" मियां भूवा ने निवेदन किया कि, "साक्षियों के आधार पर निर्णय किया।" सुल्तान ने आदेश दिया कि, "साक्षियों को मेरे समक्ष उपस्थित किया जाय।" उसने दोनों ब्राह्मणों को २–२ तन्के दिये और पूर्व की भांति सजाकर लाया। जैसे ही सुल्तान ने उन्हें देखा उसने कहा कि, "दोनों जुआरी हैं, ३, ४ तन्के देकर लाया होगा।" मियां भूवा ने निवेदन किया कि, "बाह्य रूप से दोनों सदाचारी ज्ञात होते हैं।" सुल्तान ने कहा कि, "यह भी गुप्त नहीं रहेगा।" सुल्तान ने आदेश दिया कि, "दोनों लोगों को एक दूसरे से पृथक् किया जाय। जिस किसी को मैं बुलाऊं, उसको उपस्थित किया जाय।" सर्वप्रथम उसने स्त्री के पति को बुलवाकर पूछा कि, "वह लाल कितना बड़ा था ?" और उसके हाथ में थोड़ा सा मोम देकर कहा कि "इससे लाल की आकृति बना।" उस व्यक्ति ने जैसा लाल था वैसा ही बना दिया। सुल्तान ने लाल को सिंहासन के ऊपर जो फ़र्श बिछा था, उसके नीचे रख लिया। तदुपरान्त उसने उसके भाई को बुलवाया और मोम देकर उससे लाल की आकृति बनाने के लिये कहा। दोनों भाइयों ने एक ही प्रकार के लाल बनाये। तदुपरान्त उसने दोनों साक्षियों को अलग अलग बुलाकर पूछा कि, "तुम लोगों ने लाल अपनी आँखों से देखा था ?" उन लोगों ने कहा, "हां हमने देखा था। हम बादशाह के समक्ष गवाही देते हैं।" सुल्तान ने थोड़ा सा मोम दोनों साक्षियों को देकर कहा कि, "तुम दोनों इस मोम से लाल बनाओ।" दोनों गवाहों ने विभिन्न प्रकार के लाल बनाये। तदुपरान्त उसने स्त्री को बुलाकर कहा कि, "तू भी लाल की आकृति बना कि वह कैसा था।" स्त्री ने कहा कि, "जिस वस्तु को मैंने अपनी आँखों से देखा ही नहीं है उसकी आकृति मैं किस प्रकार बना सकती हूं ?" यद्यपि सुल्तान ने अत्यधिक आग्रह किया किन्तु उसने स्वीकार न किया। तदुपरान्त सुल्तान ने मियां भूवा पर क्रोध करते हुए चारों व्यक्तियों को बुलवाकर
(७२) पूछा कि, "तुम लोगों ने लाल अपनी आंखों से देखा था ?" भाइयों में से एक ने कहा कि, "क्यों नहीं देखा था, मैंने भेजा था।" दूसरे ने कहा, "मैं लाया था।" तत्पश्चात् उसने साक्षियों से पूछा कि, "तुमने देखा था ?" उन लोगों ने कहा कि, "हां देखा था। हम लोग गवाही देते हैं।" इसके पश्चात् उसने स्त्री से पूछा कि "तुमने देखा था ?" उसने फिर वही उत्तर दिया कि, "मैंने कदापि नहीं देखा था।" सुल्तान सिकन्दर ने मोम की समस्त आकृतियों को निकालकर मियां भूवा के समक्ष रख दिया और कहा कि, "तुम इसी प्रकार न्याय करते हो ? इस निरपराध स्त्री को अकारण चोर बना दिया। यदि चोर है तो इस व्यक्ति का भाई।" उसने साक्षियों से कहा कि, "यदि तुम सच सच बता दोगे तो तुम्हारी हत्या न कराई जायगी। यदि झूठ पर दृढ़ रहोगे तो तत्काल हत्या करा दी जायेगी। मुझे ठीक बात का पता चल गया है।" साक्षियों ने जो सच बात थी वह कह दी कि, "२, ३ तन्के हमको देकर जुआघर से लाया है।" भाई

के विषय में सुल्तान ने आदेश दिया कि उसे कठोर दंड दिया जाय। उसने भी लाल उपस्थित कर दिया। वह स्त्री सुल्तान की योग्यता के कारण उस अपराध से मुक्त हो गई। सुल्तान ने साक्षियों से पूछा कि, "तुमने ऐसी धृष्टता क्यों की ? क्या तुमने यह बात नहीं सुनी है कि बादशाहों के समक्ष झूठ नहीं बोलना चाहिये ?" साक्षियों ने कहा कि, "हम जुआरी हैं, हम भूखे प्यासे थे। प्रथम बार वह हमको २, ३ तन्के देकर लाया। इस बार ४ तन्के देकर लाया है और यह वस्त्र अपने घर से पहिनाये हैं। इस दरिद्रता की अवस्था में हमारे लिये यह धन ही बहुत अधिक था। बाज़ार में रोटी के लिये हम मारे-मारे फिरते हैं, इस बात के कहने में क्या भय है।" सुल्तान सिकन्दर ने कहा कि, "क्योंकि मैंने वचन दे दिया है कि तुम्हारी हत्या न कराई जायेगी अतः तुम्हारी हत्या न कराऊंगा।" किन्तु साक्षियों ने अपने होंठ तथा मुंह भूमि पर इस प्रकार मले कि वे सूज गये। उन्होंने यह सुल्तान के आदेशानुसार किया था। न्यायालय के सभी लोगों को सुल्तान की योग्यता पर बड़ा आश्चर्य हुआ।

कहा जाता है कि दो गुंडों ने एक सर्राफ़ के पास एक गठरी धरोहर के रूप में रख दी और कह दिया कि "जब तक हम एक साथ न आयें इस गठरी को हममें से किसी एक को न दिया जाय।" कुछ दिन (७३) उपरान्त उनमें से एक ने आकर गठरी मांगी। सर्राफ़ ने कहा, "तुम्हारी गठरी धरोहर है। तुम दोनों साथ आकर गठरी ले जाओ।" उसने कहा, "मेरा दूसरा मित्र भी आया है और वहां खड़ा है। देखो।" उसने दूर से संकेत किया कि "दे दो।" सर्राफ़ ने गठरी लाकर अपने स्थान से उसे दिखाई कि "इसे मैं देता हूं।" उसने उसी प्रकार दूर से संकेत किया कि "दे दे।" सर्राफ़ ने उसे गठरी दे दी। दो दिन उपरान्त दूसरे आदमी ने आकर कहा कि, "मेरा मित्र भाग गया है। यदि वह आये तो उसे गठरी कदापि न देना।" सर्राफ़ ने कहा, "कल वह मुझसे गठरी ले गया।" उसने कहा, "मैं कल से कदापि घर से नहीं निकला हूं। कोई अन्य ले गया होगा।" सर्राफ़ तथा उस व्यक्ति में बात यहां तक बढ़ गई कि सुल्तान को उसकी सूचना हो गई। सुल्तान सिकन्दर ने उस सर्राफ़ तथा गुंडे को अपने पास बुलवाया और पूछा, "तुममें क्या शर्त हुई थी ?" जवान ने कहा, "हमने सर्राफ़ से यह शर्त की थी कि जब तक हम दोनों एक स्थान पर एकत्र न हों गठरी मत देना। इस समय सर्राफ़ कहता है कि 'तूने दूर से संकेत किया था कि दे दे। मैंने तेरे कहने पर गठरी दे दी।' यदि दास कल घर से निकला हो तो हत्या का पात्र है।" सर्राफ़ ने भी सच सच बात सुल्तान से कही। सुल्तान समझ गया कि सर्राफ़ सच कहता है और वह (जवान) झूठा है। सुल्तान ने कहा, "तेरी गठरी धरोहर के रूप में है। अपने मित्र को ले आ और दोनों मिलकर जैसी कि शर्त है, गठरी ले जाओ।" क्योंकि वादी धूर्त था, अतः वह फिर न आया और सर्राफ़ पर जो दोषारोपण हुआ था, उससे उसे मुक्ति हो गई।

कविता में सुल्तान की रुचि

सुल्तान सिकन्दर बड़ा बुद्धिमान् तथा सदाचारी बादशाह था। वह फ़ारसी कविता बड़ी ही उत्तम करता था और 'गुल रुख़' अपना तख़ल्लुस करता था। शेख़ जमाल कम्बोह का, जो सुल्तान का सहचर था, यह छन्द सुल्तान को बहुत पसन्द था अतः स्मृति के रूप में उसे लिखा जाता है :

छन्द

"हमारे शरीर पर तेरी गली की धूल का वस्त्र है,
वह भी दामन तक आंसू से टुकड़े टुकड़े है।"

सुल्तान सिकन्दर के राज्यकाल की कुछ अन्य घटनायें

एक विद्यार्थी के प्रेम की कहानी

(७४) कहा जाता है कि एक विद्यार्थी कहीं जा रहा था। जब वह भौगांव में एक कुएं पर जल पीने के लिए पहुंचा तो वहां उसे एक रूपवती दृष्टिगत हुई और वह उस पर आसक्त हो गया। उसने पीने के लिये जल मांगा। अन्य स्त्रियां जब उसे जल पिलाने आतीं तो वह जल न पीता और यही कहता कि, "यदि वह जल पिलायेगी तो पीऊंगा।" उसकी सहेलियों ने कहा कि, "यह यात्री है। इसकी इच्छा पर ध्यान देना चाहिये।" वह रूपवती डोल लेकर विद्यार्थी के पास पहुंची। विद्यार्थी ने अपने दोनों हाथ अपने मुंह के समक्ष लगा दिये। वह स्त्री जल डालती जाती थी और विद्यार्थी उसकी ओर देखता जाता था। यहां तक कि समस्त जल बह गया और उसके मुख में जल की एक बूंद भी न गई। उस रूपवती ने उसकी ओर से उपेक्षा करते हुए भूमि पर डोल फेंक दिया और अपना घड़ा भरने के विषय में सोचने लगी। विद्यार्थी उसी प्रकार पानी-पानी चिल्लाता रहा। अन्य स्त्रियां जब जल लाती थीं तो वह न पीता था और यही उत्तर देता था कि, "यदि वह पिलायेगी तो मैं पीऊंगा अन्यथा मर जाऊंगा।" उस स्त्री की सहेलियों ने कहा कि, "यात्री प्यास के कारण मरा जा रहा है, वह तेरे हाथ से जल चाहता है, उस पर कृपा कर।" रूपवती ने कहा कि, "यदि मैं कहूं कि वह कुएं में गिर पड़े तो क्या वह कुएं में गिर जायगा?" जैसे ही ये वाक्य विद्यार्थी के कान में पहुँचे वह तत्काल एंकु में कूद गया। सभी स्त्रियाँ चिल्लाने लगीं और उस प्रेमिका से कहा कि, "तूने यह क्या किया? अपने सिर पर यह ख़ून ले लिया।" वह रूपवती भी लज्जा के कारण कुएं में कूद पड़ी। अत्यधिक शोर होने लगा। उस स्थान के शिक़दार ने अत्यधिक आदमियों सहित उपस्थित होकर कुएं में जाल डाला। दोनों एक दूसरे को आलिंगन किये हुए मिले। स्त्री के सम्बन्धियों ने कहा कि, "हम उसे पृथक् करके जलायेंगे।" शिक़दार ने कहा कि, "इस स्त्री ने मुसलमान के लिये प्राण त्यागे हैं और दोनों साथ निकले हैं, उसे जलाना नहीं चाहिये।" अन्त में यह निश्चय हुआ कि दोनों को एक दूसरे के समीप दफ़न कर दिया जाय। ऐसा ही किया गया। रात्रि में उस स्त्री के सम्बन्धियों ने उस स्त्री की क़ब्र को खोदा। वे उसे निकाल कर जलाना चाहते थे किन्तु उन्होंने देखा कि, "स्त्री क़ब्र में नहीं है। इस क़ब्र से विद्यार्थी की क़ब्र में एक खिड़की लगी है।" जब उस खिड़की में से देखा गया तो पता चला कि एक मोमबत्ती जल रही है और दोनों पलंग पर बैठे हैं। तत्काल क़ब्र को बन्द कर दिया गया।

एक दरवेश के प्रेम की कहानी

(७५) जौनपुर में एक व्यक्ति का विवाह हुआ। वह अपनी दुलहिन को ज़फ़राबाद अपने घर लिये जा रहा था। वे नगर के समीप एक वृक्ष के नीचे ठहरे और सभी लोग भोजन करने लगे। डोले को एक कोने में उतार दिया गया। उस दुलहिन ने डोले से परदा उठाया। उसकी दाई उसके समक्ष बैठी थी। संयोग से उस वृक्ष के नीचे एक फ़क़ीर बैठा था। उसकी दृष्टि उस स्त्री पर पड़ी और वह उस पर आसक्त हो गया। जब कभी वह स्त्री उस फ़क़ीर की ओर देखती उसे अपनी ओर दृष्टि डालते हुए पाती। उस दरवेश से उस स्त्री को भी प्रेम हो गया। उसने अपनी दाई से पूछा कि, "अब इस स्थान पर कब आना होगा?" उसने कहा, "चार दिन उपरान्त।" स्त्री ने कहा, "जब मैं यहां पहुंचूँ तो मुझे सूचना दे देना ताकि मैं फिर यहां कुछ देर बैठूँ।" यह कह कर वह चल दी। चार दिन उपरान्त यह दरवेश दिन भर उस स्त्री के आने की प्रतीक्षा करता रहा। सूर्य अस्त के समय स्त्री के आगमन के विषय में निराश होकर खेद प्रकट करते हुए उसने कई बार, "आह आह" कहा और मृत्यु को प्राप्त हो गया। जब वह वृक्ष

के नीचे पहुंची तो उसकी दाई ने उसे याद दिलाया। डोले को उतार दिया गया। जिस स्थान पर वह बैठी थी वहीं बैठकर दायें-बायें दृष्टि डालने लगी। जब उस दरवेश को उसने नहीं देखा तो उसने कहा कि "मैंने मनौती की थी कि जब मैं यहां वापस आऊँगी तो उस फ़क़ीर को कुछ दूंगी। वह दिखाई नहीं पड़ता, पता नहीं कहां चला गया।" दाई ने लोगों से उसके विषय में पूछा। लोगों ने उसे बताया कि, वह 'आह आह, वह नहीं आई', कहकर मृत्यु को प्राप्त हो गया।" दाई ने स्त्री को इस बात की सूचना दी। स्त्री पर एक दूसरी ही दशा छा गई। उसने अपनी दाई से कहा, "मैं उसके लिये कुछ लाई थी। अब मैं उसके दर्शन करके उसकी क़ब्र पर उसे रख देती हूं।" दाई ने क़ब्र के चारों ओर चादर का पर्दा करा दिया। वह स्त्री चादर के भीतर प्रविष्ट हो गई और अपना सिर क़ब्र के ऊपर रख दिया। जब बहुत समय हो गया तो दाई ने उससे उठने के लिये कहने के विषय में सोचा। चादर से ऊपर झांक कर देखा, किन्तु कोई भी भीतर न मिला। दाई ने यह विचित्र घटना देखकर उसके साथियों को सूचना की। सभी लोगों (७६) को बड़ा आश्चर्य हुआ। दाई ने इस घटना का आद्योपान्त विवरण सब लोगों को दिया। सब सुहृद लोग यह समझ गये कि "यह प्रेम का रहस्य है।" उन्होंने वह क़ब्र खोदी तो देखा कि "दुलहिन के सुनहरे काम के वस्त्र तथा फूल दरवेश पहिने हुए है और उस दरवेश के हाथ और पांव में मेहंदी लगी हुई है तथा उस दुलहिन का पता नहीं।" लोग इस विचित्र घटना को देखकर बड़े आश्चर्य में पड़ गये।

जोधपुर का जादूगर

कहा जाता है कि एक बार जोधपुर से सुल्तान सिकन्दर के लिये अनार आये। सुल्तान सिकन्दर ने कहा कि, "फ़ारस की विलायत के अनार मिठास और स्वाद में इससे कम ही होंगे। समस्त हिन्दुस्तान में इस प्रकार के अनार कहीं नहीं मिलते। विशेष रूप से जोधपुर में मिलने का क्या कारण है? अन्य पर्वतीय प्रदेशों में भी उचित भूमि अधिक संख्या में है।" वहां के राजा ने अपने वकील द्वारा सुल्तान की सेवा में निवेदन कराया कि, "मैंने अनुभवी वृद्धों से सुना है कि पिछले समय में एक बार एक जादूगर जोधपुर आया और उसने बड़ा विचित्र जादू दिखाया। उसने कहा कि, 'मैं एक दिन में एक उद्यान लगवा सकता हूं जिसमें फल भी निकल आयेंगे और पक जायेंगे तथा लोग उन्हें खा सकेंगे।' राजा ने उसे प्रसन्न करके एक भूमि पर जोकि उद्यान के योग्य थी, हल चलवाया और उसे बराबर करवाया। जादूगर ने कहा कि, 'इस भूमि के चारों ओर पर्दे तथा क़नातें लगा दी जायं।' तदनुसार पर्दे लगवा दिये गये। उसने राजा से कहा कि, 'आप सरापर्दे के बाहर बैठें।' जादूगर सरापर्दे के भीतर चला गया और राजा से पूछने लगा कि, 'किन किन मेवों के वृक्ष लगायें?' राजा जिस वृक्ष का नाम लेता, वह उसे लगा देता। यहां तक कि उद्यान पूरा हो गया और मेवे पक गये। उस समय बाग़ से सरापर्दा हटाया गया। लोगों ने देखा कि बड़ा ही हरा-भरा उद्यान है और मेवे लगे हैं तथा फूल खिले हैं। राजा ने सोचा कि यह जादू का बाग़ है। वह जब चाहेगा इसे नष्ट कर देगा। उसने अपने एक विश्वासपात्र को आदेश दिया कि वह जादूगर के पीछे से पहुंचकर उसकी ग्रीवा पर इस प्रकार तलवार चलाये कि एक चोट से उसका सिर शरीर से पृथक् हो जाय ताकि यह उद्यान अपने स्थान पर रहे। उसके आदेश का पालन किया गया। वह उद्यान अभी तक शेष है और यह अनार उसी में से हैं।

(७७) "इस जादूगर का पुत्र जो अपने पिता के ही समान अपनी कला में दक्ष था, अपने पिता की हत्या का बदला लेने के लिये जोधपुर की ओर चल खड़ा हुआ। जब वह जोधपुर पहुंचा तो राजा को सूचना दी गई कि एक अन्य जादूगर आया है जो कहता है कि, 'यदि राजा का आदेश हो तो मैं एक दिन में बिना फ़सल का ख़रबूज़ा उगा दूं जो पक जाय और लोग खा सकें।' राजा ने कहा, 'अच्छा।' इस

जादूगर ने भी अपने पिता के समान भूमि ठीक कराई और क़नातें लगवाईं तथा खरबूज़े तैयार किये। राजा तथा उसके सम्बन्धियों को दरबार में बैठाकर सबके समक्ष एक-एक खरबूज़ा रख दिया और कहा कि 'जब मैं कहूं तो सब लोग एक साथ खरबूज़े पर चाक़ू चलायें। कोई भी पीछे न रहे।' जैसे ही उन लोगों ने खरबूज़े पर चाक़ू चलाया उनके सिर कट गये।"

एक अन्य जादूगर की कहानी

इसी बीच में सुल्तान के विश्वासपात्रों में से एक ने कहा कि, "जादू द्वारा अधिकांश इसी प्रकार की बातें सम्पन्न होती हैं। दास ने अपने एक मित्र से स्वयं सुना है। वह भरतपुर में सामान क्रय करने के लिये गया था। वह कहता था कि, 'भरतपुर में एक जादूगर ने अपना जादू दिखाना प्रारम्भ कर दिया। वह जितना भी प्रयत्न करता उसके जादू को सफलता न मिलती। उसने लोगों को चारों ओर देखा। ऊपर उसे एक व्यक्ति दृष्टिगत हुआ। वह समझ गया कि उसी ने उसके जादू को बांध दिया है। इस जादूगर ने एक तरबूज़ के दो टकड़े किये। जैसे ही तरबूज़ के दो टुकड़े हुए उस व्यक्ति का सिर, जिसने जादू को रोकने का प्रयत्न किया था, भूमि पर गिर पड़ा। भरतपुर के हाकिम ने इस विषय में सुनकर सोचा कि यदि यह जादूगर शत्रुओं के बहकाने से इस प्रकार के कार्य हमारे प्रतिष्ठित लोगों से कराना प्रारम्भ कर देगा तो यह अच्छा न होगा। उसने कहा कि उसे बन्दी बनाकर उसकी हत्या कर दी जाय। जब लोगों ने उसे बन्दी बनाया तो जादूगर ने कहा कि, 'मैं मुसलमान हूँ और स्नान करना चाहता हूँ। मेरे स्नान हेतु मुझे थोड़ा-सा जल प्रदान कर दिया जाय।' उस स्थान के हाकिम ने स्नान के लिये जल भेजा और आदेश दिया कि इस जादूगर के पास से दूर न हटें और इसकी रक्षा की जाय। जो बरतन उसका सिर काटने के लिये लाया गया था उसी में वह जादूगर बैठ गया और उसी थाल में बैठे-बैठे डुबकी लगाकर अदृश्य हो गया।"

एक व्यक्ति खरगोश का शिकार करके उसे ज़िबह कर रहा था और हाथ में चांदी की अँगूठी पहने हुये था। जब खरगोश का रक्त अँगूठी पर लगा तो वह सोने की हो गई और उस अँगूठी को सुल्तान को दिखाया गया।

(७८) शरफ़ुलमुल्क नामक एक व्यक्ति जिसे सुल्तान पहचानता था जंगल में गया हुआ था। मिसवाक (दातौन) के लिये आक की जड़ उसे दिखाई पड़ी। उसने उसे वहां से खोद कर उसकी दातोन की। दातौन के उपरान्त जैसे ही उसने दर्पण देखा उसकी समस्त दाढ़ी, जो सफ़ेद थी, काली हो गई। सुल्तान तथा समस्त लोगों को बड़ा आश्चर्य हुआ।

सुल्तान सिकन्दर के राज्यकाल में शम्सी हौज़ पर एक मुर्दे को दफ़न किया गया। उसकी क़ब्र को ढँकने के लिये भूमि से एक तख़्ता हटाया गया। लोगों ने उस पत्थर के नीचे देखा कि एक व्यक्ति कमली पहिने हुए रेहल के ऊपर क़ुरान शरीफ़ रखे हुए है और उसका पाठ कर रहा है। जब तख़्ता हटाया गया तो उसने ऊपर दृष्टि करके पूछा कि, "क्या क़यामत आ गई?" बहुत से लोगों ने इस विचित्र घटना को देखा था। कहा जाता है कि जो लोग उधर कान लगाये हुए थे वे क़ुरान के पाठ की आवाज़ सुनते रहे।

सुल्तान सिकन्दर के राज्यकाल की अन्य कहानी

हुसेन खां शिरवानी कहा करता था कि, "मैं लखनौती की विलायत से आ रहा था। मार्ग में एक रूपवती शृंगार किये हुए बैठी विलाप कर रही थी। मैंने पूछा, 'तेरे विलाप का क्या कारण है?' उसने

बताया कि, 'मैं अपने पति के घर से झगड़ा करके आई हूँ और मेरे पिता का घर मार्ग में अमुक ग्राम में है और मैं पैदल नहीं चल सकती। कोई ऐसा नहीं जो मुझे मेरे पिता के घर पहुंचा दे?' मैंने कहा, 'आ, मेरे पीछे सवार हो जा।' स्त्री मेरा हाथ पकड़ कर सवार हो गई। थोड़ी सी यात्रा के उपरान्त उसने मुझसे पूछा, 'आप पान खाते हैं?' मैंने पूछा 'कहां है?' स्त्री ने कहा, 'मेरे पास है।' उसने पान का बीड़ा अपनी बग़ल से निकाल कर मुझको दे दिया। मैंने शंकित होकर उसे न खाया और बीड़ा अपनी बग़ल में छिपा लिया। बग़ल में रखते ही मैं अचेत हो गया। वह जादूगरनी घोड़े की लगाम अपने हाथ में लेकर जिस स्थान पर उसने समस्त डाकुओं को बैठा दिया था ले गई। उन लोगों ने मुझको घोड़े से उतार कर मेरी कमर से निषंग तथा तलवार खींच ली। कमर खुलते ही पान का बीड़ा कमर (७९) से भूमि पर गिर पड़ा और मैं सावधान हो गया। अपनी दुर्दशा देख कर दूसरी तलवार जो घोड़े पर बँधी थी, मैंने निकाल ली और डाकुओं पर आक्रमण किया। वे भाग खड़े हुए। मैंने घोड़े पर सवार होकर उस स्त्री को घोड़े की दुम से बाँध लिया। उस दिन उसने पूरी यात्रा इसी प्रकार की। क्योंकि स्त्री रूपवती थी, अतः मैंने उसे अपने अन्तःपुर में रख लिया।"

सुल्तान सिकन्दर का राज्यकाल बड़ा ही विचित्र था। उस काल के लोग बड़े भाग्यशाली थे जिन्हें सुल्तान सिकन्दर सरीखा बादशाह प्राप्त था।

सुल्तान सिकन्दर की मृत्यु

सुल्तान के रुग्ण होने का कारण यह बताया जाता है कि एक दिन हाजी अब्दुल वह्हाब ने सुल्तान सिकन्दर से कहा, "आप मुसलमानों के बादशाह होकर दाढ़ी नहीं रखते। इस्लाम के सम्मान की दृष्टि से यह बात उचित नहीं, विशेष रूप से इस्लाम के बादशाह को यह न करना चाहिये।" सुल्तान सिकन्दर ने कहा, "मेरी इच्छा है कि दाढ़ी रक्खूं। यदि ईश्वर ने चाहा तो रक्खूँगा।" हाजी अब्दुल वह्हाब ने कहा "किसी अच्छे कार्य के लिये इस्तेख़ारे[1] की आवश्यकता नहीं।" सुल्तान ने कहा, "मेरी दाढ़ी बड़ी छोटी है। यदि मैं दाढ़ी रक्खूँगा तो बुरी लगेगी। लोग मुझ पर हसेंगे। उन लोगों को लाभ न होगा। मैं चाहता हूँ कि मुसलमान पापी न बनें।" हाजी अब्दुल वह्हाब ने कहा, "मैं आपके मुख पर हाथ फेरता हूं। यदि ईश्वर (८०) ने चाहा तो अच्छी दाढ़ी निकल आयेगी और सभी दाढ़ियां इस दाढ़ी को अभिवादन करने आयेंगी। किसी को परिहास का साहस न होगा।" सुल्तान सिकन्दर ने सिर झुका लिया और कोई उत्तर न दिया। हाजी ने कहा, "बादशाहे आलम मैं बात कहता हूं, आप उत्तर क्यों नहीं देते?" सुल्तान सिकन्दर ने कहा, "जब मेरे पीर[2] कहेंगे तो रख लूंगा।" हाजी ने पूछा, "आप का पीर कौन है?" सुल्तान ने कहा, "जलेसर के एक गांव सहयू के जंगल में रहते है और कभी-कभी मुझसे भेंट करने के लिये आते हैं।" हाजी अब्दुल वह्हाब ने पूछा, "क्या वे दाढ़ी रखते हैं?" सुल्तान ने उत्तर दिया, "मेरे पीर दाढ़ी नहीं रखते।" हाजी ने कहा, "जब मैं उनसे भेंट करूंगा तो उस समय उनसे भी प्रार्थना करूंगा। आप इस कार्य में जल्दी करें।" सुल्तान सिकन्दर ने कोई उत्तर न दिया। हाजी की ओर से मुख फेर कर मौन हो गया। हाजी अब्दुल वह्हाब दरबार से "अस्सलामो अलैक" कह कर बाहर चले गये। सुल्तान सिकन्दर ने हाजी के चले जाने के उपरान्त कहा, "शेख़ समझते हैं कि यदि लोग उनकी सेवा में आते हैं और उनके चरणों का

१ दैवी अनुकम्पा हेतु ईश्वर से प्रार्थना। किसी कार्य को प्रारम्भ करने के पूर्व उसकी सफलता के विषय में ईश्वर की इच्छा ज्ञात करने की विधि।

२ धर्म गुरु।

चुम्बन करते हैं तो यह उनकी योग्यता के कारण है। वह इतनी बात नहीं समझते कि यदि मैं एक दास को अपना विश्वासपात्र बना लूँ तो समस्त अमीर उसका डोला उठाने लगेंगे।" सैयिद अहमद का पुत्र शेख अब्दुल जलील उस समय जब कि यह वार्ता हो रही थी उपस्थित था। उसने उपर्युक्त वाक्य हाजी अब्दुल वहहाब को पहुंचा कर कहा कि, "आप के पीठ पीछे बादशाह इस प्रकार कह रहा था।" हाजी अब्दुल वहहाब ने शेख़ अब्दुल जलील के कंधों पर हाथ रख कर कहा, "आप मुहम्मद साहब की संतान से हैं। क्योंकि उसने आपको एक दास से सम्बन्धित किया है अतः उसकी वही ग्रीवा पकड़ी जायगी। आप संतुष्ट रहें।" हाजी आगरा से सुल्तान की आज्ञा बिना देहली चले गये। हाजी के चले जाने के थोड़े दिन उपरान्त उसकी ग्रीवा में रोग उत्पन्न हो गया और नित्य प्रति बढ़ने लगा। सुल्तान ने अपनी दशा को बिगड़ते देखकर शेख लादन नामक एक आलिम से जो उसका इमाम था पूछा, "नमाज़ रोज़ा छोड़ने तथा दाढ़ी मुंडवाने, मदिरापान करने तथा नाक और कान कटवाने का जो कफ़्फ़ारा[1] होता हो उसे लिखकर भेज दिया जाय।" शेख़ लादन ने विस्तार से उत्तर लिख कर सुल्तान के पास भेज दिया। सुल्तान सिकन्दर ने वाक़ेया नवीसों[2] को आदेश दिया, "मेरे राज्यकाल में इस प्रकार के जितने अपराध हुये हों उन्हें शेख़ लादन को बता कर जो कुछ कफ़्फ़ारे का धन वे बतायें उसकी सूचना दो।" शेख लादन (८१) ने निश्चित करके सुल्तान से उस विषय में निवेदन किया। सुल्तान ने ख़ज़ानची को आदेश दिया कि, "जो धन बैतुल माल[3] से पृथक् है उस धन में से आलिमों को दे दिया जाय। समस्त आलिमों ने आश्चर्य से ख़ज़ानादार[4] से पूछा, "बैतुल माल के अतिरिक्त ख़ज़ाना किस प्रकार प्राप्त हुआ ?" ख़ज़ानची ने कहा, "राज्य के विभिन्न स्थानों के बादशाह सुल्तान के पास उपहार भेजते थे। कुछ अमीर जो अपने प्रार्थना-पत्रों के साथ उपहार भेजते थे वह हर वर्ष एकत्र होता रहता था। उसके विषय में जब सुल्तान से कहा जाता तो वह आदेश देता कि, 'उसे पृथक् रक्खो। जहाँ मैं आदेश दूँ वहां व्यय करना।' आज उस ख़ज़ाने के व्यय का आदेश हुआ है।" समस्त आलिमों ने उसकी दूरदर्शिता की प्रशंसा की।

सुल्तान सिकन्दर दिन पर दिन रुग्ण होता गया किन्तु वह उस अवस्था में भी राज्य के कार्य सम्पन्न करता रहता था। शनैः-शनैः यह दशा हो गई कि एक ग्रास अथवा जल भी उसके कंठ में न जाता था और सांस का मार्ग रुक गया। इसी दशा में रविवार ७ ज़ीक़ाद ९२३ हि० (२१ नवम्बर १५१७ ई०) को उसकी मृत्यु हो गई।

उसने २८ वर्ष तथा ५ मास तक राज्य किया।

सुल्तान सिकन्दर के कुछ अमीर

सुल्तान सिकन्दर के अधिकांश अमीर ऐसे थे जिनके विषय में पृथक् लिखा जाना चाहिये।

सैयिद ख़ां पुत्र मुबारक ख़ां

सैयिद ख़ां यूसुफ़ ख़ेल लोदी बहुत बड़ा दानी था। जब कभी भी उसके समक्ष दस्तरख़्वान बिछाया जाता तो वह नाना प्रकार के भोजनों से भरा हुआ बहुत बड़ा थाल तैयार कराता और उस पर अत्यधिक रोटियां, हर प्रकार के अचार और उसके ऊपर पान का बीड़ा और उस बीड़े पर एक सोने की मुहर रखवा

१ प्रायश्चित्त।
२ राज्य की समस्त दैनिक घटनाओं को लिखने वाले।
३ इस्लामी राज्य का सार्वजनिक कोष।
४ कोषाध्यक्ष।

कर सर्वप्रथम फ़क़ीरों को भिजवाता, तदुपरान्त स्वयं भोजन प्रारम्भ करता। जिस किसी से भी वार्तालाप करता तो यदि वह सेवक होता तो वह उसे अमीर कर देता और यदि वह कोई अपरिचित होता तो
(८२) उसे वह एक लाख तन्के इनाम प्रदान करता।

एक दिन ख़ान ने निवेदन किया कि शेख़ मुहम्मद फ़र्मुली का वकील कालचक्र की दुर्घटनाओं से पीड़ित होकर अपनी पुत्री का विवाह नहीं कर सकता। सैयिद ख़ां ने उसे अपने समक्ष बुलवाया और ग़ुलाम बच्चे से जो उसकी सेवा में रहता था कहा कि, "दोनों मुट्ठियों में अशर्फ़ियां भर कर उसके दामन में डाल दे।" उसे दीवान के अधिकारियों के पास उसका हिसाब करने के लिये उपस्थित किया गया। जब हिसाब लगाया गया तो पता चला कि ७०,००० तन्के हुये। यह बात सैयिद ख़ां से कही गई। सैयिद ने उसी ग़ुलाम बच्चे को आदेश दिया कि, "अन्य अशर्फ़ियां ले जाकर दे दो ताकि एक लाख तन्के पूरे हो जायं।"

एक दिन शिकार में एक व्यक्ति ग्रामीणों के समान ख़ान के समक्ष दही लाया। सैयिद ख़ां ने आदेश दिया कि उस बरतन को जिसमें वह दही लाया है अशर्फ़ियों से भर कर उसे दे दिया जाय।

एक दिन चन्देरी निवासी एक स्त्री थाल में नीम की पत्तियां जोकि बड़ी ही हरी-भरी थीं सैयिद ख़ां के पास लाई। उसने उस स्त्री से पूछा कि, "नीम की पत्ती लाने का क्या कारण है?" उसने कहा, "मैंने इसका साग़ इस प्रकार तैयार किया है कि इसकी दशा में कोई परिवर्तन नहीं हुआ है और साग का स्वाद विद्यमान है।" सैयिद ख़ां ने अपने एक मुसाहिब को उसे चखने के लिये कहा। उसने देखा कि साग बड़ा स्वादिष्ट बना है और उसमें नीम का कोई प्रभाव नहीं। उसके थाल को भी सोने की मुहर से भरवा दिया गया।

एक दिन सैयिद ख़ां के समक्ष घोड़े प्रस्तुत किये जा रहे थे। सद्र ख़ां शुरबेनी, जोकि बड़ा ही उत्कृष्ट अमीर तथा मुसाहिब था, बैठा था। सर्वप्रथम जो घोड़ा ख़ान के सम्मुख प्रस्तुत किया गया उसके विषय में उसने सद्र ख़ां से पूछा कि, "यह कैसा घोड़ा है।" सद्र ख़ां ने घोड़े की अत्यधिक प्रशंसा की। सैयिद ख़ां ने कहा, "यह घोड़ा सद्र ख़ां के आदमियों को दे दिया जाय।" जब दूसरा घोड़ा प्रस्तुत किया गया तो सद्र ख़ां ने उसकी भी प्रशंसा की। सैयिद ख़ां ने कहा, "यह घोड़ा भी सद्र ख़ां के आदमियों को दे दिया जाय।" इसी प्रकार ८ घोड़े सद्र ख़ां को दे दिये गये। जब नवां घोड़ा आया तो उसने सद्र ख़ां से पुनः पूछा कि, "यह कैसा है?" सद्र ख़ां मौन हो गया। सैयिद ख़ां ने पूछा, "सद्र ख़ां, क्यों मौन हो गया?" सद्र ख़ां ने उत्तर दिया, "दान सीमा से अधिक हो गया।" सैयिद ख़ां ने
(८३) मुस्करा कर तवेले[1] के मुशरिफ़[2] से पूछा, "आज कितने घोड़े निरीक्षण हेतु आये हैं?" उसने उत्तर दिया, "१२० घोड़े उपस्थित हैं।" सैयिद ख़ां ने कहा, "सद्र ख़ां एक-एक घोड़ा लेने से परेशान हो गया है। आज समस्त घोड़े जो निरीक्षण हेतु आये हैं सद्र ख़ां को प्रदान करता हूं।" उसने इस प्रकार एक गोष्ठी में १२० घोड़े प्रदान कर दिये।

एक दिन सैयिद ख़ां के समक्ष तीन रत्न प्रस्तुत किये गये। एक का मूल्य ७ लाख, दूसरे का ५ लाख और तीसरे का ३ लाख था। उसने अपने एक मुसाहिब से पूछा, "सच-सच बता इन तीनों रत्नों में से किस रत्न के विषय में तू ने सोचा है कि तुझे प्रदान कर दिया जायगा?" उसने कहा, "सत्य तो यह है कि मेरे हृदय में इस प्रकार की कोई बात नहीं।" सैयिद ख़ां ने कहा, "अब सोचो।" उसने उत्तर दिया,

१ अश्वशाला।
२ तवेले का हिसाब किताब रखने वाला।

"जिस रत्न का मूल्य तीन लाख है।" सैयिद ख़ां ने मुस्करा कर कहा, "अधिक मूल्य वाले रत्न को छोड़ कर कम मूल्य के रत्न के विषय में कौन सोचता है? कम मूल्य वाले के विषय में तूने सोचा। अधिक मूल्य वाले के विषय में मैं कहता हूं। तीसरा अकेला रहा जाता है। तुझे तीनों प्रदान करता हूं।"

एक बार सुल्तान सिकन्दर ने सैयिद ख़ां को एक सेवा हेतु नियुक्त किया। वह निरन्तर यात्रा करता हुआ चन्देरी के समीप पहुंचा। ख़ज़ाना ढोने वाले पशुओं की पीठ घायल हो गई थी। राज्य के पदाधिकारियों ने निवेदन किया कि, "यदि आदेश हो तो तांबे के पैसे सेना वालों को बांट दिये जायं और उनकी जागीर से मुजरा करके सरकार में पहुंचा दिया जाय।" उसने कहा, "अच्छा है, दे दो।" सेना वालों को ७ लाख तन्के बांट दिये गये और उनके दस्तावेज़ ख़ान को दिखाये गये। सैयिद ख़ां ने कहा "क्या मैं सर्राफ़ हूं कि ऋण दूँ और लूं?" पत्रों को अपने हाथ से फाड़ डाला और कहा, "यह थोड़ा सा धन मेरी ओर से सेना को इनाम के रूप में प्रदान किया जाता है।"

लाद ख़ां ख़ाने आज़म

सुल्तान सिकन्दर के अन्य अमीरों में लाद ख़ां ख़ाने आज़म था। वह अहमद ख़ां का पुत्र तथा बड़ा ही साहसी युवक था। जिस किसी को दान करता सोने-चांदी की भरी हुई थैलियां प्रदान कर दिया करता था। तोलचा[1] तथा दिरम[2] का कभी नाम न लेता था और आधे तथा डेढ़ का उसे ज्ञान भी न था। दो से अधिक की गिनती उसे न आती थी। उसने स्वयं यह अधिनियम बना लिया था कि जिस स्थान पर (८४) वह बैठा होता तो जहां कहीं से भी जो पेशकश प्राप्त होती उसे वह उसी कारखाने के पदाधिकारियों को प्रदान कर देता था। कहा जाता है कि शुक्रवार के दिन उसे सिलाह ख़ाने[3] का निरीक्षण कराया जा रहा था। उसी समय राजा भट्टा द्वारा प्रेषित एक हाथी तथा कपड़े की कुछ गठरियां प्राप्त हुईं। उसने समस्त पेशकश[4] शेख़ मुहम्मद सिलाहदार को प्रदान कर दीं। यदि वह जल पीने के समय प्राप्त होता तो आबदार[5] को मिल जाता। शीत ऋतु में वह रोज़ाना दो क़बायें[6] पहनता था और दूसरे दिन उसे दान कर देता था। शीत ऋतु में वह सेना को एक वस्त्र न देता था। प्रत्येक व्यक्ति को चार-पांच दिया करता था। जिस किसी को भी गेंद खेलते समय अथवा यात्रा में सवारी अथवा सामान लादने के लिये घोड़ा प्रदान करता तो वह उसे पुनः अपनी अश्वशाला में न बांधता था, उसी व्यक्ति को प्रदान कर देता था और घोड़े का दाना-चारा उसकी सरकार ही से मिलता था। यदि संयोग से कोई उस घोड़े को बेच डालता तो घोड़े के चारे-दाने में कोई परिवर्तन न होता था और विना घोड़े के भी उसे वह प्राप्त होता रहता था। यदि यात्री उसके दरबार में उपस्थित होते तो वह प्रत्येक व्यक्ति को एक तन्का प्रदान किया करता था और एक भैंस[7] उसके भोजनार्थ निश्चित होती थी। जब तक वह ख़ान के दरबार में रहता

१ तोला।

२ लगभग ३½ माशे के वज़न का सिक्का।

३ शस्त्रागार।

४ उपहार।

५ जल तथा पीने की अन्य वस्तुओं का प्रबन्ध करने वाला।

६ एक लम्बा ढीला पहनावा जो समस्त वस्त्रों के ऊपर पहना जाता था; एक प्रकार का गाउन।

७ सम्भवतः मेश अथवा भेड़, गावमेश नहीं।

उपर्युक्त खाद्य सामग्री उसे प्राप्त होती रहती। प्रस्थान करते समय वह २०० तन्के देकर उसे विदा किया करता था। सुल्तान सिकन्दर के अधिकांश अमीरों का सांसारिक कार्यों पर व्यय बड़ा अधिक था।

दिलावर ख़ां

मियां भूवा के पुत्र दिलावार ख़ां के अन्तःपुर में ५०० तन्के के फूल नित्य-प्रति क्रय किये जाते थे। सुल्तान सिकन्दर के अमीरों के व्यय का हाल कहां तक लिखा जाय। केवल इन्हीं अमीरों का उल्लेख किया गया।

सुल्तान इबराहीम बिन सुल्तान सिकन्दर लोदी

(८५) इतिहासकारों ने सुल्तान इबराहीम के सिंहासनारूढ़ होने का वृत्तांत इस प्रकार दिया है कि जब सुल्तान सिकन्दर की मृत्यु हो गई तो उसके दो योग्य पुत्र जो एक ही माता से थे, उस समय आगरा में उपस्थित थे : एक सुल्तान इबराहीम दूसरा सुल्तान जलालुद्दीन। समस्त अमीरों तथा राज्य के उच्च पदाधिकारियों की सहमति से राज्य का महत्वपूर्ण कार्य दोनों भाइयों में इस प्रकार विभाजित हो गया कि क्योंकि सुल्तान इबराहीम अपनी बुद्धिमत्ता, वीरता तथा सदाचारिता के लिये प्रसिद्ध है और सुल्तान सिकन्दर का ज्येष्ठ पुत्र है अतः उसे देहली के राजसिंहासन पर आरूढ़ किया जाय और जौनपुर की सीमा तक के प्रदेश उसके अधीन रहें। जौनपुर के राजसिंहासन पर शाहज़ादा जलाल ख़ां जिसने सुल्तान जलालुद्दीन की उपाधि प्राप्त की सिंहासनारूढ़ हो और उस ओर के प्रदेश पर राज्य करे। इस निर्णय के अनुसार सुल्तान जलालुद्दीन जौनपुर के परगनों के अमीरों तथा जागीरदारों सहित उस ओर रवाना हुआ और उन प्रदेशों में स्वतंत्र रूप से बादशाह हो गया। सुल्तान इबराहीम देहली के राजसिंहासन पर आरूढ़ हुआ।

कुछ समय उपरान्त फ़तह ख़ां बिन आज़म हुमायूँ शिरवानी तथा खाने जहां लोहानी, रापरी के हाकिम, ने वज़ीरों तथा वकीलों की सुल्तान इबराहीम के सम्मुख कटु आलोचना करते हुये कहा कि, "राज्य के कार्य में किसी को साझीदार बनाना बहुत बड़ी भूल है और इस बात का स्वीकार करना बुद्धिमानी का कार्य न था कारण कि राज्य साझे में नहीं चल सकता और एक मियान में दो तलवारें नहीं रह सकतीं।"

सुल्तान जलालुद्दीन को देहली बुलवाने का प्रयत्न

सुल्तान इबराहीम ने ये वाक्य सुनकर अपने भाई से जो प्रतिज्ञा की थी उसे भुला दिया। समस्त अमीरों ने यह निश्चय किया कि, "क्योंकि शाहज़ादा जलाल ख़ां को अभी अधिक दृढ़ता नहीं प्राप्त हुई है अतः उसे देहली बुलवा लिया जाय।" शाहज़ादे को बुलवाने के लिये हैबत ख़ां करगदन अन्दाज़[1] द्वारा कृपा तथा मित्रता के फ़रमान भेज कर लिखा गया कि एक आवश्यक बात में उससे परामर्श होना है। (८६) वह जरीदा[2] शीघ्रातिशीघ्र वायु के समान पहुंच जाय।

१ गेंडे की हत्या करने वाला।

२ जरीदा का अर्थ "अकेला", "शीघ्रातिशीघ्र" अथवा "कुछ थोड़े से सवार जोकि बड़े दल का भाग हों" है। इस शब्द का प्रयोग ज़ियाउद्दीन बरनी ने उस समय किया है जब सुल्तान ग़यासुद्दीन अफ़ग़ानपुर पहुँचा था। (बरनी : 'तारीख़े फ़ीरोज़ शाही', पृ० ४५३, 'तुग़लुक़ कालीन भारत', भाग २, पृ० २५)।

जलालुद्दीन के विरुद्ध अमीरों को भड़काना

हैबत ख़ां ने शाहज़ादे को फ़रमान पहुंचाकर नाना प्रकार से धूर्तता एवं चाटुकारी की किन्तु शाहज़ादा उनकी धूर्तता एवं विश्वासघात से इतना अधिक परिचित था कि वह उसे उचित उत्तर देता रहा और उसे युक्ति द्वारा भगाने का प्रयत्न करता रहा। हैबत ख़ां यह बात समझ गया और उसने सुल्तान इबराहीम के पास उपस्थित होकर यह बात कही। सुल्तान ने अपने कुछ विश्वासपात्रों को शाहज़ादे के पास भेजा किन्तु उनका जादू भी उस पर न चला और शाहज़ादा लौटने पर तैयार न हुआ। तदुपरान्त सुल्तान इबराहीम ने अपने काल के बुद्धिमानों के परामर्श से उस क्षेत्र के अमीरों तथा हाकिमों को फ़रमान लिखे और प्रत्येक को उसकी श्रेणी के अनुसार आशायें दिलाईं ताकि वे शाहज़ादा जलाल ख़ां की आज्ञाकारिता तथा सहायता न करें और उसकी सेवा में अभिवादन हेतु उपस्थित न हों। उसने कुछ बड़े-बड़े अमीरों को जिनके पास ३०, ४० हज़ार सेवक थे अपने विश्वासपात्र विशेष ख़िलअत, घोड़ों तथा अन्य कृपाओं सहित भेजे।

जब यह फ़रमान कुछ लोगों के पास पहुंचे तो सभी ने शाहज़ादे की आज्ञाकारिता त्याग कर उसका विरोध प्रारम्भ कर दिया। उस समय शाहज़ादे ने एक राजसिंहासन, जिसमें मोती तथा जवाहरात जड़े हुये थे, दीवान ख़ाने में लगवाया। शुक्रवार १५ ज़िलहिज्जा ९२३ हि० (२९ दिसम्बर १५१७ ई०) को वह उस सिंहासन पर आरूढ़ हुआ और एक भव्य दरबार किया और दरबार के सेवकों, राज्य के उच्च पदाधिकारियों तथा समस्त सेना को प्रत्येक की श्रेणी के अनुसार ख़िलअत, तलवार, पेटी, कटार, घोड़ा, हाथी, पद तथा उपाधि प्रदान की।

सुल्तान जलालुद्दीन का आज़म हुमायूँ को अपनी ओर मिलाना

सुल्तान जलालुद्दीन ने विशेष तथा साधारण व्यक्तियों को संतुष्ट तथा प्रसन्न कर लिया। फ़क़ीरों तथा दरिद्रियों पर दान-पुण्य के द्वार खोल दिये तथा मआश[1], वज़ीफ़े और ऐमा[2] में वृद्धि कर दी। एकान्त-
(८७) वासियों तथा संतुष्ट व्यक्तियों को फ़तूहात[3] तथा पेशकश भेजीं। शासन सम्बन्धी तथा बादशाही के कार्यों को ताज़ी रौनक़ प्रदान की और सुल्तान इबराहीम का खुल्लमखुल्ला विरोध करने लगा। चापलूसी तथा बनावट का अन्त कर दिया। अपने नाम का ख़ुत्बा तथा सिक्का चालू करा दिया[4] और अपनी उपाधि सुल्तान जलालुद्दीन धारण कर ली। सेना की रक्षा करना, तथा परिजनों एवं तोपख़ाने की व्यवस्था करना प्रारम्भ कर दिया। जब उसकी शक्ति बहुत बढ़ गई तो उसने आज़म हुमायूँ शिरवानी के पास, जो उन दिनों एक बहुत बड़ी सेना सहित कालिंजर के क़िले को घेरे हुये था, अपने विश्वासपात्र भेजे और कहलाया, 'आप मेरे पिता तथा चाचा के स्थान पर हैं। आप स्वयं जानते हैं कि मैंने कोई अपराध नहीं किया है और सुल्तान इबराहीम ने विश्वासघात किया है। उसने मेरे पिता के तर्के में से थोड़ा सा राज्य मुझे प्रदान किया था किन्तु अब उसकी ओर से भी उपेक्षा कर रहा है, तथा मित्रता के बन्धन तोड़ कर दया एवं कृपा को त्याग दिया है। आप लोगों को सच का साथ न छोड़ना चाहिये और पीड़ित की सहायता करनी चाहिये।"

१ धार्मिक व्यक्तियों एवं अन्य सहायता के पात्रों को भूमि।
२ इनाम में अथवा किसी से प्रसन्न होकर बादशाहों द्वारा दी जाने वाली भूमि।
३ वह उपहार जो धार्मिक व्यक्तियों को बिना माँगे भेजा जाता है।
४ स्वतन्त्र रूप से बादशाह हो गया।

क्योंकि वास्तव में आज़म हुमायूँ सुल्तान इबराहीम से खिन्न था अतः सुल्तान जलालुद्दीन की निर्बलता, दरिद्रता एवं नम्रता का उस पर बड़ा प्रभाव पड़ा और वह क़िले को छोड़ कर सुल्तान जलालुद्दीन की सेवा में पहुंच गया। प्रतिज्ञा तथा वचनबद्ध होकर उन्होंने निश्चय किया कि सर्वप्रथम जौनपुर की विलायत पर अधिकार जमा लिया जाय, तदुपरान्त कोई अन्य उपाय करना चाहिये। यह निश्चय करके उन्होंने निरन्तर प्रस्थान करते हुये अवध के हाकिम पर चढ़ाई की। वह मुक़ाबला न कर सका और लखनऊ पहुंच गया। वहां से उसने समस्त वृत्तांत सुल्तान इबराहीम को लिखा। सुल्तान इबराहीम ने सोचा कि चुनी हुई सेना लेकर स्वयं उस विद्रोह को शान्त करना चाहिये। उस समय उसने अपने हितैषियों से परामर्श करके अपने चारों भाइयों के विषय में, जो बन्दीगृह में थे, आदेश दिया कि हांसी के क़िले में ले जाकर उन्हें बन्द कर दिया जाय। प्रत्येक की सेवा हेतु दो-दो पत्नियां तथा समस्त आवश्यक सामान निश्चित किया जाय। तदुपरान्त वह स्वयं बृहस्पतिवार २४ ज़िलहिज्जा को जौनपुर की ओर रवाना हुआ और निरन्तर यात्रा करता हुआ भौगांव क़स्बे में पहुंच गया। वहां से उसने क़न्नौज की ओर प्रस्थान किया।

आज़म हुमायूँ का सुल्तान इबराहीम से मिल जाना

मार्ग में उसे समाचार प्राप्त हुये कि आज़म हुमायूँ अपने योग्य पुत्र फ़तह खां सहित सुल्तान जलालुद्दीन से पृथक् होकर शाही सेवा में आ रहा है। सुल्तान इबराहीम इस सुखद समाचार से बड़ा प्रसन्न हुआ और अत्यधिक प्रतिष्ठित अमीरों को आज़म हुमायूँ के स्वागतार्थ भेजा। जब आज़म हुमायूँ (८८) सुल्तान की सेवा में उपस्थित हुआ तो उसने उसे अत्यधिक शाही कृपा द्वारा सम्मानित किया। उसी बीच में उसने कुछ उत्कृष्ट अमीरों को अपार सेना तथा चुने हुये युद्ध के हाथियों सहित सुल्तान जलालुद्दीन के विरुद्ध नियुक्त किया।

जलालुद्दीन का आगरा की ओर प्रस्थान

सुल्तान जलालुद्दीन अपने कुछ सम्बन्धियों को कालपी के क़िले में छोड़कर शाही सेना के कालपी पहुंचने के पूर्व ३०,००० अश्वारोहियों तथा कुछ हाथियों सहित राजधानी आगरा की ओर रवाना हुआ। सुल्तान इब्राहीम की सेना ने कालपी को घेर लिया और अल्प समय के उपरान्त उसे अपने अधिकार में कर लिया। बहुत से लोग बन्दी बना लिये गये। समस्त नगर नष्ट-भ्रष्ट कर दिया गया और सुल्तान इबराहीम को अत्यधिक धन-सम्पत्ति प्राप्त हुई। सुल्तान इबराहीम ने अपने भाई के आगरा पर चढ़ाई के समाचार पाकर आगरा की रक्षा में वृद्धि हेतु मलिक आदम को एक सुसज्जित सेना देकर आगरा की ओर भेजा। मलिक आदम शीघ्रातिशीघ्र वायु के समान आगरा पहुंच गया। सुल्तान जलालुद्दीन कालपी के प्रतिकार हेतु आगरा को नष्ट-भ्रष्ट कर देना चाहता था। मलिक आदम युक्ति द्वारा तथा नम्रता-पूर्वक उसे रोकता रहा। कुछ समय उपरान्त एक बहुत बड़ी सेना सुल्तान इबराहीम के पास से मलिक आदम की सहायतार्थ पहुंच गई। मलिक आदम ने सुल्तान जलालुद्दीन को संदेश भेजा कि "यदि आप राज्य का लोभ त्याग कर चत्र, आफ़ताबगीर, नौबत, नक़्क़ारा तथा अन्य राजसी चिह्न त्याग दें और अमीरों के समान व्यवहार करें तो आपके अपराध सुल्तान इबराहीम द्वारा क्षमा करवाने के उपरान्त कालपी की सरकार पूर्व की भांति आपको जागीर में दिलवाई जा सकती है।" सुल्तान जलालुद्दीन ने इस शर्त पर शाही चिह्न पृथक् कर दिये। मलिक आदम ने चत्र तथा समस्त

शाही चिह्न सुल्तान इबराहीम की सेवा में उपस्थित किये। सुल्तान ने उसकी प्रार्थना स्वीकार न की।[१]

सुल्तान इबराहीम का राज्य को सुव्यवस्थित करना

सुल्तान जलालुद्दीन ने इस दुर्घटना के समाचार पाकर ग्वालियर के राजा के पास शरण ली। सुल्तान इबराहीम आगरा में ठहरा। राज्य के कार्य जिनमें सुल्तान सिकन्दर की मृत्यु के कारण विघ्न पड़ गया था, दृढ़ हो गये और अमीर लोगों ने विद्रोह के सम्बन्ध में तोबा करके निष्ठावान् बनना स्वीकार कर लिया। सुल्तान इबराहीम जब दृढ़तापूर्वक अपने पिता के स्थान पर आरूढ़ हो गया तो उसने करीम दाद तोग़ को अन्य अमीरों सहित देहली की रक्षा हेतु नियुक्त किया।

ग्वालियर पर आक्रमण

इसी बीच में सुल्तान ने सोचा कि "सुल्तान सिकन्दर सर्वदा ग्वालियर की विजय का संकल्प किया करता था और वहां से सेना असफल लौट आती थी अतः यदि भाग्य मेरा साथ दे तो मैं बादशाहों के संकल्प के अनुसार[२] उस क़िले तथा समीप के स्थानों को विजय करूं।" वास्तव में वह सुल्तान जलालुद्दीन को बन्दी बनाना चाहता था। तदनुसार उसने आगरा के हाकिम आज़म हुमायूँ शिरवानी को ३०,००० अश्वारोहियों, ३०० आज़माये हुये युद्ध के हाथियों सहित ग्वालियर की विजय हेतु भेजा। सुल्तान इबराहीम की सेना के ग्वालियर पहुंचने के पूर्व, सुल्तान जलालुद्दीन वहां से निकल कर मालवा की ओर सुल्तान महमूद के पास भाग गया। वह कुछ समय वहां निवास करता रहा किन्तु उसका (सुल्तान महमूद का) व्यवहार सौजन्यपूर्ण न देखकर गढ़ाकटंगा[३] की विलायत की ओर चला गया। वहां वह गँवारों द्वारा बन्दी बना लिया गया। उन्होंने उसे सुल्तान इबराहीम के पास भेज दिया। सुल्तान ने अपने भाई को हांसी भेज दिया। मार्ग में उसकी हत्या कर दी गई।

सुल्तान इबराहीम ने अपने भाई की हत्या कराने के उपरान्त निश्चिन्त होकर ग्वालियर की विजय हेतु प्रस्थान किया। आज़म हुमायूँ की सहायतार्थ १४ प्रतिष्ठित अमीर बहुत बड़ी सेना तथा कुछ अन्य हाथियों सहित भेजे गये। संयोग से उन दिनों राजा मान, ग्वालियर का राजा, जो वर्षों से देहली के सुल्तानों से टक्कर ले रहा था नरक को पहुंच चुका था। उसका पुत्र बिकरमाजीत (विक्रमादित्य) उसका उत्तराधिकारी बना था। उन दिनों सुल्तान इबराहीम के अमीर, क़िले के नीचे बादशाही दीवानखाना लगवाकर, समस्त अमीरों को वहां एकत्र करके जटिल समस्याओं का निर्णय करते थे और क़िले का घेरा डालने का प्रयत्न करते थे। क़िले के नीचे, जहां राजा मान ने एक भव्य भवन का निर्माण कराया
(९०) था, कुछ समय उपरान्त सुल्तान इबराहीम की सेना ने सुरंगें लगवाईं और उनमें बारूद भरकर आग लगा दी। क़िले की दीवार में दरारें पड़ गईं और उसने उस भवन को विजय कर लिया। वहां उन्हें एक पीतल का चौपाया[४] मिला जिसकी हिन्दू लोग वर्षों से पूजा करते थे। सुल्तान इबराहीम के आदेशानुसार उसे वहां से हटाकर देहली भेज दिया गया और बग़दाद द्वार पर लगा दिया गया। 'अकबरशाही' का लेखक लिखता है कि "वह गाय मैंने अकबर बादशाह के राज्यकाल में देहली द्वार पर देखी थी।"

१ इसमें यह वाक्य स्पष्ट नहीं है।
२ अज़्मे मुलूकाना।
३ यह शब्द अन्य स्थानों पर विभिन्न प्रकार से मिलता है : गढ़कतंगा गढ़ा कटंगा।
४ सम्भवतः गाय।

मियाँ भूवा की मृत्यु

जब सुल्तान इबराहीम के राज्य का कोई विरोधी तथा प्रतिस्पर्धी न रहा तो वह अपने पिता के अमीरों के प्रति शंकित हो गया और उन्हें कठोर दंड देने लगा। समस्त अमीर सुल्तान इबराहीम से घृणा करने लगे और भयभीत रहने लगे। सुल्तान सिकन्दर के अधिकांश बड़े बड़े ख़ानों के प्रति उसे विश्वास न रहा और उसने बड़े बड़े अमीरों को बन्दी बना लिया। वह मियां भूवा से, जो सुल्तान सिकन्दर का सर्वश्रेष्ठ अमीर था, खिन्न हो गया। मियां भूवा अपने पिछले विश्वास के आधार पर सेवा की ओर से उपेक्षा करने लगा। कम सेवा करने के कारण सुल्तान की शंका में अधिक वृद्धि होने लगी, यहां तक कि उसने मियां भूवा को बन्दी बना लिया और पांव में बेड़ी डालकर मलिक आदम को सौंप दिया और उसके पुत्र को प्रोत्साहन प्रदान करके सम्मानित किया और उसे उसके पिता के स्थान पर नियुक्त कर दिया। मियां भूवा की कुछ समय उपरान्त उसी बन्दीगृह में मृत्यु हो गई।

अमीरों का विद्रोह

कुछ समय उपरान्त उसने उन अमीरों को, जो ग्वालियर की विजय लगभग समाप्त कर चुके थे, फ़रमान लिखे कि वे आगरा में उपस्थित हों। उन लोगों के, जिनमें से प्रत्येक निष्ठावान् तथा हितैषी था, उपस्थित होने के उपरान्त, उन्हें उसने बन्दी बना लिया। आज़म हुमायूँ शिरवानी को, जो उसके ख़ानों में सर्व श्रेष्ठ था उसने निरपराध बन्दी बना लिया। इस कारण अधिकांश अमीरों ने सुल्तान के स्वभाव से अवगत होकर विरोध की पताका बलन्द कर दी। आज़म हुमायूँ के पुत्र इस्लाम ख़ां ने कड़ा में विद्रोह कर दिया और अपने पिता की धन-सम्पत्ति तथा परिजनों पर अधिकार जमा कर एक भारी सेना एकत्र करना प्रारम्भ कर दिया। सुल्तान इबराहीम इस दुर्घटना का समाचार पाकर सेना नियुक्त करना चाहता था कि अचानक सईद ख़ां लोदी तथा कुछ अन्य बड़े बड़े अमीर सुल्तान इबराहीम की सेना से भाग कर लखनऊ की विलायत में जो उन लोगों की जागीर में थी चल दिये। इस्लाम ख़ां तथा ये अमीर
(९१) एक स्थान पर एकत्र हुये और एक बहुत बड़ा उपद्रव उठ खड़ा हुआ। सुल्तान इबराहीम ने १२ प्रतिष्ठित अमीरों को एक बहुत बड़ी सेना देकर विद्रोहियों के विरुद्ध, जो भाग खड़े हुये थे, नियुक्त किया। जब वे बांगरमऊ के समीप क़न्नौज के निकट पहुंचे तो इक़बाल ख़ां आज़म हुमायूँ का ख़ासा ख़ेल ५,००० अश्वारोहियों तथा कुछ हाथियों को लेकर उस स्थान से जहां वे घात लगाये थे, निकला और उनकी सेना पर छापा मारा। वह बहुत से लोगों को घायल करके तथा सुल्तान इबराहीम की सेना को छिन्न-भिन्न करके चल दिया।

जब सुल्तान इबराहीम को इस दुर्घटना के समाचार प्राप्त हुये तो उसने अमीरों की अत्यधिक कटु-आलोचनायें लिखीं और यह आदेश दिया कि जब तक वे उस विलायत को विद्रोहियों के हाथ से छीन न लेंगे उस समय तक वे दंड के पात्र रहेंगे। सावधानी की दृष्टि से उसने कुछ अन्य अमीरों तथा ख़ानों को एक अपार सेना देकर उस सेना की सहायतार्थ नियुक्त किया। इस्लाम ख़ां की सेना में ४०,००० सशस्त्र अश्वारोही तथा ५०० हाथी थे और एक बहुत बड़ा उपद्रव उठ खड़ा हुआ था। जब दोनों ओर की सेनायें निकट पहुंची तो आजकल में युद्ध होने ही वाला था कि शेख़ राजू ने जो उस राज्यकाल के बहुत बड़े धार्मिक गुरु थे मध्यस्थ बन कर विद्रोहियों को नाना प्रकार की शिक्षायें देते हुये समझाया। उन लोगों ने कहा कि "यदि सुल्तान इबराहीम, आज़म हुमायूँ को मुक्त कर दे तो हम लोग उसकी विलायत छोड़ कर किसी अन्य बादशाह के राज्य में चले जायेंगे।" अमीरों ने सुल्तान से इस विषय में निवेदन किया। सुल्तान ने इस सन्धि को स्वीकार न किया। उसने आदेश दिया कि बिहार सूबे की सेना अत्यधिक सामग्री

सहित उस ओर से विद्रोहियों पर आक्रमण करके उस उपद्रव को शान्त कर दे। जब ये सेनायें चारों ओर से एक दूसरे के समीप पहुंचीं तो सेना की पंक्तियां तैयार होकर युद्ध करने लगीं। उन्होंने ऐसा भीषण रक्तपात किया जिसके दर्शन से काल की आंखें चौंधियां गईं। ऐसा युद्ध कभी न हुआ था किन्तु विद्रोह चूंकि अभागों का कार्य है और इससे कल्याण नहीं होता, इस्लाम खां की हत्या हो गई। सईद खां कुछ अन्य व्यक्तियों सहित बन्दी बना लिया गया और वह विद्रोह शीघ्र ही शान्त हो गया। समस्त धन-सम्पत्ति सुल्तान इबराहीम के अधिकार में आ गई। सुल्तान इबराहीम ने इस विजय की प्रसन्नता मनाई किन्तु अमीरों के प्रति उसे जो ईर्ष्या थी, वह दसगुनी बढ़ गई और सुल्तान इबराहीम सुल्तान सिकन्दर के समस्त खानों के प्रति अत्यधिक रुष्ट हो गया। अधिकांश प्रतिष्ठित अमीर, उदाहरणार्थ मियां भूवा तथा आज़म
(९२) हुमायूँ शिरवानी जिसे अमीरुल उमरा की उपाधि प्राप्त थी, बन्दीगृह में मृत्यु को प्राप्त हो गये। बिहार के हाकिम ख़ाने जहां लोदी ने उस स्थान के अमीरों से मिलकर विद्रोह की पताका बलन्द कर दी। मियां हुसेन फ़र्मुली की चन्देरी के क्षेत्र में सुल्तान इबराहीम के संकेत पर गुंडे शेखज़ादों ने हत्या कर दी। मियां हुसेन का सविस्तार उल्लेख आगे किया जायगा। इसी कारण अमीर लोग उससे घृणा करने लगे। जो जिस स्थान पर था वह अपनी चिन्ता में पड़ गया।

मियाँ हुसेन की हत्या का सविस्तार विवरण

यह मियां हुसेन एक प्रतिष्ठित अमीर तथा सुल्तान सिकन्दर का सिपहसालार था और उसको उस बादशाह द्वारा आश्रय प्राप्त हुआ था। सुल्तान इबराहीम ने सर्वप्रथम जो अनुचित कार्य किया वह यह था कि मियां हुसेन तथा मियां मारूफ़ को मियां माखन के अधीन करके ४०,००० अश्वारोहियों सहित राणा के विरुद्ध नियुक्त किया और मियां माखन को गुप्त रूप से फ़रमान लिखा कि मियां हुसेन तथा मियां मारूफ़ को जिस प्रकार सम्भव हो बन्दी बना ले। मियां हुसेन को यह समाचार प्राप्त हो गया। मियां माखन, जो सुल्तान इबराहीम का विश्वासपात्र था, बहाना करके मियां मारूफ़ के पुत्र की मृत्यु के प्रति संवेदना प्रकट करने के लिये मियां मारूफ़ के डेरे में पहुंचा। मियां हुसेन को जब समाचार प्राप्त हो गये कि मियां माखन मियां मारूफ़ के डेरे में गया है तो मियां हुसेन भी शीघ्रातिशीघ्र मियां मारूफ़ के डेरे में पहुंचा और कहा, "मियां माखन! तू यह विचार हृदय से निकाल दे कि तू मियां मारूफ़ को बन्दी बनाकर उसके पांव में बेड़ी डाल सकेगा। हम किसी के आमिल तथा पदाधिकारी नहीं हैं। तू उठ कर कुशलतापूर्वक अपने घर चला जा। हमारा सुल्तान पागल हो गया है। तुझे क्या हो गया?" यह कह कर वह उठ खड़ा हुआ और अपने डेरे में चला गया।

मियां माखन ने इस घटना का पूरा वृत्तांत सुल्तान को लिख कर भेज दिया। सुल्तान इबराहीम ने उसे फ़रमान लिखा कि, "तू किसी के डेरे में क्यों जाता है? बादशाही सरापर्दा लगवा और अमीरों को सूचना दे दे कि बादशाह का फ़रमान आया है। जब समस्त अमीर फ़रमान पढ़ने के लिये उपस्थित
(९३) हों तो उसी स्थान पर सर्वप्रथम मियां हुसेन को और तदुपरांत मियां मारूफ़ को बन्दी बना कर फ़रमान दिखा दे कि फ़रमान के अनुसार आचरण किया गया है।" मियां माखन ने ऐसा ही किया। मैदान में ख़ेमा लगवा कर अमीरों को सूचना भेज दी। मियां हुसेन इस षड्यंत्र से अवगत था। ५००० अश्वारोहियों को तैयार करके वहां पहुंच गया और अपने आदमियों से कहा कि सरापर्दे के खूँटों को उखाड़ डालो। समस्त सरापर्दा भूमि पर गिर पड़ा। समस्त सेना दिखाई पड़ने लगी। मियां माखन फ़र्मूलियों के समूह को एक घेरे में लिये हुये बैठा था। मियां हुसेन ने मियां माखन से कहा, "फ़रमान क्यों नहीं निकालते और उसे क्यों नहीं पढ़ते?" मियां माखन ने कहा, "इस प्रकार पढ़ने का आदेश नहीं हुआ

है।" मियां हुसेन ने कहा, "तेरे हृदय में जो विचार हैं वे असम्भव हैं। हमें ज्ञात हो गया है कि इस सेना का भेजा जाना केवल हमारे लिये है। हम अपने प्राण बादशाह के कार्य हेतु रखते थे। इस प्रकार लज्जित होकर प्राण नहीं दे सकते। राणा काफ़िर हमसे युद्ध करने आया है। तुमसे जो कुछ बादशाह ने कहा है वह करो। हम राणा के पास जाते ह । जो कुछ होना होगा, वह होगा।"

मियां हुसेन इस स्थान से तोदा चला गया और वहां से वह राणा से षड्यंत्र करके उससे मिल गया और राणा की सेना लेकर सुल्तान इबराहीम की सेना के विरुद्ध रवाना हुआ। मियां माखन को, जो सेनापति था, उचित दंड देकर पराजित कर दिया। ब्याना तक सुल्तान इबराहीम की सेना का पीछा करते हुए अत्यधिक मनुष्यों की हत्या की। जब दोनों सेनाओं का युद्ध प्रारम्भ हुआ तो दरिया ख़ां ने जो सुल्तान इबराहीम का एक प्रतिष्ठित अमीर था अपने भाई से कहा, "सुल्तान की सेना की व्यवस्था उचित रूप से नहीं हो रही है अतः इससे पृथक् होकर निकल चलें।" उसके भाई ने कहा, "तेरे सरीखे सम्मानित अमीर के लिये शत्रु के दृष्टिगत होने के पूर्व चला जाना उचित नहीं।" वे यही वार्ता कर ही रहे थे कि राणा की सेना प्रकट हो गई। दरिया ख़ां के भाई ने कहा, "अब तो विश्वास हो गया कि शत्रु पहुँच गया। अब चले जाना चाहिये।" दरिया ख़ां ने कहा, "हे मूर्ख भाई, जाने का समय वही था। अब जब कि शत्रु प्रकट हो गया तो मैं कहां जाऊँ कारण कि मुझे दरिया कहते हैं और दरिया अपने स्थान से नहीं हटता।" यह कह कर शहीद हो गया।

सुल्तान इबराहीम सेना की पराजय के उपरान्त आगरा से स्वयं रवाना हुआ और निरन्तर यात्रा करता हुआ कनेर नदी के तट पर उतरा। मियां हुसेन ने सुल्तान इबराहीम की सेनाओं को पराजित करके (९४) मियां ताहा से जो उसके भाइयों में से एक था कहा कि "मैं ने समस्त जीवन काफ़िरों से युद्ध में व्यतीत किया और इस अन्तिम अवस्था में जब कि मैं वृद्ध हो चुका हूं काफ़िर से मिलकर युद्ध करूं और मुसलमान लोग मेरे प्रयत्न से मारे जायें अतः यह पाप मेरी ग्रीवा पर होगा। तुम कहा करते थे कि बादशाह क्योंकि शत्रुता कर रहा है अतः सेना एकत्र करो। मैंने प्रारम्भ ही में तुम से कह दिया था कि मुझे बादशाह से शत्रुता नहीं किन्तु मेरा उद्देश्य यह है कि (चूंकि) वह हमें नहीं पहचानता और हमारा मूल्य नहीं समझता, अतः ऐसा करना चाहिये कि वह हमें पहचानने लगे तथा हमारा मूल्य जानने लगे। हमने अपनी योग्यता का परिचय उसे दे दिया, ताकि वह समझ जाय कि हमें उसके पिता सुल्तान सिकन्दर ने (यदि) सवार की श्रेणी से अमीरी की श्रेणी तक पहुंचा दिया और हमें बड़ी बड़ी अक़्तायें प्रदान कीं तो हममें इस बात की योग्यता थी अन्यथा सेना के भरोसे पर कोई अयोग्य व्यक्ति कार्य नहीं कर सकता; अतः हममें कोई न कोई विशेषता थी। जो कुछ हमारा उद्देश्य था वह हमने पूरा कर दिया।" मियां ताहा से उपर्युक्त वार्तालाप के उपरान्त उसने कहा, "तुम सुल्तान इबराहीम के पास चले जाओ और मेरी ओर से यह प्रार्थना करो कि सैयिद ख़ां यूसुफ़ ख़ेल तथा फ़तह ख़ां पुत्र आज़म हुमायूं को जो बन्दीगृह में हैं मुक्त कर दे। पहले से सुल्तान का विरोध करने का मेरा विचार न था।" सुल्तान इबराहीम ने यह सुखद समाचार पाकर दोनों अमीरों को बन्दीगृह से मुक्त कर दिया और ख़िलअत देकर बिदा कर दिया। ये दोनों अमीर सेना एकत्र करके आगरा से निकले और मियां हुसेन से मिल गये।

यह सैयिद ख़ां बड़ा अभिमानी था। एक दिन वह अपने घर में राणा से वार्तालाप कर रहा था। इसी बीच में मियां हुसेन के आगमन के समाचार प्राप्त हुये। राणा अत्यधिक व्याकुल मियां हुसेन के पास पहुंचा। वे कुछ देर तक साथ रहे। मियां हुसेन अपने घर को वापस चला गया। सैयिद ख़ां ने राणा से पूछा, "कुछ जानते भी हो कि मियां हुसेन कौन है?" राणा ने कहा, "मैं इतना जानता हूं कि वह बड़ा सम्मानित व्यक्ति है और एक उत्कृष्ट अमीर है।" सैयिद ख़ां ने कहा, "वे हमारी अफ़ग़ान क़ौम में

शेखज़ादे हैं जो उसी प्रकार से होते हैं जिस प्रकार तुम लोगों में ब्राह्मण। हमने उन्हें श्रेष्ठता प्रदान की। हम बादशाह के भाइयों में से हैं। अफ़ग़ानों के अनुसार बादशाही शाहू खेल को प्राप्त होती है अथवा युसूफ़ खेल को। इनके अतिरिक्त अन्य सेवक अफ़ग़ान लोदी होते हैं।"

मियां हुसेन इन वाक्यों को सुनकर सैयिद खां से बड़ा रुष्ट हुआ और उससे कहा कि "मेरे कारण (९५) सैयिद खां के पांव से ज़ंजीर निकाली गई। उसने खूब आभार प्रदर्शित किया। अब उसका साथ छोड़ देना ही उचित है।" उसने मियां ताहा से कहा, "तुम सुल्तान इबराहीम के पास चले जाओ। तीन पीढ़ियों से (उसके वंश वाले) हमारे आश्रयदाता हैं। हमारा उद्देश्य यही है कि वह अपने पिता के सेवकों को पहचान ले। हम उसके आज्ञाकारी बने जाते हैं। जो हमारा मित्र होगा वह उसका भी आज्ञाकारी हो जायगा।" मियां ताहा आगरा में सुल्तान इबराहीम की सेवा में पहुंचा और मियां हुसेन की निष्ठा के विषय में सुल्तान से निवेदन किया। सुल्तान इबराहीम ने कहा, "मियां हुसेन मेरे चाचा हैं। जो कुछ हुआ वह हुआ। अब मियां हुसेन इन राज्यों में से जिसे पसन्द करें वह उन्हें प्रदान कर दिया जाय। सर्वप्रथम उनकी प्राचीन जागीर बिहार सूबे में सारन तथा चुनार, दूसरे चन्देरी की अक़्ता, तीसरे सम्भल।"

मियां हुसेन ने जब राणा की सेना से पृथक् हो जाना निश्चय किया तो राणा ने यह समाचार पाकर उस सेना को जो उसकी शत्रु थी, रात्रि में मियां हुसेन के डेरे को घेर कर विरोध प्रारम्भ कर दिया। प्रातःकाल यह समाचार मियां हुसेन को प्राप्त हुये। उसने सवारी के लिये घोड़ा मंगवाया। जो अमीर मियां हुसेन के सहायक थे वे अस्त्र-शस्त्र धारण करने लगे। मियां हुसेन ने कहा, "तुम लोग शस्त्र क्यों धारण करते हो? ये सब जो एकत्र हैं, वे गीदड़ हैं। तुम लोग अपने अपने स्थान पर रहो।" यह कहकर दो सेवकों सहित वह उनकी ओर चल दिया। मियां हुसेन का एक सेवक जो कभी कभी धृष्टता-युक्त वार्तालाप कर देता था साथ था। मियां हुसेन ने यद्यपि उसे रोका किन्तु उसने कहा "मैं आपके साथ उसी प्रकार चलता हूं, जिस प्रकार सती होने वाली स्त्री के साथ जो अपने आप को जीवित जला देती है लोग लीला देखने जाते हैं। आप भी एक लाख शत्रु अश्वारोहियों का मुक़ाबला करने के लिये अकेले जा रहे हैं।" मियां हुसेन ने कुछ न कहा। सेना के मध्य में पहुंच कर घोड़े से उतर पड़ा और बैठ गया। उसने राणा तथा अन्य अमीरों को बुलवाया। वे सब लोग आये। उनके समक्ष मियां हुसेन ने कहा, "हमने तुम्हारी परीक्षा ले ली। हमने जो कुछ निश्चय किया था उस पर आचरण करते मैं तुम्हें नहीं देखता। इस समय मैं सेना को दो भागों में विभाजित करता हूं। जिसका जी चाहे वह तुम्हारे साथ रहे।" यह कह कर शत्रुओं के एक लाख अश्वारोहियों के बीच से निकल कर अपनी सेना में प्रविष्ट हो गया और वहाँ से सुल्तान इबराहीम के पास चला गया। सुल्तान ने मियां हुसेन को बाह्य रूप से नाना प्रकार की कृपाओं द्वारा प्रसन्न किया। मियां हुसेन ने चन्देरी का भू-भाग स्वीकार कर लिया। यद्यपि मियां ताहा (९६) कहता रहा कि "सुल्तान इबराहीम ईर्ष्यालु बादशाह है अतः दूर का सूबा स्वीकार करना चाहिये," किन्तु मियां हुसेन ने उसे चन्देरी के राणा से बदला लेने के लिये स्वीकार कर लिया और सुल्तान इबराहीम से बिदा होकर चल दिया।

सुल्तान इबराहीम मियां हुसेन की हत्या कराने का प्रयत्न करने लगा। उसने अपने एक विश्वास-पात्र को, जिसका नाम शेख़ फ़रीद दरियाबादी था, ७०० अशर्फी तथा १० ग्राम इनाम में देकर मियां हुसेन को नष्ट करने के लिये नियुक्त किया। उस ईश्वर का भय न करने वाले ने चन्देरी के शेखज़ादों को, जिनकी संख्या लगभग १२,००० थी, अपनी ओर मिला लिया और उन्हें सुल्तान की कृपा के प्रति आश्वासन दिला कर इस बात पर तैयार किया कि रात्रि के समय वे क़िले पर आक्रमण कर दें और मियां हुसेन की हत्या कर दें। मियां हुसेन के भतीजे शेख़ जमाल ने जिस रात्रि में मियां हुसेन की हत्या होने वाली

थी, दिन के अन्त में शेखज़ादों के षड्यंत्र का समस्त हाल उसे बता दिया। मियां हुसेन ने मुस्करा कर कहा, "ईश्वर को धन्य है। मेरे भतीजे में इतनी योग्यता हो गई कि वह मुझे परामर्श देने लगा। इन कोकनारियों[1] को इतना दलबल कहां से प्राप्त हो गया कि वे मेरे विरुद्ध षड्यंत्र रचने लगे? यदि मैं उन पर थूक भी दूँ तो उसके धक्के से कई लोग मर जायंगे। कल देखना मैं क्या कार्य करता हूं। ईश्वर ने चाहा तो तुम इसकी लीला देखोगे।" शेख जमाल ने कहा, "आप के भाग्य में कल कुछ और ही लिखा है। यदि आप कुछ और नहीं करते तो घर के बाहर निकल कर मत बैठियेगा।"

एक पहर रात्रि व्यतीत हो जाने पर जब नौबत[2] वालों के अतिरिक्त सिपाही लोग घरों को चले गये और लोग छिन्न-भिन्न हो गये तो शेखज़ादों का बहुत बड़ा समूह एकत्र हुआ और सर्वप्रथम शेखज़ादे को, जो उन लोगों का नेता था, जाकर सूचना दी कि "हम लोग मियां हुसेन की हत्या करेंगे।" उसने इन लोगों को बुरा-भला कहना प्रारम्भ कर दिया और कहा कि, "तुम लोग ऐसा कार्य कर रहे हो जिसके कारण तुम्हारी बड़ी दुर्दशा होगी।" यद्यपि इस शेखज़ादों के नेता ने उन्हें परामर्श दिया किन्तु उससे कोई लाभ न हुआ। जब शेखज़ादे ने देखा कि जो संकल्प इन लोगों ने कर लिया है, उसे वे नहीं त्यागते तो उसने (९७) तत्काल भाग कर मियां हुसेन को सूचना दे दी। इन शेखज़ादों ने दौड़कर सर्वप्रथम क़िले के द्वार पर अधिकार जमा लिया और इधर उधर हर घर पर अपने आदमी नियुक्त कर दिये। कुछ लोगों ने मियां हुसेन के डेरे पर आक्रमण कर दिया। इसी बीच में बहुत शोर होने लगा। मियां हुसेन ने कुछ लोगों सहित घर से निकल कर शत्रुओं की ओर तीन बाण फेंके किन्तु तीर खाली गये। मियां हुसेन ने धनुष भूमि पर फेंक दिया और कहा, "मैं समझता हूं कि ईश्वर का आदेश इसी प्रकार है अन्यथा मेरा वाण कदापि न चूकता।" प्रत्येक दिशा से पत्थरों की वर्षा होने लगी।

इसी बीच में एक सेवक ने कहा, "शत्रु अन्तःपुर में प्रविष्ट हो गये हैं। यदि आदेश हो तो मैं उनकी हत्या कर दूं।" मियां हुसेन ने कहा, "इस समय स्त्रियों का नाम न लो। यदि हम लोग मर्द हैं तो ये भी मर्द हैं। वीरता से कार्य करो और अपनी मृत्यु को शोभा प्रदान करो।" मियां हुसेन ने हसन अली नामक एक खुरासानी को, जो उसका वकील था, बुलवा कर कहा, "हे हसन अली! यदि तू जीवित रहे तो मेरी ओर से सुल्तान इबराहीम से कह देना कि 'मेरे हृदय में तेरी ओर से दुर्भावनायें न थीं किन्तु तू अपने हृदय में ईर्ष्या रखता था। मुझे और तुझे दोनों को ही मरना है। मेरा और तेरा न्याय ईश्वर के समक्ष होगा।" इसी बीच में मियां हुसेन के एक पत्थर लगा और वह मूर्च्छित होकर भूमि पर बैठ गया। उसके हाथ में तलवार थी। एक व्यक्ति ने मियां हुसेन के समीप पहुंच कर उस पर तलवार का वार करना चाहा। मियां हुसेन ने अपने अन्तिम समय में उसके ऐसी तलवार लगाई कि उसका सिर कट गया। शेखज़ादों ने हर ओर से मियां हुसेन पर आक्रमण करके वाणों तथा भालों से उसकी हत्या कर दी और अपने युग के उस रुस्तम का सिर विद्रोहियों के सिर के समान द्वार पर लटकवा दिया।

सुल्तान इबराहीम मियां हुसेन की हत्या से बड़ा प्रसन्न हुआ। अल्प समय उपरान्त राणा की सेना शेखज़ादों के विरुद्ध पहुंच गई। समस्त शेखज़ादे, जो इस दुर्घटना में सम्मिलित थे, मार डाले गये। शेख मुहम्मद सुलेमान को जोकि ईश्वर के एक बहुत बड़े भक्त थे किसी व्यक्ति ने स्वप्न में देखा कि वे नंगे सिर चले जा रहे हैं। उस व्यक्ति ने पूछा, "आप कहाँ थे और नंगे सिर कहां जा रहे हैं?" उन्होंने

१ अफ़ीमचियों।
२ नौबत बजाने वाले। एक प्रकार का बैंड जो निश्चित समय पर बादशाहों एवं शाहज़ादों के द्वार पर बजाया जाता था।

उत्तर दिया, "मैं चन्देरी में था। मियां हुसेन का बदला शेखज़ादों से ले लिया। अब आगरा जाता हूँ। जब सुल्तान इबराहीम की भी यही दुर्दशा हो जायगी तो पगड़ी बाँधूँगा।"

आज़म हुमायूँ की हत्या

(९८) जिस समय आज़म हुमायूँ ग्वालियर का घेरा डाले हुए था और यह क़िला आज या कल में विजय होने वाला था तो सुल्तान इबराहीम ने ऐसी परिस्थिति में आज़म हुमायूँ को समस्त सेना सहित वापस बुलवा लिया। समस्त सेना ने आज़म हुमायूँ की सेवा में उपस्थित होकर निवेदन किया कि "बुलाने का यह कौन सा समय था? यह निश्चय है कि वह आपको बन्दी बनाने तथा आपकी हत्या कराने के लिये बुला रहा है। आजकल आपकी सेवा में ५०,००० अश्वारोही हैं। आपके लिये खुत्बा तथा सिक्का[1] उचित है।" और इस विषय में उन लोगों ने आलिमों की सम्मतियां प्रस्तुत करके अपने कथन की पुष्टि की। समस्त सेना सुल्तान इबराहीम के पास उसके जाने का पूर्णतः विरोध कर रही थी। आज़म हुमायूँ ने कहा, "मुझ से यह नहीं होता कि सुल्तान इबराहीम की तीन पीढ़ियों का नमक खाकर, जब कि मुझे यह भी ज्ञात नहीं कि मुझे जीवित रहना है अथवा नहीं, अपने आप को हरामखोर कहलवाऊँ।"

वह ग्वालियर का घेरा छोड़ कर आगरा की ओर चल दिया और अधिकांश लोगों को वह लौटा देना चाहता था किन्तु कोई भी उसका साथ न छोड़ता था। जब वह चम्बल नदी के तट पर पहुँचा और नौका पर सवार हुआ तो कुछ उत्कृष्ट लोगों ने एकत्र होकर कहा, "आगरा जाना किसी प्रकार उचित नहीं।" आज़म हुमायूँ ने किसी को भी नदी न पार करने दी और सभी को लौटा दिया। तदुपरान्त उसने नौका चलवा दी। जब वह आगरा पहुंचा तो सुल्तान इबराहीम के आदेशानुसार एक बड़ा ही निकृष्ट याबू आज़म हुमायूँ के समक्ष लाया गया और कहा गया कि "आपके लिये इस पर सवार होने का आदेश हुआ है।" आज़म हुमायूँ शीघ्र घोड़े से उतर कर याबू पर सवार हो गया। उन थोड़े से आदमियों, जो उसके साथ रह गये थे, ने उससे कहा कि, "अब भी कुछ नहीं बिगड़ा है। हमारे पास अपने विश्वास के लोग हैं। आपको वे कुशलतापूर्वक यहाँ से निकाल ले जायंगे।" आज़म हुमायूँ ने कहा, "हे मित्रो! मुझे यह बात स्वीकार नहीं। हमने सुल्तान इबराहीम के पिता एवं दादा के लिये प्राणों की बलि दी है। जितना हम जीवित रह लिये, इससे अधिक जीवित न रहेंगे। अब तक हम उसी की सेवा में प्राण लगाये रहे। हमने कोई भी निकृष्ट कार्य नहीं किया। अब हम चाहे जीवित रहें और चाहे मृत्यु को प्राप्त हो जायं। मेरे लिये यह बड़े सम्मान की बात है कि इस विषय में उसे ईश्वर को उत्तर देना होगा।" यह
(९९) कहकर उन थोड़े से साथियों, जो उसके साथ रह गये थे, को भी उसने विदा कर दिया और आगरा में प्रविष्ट हो गया। जैसे ही वह आगरा में प्रविष्ट हुआ, सुल्तान इबराहीम ने उस सरीखे निष्ठावान् तथा उत्कृष्ट अमीर को बिना किसी अपराध के बन्दीगृह में डलवा दिया और कई मन ज़ंजीर उसके पांव में डलवा दी। जिस दिन आज़म हुमायूँ को बन्दीगृह में भिजवाया गया उसने सुल्तान इबराहीम के पास यही कहलवाया कि "जो कुछ तेरी इच्छा होगी वह तू करेगा। मेरी यही प्रार्थना है कि वज़ू के जल तथा इस्तिन्जे[2] के ढेले के भिजवाने का आदेश दे दे। (इसके अतिरिक्त) मेरा पुत्र इस्लाम खां बड़ा ही उद्दंड है। इसका शीघ्र उपाय कर ताकि उसके पास लोग एकत्र न हो जायं।"

१ स्वतन्त्र रूप से बादशाह बन जाना।
२ पेशाब के बाद शिश्न को सुखाने की क्रिया।

आज़म हुमायूँ बहुत समय तक बन्दीगृह में रहा। इस बीच में उसने कभी भी सुल्तान इबराहीम के विरुद्ध शिकायत का कोई शब्द न कहा। उस ईश्वर का भय न करने वाले अन्यायी ने इस प्रकार के हितैषी ख़ानों की बिना किसी अपराध के बन्दीगृह में हत्या करा दी और अपने राज्य की दीवार को अपने हाथ से गिरवा दिया। सुल्तान सिकन्दर के बड़े-बड़े अमीरों की एक बहुत बड़ी संख्या को निरपराध मरवा डाला। सीमान्तों की प्रत्येक दिशा के अमीर अपनी अपनी रक्षा करने लगे।

अमीरों का विद्रोह

दरिया ख़ां लोहानी के पुत्र ने, जिसका नाम पहाड़ ख़ां था, सुल्तान इबराहीम के विरुद्ध विद्रोह करके लगभग एक लाख अश्वारोही एकत्र कर लिये और बिहार से बंगाले तक की विलायत अपने अधिकार में कर ली और अपनी उपाधि सुल्तान मुहम्मद रख कर अपने नाम का सिक्का चलवा दिया। दौलत ख़ां वल्द तातार ख़ां, जो सुल्तान सिकन्दर के सेवकों में से था और पंजाब के राज्य का अधिकारी था, लाहौर से बुलवाया गया किन्तु दौलत ख़ां सुल्तान इबराहीम के भय तथा दुर्व्यवहार के कारण जाने में विलम्ब करने लगा। उसने अपने पुत्र दिलावर ख़ां लोदी को सुल्तान की सेवा में भेज दिया। जब यह दिलावर ख़ां सुल्तान इबराहीम की सेवा में पहुंचा तो उसने इसे देखते ही कहा कि, "यदि तेरा पिता शीघ्रातिशीघ्र न पहुंच जायगा तो अन्य अमीरों के समान उसे कठोर दंड दिया जायगा।" दिलावर ख़ां ने वास्तविक बात अपने पिता को लिख कर भेज दी। दौलत ख़ां ने अपने पुत्र को उत्तर लिखा कि "जब तक मियां भूवा आने के लिये परामर्श न देगा और मेरा आना उचित न समझेगा तथा मुझे न लिखेगा उस समय तक मैं कदापि न आऊंगा। तू चिन्ता मत कर।"

(१००) दिलावर ख़ां सुल्तान इबराहीम के क्रोध के समाचार पाकर बड़ा भयभीत हुआ और उसे सुल्तान के क्रोध तथा मृत्यु-दंड से मुक्ति दिखाई न दी। वह भागकर अपने पिता के पास भी न पहुंचा और अन्य मार्ग से बाबर बादशाह की सेवा में काबुल पहुंच गया। वह बहुत समय तक वहां रहा। उसने अफ़ग़ान अमीरों के विरोध तथा उनकी सुल्तान इबराहीम के प्रति घृणा का हाल विस्तार से बाबर बादशाह को बताया।

इसी बीच में सुल्तान इबराहीम ने मियां भूवा की बिना किसी अपराध के हत्या करा दी। बाबर बादशाह यह समाचार पाकर इबराहीम के दुर्भाग्य को समझ गया कारण कि बुद्धिमान् हितैषियों का विनाश किसी भी राज्यकाल में किसी के लिये शुभ नहीं हुआ है।...[१]

(१०४) सुल्तान इबराहीम ने ८ वर्ष तथा कुछ मास तक राज्य किया। हिन्दुस्तान में लोदी अफ़ग़ानों के राज्य का सुल्तान इबराहीम के उपरान्त अन्त हो गया। ७४ वर्ष, १ मास तथा ८ दिन तक बहलोल व सिकन्दर तथा इबराहीम हिन्दुस्तान में राज्य करते रहे। तदुपरान्त उनका अन्त हो गया।

सुल्तान इबराहीम के राज्यकाल की कुछ विचित्र घटनाएँ

अल्प-मूल्यता

सुल्तान इबराहीम के राज्यकाल की एक विचित्र घटना यह थी कि अनाज, वस्त्र, तथा समस्त वस्तुएं इतनी सस्ती हो गई थीं जितनी कि किसी भी राज्यकाल में न थीं। केवल

१ पृ० १००—१०४ तक बाबर तथा इबराहीम लोदी के युद्ध का उल्लेख है।

सुल्तान अलाउद्दीन ख़लजी के राज्यकाल के अन्त में चीज़ें इतनी सस्ती हुई होंगी और वह भी लाखों प्रयत्न, हत्या-कांड तथा कठोर दंड के उपरान्त। सुल्तान इबराहीम के राज्यकाल में चीज़ों के मूल्य का सस्ता होना दैवी था। यद्यपि सुल्तान सिकन्दर के राज्यकाल में भी अल्प-मूल्यता थी किन्तु सुल्तान इबराहीम के राज्यकाल के समान न थी। कहा जाता है कि एक बहलोली में १० मन अनाज, ५ सेर घी तथा १० गज़ कपड़ा क्रय किया जा सकता था और इसी प्रकार समस्त वस्तुयें। इस अल्प-मूल्यता का कारण यह था कि इच्छानुसार वर्षा होती थी और कृषि बड़ी उन्नति को प्राप्त हो गई थी, विलायत
(१०५) की सम्पन्नता एक की दस[1] हो गई थी। सुल्तान इबराहीम ने आदेश दे दिया था कि समस्त अमीर तथा मलिक अनाज तथा जो कुछ भूमि से उत्पन्न हो उसके अतिरिक्त कोई भी (वस्तु) कर के रूप में न लें, प्रजा से नक़द धन न प्राप्त करें। जागीरों से अपार अनाज प्राप्त होता था। मलिकों तथा अमीरों को व्यय हेतु नक़द धन की आवश्यकता होती थी। आवश्यकतावश जो कोई जिस मूल्य पर अनाज लेता वे उसे बेच डालते। ईश्वर ने ऐसा किया कि अनाज एक बहलोली में १० मन के हिसाब से बिकने लगा किन्तु सोना चांदी अप्राप्य हो गये। ५ तन्के मासिक उस व्यक्ति को जिसके परिवार होता था प्रदान किया जाता था और २३ तन्के मासिक एक अश्वारोही को मिलते थे। यदि कोई देहली से आगरा जाता और उसके साथ एक घोड़ा तथा साईस होता तो वह निश्चिंत होकर तथा प्रसन्नतापूर्वक एक बहलोली में आगरा पहुंच जाता। सुल्तान इबराहीम के राज्य-काल की अल्प-मूल्यता ईश्वर का एक बहुत बड़ा वरदान थी।

जादूगरनी

सुल्तान इबराहीम के राज्यकाल की एक घटना इस प्रकार है: सिकन्दर नामक एक युवक चन्दौसी क़स्बे के समीप यात्रा कर रहा था। हवा की गर्मी के कारण वह एक वृक्ष की छाया में खड़ा हो गया। एक बुढ़िया उस वृक्ष की छाया के नीचे बैठी थी। उसने युवक से कहा, "तेरी पगड़ी पर तिन्का है। यदि कहे तो हटा दूँ।" उसने कहा, "अच्छा"। जब उसने सिर झुकाया तो बुढ़िया ने उस युवक की पगड़ी में कोई वस्तु छिपा दी। वह युवक विवेकशून्य हो गया। बुढ़िया चल दी। युवक ने उसके पीछे घोड़ा डाल दिया यहाँ तक कि एक घने जंगल में पहुंच गया। चारों ओर से चोरों ने तलवारें खींच कर उस पर आक्रमण कर दिया। इसी बीच में उस युवक की पगड़ी एक वृक्ष की डाली से अटक कर भूमि पर गिर पड़ी। पगड़ी के गिरते ही उसकी आंखों के सामने से पर्दा हट गया। वह सावधान हो गया। उसने देखा कि कुछ गुंडे, जिन्हें बुढ़िया बैठा कर चल दी थी, तलवार खींच कर उसकी ओर आ रहे हैं। युवक ने सावधान होकर धनुष-बाण हाथ में ले लिये। चोर भाग खड़े हुये। युवक बुढ़िया को बांध कर चन्दौसी ले गया और वहां ले जाकर कोतवाल को सौंप दिया। उसकी बाज़ार में हत्या करा दी गई।

उड़ने वाला मनुष्य

सुल्तान इबराहीम के राज्यकाल में मांदू में महमूद नामक एक गुंडा था। वह बड़ी विचित्र
(१०६) हरकत करता था। क़िले के सर्राफ़ तथा बज़ाज़ जिसके नाम भी वह इस आशय का बरात[2] लिखता कि अमुक व्यक्ति को इतने हज़ार दे दो, और बरात पहुंचने पर यदि वह धन न देता तो वह उसके

१ 'इर्तिफ़ाये विलायत यके ब देह आमद'।
२ दूसरे स्थान से धन प्राप्त करने के सम्बन्ध में पत्र।

पूरे घर-बार को नष्ट-भ्रष्ट कर देता था। यद्यपि कोतवाल तथा नगरवालों ने उसे क़िले के द्वारों को दृढ़तापूर्वक बन्द करके पकड़ने का प्रयत्न किया किन्तु सफलता न प्राप्त हुई। महमूद की जिस किसी से भी शत्रुता होती तो वह दिन में खुल्लमखुल्ला उसकी हत्या कर दिया करता था और भूमि से कूद कर घर की छत पर पहुंच जाता था और अदृश्य हो जाता था। वह हवा में पक्षियों के समान उड़ा करता था।

संयोग से एक मदिरा बनाने वाले की स्त्री से उसका प्रेम हो गया; यहां तक कि वह प्रेम के वशीभूत हो गया। एक दिन उसी स्त्री के घर में वही महमूद पक्षी असावधान पड़ा था। कोतवाल को, जिसने उसकी खोज में अपना जीवन व्यतीत कर दिया था, पता चल गया। उसने शीघ्रातिशीघ्र वहां पहुँचकर घर में ताला लगा दिया। वह व्यक्ति घर से कूद कर छप्पर पर पहुंचा। उसका एक पांव छप्पर में फंस गया। कोतवाल ने उसके घर में घुस कर उस पर तलवार का वार किया। उसका पांव कट गया। वह छप्पर से भूमि पर गिर पड़ा। उसे उसी दशा में लोग मांडू के बादशाह महमूद के पास ले गये। सुल्तान ने उससे पूछा, "तू किस प्रकार उड़ लेता है?" उसने उत्तर दिया, "युवावस्था में मेरी एक बड़े ही सिद्ध योगी से भेंट हो गई। मैंने उससे निवेदन किया कि, 'आप मुझे कोई ऐसी वस्तु दे दें जिससे मुझे कोई पकड़ न सके।' मैं बहुत समय तक उसके साथ इसी आशा में रहा। एक दिन मैं योगी के साथ जा रहा था। उसने एक छिद्र देखा। उसने मुझसे कहा, 'जो तेरा उद्देश्य था, मुझे मिल गया।' मैंने कहा कि, 'कोई घास होगी?' उसने कहा, 'इस छिद्र के आस-पास जिसे तू देख रहा है घास नहीं उगती। इसका कारण यह है कि इसमें एक ऐसा सर्प है जिसके विष के प्रभाव से यह भूमि सूखी रहती है।' उसने मिट्टी के कुछ कच्चे बरतन लाकर मंत्र पढ़ने प्रारम्भ कर दिये। अचानक बहुत से सर्प उस छिद्र से निकल पड़े। अन्त में उस छिद्र से धुआं निकलने लगा। जब अग्नि ठण्डी हुई तो कच्चे बरतन पक गये। तदुपरान्त एक बहुत बड़ा सर्प निकला जिसके ऊपर एक हाथ लम्बा एक छोटा सर्प था। योगी के हाथ में हरा गन्ना था। उसने गन्ने से सर्प को हिलाया। गन्ना तत्काल जल गया। उसने सर्प को हाथ से पकड़ लिया और उसे निचोड़ा। उसके विष को उस पत्ते पर, जिसके उसने तीन दोने बनाये थे, डालकर मुझसे कहा, 'खाओ।' मैंने भय के कारण न खाया। उसने कहा, 'तुझे पश्चात्ताप करना पड़ेगा।' मैंने कहा,
(१०७) 'मैं इतना साहस नहीं कर सकता।' तदुपरान्त उसने तीनों दोनों से विष खा लिया और मेरे सामने से उड़कर अदृश्य हो गया। जो पत्ते भूमि पर गिर पड़े थे, उन्हें मैंने चाट लिया। मैं उसी के प्रभाव से उड़ लेता हूं।"

तारीखे शाही

अथवा

तारीखे सलातीने अफ़ाग़ेना

(लेखक—अहमद यादगार)

(प्रकाशन—कलकत्ता १९३९ ई०)

सुल्तान बहलोल लोदी

बाल्यावस्था

(२) बहलोल, सुल्तान शह (शाह) लोदी का भतीजा था। ख़िज्र ख़ां के राज्यकाल में उसे इस्लाम ख़ां की उपाधि प्राप्त थी। वह बड़ा ही वीर तथा योग्य पुरुष था। वह (बहलोल) अपने चाचा की सहरिन्द की जागीर का प्रबन्ध करता था। उसके ललाट से ऐश्वर्य तथा गौरव के चिह्न प्रकट थे। कहा जाता है कि एक दिन इस्लाम ख़ां नमाज़ पढ़ रहा था। बहलोल ख़ां की अवस्था सात वर्ष की थी (३) और वह बालकों के साथ खेला करता था। अचानक उसने इस्लाम ख़ां के मुसल्ले[1] पर गेंद फेंक दी। समस्त बालक इस खेल से विस्मित होकर खड़े हो गये। बहलोल ख़ां ने जाकर उस गेंद को उठा लिया। इस्लाम ख़ां की पत्नी ने उसे डाँटते हुये कहा, "बल्लू! खेल के लिये अन्य स्थान है।" इस्लाम ख़ां ने अपनी पत्नी को मना किया कि, "तुम भविष्य में बहलोल को न डांटना कारण कि उसके ललाट पर ऐसे चिह्न हैं जिनसे पता चलता है कि वह बड़े ही श्रेष्ठ तथा उच्च स्थान पर आरूढ़ होगा और वह एक ऐसा दीपक है जो मेरे वंश को प्रज्वलित कर देगा।"

दरवेश से भेंट

संक्षेप में, बहलोल ख़ां सहरिन्द के शासन को सुव्यवस्थित करके एक दिन किसी कार्य के लिये सामाना गया हुआ था। क़ुतुब ख़ां तथा फ़ीरोज़ ख़ां, जो उसके सम्बन्धी थे, उसके साथ थे। सामाना के समीप फ़त्ता[2] नामक मजज़ूब, जिसे परलोक का पूर्ण ज्ञान था, बैठा हुआ था। बहलोल ख़ां उसकी सेवा में उपस्थित हुआ। उस दरवेश ने पूछा, "तुम लोगों में कोई ऐसा व्यक्ति है जो मुझसे देहली की बादशाही दो हज़ार तन्कों में मोल ले ले?" बहलोल ख़ां के पास १,३०० तन्के थे। उसने उन तन्कों को दरवेश के समक्ष रख दिया। दरवेश ने उसके लिये ईश्वर से प्रार्थना की और कहा, "देहली का राज्य तेरे लिये

१ जा नमाज़; वह चटाई अथवा कपड़ा जिसे बिछा कर नमाज़ पढ़ी जाती है।

२ 'मख़ज़ने अफ़ग़ानी' में इस घटना का उल्लेख इस प्रकार है : मलिक बहलोल उन दिनों जब वह अपने चाचा इस्लाम ख़ां की सेवा में था, एक बार कुछ आवश्यक कार्य हेतु सामाना पहुंचा। उसके दो विश्वास-पात्र उसके साथ थे। उसने सुना कि वहां सैयिद इब्बन नामक एक बुज़ुर्ग हैं।

(४) शुभ हो।" तदुपरान्त उसने उन्हें विदा कर दिया। जो दो युवक साथ थे, उन्होंने बहलोल से
कहा, "एक भिखारी को जो एक तन्के के लिये गलियों में मारा-मारा फिरता है, इतना धन व्यर्थ में दे देने
से क्या लाभ ?" वे उसकी खिल्ली उड़ाने लगे और परिहास करने लगे। बहलोल खां ने कहा, "इस
कार्य के लिये मेरी कटु आलोचना मत करो। इस कार्य के दो ही परिणाम हो सकते हैं। यदि उसका
कथन सत्य निकला तो मैंने मुफ़्त सौदा कर लिया अन्यथा दरवेशों की सेवा से क़यामत में पुण्य होगा।"

दो वर्ष सहरिन्द में निवास करने के कारण वह बड़ा ही सम्मानित हो गया। इसी बीच में
इस्लाम खां की मृत्यु हो गई। उसके परिजन, ख़ज़ाना तथा हाथी, जो सहरिन्द में थे, बहलोल खां ने
अपने अधिकार में कर लिये। इस्लाम खां के पुत्र फ़तह ख़ां ने सुल्तान मुहम्मद से फ़रियाद की। बादशाह
ने हाजी हुसाम खां को, जो नायबे हज़रत[1] था, बहुत बड़ी सेना देकर इस आशय से भेजा कि वह बहलोल
खां को समझा कर सेना, हाथी तथा ख़ज़ाना इस्लाम खां के पुत्र को दिला दे। यदि वह अन्य प्रकार का
व्यवहार करे तो वह उसे दंड दे। हाजी (हुसाम ख़ां) ने बहुत बड़ी सेना लेकर बहलोल ख़ां के विरुद्ध
प्रस्थान किया। बहलोल ख़ां ने यह समाचार पाकर अफ़ग़ान सैनिकों को लेकर जो ५०० की संख्या में
थे और जो उसके बहुत बड़े भक्त तथा उसके प्रति निष्ठावान् थे, शाह धोरह तथा ख़िज्राबाद के मध्य
(५) में हुसाम खां से युद्ध किया।[2] घमासान युद्ध हुआ। अन्त में हुसाम खां की हत्या हो गई और उसकी
सेना पराजित हो गई। बहलोल खां हाजी हुसाम खां की सेना तथा घोड़ों पर अधिकार जमा कर विजय
तथा सफलता प्राप्त करके सहरिन्द लौट गया।

अलाउद्दीन का सिंहासनारूढ़ होना

इसी बीच में सुल्तान मुहम्मद की मृत्यु हो गई। उसका पुत्र अलाउद्दीन सिंहासनारूढ़ हुआ। अलाउद्दीन बड़ा ही अभागा और रूप, रंग तथा चरित्र में साधारण व्यक्ति था और उसकी आदतें बड़ी ही लज्जाप्रद थीं। क्योंकि वह बादशाही के योग्य न था अतः अधिकांश अमीर, जो प्रान्तों में थे, स्वतंत्र हो गये। लोदियों ने युक्ति से लाहौर से पानीपत तक का राज्य अपने अधिकार में कर लिया। अहमद खां मेवाती ने महरौली से लादो सराय तक के प्रदेश, जो देहली के निकट थे, अपने अधिकार में कर लिये। सुल्तान अलाउद्दीन देहली नगर में दो तीन अन्य परगनों को लिये राज्य करता था। उस काल के लोग कहते थे कि, "बराईये शाह आलम अज़ देहली ता पालम"[3]।

हमीद खां का वज़ीर होना

उस अवसर पर बहलोल ख़ां ने प्रार्थना की, कि "यदि सुल्तान, यमीन ख़ां को विज़ारत से पृथक्
करके उसकी हत्या करा दे और विज़ारत का पद हमीद ख़ां को प्रदान कर दे तो मैं उपस्थित होकर बादशाह
(६) की सेवा करूँगा और विभिन्न दिशाओं से चालीस परगने निकाल कर ख़ालसे[4] में सम्मिलित कर
दूंगा।" क्योंकि अलाउद्दीन को बादशाही के कार्य का कोई अनुभव न था, उसने यमीन ख़ां की, जो उसका
बहुत बड़ा सहायक था, हत्या करा दी और अपने राज्य के मुख्य वज़ीर को नष्ट करा दिया। उसके राज्य

१ देहली में बादशाह का नायब।

२ 'मख़ज़ने अफ़ग़ानी' के अनुसार 'करा' ग्राम में, जो ख़िज्राबाद साधोरा परगने के अधीन है, घोर युद्ध हुआ। हुसाम खां पराजित होकर देहली चला गया।

३ 'संसार के बादशाह का राज्य देहली से पालम तक'।

४ ख़ालसा :—देखिये पृ० २०० नोट नं० २।

में थोड़ी-बहुत जो सुव्यवस्था थी वह भी समाप्त हो गई। तदुपरान्त बादशाह ने हमीद खां को, जो बहुत बड़ा अमीर था, वज़ीर नियुक्त कर दिया। बहलोल खां उसकी सेवा में उपस्थित हो गया और इधर-उधर से ३० परगने निकाल कर उसने ख़ालसे में सम्मिलित कर दिये।

हमीद ख़ां का बहलोल को देहली बुलवाना

इसी बीच में सुल्तान अलाउद्दीन ने बदायूँ की ओर प्रस्थान करने का संकल्प किया और बहलोल खां सहरिन्द के लिये विदा हो गया। राय प्रताब देव ने, जिसके पिता की हमीद खां ने हत्या कर दी थी, बादशाह से निवेदन किया कि "हमीद खां मांदू के बादशाह सुल्तान महमूद से मिल गया है। उसने उसे भारी सेना सहित आक्रमण करने के लिये आमंत्रित किया है। मैंने किसी न किसी युक्ति से उसे रोक रक्खा है।" हमीद खां को जब सुल्तान (अलाउद्दीन) के हृदय की बात का पता चला तो वह बड़ा शंकित हुआ। वह दौलत खां सहित बदायूँ से निकला और अपनी सेना को लेकर देहली की ओर चल दिया। उसने सुल्तान के आदमियों तथा अन्तःपुर को देहली के क़िले से निकाल दिया। सुल्तान अलाउद्दीन दुर्भाग्यवश कुछ न कर सका और प्रतिकार को आज-कल पर टालने लगा। इसी बीच में हमीद खां, अलाउद्दीन के स्थान पर किसी अन्य व्यक्ति को सिंहासनारूढ़ करने के विषय में सोचने लगा। उसके विचार से दो व्यक्ति इस कार्य के योग्य थे। एक बहलोल खां, दूसरा सुल्तान महमूद मांदू का शासक। बहलोल खां इस बात से अवगत होकर अत्यधिक अफ़ग़ानों सहित देहली पहुंचा और हमीद खां से भेंट करके सम्मानित हुआ। वह उसकी सेवा में उपस्थित रहने लगा और प्रतिदिन अभिवादन हेतु जाने लगा। एक दिन हमीद खां ने बहलोल से कहा, "बादशाही स्वीकार कर लो।" उसने उत्तर दिया, "मैं सिपाही हूँ। मेरे जैसे व्यक्ति का राज्य से क्या सम्बन्ध? आप सिंहासनारूढ़ हो जायं। मैं आपका सिपह-
(७) सालार हो जाऊंगा।" हमीद खां ने कहा, "मेरा विचार बादशाही करने का नहीं। क्योंकि सुल्तान राज्य के कार्यों के योग्य नहीं है और उसके राज्यकाल में इस्लाम की बड़ी ही दुर्दशा हो गई है अतः विवश होकर तुझ से यह बात कही है।" बहलोल खां ने यह कार्य करना पुनः स्वीकार न किया किन्तु हृदय में वह सर्वदा राज्य प्राप्त करने के विषय में सोचा करता था।

राज्य प्राप्त करने का प्रयत्न

एक दिन बहलोल ने अफ़ग़ानों से कहा, "तुम लोग हमीद खां की सभा में अपने आपको पागलों के समान सिद्ध कर दो ताकि तुम्हारा आतंक उसके हृदय से समाप्त हो जाय।" एक दिन हमीद खां ने बादशाहों के समान जश्न का आयोजन किया। अफ़ग़ानों ने उस सभा में अपने आपको पागलों के समान प्रकट किया। कुछ लोगों ने अपने जूतों को अपनी कमर में बांध लिया। कुछ लोगों ने एक ऊँचे आले पर जो हमीद खां के निकट था जूते रख दिये। जब पान लाया गया तो उन्होंने चूने को सुगन्धियों से मिला दिया। हमीद खां उन लोगों की इन बातों को देखकर आश्चर्य में पड़ गया। उसने बहलोल खां से इसका कारण पूछा। उसने उत्तर दिया, "ये लोग वहशी हैं। खाने तथा मरने के अतिरिक्त कुछ नहीं जानते।" जिस स्थान पर हमीद खां बैठा था, विभिन्न रंगों के क़ालीन तथा फ़र्श बिछे थे। अफ़ग़ानों ने कहा, "खान जियु सलामत! आपके क़ालीन बड़े रंगीन तथा फूलदार हैं। यदि कृपा करके इनमें से एक आप हमें प्रदान कर दें तो हम अपने पुत्रों के लिये टोपियां बनवा कर भेज दें ताकि लोगों को ज्ञात हो जाय कि हम लोग भी खान के विश्वासपात्र हैं।" हमीद खां ने हँसकर उन्हें कई थान कपड़ों के दिये।

संक्षेप में, बहलोल ख़ां अफ़ग़ानों को एकत्र करने का प्रयत्न करने लगा। नित्य-प्रति अफ़ग़ान
(८) उसके पास एकत्र होते थे। बाह्य रूप से बहलोल हमीद ख़ां की चाटुकारी किया करता था और सर्वदा उसके अभिवादन हेतु जाया करता था। थोड़े से अफ़ग़ान उसके साथ रहते थे। जब उसका षड्-यंत्र पूरा हो गया तो उसने अफ़ग़ानों से कहा, "जब मैं हमीद ख़ां के महल में प्रविष्ट होऊं तो तुम भी प्रविष्ट हो जाना। जब द्वारपाल रोके तो कह देना कि बहलोल ख़ां कौन होता है जो उसके कहने पर हम बाहर रहें। मुझे गाली देते हुये भीतर प्रविष्ट हो जाना।"

एक दिन (हमीद ख़ां ने) बहुत बड़े जश्न का आयोजन किया। बहलोल ख़ां ३०० अफ़ग़ानों सहित वहां पहुचा। अफ़ग़ान भी उसके पीछे-पीछे प्रविष्ट होने लगे। जब द्वारपालों ने रोका तो वे चिल्लाने लगे और बहलोल ख़ां को गालियां देने लगे। जब शोर होने लगा तो हमीद ख़ां ने पुछवाया कि, "यह कैसा शोर है?" द्वारपालों ने कहा कि, "बहलोल के मना करने के बावजूद अफ़ग़ान घुस आये हैं।" हमीद ख़ां ने कहा, "यदि वे हमारे अभिवादन हेतु आ रहे हैं तो उन्हें आने दो।" उस दिन से द्वारपालों ने उन्हें रोकना छोड़ दिया। नित्य-प्रति अफ़ग़ान लोग बहलोल ख़ां के साथ कवच धारण करके आने लगे।

ईदुल फ़ितर[1] के दिन बहलोल खां ने १००० कवचधारी अफ़ग़ानों सहित जो ऊपर से ईद के वस्त्र धारण किये हुये थे यह निश्चय किया कि, "मैं आज हमीद ख़ां को बन्दी बना लूँ।" उसने १००० अफ़ग़ानों से कहा, "जब मैं हमीद ख़ां को बन्दी बना लूँ तो तुम विभिन्न स्थानों पर ख़ज़ाने, घोड़ों, हाथियों तथा कारख़ानों के विषय में सावधान हो जाना और क़िले के द्वारों पर अधिकार जमा लेना। बहलोल ख़ां ने सोने की श्रृंखला क़ुतुब ख़ां की आस्तीन में छुपा दी और अपने आदमियों से कह दिया कि, "भोजन के जशन के उपरान्त जब हमीद ख़ां के सेवक छिन्न-भिन्न हो जायं तो जो कोई भी उस स्थान पर हो उसके
(९) ऊपर दो अफ़ग़ान खड़े हो जायँ।"

हमीद ख़ां का बन्दी बनाया जाना

संक्षेप में, वे हमीद ख़ां की सभा में पहुंचे। जब प्रीति-भोज के उपरान्त हमीद ख़ां के सहायक छिन्न-भिन्न हो गये तो जिस स्थान पर हमीद ख़ां था, उस स्थान पर उसके दो सेवक खड़े थे। उन दोनों के पास दो दो अफ़ग़ान खड़े हो गये। क़ुतुब ख़ां ने बहलोल ख़ां के संकेत पर ज़ंजीर निकाल ली और तलवार खींच कर हमीद ख़ां पर अधिकार जमा लिया और उससे कहा कि, "इसे पहन लो और कुछ समय तक एकान्त में रहो।" उसने कहा, "हमने तुम्हारे लिये क्या बुराई की थी जो तुम हमारे लिये यह बुराई कर रहे हो?" उन्होंने कहा, "हम भी तेरे विषय में कोई बुराई न करेंगे किन्तु तूने सुल्तान अलाउद्दीन से विश्वास-घात किया अतः हमारा विश्वास तुझ पर से हट गया।" संक्षेप में, उसे बन्दी बना कर उसके समस्त ख़ज़ाने तथा हाथियों पर अधिकार जमा लिया गया और ख़ुशी के ढोल बजाये गये।

सुल्तान अलाउद्दीन का राज्य को त्यागना

(बहलोल ने) सुल्तान अलाउद्दीन को लिखा कि "आपके शत्रु की, जिसे आपने आश्रय प्रदान किया था किन्तु जो विद्रोह करना चाहता था, हमने हत्या कर दी और अब हम आप के नायब के रूप में राज्य के कारख़ाने को, जो बड़ा ही शक्तिहीन हो गया था, उन्नति दे रहे हैं और आपके आज्ञाकारी हैं। आपके

१ एक मास के रोज़े (रमज़ान मास) के बाद की ईद।

नाम का खुत्बा तथा सिक्का, जो समाप्त हो चुका था, पुनः जारी कर रहे हैं।" सुल्तान अलाउद्दीन ने उत्तर भेजा कि, "मैंने बादशाही का कार्य त्याग दिया है और उससे हाथ खींच लिया है। मेरा पिता तुझे पुत्र कहा करता था और तू मेरे भाई के स्थान पर है। यदि समय के अनुसार उचित हो तो तू (राज्य का) कार्य प्रारम्भ कर। मैंने राज्य त्याग दिया है और बदायूँ से संतुष्ट हूं।" जब यह पत्र बहलोल खां को प्राप्त हुआ तो उसने एक बहुत बड़े जश्न का आयोजन कराया और सोने के काम का शामियाना (१०) लगवाया तथा नाना प्रकार के फ़र्शों को बिछवा कर जड़ाऊ सिंहासन लगवाये तथा २७ मुहर्रम ८५५ हि० (१ मार्च १४५१ ई०) को सिंहासनारूढ़ हुआ[1] और अपनी उपाधि अबुल मुज़फ़्फ़र बहलोल शाह रक्खी। चारों ओर दान-पुण्य हुआ और लोगों ने बधाई दी। विरोधियों तथा सहायकों ने (सुल्तान बहलोल) के पास उपस्थित होना प्रारम्भ कर दिया। उसके उन्नतिशील सौभाग्य के कारण विद्रोही लोग उसके राजसिंहासन के समक्ष सिर रखकर हाथ बांध कर खड़े हो गये।

राज्य के विस्तार का प्रयत्न

तदुपरान्त उसने राज्य पर अधिकार जमाने के लिये प्रस्थान किया। सर्वप्रथम उसने प्रताब राय पर चढ़ाई की और अत्यधिक प्रयत्न के उपरान्त उसे बन्दी बनाकर उससे धन-सम्पत्ति प्राप्त की। तत्पश्चात् उसने दोआब पर आक्रमण किया और उसे भी ख़ालसे में सम्मिलित कर लिया। इसके उपरान्त उसने अहमद खां मेवाती पर चढ़ाई की। उसके ११ परगने अपने अधिकार में कर लिये और शेष उसी के पास रहने दिये।

सुल्तान महमूद शर्क़ी द्वारा देहली पर आक्रमण

उसने अपने सिंहासनारोहण के प्रथम वर्ष में लाहौर पर आक्रमण किया और दरिया खां लोदी तथा इस्कन्दर शाह सरवानी को देहली में छोड़ गया। सुल्तान अलाउद्दीन के कुछ अमीरों के सुल्तान महमूद शर्क़ी की ओर आकर्षित होने तथा अफ़ग़ानों के राज्य से संतुष्ट न रहने का कारण यह था कि सुल्तान अलाउद्दीन की पुत्री का विवाह उससे हुआ था। उसने अपने पति से कहा कि "देहली का राज्य मेरे पूर्वजों का था। बहलोल खां कौन होता है जो मेरे पूर्वजों के राज्य पर अधिकार जमाये। यदि तू आक्रमण न करेगा तो मैं कमर में निषंग बांध कर बहलोल से युद्ध करूंगी।" सुल्तान अपनी पत्नी के शब्दों से बड़ा प्रभावित हुआ। ८५६ हि० (१४२१ ई०) में वह अत्यधिक सेना तथा पर्वत रूपी १००० हाथियों (११) को लेकर देहली पहुंचा और उसे घेर लिया। उन दिनों सुल्तान बहलोल सहरिन्द के समीप था। ख़्वाजा बायज़ीद, शाह इस्कन्दर सरवानी तथा इस्लाम ख़ां की पत्नी बीबी मत्तू अपने समस्त परिवार तथा अफ़ग़ानों सहित क़िले की रक्षा करने लगे। क़िले में पुरुषों की संख्या कम थी। बीबी मत्तू स्त्रियों को पुरुषों के वस्त्र पहना कर क़िले के बुर्जों पर भेज देती थी ताकि पुरुष दिखाई पड़ते रहें। एक दिन शाह इस्कन्दर सरवानी क़िले के बुर्ज पर बैठा था। सुल्तान महमूद का सक़्क़ा[2] बुर्ज के नीचे की बावली से जल ले जा रहा था। शाह इस्कन्दर नावकी[3] ने उसकी ओर इस प्रकार बाण फेंका कि

१ 'मआसिरे रहीमी' भाग १ (पृ० ४३७) के अनुसार १७ रबी-उल-अव्वल ८५५ हि० (१९ अप्रैल १४५१ ई०)। 'मख़ज़ने अफ़ग़ानी' में भी यही तिथि दी हुई है।

२ जल ले जाने वाला।

३ धनुर्धर।

पखालों तथा बैल को छेदता हुआ भूमि में घुस गया। इसके उपरान्त क़िले के निकट कोई भी न आया।

सन्धि की वार्ता

जब बहलोल के पहुंचने में विलम्ब हुआ तो क़िले वालों ने यह देखा कि वे अब विवश हैं। सेना वाले साबात[1] तथा गरगज[2] तैयार करके आतशबाज़ी के हुक़्क़े[3] इस प्रकार क़िले में फेंकते थे कि भीतर वालों में इतना साहस न होता था कि वे घरों के प्रांगण में निकल सकें। विवश होकर वे संधि कर लेने पर तैयार हो गये। उन्होंने यह निश्चय किया कि क़िले के द्वारों की कुंजियां सुल्तान के आदमियों को देकर बाहर निकल जायं। सैयिद शम्सुद्दीन क़िले की कुंजियां दरिया ख़ां लोदी के पास जो क़िले को घेरे हुआ
(१२) था, ले गया और कहा, "मुझे आप से कुछ निवेदन करना है। यदि आप सब लोगों को हटा दें तो निवेदन करूं।" दरिया ख़ां ने जो लोग उसके आस पास थे, उन्हें हटा दिया। सैयिद ने उससे पूछा कि, "तुम्हारा सुल्तान महमूद से क्या सम्बन्ध है?" दरिया ख़ां ने कहा, "कोई सम्बन्ध नहीं। मैं सुल्तान महमूद का सेवक हूं।" सैयिद ने पुनः पूछा, "तुम्हारा सुल्तान बहलोल से क्या सम्बन्ध है?" दरिया ख़ां ने कहा, "हम भी लोदी हैं और वह भी लोदी है।" सैयिद शम्सुद्दीन ने क़िले की कुंजियां उसके समक्ष रख दीं और कहा, "या तो अपनी माताओं तथा बहिनों के पर्दे की रक्षा करो और या उन्हें शत्रु को सौंप दो ताकि वे उन्हें अपमानित करें।" दरिया ख़ां ने कहा, "मैं क्या करूं? सम्बन्ध के कारण मैं क़िले की विजय में विलम्ब करता था किन्तु सुल्तान बहलोल ने पहुंचने में बड़ी देर कर दी। तू इस समय कुंजियों को अपने पास रख और जो कुछ मैं करूंगा उसे देखता रह।"

दरिया ख़ां का बहलोल के विरुद्ध प्रस्थान

दरिया ख़ां ने सुल्तान महमूद के पास सैयिद के आने तथा कुंजियों के लाने का हाल बताया। सुल्तान ने पूछा, "तू कुंजियों को क्यों न लाया?" दरिया ख़ां ने कहा, "सुना जाता है कि बहलोल बहुत भारी सेना लिये आ रहा है। सर्वप्रथम यह उचित होगा कि हम उससे युद्ध करें। यदि हम उसे विजय कर लेते हैं तो देहली हमारी है।" सुल्तान ने पूछा, "क्या करना चाहिये?" दरिया ख़ां ने कहा, "मुझे तथा फ़तह ख़ां को आदेश हो कि हम बहलोल ख़ां को पानीपत के इस ओर न आने दें।" सुल्तान महमूद को यह बात पसन्द आ गई। उसने इन दोनों अमीरों को ३०,००० अश्वारोहियों तथा ४० युद्ध के हाथियों को देकर बहलोल के विरुद्ध भेजा। इसी बीच में सुल्तान बहलोल नरीला[4] पहुंच गया था। सुल्तान महमूद की सेना नरीला के इस ओर दो कोस पर पहुंच कर उतरी। रात हो गई। बहलोल की सेना वाले सुल्तान
(१३) महमूद की सेना के बैलों, ऊंटों तथा घोड़ों को दो बार छीन ले गये। दूसरे दिन दोनों सेनाओं

१ एक प्रकार का ढँका हुआ भाग जिससे आक्रमणकारी बिना अधिक हानि के सुगमतापूर्वक क़िले पर आक्रमण कर सकते थे।

२ एक प्रकार का चलता-फिरता मचान जिसे ऊँचा करके क़िले की दीवार के बराबर कर दिया जाता था। इसके कारण क़िले पर आक्रमण करने में सुविधा होती थी। कभी-कभी इन पर छत भी बना दी जाती थी जिससे क़िले के भीतर से आक्रमण करने वाले इन्हें कोई हानि न पहुँचा सकें।

३ विस्फ़ोटक पदार्थ से भरा हुआ ऐसा बेलन अथवा बाण जो दूर से शत्रु के क़िले पर अथवा सेना में फेंका जाता था।

४ 'मख़ज़ने अफ़ग़ानी' के अनुसार 'नरीला जो देहली से १५ कोस है'।

का युद्ध हुआ। बहलोल की सेना में १४,००० अश्वारोही तथा महमूद की सेना में ३७,००० अश्वारोही थे। लोदियों ने इस प्रकार घोर युद्ध किया कि महमूद की सेना ने दांतों के नीचे आश्चर्य-चकित होकर अंगुली दबा ली। क़ुतुब खां ने हाथी के मस्तक पर ऐसा वाण मारा कि वाण का समस्त लोहा मस्तक में घुस गया। उस हाथी ने मुड़ कर अपनी ही सेना को रौंदना प्रारम्भ कर दिया। उसके पीछे-पीछे क़ुतुब खां ने वीर अफ़ग़ानों सहित हत्याकांड शुरू कर दिया। महमूद की अधिकांश सेना की हत्या हो गई। इसी बीच में दरिया खां, क़ुतुब खां के पास पहुंचा। क़ुतुब खां ने चिल्ला कर कहा, "तू भी हमारी क़ौम का है। तेरी मातायें तथा बहिनें बन्दी हैं। तू शत्रु की विजय के लिये प्रयत्नशील है। इस बात से आश्चर्य होता है।" दरिया खां ने कहा, "मैं जाता हूं किन्तु तू मेरा पीछा न करना।" दरिया खां पीठ दिखा गया। महमूद की सेना पराजित हो गई। बहलोल विजयी तथा सफल हुआ। उसने हाथियों, घोड़ों, तथा लूट की धन-सम्पत्ति पर अधिकार जमा लिया। वहां से वह प्रसन्नतापूर्वक देहली को प्रस्थान करने की व्यवस्था करने लगा।

सुल्तान महमूद का पलायन

इस विजय के समाचार शाह इस्कन्दर को प्राप्त हुये। सुल्तान महमूद ने कहा, "पता लगाओ कि क़िले में किस कारण बाजे बज रहे हैं।" उसके आदमियों ने बताया कि "आज क़िले वाले बड़े प्रसन्न हैं और बधाई के शोर सुने जा रहे हैं।" उसी समय महमूद की सेना घायल तथा शोचनीय दशा में पहुँची। दरिया खां ने पहुंच कर बहलोल की सेना की विजय तथा अपनी पराजय का विवरण इस प्रकार दिया कि सुल्तान की सेना वाले आंतकित हो गये और उसने महमूद को इस प्रकार भय दिलाया कि वह (१४) पलायन की तैयारियां करने लगा और उसकी सेना अव्यवस्थित हो गई। इसी बीच में बहलोल शाह ने पहुंच कर उसका पीछा किया और पचास हाथियों तथा धन-सम्पत्ति पर अधिकार जमा लिया। क़ुतुब खां ने २० कोस तक उसका पीछा किया।

महमूद का देहली पर पुनः आक्रमण

महमूद पराजित होकर बड़ी ही लज्जित अवस्था में जौनपुर पहुंचा और उसने पुनः एक बहुत बड़ी सेना एकत्र करके शम्साबाद पहुंचकर वहां के समीप के स्थानों को नष्ट-भ्रष्ट कर दिया। बहलोल शाह बहुत बड़ी सेना लेकर वहां पहुंचा और क़ुतुब खां को १०,००० अश्वारोहियों की एक सेना देकर उससे युद्ध करने के लिये भेजा। उस युद्ध में दरिया खां लोदी सुल्तान बहलोल से मिल गया। युद्ध में अचानक क़ुतुब खां का घोड़ा गिर पड़ा और वह घोड़े से पृथक् हो गया और सुल्तान महमूद के आदमियों द्वारा वन्दी बना लिया गया। सुल्तान महमूद ने उसे जौनपुर भेज दिया और वह सात वर्ष तक वन्दीगृह में रहा।

मुहम्मद शाह का देहली में सिंहासनारूढ़ होना

इसी बीच में महमूद की मृत्यु हो गई। उसकी माता बीवी राजी ने अमीरों की सहमति से शाहज़ादा भीकन खां को सिंहासनारूढ़ कर दिया और उसकी उपाधि मुहम्मद शाह रक्खी गई। उसने बहलोल शाह से सन्धि कर ली। प्रत्येक अपने-अपने राज्य को लौट गया।

बहलोल का जौनपुर की ओर पुनः प्रस्थान

जब बहलोल देहली के समीप पहुंचा तो क़ुतुब खां की बहिन शम्स ख़ातून ने सन्देश भेजा कि "क़ुतुब खां जौनपुर के बादशाह के वन्दीगृह में है। ऐसी अवस्था में सुल्तान को किस प्रकार नींद आती

है?" बहलोल शाह ने प्रभावित होकर पुनः भारी सेना सहित मुहम्मद शाह पर आक्रमण किया। वह भी सुल्तान से मुक़ाबले के लिये निकला।

मुहम्मद शाह का अपने भाइयों की हत्या कराना

मुहम्मद शाह ने अपने कोतवाल को लिखा कि वह क़ुतुब ख़ां तथा सुल्तान महमूद के दोनों पुत्रों की हत्या करा दे। कोतवाल ने गुप्त रूप से जलाल ख़ां को विष दे दिया। जब बीबी राजी को यह ज्ञात
(१५) हुआ तो उसने क़ुतुब ख़ां तथा दूसरे शाहज़ादे की रक्षा की। कोतवाल ने मुहम्मद शाह को लिखा कि "वे दोनों मेरे अधिकार में नहीं।" मुहम्मद शाह ने अपनी माता को लिखा कि "बहुत सी आवश्यक बातें आपके आने पर निर्भर हैं। आशा है कि आप शीघ्र इस ओर पधारेंगी।" वह मार्ग ही में थी कि कोतवाल ने दूसरे शाहज़ादे की हत्या करा दी। बीबी राजी को यह समाचार क़न्नौज में प्राप्त हुये। वह उसके शोक में ग्रस्त हो गई। उसने बहादुर नामक अपने एक दास को १०,००० अश्वारोहियों सहित क़ुतुब ख़ां की रक्षा हेतु भेजा। मुहम्मद शाह ने अपनी माता को लिखा कि "समस्त शाहज़ादों की यही दशा होगी। माता जी सभी के लिये एक साथ शोक प्रकट कर लें।" इसी बीच में मुहम्मद शाह का पुत्र जलाल ख़ां बहलोल शाह के आदमियों द्वारा बन्दी बना लिया गया और उसे क़ुतुब ख़ां के बदले में बन्दी रक्खा गया।

सुल्तान हुसेन का सिंहासनारोहण

मुहम्मद शाह बड़ा ही निष्ठुर तथा अत्याचारी था। सभी लोग उससे घृणा करने लगे। बीबी राजी ने अमीरों की सहनति से हुसेन ख़ां को सिंहासनारूढ़ कर दिया और उसकी उपाधि सुल्तान हुसेन निश्चित की। समस्त सेना वाले मुहम्मद शाह के विरोधी हो गये और उससे पृथक् हो गये। जब मुहम्मद शाह ने सेना को विरोध करते देखा तो कुछ अश्वारोहियों सहित एक उद्यान में, जो समीप ही था, प्रविष्ट हो गया। समस्त सेना ने बीबी राजी के आदेशानुसार उस उद्यान को घेर लिया। क्योंकि मुहम्मद शाह बड़ा ही कुशल धनुर्धर था अतः कुछ सैनिकों ने उसके सिलाहदार[1] को मिलाकर उसके वाणों से लोहे की नोक को पृथक् करा दिया। युद्ध के दिन मुहम्मद शाह को समस्त वाण नोक के विना प्राप्त हुये। अन्त में उसने तलवार निकाल ली और कुछ लोगों की हत्या कर दी। किन्तु वह बन्दी बना लिया गया। बीबी राजी उसे जंजीर में बंधवा कर अपने साथ ले गई और सुल्तान हुसेन को भारी सेना देकर
(१६) बहलोल से युद्ध करने के लिये भेज दिया। सुल्तान हुसेन संधि के लिये तैयार हो गया और क़ुतुब ख़ां को उसी पड़ाव से सम्मानित करके सुल्तान के पास भेज दिया। सुल्तान (बहलोल) ने भी शाहज़ादा जलाल ख़ां को बड़े सम्मान से सुल्तान की सेवा में भेज दिया।

हुसेन शाह शर्क़ी द्वारा आक्रमण

एक वर्ष उपरान्त सुल्तान हुसेन ने विश्वासघात किया और वह ७०,००० अश्वारोहियों तथा १००० मस्त हाथियों सहित सुल्तान बहलोल से युद्ध हेतु आया। सुल्तान बहलोल व्याकुल होकर क़ुतुबुल अक़ताब[2] के पवित्र मक़बरे में रात भर ईश्वर से प्रार्थना तथा विलाप करता रहा। आधी रात में परोक्ष से एक व्यक्ति प्रकट हुआ और बहलोल शाह के हाथ में एक डंडा देकर कहा, "जाओ इस डंडे से भैंसों को

१ शस्त्रागार के अधिकारी।

२ .क़ुतुबुल अक़ताब ख़्वाजा .क़ुतुबुद्दीन बख़्तियार काकी देहली के प्रसिद्ध सूफ़ी (सन्त) थे जिनका निधन १२३५ ई० में हुआ और जो देहली में दफ़न हैं।

भगा दो।" उसने दूसरे दिन प्रसन्नता पूर्वक युद्ध करना निश्चय कर लिया। क़ुतुब खां ने हुसेन खां के पास सन्देश भेजा कि "बीबी राजी ने मुझे आश्रय प्रदान किया था और मैं उनका बड़ा आभारी हूं।" इस पर पुनः संधि हो गई।

सुल्तान हुसेन द्वारा पुनः आक्रमण

एक वर्ष उपरान्त सुल्तान ने पुनः विश्वासघात किया। इस बार एक बहुत बड़ी सेना उससे युद्ध करने के लिये पहुंची और उसे पराजित कर दिया। उसका जौनपुर तक पीछा किया गया। वह जौनपुर के बाहर भाग गया। सुल्तान बहलोल ने जौनपुर अपने लघुपुत्र को प्रदान कर दिया और एक असंख्य सेना उसके अधीन कर दी।

सुल्तान का कालपी, ग्वालियर तथा सहरिन्द की ओर प्रस्थान

कालपी को उसने आज़म हुमायूँ को प्रदान करके ग्वालियर की ओर प्रस्थान किया। राजा मान ने अत्यधिक पेशकश अर्पण कीं। ग्वालियर उसी के पास रहने दिया गया। सुल्तान वहां से देहली पहुंचा और वर्षा ऋतु वहीं व्यतीत की। वर्षा ऋतु उपरान्त उसने लाहौर की ओर प्रस्थान किया। सहरिन्द पहुंच कर उस नगर को शुभ समझने के कारण उसने आदेश दिया कि अमीरों की (१७) पत्नियां अपने-अपने नाम से पृथक् मुहल्ले बसा लें। उस समय से उस शुभ नगर की उन्नति होने लगी।

सुल्तान बहलोल का विवाह

कहा जाता है कि जब बहलोल खां उस नगर (सहरिन्द) का हाकिम था तो उसने क़िले के बाहर स्वर्ग रूपी एक हवेली का निर्माण कराया था और कभी-कभी वहीं निवास करता था। उस स्थान के समीप एक सुनार निवास करता था। उसकी पुत्री हेमा नामक बड़ी ही रूपवती थी। संयोग से बहलोल की दृष्टि उस पर पड़ गई और वह उस पर आसक्त हो गया। उस चन्द्रमा तुल्य (स्त्री) ने भी अपना हृदय उसे दे दिया। जब वह सिंहासनारूढ़ हुआ तो उसने उसके पिता को प्रसन्न करके उससे विवाह कर लिया।

सुल्तान सिकन्दर के जन्म के विषय में स्वप्न

एक रात्रि में उस युवती ने स्वप्न देखा कि एक चन्द्रमा आकाश से पृथक् होकर उसकी गोद में पहुंच गया। दूसरे दिन उसने इस स्वप्न की बहलोल से चर्चा की। जब स्वप्न की व्याख्या करने वालों से पूछा गया तो उन्होंने बड़ी छानबीन के उपरान्त यह बताया कि "इस संसार की मलका के गर्भ से एक ऐसे पुत्र का जन्म होगा जो राजसिंहासन का स्वामी होगा।" सुल्तान इस बात से बड़ा प्रसन्न हुआ और उसने दरिद्रियों को न्योछावर बांटे।

ग्वालियर पर आक्रमण

दो वर्ष पंजाब में सैर तथा शिकार में व्यतीत करने के उपरान्त उसने देहली की ओर प्रस्थान किया। इसी बीच में राजा मान नरक को पहुंच गया था, और उसके पुत्र ने उसका स्थान ग्रहण कर लिया था। दरिया खां लोदी को इस अभियान हेतु नियुक्त किया गया। मान के पुत्र ने १२ हाथी तथा दो लाख

रुपये पेशकश[1] के रूप में भेंट किये और आज्ञाकारिता स्वीकार कर ली। उसने यह वार्षिक पेशकश देना स्वीकार किया।

सुल्तान हुसेन द्वारा आक्रमण

इसी बीच में सुल्तान हुसेन एक भारी सेना लेकर कालपी के समीप पहुंचा। बारबक शाह ने दो (१८) तीन बार उससे युद्ध किया। अन्त में वह पराजित हुआ। उसने अपने अत्यधिक परिजन तथा असबाब उसे प्रदान कर दिये। यह समाचार सुल्तान बहलोल को प्राप्त हुये। प्रत्येक स्थान से सेना एकत्र करके अत्यधिक सेना सहित उसने युद्ध के लिये प्रस्थान किया। जब वह कालपी के समीप पहुंचा तो सुल्तान हुसेन ने अपने भतीजे को जिसका नाम जलाल खां था, ३०,००० वीर अश्वारोहियों सहित युद्ध करने के लिये भेजा। सुल्तान बहलोल ने क़ुतुब खां, अहमद खां तथा दौलत खां को गंगा के पार कराया और आदेश दिया कि १५००० अश्वारोही घात लगाये बैठे रहें। दौलत खां को १५००० अश्वारोहियों सहित युद्ध हेतु भेजा और यह आदेश दिया कि "यदि सुल्तान महमूद (हुसेन) की सेना भारी पड़ने लगे तो तुम लोग पीठ दिखा कर चल देना और (शत्रु की) सेना को उस ओर ले आना जहां क़ुतुब खां घात लगाये बैठा हो। इस प्रकार (शत्रु की) सेना के बीच में घिर जाने के उपरान्त दोनों ओर से मार्ग रोक कर युद्ध में किसी प्रकार की शिथिलता न प्रदर्शित की जाय।" उन लोनों ने सुल्तान के आदेशानुसार सुल्तान हुसेन की सेना से घोर युद्ध किया। जलाल खां भी इस युद्ध में मारा गया। ३० पर्वत रूपी हाथी, अत्यधिक घोड़े तथा अपार धन-सम्पत्ति सुल्तान बहलोल की सेना को प्राप्त हुई। वे विजय के उपरान्त राज-सिंहासन के समक्ष उपस्थित हुये और विजय की बधाई प्रस्तुत की। बहलोल ने बारबक शाह को कालपी में सिंहासनारूढ़ कर दिया। सुल्तान हुसेन बहलोल से युद्ध की शक्ति न देखकर निरन्तर यात्रा करता हुआ जौनपुर की ओर चल दिया और सुल्तान (बहलोल) देहली की ओर लौट गया। दो वर्ष तक वह भोगविलास तथा शिकार में ग्रस्त रहा और किसी ओर कोई दुर्घटना न हुई।

सुल्तान सिकन्दर का जन्म

उसके सिंहासनारोहण के सातवें वर्ष शुभ मुहूर्त में एक भाग्यशाली पुत्र का जन्म हुआ। सुल्तान (१९) बड़ा प्रसन्न हुआ और उसने भोगविलास की सभाओं का आयोजन कराया और उसका नाम निज़ाम ख़ां इस कारण रक्खा कि उसके समस्त कार्य उस समय तक सुव्यवस्थित हो गये थे। बाल्यावस्था से ही उसका दरबार पृथक् कर दिया और संबल की सरकार उसे प्रदान कर दी तथा खाने खानां फ़र्मुली की गोद में उसे सौंप दिया, और उसे उसका अतालीक़[2] नियुक्त कर दिया। जब शाहज़ादे की अवस्था ५ वर्ष की हुई तो वह एक दिन धनुष बाण लिये हुये सुल्तान के समक्ष से गुज़रा। सुल्तान ने उसे बुलाकर यह सोचा कि "क्योंकि मुझे राणा से युद्ध करना है अतः इस पुत्र के वाण से फ़ाल[3] लूँ। यदि इसका बाण लक्ष्य पर लग जायगा तो निःसन्देह विजय हो जायगी।" उसने निज़ाम को बुलाकर कहा, "हे निज़ाम ! आ और इस फूल पर जो झाड़ी पर खिला हुआ है निशाना लगा।" शाहज़ादे ने फूल को बाण की नोक से इस

१ कर।
२ गुरु।
३ किसी कार्य की सफलता के लिये ईश्वर की इच्छा पता लगाने की विधि।

कुशलता से तोड़ लिया कि झाड़ी न हिली। सुल्तान बड़ा प्रसन्न हुआ और उसके ललाट का चुम्बन लेकर सहारन्द की सरकार उसे प्रदान कर दी कारण कि वह स्थान शुभ था।

राणा के विरुद्ध प्रस्थान

कुछ समय उपरान्त उसने राणा की ओर चढ़ाई की और निरन्तर यात्रा करते हुये अजमेर में शाही शिविर लगवाये और शक्तिशाली सेना को राणा के विरुद्ध नियुक्त कर दिया। राणा का भागिनेय चत्र साल[1] १०,००० अश्वारोहियों सहित उदयपुर में था। क़ुतुब ख़ां वहां पहुंच गया और अभागे काफ़िरों से युद्ध (२०) प्रारम्भ हो गया। सर्वप्रथम शाही सेना ने उन काफ़िरों को पीठ दिखा दी। बड़े-बड़े योग्य अफ़ग़ान उस युद्ध में मारे गये। अन्त में क़ुतुब ख़ां तथा ख़ाने ख़ानां फ़र्मुली ने प्राण हथेली पर रख कर तलवार तथा कटार से युद्ध प्रारम्भ कर दिया और उन दुष्टों को नष्ट-भ्रष्ट कर दिया। चत्र साल की हत्या हो गई। रणक्षेत्र में काफ़िर इतनी अधिक संख्या में मारे गये कि उनके सिरों के ढेर लग गये और उनके रक्त से नदी बह निकली। सुल्तान की सेना को ५-६ हाथी, ४० घोड़े तथा अत्यधिक धन-सम्पत्ति प्राप्त हुई। राणा की सेना पराजित हो गई। तदुपरान्त राणा ने शाही सेना से संधि कर ली और उदयपुर में सुल्तान के नाम का ख़ुत्बा तथा सिक्का जारी हो गया।

नीमखार पर आक्रमण

तदुपरान्त सुल्तान ने विजयी सेना सहित नीमखार पर चढ़ाई की और उस विलायत को नष्ट-भ्रष्ट कर दिया। वहां से शाही सेना को अपार धन-सम्पत्ति प्राप्त हुई। वह वहां से पुनः शहर (देहली) पहुंचा और दो-तीन मास उपरान्त सेना सहित लाहौर की ओर प्रस्थान किया। कुछ दिन भोग-विलास में व्यतीत किये।

मुल्तान के वाली की सहायता हेतु सेना भेजना

उन दिनों अहमद ख़ां भट्टी, जो सिन्ध में प्रभुत्वशाली था और जिसके पास २०,००० अश्वारोही थे, मुल्तान के वाली के विरुद्ध विद्रोह कर रहा था। उसके प्रार्थना-पत्र[2] प्राप्त हुये कि "अहमद ख़ां मुल्तान के ग्रामों को नष्ट-भ्रष्ट कर रहा है। यदि संसार के स्वामी इस ओर ध्यान दें तो उचित है, अन्यथा हमारा वहां रहना सम्भव न हो सकेगा। मुल्तान से हमारे निकल जाने के उपरान्त वह मुल्तान को अपने अधिकार में करके पंजाब को विध्वंस करने का प्रयत्न करेगा।" सुल्तान इस समाचार को पाकर बड़ा परेशान हुआ। उमर ख़ां को जो प्रतिष्ठित अमीर था तथा शाहज़ादा बायज़ीद को ३०,००० वीर अश्वारोहियों सहित उस अभियान के लिये नियुक्त किया।

अहमद ख़ां की सेना से युद्ध

(२१) वे सुल्तान से विदा होकर लाहौर से निरन्तर यात्रा करते हुये रवाना हुये। जब वे मुल्तान पहुंचे तो मुल्तान का वाली भी वहां पहुंच कर उनसे मिल गया और उनको मार्ग दर्शाता उन्हें उसके राज्य में ले गया। अहमद ख़ां ने अपनी सेना के अभिमान पर तथा अपनी वीरता को दृष्टि में रखकर शाही सेना

१ छत्रसाल।
२ मुल्तान के वाली के।

की ओर ध्यान न दिया और स्वयं अपने स्थान से न हिला। उसने अपने भतीजे को १५००० अश्वारोहियों सहित उनके विरुद्ध भेजा। वह युवक एक रूपवती पर आसक्त था और वह उसे सैर तथा शिकार में भी पृथक् न करता था। युद्ध के दिन भी वह उसे हौदज में बैठा कर लाया था। जब युद्ध प्रारम्भ हुआ तो नौरंग ख़ां ने १०,००० अश्वारोहियों को दाऊद ख़ां के अधीन करके शाही सेना से युद्ध करने के लिये भेजा। दाऊद ख़ां ने सुल्तान की सेना से युद्ध प्रारम्भ किया। ऐसा घमासान युद्ध हुआ कि जिसे युग की आंखों ने देखा भी न होगा। लाशों से रक्त की नदी बह निकली। दाऊद ख़ां मारा गया और उनकी सेना पराजित हो गई। जब अहमद खां की सेना वाले पलायन करते हुये नौरंग ख़ां के पास पहुंचे तो नौरंग ख़ां विलाप करते हुये अपनी प्रेमिका से विदा हुआ और प्राण हथेली पर लेकर युद्ध प्रारम्भ कर दिया। शाही सेना के अधिकांश लोग नौरंग खां की तलवार से दो टुकड़े होकर गिर पड़े। अचानक एक
(२२) रबूरक[1] का गोला नौरंग खां के भी लगा और उस गोले द्वारा वह भी दो टुकड़े हो गया।

नौरंग ख़ां की पत्नी की वीरता

जब नौरंग खां की हत्या का समाचार उस स्त्री को, जिसने पुरुषों के कार्य सम्पन्न किये, प्राप्त हुये तो वह अस्त्र-शस्त्र धारण करके तथा सोने से मढ़ा हुआ निषंग अपनी कमर में लगा कर तथा खोद पहिन कर नौरंग खां की सेना में प्रविष्ट हो गई। उसने नौरंग के भाई से कहा कि, "जब मैं तुम्हारी सेना में प्रविष्ट हूँ तो यह उचित होगा कि तुम समस्त सेना को मेरे अभिवादन हेतु भेज दो और यह प्रसिद्ध कर दो कि अहमद खां का पुत्र शाहज़ादा आ गया ताकि शत्रु की सेना का साहस कम हो जाय और उन्हें यह विचार न हो कि उन्होंने सेनापति की हत्या कर दी है।"

शाही सेना की पराजय

संक्षेप में, समस्त सेना घोड़े से उतर कर अभिवादन हेतु प्रस्तुत हुई और खुशी के नक़्क़ारे बजाये गये। शाही सेना का, जो अपनी शक्ति के कारण विजयी हो गई थी, साहस कम हो गया। अहमद खां की सेना एक साथ टूट पड़ी और ऐसा घोर युद्ध किया कि शाही सेना भाग खड़ी हुई। जब शाही सेना की पराजय के समाचार शाहज़ादा बायज़ीद को प्राप्त हुये तो उसने अपने आदमियों को बहुत डांटा। उस ओर जब अहमद खां को अपनी विजय के समाचार प्राप्त हुये और उसने उस स्त्री के प्रयत्न के विषय में सुना तो उसने चकित होकर दांतों के नीचे अंगुली दबा ली। वह स्त्री उसी प्रकार पुरुषों के वस्त्र तथा अस्त्र-शस्त्र धारण किये हुये अहमद खां के समक्ष उपस्थित हुई तो अहमद खां ने उसकी वीरता एवं योग्यता की बड़ी प्रशंसा की। उसे १०,००० रुपये के आभूषण प्रदान किये।

शाही सेना की विजय

इस ओर शाहज़ादा बायज़ीद ने अन्य सेना सहायतार्थ मँगवाई। सुल्तान ने दो तीन अमीरों को,
(२३) जो बड़ी-बड़ी सेनाओं के स्वामी थे, रवाना किया।

जब सेना शाहज़ादा बायज़ीद के पास पहुंची और उसने अहमद खां की विलायत पर आक्रमण किया तो अत्यधिक युद्ध के उपरान्त अहमद ख़ां को बन्दी बना लिया और उसकी हत्यां कर दी।

१ यह शब्द स्पष्ट नहीं।

शाहज़ादा उसके राज्य को खालसे में सम्मिलित करके विजय तथा सफलता प्राप्त करने के उपरान्त सुल्तान बहलोल के पास लौट गया और शाही कृपाओं द्वारा सम्मानित हुआ।

एक प्रेमी की कहानी

कहा जाता है कि जब शाही सेना ने नीमखार की विलायत पर आक्रमण किया और उस विलायत को नष्ट कर दिया तो उस स्थान पर एक बक़्क़ाल सैनिक जीवन व्यतीत करता था। उसकी पत्नी बड़ी ही रूपवती थी। उसका पति उससे अत्यधिक प्रेम करता था। संयोग से वह स्त्री बन्दी बना ली गयी और ग़ायब हो गई। उन दिनों उसका पति एक स्थान को गया हुआ था। जब वह वापस आया तो उसे अपनी पत्नी का पता न मिला। वह विलाप करता हुआ उसे ढूँढता फिरता था किन्तु उसका पता न मिलता था। सांसारिक वस्त्र त्याग कर वह ग्राम-ग्राम, शहर-शहर उसे ढूंढता फिरता था। एक वर्ष इसी प्रकार व्यतीत हो गया और वह सहरिन्द पहुंचा। एक दिन वह एक हवेली के द्वार से होकर जा रहा था कि उसने देखा कि उसकी पत्नी सिर पर घड़ा रक्खे हुये उस हवेली में ले जा रही है। खड़े होकर उसने भिखारियों के समान आवाज़ लगाई। अफ़ग़ान ने कहा, "एक भिखारी द्वार पर खड़ा है। उसे जाकर कुछ दे आ।" वह स्त्री एक रोटी का टुकड़ा लिये हुये द्वार पर पहुंची। बक़्क़ाल ने कहा, "मैं
(२४) बहुत समय से तेरे पीछे मारा-मारा फिरता हूँ।" स्त्री ने कोई उत्तर न दिया और लौट गई। उसने जाकर अफ़ग़ान से कहा, "द्वार पर जो खड़ा है भिखारी नहीं हरामज़ादा है और मुझे ले जाने के आशय से आया है।" अफ़ग़ान यह सुनकर बड़ा क्रोधित हुआ और उसने बक़्क़ाल को कस कर बंधवा दिया और उसे इतना पीटा कि वह घायल हो गया। उसे अश्वशाला में डाल दिया गया। वह वहां पड़ा रहा। जब वह अच्छा हो गया तो अफ़ग़ान ने कहा, "अब चला जा।" उसने कहा, "खान सलामत ! अब मैं मुसलमान हो गया हूँ। आपका नमक खा चुका हूं और आपका दास हो गया हूं। मुझसे जो सेवा हो सकेगी उसमें कमी न करूंगा।"

संक्षेप में वह अफ़ग़ान की सेवा करने लगा और उसकी सरकार में उसने विश्वास प्राप्त कर लिया। यहां तक कि एक वर्ष तक अफ़ग़ान की सेवा में रहने के कारण वह उसका विश्वासपात्र हो गया किन्तु उसकी पत्नी हर बार यही कहा करती कि "वह इसी घात में है कि अवसर पाकर मुझे ले जाय।" अफ़ग़ान ने कहा, 'मेरे अनेक कार्य उसके द्वारा सम्पन्न होते हैं और तू उससे संतुष्ट नहीं। उसने मेरे समक्ष तुझे बहिन कहा है।" संक्षेप में अफ़ग़ान ने उस पर अत्यधिक विश्वास के कारण उसे अपने घर का समस्त प्रबन्ध सौंप दिया।

इसी बीच में सुल्तान को दलमऊ के अभियान पर प्रस्थान करना पड़ा। वह अफ़ग़ान भी सेना के साथ रवाना हुआ। जब वे आगरा के समीप पहुंचे तो एक दिन वह अफ़ग़ान अपने स्वामी के साथ आगे रवाना हो गया और सामान को ऊंटों पर लदवा कर लाने का आदेश दिया। उस स्त्री को एक तानू[1] पर सवार करके ले जा रहे थे। उस दिन वह बक़्क़ाल उसके घोड़े की लगाम खींचे लिये जा रहा था। जब अफ़ग़ान मंज़िल पर पहुंचा तो उसने पूँछा कि "कनीज़ कहां है ?" लोगों ने बताया कि "पीछे आ रही है।" जब देर हो गई तो अफ़ग़ान समझ गया कि वह उसे ले गया। वह तुरन्त एक द्रुतगामी
(२५) घोड़े पर सवार होकर स्त्री को ढूँढने के लिये रवाना हुआ। उस ओर से वह बक़्क़ाल उस स्त्री

१ सम्भवतः तांगे के समान कोई गाड़ी।

को अन्य मार्ग से ले जाकर एक स्थान पर उतर कर सो गया था। वह स्त्री अफ़ग़ान के वियोग में एक कोने में बैठी फूट-फूट कर रो रही थी। अचानक अफ़ग़ान उस स्थान पर पहुंच गया। स्त्री ने जैसे ही अफ़ग़ान को देखा वह बड़ी प्रसन्न हुई और उसके चरणों पर शीर्ष रख कर कहा, "मैं न कहती थी कि हरामज़ादा मुझे ले जाने के लिये समय की प्रतीक्षा कर रहा है।" वह अफ़ग़ान उतर पड़ा और उसने बक़्क़ाल को खूब पीटा और घोड़े की रस्सी से उसे बांध दिया तथा वृक्ष से लटका दिया और स्वयं ज़ीन पोश बिछा कर लेट गया। उस स्त्री ने उसके पांव दबाने प्रारम्भ कर दिये और उससे हंसी खेल करती जाती थी। तत्पश्चात् उसने जाम दान[1] से जाम[2] निकाल कर उसमें जल डाला और मिश्री छोड़कर शर्बत तैयार किया। थोड़ा सा उसने स्वयं पिया और शेष अपने पास रख लिया और सो गई।

बक़्क़ाल उसी प्रकार लटका हुआ था। उसने देखा कि उस वृक्ष से एक काला नाग उतरा और उसी रस्सी से उसके पांव पर पहुंचा। बक़्क़ाल ने सोचा कि "यह मुझे डसकर मेरी हत्या कर देगा। अच्छा तो यही है कि मुझे इस कष्ट से मुक्ति हो जाय।" संक्षेप में, नाग उसके शरीर से होता हुआ भूमि पर पहुंचा। उस कटोरे में मुंह डालकर अपना विष उसमें गिरा कर बक़्क़ाल के शरीर पर से होता हुआ उसी रस्सी द्वारा वृक्ष के ऊपर पहुँचा और ग़ायब हो गया। कुछ क्षण उपरान्त अफ़ग़ान जागा और जो शर्बत उस कटोरे में रह गया था, पीकर सो गया। उसी अवस्था में उसकी मृत्यु हो गई। अचानक बक़्क़ाल
(२६) के पांव में जो रस्सी बंधी हुई थी टूट गई और वह भूमि पर गिर पड़ा। उसने अपने पांव से रस्सी खोल ली। जब उसने अफ़ग़ान के मुख से चादर हटाई तो देखा कि उसकी मृत्यु हो चुकी है। उसने स्त्री को जगा कर कहा, "ईश्वर की लीला देख। परोक्ष से मुझे न्याय प्राप्त हुआ है। यदि तू अब भी मेरा विरोध करेगी तो इसी प्रकार नष्ट हो जायगी। स्त्री इस घटना को देख कर कांप उठी और उसने उसके पांव पर सिर रखकर कहा कि "अब जब तक मैं जीवित रहूंगी तेरी आज्ञा के विरुद्ध कोई कार्य न करूंगी।" बक़्क़ाल ने अफ़ग़ान के शरीर पर से वस्त्र उतारकर स्वयं पहिन लिये। अफ़ग़ान की थैली से ३०० अशर्फ़ियां निकाल कर अपने अधिकार में कर लीं और उसके द्रुतगामी घोड़े पर सवार हुआ। स्त्री को दूसरे घोड़े पर सवार किया और अपने घर को चला गया।

पूँछ वाले मनुष्यों का द्वीप

कहा जाता है कि अहमद खां लोदी ने दैवी प्रेम के आवेश में काबा के दर्शन करने का निर्णय कर लिया। सुल्तान से अनुमति लेकर जहाज़ पर बैठ कर हाजियों के साथ रवाना हो गया। संयोग से वह जहाज़ नष्ट हो गया। समस्त यात्री समुद्र में डूब गये। अहमद ख़ां तथा तीन अन्य व्यक्ति एक तख़्ते पर रह गये जिसे वायु ने बहा कर एक द्वीप में पहुंचा दिया। जब उन लोगों ने आबादी देखी तो उन्होंने ईश्वर के प्रति कृतज्ञता प्रकट की। वे तख़्ते से उतरे और नगर के समीप पहुंचे। वहां के निवासियों के पूँछ होती थी। वे लोग उन्हें अपने बादशाह के समक्ष ले गये। बादशाह ने उनसे उनके विषय में पूछा और जानकारी प्राप्त कर लेने के उपरान्त उन्हें अपनी सरकार से भोजन दिलवा दिया और उनके निवास हेतु एक हृदयग्राही स्थान निश्चित कर दिया। उन लोगों ने नगर के प्रत्येक घर को मोती के चूने से सजा
(२७) हुआ तथा सफ़ेद देखा। प्रत्येक स्थान पर लाल याक़ूत के गुच्छे लगे हुये देखे। वे ईश्वर की लीला देखकर आश्चर्य-चकित थे। उन्हें किसी भी घर में जल का घड़ा न मिला। जब उन लोगों ने कुछ आदमियों

१ कटोरा रखने का बरतन।
२ कटोरा।

से जिनसे उनका परिचय हो गया था पूछा कि, "इस स्थान पर जल दृष्टिगत नहीं होता किन्तु यह जल जिसका स्वाद मिश्री के शर्बत से कम नहीं होता कहां से आता है ?" उन लोगों ने बताया कि "इस पर्वत के समीप, जिसे तुम देख रहे हो, छोटे-छोटे वृक्ष हैं, उनकी पत्तियां जल से भरी होती हैं। कोई एक पत्ती से जितना भी जल निकालता है वह कम नहीं होता।" अहमद खां को उस लीला के, जो ईश्वर की शक्ति का उदाहरण था, देखने की इच्छा हुई। उसने अपने मित्र के साथ उसे जाकर देखा। वह इस दृश्य को देख ही रहा था कि एक दरवेश कवच धारण किये हुये उस पर्वत की गुफा से प्रकट हुआ। उसने पूछा, "अहमद खां तू कहां आया ?" अहमद खां ने उस दरवेश के चरणों पर सिर रख दिया और रो-रो कर जो कुछ उस पर बीती थी, उसका विवरण दिया। दरवेश ने पूछा, "अपने घर जाना चाहता है अथवा ईश्वर के घर ?" उसने निवेदन किया कि, "यदि ईश्वर स्वीकार करे तो मुझे हज की इच्छा है।" दरवेश ने कहा, "आंखें बन्द कर ले।" अहमद खां ने आंखें बन्द करलीं। जब उसने आंखें खोलीं तो अपने आप को काबा में पाया। हज के उपरान्त वह जहाज़ पर बैठकर देहली लौट आया।

विद्रोह दमन हेतु प्रस्थान

बहलोल शाह उन दिनों राणा के अभियान से लौट कर शहर (देहली) में आ गया था। तदुपरान्त उसने मालवा पर आक्रमण किया। राजा मान ने कुछ अन्य लोगों सहित सुल्तान बहलोल के विरुद्ध विद्रोह कर दिया था। राय सारंग ने भी विद्रोह कर दिया था। जब शाही पताकाओं के पहुँचने के समाचार प्राप्त हुये तो उसने तीन मंज़िल आगे बढ़ कर स्वागत किया और दो हाथी तथा १२ घोड़े पेशकश के रूप में भेंट किये और उस प्रज्वलित अग्नि से अपनी रक्षा कर ली। वहां से शाही पताकाओं ने उज्जैन की ओर प्रस्थान किया। क्योंकि वहां के काफ़िरों ने विद्रोह कर दिया था अतः वहां का राय गले में रस्सी बांध कर शाही सवारी के साथ रवाना हुआ। वहां से बहलोल आगरा के समीप पहुंचा। मार्ग में वह रुग्ण हो गया। वह इसी प्रकार प्रस्थान करता चला गया। जब देहली ४० कोस रह गयी तो वह रोग बहुत बढ़ गया। देहली से शाहज़ादे, क़ुतुब खां, दरिया खां लोदी तथा राज्य के अन्य उच्च पदाधिकारी उसके स्वागतार्थ उपस्थित हुये। ८९४ हि० (१४८८-८९ ई०) में वह बादशाह जो अफ़ग़ानों का प्रथम बादशाह था और जिसने तलवार के बल पर राज्य प्राप्त किया था, मृत्यु को प्राप्त हो गया। उसका पुत्र, जो राज्य के योग्य था, सिंहासनारूढ़ हुआ।

(२८)

सिकन्दर लोदी

शेख़ हसन तथा सुल्तान

(२९) सिकन्दर लोदी सुल्तान बहलोल का पुत्र था। जब वह शाहज़ादा था तो उसकी उपाधि निज़ाम खां थी। ईश्वर ने उसे अत्यधिक रूपवान् बनाया था। जो कोई उसे देखता वह उस पर आसक्त हो जाता था। शेख़ अबुल अला के पौत्र शेख़ हसन उस पर आसक्त हो गये थे। शेख़ हसन बड़े ही पहुंचे हुये थे। एक दिन शाहज़ादा निज़ाम खां शीत ऋतु में एक कोठरी में अकेला बैठा था। शेख़ हसन के हृदय में उसे देखने की इच्छा अत्यन्त प्रबल हो गई। वे निज़ाम खां के पास, जहां उस समय वायु भी न पहुंच सकती थी, अपनी आध्यात्मिक शक्ति से पहुंच गये। शाहज़ादे को बड़ा आश्चर्य हुआ। उसने कहा, "हे शेख़ इतने दरबानों के होते हुये आज्ञा बिना आप किस प्रकार आ गये।" शेख़ ने कहा, "तू ही समझ।" निज़ाम खां ने कहा, 'आप अपने आप को मेरा आशिक़ कहते हैं।" शेख़ ने कहा, "मैं विवश हूं।" निज़ाम

ख़ां ने कहा, "आगे आइये।" शाहज़ादे ने उनका सिर पकड़ कर अँगीठी पर जलते हुये कोयले पर रख दिया और अपने दोनों हाथ से ज़ोर से पकड़े रहा। उन्होंने दम भी न मारा। इसी बीच में मुबारक (३०) ख़ां लोहानी आ गया। उसे यह देखकर बड़ा आश्चर्य हुआ। उसने सुल्तान से पूछा, "यह कौन हैं?" निज़ाम ख़ां ने कहा, "शेख़ हसन हैं।" मुबारक ख़ां ने कहा, "हे ईश्वर का भय न करने वाले! तू क्या करता है? इन्हें कोई हानि नहीं पहुंच सकती। तू अपनी हानि से भय नहीं करता।" निज़ाम ख़ां ने कहा, "यह अपने आप को मेरा आशिक़ कहता है।" मुबारक ख़ां ने कहा, "तुझे ईश्वर का कृतज्ञ होना चाहिये कि तू एक बुज़ुर्ग को प्रिय है। यदि तू लोक तथा परलोक का उपकार चाहता है तो इनकी सेवा कर।" तदुपरान्त उसने शेख़ हसन को कोठरी में बैठा दिया और बाहर से ताला लगा दिया। कुछ समय उपरान्त समाचार प्राप्त हुये कि शेख़ हसन नव आबाद बाज़ार में नृत्य कर रहे हैं। संक्षेप में सुल्तान ऐसे बुज़ुर्ग को प्रिय था।

धर्मान्धता

एक दिन उसने आदेश दिया कि "थानेश्वर जाकर कुर्कक्षेत्र (कुरुक्षेत्र) को मिट्टी से पाट दिया जाय और वह भूमि वहां के धर्मनिष्ठ व्यक्तियों को वजहे मआश में नाप कर दे दी जाय।" उस काल का मलिकुल उलमा उस स्थान पर उपस्थित था। उसने शाहज़ादे से पूछा, "वहां क्या है?" उसने उत्तर दिया कि, "एक हौज़ है जहां १०००, २००० कोस से हिन्दू लोग स्नान हेतु आते हैं।" उसने पूछा, "कब से यह कार्य प्रारम्भ हुआ?" शाहज़ादे ने कहा, "वर्षों से यह बिदअत[1] चल रही है।" मलिकुल उलमा ने पुनः पूछा, "आप के पूर्व के बादशाह इस विषय में क्या करते थे?" उसने उत्तर दिया, "कुछ नहीं।" मलिकुल उलमा ने कहा, "यह तुम्हारा उत्तरदायित्व नहीं कारण कि तुम्हारे पूर्व मुसलमान बादशाहों ने इस विषय में कुछ नहीं किया?" शाहज़ादा इस बात से बड़ा गरम हुआ। उसने कहा, "इस काल (३१) के आलिम बड़े विचित्र प्रकार के हैं।" संक्षेप में, युवावस्था में वह इस्लाम का इतना बड़ा पक्षपाती था।

तातार ख़ां पर आक्रमण

बहलोल शाह के राज्यकाल में तातार ख़ां तथा यूसुफ़ ख़ां जो लाहौर तथा मुलतान के सूबे के अधिकारी थे बड़े उद्दंड थे। उन्होंने ख़ालसे के कुछ परगनों पर अधिकार जमा लिया। शाहज़ादा निज़ाम ख़ां उस समय पानीपत में था। उसने दो तीन ग्राम अपने नौकरों को प्रदान कर दिये। यह समाचार सुल्तान को प्राप्त हुये। उसने ख़्वाजगी शेख़ सईद फ़र्मुली को लिखा कि, "यह कार्य तुम्हारे परामर्श से होता है। यदि तुम में पौरुष्य हो तो तातार ख़ां इत्यादि की विलायत (प्रान्त) से प्राप्त कर लो।" शेख़ सईद वह फ़रमान शाहज़ादे के समक्ष ले गया। शाहज़ादे ने पूछा, "कुशल है?" उसने निवेदन किया कि, "कुशल है।" तदुपरान्त उसने वह फ़रमान शाहज़ादे के समक्ष पढ़ा। शाहज़ादे ने कहा, 'तू बादशाह का बड़ा ही विचित्र फ़रमान लाया है।" फ़र्मुली ने कहा, "बादशाही मुफ़्त नहीं प्राप्त होती। सुल्तान ने समस्त पुत्रों की अपेक्षा आपको तलवार का धनी समझ कर आपसे यह मांग की है। यदि आप इस कार्य को कर लेते हैं तो देहली के बादशाह आप ही हैं। उठिये और अपने भाग्य की परीक्षा कीजिये।"

१ इस्लाम के अनुसार अनुचित कार्य।

उस समय शाहज़ादे के पास २५०० अश्वारोही थे। सर्व प्रथम उसने ५०० अश्वारोही तातार ख़ां की विलायत के विरुद्ध भेजे जिन्होंने उसके दो तीन परगने नष्ट कर दिये। तातार खां को जब इस बात का पता चला तो वह भारी सेना लेकर रवाना हुआ। इस ओर से शाहज़ादा भी सेना सहित अम्बाला के परगने में पहुंचा। दूसरे दिन दोनों ओर से सेनाओं की पंक्तियां जम गईं। शाहज़ादा सामान सहित युद्ध के लिये बढ़ा। उस समय शाहज़ादे के आगे-पीछे वीर युवक जाते थे। इसी बीच में शेख़ सईद ने दो तीन बार शाहज़ादे की ओर देखा। शाहज़ादे ने पूछा, "क्या देखता है?" शेख ने निवेदन किया कि "दास देख रहा है कि आपके चारों ओर चतुर युवक चल रहे हैं। यदि आप नेतृत्व के कार्य में दृढ़ रहे
(३२) तो विजय आप की है। अब देखना चाहिये कि ये लोग किस प्रकार युद्ध करते हैं। यदि ईश्वर इच्छानुसार सफलता प्रदान कर दे तो अच्छा है अन्यथा आप हवा पर सवार हैं। कोई आप के निकट न आ सकेगा।" शाहज़ादे ने हँसकर कहा, "मैं तुम्हारे घोड़े के पांव भूमि पर देखता हूं किन्तु अपने घोड़े के पांव सीने तक रक्त में डूबा हुआ देखता हूं।" ख़्वाजगी सईद घोड़े से उतर पड़ा और शाहज़ादे के चरणों का चुम्बन करके कहा, "विजय का चिह्न यही है और सरदार का साहस इसी प्रकार का होना चाहिये।"

तदुपरान्त युद्ध प्रारम्भ हुआ। सर्वप्रथम जिसने रणक्षेत्र में अपना घोड़ा कुदाया वह दरिया ख़ां लोहानी था। उसने ३० व्यक्तियों सहित एक दिल होकर निश्चय किया कि जिस स्थान पर भी एक तलवार पहुंचे, वे ३० तलवारें पहुंचा दें। उस ओर से ५०० अश्वारोही उनका मुक़ाबला करने आये। ऐसा घमासान युद्ध हुआ कि तलवारों से चिनगारियां निकलने लगीं। दरिया ख़ां को उन ५०० अश्वारोहियों पर विजय प्राप्त हो गई। वह तीन बार खोज-खोज कर तातार ख़ां के अनेक योग्य व्यक्तियों को पराजित करके अपने स्थान पर आकर खड़ा हो गया। चौथी बार तातार ख़ां की सेना में से कोई भी बाहर न निकला। दरिया ख़ां ने कहा, "हमारी वीरता तथा हमारे स्वामी के प्रताप से कार्य पूरा हो गया। तुम लोग यहीं पर रहो ताकि मैं अकेले उन पर आक्रमण करूं।" संक्षेप में दरिया ख़ां ने उन लोगों पर तीन बार आक्रमण किया और हर बार सकुशल लौट आया। तदुपरान्त दरिया ख़ां तथा हुसेन ख़ां ७०० अश्वारोहियों सहित शाहज़ादे की सेना के बाहर निकले। तातार ख़ां की ओर से १५०० अश्वारोहियों ने हुसेन ख़ां पर तीन बार आक्रमण किया। जिस प्रकार दरियां ख़ां को विजय प्राप्त हुई थी, उसी प्रकार
(३३) हुसेन ख़ां को भी विजय प्राप्त हो गई। उमर ख़ां ने हुसेन ख़ां से कहा, "तुम्हारा तथा दरिया ख़ां का कल्याण हो। तुम लोगों ने ऐसे कार्य किये कि सभी लोग तुम्हारी प्रशंसा करते हैं। अब इन भाइयों के साथ न्याय करो।" उस बार उमर ख़ां सरवानी का पुत्र इबराहीम अपने पिता के पास घोड़े भगा कर पहुंचा और कहा, "आपको ईश्वर तथा शाहज़ादे के नमक की शपथ है। आप अपने घोड़े को आगे न बढ़ायें।" उमर ख़ां ने कहा, "क्या कारण है?" इबराहीम ने कहा, "जिस प्रकार मुबारक खां के पुत्र दरिया ख़ां तथा मियां हुसेन की लीला देखी अब क्षण भर मेरे कार्यों का भी निरीक्षण कीजिये।" यह कहकर उसने १५००० अश्वारोहियों पर आक्रमण किया और दो-तीन धावे करके १०,१२ वीर अश्वारोहियों को घोड़े से पृथक् करके भूमि पर गिरा दिया। उमर ख़ां ने यह देख कर विशेष सेना सहित तातार ख़ां पर आक्रमण कर दिया और उन १५००० अश्वारोहियों को पराजित कर दिया। तातार ख़ां मारा गया। उसका भतीजा हुसेन ख़ां बन्दी बना लिया गया। शेष सेना भाग खड़ी हुई। शाहज़ादे को इतनी बड़ी विजय प्राप्त हो गई। रणक्षेत्र में शाहज़ादे ने ईश्वर के प्रति कृतज्ञता प्रकट करने के लिये सिज्दे किये। उस विजय से विद्रोही आतंकित हो गये और शाहज़ादों ने अपने योद्धाओं को, जिन्होंने रुस्तम के समान वीरता प्रदर्शित की थी, सम्मानित किया। जब विजय-पत्र बहलोल शाह को प्राप्त हुये तो

उसने उसकी प्रशंसा की और समझ गया कि "हमारे पुत्रों में सब से अधिक योग्य निज़ाम खां है।" सुल्तान (३४) ने उसे ख़िलअत, १० अरबी घोड़े, ५ हाथी तथा वली अहद की उपाधि देकर प्रसन्न किया।

मौलाना समाउद्दीन की सेवा में

संक्षेप में जब सुल्तान बहलोल की मृत्यु के समाचार देहली में प्राप्त हुये तो जमाल खां को देहली में छोड़ कर उसने बड़े-बड़े अमीरों के साथ प्रस्थान किया। सर्व प्रथम वह शेख़ समाउद्दीन[1] की सेवा में पहुंचा और निवेदन किया, "शेख जियु ! हम चाहते हैं कि सर्फ़[2] के ज्ञान से सम्बन्धित मीज़ान नामक पुस्तक का आपकी सेवा में अध्ययन करें।" गुरु ने कहा, "ईश्वर तुझे इस लोक तथा परलोक में भाग्यशाली बनाये।" सुल्तान ने निवेदन किया कि "आप इसी बात को पुनः कहें।" उन्होंने तीन बार यही वाक्य कहे। तदुपरान्त उसने सुल्तान बहलोल की मृत्यु तथा अमीरों द्वारा अपने बुलाये जाने के समाचार उन्हें सुनाये और बिदा हो गया।

सिंहासनारोहण

भाग्य के पथ-प्रदर्शन तथा अमीरों के परामर्श से (सिकन्दर) देहली से शीघ्रातिशीघ्र जलाली पहुंचा और अपने पिता की लाश देहली भिजवा दी। शुक्रवार १७ शाबान ८९४ हि० (१७ जुलाई १४८९ ई०) को जलाली क़स्बे के समीप काली नदी के तट पर स्थित एक उच्च स्थान पर बने हुये क़स्रे (३५) फ़ीरोज़ नामक महल में ख़ाने जहां, ख़ाने ख़ानां फ़र्मुली तथा समस्त अमीरों की सहमति से १८ वर्ष की अवस्था में सिंहासनारूढ़ हुआ। उसकी उपाधि सुल्तान सिकन्दर हुई। जब वह गौरवशाली बादशाह सिंहासनारूढ़ हुआ तो उसने अमीरों के मंसब[3] में वृद्धि कर दी। सेना को दो मास का वेतन इनाम के रूप में प्रदान कर दिया। अपने प्राचीन सेवकों में से प्रत्येक को उसने अमीरों की श्रेणी में सम्मिलित कर दिया। प्रत्येक को उसकी योग्यतानुसार जागीर प्रदान की।

गाड़ी हुई सम्पत्ति के सम्बन्ध में आदेश

कहा जाता है कि वह अत्यधिक शिष्ट तथा दयालु था। एक बार संबल के भू-भाग में एक व्यक्ति भूमि खोद रहा था। वहां एक देग[4] प्रकट हुआ। उसमें ५००० अशर्फ़ियां थीं। वहां के हाकिम मियां क़ासिम ने उसका समस्त धन छीन लिया और यह सूचना सुल्तान को भेज दी। सुल्तान ने आदेश दिया कि "यह धन जिस व्यक्ति को मिला है वही इसके पाने का पात्र है।" मियां क़ासिम ने पुनः निवेदन किया कि, "बादशाहे आलम ! जिस व्यक्ति को धन मिला है वह इस योग्य नहीं है कि उसे इतना धन दिया जाय।" सुल्तान ने पुनः आदेश दिया, "हे मूर्ख ! यह क्या बात है। जिसने उसे इतना धन दिया है वह उसे इस योग्य न समझता तो क्यों इतना धन देता ? तुझे इस कार्य से क्या मतलब ? योग्य तथा अयोग्य सभी उसके दास हैं। वह जिसे चाहता है देता है। यह धन उसे दे दे। यदि एक दिरम भी किसी

१ मौलाना समाउद्दीन बड़े योग्य तथा धर्मनिष्ठ सन्त थे। उन्होंने शेख़ फ़ख़रुद्दीन एराक़ी (मृत्यु १२८९ ई०) के 'लमआत' नामक ग्रन्थ की टीका लिखी। उनकी मृत्यु १७ जमादि-उल-अव्वल ९०१ हि० (२ फरवरी १४९६ ई०) को हुई और वे हौज़े शम्सी पर दफ़न हुये।

२ अरबी व्याकरण।

३ सैनिक पद अथवा श्रेणी।

४ बड़ी पतीली।

अन्य स्थान को चला गया तो तू दंड का पात्र होगा। जब तक वह उस धन के लिये किसी सुरक्षित स्थान का प्रबन्ध न कर ले, उस समय तक तू इसकी चौकी पहरे के विषय में सचेत रह ताकि कोई इसमें हस्तक्षेप न कर सके।"

(३६) कहा जाता है कि बन्दिगी मियां शेख़ महमूद की भूमि पर एक हलवाहा हल जोत रहा था। एक पत्थर दृष्टिगत हुआ। वह हल छोड़ कर शेख़ की सेवा में पहुंचा और उसे इस विषय में सूचना दी। शेख़ ने अपने पुत्र को भेजा। जब उसने पहुंच कर भूमि खोदी तो एक पत्थर दिखाई पड़ा। जब पत्थर उठाया गया तो वह स्थान ख़ज़ाने से परिपूर्ण मिला। उसमें सोने से भरे हुये पात्र थे। कुछ थालों पर सिकन्दर रूमी का नाम लिखा हुआ था। सब लोग इस बात से सहमत थे कि यह ज़ुलक़रनैन[1] का ख़ज़ाना है। अली ख़ां ने जो दीबालपुर (दीपालपुर) का हाकिम था, अपने आदमी शेख़ के पास भिजवाये और कहलाया कि "यह विलायत मेरे अधीन है, और यह धन भी मेरा है।" शेख़ ने उत्तर लिखा, "यदि यह धन ईश्वर तुझे देता तो मेरा अथवा किसी अन्य का इसमें कोई हाथ न था। क्योंकि उसने मुझे प्रदान किया है अतः इसमें तुझे अथवा किसी अन्य को हस्तक्षेप न करना चाहिये।" अली ख़ां ने सुल्तान को यह हाल लिखा। सुल्तान ने उत्तर में लिखा कि, "तुझे दरवेश की बात के विरुद्ध कहने की क्या आवश्यकता थी?" इसी बीच में उस शेख़ ने कुछ सोने के बरतन जिन पर सिकन्दर का नाम लिखा हुआ था, सुल्तान की सेवा में भेजे और यह निवेदन कराया कि, "इतना सोना तथा इतने सोने के बरतन निकले हैं। सुल्तान का जहां आदेश हो उन्हें वहां भेज दिया जाय।" सुल्तान ने उसके पास आदेश भेजा कि "समस्त धन को तुम अपने पास रक्खो। हमें भी उत्तर देना है और तुम्हें भी। राज्य तथा धन ईश्वर का होता है। वह जिसे चाहता है देता है।" उसने उन बरतनों को पुनः शेख़ के पास भिजवा दिया। संक्षेप में, ईश्वर ने उसे (धन के प्रति) वड़ा ही उपेक्षाशील बनाया था। आजकल कोई थोड़े से तांबे के सिक्के भी पा जाय तो हाकिम लोग उसके घर को नष्ट-भ्रष्ट कर दें।

ब्याना पर आक्रमण

उन दिनों में ब्याना के वाली ने विद्रोह कर दिया था। सुल्तान ने मुहम्मद ख़ां तथा यूसुफ़ ख़ां (३७) को उस अभियान हेतु नियुक्त किया। उसके पीछे-पीछे वह शाही पताकाओं सहित रवाना हुआ। ब्याना के वाली ने क़िला बन्द कर लिया और युद्ध की सामग्री एकत्र की। उमर ख़ां निरन्तर प्रस्थान करता हुआ वहां पहुंचा। गरगज, साबात तथा दुर्ग पर अधिकार जमाने की अन्य सामग्री एकत्र की। सुल्तान आसपास के स्थानों की सैर तथा शिकार में व्यस्त हो गया। उमर ख़ां ने थोड़े से परिश्रम से क़िले वालों को व्याकुल कर दिया। उसने ब्याना को अपने अधिकार में कर लिया और ईसा ख़ां को उस स्थान का वाली बना कर सुल्तान की सेवा में पहुंचा।

बारबक शाह से युद्ध

उस दिन सुल्तान गेंद खेलने में व्यस्त था। उसे समाचार प्राप्त हुये कि बारवक शाह ने अपने आसपास से अत्यधिक सेना एकत्र करके विद्रोह कर दिया है। सुल्तान ने इस्माईल ख़ां को बारबक शाह

१ सिकन्दर महान् को मध्यकालीन इतिहासों में सिकन्दर ज़ुलक़रनैन (दो सींगों वाला सिकन्दर) लिखा जाता था। उसकी मृत्यु ३२७ ईसा-पूर्व में ३३ वर्ष की अवस्था में हुई। मध्यकालीन फ़ारसी-अरबी इतिहास में उसके विषय में बड़ी विचित्र घटनाओं का उल्लेख किया गया है।

के पास भेजा और शिक्षा-युक्त फ़रमान लिखे। वह स्वयं उसके पीछे-पीछे कम्पिला तथा पटयाली की ओर चल दिया। बारबक शाह ने फ़रमान के अनुसार आचरण न किया और सेना तैयार करके उसका मुक़ाबला किया। युद्ध की पंक्तियां जम गईं। युद्ध के मध्य में एक क़लन्दर प्रकट हुआ और उसने सुल्तान का हाथ पकड़ कर कहा, "विजय तेरी है।" सुल्तान ने अपना हाथ खींच लिया। क़लन्दर ने कहा, "मैं अच्छी फ़ाल दे रहा हूं तो अपना हाथ क्यों छुटा रहा है?" सुल्तान ने कहा, "जब दो मुसलमानों के मध्य में युद्ध हो रहा हो तो एक ओर से निर्णय न करना चाहिये और जिस कार्य में भलाई हो उसी की इच्छा करनी चाहिये।" संक्षेप में, युद्ध के उपरान्त बारबक शाह पराजित हो गया। सुल्तान उसे भाइयों के समान अपने साथ बदायूँ लाया। एक दिन उसने उसे अपने दरबार में बुला कर पूछा, "मैंने (३८) तेरे साथ क्या बुराई की थी जो तूने मेरे साथ इस प्रकार का व्यवहार किया?" बारबक शाह ने अपनी विवशता स्वीकार की। सुल्तान ने उसे पुनः जौनपुर ले जाकर सिंहासनारूढ़ कर दिया और उसकी सेवा में विश्वस्त अमीरों को छोड़ कर देहली लौट गया।

चौका के विरुद्ध प्रस्थान

कुछ दिन उपरान्त यह समाचार प्राप्त हुये कि ज़मींदार लोगों ने चौका में षड्यंत्र करके लगभग एक लाख आदमी एकत्र कर लिये हैं। मुबारक ख़ां लोहानी उनसे युद्ध के उपरान्त पराजित हुआ और उसके भाई की हत्या हो गई। बारबक शाह उनकी शक्ति का मुक़ाबला न कर सका और मुहम्मद फ़र्मुली के पास जिसे काला पहाड़ कहते थे चला गया। यह समाचार पाकर सुल्तान चौगान फेंक कर ख़ाने ख़ानां लोदी के घर पहुंचा और उससे परामर्श किया। तदुपरान्त उसने आदेश दिया कि सम्मानित पताकायें चौका के ऊपर आक्रमण करें। दस दिन उपरान्त वे वहां पहुंचीं। कोह नदी पर पड़ाव हुआ। वहां से समाचार वाहक पहुंचा। सुल्तान ने पूछा, "चौका इस स्थान से कितने कोस पर है?" उसने उत्तर दिया, "१० कोस पर है।" उस समय उसके साथ ५०० अश्वारोही थे। अमीरों ने निवेदन किया कि, "कल तक प्रतीक्षा की जाय ताकि सेना पहुंच जाय।" उसने कहा, "इस्लाम की विजय है।" ईश्वर से प्रार्थना करके सवार हुआ। मार्ग में दूसरा समाचार वाहक मिला। सुल्तान ने पूछा, "उसके साथ कितने सैनिक हैं?" उसने उत्तर दिया, "१५००० अश्वारोही तथा दो लाख पदाती हैं।" सुल्तान उस स्थान से शीघ्रातिशीघ्र रवाना हुआ। चौका समाचार पाकर इतनी अधिक सेना के बावजूद सुल्तान सिकन्दर से युद्ध न कर सका और भाग खड़ा हुआ। विद्रोहियों की सेना छिन्न-भिन्न हो गई। सुल्तान उन लोगों का (३९) पीछा करता हुआ जौंद के क़िले तक पहुंचा। सुल्तान हुसेन शर्क़ी ने वहां पहुंच कर क़िले के निकट पड़ाव किया। सुल्तान सिकन्दर ने सुल्तान हुसेन को लिखा, "आप मेरे चाचा के स्थान पर हैं। आपके तथा सुल्तान बहलोल के मध्य में जो कुछ होना था, वह हुआ। मुझे आप से कोई शत्रुता नहीं। मुझे आपके सम्मान का ध्यान है। यह क़िला आप को सौंपा जाता है। मेरे आने का उद्देश्य यह है कि मैं इस काफ़िर को दंड दूँ।"

सुल्तान हुसेन से युद्ध

सुल्तान हुसेन ने सैयिद ख़ां को दूत बनाकर भेजा और अनुचित उत्तर प्रेषित किये और कहलाया कि, "चौका मेरा सेवक है। बहलोल सैनिक था। मैं उससे युद्ध करता था। तू मूर्ख बालक है। यदि व्यर्थ बात करेगा तो मैं जूता मारूंगा।" सुल्तान ने कहा, "हे मुसलमानो! सुन लो। जिस मुँह से जूते का नाम निकला है, यदि ईश्वर ने चाहा तो उसी मुंह पर लगेगा।" सुल्तान ने दूत से कहा, "तुम

रसूल[1] की संतान से हो। तुम उसे क्यों नहीं समझाते ताकि बाद में उसे पश्चात्ताप न करना पड़े।" दूत ने उत्तर दिया, "मैं उसके अधीन हूं।" सुल्तान ने कहा, "तुम विवश हो। कल यदि ईश्वर ने चाहा जब वह पलायन करेगा और तुम बन्दी बनाये जाओगे तो तुम्हें याद दिलाऊंगा।" सुल्तान ने सैयिद ख़ां को बिदा कर दिया और स्वयं अमीरों से परामर्श करके युद्ध का संकल्प कर लिया। उसने अमीरों से कहा, 'तुम लोग बहलोल के लिये प्राणों की बलि दे देते थे। मेरा यह प्रथम कार्य है। बिरादरी के लिये जो आवश्यक हो वह करो।"

दूसरे दिन जब युद्ध के लिये सेना की पंक्तियां ठीक हुईं तो लोदी लोग हिरावल[2] में हुये। शाहू खेल दायीं ओर, फ़र्मुली लोग मैमने[3] में और लोहानी लोग मैसरे[4] में, तथा सरवानी लोग पीछे हुये। उमर ख़ां जो अपने युग का शूर-वीर था मुक़द्दमे[5] में था। सुल्तान सेना के निरीक्षण हेतु एक बड़े हाथी पर (४०) सवार हुआ था। अचानक उसकी दृष्टि जौंद पर पड़ी। इसी बीच में सुल्तान हुसेन सुसज्जित सेना सहित क़िले के बाहर निकला। अफ़ग़ान लोग हथेली पर प्राण लेकर तलवार तथा कटार से युद्ध करने लगे। अफ़ग़ानों के थोड़े से ही प्रयत्न से सुल्तान हुसेन भाग खड़ा हुआ। मीर सैयिद ख़ां दूत तथा कुछ अन्य अमीर बन्दी बना लिये गये। लोग उनके हाथों को बांध कर नंगे सिर ला रहे थे। सुल्तान की दृष्टि उन पर पड़ी। सुल्तान ने कहा, "सैयिद के सिर पर पगड़ी रख दो।" जब उसे सुल्तान की सेवा में प्रस्तुत किया गया तो उसने कहा, "तुम्हारा नमक खाना धन्य हो। वही अभागा था, तुम क्या करते।" तदुपरान्त उसने प्रत्येक विद्रोही अमीर के लिये एक-एक खेमा तथा भोजन निश्चित कर दिया।

जब सुल्तान हुसेन जौंद से भाग गया और समाचार वाहकों ने यह समाचार पहुंचाये कि वह भागा जाता है तो मुबारक ख़ां ने निवेदन किया कि, "यदि आज्ञा हो तो मैं उसका पीछा करूं।" सुल्तान ने आदेश दिया कि, "पता लगाओ कि वह कहां जा रहा है?" उसने (मुबारक ख़ां ने) निवेदन किया कि, "समाचार प्राप्त हुये ह कि वह बिहार जा रहा है।" सुल्तान ने कहा, "वह तुम्हारे समक्ष से नहीं भागा है, ईश्वर के प्रकोप से भागा है। वह वही हुसेन है जिससे तुम पराजित रहा करते थे और वह विजयी रहता था। ईश्वर ने उसे गर्त में गिरा दिया और तुम्हें भूमि से उठा दिया। तुम लोग अपने कार्य पर दृष्टि रक्खो और अभिमान न करो।" संक्षेप में जब सुल्तान हुसेन भाग कर बिहार पहुंचा तो सुल्तान सिकन्दर पुनः जौनपुर पहुंचा और बारबक शाह को तीसरी बार जौनपुर के राजसिंहासन पर आरूढ़ कर दिया।

बंगाले तक आक्रमण

(४१) तदुपरान्त सुल्तान लौटकर अवध के समीप लगभग एक मास तक भ्रमण करता तथा शिकार खेलता रहा। इसके उपरान्त पुनः समाचार प्राप्त हुये कि बारबक शाह ज़मींदारों के प्रभुत्व के कारण वहां न ठहर सका। मुहम्मद ख़ां फ़र्मुली तथा आज़म हुमायूँ एवं ख़ाने ख़ानां ने वहां पहुंच कर बारबक शाह को बन्दी बना लिया और उसे सुल्तान के पास भेज दिया। सुल्तान ने उसे हैबत ख़ां तथा

१ मुहम्मद साहब।
२ अग्रिम दल।
३ दायीं ओर।
४ बायीं ओर।
५ अग्रिम भाग।

उमर खां को सौंप दिया। तदुपरान्त वह चुनार पहुंचा। विद्रोहियों को दंड देता हुआ बंगाले की सीमा तक पहुंचा और उस प्रदेश को जोकि एक पृथक बादशाह के अधीन था अपने अधिकार में कर लिया। ज़मींदारों की अत्यधिक धन-सम्पत्ति ख़ज़ाने में प्राप्त हो गई। जब घोड़े नष्ट होने लगे तो वह उस दिशा में लौट गया और देहली पहुंच गया।

राज्य का विस्तार

वर्षा ऋतु वहां व्यतीत करके मालवा पर चढ़ाई की। मांदू के वाली सुल्तान महमूद ने दीनता प्रदर्शित करते हुये यह निश्चय किया कि वह हर साल निश्चित हाथी तथा धन दरबार में भेजा करेगा। जलालाबाद से जो काबुल के निकट है मांदू तक और उदयपुर से पटना तक उसके नाम का सिक्का तथा खुत्बा चलने लगा और कोई भी उसका मुक़ाबला करने वाला न रहा। वह अपनी राजधानी देहली में भोग-विलास में ग्रस्त हो गया।

भोजन का नियम

उसकी यह प्रथा थी कि एक पहर रात्रि व्यतीत हो जाने के उपरान्त भोजन करता था। स्वयं सिंहासन पर आसीन होता और उस सिंहासन के निकट दो बड़ी कुर्सियां रख दी जाती थीं। उस पर विशेष चीनियां[1] रक्खी जाती थीं। बड़े-बड़े अमीरों में जो लोग उपस्थित रहते उनके सम्मुख भी चीनियां
(४२) रक्खी जाती थीं। सुल्तान जब भोजन कर लेता तो वे अमीर वहां से उठकर सुफ़्फ़ये ताक़[2] में आ जाते और वहां भोजन करते थे। सुल्तान न्याय में उदाहरण स्वरूप प्रस्तुत किया जाता था।

सर्राफ़ के प्रति न्याय

कहा जाता है कि एक सैनिक की एक सर्राफ़ बच्चे से मित्रता थी। उसने मुहर लगा कर अशर्फ़ी की एक थैली सर्राफ़ बच्चे को दे दी। उस सर्राफ़ बच्चे ने धूर्ततापूर्वक उसमें से अशर्फ़ी निकाल कर रुपया उसमें रख दिया। जब उस आदमी ने घर पहुंच कर उसे खोला तो उसमें से रुपया निकला। वह बड़े आश्चर्य में पड़ गया और उसन सर्राफ़ बच्चे से जाकर पूछा, "मैंने तुझे अशर्फ़ी से भरी हुई थैली दी थी, वह रुपये की कैसे हो गई?" सर्राफ़ बच्चे ने कहा, "जिस प्रकार तूने मुहर लगी हुई थैली दी थी उसी प्रकार मैंने तुझे लौटा दी।" उसमें तथा सर्राफ़ बच्चे में झगड़ा होन लगा। उन लोगों ने मियां भूवा के सामने अपना अभियोग प्रस्तुत किया। जब मियां भूवा ने सर्राफ़ बच्चे से पूछा तो उसने निवेदन किया कि, "इस व्यक्ति ने मुझे अशर्फ़ियां गिन कर न दी थीं। जिस प्रकार उसने मुहर लगी हुई थैली दी थी, उसी प्रकार मैंने वापस कर दी।" मियां भूवा ने उस सैनिक को झूठा घोषित कर दिया। वह व्यक्ति परेशान था कि क्या करे।

अन्त में एक दिन सुल्तान चौगान खेलने के लिये बाहर निकला। सैनिक ने सुल्तान से न्याय की याचना की। सुल्तान ने उसे एक हाजिब[3] को सौंप दिया कि वह उसे दरबारे आम के समय उपस्थित करे। उस हाजिब ने उसे उपस्थित किया। जब उसने अपना हाल बताया और सर्राफ़ बच्चे को मुहर

१ चीनी के बरतन।
२ मेहराबदार सायबान।
३ देखिये पृ० ४८ नोट नं० १।

लगी हुई थैली देने तथा मुहर लगी हुई वापस पाने के विषय में कहा तो सुल्तान ने उस थैली का निरीक्षण किया और अत्यधिक सोच विचार के उपरान्त सर्राफ़ बच्चे की धूर्तता को समझ गया। उसने उस आदमी को उस समय चले जाने तथा एक सप्ताह उपरान्त पुनः उपस्थित होने का आदेश दिया।

सुल्तान ने उस दिन धुले हुये वस्त्र धारण किये और जिस वस्त्र को अपने शरीर से उतारा उसे (४३) तीन स्थानों से फाड़ डाला। जामादार[1] को उसने आदेश दिया कि "जब ये वस्त्र धोबी के यहां से आयें तो इन्हें उपस्थित कर।" धोते समय जब धोबी ने पायजामा खोला तो उसे तीन स्थानों से फटा पाया। वह कांप उठा और रफ़ू करने वाले के घर पर पहुंचा। रफ़ू करने वाले ने जो कुछ माँगा उसे वह देकर इस प्रकार रफ़ू करा लाया कि अत्यधिक ध्यानपूर्वक देखने पर भी कुछ पता न चलता था। वस्त्रों को धोकर उसने जामादार को पहुंचा दिये। आदेशानुसार जामादार ने वस्त्र सुल्तान की सेवा में प्रस्तुत किये। सुल्तान ने उन्हें देख कर आदेश दिया कि, "धोबी को बुलवाओ।" सुल्तान ने धोबी से कहा, "मेरा पायजामा दो स्थानों से फटा था।" धोबी ने भय के कारण रफ़ू कराने का हाल बता दिया। सुल्तान ने रफ़ू करने वाले को बुलवाया और पूछा, "इस पायजामे को तूने रफ़ू किया है?" उसने उत्तर दिया, "क़िबलये आलम ! मैंने रफ़ू किया है।" कुछ क्षण उपरान्त सुल्तान ने उसे थैली भी दिखायी और पूछा, "इसे भी तूने ठीक किया है?" उसने उत्तर दिया, "हां"। तदुपरान्त सुल्तान ने सर्राफ़ बच्चे को बुलवा कर कहा, "मैं तेरी धूर्तता समझ गया। यदि तू सच सच बता दे तो मुक्त कर दिया जायगा। और यदि किसी अन्य प्रकार से व्यवहार करेगा तो तेरा सिर उड़ा दिया जायगा।" उस सर्राफ़ बच्चे ने सच बोलने के अतिरिक्त कोई अन्य उपाय न देखा। जो कुछ सच था वह कह दिया और अशर्फ़ियाँ लौटा दीं। समस्त अमीर सुल्तान की बुद्धि पर आश्चर्य करने लगे।

परोक्ष का ज्ञान

उसे परोक्ष के ज्ञान में भी निपुणता थी। भीकन खां एक बहुत बड़ा अमीर था। एक रात्रि में वर्षा ऋतु में वह कोठे की छत पर सो रहा था। उस समय दासियां उसके पास न थीं। जब वर्षा होने लगी तो वह तथा उसकी पत्नी पलँग भीतर ले गये। जब दूसरे दिन वह अभिवादन को पहुंचा तो सुल्तान (४४) ने कहा, "तुम हफ़्त हज़ारी अमीर हो। दो तीन विश्वस्त दासियों को अपने साथ नहीं रखते हो और वर्षा के समय स्वयं पलँग बाहर से भीतर ले जाते हो।"

जब वह सेना को दूर के स्थानों पर नियुक्त कर देता तो उस स्थान का जिसे उसने स्वयं न देखा था, विवरण देने लगता। कुछ लोगों का मत है कि जिन्नात उसके अधीन थे जो उसे परोक्ष की सूचना दिया करते थे।

जादू का दीपक

प्राचीन देहली में अब्दुल मोमिन नामक एक मुल्ला रहता था। वह एक दिन हवेली में अनाज रखने के लिये कुआँ खोद रहा था। अचानक एक चौकोर दीपक निकल आया। रात्रि में उसने उस दीपक को जलाया। उसके जलते ही दो भयंकर व्यक्ति प्रकट हुये। मुल्ला भयभीत हो गया। उन्होंने कहा "भय मत करो। हम इस दीपक के मोअक्किल[2] हैं। इस समय तेरी सेवा हेतु कटिबद्ध हैं। तू जो

१ वह अधिकारी जो शाही वस्त्रों की देख-रेख करता था।
२ जिसे कोई कार्य सौंप दिया जाय।

कुछ आदेश दे उस पर आचरण करें और परोक्ष की बातें जिसका तुझे ज्ञान नहीं बतायें।" वह मुल्ला एक स्त्री पर, जहां वायु भी न जा सकती थी, आसक्त था। मोअक्किल लोग उसे उस स्थान पर ले गये। रात भर उसने अपनी मनोकामना सिद्ध की। संक्षेप में उसने दीपक द्वारा अनेक कार्य सम्पन्न कराये। वह (उसके द्वारा) परोक्ष का ज्ञान प्राप्त कर लेता था। इसके उपरान्त मुल्ला ने सोचा कि यह बात गुप्त न रह सकेगी। उसने फ़रीद ख़ां द्वारा जो सुल्तान का बहुत बड़ा विश्वासपात्र था उस दीपक को सुल्तान की सेवा में प्रस्तुत कराया और वास्तविक बात का उल्लेख कराया। परीक्षा के उपरान्त सुल्तान ने उसे अत्यधिक सम्मानित किया। कुछ लोगों का मत है कि सुल्तान को वे मोअक्किल परोक्ष के समाचार पहुंचाते थे। कुछ लोगों का मत है कि वह बहुत बड़ा वली[1] था और यह उसके वली होने का प्रमाण है।

सुल्तान सिकन्दर का चमत्कार

(४५) कहा जाता है कि एक हिन्दू रंगरेज़ अपनी पत्नी को, जो बड़ी ही रूपवती थी, ब्याना से आगरा ले जा रहा था। उस रूपवती के पाँव में दो तीन कोस की यात्रा से ही छाले पड़ गये। अचानक दो-तीन अश्वारोही पीछे से पहुँच गये। यह हाल देख कर उन्होंने उसके पति से कहा, "हे ईश्वर का भय न करने वाले! क्यों इस स्त्री की हत्या करा रहा है?" उसने उत्तर दिया, "क्या करूं? किराये की व्यवस्था नहीं कर सकता।" अश्वारोहियों ने कहा, "हमारे घोड़े कोतल जा रहे हैं। उसे सवार कर दे और उसकी लगाम अपने हाथ में ले ले।" रँगरेज़ ने स्वीकार न किया। अश्वारोहियों ने ईश्वर की शपथ ली। वह व्यक्ति इस बात पर राज़ी हो गया। पत्नी को सवार करके यात्रा करने लगा। जब वे जंगल में पहुंचे तो अश्वारोहियों ने जोकि डाकू थे रंगरेज़ की हत्या करदी और स्त्री को पकड़ कर अन्यँ मार्ग पर यात्रा करने लगे! स्त्री विलाप करती जाती थी और बारबार पीछे देखती जाती थी। अश्वारोहियों ने पूछा, "तू हर समय पीछे देखती जाती है। क्या कोई अन्य व्यक्ति भी तेरे साथ है?" स्त्री ने कहा, "नहीं।" उन लोगों ने पूछा, "फिर क्या देखती है?" स्त्री ने कहा, "मैं उसे देख रही हूँ जिसे तुम लोगों ने मध्यस्थ बनाया था और मेरे पति ने जिसके भरोसे पर मुझे तुम्हारे घोड़े पर सवार कराया था।" अश्वारोही हँसने लगे।

इसी बीच में दो तीन अश्वारोही प्रकट हुये जो अपने मुख पर बुरक़ा डाले हुये थे। उन लोगों ने अश्वारोहियों की हत्या कर दी और स्त्री से पूछा, "तेरा पति कहां पड़ा है?" वह स्त्री उन्हें उस स्थान पर जहां उसका पति पड़ा हुआ था लाई। उन लोगों ने कहा, "अपने पति का सिर उसके शरीर से मिलाकर उस पर चादर डाल दे।" उसने उनकी आज्ञा का पालन किया। सवार चले गये और स्त्री से कह गये, "हमने तेरा बदला ले लिया। इन दोनों घोड़ों तथा अन्य सम्पत्ति को तुझे प्रदान करते हैं।" वे यही वार्त्तालाप कर रहे थे कि रँगरेज़ जीवित हो उठा और उसने चादर सिर से हटाई और अपनी पत्नी से सब हाल मालूम किया और उनके पीछे यह कहता हुआ भागा कि, "तुम्हें उस ईश्वर की शपथ है जिसने (४६) तुम्हें यह शक्ति प्रदान की है कि तुम मुर्दों को जिन्दा कर देते हो, एक बार अपना मुख मुझे दिखा दो कि तुम लोग कौन हो जो तुमने मेरा इस प्रकार कल्याण किया?" उन अश्वारोहियों ने अपने मुख से बुरक़ा हटा लिया। रँगरेज़ ने अपना मुख उनके चरणों पर रख दिया। पलक झपकाते ही सवार अदृश्य हो गये।

१ सन्त।

रँगरेज़ घोड़ों तथा धन-सम्पत्ति सहित आगरा पहुंचा। उसने सोचा कि, "यदि कोई मुझे पहचान लेगा तो अश्वारोहियों की हत्या का आरोप लगा देगा। अच्छा है कि बादशाह के कोतवाल से समस्त हाल बता दूं।" तदनुसार वह घोड़े तथा धन-सम्पत्ति लेकर कोतवाल के समक्ष पहुंचा और अपना हाल बताया। कोतवाल को बड़ा आश्चर्य हुआ। उन लोगों को सुल्तान के समक्ष उपस्थित किया गया ताकि वे अपनी विचित्र कहानी सुल्तान को बतायें। जब रँगरेज़ की दृष्टि सुल्तान पर पड़ी तो उसने उसे पहचान लिया कि यह वही व्यक्ति है जिसने अश्वारोहियों की हत्या की थी। इसी बीच में मलिक आदम काकर उपस्थित हुआ। रँगरेज़ ने उसे भी पहचान लिया। सुल्तान ने पूछा, "क्या तू उन अश्वारोहियों को देख कर पहचान सकता है ?" रँगरेज़ ने कहा, "एक क़िबलये आलम थे और दूसरे ये थे। आप लोगों ने हमें ज़िन्दा किया ?" मलिक आदम ने निवेदन किया, "क्या क़िस्सा है ? इन लोगों को जाने दीजिये।" सुल्तान ने आदेश दिया, "घोड़े तथा धन-सम्पत्ति तुझे प्रदान की जाती है। ले जाओ।" उसे १०,००० तन्के सुल्तान ने इनाम में दिये। इस बात का दरबारे आम में शोर हो गया। समस्त उपस्थितजन को बड़ा आश्चर्य हुआ।

सुल्तान की धर्मनिष्ठता

सुल्तान सिकन्दर बड़ा ही पवित्र जीवन व्यतीत करने वाला, सच्चा आलिम तथा विद्वान् था। वह अधिकांश आलिमों तथा विद्वानों के साथ रहा करता था। उसके राज्यकाल में इस्लाम को बड़ा सम्मान प्राप्त था। काफ़िरों को मूर्ति-पूजा करने का साहस न होता था और वे नदी में स्नान भी न कर (४७) सकते थे। उसके शुभ राज्यकाल में मूर्तियों को भूमि में छिपा दिया गया था। नगरकोट का पत्थर (मूर्ति) जिसने (समस्त) संसार को मार्ग-भ्रष्ट कर दिया था, मँगवा कर क़साइयों को इस आशय से प्रदान कर दिया गया कि वे उससे मांस तोला करें।

कविता से रुचि

वह अपना अधिकांश समय कविताओं की रचना करने तथा कविताओं के अध्ययन में व्यतीत किया करता था। देहली का शेख़ जमाली[1] जब मक्का, मदीना, एराक़, अरब, ईरान, रूम, शाम, मिस्र तथा मावराउन्नहर की यात्रा करता हुआ देहली पहुंचा तो सुल्तान उस समय बदायूँ में था। वह यह समाचार पाकर बड़ा प्रसन्न हुआ और उससे भेंट करने की इच्छा करने लगा। यह छन्द[2] उसने स्वयं लिखे और उसके पास भेज कर "मेहर व माह" जिसकी शेख़ ने रचना की थी, उससे मँगवाई और शेख़ समाउलहक़ वद्दीन को भी लिखा कि, "जिस प्रकार सम्भव हो उसे भेज दें।"

शेख़ जमाली

(४८) जब शेख़ समाउद्दीन को फ़रमान प्राप्त हुआ तो उन्होंने शेख़ जमाली से आग्रह किया कि "फ़क़ीरों को बादशाहों के मेल से बड़ा ही सांसारिक लाभ होता है और अनेकों दरिद्रियों के कार्य उनके द्वारा

१ उसका नाम जलाल खां था। प्रारम्भ में उसका तख़ल्लुस जलाली था। बाद में अपने पीर मौलाना समाउद्दीन के कहने पर जमाली कर दिया। उसने अत्यधिक यात्रा की थी। उसकी रचनाओं में 'सियरुल आरेफ़ीन' जिसमें चिश्ती तथा सुहरवर्दी सूफ़ियों की जीवनियाँ हैं और 'दीवान' तथा मसनवी 'मेहर व माह' बड़ी प्रसिद्ध है। उसका निधन १० ज़ीक़ाद ९४२ हि० (१ मई १५३६ ई०) में हुआ।

२ छन्दों का अनुवाद नहीं किया गया।

सम्पन्न हो जाते हैं। इनसे अत्यधिक पुण्य प्राप्त होता है।" शेख जमाली सुल्तान के पास रवाना हो गया। जब वह उसके निकट पहुंचा तो सुल्तान ने सम्मानपूर्वक उसका स्वागत किया और उसकी सोहबत (संगति) तथा उसकी कविता से बड़ा प्रसन्न हुआ। शेख जमाली प्रायः सुल्तान के साथ रहा करता था।

संगीत

क्योंकि वह कलाकारों को अत्यधिक प्रोत्साहन प्रदान किया करता था अतः वह संगीत का इतना प्रेमी था कि उसके राज्यकाल में अद्वितीय संगीतज्ञ तथा गायक एकत्र हो गये थे। एक पहर रात्रि व्यतीत हो जाने के उपरान्त वह संगीत की सभा आयोजित कराता और संगीत प्रारम्भ होता जिसके फलस्वरूप पक्षी हवा से उतर आते थे और शुक्रतारा आकाश पर लटका रह जाता था। उसने चार दासों को १५०० दीनार में क्रय किया था। उनमें एक चंग[1], बजाता, दूसरा क़ानून[2], तीसरा तम्बूरा,[3] और चौथा वीणा। उनके स्वर इतने हृदयग्राही होते थे कि उनके द्वारा मुर्दे भी जी उठते थे, और जीवित लोगों के प्राण क्षीण हो जाते थे। रूप तथा सजधज में वे अद्वितीय थे। उनका मुख ईश्वर की कृपा का बहुत बड़ा प्रमाण था। कभी कभी रूपवतियों के स्वर सभा को इतना मुग्ध कर देते थे कि मदिरा बोतलों में रक्खी रह जाती थी। उनके अतिरिक्त चार सरना[4] बजाने वाले थे। जब आधी रात्रि व्यतीत हो जाती तो वे सरना बजाने लगते। सर्वप्रथम कबदारा, द्वितीय अज़ाना, तृतीय हिसी, चतुर्थ रामकली। उसी पर वादन समाप्त होता था।

अनाज का सस्ता होना

उसके राज्यकाल में अनाज अत्यधिक सस्ता था। उस काल की प्रजा अत्यधिक सुख-सम्पन्नता
(४९) में जीवन व्यतीत करती और भोग-विलास में ग्रस्त रहती। उसका यश अभी तक संसार में स्मरणीय है।

सुल्तान के व्यक्तिगत जीवन के नियम

सुल्तान का एक अधिनियम यह था कि उसके सोने के वस्त्र तथा पलँग हर रोज़ नये ही प्रयुक्त होते थे। उन्हें एक स्थान पर सुरक्षित रक्खा जाता था और विधवाओं की पुत्रियों के विवाह के समय उन्हें दे दिया जाता था। उनके विवाह में जो व्यय होता वह राज्य की ओर से प्रदान किया जाता था।

उसका एक नियम यह भी था कि वह रात्रि में एक पहर रात्रि शेष रहने पर जाग उठता था और स्नान करके तहज्जुद[5] की नमाज़ पढ़ता था और क़ुरान के तीन सिपारे हाथ में लेकर खड़े होकर पढ़ता था। प्रातःकाल की नमाज़ वह जमाअत के साथ[6] पढ़ता था। तदुपरान्त वह राजसिंहासन पर पहुंच कर न्याय करने में व्यस्त हो जाता था। वह किसी पर अत्याचार न होने देता था और न्याय करते समय
(५०) धनी तथा निर्धन किसी में कोई भेदभाव न करता और न कोई पक्षपात करता।

१ चंग :—डफ़ के आकार का एक बाजा।
२ क़ानून :—एक प्रकार की वीणा जिसमें ५० तार तक होते हैं।
३ तम्बूरा :—सितार जैसा एक बाजा जिसे सुर क़ायम रखने के लिये बजाते हैं (तानपूरा)।
४ शहनाई।
५ आधी रात्रि के बाद की नमाज़ जो अनिवार्य नहीं है।
६ सामूहिक।

सुल्तान सिकन्दर के राज्यकाल की कुछ विचित्र घटनायें

विचित्र गुम्बद

सैयिद खां लोदी पटना की विजय हेतु गया था। जब सेना उस विलायत में पहुंची तो उसने उसे नष्ट-भ्रष्ट कर दिया और अपने अधिकार में कर लिया। एक दिन कुछ वीर सैर तथा शिकार के लिये ख़ेमों से निकलकर एक गगनचुम्बी पर्वत के आंचल में पहुंचे। उन्होंने एक गुम्बद देखा। एक युवक उस गुम्बद में प्रविष्ट हुआ। उसने देखा कि उसकी छत से जल की एक बूँद टपक रही है। एक अन्य व्यक्ति वहां पहुंच गया। दो बूँदें टपकने लगीं। दो अन्य व्यक्ति वहां प्रविष्ट हुये तो चार बूँदें टपकने लगीं। वे आश्चर्य में पड़ गये। जब सैयिद खां वहां प्रविष्ट हुआ तो उसने देखा कि जितने आदमी हैं उतनी ही बूँदें टपक रही हैं। तदुपरान्त मियां सैयिद ख़ां ने आदेश दिया कि, "एक-एक करके लोग बाहर चले जायं।" उनमें से जितने व्यक्ति कम होते गये उतनी ही बूँदें भी कम होने लगीं। यहां तक कि सब लोग वहां से निकल गये। मियां सैयिद खां अकेला रह गया। केवल वही एक बूँद टपकती रही। उन लोगों ने अत्यधिक सोच विचार किया किन्तु इस रहस्य के विषय में कुछ ज्ञात न हुआ।

जोधपुर का जादूगर

कहा जाता है कि जोधपुर के राणा के पास से सुल्तान की सेवा में अनार आया। जब उसने उसे खाया तो वह अत्यन्त मीठा तथा स्वादिष्ट निकला। सुल्तान ने कहा, "मैंने एराक़ तथा फ़ारस के
(५१) अनार बहुत खाये हैं किन्तु उनमें यह स्वाद नहीं मिला।" राणा के वकील ने निवेदन किया कि वृद्धों द्वारा यह ज्ञात हुआ है कि "एक जादूगर जोधपुर पहुंचा। उसने राजा से कहा कि, 'मैं एक ही दिन में अनार तथा आम का ऐसा उद्यान लगा सकता हूं जिसमें उसी दिन फल लग जायं, उसी दिन वे पक जायँ और लोग उसी दिन उन्हें खा भी लें।' राजा ने उद्यान तैयार करने का आदेश दिया। उसने आम तथा अनार के पौधे लगवाये। एक दिन में पके अनार तथा आम लग गये। वह उन्हें राजा की सेवा में ले गया। उसने जब उसे खाया तो वह बड़ा मीठा लगा। राजा ने एक व्यक्ति को आदेश दिया कि वह जादूगर की हत्या कर दे। उसने तत्काल तलवार से उसकी हत्या कर दी। वह उद्यान उसी स्थान पर लगा रह गया।

"दो वर्ष उपरान्त उस जादूगर का पुत्र अपने पिताकी हत्याके प्रतिकार हेतु कटिबद्ध होकर राजा की सेवा में पहुंचा और उसने कहा, 'मैं एक दिन में ख़रबूज़े का खेत बोकर लोगों को ख़रबूज़ा खिला सकता हूं।' राजा ने उसे भी बोने का आदेश दिया। उसने ख़रबूज़े का खेत तैयार किया और वहां से कुछ पके हुये फल लाया। उसने एक ख़रबूज़ा राजा को और दो तीन ख़रबूज़े उसके विश्वासपात्रों को देकर कहा कि, 'जब मैं कहूं तब आप ख़रबूज़े पर चाक़ू चलायें।' उस जादूगर ने अपने साथियों से कहा, 'तुम लोग इधर उधर ग़ायब हो जाओ।' जब वे चले गये तो उसने राजा से कहा, 'अब ख़रबूज़ा खाइये।' राजा ने उस ख़रबूज़े पर चाक़ू चलाया। जैसे ही उन लोगों ने चाक़ू चलाया तो राजा का तथा उन लोगों के, जिन्होंने ख़रबूज़ा काटा था, सिर उनके पल्ले में गिर पड़े। राजा का एक पुत्र जिसने चाक़ू न चलाया था सुरक्षित रह गया। उसने आदेश दिया कि, 'जादूगर की गर्दन उड़ा दी जाय।' लोग जब तलवार
(५२) खींच कर पहुंचे तो उसने कहा, 'मैं मुसलमान हूं। मुझे स्नान की आवश्यकता है।' वहां जल से भरा हुआ एक कुंड था। उससे कहा गया कि, 'इसमें स्नान कर ले'। उस जादूगर ने उसमें डुबकी लगायी और ग़ायब हो गया तथा पुनः उसका पता न चला।"

मुर्दों की कहानियाँ

कहा जाता है कि एक मुर्दे को हौज़े शम्सी पर जो प्राचीन देहली में है दफ़न किया जा रहा था। एक पत्थर खोदा गया। उसके नीचे से एक क़ब्र प्रकट हुई। लोगों ने देखा कि एक वृद्ध जिसका ललाट चमक रहा था, सफ़ेद दाढ़ी लगाये तथा सफ़ेद चादर ओढ़े रेहल[1] पर क़ुरान रख कर पढ़ रहा है। जब उसने आदमियों को देखा तो पूछा, "क्या क़यामत आ गई ?" लोगों ने उत्तर दिया कि "नहीं।" उसने कहा, "हमारा रहस्य क्यों खोला ?" उन लोगों ने भयभीत होकर क़ब्र को पुनः बन्द कर दिया और उस मुर्दे को अन्य स्थान पर ले जाकर दफ़न कर दिया।

एक वर्ष सुल्तान के राज्यकाल में गंगा में बाढ़ आ गई और नगर के क़ब्रिस्तान नष्ट हो गये। अधिकांश मुर्दों की हड्डियां जल बहा ले गया। उस नगर के सैयिदों ने एकत्र होकर इस आशय से क़ब्रों को खोदा कि अपने बुज़ुर्गों की हड्डियां अन्य स्थान पर ले जाकर दफ़न कर दें। जब उन्होंने एक क़ब्र खोदी तो देखा कि "एक लाश सफ़ेद कफ़न पहने हुये, मानो आज ही दफ़न की गई हो रक्खी हुई है और
(५३) राय बेल की एक झाड़ी खिली हुई है। उसका समस्त कफ़न फूल से लदा हुआ है। दो तीन फूल उसके नथुनों में लगे हुये ह।" उस लाश को उसी दशा में छोड़ कर उन्होंने क़ब्र को बन्द कर दिया।

कहा जाता है कि उन लोगों ने दूसरी क़ब्र खोदी। लाश के कफ़न का रंग जोगिया था और मृग का सींग उसकी ग्रीवा में लटका हुआ था और उसके मुख को काला कर दिया गया था। क़ब्र बिच्छुओं से भरी हुई थी, यहां तक कि कफ़न न दिखाई पड़ता था। उस क़ब्र को पुनः पाट दिया गया।

तातार ख़ां फ़र्मुली के पुत्र की दुलहिन की कहानी

कहा जाता है कि तातार ख़ां फ़र्मुली का पुत्र अपनी दुलहिन को अपने ससुर के घर से ला रहा था। जब वह नदी तट पर पहुंची तो डोले को नौका पर रख दिया गया। अन्य लोग नौका से उतर पड़े। एक फ़क़ीर, जो उस नौका पर बैठा था, को न रोका गया। तातार ख़ां का पुत्र अन्य व्यक्तियों सहित दूसरी नौका पर बैठा। जब नौका नदी के मध्य में पहुंची तो उस युवती ने अपनी दाया से कहा, "मैंने नौका तथा नदी को कभी नहीं देखा है। यदि तू कहे तो देख लूं।" दाई ने कहा, "यहां एक दरवेश के अतिरिक्त कोई अन्य व्यक्ति नहीं, वह एक कोने में बैठा है।" वह युवती डोले से निकल आई और नौका के तख़्ते पर बैठ कर तमाशा देखने लगी। जब कभी वह फ़क़ीर की ओर देखती उसे अपनी ओर दृष्टि-पात करता हुआ पाती। उसने नौका के किनारे अपने पांव लटका लिये। दाई ने कहा, "पांव इस ओर कर ले, कहीं जूती नदी में न गिर जाय।" उस युवती ने कहा, "यदि मेरी जूती जल में गिर पड़े तो कोई उसे निकाल ला सकता है ?" कहते समय उसने फ़क़ीर की ओर देखा। फ़कीर ने संकेत किया कि, "मैं ले आऊंगा।" उस युवती ने तत्काल जूती नदी में गिरा दी। वह फ़क़ीर भी नदी में कूद पड़ा। जब
(५४) थोड़ी देर हो गई तो फ़क़ीर जल पर न दिखाई दिया। वह युवती खेद प्रकट करती हुई नदी में कूद पड़ी। दाई ने शोर ग़ल करना प्रारम्भ कर दिया। जिस नौका पर तातार ख़ां का पुत्र था, वह भी आ गई। नदी में जाल डलवा दिये गये। उन दोनों को जब बाहर निकाला गया तो वे एक दूसरे को आलिंगन किये हुये थे। फ़क़ीर के एक हाथ में जूती थी।

अन्त में यह निश्चय हुआ कि दोनों को पृथक् करके दफ़न कर दिया जाय। उन्हें ज़बरदस्ती पृथक्

१ पोथी रख कर पढ़ने के लिये काठ की बनी एक प्रकार की खुलने तथा बन्द होने वाली तख़्ती।

करके दफ़न कर दिया गया। दो मास उपरान्त दुलहिन के सम्बन्धी इस उद्देश्य से आये कि उसकी लाश को ले जाकर अपने क़ब्रिस्तान में दफ़न कर दें। जब उस युवती की क़ब्र खोदी गई तो लाश का कोई चिह्न न मिला। उस फ़क़ीर की भी क़ब्र खोदी गई। वह क़ब्र भी ख़ाली मिली। उस क़ब्र में एक खिड़की निकली। जब लोगों ने उसके भीतर देखा तो वहां उन्हें एक अद्वितीय उद्यान जो स्वर्ग रूपी था, दृष्टिगत हुआ। उसमें नाना प्रकार के रंग के सोने के काम के महल थे। उन महलों में कौसर[1] के समान हौज़ थे। एक हौज़ के किनारे पर रत्नों तथा मोतियों से जड़ा हुआ एक सिंहासन रक्खा था। वे दोनों उसी सिंहासन पर बैठे थे। चन्द्रमा तुल्य दासियां उनके चारों ओर कमर पर हाथ रक्खे हुये खड़ी थीं। वे लोग ईश्वर की लीला देखकर आश्चर्य में पड़ गये। इसी बीच में उस खिड़की पर एक पत्थर आ गया और वह बन्द हो गई। लोगों ने लौट कर तातार ख़ां के पुत्रों को यह समाचार पहुंचाये। अन्त में नगर में यह समाचार प्रसारित हो गया।

फ़िरिश्तों की कहानी

(५५) कहा जाता है कि अमीन ख़ां सरवानी ने काबा के दर्शन का संकल्प कर लिया। अपना पद त्याग कर सुल्तान से विदा हो गया। गुजरात पहुंचकर वह एक जहाज़ पर बैठा। संयोग से वह जहाज़ वायु के तूफ़ान से टूट गया। सब लोग डूब गये। अमीन ख़ां दो अन्य व्यक्तियों सहित एक तख़्ते पर रह गया। वायु ने उस तख़्ते को एक द्वीप में पहुंचा दिया। वे तख़्ते से उतर कर पर्वत के आंचल में पहुंच गये। उसके किनारे उन्हें एक नगर बसा हुआ मिला। उस नगर के एक व्यक्ति को उनका हाल ज्ञात हो गया। वह उन पर दया करके उन्हें अपने घर ले गया। उनके निवास हेतु एक स्थान दे दिया और रोटी तथा वस्त्र द्वारा उनकी सहायता की। जब वे कुछ दिन वहां रहे तो उनसे उसकी मित्रता हो गई। उस नगर में प्रत्येक घर में ज़िरह तथा जौशन तैयार किये जाते थे। एक दिन अमीन ख़ां ने उस व्यक्ति से जिसके घर में वह रहता था पूछा, "इस नगर में व्यापारी तो आते नहीं। आप लोगों का घर समुद्र में है। इन्हें कौन क्रय करता है?" उस व्यक्ति ने कहा, "प्रत्येक वर्ष व्यापारी आकर इन्हें क्रय करके ले जाते हैं।" अमीन ख़ां ने कहा, "जब व्यापारी आये तो हम लोगों की सिफ़ारिश कर दीजिये कि हमें जहाज़ पर बैठा कर इस स्थान से ले जायं। सम्भव है कि हम समुद्र-तट पर पहुंच जायं और वहां से स्वदेश को चले जायं।" उस व्यक्ति ने स्वीकार कर लिया।

कुछ दिन उपरान्त नगर में व्यापारियों के आगमन के समाचार प्रसारित हो गये। नगर वाले कोठों तथा ऊँचे स्थानों से उनके विषय में पता लगाते थे। जब जहाज़ दृष्टिगत हुये तो नगर के समस्त लोग उनके स्वागतार्थ पहुंचे और जहाज़ वालों को लाकर अपने अपने घरों में उतारा। दो तीन दिन
(५६) उपरान्त क्रय-विक्रय हो गया। जिस दिन वे जान लगे तो अमीन ख़ां ने उस व्यक्ति से जिसके घर में वह था सिफ़ारिश करन के लिये कहा। उसने व्यापारियों से कहा, "यह व्यक्ति सैनिक है। हज करन के लिये जा रहा था। दुर्भाग्यवश इसका जहाज़ हवा तथा तूफ़ान द्वारा नष्ट हो गया। उसके टूट जाने के कारण सब लोग डूब गये। यह तख़्ते पर रह गया। ईश्वर ने इसे इस स्थान पर पहुंचा दिया। यदि तुम लोग सहायता करो और अपने जहाज़ पर बैठा लो तो सम्भवतः तुम्हारी सहायता से यह स्वदेश को पहुंच जायेगा और तुम्हारा आभारी रहेगा।" उनमें से एक व्यापारी ने यह बात स्वीकार कर ली। अन्य लोगों ने स्वीकार न किया। अन्त में उस व्यापारी ने कहा कि, "इसकी दीनता पर दृष्टि करो।"

१ मुसलमानों के विश्वास के अनुसार स्वर्ग की एक नहर अथवा हौज़।

उन व्यापारियों ने कहा, "हम इसे इस शर्त पर ले जा सकते ह कि हम जो कुछ करें यह देखता ज़ाय, हमारे कार्य में किसी प्रकार का हस्तक्षेप न करे।"

अमीन ख़ां द्वारा इस शर्त के स्वीकार कर लेने पर जिस दिन वे लोग चलने लगे उस दिन उन्होंने अमीन ख़ां को जहाज़ पर बैठा लिया। दो तीन दिन यात्रा करने के उपरान्त उन लोगों ने ज़िरह तथा जौशन जो क्रय किये थे समुद्र में फेंकने प्रारम्भ कर दिये। जब वह कुछ ज़िरह तथा जौशन फेंक चुके तो अमीन ख़ां से न रहा गया। उसने उन लोगों से कहा, "मित्रो! बड़े आश्चर्य की बात है कि इतना धन व्यय करके जो सम्पत्ति तुमने क्रय की उसे समुद्र में फेंके दे रहे हो। इसका क्या कारण है?" जिस व्यापारी न अमीन ख़ां के लाने के विषय में अपने मित्र से आपत्ति प्रकट की थी, उसने कहा, "मैं इस व्यक्ति को साथ
(५७) ले चलने से मना न कर रहा था? तू ही लाया।" उस व्यक्ति ने अमीन ख़ां से कहा, "यदि अब तू बोलेगा तो तुझे समुद्र में फेंक देंगे।" अमीन ख़ां ने कहा, "मुझे दुःख होता है कि इतना धन व्यय करके जो सम्पत्ति तुमने क्रय की उसे नष्ट कर रहे हो। इसमें क्या रहस्य है?" उन्होंने अमीन ख़ां से कहा, "तू चुप रह। जब तुझे विदा करने लगेंगे तो तुझे बता देंगे।"

अमीन ख़ां ने तदुपरान्त कुछ न कहा। दो दिन में समस्त सम्पत्ति समुद्र में फेंकने के उपरान्त उन लोगों ने अमीन ख़ां से कहा, "आज हम तुझे विदा करते हैं। आशा है कि तू सुरक्षित पहुंच जायगा।" अमीन ख़ां ने पुनः उन्हें ईश्वर की शपथ देकर उन लोगों से उस रहस्य के विषय में पूछा। उन लोगों ने कहा, "हम फ़िरिश्ते हैं। इस नगर वालों को जीविका पहुंचाना हमारे सिपुर्द किया गया है। इस बहाने से हम उन्हें जीविका पहुंचाते हैं।" अमीन ख़ां ईश्वर की शक्ति देखकर आश्चर्य में पड़ गया। तदुपरान्त उन्होंने अमीन ख़ां से पूछा, "तेरा निवास-स्थान कहां है?" उसने उत्तर दिया, "देहली।" उन लोगों ने पूछा, "इस समय तू अपने घर को जाना चाहता है अथवा काबा को?" अमीन ख़ां ने कहा, "इस समय काबा की अभिलाषा है।" फ़िरिश्तों ने कहा, "आंखें बन्द करो।" जब उसने आंखें खोलीं तो अपने आप को काबा में पाया। वहां दर्शन करने के उपरान्त वह हिन्दुस्तान के जहाज़ पर देहली लौट आया।
(५८) यह कहानी सुल्तान को सुनाई गई। जिसने भी सुना, उसे बड़ा आश्चर्य हुआ।

सुल्तान सिकन्दर के कुछ अमीर जो दान पुण्य में अद्वितीय थे

भीकन ख़ां

सुल्तान सिकन्दर के शुभ राज्यकाल के अमीरों में से भीकन ख़ां था जो बहुत बड़ा दानी था और जिसे सात हज़ारी मंसब प्राप्त था। उसकी प्रथा थी कि जब वह भोजन हेतु बैठता था तो चीनी के एक बड़े थाल में नाना प्रकार के भोजन लगा कर, दो तीन तन्दूरी रोटी, एक अशर्फ़ी तथा पान का एक बीड़ा रखकर सर्वप्रथम भिखारियों को भिजवाता, तदुपरान्त भोजन में हाथ डालता। एक दिन अहमद ख़ां फ़र्मुली, जो उसका मुसाहिब था, बड़ी दुखी अवस्था में उसकी सेवा में पहुंचा। भीकन ख़ां ने पूछा, "अहमद ख़ां तुझे आज मैं दुखी पाता हूं, इसका क्या कारण है?" उसने निवेदन किया कि, "कल घर से आदमी ने आकर सूचना दी है कि पुत्री के विवाह का समय समीप आ गया है। उसकी व्यवस्था करनी है। मेरी दशा का आपको ज्ञान है।" भीकन ख़ां ने पूछा, "कितने सामान की आवश्यकता होगी?" उसने कहा, "३०,००० तन्कों की आवश्यकता है।" भीकन ख़ां ने ग़ुलाम बच्चे को बुला कर कहा, "उस सन्दूक़ को, जो मेरे पलंग के नीचे है मेरे पास ले आ।" जब वह ग़ुलाम सन्दूक़ लाया तो भीकन ख़ां ने तीन मुट्ठी अशर्फ़ी उसके पल्ले में डाल दीं। अहमद ख़ां प्रसन्नतापूर्वक उस स्थान से निकल कर चला गया। वह

(५९) ग़ुलाम बच्चा पुनः पीछे-पीछे दौड़ता आया कि, "तुम नवीसिन्दों[1] के पास जाकर हिसाब करा दो कि कितना धन होगा।" जब हिसाब किया गया तो ८०,००० तन्के निकले। तदुपरान्त भीकन ख़ां ने अहमद ख़ां को बुलवाया और एक मुट्ठी अशर्फ़ी और उसके पल्लू में डाल दीं ताकि एक लाख तन्के पूरे हो जायं।

कहा जाता है एक दिन भीकन ख़ां शिकार हेतु गया था। वह रात्रि में एक ग्राम में रहा। एक स्त्री साग पका कर लाई। जब उसने उसमें से कुछ ग्रास खाये तो वह उसे बड़ा स्वादिष्ट लगा। उसने पूछा, "यह कौन सा साग है?" उसने बताया कि, "नीम की पत्ती है। किन्तु इसका पकाना बड़ा कठिन है।" ख़ान ने अपनी जेब में हाथ डाला। चार अशर्फ़ियाँ निकलीं। वह उसने उसे दे दीं और कहा "तेरे भाग्य ने कमी की। इतनी ही निकलीं।" तदुपरान्त उसने अपने एक सेवक को साग पकाने की विधि सीखने का आदेश दिया।

दो हज़ार तन्के वह दरबार में आते जाते समय फ़क़ीरों को दे दिया करता था। उसने ४० मस्जिदों का निर्माण कराया था। प्रत्येक स्थान पर उसने क़ुरान पढ़ने वाले तथा इमाम[2] नियुक्त किये। दानशीलता के अतिरिक्त उसमें वीरता भी अत्यधिक थी। जब कभी कोई युद्ध होता तो वह अकेला ही शत्रु पर घोड़े छोड़ देता था। दो तीन योग्य व्यक्तियों की हत्या करके सेना को शत्रु पर आक्रमण करने का आदेश देता था।

दौलत ख़ां लोदी

सुल्तान के अन्य अमीरों में दौलत ख़ां लोदी था। वह अत्यधिक वीर था, मानो दूसरा रुस्तम हिन्दुस्तान में पैदा हो गया हो। २० युद्धों में उसे विजय हुई और कहीं भी उसने पीठ न दिखाई। वीरता के अतिरिक्त वह अत्यधिक दानी भी था। यदि उसके पास क़ारून का ख़ज़ाना भी होता तो एक ही व्यक्ति को दान कर देता।

(६०) कहा जाता है ३० एराक़ी घोड़े विलायत से आये थे। १५ घोड़ों को तैयार करके दौलत ख़ां के समक्ष प्रस्तुत किया गया। जब एक घोड़ा घुमाया गया तो दौलत ख़ां ने अहमद ख़ां से, जो उसका सबसे बड़ा हितैषी था, पूछा कि, "अहमद ख़ां कैसा घोड़ा है?" उसने प्रशंसा की कि, "ख़ान जियु सलामत, बड़ा ही उत्तम घोड़ा है।" दौलत ख़ां ने वह घोड़ा उसे प्रदान कर दिया। उसने दूसरा घोड़ा मँगवाया और उसे घुमवाया। तदुपरान्त उसने अहमद ख़ां से उसके विषय में पूछा। अहमद ख़ां ने उसकी भी प्रशंसा की। दौलत ख़ां ने वह घोड़ा भी उसे प्रदान कर दिया। इसी प्रकार दस घोड़े दे दिये गये। जब ११वां घोड़ा लाया गया तो दौलत ख़ां ने अहमद ख़ां से उसके विषय में पूछा। वह चुप रहा। दौलत ख़ां ने पूछा, "क्यों चुप हो गया?" अहमद ख़ां ने कहा, "दान सीमा से अधिक हो चुका है।" दौलत ख़ां ने कहा, "एक-एक लेने से परेशान हो गये?" तदुपरान्त उसने अमीर आख़ुर[3] से पूछा, "कितने घोड़े रह गये जो तूने नहीं दिखलाये?" उसने निवेदन किया, "चार घोड़े रह गये हैं।" दौलत ख़ां ने आदेश दिया, "उनको भी अहमद ख़ां के घर बांध आओ।"

१ दीवान के मुंशियों।
२ नमाज़ पढ़ाने वाले।
३ घोड़ों की देख रेख करने वाला अधिकारी।

मियाँ हुसेन ख़ां

उसके अतिरिक्त उस राज्यकाल के दानियों में मियां हुसेन खां भी था। एक दिन एक सुनार ने तीन रत्नजटित मांग-टीके तैयार करके उसकी सेवा में उपस्थित किये। सायंकाल का समय था। वह उन्हें सफ़ेद चादर पर अपने सामने रख कर, मोमबत्ती को निकट रक्खे था। मोमबत्ती के प्रकाश में (६१) वे अंगारे के समान चमक रहे थे। उसका मुसाहिब हमीद ख़ां उस स्थान पर उपस्थित था। ख़ान ने सुनार से पूछा, "इन पर कितना धन ख़र्च हुआ है?" उसने उत्तर दिया, "एक पर ५ लाख तन्के, दूसरे पर तीन लाख और तीसरे पर दो लाख।" इसी बीच में हमीद खां से उसने पूछा कि, "तू क्या समझता है कि तुझे कौन सा प्रदान किया जायगा?" हमीद खां ने कहा, "जिन लोगों के लिये ये तैयार किये गये हैं, उन्हें शुभ हों।" हुसेन खां ने पुनः आग्रह करते हुये पूछा, "कुछ तो कह।" हमीद खां ने कहा, "मेरे हृदय में तीसरा आता है।" हुसेन खां ने हँस कर कहा, "तेरे हृदय में छोटा आता है। मेरे हृदय में बड़ा आता है। यह दूसरा अकेला रहा जाता है। यह तीनों तुम्हें प्रदान करता हूं।"

जिस रात्रि में उसने यह दान किया तो दौलत खां फ़र्मुली ने जो उससे ईर्ष्या रखता था यह समाचार सुल्तान को पहुंचाये कि हुसेन खां अपनी धन-सम्पत्ति को इस प्रकार नष्ट करता है। वह समझता था कि सुल्तान उससे खिन्न हो जायगा। सुल्तान ने कहा, "दौलत खां! मुझे इस विषय में ईश्वर के प्रति कृतज्ञ होना चाहिये कि मेरे राज्यकाल में ऐसे-ऐसे दानी अमीर हैं जिनके विषय में इतिहासकार अपने इतिहासों में लिखेंगे और जो लोग हमारे तथा तुम्हारे उपरान्त पैदा होंगे वे पढ़ कर कहेंगे कि, वह बड़ा ही विचित्र बादशाह था जिसके राज्यकाल में ऐसे-ऐसे दानी तथा वीर लोग हुये हैं।" (६२) सुल्तान ने हुसेन खां को बुलवा कर उसे खिलअत प्रदान किया और उसके मंसब तथा अक़्ता में वृद्धि कर दी और नदीना[1] तथा चांदपुर के परगने उसे जागीर में प्रदान कर दिये। इस बात से सभी बुज़ुर्ग लोग सुल्तान की प्रशंसा करने लगे।

सिकन्दर लोदी का शेष हाल

अब्दुल वह्हाब से दाढ़ी के सम्बन्ध में वार्ता

एक दिन हाजी अब्दुल वह्हाब ने, जो अपने काल का बहुत बड़ा वली[2] था, सुल्तान से कहा, "आप मुसलमानों के बादशाह हैं और दाढ़ी नहीं रखते। यह बात इस्लामी सम्मान के अनुकूल नहीं।" सुल्तान ने कहा, "मेरी दाढ़ी बड़ी ही ख़राब है; यदि मैं दाढ़ी रक्खूँगा तो अच्छी न लगेगी।" हाजी ने कहा, "मैं आपकी दाढ़ी पर हाथ रखता हूं। आप के अच्छी दाढ़ी निकल आयेगी। सभी दाढ़ियां इस दाढ़ी के अभिवादन हेतु आयेंगी। किसे हँसने का साहस हो सकेगा?" सुल्तान चुप हो रहा। हाजी ने कहा, "उत्तर क्यों नहीं देते?" सुल्तान ने कहा, "जब मेरे पीर[3] कहेंगे उस समय दाढ़ी रख लूँगा।" हाजी ने पूछा, "आप के पीर कहां हैं?" सुल्तान ने कहा, "भूवा नामक स्थान के जंगल में जो जालेसर के ग्रामों में से एक ग्राम है। वे कभी कभी मुझसे भेंट करने आते हैं।" हाजी ने पूछा, "उसके दाढ़ी है?"

१ सम्भवतः नगीना जिला बिजनौर (उत्तर प्रदेश)।
२ सन्त।
३ गुरु।

सुल्तान ने उत्तर दिया कि "नहीं।" हाजी ने कहा, "आप दाढ़ी रक्खें। जब मैं उसे देखूँगा तो उससे भी इस्लाम के आदेशों का पालन करने के लिये कहूंगा।" सुल्तान ने कोई उत्तर न दिया। हाजी उठकर अपने डेरे को चला गया।

(६३) सुल्तान ने उसके चले जाने के उपरान्त कहा, "शेख समझते हैं कि लोग जो उनकी सेवा में जाते हैं और चरणों का चुम्बन करते हैं तो यह उनके प्रताप के कारण है। यदि मैं किसी दास को चुडवल पर बैठा दूँ तो समस्त अमीर उसे कंधों पर बैठा कर लेजाने लगेंगे।" शेख अब्दुल जलील वहां उपस्थित था। उसने यह बात हाजी की सेवा में पहुंचा दी कि, "आपके चले आने के उपरान्त इस प्रकार की चर्चा होती थी।" हाजी अब्दुल वह्हाब ने कहा, "क्योंकि उसने रसूल के पुत्र की संतान का अपमान किया है और उसकी दास से तुलना की है, अतः ईश्वर ने चाहा तो उसकी गर्दन पकड़ी जायगी।" तदुपरान्त हाजी अब्दुल वह्हाब आज्ञा बिना ही स्वदेश को चला गया। एक मास उपरान्त सुल्तान की ग्रीवा में रोग उत्पन्न हो गया और नित्यप्रति उसमें वृद्धि होने लगी।

सुल्तान द्वारा पापों का प्रायश्चित

एक दिन उसने शेख लादन से, जो उसका इमाम था, लिख कर पूछा, "नमाज़ न पढ़ने, रोज़ा न रखने, दाढ़ी मुंडवाने तथा कान और नाक कटवाने का क्या कफ़्फ़ारा[1] हो सकता है ?" शेख ने इस विषय में विस्तार से लिख कर भेज दिया। सुल्तान ने तदनुसार आदेश दिया कि, "मेरे राज्यकाल में इस प्रकार के जितने पाप हुये हैं, उनके कफ़्फ़ारे का धन जो कुछ हो उसके विषय में निवेदन करें।" जब (६४) उन पापों तथा कफ़्फ़ारे का वृत्तांत उसके समक्ष उपस्थित किया गया तो सुल्तान ने आदेश दिया कि, "खज़ाना[2] बैतुल माल[3] से पृथक् है। उसमें से धन आलिमों तथा पवित्र व्यक्तियों को दे दिया जाय।" आलिमों तथा पवित्र लोगों ने खज़ानेदार[4] से पूछा, "खज़ाना, जो बैतुल माल से पृथक् है, कहां से प्राप्त होता है ?" उन्हें उत्तर मिला, "अन्य राज्यों के बादशाह जो पेशकश सुल्तान को भेजते थे तथा जो पेशकश अमीर लोग अपने प्रार्थना-पत्रों के साथ हर साल प्रस्तुत करते थे, उनके विषय में सुल्तान ने आदेश दे दिया था कि उन्हें पृथक् रक्खा जाय। मैं जिस स्थान पर व्यय करने का तुम्हें आदेश दूँ, उसे उस स्थान पर व्यय किया जाय। आज आप लोगों को प्रदान करने का आदेश हुआ है।" सभी लोग सुल्तान की बुद्धि पर आश्चर्य करने लगे।

संक्षेप में, सुल्तान के रोग में वृद्धि होने लगी, यहां तक कि वह न तो भोजन कर सकता और न जल पी सकता था। उसका श्वास भी रुक गया। रविवार ७ ज़िलहिज्जा ९२३ हि० (२१ दिसम्बर १५१७ ई०) को उसकी मृत्यु हो गई। उसने २८ वर्ष, ५ मास तथा ९ दिन तक राज्य किया...... (६५) उसके उपरान्त उसका पुत्र सुल्तान इबराहीम, जो उसका बड़ा ही योग्य पुत्र था, सिंहासनारूढ़ हुआ।

१ प्रायश्चित।
२ शाही कोष।
३ सार्वजनिक कोष।
४ कोषाध्यक्ष।

सुल्तान इबराहीम लौदी[1]

समस्त इतिहासकारों ने लिखा है कि सिकन्दर की मृत्यु के उपरान्त उसके दो पुत्र एक माता
(६६) से थे। एक सुल्तान इबराहीम दूसरा जलाल खां। क्योंकि इबराहीम ज्येष्ठ था और रूप रंग, चरित्र, तथा वीरता सरीखे गुणों से सुशोभित था अतः यह निश्चय हुआ कि उसे सिंहासनारूढ़ किया जाय। उस बादशाह के सिंहासनारोहण के लिये बृहस्पतिवार १० ज़िलहिज्जा ९२३ हि० (२४ दिसम्बर १५१७ ई०) का दिन निश्चित हुआ। उस दिन समस्त शाही बारगाहों को सुनहरे तथा मोतियों के काम के खेमों और विभिन्न रंगों के सोने के तार के कामों के क़ालीनों से सजाया गया। सुल्तान सिकन्दर का बहुमूल्य रत्नों तथा मोतियों से अलंकृत राजसिंहासन रंगीन क़ालीन पर रक्खा गया। अमीर तथा मलिक रंगीन खिलअतें एवं सुनहरे कामों के वस्त्र धारण करके उपवन में फूलों के समान खिल गये। घोड़ों तथा हाथियों को उत्तम ज़ीन तथा हौदों द्वारा सजाया गया था। उस दरबार की सजावट के समान किसी भी युग तथा काल में ऐसी सजावट न हुई होगी। उस दरबार की सजधज लोगों की दृष्टि में वर्षों तक रही। इस प्रकार उस भाग्यशाली बादशाह को सिंहासनारूढ़ किया गया।

उसके सगे भाई को जिसका नाम जलाल खां था, सुल्तान जलालुद्दीन की उपाधि प्रदान की गई और उसे अमीरों, उच्च पदाधिकारियों एवं भारी सेना सहित जौनपुर के राज्य की ओर भेजा गया। चार मास उपरान्त आज़म हुमायूँ तथा खाने खानां लोदी अपनी जागीरों से बधाई हेतु राजधानी में पहुंचे
(६७) और दरबार के अमीरों को कटु आलोचना तथा निन्दा करते हुये कहा कि, "राज्य के कार्य में किसी को साझी बनाना बहुत बड़ी भूल थी जो की गई, कारण कि बादशाही साझे में नहीं चल सकती।"

जलालुद्दीन से विश्वासघात

सुल्तान इबराहीम ने इस बात को सुनकर अपने भाई को जो वचन दिया था, उसे भुला दिया। परामर्श के उपरान्त यह निश्चय हुआ कि, "अभी शाहज़ादे को स्थायित्व प्राप्त नहीं हुआ है और अभी वह अपनी राजधानी में नहीं पंहुचा है। उसे लिखा जाय कि कुछ बातें उससे सम्बन्धित हैं अतः वह जरीदा[2] दरबार में उपस्थित हो और परामर्श के उपरान्त जिससे दोनों ही का उपकार होगा अपनी राजधानी को लौट जाय।" हैबत ख़ां गुर्गअन्दाज़ जोकि छल तथा धूर्तता के लिए प्रसिद्ध था फ़रमान देकर भेजा गया कि वह शाहज़ादे की चाटुकारी करके उसे दरबार में भेज दे। इस बात के, जो कही जाती है कि दीवार के भी कान होते हैं, अनुसार शाहज़ादे के पास यह समाचार पहले ही से पहुंच गये। हैबत ख़ां ने यद्यपि बड़ी चाटुकारी तथा चापलूसी की और उसके स्वभाव के अनुकूल बातें कहीं किन्तु शाहज़ादा उसकी धूर्तता से प्रभावित न हुआ और जाने के लिये तैयार न हुआ। हैबत ख़ां ने सुल्तान का संदेश उसके कुछ विश्वासपात्रों को भिजवाया किन्तु उनकी बात का भी प्रभाव न हुआ।

१ उसके अमीरों की सूची—ख़ाने ख़ानां, आज़म हुमायू, हैबत ख़ां, दौलत ख़ां, दिलावर ख़ां, इस्लाम ख़ां, दाऊद ख़ां, आलम खां, मियां माखन, हुसेन ख़ां, मारूफ़ ख़ां, फ़तह ख़ां, काला पहाड़, निज़ाम ख़ां, फ़रीद ख़ां, रुस्तम ख़ां, हाजी ख़ां, महमूद ख़ां, ज़ैन ख़ां, अलप ख़ां, तातार ख़ां, अहमद ख़ां, मंसूर ख़ां, मलिक आदम।

२ थोड़े से सहायकों सहित शीघ्रातिशीघ्र।

अमीरों को मिलाने का प्रयत्न

(६८) तदुपरान्त सुल्तान ने उस सूबे के अमीरों तथा जागीरदारों ो प्रोत्साहनयुक्त फ़रमान लिखे और उन्हें भारी इनामों का इस आशय से आश्वासन दिलाया कि वे जलाल ख़ां की आज्ञाकारिता त्याग कर उसके अभिवादन हेतु न जायं। उसने कुछ बड़े-बड़े अमीरों को विशेष ख़िलअतें भेजीं तथा गुप्त रूप से प्रोत्साहित किया कि इस फ़रमान के पाते ही वे जलाल ख़ां से विद्रोह कर दें और उसके आज्ञाकारी न बनें। क्योंकि जलाल ख़ां के भाग्य में राज्य प्राप्त करना न लिखा था, अतः समस्त बड़े-बड़े अमीरों ने आज्ञाकारिता त्याग कर विरोध प्रारम्भ कर दिया।

इसी बीच में शाहज़ादा जलाल ख़ां ने रत्नजटित राजसिंहासन को देबा[1] से सजे हुये महल में रखवाया और १५ रबी-उल-अव्वल ९२४ हि० (१७ मार्च १५१९ ई०) को सिंहासनारूढ़ हुआ। एक (६९) बहुत बड़े दरबार का आयोजन कराया। उसने अपने दरबार के सेवकों, उच्च पदाधिकारियों तथा समस्त सेना को उनकी श्रेणी के अनुसार ख़िलअतें, तलवार, कटार, घोड़े, हाथी, उच्च पद एवं उपाधियां प्रदान की। उसने साधारण तथा विशेष व्यक्तियों को अपनी ओर से संतुष्ट करा लिया और फ़क़ीरों तथा दरिद्रियों को दान प्रदान किये। उनके मआश तथा वज़ीफ़े में वृद्धि कर दी। नेतृत्व के कार्य नये सिरे से शुरू करके सुल्तान इबराहीम से विरोध प्रारम्भ कर दिया। अपने नाम का ख़ुत्वा तथा सिक्का चालू[2] करा लिया।

जलाल द्वारा आज़म हुमायूँ को मिलाना

जव उसने अपनी शक्ति बढ़ा ली तो आज़म हुमायूँ के पास, जो उन दिनों कालिंजर के क़िले को घेरे हुये था, अपने विश्वापात्र भेजे और कहलाया, "आप मेरे पिता तथा चाचा के स्थान पर हैं। आप स्वयं जानते हैं कि मुझसे कोई अपराध नहीं हुआ है और सुल्तान इबराहीम ने विश्वासघात किया है। मेरे पिता के राज्य में से थोड़ा-बहुत जो कुछ मेरा तर्का निश्चित कर दिया था, उस ओर से भी, यद्यपि वह मेरा सगा भाई है, आंखें बन्द कर ली हैं और कृपा के बदले के शीशे को निष्ठुरता के पत्थर से तोड़ रहा है।[3] आपको सत्य को न त्यागना चाहिये। पीड़ित की सहायता करनी चाहिये।" वास्तव में आज़म हुमायूँ सुल्तान की ओर से रुष्ट था। वह उसकी (जलाल ख़ां) की नम्रता से प्रभावित हो गया। उसने क़िले से हाथ खींच लिया और उससे प्रतिज्ञा करके निश्चय किया कि सर्वप्रथम जौनपुर की विलायत को अधिकार में करके अन्य ओर ध्यान देना चाहिये।

अवध पर आक्रमण

वे निरन्तर यात्रा करते हुये अवध पहुंचे। वहां का वाली मुक़ावला न कर सका और कड़ा की (७०) ओर भाग गया और वास्तविक बात के सम्बन्ध में सुल्तान को पत्र भेज दिया। सुल्तान ने चुनी हुई सेना लेकर उस उपद्रव को शान्त करने के लिये प्रस्थान करना निश्चय किया। उसने कुछ अमीरों के परामर्श से अपने चार भाइयों को बन्दी बना लिया और हांसी के क़िले में बन्द करा दिया। मुहम्मद

१ बारीक फूलदार रेशमी कपड़ा।
२ स्वतन्त्र रूप से बादशाह हो गया।
३ कृपा के स्थान पर निष्ठुरता कर रहा है।

खां को ५०० अश्वारोहियों सहित वहां नियुक्त कर दिया। तदुपरान्त उसने समस्त अमीरों को पद, ख़िलअत तथा ख़ज़ाने से धन देकर संतुष्ट कर लिया और बख़्शियों को आदेश दिया कि सेना का मुतालबा शासन की ओर से प्रदान किया जाय और एक मास का वेतन इनाम के रूप में प्रदान कर दिया।

सुल्तान का अवध की ओर प्रस्थान

बृहस्पतिवार २४ रबी-उल-आख़िर ९२४ हि० (५ मई १५१८ ई०) को वह जौनपुर की ओर रवाना हुआ और निरन्तर यात्रा करता हुआ भौगांव पहुंचा। इसी बीच में समाचार प्राप्त हुये कि आज़म हुमायूँ तथा उसका पुत्र फ़तह खां सुल्तान जलालुद्दीन से पृथक् होकर शाही सेवा में आ रहे हैं। यह समाचार पाते ही सुल्तान प्रसन्न हो गया और उसने उसी पड़ाव पर विश्राम किया और अपना दरबार सजवाया। जिस दिन आज़म हुमायूँ आने वाला था, उस दिन उसने बहुत से बड़े-बड़े अमीरों को उसके (७१) स्वागतार्थ भेजा और जब वह बादशाह की सेवा में पहुंचा तो बादशाह ने उसे नाना प्रकार से सम्मानित किया और विशेष ख़िलअत, जड़ाऊ कटार, तथा प्रसिद्ध हाथी प्रदान करके संतुष्ट किया।

जलालुद्दीन का आगरा की ओर प्रस्थान

उसी समय सुल्तान ने असंख्य सेना, युद्ध के हाथी तथा अन्य सामान सुल्तान जलालुद्दीन के विरुद्ध भेजे। सुल्तान जलालुद्दीन ने अपने समस्त सम्बन्धियों को एकत्र करके कालपी के क़िले में छोड़ दिया। इस सेना के पहुंचने के पूर्व वह आगरा की ओर रवाना हुआ। सुल्तान ने कालपी को घेर लिया और अल्प समय में अपने अधिकार में करके नष्ट-भ्रष्ट कर दिया। जब उसने अपने भाई के आगरा पहुंचने के समाचार सुने तो उसने आगरा की रक्षा हेतु मलिक आदम काकर को भारी सेना देकर नियुक्त किया। मलिक शीघ्रातिशीघ्र आगरा पहुंच गया। सुल्तान जलालुद्दीन ने आगरा को कालपी के प्रतिकार में नष्ट कर देना निश्चय किया। मलिक आदम नाना प्रकार के बहाने करके तथा उसके स्वभाव के अनुकल बातें कहकर उसे टालता रहा और उसने अन्य सेना अपनी सहायतार्थ बुलवाई और समस्त हाल सुल्तान की सेवा में कहला दिया।

सुल्तान जलालुद्दीन का संधि कर लेना

(७२) सुल्तान ने १८,००० अश्वारोही तथा ५० युद्ध के हाथी मलिक आदम की सहायतार्थ भेजे। शाही सेना के पहुंच जाने से मलिक के हृदय को शक्ति प्राप्त हो गई। उसने सुल्तान जलालुद्दीन की सेवा में संदेश भेजा कि, "यदि आप राज्य की महत्त्वाकांक्षा त्याग कर अमीरों के समान व्यवहार करें और चत्र, आफ़ताबगीर, नौबत तथा राजसिंहासन छोड़ कर अमीरों के समान रहें तो आपके अपराधों को क्षमा करवाकर कालपी का प्रान्त पूर्व की भांति आपको प्रदान करा सकता हूं।" सुल्तान जलालुद्दीन ने अपने दुर्भाग्य के कारण ३०,००० वीर सेनानी, १६० युद्ध के हाथी रखने के बावजूद दुःसाहस प्रदर्शित किया और इस शर्त पर संतुष्ट हो गया। अमीरों ने उसे बहुत समझाया कि, "आप क्यों दुःसाहस प्रदर्शित कर रहे हैं? सुल्तान आपको कदापि जीवित न छोड़ेगा। हम आपका दस वर्ष से नमक खा रहे हैं। आपको साहस से दृढ़तापूर्वक कार्य करना चाहिये ताकि वीर तथा प्राणों की बलि देने वाले आपके लिये प्राणों की बलि दे सकें। विजय प्रदान करने वाला ईश्वर है। सुल्तान बड़े गरम स्वभाव का स्वामी है। वह अन्त में अपने पिता के अमीरों से दुर्व्यवहार करेगा और समस्त सेना आपकी सहायक बन जायगी।" किन्तु ईश्वर ने उसके भाग्य में विनाश लिख दिया था अतः उसने वह शर्त स्वीकार करली। उसने राज्य के चिह्न पृथक् करके मलिक आदम काकर के पास भेज दिये। मलिक आदम काकर ने बादशाही के समस्त

(७३) चिह्न उससे लेकर सुल्तान की सेवा में भेज दिये और उसकी प्रार्थना सुल्तान के समक्ष प्रस्तुत कराई। सुल्तान ने उसे स्वीकार न किया और सुल्तान जलालुद्दीन के विनाश हेतु रवाना हुआ। उसने यह समाचार पाकर ग्वालियर के राजा के पास शरण ग्रहण की। उसकी प्राचीन सेना भी छिन्न-भिन्न हो गई। सुल्तान इबराहीम ने आगरा में पड़ाव किया। कुछ विरोधी अमीर भी उसके हितैषी बन गये। करीम दाद ख़ां तो[1] को अन्य अमीरों सहित देहली रक्षा हेतु भेज दिया गया।

जलालुद्दीन का बन्दी बनाया जाना तथा उसकी हत्या

इस घटना के उपरान्त शाही सेना ने ग्वालियर को घेर लिया और आज़म हुमायूँ को ग्वालियर के क़िले की विजय हेतु भेज दिया गया। सुल्तान जलालुद्दीन वहां से निकल कर मालवा की ओर चल दिया। जब उसने मालवा के सुल्तान को अपने प्रति अच्छा व्यवहार करते न देखा तो कुछ लोगों के साथ वह खरा कंतहत[2] की ओर चल दिया। वहां वह गँवारों के द्वारा बन्दी बना लिया गया। उन्होंने सुल्तान की चाटुकारी हेतु उसे उसकी सेवा में भेज दिया। सुल्तान इस समाचार से बड़ा प्रसन्न हुआ। उसने एक बहुत बड़ा दरबार किया। सुल्तान जलालुद्दीन के हाथों को कपड़े से बाँध कर उसकी सेवा में प्रस्तुत किया गया। (७४) उसे हांसी के क़िले में भेज दिया गया किन्तु वह मार्ग ही में था कि अहमद ख़ां को भेजकर उसकी हत्या करा दी गई।......

तदुपरान्त सुल्तान ने निश्चिन्त होकर बिना किसी साझीदार के राज्य को अपने अधिकार में कर लिया और ग्वालियर की विजय का प्रयत्न करने लगा।

सुल्तान इबराहीम द्वारा ग्वालियर की विजय

संयोग से राजा मान, ग्वालियर का वाली, जो वर्षों से सुल्तानों के विरुद्ध युद्ध कर रहा था, नरक को प्राप्त हो गया था। बिकरमाजीत[3] उसका पुत्र, उसका उत्तराधिकारी बना। सुल्तान ने अत्यधिक (७५) युद्ध के उपरान्त क़िला उससे छीन लिया। उस क़िले के द्वार पर तांबे का जो एक चौपाया था और जो स्वयं बोलता था उसे उसने वहां से लाकर आगरा के क़िले पर रख दिया। वह अकबर बादशाह के राज्यकाल तक वहां रहा। (अकबर) बादशाह के आदेशानुसार उसे पिघला कर तोप ढाल ली गई।

अमीरों के प्रति अत्याचार

जब सुल्तान, ग्वालियर को विजय करके देहली पहुंचा तो युवावस्था के अभिमान के कारण उसके स्वभाव में परिवर्तन आ गया। वह अपने पिता के अमीरों से दुर्व्यवहार करने लगा और उनकी हत्या कराने लगा। समस्त अमीर उससे शंकित हो गये। उसने कुछ को बन्दी बना लिया। उसमें मियां भूवा को जो एक बहुत बड़ा अमीर तथा उसके पिता का विश्वासपात्र था और २८ वर्ष से सुल्तान सिकन्दर के राज्यकाल में पूर्ण अधिकार-सम्पन्न वज़ीर था, बन्दी बनाकर मलिक आदम काकर को सौंप दिया। कुछ ईर्ष्यालुओं के कहने पर उसके तथा कुछ अन्य अमीरों के लिये उसने एक भवन का निर्माण कराया और उसके नीचे एक तहख़ाना बनवाया। दो मास उपरान्त जब तहख़ाना सूख गया तो उसे गुप्त रूप से बारूद के थैलों से भरवा दिया।

१ एक पोथी के अनुसार 'तोग'।
२ गढ़ा कटंगा।
३ विक्रमादित्य।

मियां भूवा तथा कुछ अन्य अमीरों की हत्या

तदुपरान्त उसने मियां भूवा तथा कुछ अन्य अमीरों को जिन्हें नष्ट कराने के लिये उसने यह धूर्तता की थी बन्दीगृह से मुक्त कर दिया और खिलअतें देकर उन्हें प्रोत्साहन प्रदान किया और उन्हें इनाम तथा कृपा द्वारा प्रसन्न कर दिया ताकि उनके हृदय से शंका का अन्त हो जाय। एक दिन उसने (७६) उन लोगों को बुलवाकर कहा कि, "इस्लाम ख़ां को मेरे पिता ने आश्रय तथा उन्नति प्रदान की थी। उसने कुत्सित विचारों को अपने हृदय में स्थान देकर विद्रोह कर दिया है और षड्यंत्र रच रहा है। तुम लोग जिस नये भवन का मैंने निर्माण कराया है उसमें बैठकर परामर्श करो कि मुझे क्या करना चाहिये, कारण कि मुझे तुम्हारी बहुमूल्य सम्मति पर विश्वास है। तुम लोग जो कुछ सोचोगे उसी के द्वारा मेरा कल्याण हो सकेगा।" वे लोग बिना किसी शंका के वहां जाकर बैठ गये और वार्तालाप करने लगे। अचानक एक अग्नि-ज्वाला उठी और मियां भूवा तथा अन्य लोग जो उस स्थान पर थे उसी प्रकार नष्ट हो गये जैसे कि वृक्षों के पत्ते वायु से उड़कर नष्ट हो जाते हैं। इसी कारण अधिकांश अमीरों ने सुल्तान के स्वभाव के परिवर्तन से अवगत होकर विरोध तथा उससे पृथक् होने की पताका बलन्द कर दी। इस्लाम ख़ां ने, जो कड़ा में था, विद्रोह कर दिया और सेना एकत्र करना प्रारम्भ कर दिया।

इस्लाम ख़ां के विद्रोह का दमन

जब सुल्तान को इस दुर्घटना के समाचार प्राप्त हुए तो उसने सेना भेजने का संकल्प किया। अचानक बड़े-बड़े अमीरों में से भी कुछ लोग देहली से भाग कर इस्लाम ख़ां के पास चले गये और एक बहुत बड़ा विद्रोह उठ खड़ा हुआ। सुल्तान ने अन्य अमीरों को भी नियुक्त किया। जब वे लोग लखनऊ के समीप पहुंचे तो इक़बाल ख़ां, आज़म हुमायूँ के ख़ासा खेल ने ५००० अश्वारोहियों सहित उन पर आक्रमण किया और बहुत से लोग मार डाले गये। देहली की सेना पराजित हो गई। सुल्तान ने यह समाचार पाकर अन्य सेना भेजी और आदेश दिया कि, "सर्वप्रथम विद्रोहियों को बन्दी बना लिया जाय, (७७) तदुपरान्त इक़बाल ख़ां का उपचार किया जाय।" इस्लाम ख़ां की सेना चालीस हज़ार अश्वारोहियों तथा ५०० युद्ध के हाथियों सहित युद्ध हेतु समीप पहुंची। शेख़ राजू ने विद्रोहियों को परामर्श दिया। उन लोगों ने कहा, "यदि सुल्तान आज़म हुमायूँ को बन्दीगृह से मुक्त कर दे तो हम बादशाह की आज्ञाकारिता स्वीकार कर लेंगे।" सुल्तान ने स्वीकार न किया और अन्य अमीरों को विद्रोहियों के विनाश हेतु भेजा। जब योद्धा रणक्षेत्र में पहुंचे तो ऐसा घोर युद्ध हुआ कि समय की आंखों ने न देखा होगा। दोनों पक्षों की ओर से तीन चार हज़ार योग्य अश्वारोही रणक्षेत्र में मारे गये। रक्त की नदी बह निकली। अचानक इस्लाम ख़ां की ओर के एक युद्ध के हाथी के मस्तिष्क पर सुल्तान की ओर से गोली लगी। वह पलट कर अपनी सेना पर आक्रमण करने लगा। इस कारण विद्रोहियों की सेना छिन्न-भिन्न हो गई। क्योंकि विद्रोह तथा नमकहरामी से कोई लाभ नहीं होता, अतः इस्लाम ख़ां मारा गया। विद्रोही बुरी तरह पराजित हो गये और वह विद्रोह शान्त हो गया।

राणा सांगा के विरुद्ध आक्रमण

जब सुल्तान को यह समाचार प्राप्त हुये तो वह बड़ा प्रसन्न हुआ। जिन अमीरों ने प्रयत्न तथा (७८) परिश्रम किया था, उन्हें उसने सम्मानित किया। किन्तु अमीरों के प्रति जो ईर्ष्या उसके हृदय में थी उसका अन्त न हुआ। इसी बीच में राणा सांगा के विरुद्ध भी सेना नियुक्त हुई। मियां हुसेन ख़ां तथा मियां मारूफ़ ख़ां सुल्तान सिकन्दर के सेनापति रह चुके थे। सुल्तान ने उन्हें अपने दरबार के समस्त

अमीरों तथा मलिकों की अपेक्षा उच्च पद प्रदान किये एवं अधिक विश्वासपात्र बना लिया था। वे अपने समय के बहुत बड़े योद्धा थे और रुस्तम को युद्ध के नियम सिखा सकते थे। उन्होंने स्वर्गीय सुल्तान के राज्यकाल में (अनेक) युद्ध किये तथा क़िले विजय किये। सुल्तान ने उन्हें मियां माखन के अधीन कर दिया।

सुल्तान द्वारा मियां माखन की हत्या का प्रयत्न

जब शाही सेना राणा के राज्य के समीप पहुंची तो सुल्तान ने मियां माखन के पास एक आदेश भेजा कि जिस प्रकार सम्भव हो हुसेन खां तथा मारूफ़ खां को बन्दी बनाकर इस स्थान पर भेज दे। मियां माखन मारूफ़ खां के डेरे में उसके पुत्र की मृत्यु के प्रति जिसे दो मास हो चुके थे, संवेदना प्रकट करने के बहाने से पहुंचा। मियां हुसेन समाचार पाकर शीघ्रातिशीघ्र वहां पहुंचा और कहा,"मियां माखन ! इस असम्भव विचार को हृदय से निकाल दो कि तुम मियां मारूफ़ को बन्दी बना सकोगे। हमारा सुल्तान पागल हो गया है। यहां से कुशलतापूर्वक चले जाओ।"

मियां माखन ने वहां से जाकर यह हाल दरबार में लिख कर भेज दिया। सुल्तान का आदेश प्राप्त हुआ कि, "तू किसी के डेरों में क्यों जाता है ? मैदान में सरापर्दा लगवा और उन लोगों को सूचना (७९) पहुंचा दे कि फ़रमान आया है। आकर पढ़ो। जब वे आयें तो उसी स्थान पर दोनों को बन्दी बना ले और लोहे में जकड़ कर उन्हें भेज दे।" माखन ने ऐसा ही किया। सरापर्दा लगवाया और उसी के बराबर दूसरा ख़ेमा लगवाया। २०० चुने हुए वीरों को अस्त्र-शस्त्र पहना कर वहां इस आशय से बैठा दिया कि जब हुसेन तथा मारूफ़ आयें तो वे उन पर टूट पड़ें और उन्हें बन्दी बना लें। तदुपरान्त उसने उन दोनों को बुलवाया। मारूफ़ पहले पहुंच गया। मियां हुसेन को मार्ग में कुछ लोगों ने सावधान कर दिया। मियां हुसेन ३०० व्यक्तियों सहित वहां पहुंच गया। उसने सर्वप्रथम उस ख़ेमे की रस्सियों को जिसके नीचे (मियां माखन) ने सैनिक छिपा दिये थे, कटवा दिया और ख़ेमा उन लोगों पर गिर गया, और वह स्वयं माखन के शिविर में प्रविष्ट हो गया और कहा, "मियां माखन ! बादशाह का फ़रमान पढ़ो।" मियां माखन ने कहा, "फ़रमान को इस प्रकार पढ़ने का आदेश नहीं है।" हुसेन खां ने कहा "हमें पता चल चुका है कि फ़रमान तथा इस सेना का आना हमारे प्राणों (को लेने) के लिये है। हम लोग इस अपमान से प्राण न देंगे।" तदुपरान्त वह मियां मारूफ़ का हाथ पकड़ कर उसे वहां से बाहर ले गया।

हुसेन ख़ां की राणा से संधि

(८०) जब हुसेन ख़ाँ ने देखा कि सुल्तान के आतंक से मुक्ति सम्भव नहीं तो उसने राणा के पास चले जाने का संकल्प किया और अपना वकील राणा के पास भेजकर उसकी सेवा में उपस्थित होने का प्रस्ताव रक्खा। राणा को इस बात से भय हुआ कि हुसेन ख़ां के हमारे पास आने का क्या कारण है। क्योंकि वह उसकी वीरता के विषय में सुन चुका था, अतः उसे भय हुआ कि कहीं वह धूर्तता के कारण न आ रहा हो। तदुपरान्त उसने प्रतिज्ञा की तथा वचनबद्ध हुआ और ४००० अश्वारोहियों सहित राणा के पास पहुंचा। राणा ने अपने भतीजे को उसके स्वागतार्थ भेजा। उसने राणा से जाकर भेंट की।

मियां मारूफ़ का मियां माखन को उत्तर

मियां माखन, हुसेन ख़ां के चले जाने के कारण ३० हज़ार अश्वारोहियों तथा ३०० पर्वतरूपी हाथियों के बावजूद निःसहाय हो गया। दूसरे दिन मियां माखन ने विवश होकर अपनी सेना तैयार की और राणा से युद्धहेतु रणक्षेत्र में पहुंचा। उस ओर से राणा अपनी सेना को लेकर रणक्षेत्र में आया।

मियां माखन ने मारूफ़ ख़ां को जो दायीं ओर था, सन्देश भेजा कि, "तुम तथा हुसेन ख़ां मित्र हो। इस समय वह हरामख़ोरी करके सुल्तान के शत्रुओं से मिल गया है। हमारे मध्य में तुम्हारे रहने से क्या लाभ?" मारूफ़ ख़ां ने उत्तर भेजा कि "३० वर्ष से मैं सुल्तान बहलोल तथा उसकी संतान का नमक खा रहा हूँ। सिकन्दर शाह के राज्यकाल में हम सेनापति थे। हमारे परिश्रम से ख़ोद[1] नामक क़िला विजय हुआ। हमने नगरकोट के राजा की हत्या करके उस पत्थर को जो ३००० वर्ष से हिन्दुओं का ईश्वर था लाकर
(८१) लोगों द्वारा पददलित होने के लिए (फिकवा) दिया। उस क़िले को जिसका इस्लाम के प्रारम्भ से लेकर आज तक कोई भी घेरा डालने का विचार भी न कर सका था हमने विजय किया। हमने बिहार के राजा से ७ मन सोना प्राप्त किया। जब से सुल्तान इबराहीम का राज्यकाल प्रारम्भ हुआ नये नये लोग जिन्हें उन्नति तथा उत्कर्ष प्राप्त हो गया है हमें नमकहरामों में सम्मिलित करने लगे हैं। अब भी जो कुछ (हम) फ़क़ीरों द्वारा सम्भव होगा उसे सम्पन्न करने में कोई कसर न उठा रखेंगे।" इस बात के उपरान्त मारूफ़ ख़ां शाही सेना से पृथक् होकर खड़ा हो गया।

राणा से युद्ध

इसी बीच में समाचार-वाहकों ने उपस्थित होकर सूचना दी कि राणा की सेना निकट आ गई है। मियां माखन ने दायें तथा बायें भाग की सेना को तैयार किया। सईद ख़ां फ़ुर्त, तथा हाजी ख़ां ७००० अश्वारोहियों सहित दायें भाग में, दौलत ख़ां, अलहदाद ख़ां तथा यूसुफ़ ख़ां बायें भाग में और मियां माख़न ने अग्रिम दल में स्थान ग्रहण किया। मियां हुसेन ख़ां यद्यपि मियां माखन से रुष्ट था किन्तु उसने सुल्तान के नमक के हक़ पर ध्यान देकर शाही लश्कर का मुक़ाबला न किया। जब दोनों ओर की सेनाओं की पंक्तियां रणक्षेत्र में डट गईं और दोनों पक्षों के योद्धाओं ने रणक्षेत्र की ओर रुख़ किया तो हिन्दुओं ने
(८२) हथेली पर प्राण रख कर युद्ध प्रारम्भ कर दिया। अचानक शाही सेना पराजित हो गई। शाही सेना के अधिकांश योग्य व्यक्ति तथा योद्धा मार डाले गये और अन्य लोग विभिन्न स्थानों को चले गये। मियां माखन जो सेनापति तथा सरदार था पराजित हो गया और अत्यधिक लोगों की हत्या कराने के उपरान्त अपने शिविर में पहुंच गया।

उस रात्रि में मियां हुसेन ख़ां ने मियां माखन को सन्देश भेजा कि, "अब आप को हितैषियों का महत्त्व ज्ञात हो गया होगा। खेद है कि ३०,००० अश्वारोही गिनती के थोड़े से हिन्दुओं द्वारा पराजित हो गये। अब आप निष्ठावान् दासों की नमकहलाली की लीला देखें।" उसने गुप्त रूप से मियां मारूफ़ को सन्देश भेजा कि, "जब आधी रात हो जाय तो (सेना) को युद्ध के लिये तैयार करके मुझसे भेंट कर कारण कि मियां माखन की सरदारी देख ली गई। अब यह आवश्यक है कि सुल्तान के नमक का हक़ अदा किया जाय। यद्यपि वह अपने पिता के हितैषियों का मूल्य नहीं समझता (किन्तु हमें युद्ध करना इसलिए आवश्यक है कि) लोग हमारी निन्दा न करें और यह न कहें कि हम लोगों ने ३० वर्ष तक नमक खाया और प्रतिष्ठित अमीरों में समझे जाने पर भी हम लोग नमकहरामी करके शत्रुओं से मिल गये।"

संक्षेप में, मियां मारूफ़ ख़ां छः हज़ार अश्वारोहियों को युद्ध के लिये तैयार करके मियां हुसेन ख़ां की सेना से २ कोस की दूरी पर पहुंच गया और उसे सूचना कराई। दोनों सेनायें एक स्थान पर एकत्र हुईं। राणा की सेना अपनी विजय पर अभिमान करके भोग-विलास में ग्रस्त हो गई थी। कुछ लोग

१ जौंद।

सो रहे थे और मौत उनकी असावधानी पर हँस रही थी। अचानक नक़्क़ारे तथा क़रना[1] की ध्वनि ने (८३) काफ़िरों के सावधानी के कानों से असावधानी की रूई निकाल दी[2] और वे परेशान हो गये। अफ़ग़ानों ने तलवार निकाल कर क़त्ले आम प्रारम्भ कर दिया। राणा घायल होकर अधमरा हो गया और कुछ लोगों के साथ भाग गया। अन्य लोगों ने भी अपने प्राण तलवारों को दे दिये।

प्रातःकाल मियां माखन को यह समाचार प्राप्त हुये। वह बड़ा लज्जित हुआ। आता (अता) लोदी के पुत्र मियां बायज़ीद ने जो सेना का बख़्शी था और हुसेन खां का मित्र था, मियां हुसेन खां तथा मियां मारूफ़ के विजय-पत्र सुल्तान की सेवा में लिखे। तदुपरान्त मियां हुसेन खां ने १५ हाथी, ३००,४०० उत्तम घोड़े तथा अत्यधिक लूट की धन-सम्पत्ति देहली भेजी। सुल्तान ने इस विजय की बड़ी खुशियां मनाईं। उसने आदेश दिया कि खुशी के नक़्क़ारे बजाये जायें। तदुपरान्त अत्यधिक कृपा प्रदर्शित करते हुये फ़रमान लिख कर दो विशेष ख़िलअतें, दो कटार, दो प्रसिद्ध हाथी तथा चार घोड़े हुसेन खां एवं मियां मारूफ़ के पास भेजे।

ग्वालियर पर आक्रमण

इसी बीच में सुल्तान ने आज़म हुमायूं को, जो एक बहुत बड़ा अमीर था और अपने पुत्रों सहित १२ हज़ारी मंसब का अधिकारी था, ग्वालियर के क़िले की विजय हेतु भेजा। उसने उस राज्य में जाकर अत्यधिक प्रयत्न करके आसपास के परगनों को अपने अधिकार में कर लिया। ग्वालियर के क़िले को घेर कर उसने वीरों को मोरचे बांट दिये। मन्जनीक़ तथा अरादों की व्यवस्था करके हुक़्क़ों को जला जलाकर क़िले के भीतर फेंकना प्रारम्भ कर दिया। हिन्दुओं ने रूई से भरे हुये ग़िलाफ़ों को तेल में भिगोकर, (८४) जला जलाकर नीचे फेंकना शुरू कर दिया। दोनों ओर से आदमी जल रहे थे। आज़म हुमायूं क़िले के नीचे से साबात लगवाये और वहां तोपखाने रखवा कर इस प्रकार गोले फेंकता था कि क़िले वाले क़िले के प्रांगण के बाहर न निकल सकते थे। क़िले वाले व्याकुल हो गये और आज ही कल में विजय प्राप्त होने वाली थी कि राजा ने ७ मन सोना, श्यामसुन्दर हाथी तथा अपनी पुत्री सुल्तान को देना स्वीकार कर लिया।

आज़म हुमायूँ का ग्वालियर से बुलाया जाना

अचानक सुल्तान का फ़रमान प्राप्त हुआ कि आज़म हुमायूं सूचना पाते ही दरबार में उपस्थित हो। उसने फ़रमान पढ़ते ही क़िले का कार्य त्याग कर जाने की तैयारी प्रारंभ कर दी। उसके पुत्रों तथा सम्बन्धियों ने कहा, "हमें भली भांति ज्ञात है कि सुल्तान आपकी हत्या कराना चाहता है और अन्य अमीरों के समान वह आपकी भी हत्या करा देगा।" कुछ अन्य अमीरों ने भी जो उसके अधीन थे उससे कहा कि, "सुल्तान की सेवा में जाना उचित नहीं।" आज़म हुमायूं ने कहा, "४० वर्ष से मैं इस वंश का नमक खा रहा हूं और उसके हितैषियों में सम्मिलित हूं। इस समय मैं उसका विरोध करके नमक-हरामों में नहीं सम्मिलित होना चाहता।" मुहम्मद खां लोदी तथा दाऊद खां सरवानी ने जो प्रतिष्ठित अमीरों में सम्मिलित थे कहा, "हमारे सुल्तान की बुद्धि भ्रष्ट हो गई है। वह नमकहलालों तथा नमक-(८५) हरामों में भेद-भाव नहीं कर सकता। इस समय आपके पास ३०,००० अश्वारोही हैं। आप

१ तुरही, दुंदुभी।
२ असावधानी त्याग कर सावधान हो गये।

विद्रोह कर दें और अपने प्राणों की रक्षा करें। हमें विश्वास है कि इस समय वह आपको बुलवा कर भूवा तथा हाजी ख़ां के प्रति जिस प्रकार व्यवहार किया था, व्यवहार करेगा।"

आज़म हुमायूँ की हत्या

आज़म हुमायूं ने कहा, "जो कुछ भी हो मैं अपनी सफ़ेद दाढ़ी में कालिख नहीं लगवाऊंगा।" परामर्श के उपरान्त उसने देहली की ओर प्रस्थान किया। जब वह आधी यात्रा समाप्त कर चुका तो समाचार प्राप्त हुये कि सुल्तान महमूद सरबनी तथा हुसाम खां शाहू ख़ेल की, जो प्रतिष्ठित अमीर थे, सुल्तान ने हत्या करा दी। मुहम्मद ख़ां तथा अल्लहदाद ने पुनः कहा, "अब भी कुछ नहीं बिगड़ा है। आप यहां से वापिस होकर अपने पुत्र के पास जो जौनपुर में है चले जायं।" आज़म हुमायूं ने कहा, "तुम लोग सच कहते हो। सुल्तान यही कर रहा है किन्तु यह मुझसे नहीं हो सकता।" क्योंकि आज़म हुमायूं की मृत्यु का समय आ चुका था अतः उन हितैषियों की बात उसने स्वीकार न की। वह निरन्तर यात्रा करता हुआ देहली की ओर चल खड़ा हुआ। जब वह निकट पहुंचा तो सुल्तान का आदेश प्राप्त हुआ कि वह सर्वप्रथम अपने हाथियों तथा घोड़ों को दरबार में भेज दे। उसने उसकी आज्ञा का पालन किया। तदुपरान्त उसकी समस्त सेना उससे पृथक् होकर उसके पुत्र के पास पहुंच गई। जब शहर दो कोस रह गया तो (८६) भापुर ग्राम के निकट मुख़लिस शराबदार आया और उसने निवेदन किया कि, "सुल्तान का आदेश है कि आज़म हुमायूं के पास सेना, ख़ज़ाना तथा जो कुछ भी हो उससे ले लिया जाय और उसे याबू पर सवार करके लाया जाय तथा बन्दीगृह में डाल दिया जाय।" जब वह निष्ठावान् बन्दीगृह में पहुंचा तो उसने सुल्तान के पास संदेश भेजा कि, "आपके हृदय में जो कुछ होगा वह आप करेंगे किन्तु मुझे दो आवश्यक बातें कहनी हैं उनके विषय में निवेदन करता हूं। एक यह कि मेरा पुत्र उपद्रवी है। उसका उपचार करना आवश्यक है। दूसरे यह कि वज़ू के लिये जल तथा इस्तन्जे[1] के लिये ढेला मुझे मिलता रहे।" तदुपरान्त उसने किसी विषय में भी कुछ न कहा। अन्त में सुल्तान ने उस पवित्र विश्वास वाले व्यक्ति की बन्दीगृह में हत्या करा दी और अपने राज्य की नीव अपने हाथ से खोद डाली।

अमीरों का विद्रोह

उसके राज्य के विनाश का प्रथम कारण आज़म हुमायूं की हत्या था, कारण कि उसके पुत्र फ़तह (८७) ख़ां के अधीन १०,००० अश्वारोही थे। बिहार के वाली ने दरिया खां लोहानी के पुत्र शहबाज़ ख़ां के साथ बिहार में सुल्तान से विद्रोह कर दिया। उसके पास ७०,००० अश्वारोही एकत्र हो गये और उसने सुल्तान मुहम्मद की उपाधि धारण कर ली। उन लोगों ने मिल कर विद्रोह कर दिया और बहुत बड़ा उपद्रव उठ खड़ा हुआ। बिहार सुल्तान के हाथ से निकल गया।

दौलत ख़ां लोदी का बुलवाया जाना

इसी बीच में सुल्तान ने तातार खां के पुत्र दौलत खां लोदी को जो २० वर्ष से पंजाब पर शासन कर रहा था, लाहौर से बुलवाया। उसने आने में विलम्ब किया और अपने पुत्र दिलावर ख़ां को भेज दिया। सुल्तान ने पूछा, "तेरा पिता क्यों न आया?" उसने निवेदन किया कि, "रुग्णावस्था के कारण उन्होंने मुझे भेज दिया है।" सुल्तान ने कहा, "यदि तेरा पिता शीघ्र ही न आयेगा तो अन्य अमीरों के समान

१ देखिये पृ० १७७ नोट नं० २।

उसकी भी दुर्दशा होगी।" सुल्तान ने आदेश दिया कि, "उसे (दिलावर ख़ां को) उस बन्दीगृह को जहां कुछ बड़े-बड़े अमीर दीवारों में चुनवाये गये थे ले जाकर दिखाओ कि आज्ञा का उल्लंघन करने वालों की ऐसी दुर्दशा होती है।" दिलावर ख़ां को उस स्थान पर ले जाकर दिखाया गया। वह उस दृश्य को देख कर कांप उठा और उसके हृदय से धुआं निकल पड़ा। जब उसे पुनः दरबार में उपस्थित किया गया तो सुल्तान ने पूछा, "जो लोग मेरी आज्ञाओं का पालन नहीं करते उनकी दुर्दशा देखी ?" दिलावर ख़ां ने (८८) कांप कर भूमि पर सिर रख दिया। कहा जाता है कि सुल्तान ने उसकी आंखों में भी सलाई फिरवा कर दीवार में चुनवा देने का संकल्प किया था किन्तु दिलावर ख़ां अपने आप को सुल्तान के क्रोध से मुक्त होते हुये न देख कर देहली से भाग खड़ा हुआ और छः दिन में अपने पिता के पास पहुंच गया। उसने उससे कहा, "यदि आप अपना जीवन चाहते हैं तो आप अपनी चिन्ता करें अन्यथा अत्यधिक अपमानित करके आप की हत्या की जायगी।"

दौलत ख़ां ने सोचना प्रारम्भ किया कि, "यदि मैं विद्रोह कर देता हूं तो मुझ पर नमकहराम होने का आरोप लगाया जायगा और यदि मैं सुल्तान के कोप के चंगुल में फँसता हूँ तो मेरे प्राण सुरक्षित न रह सकेंगे।" अन्त में उसने यह निश्चय किया कि "मैं गेती सितानी (बाबर बादशाह) के पास चला जाऊं।" उसने दिलावर ख़ां को बाबर बादशाह के पास इस आशय से भेजा कि वह वहां जाकर बादशाह को सुल्तान के कुस्वभाव, अमीरों के विद्रोह तथा सेना की उसके प्रति घृणा से अवगत कराये और बादशाह से हिन्दुस्तान पर चढ़ाई करने के विषय में निवेदन करे। दिलावर ख़ां शीघ्रातिशीघ्र काबुल पहुंच गया।...[१]

सुल्तान इबराहीम के राज्यकाल की कुछ विचित्र घटनायें

एक दुष्ट स्त्री की कहानी

(९९) कहा जाता है कि सामाना में एक व्यक्ति व्यापार द्वारा जीवन-निर्वाह करता था। एक बार उसे समुद्रीय यात्रा करनी पड़ गई। उसने अपने घर तथा घर वालों की देख-रेख अपने एक परामर्शदाता को, जो उसका पड़ोसी था, सौंप दी। दोनों के घर के मध्य में एक दीवार थी। वह पड़ोसी कभी-कभी उस व्यापारी के घर के द्वार पर जाकर उसके कारोबार में उसे सहायता दिया करता था। जब (१००) कभी वह उसके घर जाता उसे वहां एक रूपवान् युवक मिलता जो व्यापारी के घर आता जाता रहता था। उस पड़ोसी ने सोचा कि. "यह युवक व्यापारी का कोई सम्बन्धी होगा।" किन्तु उसने पुनः सोचा कि, "यदि यह व्यक्ति व्यापारी का सम्बन्धी होता तो फिर वह अपने घर की देख-रेख मुझे क्यों सौंपता ?" संक्षेप में, वह उस युवक के विषय में ज्ञान प्राप्त करने का प्रयत्न करने लगा। उसने उस दीवार, में जो उसके तथा व्यापारी के घर के गध्य में थी, एक छेद कर दिया। वह कभी-कभी उसमें से देखा करता था।

एक रात्रि में उसने देखा कि व्यापारी की स्त्री ने सुन्दर फ़र्श बिछाये और पलँग को रंगीन कपड़ों द्वारा सजाया और गज़क, मदिरा तथा पान की व्यवस्था करके उस युवक के साथ एक पहर रात्रि व्यतीत होने पर वह भोग-विलास में तल्लीन हो गई। उस स्त्री के एक दो वर्ष का शिशु था। उसे उसने अन्य स्थान पर सुला दिया था। जब वह शिशु रोता तो वह उसे दूध देकर पुनः अपने प्रियतम के बिछौने पर

१ पृ० ८८ से ९९ तक इबराहीम लोदी तथा बाबर के युद्ध का उल्लेख है।

पहुंच जाती। जब शिशु ने रोना नहीं बन्द किया तो उस छलिया ने उसकी ग्रीवा उमेठ कर उसकी हत्या कर दी और पुनः उस युवक से आलिंगन में व्यस्त हो गई।

जब दो तीन घड़ी व्यतीत हो गई तो उस युवक ने पूछा कि, "क्या कारण है कि तेरा पुत्र नहीं रोता ?" स्त्री ने कहा, "मैंने इस समय ऐसा कर दिया है कि अब वह न रोयेगा।" युवक परेशान हो गया। उसने उससे स्पष्ट बात बताने के लिये कहा। उसने उत्तर दिया, "मैंने तेरे लिये उस शिशु की हत्या कर दी है।" युवक ने यह बात सुनते ही कहा, "तूने एक क्षण भर के भोग-विलास के लिये अपने कलेजे के टुकड़े की हत्या कर दी तो फिर तुझे मेरे प्रति किस प्रकार निष्ठा रहेगी ?" उसने (युवक ने) तत्काल अपने वस्त्र पहन कर बाहर जाना निश्चय किया। स्त्री ने उसका पल्ला पकड़ लिया और कहा, "मैंने तेरे लिये यह कार्य किया और तू मुझसे सम्बन्ध-विच्छेद करता है। ईश्वर के लिये एक कार्य (१०१) कर ताकि मैं अपमानित न होऊं। इस घर के कोने में एक गड्ढा खोद दे ताकि मैं उसे दफ़न कर दूं।"

युवक ने विवश होकर उसकी बात स्वीकार कर ली। स्त्री ने एक कुदाल लाकर उस युवक के हाथ में दे दी। उसने गड्ढा तैयार किया। स्त्री ने बालक को लाकर उसे इस आशय से दे दिया कि वह उसे दफ़न कर दे। युवक स्त्री की धूर्तता से अनभिज्ञ था। वह बालक को दफ़न करने के लिये झुका। धूर्त स्त्री ने दोनों हाथों से कुदाल इस ज़ोर से उसके सिर पर मारी कि उसका सिर फट गया और वह असावधान होकर उस गड्ढे में गिर पड़ा और वहीं उसकी मृत्यु हो गई। स्त्री ने उसको मिट्टी से पाट कर भूमि को बराबर कर दिया। वह पड़ोसी समस्त हाल देख कर आश्चर्य में पड़ गया।

तदुपरान्त स्त्री ने शोर मचाना प्रारम्भ कर दिया कि मेरे पुत्र को भेड़िया ले गया। जब बहुत समय उपरान्त व्यापारी समुद्री यात्रा से वापस आया तो लोग उसके पुत्र की मृत्यु पर संवेदना प्रकट करने उपस्थित हुये और उन्होंने फ़ातेहा[1] पढ़ा। जब सब लोग चले गये तो उस पड़ोसी ने व्यापारी से कहा कि, "आप थोड़ी देर के लिये मेरे घर पर आ जायें ताकि आपका दुःख कुछ कम हो जाय।" वह उसे अपने घर पर लाया। दावत के उपरान्त उसे उस बालक तथा युवक की हत्या का समस्त हाल बताया और कहा, "आप यह बहाना करके कि इस स्थान पर कुछ धन गाड़ दिया था उस भूमि को खोदें तो आपको अपनी पत्नी के कुकर्म का हाल ज्ञात हो जायेगा।" वह व्यक्ति अपने घर पहुंचा और उसने अपनी पत्नी से कहा, "मैंने इस स्थान पर १०० अशर्फ़ियां गाड़ दी थीं। कुदाल ले आ ताकि मैं उसे खोद लूं।" पत्नी ने प्रसन्न होकर कुदाल अपने पति के हाथ में दे दी। व्यापारी ने जिस स्थान को बताया गया था खोदना प्रारम्भ कर दिया। स्त्री ने जब देखा कि मेरा रहस्य खुला जाता है तो उसने उस छप्पर के जिसके नीचे वह भूमि (१०२) खोद रहा था द्वार बन्द कर दिये और उसमें आग लगा दी। जब उसमें से लपट निकलने लगीं तो उसने शोर मचाना प्रारम्भ कर दिया कि "पड़ोसियों ! मेरे घर में आग लग गई और मेरा घर जला जा रहा है।" लोगों के पहुंचने तक बेचारा व्यापारी कबाब हो गया। पड़ोसी ने यह दृश्य भी देखा और जब सब लोग जो निकट में थे, एकत्र हो गये तो उस पड़ोसी ने कोतवाल को सूचना भेज दी। हाकिम उस स्थान पर पहुंच गया। सर्वप्रथम उसने उस छलिया (स्त्री) को बन्दी बना लिया। तदुपरान्त उसने उन लोगों की (शव का) जिनकी हत्या हो गई थी निरीक्षण किया। उस स्त्री को बाज़ार के चौराहे

१ परलोकगत आत्मा की शान्ति के लिये क़ुरान का प्रथम सूरा पढ़ना।

पर आधी भूमि में गड़वा दिया और उसपर बाणों की वर्षा की गई। उसकी समस्त सम्पति को ख़ालसे में सम्मिलित कर लिया गया।

एक रूपवती तथा दरवेश की कहानी

कहा जाता है कि एक रूपवती, जिसके कपोलों की चमक से सूर्य भी अपने प्रकाश के बावजूद मेघ के घूँघट में छिप जाता, अपने पति के घर से अपने पिता के घर जा रही थी। संयोग से गर्मी के कारण वह एक वृक्ष की छाया में बैठ गई। उस स्थान पर एक दरवेश का, जो परलोक की धन-सम्पत्ति का स्वामी था, तकिया[1] था। वह उसके ऊपर एक दृष्टि डालते ही आसक्त हो गया। जब भी वह रूपवती (१०३) उस दरवेश की ओर देखती उसे अपनी ओर निहारते हुये पाती। वह स्त्री भी उस पर आसक्त हो गई। कुछ क्षण उपरान्त वह अपने मुख पर बुरक़ा डाल कर सवार हो गई। दरवेश ने उस उपवन को उस लाले सरीखे कपोलों से रिक्त पा कर अपने हृदय में एक ठंडी सांस भरी और मृत्यु को प्राप्त हो गया।

एक मास उपरान्त उस स्त्री का पुनः उस ओर से जाना हुआ और वह उस वृक्ष के नीचे बैठ गई। वह चारों ओर देखती थी और अपने प्रियतम का कोई चिह्न न पाती थी। उस वृक्ष के नीचे उसने एक नई क़बर देखी। उसने लोगों से पूछा, "यह क़ब्र इससे पूर्व यहां न थी। यह किसकी है?" लोगों ने बताया, कि "इस स्थान पर एक दरवेश रहा करता था। एक दिन एक रूपवती इस स्थान पर पहुंची। जब वह चली गई तो दरवेश के प्राण भी उसी के साथ चले गये। यह क़ब्र उसी की है।" स्त्री उस व्यक्ति के हाल से जिसकी उसने हत्या की थी अवगत हो गई। तत्काल वह अपने मुख से बुरक़ा हटा कर क़ब्र से आलिंगित हो गई। अचानक क़ब्र फट गई और वह रूपवती उसमें प्रविष्ट हो गई। क़ब्र पुनः बन्द हो गई। जो लोग उस स्त्री के साथ थे, उन्होंने विलाप करते हुये उस क़ब्र को पुनः खोदा। उन्होंने देखा कि स्त्री उस स्थान पर नहीं है। केवल पुरुष उपस्थित है। जो आभूषण उस स्त्री की ग्रीवा तथा कानों में थे, वे सब उस पुरुष के शरीर पर हैं। उस स्त्री की आंखों में जो सुर्मा और उसके होठों पर जो पानों की लाली थी वह उस पुरुष की आंखों तथा होठों में विद्यमान थी। वह उसके प्रेम में समाविष्ट हो गया था। विवश होकर वे लोग पुरुष के शरीर से स्त्री के आभूषण उतार कर चले गये।

एक विचित्र कहानी

कहा जाता है कि देहली में एक पवित्र व्यक्ति निवास करता था। जब वह क़ुरान पढ़ने लगता तो इमरद[2] के रूप में कोई आकर पृष्ठ पर बैठ जाता और अक्षर छिप जाते। जब वह उसे पकड़ने के (१०४) लिये हाथ बढ़ाता तो वह अदृश्य हो जाता। जब पुनः पढ़ना प्रारम्भ करता तो पुनः वह रूप दृष्टिगत होता और वरक़ को छिपा लेता। उस व्यक्ति ने विवश होकर एक पवित्र व्यक्ति से यह हाल बताया। उसने उत्तर दिया कि, "जब वह रूप प्रकट हो तो तू उसका सिर तथा उसके कान पकड़ ले।" उसने कहा, "मैं पकड़ने का बड़ा प्रयत्न करता हूं किन्तु वह प्राप्त नहीं होता।" पवित्र व्यक्ति ने कहा, "नहीं तू पकड़। वह मिल जायगा।" जब उसने पढ़ना प्रारम्भ किया तो वह रूप पुनः प्रकट हुआ और क़ुरान के पृष्ठ पर बैठ गया। उस व्यक्ति ने उसका कान पकड़ लिया। कान पकड़ते ही वह रूप अदृश्य हो गया और उस व्यक्ति ने अपने दोनों कान अपने हाथ में पाये।

१ फ़क़ीरों के रहने का स्थान।
२ तरुण।

दरवेश तथा रूपवती

कहा जाता है कि एक पहुंचा हुआ दरवेश पानीपत क़स्बे में एक नदी के तट पर जो पूर्व की ओर बहती थी निवास करता था। एक सुन्दर स्त्री, जिसके कपोलों का रंग गुलाब के फूल को लज्जित करता था और जिसके केश उपवन के सुम्बुल[1] में ऐंठन पैदा कर देते थे, अपनी दो-तीन सहेलियों सहित स्नान हेतु हाथ में लोटा लिये चली जा रही थी। दरवेश एक दृष्टि डालते ही उस पर आसक्त हो गया और उसने उससे जल माँगा। उस परम सुन्दरी ने मुस्करा कर हाथ फैलाने के लिए कहा। दरवेश ने हाथ फैला दिये। उस गुलाब के समान मुख रखने वाली ने जल डालना प्रारम्भ किया। दरवेश उस पर दृष्टि जमाये हुये था यहां तक कि समस्त जल गिर गया। वह रूपवती हँसकर चली गई। दरवेश (१०५) भी उसके पीछे पीछे चल पड़ा। जब वह रूपवती अपने घर के द्वार पर पहुंची तो उस पर आशिक़ों को सम्मानित करने वाली दृष्टि डाल कर घर के भीतर चली गई। दरवेश पर मूर्च्छा व्यापक हो गई और वह देर तक उसके द्वार पर अचेत पड़ा रहा। तदुपरान्त वह अपने घर चला गया। वह विलाप करता जाता था और ठंडी सांस भरता जाता था।

दूसरे दिन वह रूपवती दो-तीन परम सुन्दरियों सहित स्नान हेतु रवाना हुई। दरवेश की दृष्टि जब उस पर पड़ी तो उसके प्राण इस प्रकार अदृश्य हो गये जिस प्रकार कण सूर्य के प्रकाश के समक्ष अदृश्य हो जाता है। उस रूपवती ने मुस्कुरा कर पूछा, "जल न पियोगे ?" दरवेश ने जब उसे अपने ऊपर कृपा करते हुये देखा तो हाथ फैला दिये और अमृत जल के उस स्रोत द्वारा जल पिया। जब कुछ दिन इस प्रकार दर्शन करते हुये व्यतीत हो गये तो उन दोनों के प्रेम की कथा प्रसिद्ध हो गई। उस युवती के पिता ने उसे नदी पर जाने से रोक दिया। बेचारा दरवेश अपने प्रियतम के दर्शन से वंचित हो गया। वह विलाप करता रहता था।

एक दिन हिन्दुओं के स्नान का दिन था। नगर की स्त्रियां श्रृंगार करके आभूषणों से लदी हुई बाहर जा रही थीं। वह रूपवती भी सोने के तार के काम के वस्त्र धारण करके तथा आभूषण पहन कर बाहर निकली और उस स्थान पर जहां दरवेश उसकी प्रतीक्षा कर रहा था, पहुंची। जब उसकी दृष्टि उस रूपवती पर पड़ी तो उसने दौड़ कर उसके चरणों पर अपना सिर रख दिया और मृत्यु को प्राप्त हो गया। उस रूपवती ने जब यह हाल देखा तो उसने भी अपना सिर दरवेश के चरणों पर रख दिया और अपने प्राण त्याग दिये। उसकी जिह्वा से यह दोहरा[2] निकला:

दोहरा

"हम तो मिले पीतम सों जाय,
बूंद गई दरिया समाय।"

लोगों ने यह देख कर आश्चर्य से अपने दांतों के नीचे अंगुली दबा ली।

(१०६) दरिया खां जलवानी को जो उस स्थान का हाकिम था, इस बात का पता चल गया। वह सवार होकर उन दोनों प्रेम की कटार के घायलों के पास पहुंचा। शहर के आलिमों को बुलवा कर उसने मसअला[3] पूछा। उन लोगों ने उत्तर दिया कि, "यह स्त्री पवित्र विश्वास सहित संसार से बिदा

१ एक सुगन्धित घास जो फ़ारसी-उर्दू कविता में सुन्दर घुँघराले केश का उपमान मानी जाती है।

२ दोहा।

३ किसी कर्म के उचित अथवा अनुचित होने के सम्बन्ध में इस्लामी शास्त्रों के अनुसार दी गई व्यवस्था।

हुई और शरा के अनुसार मुसलमान हो गई थी। इसका जलाना किसी प्रकार उचित नहीं।" इसी बीच में सहस्रों हिन्दू उसे जलाने के लिये एकत्र हो गये। दरिया खां ने कहा, "यह स्त्री मुसलमान के रूप में मरी। तुम उसे नहीं जला सकते।" दोनों ओर से युद्ध प्रारम्भ ही होने वाला था कि एक दरवेश फटा हुआ चीवर पहने प्रकट हुआ और उसने दरिया खां से कहा, "तुम क्यों प्रयत्न करते हो? इस लड़की को हिन्दुओं को दे दो और ईश्वर की लीला देखो।" दरिया खां ने स्वीकृति दे दी। हिन्दुओं ने उस युवती को ले जाकर लकड़ियां एकत्र करके उसमें आग लगा दी। वह बिलकुल न जली। वे रूई को तेल में भिगो कर उस पर डालते थे किन्तु वह न जलती थी। वे लोग परेशान हो गये और उसे लकड़ी में छोड़ कर अपने घर चले गये। दरिया खां तथा जो लोग वहां उपस्थित थे उन्होंने उसे उस दरवेश के बराबर दफ़न कर दिया। रात्रि के समय हिन्दुओं ने इस आशय से आदमी भेजे कि वे क़ब्र को खोद कर लड़की को यमुना नदी में
(१०७) बहा दें। उन्होंने यद्यपि उसकी क़ब्र बहुत खोदी किन्तु उसका पता न चला।

प्रेम की एक अन्य कहानी

कहा जाता है कि पालम नामक स्थान पर एक हिन्दू स्त्री को अपने पति से अत्यधिक प्रेम था। न तो पुरुषको उसके बिना कहीं चैन मिलता था और न स्त्री को पति के बिना संतोष होता था। वे दो गुलाब के फूलों के समान एक उपवन में जीवन व्यतीत किया करते थे। अचानक उस युवक की मृत्यु हो गई। स्त्री उसके शोक में विलाप करते हुये जीवन व्यतीत किया करती थी। उसके माता-पिता ने एक रूपवान् युवक से उसका विवाह कर दिया किन्तु उसका विलाप बन्द न हुआ। युवक यद्यपि उसके प्रति अत्यधिक प्रेम तथा निष्ठा प्रदर्शित किया करता था किन्तु स्त्री उसकी ओर ध्यान न देती थी। युवक ने उसे इस आशय से अपने घर ले जाने की इच्छा प्रकट की कि सम्भवतः उसे उस स्थान पर संतोष प्राप्त हो जाय। लड़की के माता-पिता ने उसे आभूषण पहना कर उसके साथ कर दिया। लड़की रोती हुई उसके पीछे-पीछे चली जाती थी कि एक रूपवान् तरुण जिसके मधुर स्वर से पक्षी हवा से उतर आते थे
(१०८) गाता हुआ उसके समक्ष पहुँचा। उस लड़की ने उसे रोक कर कहा, "पुनः पढ़"। उसने इस विषय का दोहरा पुनः पढ़ा :—

"तूने दूसरे युवक को वचन दे दिया,
खेद है कि जो वचन मुझे दिया था, तोड़ डाला"

जो लोग इधर उधर से आ रहे थे उन्हें रोक कर उस स्त्री ने उस युवक से कहा, "ईश्वर के लिये एक बार पुनः पढ़।" उसने पुनः पढ़ा। स्त्री चिल्ला कर गिर पड़ी और प्राण त्याग दिये।

सुल्तान इबराहीम के राज्यकाल के कुछ अमीर

अहमद खां

वह बड़ा साहसी था। एक बार सुल्तान ने उसे मांदू पर आक्रमण करने के लिये भेजा। ऊंट जिन पर सेना के लिये धन लदा था रुग्ण हो गये। बख़्शी ने निवेदन किया कि, "यदि आदेश हो तो मैं यह धन सेना को दे दूं।" अहमद खां ने स्वीकृति दे दी। उसने सैनिकों को धन देकर तमस्सुक[1] ले लिया और उन्हें ख़ान के समक्ष प्रस्तुत किया। ख़ान ने पूछा, "यह कागज़ कैसे हैं?" उसने निवेदन

१ दस्तावेज़।

किया कि, "मैंने सैनिकों से यह तमस्सुक ले लिया है। बरात के समय उनके वेतन से मुजरा कर लिया जायगा।" ख़ान ने कहा, "मैं बक़्क़ाल नहीं हूं जो उनसे तमस्सुक लूं। क्योंकि वे मेरे कार्य हेतु अपने प्राणों की बलि देते हैं अतः मैं यह धन उन्हें प्रदान करता हूं।" वह धन नौ लाख तन्के था।

तातार ख़ां

(१०९) वह समस्त संसार को दान किया करता था। उसका नियम यह था कि जिस स्थान पर भी पेशकश[1] प्राप्त होती तो (वहां के) पदाधिकारी उसे ले जाते। यदि सवारी के समय पेशकश प्राप्त होती तो जिलौदार[2] तथा चोबदारों[3] को मिल जाती। यदि दरबार में आती तो मुसाहिब ले जाते। यदि वह एकान्त में होता तो सेवक ले जाते। एक दिन एक नाई उसके बाल काट रहा था। सम्बल के हाकिम ज़ैन ख़ां ने तीन विचित्र प्रकार के बेल-बूटों की बहुमूल्य रावटियां भेजीं। तातार ख़ां ने आदेश दिया कि उन्हें नाई को दे दिया जाय। मल्लू ख़ां सरवानी ने जो उसका मुसाहिब था निवेदन किया कि, "यदि आदेश हो तो इनका मूल्य मैं नाई को दे दूं और रावटियों को मैं ले लूं।" ख़ान ने कहा, "तू मेरे अधिनियम को तुड़वाता है। यदि कोई अन्य इस बात को कहता तो मैं उसे दंड देता।"

हैबत ख़ां गुर्ग अन्दाज़

हैबत ख़ां को गुर्ग अन्दाज़ की उपाधि इस कारण प्राप्त हुई थी कि एक दिन वह ब्याना में शिकार हेतु गया था। सिकन्दरा नामक उद्यान में उसने एक जश्न का आयोजन कराया था। अमीरों में से दरिया (११०) ख़ां सरवानी, महमूद ख़ां लोदी तथा दौलत ख़ां सभा में बैठे थे। अचानक दो बड़े-बड़े भेड़िये एक भेड़ को उठा ले गये। वे लोग शोर करने लगे। हैबत ख़ां शौच के लिये गया हुआ था। भेड़िये उसके निकट पहुंचे। धनुष बाण सेवकों से लेकर उसने एक बाण इतने जोर से चलाया कि दोनों आहत होकर वहीं गिर पड़े। उस दिन से उसकी यही उपाधि हो गई।

वह सभाओं में इतना दान करता था कि लोग आश्चर्य करने लगते थे। एक दिन मोमिन नामक ब्याना निवासी एक कवि ने उसकी प्रशंसा में एक क़िते[4] की रचना की और क़व्वालों को दे दिया कि वे उसे ख़ान की सभा में जहां अन्य अमीर भी हों ख़ान के समक्ष पढ़ दें। क़व्वालों ने जश्न में उसे पढ़ा। उसने वह क़ालीन जिस पर वह बैठा हुआ था, उस कवि को दे दिया और ७,००० तन्के क़व्वालों को इनाम में प्रदान किये। उसके दान-पुण्य का अनुमान इसी से लगाया जा सकता है।

क़ुतुब ख़ां

(१११) वह बड़ा ही रूपवान् युवक था। दान-पुण्य तथा वीरता के लिये वह बड़ा प्रसिद्ध था। सुल्तान ने उसे अपने मुसाहिबों में सम्मिलित कर लिया था। जब सुल्तान कालपी की ओर गया हुआ था, क़ुतुब ख़ां एक दिन शिकार हेतु निकला। अचानक एक सफ़ेद खाल का मृग उसे दृष्टिगत हुआ। उसने घोड़ा उसके पीछे छोड़ दिया। मृग शनैः शनैः चलने लगा यहां तक कि लश्कर से पृथक् हो गया। जब वह आगे बढ़ा तो एक खुला हुआ मैदान उसे दिखाई पड़ा। वहां उसे ख़ेमे लगे हुये दिखाई दिये। वह मृग

१ उपहार।
२ वह व्यक्ति जो सवार के साथ घोड़े की लगाम पकड़ कर चलता है।
३ वह सेवक जो मूठदार डंडा लिये अमीरों के साथ चलता है।
४ एक प्रकार की कविता जिसमें एक ही विषय का उल्लेख होता है।

सरापर्दे में प्रविष्ट हो गया। क़ुतुब खां भी उसके पीछे पीछे पहुंच गया। उसने देखा कि रंगीन क़ालीन बिछे हुये हैं और उसके हाशिये पर मोती तथा रत्न टके हुये हैं। वहां एक जड़ाऊ सिंहासन रक्खा हुआ है किन्तु उस पर कोई मनुष्य नहीं। वह आश्चर्यचकित होकर खड़ा था। न बाहर जा सकता था और न भीतर प्रविष्ट हो सकता था। वह इस रहस्य का पता लगाने की चिन्ता में था ही कि एक रूपवती सरापर्दे के बाहर निकली और उसने कहा, "हे क़ुतुब खां ! क्यों हैरान है ? घोड़े से उतरकर हमारे निवास स्थान को प्रकाशमान कर।"

क़ुतुब खां अपनी वीरता के कारण घोड़े से उतर पड़ा। घोड़े को खेमे की रस्सी से बांध दिया। जब वह सरापर्दे में प्रविष्ट हुआ तो मध्याह्न था। जब वह दूसरे सरापर्दे में प्रविष्ट हुआ तो उसने देखा कि रात्रि है और सहस्रों दीपक जल रहे हैं। क़ालीन बिछा हुआ है और उस पर एक जड़ाऊ राजसिंहासन (११२) रक्खा हुआ है। एक परम सुन्दरी उस पर आसीन है और उसको चारों ओर से रूपवतियां घेरे हुये हैं। जब उस परम सुन्दरी ने क़ुतुब खां को देखा तो उसका हाथ पकड़ कर अपने साथ सिंहासन पर ले गई। उसे मदिरा का प्याला देकर कहा कि, "पी और कोई भय न कर।" क़ुतुब खां मदिरा के दो तीन प्याले पी गया और मदिरा का नशा उसके दिमाग़ में पहुंच गया। उसी समय बड़ी उच्च कोटि का संगीत प्रारम्भ हो गया। क़ुतुब खां उस दृश्य से आनन्द-विभोर होता रहा और घोड़े तथा घर की उसे कोई स्मृति न रही।

जब रात समाप्त हो गई तो क़ुतुब खां को नींद आ गई। वह ऊंघ गया। जब उसकी आंख खुली तो वहां उस जश्न अथवा खेमे का कोई चिह्न न था। उसका घोड़ा एक लकड़ी से बंधा हुआ था और उसके सामने दाना-चारा पड़ा हुआ था। वह आश्चर्य में पड़ गया और खेद प्रकट करता हुआ घोड़े पर सवार होकर सेना के शिविर में पहुंचा। उसने सुल्तान को यह हाल बताया। सुल्तान को भी बड़ा आश्चर्य हुआ। जब कुछ बुद्धिमानों से पूछा गया तो उन्होंने बताया कि क़ुतुब खां को इसी लोक में स्वर्ग के दर्शन कराये गये। क़ुतुब खां के हृदय से उसके समस्त जीवनकाल में इस व्याकुलता का अन्त न हुआ और उन रूपवतियों की स्मृति उसके मस्तिष्क से कभी भी न मिटी।

सुल्तान बहलोल के शाहजादे तथा अमीर[1]

(३७५) बायज़ीद खां शाहज़ादा
निज़ाम खां शाहज़ादा
बारवक शाह
क़ुतुब खां
दरिया खां
निहंग खां
शाह सिकन्दर
शम्स खां
दौलत खां
बहादुर खां

१ यह सूची केवल मौलाना हाफ़िज़ मुहम्मद महमूद शीरानी की पोथी में है।

अहमद खां
अता लोदी
मारूफ़ खां
सैयिद खां
पहाड़ खां
दौलत खां
इबराहीम खां
महमूद खां
ज़ैन खां
हुसेन खां
अहमद खां लोदी
ऐमन खां
अलाउल खां
ताज खां
शहबाज़ खां
सज़ावल खां
करीमदाद खां
शहदाद खां

सुल्तान सिकन्दर के शाहज़ादे तथा अमीर

(३९३) इबराहीम खां
जलाल खां
मियां क़ासिम
शेख़ सईद फ़र्मुली
अली खां
उमर खां
यूसुफ़ खां
ईसा खां

(३९४) फ़रीद खां
मलिक आदम काकर
अता लोदी
दरिया खां
सैयिद खां
हुसेन खां
मुबारिज़ खां लोहानी
ख़िज्र खां,
ख़ाने ख़ानां,

दौलत ख़ां,
मियांरा ख़ां,
मारूफ़ ख़ां
दाऊद ख़ां
महमूद ख़ां
ख़ुदावन्द ख़ां
जमाल ख़ां
मुमरेज़ ख़ां
नसीब ख़ां
इबराहीम ख़ां
कमाल ख़ां
फ़ीरोज़ ख़ां
शहबाज़ ख़ां
तातार ख़ां
मुंगर ख़ां

अफ़सानये शाहान

(लेखक—मुहम्मद कबीर बिन शेख़ इस्माईल)

(ब्रिटिश म्युज़ियम मैनुस्क्रृप्ट, रियु, भाग १, २४३ ब)

(२ अ) मुहम्मद कबीर बिन शेख़ इस्माईल इस प्रकार निवेदन करता है कि मैंने अफ़ग़ानों के क़िस्से जिन्होंने ईश्वर की कृपा से देहली में राज्य किया, पढ़े तथा सुने थे और जो इतिहासों में कुछ विभिन्न रूप में थे; अतः उनमें से विश्वस्त तथा प्रामाणिक क़िस्सों को चुनकर मैं अपनी टूटी-फूटी फ़ारसी (२ ब) में इस आशय से लिपिबद्ध करता हूं कि वे स्मृति के रूप में रहें। इनके लिखने का यह कारण है कि मेरे पुत्र की जिसकी अवस्था १६ वर्ष की थी मृत्यु हो गई। अतः व्याकुलता के निवारण एवं अपने हृदय के संतोष हेतु मैंने इन कहानियों की रचना की।

कहानी नं० १

अफ़ग़ानों का अभ्युदय

(५अ) सर्वप्रथम अफ़ग़ान लोग घोड़ों का व्यापार करते थे और विलायत से घोड़े लाकर बजवारा में उनका पालन-पोषण करते तथा उन्हें मोटा-ताज़ा बनाते थे कारण कि बजवारा में प्रत्येक वस्तु, अनाज तथा अन्य चारे, बड़े सस्ते थे। तदुपरान्त वे उन्हें हिन्दुस्तान के विभिन्न भागों में ले जाकर बेचते थे। उनका वतन रोह में था। उस समय अफ़ग़ानों के जीवन-यापन का यही साधन था। उनके पास जो भूमि थी उसे समस्त भाइयों ने आपस में बांट लिया था और वे उस भूमि पर कृषि करके जीवन निर्वाह करते थे। कोई भी किसी पर किसी प्रकार का अत्याचार न करता था। वे न तो किसी की प्रजा थे और न उनके ऊपर कोई बादशाह ही था।

उनके क़बीले में जो बड़ा-बूढ़ा होता वह उनका नेता हो जाता था और वे संगठित होकर कार्य तथा व्यापार करते थे। उनके ऊपर किसी का कोई अधिकार न था। वे अपने वतन में इसी प्रकार (५ ब) जीवन व्यतीत करते थे और हिन्दुस्तान में घोड़े बेचकर अपने निवास-स्थान को वापस चले जाते थे।

प्राचीन काल में रोह में कतमल नदी तट पर तीन अफ़ग़ान भाई निवास करते थे; उनके नाम बतनी, सिरमनी तथा ग़रग़श्ती थे। उनमें सबसे ज्येष्ठ का नाम बतनी था। वह अपने भाइयों का नेता था। कतमल नदी के तट पर एक बाज़ार है जिसकी आय एक लाख रुपये अथवा उससे कुछ अधिक थी और अभी तक उसकी आय इसी प्रकार है। बतनी के कई पुत्र तथा एक पुत्री मत्तू नामक थी। पुत्री के वंश में बहुत से लोग हुए हैं जो मत्ती कहलाते हैं। इसका उल्लेख बाद में किया जायेगा।

उस समय बतनी के पुत्र पर विलायत[1] की ओर से एक बड़ी सेना ने आक्रमण किया। बतनी

१ उत्तर-पश्चिम की सीमा के देशों की ओर से।

का पुत्र अपनी सेना सहित जिनमें मत्ती था, मुक़ाबले के लिये निकला। दोनों सेनाओं में घोर युद्ध हुआ। दुर्भाग्य से बतनी के पुत्र की उस युद्ध में हत्या हो गई। बतनी का पुत्र नौहानियों का भागिनेय था। उसका (६ अ) विवाह नोहानियों के वंश में हुआ था। एक शिशु माता की गोद में था। जब बतनी का पुत्र मार डाला गया तो उसके अन्य भाइयों ने कतमल के बाज़ार की आय को परस्पर वितरण करके अपने अधिकार में करना प्रारम्भ कर दिया। बतनी के उस पुत्र की पत्नी को कोई अधिकार न दिया। थोड़ा सा धन दैनिक व्यय हेतु दे देते थे। उस स्त्री ने जाकर नोहानियों से फ़रियाद की कि "हमारे पति के भाई उस बाज़ार की आय को हमें नहीं देते।" नोहानियों में से कुछ लोगों ने जो बड़े-बूढ़े समझे जाते थे, बतनियों के पास पहुंचकर कहा कि, "तुम लोगों की संख्या थोड़ी है किन्तु हमारे वृद्ध लोग तुम्हारे बड़े-बूढ़ों को अपना नेता समझते थे, अतः हम लोग भी तुम्हें अपना नेता मानते हैं अन्यथा हम तुमसे युद्ध करते। तुम लोगों को हमारे द्वारा शक्ति प्राप्त है। तुम लोगों का नेता अमुक व्यक्ति था। अब तुम्हें यह चाहिये कि उसके पुत्र को उसकी आय दे दिया करो।" बतनियों ने उत्तर दिया कि, "इसका पिता जो कुछ प्राप्त होता था तथा जो आय होती थी वह हमें दे देता था और हम लोग उसे खाते थे। अब इसकी अवस्था कम है अतः इसकी आवश्यकतानुसार इसे देते हैं। जब यह युवावस्था को प्राप्त होगा तो जो कुछ इसका हक़ होगा उसे प्रदान कर दिया जायेगा।"

(६ ब) जब वह पुत्र युवावस्था को प्राप्त हुआ तो सभी भाइयों ने उसकी हत्या की योजना बनाई। उस पुत्र ने जब यह देखा कि उसकी हत्या कर दी जायेगी तो वह नोहानियों के समक्ष, जो उसके मामा थे, पहुंचा और जो कुछ उसका हक़ तथा मीरास थी उसे लिखकर नोहानियों को दे दिया और स्वयं सुल्तान सिकन्दर लोदी की सेवा में पहुंच गया। सुल्तान सिकन्दर ने उसे चौंद परगने में जागीर प्रदान कर दी। उस समय से रोह में दौलतख़ेल नोहानियों का अधिकार हो गया और बतनी बड़ी ही दुर्दशा को प्राप्त हो गये और भिखारियों के समान जीवन व्यतीत करने लगे। कहा जाता है कि बतनियों ने एकत्र होकर नोहानियों से युद्ध करना निश्चित किया और यह संकल्प कर लिया कि "या तो हम अपने प्राणों की बलि दे देंगे और या अपने स्थान को उनसे छीन लेंगे।" वे कुछ भी प्राप्त न कर सके किन्तु यह कहानी अफ़ग़ानों में प्रसिद्ध हो गई।

कहानी नं २

सुल्तान काला लोदी की बादशाही का कारण जो उसने देहली में की

अफ़ग़ानों में सर्वप्रथम जिसके नाम को श्रेष्ठता प्राप्त हुई वह लोदी था। यद्यपि वे तीन भाई थे किन्तु उनमें सबसे ज्येष्ठ ग़लतरी था, तत्पश्चात् लोदी, और तदुपरान्त शिरवानी। न्याज़ी, शहूख़ेल, सूर, नोहानी, बेनी[१] तथा सरक—ये सब लोदी की संतान हैं। यद्यपि इनकी अनेक क़िस्में हैं किन्तु, संक्षेप में, इनकी थोड़ी-सी क़िस्मों का उल्लेख किया जाता है।

(७ अ) लोदियों में सर्वप्रथम जिसको राज्य (दौलत) प्राप्त हुआ वह शहूख़ेल था। उसके दो भाई थे। काला मुहम्मद ख़ां कलां तथा काला मुहम्मद ख़ां ख़ुर्द[२]। न्याज़ियों में एक सुम्बुल क़ौम है जो बड़ी ही शक्तिशाली है। अन्त में काला के पिता से उन लोगों की शत्रुता हो गई, यहां तक कि उन

१ सम्भवतः बतनी।

२ यह वाक्य मूल पोथी में स्पष्ट नहीं।

लोगों ने आपस में युद्ध किया। दुर्भाग्य से सुम्बुलों की ओर से बहुत से लोग मारे गये और शहूखेल की ओर से थोड़े से लोग। अन्त में काला का पिता रुग्ण होकर मर गया। अफ़ग़ानों की यह प्राचीन प्रथा है कि यदि कोई किसी की हत्या कर देता है तो जब तक उसका नेता मिल सकता है उस समय तक वे नेता के अतिरिक्त किसी अन्य की हत्या नहीं करते। तदुपरान्त सुम्बुल लोग एकत्र हुए कारण कि शहूखेल में काला तथा मुहम्मद खां नेता थे। वे उसके बदले में उनकी हत्या करना चाहते थे और इसके लिये वे रात्रि में छापा मारने अथवा रणक्षे में युद्ध करने के लिये तैयार थे। यह समाचार काला तथा समस्त शहूखेलों के कान में पहुंचे। शहूखेल सुम्बुल लोगों से युद्ध की शक्ति न रखते थे। वे प्राणों के भय से छिन्न-भिन्न हो गये; काला एक ओर तथा मुहम्मद खां एक ओर। इसी प्रकार समस्त शहूखेलों ने जिस स्थान को भी शरण हेतु उचित समझा वहीं वे चले गये। काला अकेला बजवारा में पहुंचा। जब वह लाहौर के (७ ब) निकट पहुंचा तो नंगे पांव होने के कारण उसके पांव आहत हो गये थे और वह अपने पांव में पुराने कपड़े बांधे हुए आ रहा था। मार्ग में एक दैवी रहस्य का ज्ञाता बुद्धिमान् मजज़ूब[1] बैठा था। जब उसने काला को देखा तो वह बड़े ज़ोर से हंसा और उसने कहा कि "ईश्वर को धन्य है कि देहली का बादशाह पैर पर कपड़े लपेटे जा रहा है।" जब काला ने यह शब्द सुने तो उसने अपनी दायीं तथा बायीं ओर देखा कि कोई अन्य व्यक्ति तो नहीं है किन्तु उसे कोई अन्य व्यक्ति न मिला। उसने लौटकर उस मजज़ूब के चरणों का चुम्बन किया। मजज़ूब ने कहा, "जा तेरी विजय हो।"

संक्षेप में वह इसी दशा में बजवारा पहुंचा। उस स्थान पर सभी काफ़िर निवास करते थे। उसका छोटा भाई मुहम्मद खां भी जो किसी अन्य स्थान को भाग गया था, वहीं पहुंच गया। दोनों भाई एकत्र हो गये। अन्य अफ़ग़ानों, जो उस स्थान पर घोड़ों को लाकर खिलाकर तथा चरा कर मोटा करते थे, के पास दोनों भाई जाते रहते थे। वे लोग उनकी थोड़ी-बहुत जैसा कि व्यापारियों की प्रथा है, सहायता करते रहते थे। कुछ थोड़ा बहुत जो होता उन्हें प्राप्त हो जाता था किन्तु इस प्रकार उनका (८ अ) जीवन निर्वाह न होता था। चना, गेहूँ, जौ इत्यादि तो वे काफ़िरों के खेतों में से रात्रि में १-२ बोझ ले आते थे और उसे भूनकर खा लेते थे। उस स्थान पर जहां व्यापारी रहते थे अन्य अफ़ग़ान भिखारी भी भिक्षा प्राप्त करने हेतु रहा करते थे। काला ने एक दिन उन भिखारी अफ़ग़ानों को एकत्र किया और उनसे कहा कि "भिक्षा मांगना छोड़ दो और हमारे साथ चलकर जिस प्रकार हम लोग काफ़िरों के खेतों से अनाज ले आते हैं तुम लोग भी ला लाकर खाया करो।" वे लोग एकत्र होकर कच्चे अनाज लाकर भून भून कर खाने लगे। जब खेती पक जाती थी तो काफ़िर लोग खलियान में अपना अनाज एकत्र करते थे। वे लोग उसमें से भी चुरा लाते थे और उन्हें कूट कर तथा साफ़ करके खाया करते थे। जब काफ़िर लोग खलियान में अपना अनाज साफ़ करने के लिये एकत्र करते थे तो वे समस्त भिखारियों को लेकर काफ़िरों की खेती पर आक्रमण करते थे और काफ़िरों को बांधकर मारते पीटते थे तथा उनके खलियान से अनाज उठा लाते थे। जब अफ़ग़ानों की यह बात काफ़िर ग्रामीणों को भली-भांति ज्ञात हो गई तो काफ़िरों ने व्यापारियों को लिखा कि "इन भिखारियों को जो इस प्रकार चोरी करते हैं, हमारे पास बन्दी बनाकर भेज दो और तुम लोग यहां से दूर चले जाओ अन्यथा (८ ब) हममें और तुममें युद्ध होगा और हम तुम्हारे घोड़ों को लूट लें जायेंगे।" व्यापारी बड़े परेशान हुए और उन्होंने उन काफ़िरों से जो पत्र लाये थे कहा कि "हम अपने घोड़ों को

१ देखिये पृ० १६८, नोट नं० ४।

इस आशय से मोटा करते हैं कि उन्हें हिन्दुस्तान में इधर उधर ले जाकर बेचें। हम लोग किसे बन्दी बनायें? तुम लोग शक्तिशाली हो, तुम उन्हें बन्दी बनाकर मार डालो। हम उनके सहायक नहीं हैं।" जब काफ़िरों ने यह बात सुनी तो वे बड़े क्रोधित हुए और उन्होंने आसपास के समस्त काफ़िरों को सूचना भेज दी कि "तुम लोग एकत्र हो जाओ ताकि हम काफ़िरों के घोड़ों को छीन लें और उनकी हत्या कर डालें।" समस्त काफ़िर एकत्र होकर घोड़ियों तथा घोड़ों पर सवार हुए और बहुत से अश्वारोहियों तथा पदातियों के समूह ने व्यापारियों पर आक्रमण किया। व्यापारी भी विवश होकर सवार हुए। काला तथा मुहम्मद खां, भिखारियों सहित आगे हुए और उनके पीछे व्यापारी अश्वारोही। इस प्रकार उन्होंने काफ़िरों से युद्ध किया। ईश्वर ने उनकी सहायता की और उन्हें काफ़िरों पर विजय प्राप्त हो गई। काफ़िरों से अत्यधिक धन-सम्पत्ति, घोड़ियाँ तथा घोड़े प्राप्त हुए। लूट की समस्त धन-सम्पत्ति भिखारियों को देकर व्यापारी देहली की ओर घोड़े (९ अ) बेचने के लिये चल दिये और उस स्थान पर एक रात्रि भी न रहे। काला अपने साथियों सहित उसी स्थान पर ठहर गया और काफ़िरों के विरुद्ध लूटमार करता रहा। ईश्वर उसे प्रत्येक युद्ध में विजय प्रदान करता था। उसके पास बहुत बड़ी सेना एकत्र हो गई। जो अफ़ग़ान उसके पास आता था उसकी वह घोड़े तथा अस्त्र-शस्त्र देकर सहायता करता था और अपने साथ रख लेता था। सरहिन्द से लेकर जम्मू तक के स्थान उसने अपने अधिकार में कर लिये और पर्वत के आंचल को साफ़ कर दिया[1] और उसके साथ ६ हज़ार अश्वारोही हो गये।

कहानी नं० ३

काला का राव दशरथ से मिलना

राव दशरथ खोखर १५ हज़ार अश्वारोहियों सहित लाहौर में रहता था। जब राव दशरथ को काला के विषय में ज्ञात हुआ कि उसने बहुत से देश (स्थान) विजय कर लिये हैं और उसे अत्यधिक शक्ति प्राप्त हो चुकी है तो वह बड़ा प्रसन्न हुआ और उसने काला को लिखा कि "इन काफ़िरों ने हमें बहुत परेशान कर रखा था। तूने यह बड़ा अच्छा किया कि उन्हें नष्ट कर दिया। तू हमारे पास चला आ। जब मैं देहली के बादशाह के पास जाऊंगा तो तुझे भी लेता जाऊंगा और बादशाह द्वारा तुझे सम्मानित कराके अपने साथ वापिस ले आऊंगा।" जब यह पत्र काला के पास पहुंचा तो वह तत्काल सवार (९ ब) होकर राव दशरथ के समक्ष पहुंचा। राव दशरथ ने उसे अत्यधिक सम्मानित करके घोड़े तथा अन्य वस्तुएँ प्रदान कीं और कहा कि "जाकर अपना कार्य कर। जब हम बादशाह के समक्ष जायेंगे तो तुझे भी अपने साथ लेते जायेंगे और तुझे भी बादशाह द्वारा सम्मानित करायेंगे।"

कहानी नं० ४

शाह आलम की बादशाही

कहा जाता है कि सुल्तान फ़ीरोज़ शाह के पुत्रों के उपरान्त एक वज़ीर बादशाह हो गया था। समस्त अमीर उसके सहायक बन गये थे। उसका नाम सुल्तान दावर बख़्श था। उसने तीन वर्ष, दो मास, तीन दिन तथा पांच घड़ी तक राज्य किया। तदुपरान्त उसका पुत्र अमानत शाह बादशाह हुआ।

1 पर्वत के आंचल में कोई भी उसका विरोध करने वाला न रहा।

अमानत शाह ने भी १ वर्ष तथा ७ मास और १ घड़ी तक बादशाही की। तदुपरान्त उसकी भी मृत्यु हो गई और उसका पुत्र बादशाह हुआ जिसका नाम शाह आलम रक्खा गया। वह रात दिन मदिरापान, भोगविलास तथा ढोल बजाने वालों के साथ मस्त रहता था। वह बदायूँ में शिकार हेतु रहा करता था। कहा जाता है कि शिकार में तथा घर पर ३०० ढोल बजाने वाले उसके साथ रहते थे और १-२ हज़ार अश्वारोही बादशाह की रक्षा हेतु रहते थे। चार हज़ार अश्वारोही जो बादशाह के दास थे, देहली के क़िले की रक्षा हेतु रहते थे। १-२ वर्ष उपरान्त विभिन्न स्थानों के अमीर जो अपनी-अपनी (१० अ) जागीरों में थे, अपने नाम का ख़ुत्बा पढ़वाकर बादशाह होने लगे। अन्त में जो कुछ भी पर्वतों तथा मैदानों में था वह बादशाह के हाथ से निकल गया। प्रत्येक ग्राम में जो मुक़द्दम था, वह अपने आप को राजा कहने लगा। और प्रत्येक ने अपने अपने ग्राम पर अधिकार जमा लिया। किसी व्यक्ति का कोई शासन न रह गया। बादशाह भोगविलास में इतना ग्रस्त रहता था कि वह इस ओर ध्यान भी न देता था। उस समय के लोग हँसी में कहा करते थे कि "दरोहीये शाह आलम, देहली ता पालम।" पालम, देहली से तीन कोस पर एक ग्राम है।

कहानी नं० ५

राव दशरथ का काला को शाह आलम से मिलवाना

जब राव दशरथ बादशाह के पास जाने लगा तो उसने काला को पत्र लिखा कि "मैं बादशाह के पास जा रहा हूँ, तू मेरे पास चला आ ताकि बादशाह से तेरी भेंट करा दूँ।" जब काला को यह पत्र प्राप्त हुआ तो वह राव दशरथ के पास पहुंचा। राव उसे अपने साथ लेकर शाह आलम के पास बदायूँ पहुंचा। राव दशरथ ने बादशाह की काला से भेंट कराई और उसकी बड़ी सिफ़ारिश की। बादशाह बड़ा प्रसन्न हुआ और उसने कहा कि "यह मेरा पुत्र है"; और उसने बजवारा का समस्त प्रदेश उसे प्रदान करके (१० ब) विदा किया। राव लाहौर लौट आया और काला बजवारा चला गया। तदुपरान्त दो वर्ष तक वे अपने अपने स्थान पर रहे। इसी बीच में राव दशरथ को धन-सम्पत्ति एकत्र करने का लोभ उत्पन्न हो गया।

कहानी नं० ६

शाह आलम के समक्ष काला द्वारा राव दशरथ की हत्या का कारण

कहा जाता है कि राव दशरथ ने अपने साथियों तथा सम्बन्धियों को जो मंसबदार तथा बादशाह के कृपापात्र थे, बन्दी बनाना प्रारम्भ कर दिया। उसने उनकी धन-सम्पत्ति उनसे छीनना शुरू कर दिया। वह उनसे धन-सम्पत्ति छीनते समय उनके सम्मान की ओर ध्यान न देता था और यह न समझता था कि भाइयों के सम्मान के नष्ट हो जाने से उसी का सम्मान नष्ट हो जायेगा। लोग अपने प्राण तथा धन-सम्पत्ति के भय से उसका साथ छोड़-छोड़कर भागने लगे और देहली पहुंचने लगे। राव दशरथ को जब यह समाचार प्राप्त हुए कि वे लोग देहली चले गये हैं तो उसने दासों को जो देहली में चार हज़ार की संख्या में थे लिखा कि "हमारे उन सम्बन्धियों को, जो भाग कर देहली पहुंच गये हैं, तुम लोग शीघ्रातिशीघ्र बन्दी बना कर भेज दो।" जब यह पत्र शाह आलम के दासों के पास देहली पहुंचा तो उन्होंने राव को उत्तर में लिखा कि "यह विचित्र बात है कारण कि बादशाह ने उन्हें मंसब देकर तुम्हारे साथ कर दिया था; तुमने उन्हें कष्ट पहुंचाये हैं और जो कुछ भी उनकी धन-सम्पत्ति थी उसे तुमने छीन लिया है। तुम

(११अ) कहते हो कि उन्हें बन्दी बना कर भेज दिया जाय। हम उन्हें बन्दी बनाकर किस प्रकार प्रकार भेजें? जिस व्यक्ति ने बादशाह के राजसिंहासन की शरण ले ली हो उसे किस प्रकार बन्दी बनाया जा सकता है?" जब यह उत्तर राव दशरथ को प्राप्त हुआ तो उसे पढ़कर वह बड़ा क्रोधित हुआ। उसने अपने सैनिकों को तैयार हो जाने का आदेश दिया और कहा कि "हम देहली पर आक्रमण कर रहे हैं।" सैनिकों को तैयार करके उसने देहली की ओर प्रस्थान किया और शीघ्रातिशीघ्र देहली पहुंच गया। शाह आलम के दास असावधान थे। वे देहली के क़िले की रक्षा न कर सके। राव ने देहली पहुंच कर दासों को बन्दी बना लिया। जिन लोगों ने पत्र का उत्तर लिखा था उनकी हत्या कर दी। अन्य दास जो वहां थे उन्हें उनके स्थान पर आरूढ़ कर दिया और स्वयं देहली से बादशाह के पास बदायूँ रवाना हो गया। उसने दासों की हत्या के विषय में क्षमा-याचना करते हुए कहा कि "वे अयोग्य तथा हरामख़ोर थे अतः मैंने उनकी हत्या कर दी है और उनके स्थान पर अन्य दासों को आरूढ़ कर दिया है।" बादशाह ने कहा कि "तुमने अच्छा किया।" वह बादशाह से विदा होकर लाहौर पहुंचा। जब वह लाहौर पहुंचा तो वहां १-२ सप्ताह रहा। अपने कुछ सम्बन्धियों को, जिन्हें उसने बन्दी न बनाया था, अब बन्दी बनाना आरम्भ कर दिया और वे लोग छिन्न-भिन्न हो गये।

कहानी नं० ७

राव दशरथ की काला द्वारा पराजय

(११ब) कहा जाता है कि राव दशरथ के सम्बन्धी तथा सहायक काला के पास शरण हेतु बजवारा पहुंचे। राव इस बात का पता लगाया करता था कि उसके पास से भाग भाग कर लोग कहां जाते हैं। जब उसे ज्ञात हुआ कि १-२ व्यक्ति काला के पास हैं तो उसने काला को लिखा कि "जो लोग तेरे पास भाग कर आये हैं उन्हें तू पत्र देखते ही बन्दी बनाकर भेज दे।" काला ने राव दशरथ को पत्र लिखा कि "वे लोग आप की मेरे प्रति अत्यधिक कृपा-दृष्टि देखकर मेरे पास आये हैं। मुझे आपकी कृपा से आशा है कि आप एक व्यक्ति को इस आशय से भेज देंगे कि वह उनको प्रोत्साहन देकर ले जाये।" जब राव को पत्र प्राप्त हुआ तो वह बड़ा क्रोधित हुआ और उसने कहा कि "इन भिखारियों ने मुझे इस प्रकार का पत्र लिखा है।" अतः उसने सेना एकत्र करके काला पर आक्रमण किया। जब काला ने सुना कि राव ने इस प्रकार आक्रमण किया है तो वह भी तैयार होकर मुक़ाबले के लिये डट गया। जब उसने देखा कि बहुत बड़ी सेनाएं आ रही हैं तो वह भागकर नीलाब नदी की ओर चल दिया। जो अफ़ग़ान (१२ अ) पीछे रह गये थे वे राव द्वारा बन्दी बना लिये गये। उसने उनके नाक-कान कटवा लिये। वह अपने विश्वासपात्रों से कहता था कि "यह भिखारी अफ़ग़ान क्या चीज है? मैं उन सब को नष्ट कर दूंगा।" उसने अपने कुछ अमीरों को इस आशय से वापस कर दिया कि वे लोग लाहौर में रहें ताकि उन्हें नष्ट करके लौट आयें। जब काला नीलाब के तट पर पहुंचा तो उसने एक मिट्टी का क़िला तैयार करके वहीं पड़ाव कर दिया। उसने अपने भाइयों से कहा कि "हम अपने सम्बन्धियों को कटी नाक तथा कान किस प्रकार दिखायेंगे? हम इसी स्थान पर मर जायेंगे।" राव ने भी युद्ध के लिये शिविर लगा दिये। काला सर्वदा बाण तथा बन्दूक़ से युद्ध किया करता था। इसी बीच में काला ने अपनी क़ौम वालों को लिखा कि "मेरे ऊपर बड़ी विपत्ति आई है, यदि किसी को अपने सम्मान की रक्षा करनी है तो उसको यही अवसर है, वह मेरी सहायता हेतु आये।" उसके कुछ भाई, जो अपनी क़ौम के सरदार थे उदाहरणार्थ शिरवानी तथा नोहानी, (उसकी) सहायतार्थ पहुंच गये।

(१२ब) कहा जाता है कि ग्रीष्म ऋतु में दो घड़ी दिन व्यतीत होने के उपरान्त काला ने यह निश्चय किया कि इस समय क़िले से निकलकर राव दशरथ पर आक्रमण करना चाहिये। तदनुसार अस्त्र-शस्त्र धारणकरके घोड़े पर सवार होकर वे क़िले के बाहर निकले और उन्होंने राव पर आक्रमण किया। उन्होंने निश्चय किया कि कोई भी किसी व्यक्ति पर आक्रमण न करेगा, सब राव के डेरे पर टूट पड़ेंगे। उसके साथी अफ़ग़ान जब वहां पहुंचे तो उन्होंने देखा कि राव चारपाई पर सो रहा है। जब अत्यधिक शोर होने लगा तो अफ़ग़ानों ने बीच में पहुंच कर चारपाई पर ही राव की हत्या कर दी।

ईश्वर ने उसे बहुत बड़ी विजय प्रदान की। काला उसी प्रकार लाहौर पहुंचा। राव दशरथ के सम्बन्धियों ने लाहौर का क़िला काला को इस कारण दे दिया कि वे समझते थे कि जो कुछ उसने किया ह उन्हीं लोगों के कारण किया है। इस प्रकार समस्त पंजाब काला के अधिकार में आ गया। वह कुछ दिनों तक लाहौर में रहा और उसने पंजाब के निवासियों तथा प्रजा से इस प्रकार का व्यवहार किया कि सभी हृदय से उसके आज्ञाकारी बन गये कारण कि वे राव दशरथ का अत्याचार देख चुके थे और (१३ अ) अब वे उसके न्याय तथा शान्ति को देख रहे थे। काला अपने आदमियों को लाहौर में छोड़-कर शाह आलम के पास पहुंचा। बादशाह के पास पहुंच कर उसने राव दशरथ के विषय में पूर्ण विवरण दिया। बादशाह ने भी राव की शिकायत प्रारम्भ कर दी और कहा कि "उसने अकारण हमारे दासों की हत्या कर दी थी, उनका अपमान किया था तथा लाहौर में अशान्ति फैला रक्खी थी। जो कुछ उसका परिणाम हुआ वह उसके कुकर्मों का फल था। तूने बड़ा अच्छा किया।" काला ने पुनः निवेदन किया कि "देहली ख़ाली है और आप अकेले हैं। यदि आप आदेश दें तो आपके साथ में रहूं और यदि आदेश दें तो देहली में।" अन्त में बादशाह ने कहा कि "तुम देहली में रहो।" काला ने पुनः निवेदन किया कि "देहली में जो दास तथा सेना है वह बादशाह की सेवा तथा रक्षा हेतु बादशाह के साथ रहे। उसने बादशाह को इस बात से संतुष्ट कर लिया। काला अपने नाम का ख़ुत्बा पढ़वा कर देहली पहुंच गया। (१३ ब) दासों को बादशाह के पास भेज दिया, बादशाह बदायूँ में शिकार खेलता रहा। इसी प्रकार १-२ वर्ष व्यतीत हुये। तदुपरान्त बादशाह की मृत्यु हो गई।

कहानी नं० ८

काला का बादशाह होना

कहा जाता है कि शाह आलम के दो छोटे पुत्रों, जो दाई की गोद में थे, को दाई अपने साथ दासों सहित शाह आलम की पुत्री मलकये जहां के पास ले गई और उन पुत्रों को मलकये जहां को सौंप दिया और वहां कोई भी न रह गया। काला से लोगों ने कहा कि "आपको ईश्वर ने अपनी कृपा द्वारा बादशाही प्रदान की है। अब आपको अपने नाम का ख़ुत्बा पढ़वाकर सिंहासनारूढ़ हो जाना चाहिये।" काला ने कहा कि, "ऐसा राजसिंहासन तैयार करो जिस पर हमारे सब भाई बैठ सकें।" विश्वासपात्रों ने निवेदन किया कि "सिंहासन इतना ही बड़ा होता है कि बादशाह उस पर अकेला बैठ सके। बादशाह के साथ ५०,६० हज़ार अश्वारोही उसके भाई हैं, वे किस प्रकार सिंहासन पर बैठ सकते हैं?" उसने (१४ अ) फिर कहा कि "इतना बड़ा सिंहासन लाओ जिस पर ३०,४० भाई बैठ सकें।" जब राज्य काला को प्राप्त हो गया तो काला के नाम के साथ सुल्तान का शब्द बढ़ा दिया गया। उसने इस प्रकार १३ वर्ष ९ मास १ दिन तथा ५ घड़ी तक राज्य किया।

कहानी नं० ९

सुल्तान मुहम्मद का देहली में ख़ुत्बा पढ़वाना

सुल्तान काला की मृत्यु के उपरान्त जलालुद्दीन मुहम्मद खां बादशाह हुआ। जलालुद्दीन (१४ ब) के दो पत्नियां थीं, एक अफ़ग़ान और दूसरी राजपूत। अफ़ग़ान पत्नी से एक पुत्री का जन्म हुआ जिसका नाम फ़िरदौसी रखा गया और दूसरी से एक पुत्र का जन्म हुआ जिसका नाम क़ुतुब खां रक्खा गया। काला के एक पुत्र था। उसका नाम बहलोल था। जो पुत्री अफ़ग़ान स्त्री से उत्पन्न हुई थी, उसका विवाह बहलोल से हो गया। ३ वर्ष तथा ६ मास तक राज्य करने के उपरान्त जलालुद्दीन रुग्ण हो गया और उसे इस बात का विश्वास हो गया कि वह जीवित न रहेगा। उसने अपने भतीजे को जिसका नाम बहलोल था तथा अपने पुत्र क़ुतुब खां को बुलवाया और दोनों को शिक्षा प्रदान करते हुए कहा कि, "मैं इस रोग द्वारा बच न सकूंगा। तुम दोनों भाई हो। तुम दोनों को इस प्रकार का व्यवहार करना चाहिये कि मेरा वंश नष्ट न हो और बुद्धिमानों के परामर्शानुसार कार्य करना चाहिये तथा यथेच्छाचार को कदापि न अपनाना चाहिये।" उसने क़ुतुब खां से कहा कि, "बहलोल अफ़ग़ान स्त्री के गर्भ से है और तू राजपूत स्त्री के गर्भ से। अफ़ग़ान लोग जाहिल होते हैं। वे तेरे आज्ञाकारी न होंगे।" यह कहकर उसने अपनी पगड़ी सिर से उतारी और बहलोल के सिर पर रख दी और बहलोल की पगड़ी क़ुतुब ख़ाँ के सिर पर रख कर कहा कि "बहलोल तेरा बादशाह है और तू बहलोल का वज़ीर है।" कुछ दिन उपरान्त उसकी मृत्यु हो गई।

कहानी नं० १०

बहलोल का बादशाह होना

(१५ अ) जब बहलोल बादशाह हो गया तो सुल्तान हुसैन शर्क़ी तथा मलकये जहां को इस बात की सूचना मिली कि जलालुद्दीन की मृत्यु हो चुकी है और बहलोल सिंहासनारूढ़ हो गया है। मलकये जहां ने सुल्तान हुसेन से जो उसका पति था, यह कहना प्रारम्भ किया कि "मेरे भाई, जो मेरे पिता की मृत्यु के उपरान्त आये थे, अब युवक तथा बड़े हो गये हैं, अफ़ग़ानों के बड़े-बूढ़ों की मृत्यु हो गई है और अब छोटे बादशाह हो गये हैं। तू मेरे भाइयों को लेकर देहली जा और अफ़ग़ानों को हटाकर मेरे भाइयों को सिंहासनारूढ़ कर दे।" सुल्तान मलकये जहां की बात बहुत मानता था। उसने उसके कहने के अनुसार प्रयत्न प्रारम्भ कर दिया। १५०० मस्त हाथी तथा एक लाख अश्वारोहियों को लेकर देहली की ओर प्रस्थान किया। थोड़े दिनों में वह देहली के निकट पहुंच गया। सुल्तान बहलोल सुल्तान हुसेन से युद्ध की शक्ति न रखने के कारण देहली छोड़कर सरहिन्द की ओर भाग गया, किन्तु क़ुतुब खां पानीपत में मिट्टी के एक क़िले का निर्माण करके ठहर गया और बहलोल से उसने कहा, "तू सरहिन्द में जाकर निवास कर।" जब सुल्तान हुसेन देहली पहुँचा तो उसने वहां पर अपने नाम का ख़ुत्बा पढ़वा (१५ब) दिया और देहली में रहने लगा। तदुपरान्त मलकये जहां ने कहा कि "मैं तुझे इस आशय से लाई थी कि तू मेरे भाइयों को बादशाह बना देगा न कि स्वयं बादशाह बन जायगा।" सुल्तान ने कहा कि "मेरा यह उद्देश्य नहीं है। अब जो तू कहती है उसी पर आचरण किया जायेगा।" मलकये जहां ने कहा कि "तू मेरे भाइयों के नाम का ख़ुत्बा पढ़वाकर जौनपुर की ओर प्रस्थान कर।" सुल्तान ने कहा, "बहुत अच्छा।" उसने शाह आलम के पुत्रों को उसी स्थान पर सिंहासनारूढ़ करके जौनपुर की ओर प्रस्थान किया। अफ़ग़ान लोगों के देहली छोड़कर चले जाने के कारण उनकी संख्या कम हो गई थी। केवल ३० हज़ार

अश्वारोही रह गये थे। इसी बीच में मियां अहमद खां जलवानी, जो रोह में अपनी कौम वालों का नेता था, अपने सम्बन्धियों को धन-सम्पत्ति देकर लाया और बहलोल से मिल गया, और कहा कि, "यदि मैं तेरा सहायक हो जाऊं तो तू मुझसे किन शर्तों पर संधि करेगा ?" सुल्तान बहलोल ने कहा कि "जो राज्य प्राप्त होगा उसका चौथाई भाग तुझे दे दिया जायेगा।" और इस विषय में उसने ईश्वर की शपथ ली। अहमद खां अपने अत्यधिक सहायकों तथा भाइयों सहित सुल्तान बहलोल के साथ हो गया।

कहानी नं० ११

क़ायमख़ानियों का बहलोल के पास आना और बहलोल की विजय

कहा जाता है कि क़ायमख़ानियों ने संगठित होकर कहा कि इस समय अफ़ग़ानों की बहुत दुर्दशा हो गई है। इस समय उन्हें हिन्दुस्तान से निकाल देना चाहिये। अतः क़ायमख़ानियों ने समस्त राजपूत (१६ अ) तथा अपने सम्बन्धियों सहित ४० हज़ार अश्वारोही लेकर सुल्तान बहलोल पर आक्रमण कर दिया। जब सुल्तान ने देखा कि राजपूत लोग हमारे ऊपर आक्रमण करने आ रहे हैं तो उसने अपनी सेना का पड़ाव महिलाई में किया। महिलाई में २५ हज़ार अश्वारोही थे। शेष विभिन्न स्थानों पर थे। तदुपरान्त सुल्तान ने अपनी सेना एकत्र करके राजपूतों के विरुद्ध प्रस्थान किया। जब वह राजपूतों के निकट पहुंचा तो उसने उनके पास अपने वकील (प्रतिनिधि) को भेजा और यह कहलाया कि "तुम क्यों आक्रमण कर रहे हो ? हम लोग मुसलमान हैं, हमारा तुमसे कोई सम्बन्ध नहीं है। यह उचित नहीं है कि हममें और तुममें युद्ध हो। हम लोग संधि कर लें, जहां तुम्हें आवश्यकता हो वहां हम तुम्हारी सहायता करें और जहां हमें आवश्यकता हो वहां तुम हमारी सहायता करो।" राजपूतों ने यह बात सुनकर कहा कि "हम युद्ध के अतिरिक्त कुछ नहीं चाहते कारण कि तुम लोगों ने राजपूतों के सरदार राव दशरथ की हत्या कर दी है, हम उसका बदला लेंगे।" सुल्तान बहलोल ने अपना प्रतिनिधि उनके पास पुनः भेजकर कहलाया कि "हम लोग, तुम जो कुछ भी कहो, उस बात के लिये तैयार हैं, तुम लोग जो चाहो उसे लिखकर भेज दो ताकि उस पर आचरण करें।" तदुपरान्त राजपूतों ने कहलाया कि "हम कोई बात स्वीकार नहीं कर सकते। बहलोल यदि अपनी पुत्री को प्रदान करे तो हम संतुष्ट हो सकते हैं।" जब सुल्तान बहलोल तथा क़ुतुब खां के पास उनके प्रतिनिधि ने यह संदेश पहुंचाया तो सुल्तान बहलोल (१६ ब) आंखों में आंसू भरकर बड़ा क्रोधित हुआ। क़ुतुब ख़ां ने सुल्तान बहलोल को गाली देकर कहा, "तुझे क्या हो गया है ? तू चुप रह।" क़ुतुब ख़ां ने राजपूतों के दूत से कहा कि, "मैं बहलोल की पुत्री को देता हूं किन्तु मैं मुसलमान हूं और इस क़ौम का नेता हूं, यह शर्त (स्वीकार करो) कि पुत्री को तुम्हारे घर न भेजा जायगा। तुम्हारा पुत्र यहां आये, विवाह करके उसे दे दिया जायेगा। बहलोल की पुत्री अपने क़बीले के पास लाहौर में है। जब तक वह इस स्थान पर आये तुम लोग और सुल्तान बहलोल एक साथ रहो ताकि तुम लोगों के हृदय का मैल निकल जाय।" जब यह बात दूत ने कायमख़ानियों को पहुंचाई तो वे बड़े प्रसन्न हुये। उन्होंने सुल्तान बहलोल को यह सूचना भेजी कि "तुम आकर हमसे भेंट करो।" और उन्होंने उसके लिये एक दिन निश्चित कर दिया। जब वह दिन आया तो क़ुतुब ख़ां सशस्त्र सेना सहित अलग हो गया। सुल्तान बहलोल ३० अश्वारोहियों तथा ३० अफ़ग़ान पदातियों सहित क़ायमख़ानियों के समक्ष पहुंचा। उन ३० सवारों में एक सवार 'दूर' था। 'दूर' मुतरिब (१७ अ) अफ़ग़ान को कहते हैं। वे तलवार चलाने में दक्ष होते हैं तथा बड़े ही वीर होते हैं किन्तु शिष्टता के कारण वे दूर बैठते हैं। इसके अतिरिक्त सुल्तान बहलोल के साथ एक ऊंट पर एक नक़्क़ारा भी था। जब सुल्तान बहलोल क़ायमख़ानियों के दरबार में पहुंचा तो घोड़े से उतर पड़ा और वे ३० सवार भी

घोड़ों से उतर पड़े। जो लोग पैदल थे वे उन घोड़ों पर सवार हो गये और नक़्क़ारा बजाने वालों को आदेश दे दिया गया कि "जब महल में शोर होने लगे तो तुम लोग नक़्क़ारा ज़ोर ज़ोर से बजाने लगना।" तदुपरान्त बहलोल ३० अफ़ग़ानों सहित महल के भीतर प्रविष्ट हुआ और क़ायमखानियों से भेंट की। तदुपरान्त १४ अफ़ग़ान एक ओर तथा १५ एक ओर बैठ गये और वे लोग दूर दूर बैठे। जब अस्र की नमाज़ का समय आ गया तो अज़ान देने वाले ने अज़ान दी। वे लोग नमाज़ के लिये खड़े हो गये। दूर ने अफ़ग़ानी भाषा में कहा कि "मैं नेता की हत्या कर दूंगा।" जब नमाज़ प्रारम्भ हुई और वे सिज्दे में गये तो दूर, जो अंतिम पंक्ति में था, अपने स्थान से लपककर सरदार के पास पहुंचा और उसने अपनी कमर से बड़ा सा चाक़ू निकालकर सरदारों पर वार किया। अफ़ग़ानों ने भी तलवार निकाल ली और प्रत्येक व्यक्ति की हत्या करनी प्रारम्भ कर दी। जब शोर होने लगा तो जो अफ़ग़ान दरबार में खड़े थे वे उन (१७ ब) क़ायमखानियों को, जो सहायतार्थ आते, मारने लगे। नक़्क़ारा बजाने वाला नक़्क़ारा बजाने लगा। क़ुतुब खां नक़्क़ारे की आवाज़ सुनकर सेना सहित दौड़ पड़ा और उसने जिस क़ायमखानी को पाया उसकी हत्या कर दी। उनको बहुत बड़ी विजय प्राप्त हो गई और अत्यधिक धन-सम्पत्ति मिली।

कहानी नं० १२

बहलोल का पुनः देहली पहुंचना तथा शाह आलम के पुत्रों का पलायन

सुल्तान बहलोल पुनः सरहिन्द पहुंचा और वहां तैयारी करने लगा। उसने अत्यधिक सामग्री एकत्र कर ली। इसी बीच में उसे समाचार प्राप्त हुये कि सुल्तान हुसेन जौनपुर चला गया है और देहली में या तो शाह आलम के पुत्र हैं और या ९-१० हज़ार अश्वारोही। वे सर्वदा शिकार खेला करते हैं। अतः सुल्तान बहलोल ३० हज़ार अश्वारोहियों सहित सरहिन्द से देहली की ओर रवाना हुआ; शाह आलम के पुत्र युद्ध न कर सके और भाग खड़े हुए। सुल्तान बहलोल ने उनके पीछे सेनाएँ दौड़ाईं। सेनाओं ने क़न्नौज तक उनका पीछा किया। शाह आलम के पुत्र जौनपुर पहुंचकर सुल्तान हुसेन की सेवा में उपस्थित हो गए।

मलकये जहां ने पुनः सुल्तान हुसेन से कहा कि "मेरे भाइयों को अफ़ग़ानों ने देहली से निकाल दिया है। तू उन्हें जाकर निकाल दे। अभी उन्होंने प्रभुत्व नहीं प्राप्त किया है।" सुल्तान तैयारी करके देहली पहुंचा। जब बहलोल ने सुना कि सुल्तान आ रहा है, तो उसने शहर की रक्षा प्रारम्भ कर दी। तदुपरान्त सुल्तान हुसेन ने देहली के निकट पहुंच कर शिविर लगा दिये और बहलोल से तीर तथा बन्दूक़ (१८ अ) से युद्ध करना प्रारम्भ कर दिया। उन दिनों बहलोल के पास ५० हज़ार अश्वारोही थे, सुल्तान हुसेन शीत ऋतु में आया था किन्तु ग्रीष्म तथा वर्षा ऋतु तक वह अफ़ग़ानों को देहली से न निकाल सका। सुल्तान हुसेन की सेना व्याकुल हो गई। सुल्तान हुसेन ने सोचा कि जौनपुर लौटकर खूब तैयारी करके पुनः आक्रमण करना चाहिये। अन्त में सुल्तान हुसेन ने जौनपुर की ओर प्रस्थान किया। जब वह दो-एक पड़ाव पार कर चुका तो सुल्तान बहलोल सुल्तान हुसेन का पीछा करने के लिये अफ़ग़ानों की सेना लेकर रवाना हुआ। सुल्तान हुसेन एक पड़ाव पर होता था तो सुल्तान बहलोल उसके पीछे। यहां तक कि सुल्तान बहलोल ने क़न्नौज पहुंचकर पड़ाव किया और क़न्नौज में युद्ध की सामग्री एकत्र करने लगा। सुल्तान हुसेन जौनपुर में सामग्री एकत्र करता था।

कहानी नं० १३

बहलोल तथा सुल्तान हुसेन का युद्ध तथा बहलोल की विजय

जब सुल्तान हुसेन ने जौनपुर में तैयारी करके सुल्तान बहलोल की ओर क़न्नौज की तरफ़ प्रस्थान किया तो प्रस्थान के समय मियां बुदी से पूछा कि "विजय किसको होगी?" उसने उत्तर दिया "अफ़-(१८ ब) ग़ानों को।" सुल्तान हुसेन ने कहा कि, "मियां! तुम यह क्या कह रहे हो? तुम हमारे सम्बन्धी हो और तुमने हमारा नमक खाया है। तुम अच्छे बुरे में हमारे सहायक हो किन्तु यह क्या बात कह रहे हो?" मियां ने कहा कि "मैं करामत[1] के अनुसार नहीं कहता अपितु बुद्धि के अनुसार कहता हूं कारण कि तुम समस्त रात मदिरापान करते हो और डफ़ बजाने वालों से नृत्य कराते हो तथा प्रातः काल सोते हो। अफ़ग़ान लोग प्रातःकाल स्वयं उठते हैं तथा अपने बालकों को उठाकर नमाज़ पढ़ते हैं। तुम मुर्दा दिल हो और अफ़ग़ान ज़िंदा दिल हैं। अतः ज़िन्दा को मुर्दा पर सर्वदा विजय प्राप्त होती है।" सुल्तान हुसेन कोई उत्तर न दे सका। वह निरन्तर यात्रा करता हुआ सुल्तान बहलोल के विरुद्ध युद्ध करने के लिये रवाना हुआ। जब वह गंगा तट पर मुहम्मदाबाद के निकट पहुंचा तो सुल्तान बहलोल भी मुहम्मदाबाद के निकट आया। मुहम्मदाबाद क़न्नौज से पूर्व की ओर १० अथवा १२ कोस पर है। वहां उसने एक मिट्टी के क़िले का निर्माण कराया और सुल्तान हुसेन से तीर तथा बन्दूक़ से युद्ध करने लगा। जब बहुत समय व्यतीत हो गया तो सुल्तान हुसेन विवश हो गया और उसने सुल्तान बहलोल के पास दूत भेजकर कहलाया कि, "तुम क़ुतुब खां को भेज दो ताकि हम तथा क़ुतुब खां एकत्र होकर संधि (१९ अ) कर लें।" अतः क़ुतुब खां ने सुल्तान हुसेन की सेवा में उपस्थित होकर उससे भेंट की। सुल्तान हुसेन तथा क़ुतुब खां में अत्यधिक वार्ता हुई। अन्त में यह निश्चय हुआ, कि "देहली की सीमा क़न्नौज रहे। तुम्हें चाहिये कि तुम जौनपुर से क़न्नौज तक पूर्व की ओर रहो और सुल्तान बहलोल क़न्नौज तक पश्चिम की ओर।" यह बात निश्चय हो गई और प्रतिज्ञापत्र लिखा जाने लगा तो लिखते समय बीच में एक शेखज़ादे ने कहा कि, "यह भी लिखा देना चाहिये कि जब हम जौनपुर की ओर रवाना हों तो अफ़ग़ान लोग हमारा पीछा न करें।" जब उसने यह बात कही तो क़ुतुब खां ने प्रतिज्ञापत्र को लेकर फाड़ डाला और कहा कि, "हम लोग यदि ऐसे विश्वाघाती हैं तो प्रतिज्ञापत्र लिखने की क्या आवश्यकता है?" तदुपरान्त सुल्तान हुसेन के पास क़ुतुब खां रुक गया। इसके पश्चात् यह निश्चय हुआ कि अमुक दिन प्रतिज्ञापत्र लिखा जाय। ऐसा ही हो रहा था कि सुल्तान हुसेन के वज़ीर क़ुतलू खां ने उससे कहा कि, "तुम जब अफ़ग़ानों की आंखों को नहीं फोड़ सकते तो तुम क्या कर सकते हो?" सुल्तान हुसेन ने कहा कि "अफ़ग़ानों की आंखें किस प्रकार फोड़ी जा सकती हैं?" क़ुतलू खां ने कहा कि, "क़ुतुब खां (१९ ब) को बन्दी बनाकर उसकी हत्या कर दो कारण कि क़ुतुब खां अफ़ग़ानों का नेत्र है।" सुल्तान हुसेन ने कहा कि, "क़ुतुब खां राजदूत है, उसे किस प्रकार बन्दी बनाया जा सकता है और उसकी किस प्रकार हत्या कराई जा सकती है?" क़ुतलू खां ने कहा कि, "उसे बन्दी बनाकर रख लो और किसी को उसके पास जाने न दो।" अन्त में उसे बन्दी बनाकर सेवकों को सौंप दिया गया। उसे अन्न तथा जल दिया जाता था किन्तु उसके सेवकों को पृथक् कर दिया गया था। क़ुतुब खां बन्दीगृह ही में था कि उसे समाचार प्राप्त हुये कि मलकये जहां के भाई शिकार हेतु दो मंज़िल तक जा रहे हैं। अतः उसने उस सक़्क़े को, जो उसे जल पहुंचाने के लिये नियुक्त था, अपनी ओर मिलाकर बहलोल के

१ चमत्कार।

पास यह संदेश भेजा कि, "क़ुतुब खां ने कहलाया है कि तुम भी शिकार खेलने क्यों नहीं जाते?" बहलोल ने कहा कि, "इस बात में कोई रहस्य है जिसकी ओर क़ुतुब खां ने संकेत किया है।" अन्त में सुल्तान बहलोल को सूचना मिली कि मलकये जहां के भाई शिकार हेतु दो मंज़िल तक गये हैं। सुल्तान ने उत्तम सवारों को चुनकर मलकये जहां के भाइयों को बन्दी बनाने के लिये भेजा। अश्वारोही शिकार से मलकये जहां के दोनों भाइयों को बन्दी बनाकर सुल्तान बहलोल की सेवा में ले आये। जब मलकये जहां को यह समाचार प्राप्त हुआ कि उसके भाइयों को सुल्तान बहलोल की सेवा में बन्दी बनाकर क़ज़ा खां ने पहुंचा (२० अ) दिया है तो वह बड़ी व्याकुल हुई। उसने क़ुतुब खां को अपना भाई कहकर उसे शपथ दी कि, "तू मेरे भाइयों को मुक्त करादे ताकि मैं तुझे मुक्त करा दूं।" क़ुतुब खां ने मलकये जहां से पुनः कहा कि, "हमारे और तुम्हारे बीच में एक अन्य शर्त यह भी है कि क़ुतलू खां हमारे बीच में कोई बात न कहे।" अन्त में मलकये जहां ने यह बात स्वीकार करके उसे मुक्त करा दिया। क़ुतुब खां ने मलकये जहां के भाइयों को भी बहलोल के बन्दीगृह से मुक्ति दिला दी। तदुपरान्त मलकये जहां तथा क़ुतुब खां में अत्यधिक निष्ठा उत्पन्न हो गई। सुल्तान हुसेन भी उसके प्रति कृपा प्रदर्शित करने लगा और पुनः संधि होना निश्चय हुआ।

इसी बीच में सुल्तान हुसेन ने एक रात्रि में एक सभा का आयोजन कराया जिसमें प्रत्येक प्रकार के नृत्य तथा संगीत की व्यवस्था की गई। क्योंकि उस सभा में किसी वस्तु का अभाव न था और क़ुतुब (२० ब) ख़ां भी उस सभा में उपस्थित था अतः उस सभा की भूरि-भूरि प्रशंसा करने लगा। उसने फिर नाक पकड़ कर यह बात कही कि "सेना बहुत समय से इस स्थान पर पड़ाव किये है और दुर्गन्ध आने लगी है। यदि यह सभा सेना के पीछे गंगा तट पर होती तो बड़ा अच्छा था।" अन्त में सुल्तान हुसेन ने कहा, "बहुत अच्छा। जब एक घड़ी रात्रि रह जाय तो सेना के शिविर के पीछे गंगा तट पर हमारा पेश-ख़ाना[1] लगाया जाय और उस स्थान को ठीक कराया जाय ताकि वहां जाकर सभा का आयोजन हो सके।" क़ुतुब ख़ां ने सुल्तान बहलोल के पास यह संदेश भेजा कि "जब आधी रात्रि के उपरान्त एक घड़ी रात्रि शेष रह जाय तो सशस्त्र सेना सहित सुल्तान हुसेन की सेना पर आक्रमण कर देना और इसमें किसी प्रकार का विलम्ब न होने पाये।" क़ुतुब खां ने जब यह निश्चय करा लिया कि सुल्तान हुसेन का पेशख़ाना सेना के शिविर के पीछे गंगा तट पर चला जायगा तो उसने सभा से उठकर मार्ग में अपने सेवकों से यह कहा कि "तुम लोग इधर-उधर यह प्रसिद्ध कर दो कि संधि हो गई है और प्रातःकाल सुल्तान हुसेन जौनपुर की ओर चला जायगा।" अन्त में जब एक घड़ी रात रह गई तो सुल्तान हुसेन के सेवकों ने उसके पेशख़ाने को गंगा तट पर लगाने वाले भेज दिये। इसी बीच में सुल्तान हुसेन की सेना को रात्रि में समाचार प्राप्त (२१ अ) हो चुके थे कि संधि हो गई है। जब उन्होंने पेशख़ाने को जाते हुए देखा तो उन्हें संधि के विषय में विश्वास हो गया। समस्त सैनिक भी पेशख़ाने के साथ रवाना हो गये। उसी समय सुल्तान बहलोल ने सशस्त्र सेना सहित आक्रमण कर दिया। जब बहलोल सुल्तान की सेना के पास पहुंचा तो सुल्तान हुसेन की सेना की पराजय हो गई। मलकये जहां का एक सक़्क़ा एक मशक में रखकर जौनपुर ले गया। जब अफ़ग़ान सुल्तान की सेना के पास पहुंचे तो उन्होंने अफ़ग़ानों को बन्दी बनाना प्रारम्भ कर दिया। इसी बीच में क़ुतलू ख़ां घोड़े से उतर पड़ा और एक सक़लात[2] को, जो रान के नीचे था, निकाल लिया और सुल्तान हुसेन से कहा कि, "आप चले जायं।" उसने एक मरे हुए सिपाही के ऊपर वह सक़लात फेंक दिया

१ शाही शिविर।
२ एक प्रकार का गहरे लाल रंग का कपड़ा।

ओर स्वयं दोनों हाथ बांधकर खड़ा हो गया। जो अफ़ग़ान आते थे वह उनसे कहता था कि, "अफ़ग़ानो दूर रहो। यह बादशाह है, इसका सम्मान करो।" अफ़ग़ानों ने जब यह देखा तो उन्होंने बहलोल तथा क़ुतुब ख़ां को जो पीछे से आ रहे थे यह सूचना भेज दी कि, "हमें क़ुतलू ख़ां तथा सुल्तान हुसेन दोनों मिल गये। सुल्तान हुसेन मारा गया और क़ुतलू ख़ां खड़ा है।" अतः सुल्तान बहलोल तथा क़ुतुब ख़ां दोनों भाई भागते हुए वहां पहुंचे। जब क़ुतुब ख़ां ने उस लाश पर सक़लात देखा तो अपने आदमियों से कहा कि (२१ ब) "तुमने इस व्यक्ति का मुख देखा है ? सक़लात हटाओ।" जब सक़लात हटाया गया तो सुल्तान हुसेन न मिला। क़ुतुब ख़ां ने अफ़ग़ानों को गाली देकर कहा कि, "हे असावधान व्यक्तियो! तुमने हमारे समस्त परिश्रम को नष्ट कर दिया।" उन्होंने क़ुतलू ख़ां को बन्दी बनाकर हौदज में बैठा लिया। जब क़ुतलू ख़ां बन्दी हो गया तो वे उसे नाना प्रकार के भोजन तथा अन्य सुविधाएं प्रदान करते थे किन्तु क़ुतलू ख़ां की हत्या के लिये तैयार न होते थे। यदि कोई व्यक्ति यह कहता कि क़ुतलू ख़ां की क्यों नहीं हत्या करते तो वे उत्तर देते कि, "पुनः कोई भी माता इस प्रकार के पुत्र को जन्म न दे सकेगी।" जब यह कहा जाता कि उसे क्यों बन्दी रखा गया है और उसे मुक्त कर दिया जाय तो वे उत्तर देते कि "यह क़ुतलू ख़ां दस सुल्तान हुसेन एक आस्तीन से निकाल देगा।" जब तक क़ुतलू ख़ां जीवित रहा उसे बन्दी रक्खा गया। सुल्तान सिकन्दर को क़ुतलू ख़ां ही शिक्षा प्रदान करता था।

सुल्तान बहलोल तथा क़ुतुब ख़ां ने सुल्तान हुसेन का पीछा किया। जब सुल्तान हुसेन जौनपुर पहुंचा तो उसने समस्त सूफ़ियों तथा आलिमों को, उदाहरणार्थ बुदी हक़्क़ानी, मियां अलहदाद इत्यादि को बिहार भेज दिया और स्वयं सेना एकत्र करके बहलोल तथा क़ुतुब ख़ां के (२२ अ) विरुद्ध रवाना हुआ। सुल्तान बहलोल भी जौनपुर के निकट पहुंच गया था। उसने सुल्तान हुसेन से युद्ध किया। तदुपरान्त सुल्तान हुसेन तथा सुल्तान बहलोल में ऐसा घोर युद्ध हुआ जैसा कि इसके पूर्व कभी न हुआ था। दोनों पक्षों की ओर से अत्यधिक लोग मारे गये। सुल्तान हुसेन के बहुत बड़े-बड़े अमीरों की उस युद्ध में हत्या हो गई। अन्त में सुल्तान बहलोल को विजय प्राप्त हो गई। सुल्तान हुसेन भागकर हाजीपुर की ओर रवाना हुआ। सुल्तान बहलोल ने सुल्तान हुसेन का पीछा किया। मार्ग में हाजीपुर तक १०,१२ स्थानों पर युद्ध हुआ, किन्तु सुल्तान बहलोल को प्रत्येक बार विजय प्राप्त हुई। सुल्तान हुसेन गंडक नदी पार करके हाजीपुर चला गया और हाजीपुर की पूर्व दिशा से गंगा नदी पार करके बिहार पहुंच गया। सुल्तान बहलोल सारन में रह गया। जब सुल्तान हुसेन बिहार में ठहरा तो बंगाल के बादशाह ने सुल्तान हुसेन की सहायतार्थ सेना तथा युद्ध की नौकायें भेजीं। यह समाचार सुल्तान बहलोल को प्राप्त हो गये।

कहानी नं० १४

सुल्तान बहलोल का अमीरों को जागीरें प्रदान करना, देहली से सुल्तान हुसेन पर चढ़ाई करना तथा बहलोल की मृत्यु

(२२ ब) कहा जाता है कि सुल्तान बहलोल ने समस्त सारन प्रदेश गंडक तक मियां हुसेन फ़र्मुली के पिता को प्रदान कर दिया और एक बहुत बड़ी सेना उसके साथ कर दी। उसे उस स्थान पर नियुक्त करके वह जौनपुर लौट गया। कुछ वर्ष तक वह जौनपुर रहा। तदुपरान्त वह जौनपुर को

मियांरा ख़ां नोहानी को देकर स्वयं देहली चला गया और आगरा को मियां से लेकर हुमायूं सरवानी[1] को दे दिया। अहमद ख़ां जलवानी से अपने पूर्व के इस कथन के कारण कि उसे राज्य का चौथाई भाग दे दिया जायेगा उसे सुल्तान की उपाधि देकर, सुल्तान अहमद ख़ां बना दिया और ब्याना उसे दे दिया। क़न्नौज ख़्वाजा अहमद को तथा बहराइच और गोरखपुर का समस्त प्रदेश फ़र्मुली सरदारों को प्रदान कर दिया गया। पंजाब का राज्य बाइख़ेल के लोदियों को दे दिया गया जिसे सर्वप्रथम सुल्तान काला ने प्रदान किया था। सुल्तान बहलोल ने भी यह उन्हीं को दे दिया। बतनी ग़ज़ून[2] को मुल्तान तथा महमूद खां लोदी को कालपी प्रदान किया गया। महमूद ख़ां शहूख़ेल लोदी था। सुल्तान बहलोल ने इसी प्रकार समस्त छोटे बड़े अमीरों को राज्य प्रदान करके विभिन्न स्थानों पर भेज दिया और स्वयं देहली पहुंच गया। वह १०–११ वर्ष तक देहली में रहा।

इसी बीच में मियांरा ख़ां ने जौनपुर से सुल्तान बहलोल को लिखा कि, "सुल्तान हुसेन तथा (२३ अ) बंगालियों ने सेना एकत्र की है और हमारे ऊपर आक्रमण करना चाहते हैं।" जब यह समाचार सुल्तान बहलोल को प्राप्त हुए तो उसने तुरन्त जौनपुर की ओर प्रस्थान किया और शीघ्रातिशीघ्र गंगा तट पर बांगरमऊ के पूर्व में शिविर लगा दिये। जब सुल्तान हुसेन को समाचार प्राप्त हुये कि "सुल्तान बहलोल देहली से रवाना होकर अमुक स्थान पर पहुंच गया है और हमारे ऊपर आक्रमण करना चाहता है" तो उसने मियांरा ख़ां पर आक्रमण करने के विचार त्याग दिये। सुल्तान बहलोल कुछ वर्ष तक वहीं रहा और शिकार खेलता रहा। इसी बीच में उसकी वहीं मृत्यु हो गई।

सुल्तान बहलोल की यह प्रथा थी कि वह सर्वदा चार कोस की यात्रा करता था और दो कोस पर कुछ शिविर लगवा देता था। जब वह प्रस्थान करता तो सर्वप्रथम उन ख़ेमों में पहुंचकर दो घड़ी दिन व्यतीत करता और पुनः शिकार खेलता हुआ डेरों में चला जाता। एक दिन जल के अभाव के कारण वह (२३ ब) आठ कोस पर डेरा लगवाये हुए था और चार कोस पर प्रथम शिविर लगाया गया था। किन्तु सुल्तान को यह सूचना न मिली थी। जब सुल्तान रवाना हुआ तो उसने देखा कि प्रथम शिविर चार कोस पर है। अतः वह उस दिन प्रथम शिविर में न उतरा और वहां से प्रस्थान करके डेरों में पहुंचा। जब वह सरापर्दों में पहुंचा तो एक बड़ा मिट्टी का ढेला अपने सिर के नीचे रख कर ख़ेमे के बाहर ग्रीष्म ऋतु के कारण सो गया। जब उसके विश्वासपात्रों ने आकर देखा कि, "वह भूमि पर सोया हुआ है" तो उन्होंने उससे पूछा कि "बादशाह क्यों इस प्रकार सो रहा है?" उसने कहा, "तुमने संसार नष्ट कर दिया जो इस प्रकार लम्बी चौड़ी यात्रा की।" उन लोगों ने निवेदन किया कि "बादशाह ने जल के अभाव के कारण इस प्रकार प्रस्थान किया है।" जब उसने यह बात सुनी तो वह बड़ा खिन्न हुआ। उसने कहा कि "ईश्वर तुम्हें नष्ट करे। यह तुमने बहुत बड़ा अत्याचार किया है। तुम्हें एक स्थान पर ठहर जाना चाहिये था और वहां पर ढोल बजवा देना चाहिये था ताकि लोग जल की व्यवस्था करके प्रस्थान करते। इस समय तुम्हें चाहिये कि तुम लोग १२ हज़ार रुपये दान करो।" उन लोगों ने उसकी आज्ञा का पालन किया। कहा जाता है कि उसने ४४ वर्ष, ७ मास, २० दिन तथा ४ घड़ी तक राज्य किया।

१ यह शब्द 'शिरवानी' अथवा 'शेरवानी' भी प्रयुक्त हुआ है।
२ यह नाम स्पष्ट नहीं।

कहानी नं० १५

सुल्तान बहलोल के पुत्र सुल्तान सिकन्दर का बादशाह होना

कहा जाता है कि सुल्तान बहलोल के कई पुत्र थे। उनमें सबसे बड़े का नाम बारबक शाह था और (२४ अ) तीन अन्य पुत्र थे। पांचवें का नाम सिकन्दर था, वह देहली में था। बारबक शाह ने जो सुल्तान बहलोल के साथ था, मियारां ख़ां को लिखा कि, "सुल्तान बहलोल की मृत्यु हो गई है। तू अपनी सेना लेकर हमारे पास चला आ।" अतः मियांरा ख़ां ने शीघ्रातिशीघ्र बारबक शाह के पास पहुंचकर उससे भेंट की और बारबक शाह के नाम का ख़ुत्बा पढ़वा कर बादशाह बना दिया। बारबक शाह ने कहा कि, "सिकन्दर ने भी जो देहली में है अपने नाम का ख़ुत्बा पढ़वा दिया है।" मियांरा ख़ां ने कहा कि, "मैं उसे नष्ट कर दूंगा।" सिकन्दर के साथ अमीरों के जो पुत्र थे उनमें दो पुत्र मियांरा ख़ां के भी थे। क्योंकि मियांरा ख़ां ने कहा था कि, "मैं उसे नष्ट कर दूंगा, तू देहली की ओर प्रस्थान कर," अतः बारबक शाह ने प्रस्थान किया। अन्त में सिकन्दर ने भी बारबक शाह की ओर प्रस्थान किया। मार्ग में दोनों भाइयों में युद्ध हुआ। सुल्तान सिकन्दर को विजय प्राप्त हो गई। दरिया ख़ां तथा नसीर ख़ां ने जोकि मियांरा ख़ां के पुत्र थे, युद्ध में उसके पास पहुंच कर उसे घोड़े से उतार लिया और सुल्तान सिकन्दर के पास ले गये। बारबक शाह पराजित होकर गुजरात चला गया और उसकी वहीं मृत्यु हो गई। मियांरा ख़ां को बन्दी बना लिया गया था और उसे शिविर में रखा गया। दूसरे दिन सिकन्दर मियांरा ख़ां के पास पहुंचा (२४ ब) और उसने अपनी कमर से तलवार खोलकर मियांरा ख़ां के समक्ष रख दी और कहा कि, "यदि मैं इस प्रकार अयोग्य हूं तो तू जिसे समझे उसे बादशाह बना दे।" मियांरा ख़ां ने कहा कि, "यदि मेरी इच्छानुसार ही कार्य सम्पन्न होते तो मुझे रणक्षेत्र में विजय प्राप्त होती; मेरा मुख क्यों काला होता? आपको ईश्वर ने विजय प्रदान की है।" सुल्तान ने पुनः कहा, "अपने हाथ से तलवार मेरी कमर में वांधो।" कहा जाता है कि उसने उसी दिन उसे जौनपुर पुनः प्रदान कर दिया और स्वयं देहली लौट गया।

कहानी नं० १६

सुल्तान सिकन्दर का ब्याना की ओर प्रस्थान तथा एक फ़रियादी के प्रति न्याय

कहा जाता है कि अहमद ख़ां जलवानी की, जो चौथाई भाग का स्वामी था और ब्याना में था, मृत्यु हो गई। सुल्तान सिकन्दर ने यह सुनकर ब्याना की ओर प्रस्थान किया। जब वह ब्याना पहुंचा तो उसने सुल्तान अहमद जलवानी के पुत्रों से कहा कि, "यह रोह नहीं है जहां प्रत्येक क़बीले का एक नेता हो। यह बादशाही है।" यह कहकर उसने उन्हें विभिन्न स्थानों पर जागीरें दे दीं; और स्वयं ब्याना अपने अधिकार में कर लिया कारण कि बड़े-बड़े राजा उसी स्थान के पर्वतों में रहते थे उदाहरणार्थ ब्याना में जादवों (यादव) राजपूत थे और ग्वालियर में जायानतून। इसी प्रकार अन्य राजा लोग थे।

(२५ अ) एक दिन सुल्तान सिकन्दर मैदान में गेंद खेल रहा था। एक फ़रियादी उसके पास उपस्थित हुआ और उसने प्रार्थना की और कहा कि "जादवों (यादव) लोगों ने हमारे परिवार को बन्दी बनाकर नष्ट कर दिया है।" सुल्तान सिकन्दर ने यह सुनकर तुरन्त जादवों की ओर प्रस्थान किया और कहा कि "जब तक कि मैं शरा के अनुसार न्याय नहीं कर लूंगा उस समय तक मेरा क्रोध कम न होगा।" तदनुसार वह जादवों (यादवों) के पर्वतों में प्रविष्ट हो गया। जब वह पर्वतों में पहुंचा तो उसने जादवों (यादवों) की हत्या करके उन्हें नष्ट कर दिया। जिस मुसलमान ने न्याय की याचना की थी उसे सम्मा-

नित किया और उसी स्थान पर जागीर प्रदान कर दी और स्वयं सिपौली क़स्बे से पुनः ब्याना चला गया।

कहा जाता है कि राजा बांधू, जिसका नाम बीर भानु था और जो रामचन्द्र का पिता था, बड़ा ही प्रतिष्ठित राजा था। उसने अपनी समस्त शक्ति तथा सत्ता के कारण अपने भतीजे को बन्दी बना लिया था और उसके राज्य पर अधिकार जमा लिया था। उसके भतीजे ने सुल्तान सिकन्दर लोदी से फ़रियाद की। इसी बीच में बीर भानु भी सुल्तान सिकन्दर की सेवा में उपस्थित हुआ और उसने अपने भतीजे को उस स्थान पर देखा तो उससे कहा कि "तू जो इस स्थान पर आया है तो क्या गुदा देने के लिये आया है?" उसने उत्तर दिया "निस्संदेह! यह बात भी असम्भव नहीं, यदि मैं अपने राज्य को प्राप्त कर सकूं।" (२५ ब) जब उसने यह उत्तर सुना तो उसने अपने हृदय में कहा कि "जब तक यह व्यक्ति इस स्थान पर रहेगा तो यह बात अच्छी नहीं।" उसने शपथ देकर उस भतीजे को अत्यधिक प्रोत्साहन प्रदान किया और उसे अपने साथ ले जाकर राज्य को बांट लिया।

कहानी नं० १७

थट्टा के राज्य को अधिकार में करना

जब सुल्तान सिकन्दर ब्याना में पहुंच गया तो उसने थट्टा की ओर सेनाएं भेजीं। उसने कहा कि "जिस दिन विजय प्राप्त हो, ऐसा करो कि उसी दिन मुझे सूचना हो जाय।" अन्त में जब सेना ने प्रस्थान किया तो मार्ग में विभिन्न स्थानों पर घास के ढेर लगा दिये गये। जब विजय प्राप्त हो गई तो घास के ढेर में आग लगा दी गई और सभी ढेर जलने लगे। उस अग्नि के कारण उसी दिन पता चल गया कि विजय प्राप्त हो गई। जब बाबर शाह हिन्दुस्तान आया तो क़ंधार का अधिक राज्य अरग़ूनों के हाथ में था। उन्हें वहां से निकाल कर उसने उन लोगों को थट्टा प्रदान कर दिया।

कहानी नं० १८

सुल्तान हुसेन की ओर से एक राजपूत का मियांरा खां से युद्ध

कहा जाता है कि मियां मियांरा खां गंगा नदी को पार करके खैरीगढ़ के राजाओं के क़िले पर आक्रमण कर रहा था। चुनार भी निकट था, उसने उस ओर भी आक्रमण करना निश्चय किया। यह (२६ अ) समाचार सुल्तान हुसेन को बिहार में प्राप्त हुए। सुल्तान हुसेन की ओर से एक अमीर राजपूत चौंद में था। वह चुनार से सोन नदी तक के समस्त स्थानों का अधिकारी था। सुल्तान हुसेन का भी एक ख्वाजा चुनार में था। उस ख्वाजा ने सुल्तान को लिखा कि "मियांरा खां ने हमारे ऊपर आक्रमण किया है।" अतः सुल्तान हुसेन ने एक उत्तम सेना तैयार करके उस राजपूत के पास इस आशय से भेजी कि "यदि तुझसे हो सके तो मियांरा खां से युद्ध कर।" तदुपरान्त राजपूत ने अपने समस्त सैनिकों को तैयार करके एकत्र किया और पान का बीड़ा तथा एक रूमाल अपने हाथ में लेकर कहा कि "जो कोई भी मेरे साथ मरने को तैयार हो वह इस बीड़े तथा रूमाल को ले ले।" समस्त सिपाहियों ने बीड़ा तथा रूमाल ले लिया और यह आश्वासन दिया कि हम "तेरे साथ प्राण त्याग देंगे"। अन्त में राजपूत अपनी सेना को तैयार करके चल दिया। आगे तथा पीछे पदातियों को बाण एवं बन्दूक़ देकर रवाना किया और पदातियों के पीछे मस्त हाथियों को रक्खा और हाथियों के पीछे वह अपनी सेना की पंक्तियां ठीक करके मियांरा खां के विरुद्ध युद्ध हेतु उद्यत हुआ। चुनार से पश्चिम की दिशा में मियांरा खां से युद्ध हुआ। ऐसा घोर युद्ध हुआ कि मियांरा खां स्वयं आहत हुआ। अफ़ग़ानों की बहुत बड़ी सेना मारी गई और

मियांरा ख़ां की सेना पराजित हो गई। मियांरा ख़ां पराजित होकर जा रहा था कि मार्ग के एक राजा द्वारा, जिसका नाम भेदू था, बन्दी बना लिया गया।

कहानी नं० १९

सुल्तान सिकन्दर का राजा भेदू तथा सुल्तान (हुसेन) पर, जो बिहार में था, आक्रमण

(२६ ब) कहा जाता है कि जब मियांरा ख़ां की पराजय तथा भेदू द्वारा बन्दी बनाये जाने के समाचार सुल्तान सिकन्दर को प्राप्त हुए तो उस समय सुल्तान मैदान में गेंद खेल रहा था। यह समाचार सुनते ही उसने बिहार की ओर प्रस्थान करने का संकल्प कर लिया। जिस समय वह शिविर में पहुंचा तो वह उसी प्रकार चौगान को कंधे पर रक्खे हुये था। जब वह कालपी के निकट पहुंचा तो उसने यमुना नदी पार की और खोरा की ओर प्रस्थान किया कारण कि खोरा. . . . .[1] है। वह उसी मार्ग से राजा भेदू की ओर रवाना हुआ। जब भेदू ने सुना कि सुल्तान सिकन्दर मियांरा ख़ां के कारण उसके ऊपर आक्रमण कर रहा है तो उसने मियांरा ख़ां को मुक्त कर दिया और स्वयं अपने घर को छोड़कर पर्वतों की ओर चल दिया। मियांरा ख़ां जब भेदू के बन्दीगृह से मुक्त हुआ तो वह जौनपुर पहुंचा और कुछ दिन उपरान्त उसकी मृत्यु हो गई।

सुल्तान सिकन्दर ने उसी ओर पर्वत की ओर प्रस्थान करते हुए रोहतास से उत्तर की ओर सोन को पार किया और बिहार में सुल्तान हुसेन के निकट पहुंचा। सुल्तान हुसेन युद्ध न कर सका कारण कि सुल्तान सिकन्दर के साथ बहुत बड़ी सेना थी। सुल्तान हुसेन इस कारण बिहार को छोड़कर गौड़ की ओर (२७ अ) चला गया। जब सुल्तान सिकन्दर शीघ्रातिशीघ्र सुल्तान हुसेन की ओर रवाना हुआ तो अधिकांश बड़े-बड़े अमीर उदाहरणार्थ अज़[2] हुमायूं इत्यादि पीछे रह गये और साथ न पहुंच सके। अज़ हुमायूं साथ न पहुंचने के कारण लज्जित होकर बांधू के पर्वतों में प्रविष्ट हो गया और दक्षिण की ओर चल दिया। सुल्तान सिकन्दर के बिहार में रहने के समय अर्थात् ६–७ वर्ष तक वह लज्जावश सिकन्दर के समक्ष न आया। अन्त में जब सुल्तान सिकन्दर बिहार से ब्याना पहुंचा और वहां उसने पड़ाव किया तो उस समय अज़ हुमायूं ब्याना पहुंचा और एक मस्जिद में बैठ गया। यह समाचार सुल्तान सिकन्दर को प्राप्त हुये। सिकन्दर ने उसके पास यह समाचार भिजवाया कि, "तुम मेरे राज्य से भाग गये थे तो अब क्यों वापस लौट आये?" अज़ हुमायूं ने उत्तर भेजा कि, "मैं जिस राज्य में भी गया वहाँ मुझे तुम्हारा ही अधिकार मिला। अतः मैं मस्जिद में आकर इस आशय से बैठ गया हूं कि यह ईश्वर का घर है और यहां किसी का अधिकार तथा किसी से कोई सम्बन्ध नहीं है।" बादशाह को इस उत्तर से उस पर दया आ गई और उसने उसे अपने पास बुलवाया। अज़ हुमायूं ने पर्वतों में से जो अत्यधिक हाथी प्राप्त किये थे वे उसने सुल्तान सिकन्दर के समक्ष प्रस्तुत किये। बादशाह ने कहा कि, "तू मुझे इन भैंसों को क्या दिखाता है। यदि तू मेरे राज्य में होता तो ५२ हज़ार अफ़ग़ान प्रकट हो जाते।" अज़ हुमायूं का (२७ ब) मन्सब ५२ हज़ारी था। बादशाह ने उससे पूछा, "इस यात्रा में तुम्हारा साथ किन लोगों ने दिया तथा कौन सी वस्तु वफ़ादार रही?" अज़ हुमायूं ने उत्तर दिया कि, "मनुष्यों में असीलों ने, घोड़ों में तुर्की घोड़ों ने और अनाज में चने ने जिसे मैं खाता था और घोड़े भी खाते थे।"

१ इस स्थान के शब्द स्पष्ट नहीं।

२ संभवतः आज़म हुमायूँ।

कहानी नं० २०

सुल्तान सिकन्दर का बिहार में आगमन तथा वलियों एवं आलिमों से भेंट करना

जब सुल्तान सिकन्दर बिहार आया तो उसने समस्त आलिमों तथा वलियों से भेंट करना प्रारम्भ कर दिया। मियां शेख़ फ़ख़रुद्दीन ज़ाहदी से, जिनका क़बीला बड़ा ही सम्मानित तथा श्रेष्ठ था, भेंट की। समस्त बंगाली बादशाह उसके मुरीद थे और उसके घर में यदि कोई सम्मानित व्यक्ति आता तो वह उसे शर्बत पिलाता था। जब सुल्तान सिकन्दर शेख़ के घर में पहुंचा तो मिश्री अथवा चीनी उपलब्ध न थी। एक सेवक ने शेख़ से संकेत से कहा कि, "मिश्री अथवा चीनी उपलब्ध नहीं है?" शेख़ ने अंगुली से उत्तर दिया कि, "मिठाई तथा चीनी को खुरच कर शर्बत तैयार करके ले आओ।" सेवकों ने ऐसा ही किया और शर्बत तैयार करके सुल्तान सिकन्दर तथा समस्त लोगों को, जो उसके साथ थे, पिलाया। जब सुल्तान सिकन्दर शेख़ से विदा हुआ तो शेख़ ने, अपना एक सेवक सुल्तान के साथ अपने विषय में पता (२८ अ) लगाने के लिये कर दिया। सुल्तान सिकन्दर रवाना हुआ। तदुपरान्त सुल्तान सिकन्दर ने मौलाना जमाली से कहा कि, "इस शेख़ज़ादे के समान इस समय कोई भी नहीं है किन्तु इसमें एक दोष है और वह यह कि यह जाहिल है।" जब वह बात करने लगा तो उसने कहा कि "मैं तुम्हें ग़िबतन[1] याद करता था।" अतः ज्ञात हुआ कि वह जाहिल है कारण कि वह ग़ैबतन शब्द के उच्चारण में कोई भेद-भाव नहीं कर सका।

सुल्तान सिकन्दर बिहार में ठहर गया और सर्वदा जुमे की नमाज़ के लिये उपस्थित हुआ करता था। एक दिन देर हो गई। बन्दगी मियां बुदी हक़्क़ानी भी मस्जिद में उपस्थित थे। उन्होंने आदेश दिया कि अज़ान देकर नमाज़ पढ़ी जाय। तदनुसार शुक्रवार की नमाज़ पढ़ी गई। जब बादशाह पहुंचा तो मौलाना जमाली ने देखा कि नमाज़ हो चुकी है। उसने नमाज़ पढ़ने वालों से कहा कि, "हे लोगो! जिस स्थान पर बादशाह हो और वह जुमे की नमाज़ हेतु उपस्थित होता हो तो इतनी प्रतीक्षा करनी चाहिये कि बादशाह आ जाता।" बन्दगी मियां बुदी हक़्क़ानी ने सुनकर कहा कि, "हमें ख़ुदा की नमाज़ पढ़नी थी वह हमने पढ़ ली।" इस पर सुल्तान सिकन्दर ने मौलाना (जमाली) से कहा कि, "हे मौलाना (२८ ब) तू चुप रह", और मियां बुदी से कहा कि, "आपने बड़ा अच्छा किया कि नमाज़ पढ़ ली। जो कुछ भी हुआ वह मेरे दोष के कारण हुआ।"

सुल्तान एक वर्ष तक वहां रह कर समस्त आलिमों तथा सूफ़ियों उदाहरणार्थ शेख़ बुदी हक़्क़ानी, शेख़ बदन मुनेरी, शेख़ बुद तबीब तथा शेख़ फ़ख़रुद्दीन एवं समस्त सहायता के पात्रों को नक़द धन देकर बिहार से चल दिया। नसीर ख़ां तथा दरिया ख़ां को बुलवा कर नसीर ख़ां से कहा कि, "मैं राज्य तुझे प्रदान करता हूं।" नसीर ख़ां ने निवेदन किया कि, "हे बादशाह! यदि किसी व्यक्ति की मृत्यु हो जाती है और उसके घर में कोई विधवा होती है तो उसे घर से नहीं निकाला जाता। जौनपुर हमारे पिता को प्राप्त था और जौनपुर के बादशाह हम लोगों में से होने चाहिये।" सुल्तान ने कहा, "मियांरा ख़ां मेरा बाज़ था, बाज़ एक ऐसा पक्षी होता है जो समस्त पक्षियों को नहीं खाता अपितु जितनी भूख होती है उतना ही खाता है।" तदुपरान्त नसीर ख़ां ने दरिया ख़ां से कहा कि, "मैंने भूल की। यदि बादशाह तुझे बिहार का एक गांव दे देगा तो तू ले लेगा?" अन्त में बादशाह ने दरिया ख़ां को दे दिया और दरिया ख़ां ने उसे स्वीकार कर लिया।

१ ग़ैबतन अथवा अनुपस्थिति में।

तदुपरान्त सुल्तान सिकन्दर ने बिहार से निकल कर मखदूमपुर ग्राम में, जो मुनेर से पूर्व की ओर गंगा तट पर है, पड़ाव किया। वह उस ग्राम में ५-६ वर्ष तक रहा और नौका पर बैठ कर नदी के (२९ अ) उस पार शिकार खेलता था। तदुपरान्त वह ब्याना की ओर चला गया और ब्याना को अपनी राजधानी बनाया। जिस समय सुल्तान सिकन्दर ब्याना में था तो बिहार के राज्य में पर्वतों में सियूर नामक स्थान पर एक जुन्नारदार[1] राज्य करता था। उसका पेशवा, महता क़ाज़ी था। वह उस्मानी था। अन्त में राजा तथा क़ाज़ी में शत्रुता हो गई। उस राजा ने क़ाज़ी के समस्त क़बीले को नष्ट कर दिया। केवल एक व्यक्ति रह गया। वह वहां से भाग कर सुल्तान सिकन्दर के समक्ष उपस्थित हुआ और उसने वहां फ़रियाद की। वह अपने गले में जुन्नार[2] बांध कर खड़ा हो गया। बादशाह ने उसे देख कर पूछा कि, "तू कौन है?" उसने कहा कि, "मैं सर्वप्रथम मुसलमान था और उस्मानी था। अब जुन्नारदार हो गया हूं।" बादशाह ने कहा कि, "इसका क्या कारण है?" उसने कहा, "सियूर के जुन्नारदार राजा ने हमारे समस्त क़बीले की हत्या कर दी है। केवल मैं एक व्यक्ति जीवित रह गया हूं जो इस स्थान पर बादशाह से न्याय की याचना करने के लिये आया है।" बादशाह ने उसके साथ ३० हज़ार अफ़ग़ान अश्वारोही कर दिये और कहा कि, "तू भी जाकर उसके समस्त क़बीले की हत्या कर दे।" उसने ३० हज़ार सवार सहित सियूर पहुंच कर राजा के समस्त क़बीले की हत्या कर दी। केवल एक व्यक्ति को छोड़ दिया कारण कि उन लोगों ने भी एक व्यक्ति को छोड़ दिया था। अन्त में वही एक व्यक्ति जो रह गया था राजा हुआ और क़ाज़ी का पुत्र महता हुआ जैसा कि इससे पूर्व होता आया था। उन लोगों का वंश अभी भी विद्यमान है।

कहानी नं० २१

यमुना तट पर आगरा नगर का बसाया जाना

(२९ ब) कहा जाता है कि उस समय यमुना के निकट बड़ी ही ऊबड़ खाबड़ भूमि थी। सुल्तान सिकन्दर यह सुन कर स्वयं वहां पहुंचा और उसने यमुना तट पर नगर के लिये एक स्थान चुना। उसने उस स्थान के राजा से पूछा कि, "नदी के उस ओर उत्तम तथा खुली हुई भूमि है या इस ओर?" राजा ने अपनी भाषा में कहा कि, "उस ओर है और आकरी भूमि है अर्थात् अधिक है।" अतः सुल्तान ने यमुना से पश्चिम दिशा में आकरा नामक नगर बसाया और यमुना से पूर्व की ओर सिकन्दरा नामक ग्राम बसाया।

कहानी नं० २२

सुल्तान हुसेन की बिहार से वापसी, पराजय तथा मृत्यु

सुल्तान हुसेन बिहार से भागकर गौड़ में नसीब शाह के पास पहुंचा। सुल्तान हुसेन के साथ अधिकांश सूफ़ी भी गौड़ की ओर चल दिये। बन्दगी मियां शेख़ अहलदाद भी सुल्तान के साथ चला गया और बिहार से लौटकर जौनपुर पहुंच गया। जब सुल्तान सिकन्दर बिहार पहुंचा तो अधिकांश सूफ़ियों (३० अ) ने उदाहरणार्थ शेख़ बुदी हक़्क़ानी इत्यादि ने भेंट की। किन्तु उसे शेख़ अहदाद से भेंट की बड़ी इच्छा थी। जब सुल्तान मख़दूमपुर से जौनपुर पहुंचा तो उसे शेख़ अलहदाद से भेंट करने की बड़ी

१ ब्राह्मण से तात्पर्य है। इसका शाब्दिक अर्थ है "जनेऊ धारण करने वाला"।
२ 'जनेऊ' अथवा 'यज्ञोपवीत'।

इच्छा हुई। जौनपुर में एक बहुत बड़ा सूफ़ी था। उसने सुल्तान सिकन्दर की शेख़ अलहदाद से भेंट करने की इच्छा के सम्बन्ध में सुना था। जब उसने यह सुना कि सुल्तान सिकन्दर सर्वप्रथम शेख़ अलहदाद से भेंट करने उसके घर जायेगा तो वह छल तथा धूर्तता से शेख अलहदाद को दावत के बहाने से अपने घर लाया और कहा कि, "आपके वस्त्र बड़े गन्दे हो गये हैं, यदि आप दे दें तो इसे हाथों हाथ धुलवा कर मंगवा दिया जाय।" तदनुसार उसने उन्हें एक स्थान पर अकेला बैठा दिया और एक पुराना वस्त्र सिर पर बांधने के लिये और एक तहबंद दे दिया। शेख़ अलहदाद जो वस्त्र पहने हुए थे उन्हें धोबी के यहां भेज दिया। जब सुल्तान सिकन्दर जौनपुर नगर में प्रविष्ट हुआ तो वह पूछताछ करता हुआ शेख़ अलहदाद के घर पहुंचा और पूछा कि, "शेख़ अलहदाद कहां हैं?" लोगों ने बताया कि, "अमुक सूफ़ी की दावत में गये हैं।" (३० ब) सुल्तान सिकन्दर उस सूफ़ी के घर पहुंचा और पूछा कि, "शेख़ अलहदाद कहां हैं?" उस सूफ़ी ने धूर्ततापूर्वक कहा कि "शेख़ अलहदाद यहां कोई नहीं है। केवल एक विद्यार्थी अल्लाहदी नामक है।" यह कह कर शेख़ अलहदाद को उसी प्रकार से नग्न अवस्था में लाकर सुल्तान से मिला दिया। सुल्तान समझ गया कि इस सूफ़ी ने धूर्तता की है। अतः बादशाह वहां से खिन्न होकर उठ गया।

(३१ अ) संक्षेप में सुल्तान ब्याना की ओर चल दिया। शेख़ अलहदाद सरल स्वभाव का व्यक्ति था, (अतः) कुछ न समझा। जब कुछ समय व्यतीत हो गया तो इस धूर्तता का ज्ञान शेख़ अलहदाद को हुआ। उसने कहा कि, "ईश्वर इस नगर को षड्यन्त्रकारियों से सुरक्षित रखे।" यह कह कर उसने अपने क़बीले को पुनः बिहार की ओर लौटा दिया और स्वयं बादशाह के पास चला गया।

(३२ अ) संक्षेप में, जब शेख़ अलहदाद ने बादशाह के पास पहुंच कर उससे भेंट की तो बादशाह ने उसके प्रति अत्यधिक कृपादृष्टि प्रदर्शित की और विद्यार्थियों के व्यय हेतु कुछ ग्राम बिहार के समीप प्रदान कर दिये। मियां, बादशाह से विदा होकर बिहार की ओर चल दिया।

सुल्तान हुसेन गौड़ चला गया। नसीब शाह ने सुल्तान हुसेन को बुलवाया और स्वयं एक चबूतरे को अम्बर के इत्र से तैयार करा के बैठ गया। जब सुल्तान हुसेन आया तो दूर खड़ा हो गया और कहा कि, "तुझे सम्मान प्रदर्शित करना चाहिए कारण कि मुहम्मद साहब सुगन्धि को अपने सीने पर मलते थे।" अतः नसीब शाह ने चबूतरे से उतर कर सुल्तान हुसेन से भेंट की और कुछ समय तक बैठा रहा तथा विभिन्न ज्ञानों से सम्बन्धित वार्ता करता रहा कारण कि सुल्तान हुसेन बहुत बड़ा विद्वान् था। जब उसने सुल्तान हुसेन को विदा किया तो उसकी रसोई के व्यय हेतु ४० ग्राम प्रदान कर दिये और कहा कि, "आप (३२ ब) वहां जाकर रहें। मैं स्वयं व्यवस्था कर रहा हूं, जिस समय कुछ अधिकार प्राप्त हो जायेगा, आपके साथ सेना कर दूंगा।" इस प्रकार कुछ वर्ष व्यतीत हो गये। सुल्तान हुसेन ने नसीब शाह को लिखा कि, "कई वर्ष व्यतीत हो गये मुझे बिहार के विषय में कोई ज्ञान नहीं प्राप्त हुआ है। यदि आप कुछ लोगों को साथ कर दें तो मैं बिहार के समाचार प्राप्त करूं।" नसीब शाह ने उत्तर में लिखा कि, "अभी सुल्तान सिकन्दर वहां विद्यमान है और उसके अमीर विभिन्न स्थानों पर नियुक्त हैं, अतः इस समय उस ओर प्रस्थान करना उचित नहीं है।" किन्तु सुल्तान हुसेन ने यथेच्छाचार से कार्य करते हुए अपनी सेना सहित बिहार की ओर प्रस्थान किया। दरिया ख़ां क़िले में बन्द हो गया। सुल्तान हुसेन ने क़िले के चारों ओर शिविर लगा दिये और क़िले को तोड़ने की व्यवस्था करने लगा। बाणों तथा बन्दूक़ों से निरन्तर युद्ध होता रहा। इसी बीच में दरिया ख़ां ने यह सब हाल सुल्तान सिकन्दर को लिख दिया। सुल्तान सिकन्दर ने यह समाचार पाते ही समस्त अमीरों, उदाहरणार्थ अज़ हुमायूं इत्यादि, को जो पूर्व की ओर थे, लिख दिया कि, "तुम सब लोग दरिया ख़ां की सहायता करो।" कहा जाता है कि ९० हज़ार अश्वारोही सहायतार्थ पहुंच गये। सुल्तान हुसेन क़िले को तोड़ने की व्यवस्था कर रहा था किन्तु क़िले

की खाई का जल बड़ा गहरा था। सुल्तान हुसेन ने कहा कि, "यह जल किस प्रकार निकाला जाय?" रोही चौधरी ने कहा, "मैं निकाल दूंगा।" यह कह कर उसने बिहार के बेलदारों तथा ग्रामीणों को बुलवा (३३ अ) कर रातों रात एक नहर खुदवा कर खाई का पानी निकलवा दिया। अफ़ग़ान लोग तलवारों तथा आतशबाज़ी के बल पर क़िले को अधिकार में किए हुए थे। इसी बीच में अज़ हुमायूं शिरवानी ९० हज़ार अश्वारोहियों सहित सहायतार्थ पहुंच गया। सुल्तान हुसेन क़िले को छोड़ कर क़हल गांव की ओर चल दिया। जब वह वहां पहुंचा तो नसीब शाह को यह समाचार प्राप्त हुए। उसने इस बात पर बड़ा खेद प्रकट किया कि सुल्तान हुसेन ने समय के पूर्व ही अपनी इच्छा से यह कार्य कर दिया। सुल्तान हुसेन का पुत्र बड़ा ही बलवान् था और उस काल में कोई भी उसका मुक़ाबला न कर सकता था। सुल्तान हुसेन के विषय में सुल्तान सिकन्दर को यह ज्ञात हुआ कि सुल्तान हुसेन का पुत्र ऐसा बलवान् तथा सदाचारी है। सुल्तान सिकन्दर ने कहा कि, "मैंने सुल्तान हुसेन को गेहूं से आटा बना दिया था किन्तु पुनः आटे से गेहूं पैदा हो गया।" इसी बीच में एक पहलवान ने, जिसका नाम खूंता[1] था और जो बड़ा बलवान् था, सुल्तान सिकन्दर से निवेदन किया कि, "आप कोई चिन्ता न करें, मुझे आदेश दें, मैं सुल्तान हुसेन के पुत्र से मलयुद्ध करके उसकी हत्या कर दूंगा।" बादशाह ने उसे अनुमति दे दी। जब वह पहलवान सुल्तान हुसेन के पुत्र के पास पहुंचा तो उसने सुल्तान हुसेन के पुत्र से कहा कि, "मैं तेरे सिर में तेल मलूं और तू (३३ ब) मेरे सिर में।" अन्त में उस पहलवान ने सुल्तान हुसेन के पुत्र के सिर में पूर्ण शक्ति से तेल मला तो कुछ दिन तक सुल्तान हुसेन का पुत्र रुग्ण पड़ा रहा। तदुपरान्त स्वस्थ होकर उसने उस पहलवान के सिर में इस ज़ोर से तेल मला कि उसके सिर का गूदा कान से निकल गया और वह मर गया। उसने आदेश दिया कि उसे तीन दिन तक पड़ा रहने दिया जाय और फिर हटा दिया जाय। तदुपरान्त कुछ दिन पश्चात् सुल्तान हुसेन के पुत्र की भी मृत्यु हो गई। यह समाचार पाते ही कुछ दिनों में सुल्तान हुसेन भी मृत्यु को प्राप्त हो गया।

कहानी नं० २३

दरिया ख़ां तथा हुसेन फ़र्मुली के पिता का सेना लेकर राजा सबै सिंह पर आक्रमण करना तथा सिकन्दर की मृत्यु

कहा जाता है कि सुल्तान सिकन्दर ब्याना में निवास करता था और बिहार में दरिया ख़ां ने मियां हुसेन फ़र्मुली के पिता को, जो सारन में था, लिखा और उन लोगों ने मिल कर इस प्रकार प्रस्थान किया कि बिहार से दरिया ख़ां ने अपनी सेना को गंगा के उस पार किया और सारन से मियां हुसेन फ़र्मुली के पिता ने अपनी सेना को नदी के पार कराया। दोनों सेनाओं ने मिल कर राजा सबै सिंह पर आक्रमण किया। राजा भाग खड़ा हुआ। जब उन्हें तिरहुट के राज्य पर अधिकार प्राप्त हो गया तो (३४ अ) हुसेन फ़र्मुली के पिता तथा दरिया ख़ां ने सुल्तान सिकन्दर को एक प्रार्थनापत्र भेजा कि "समस्त तिरहुट का राज्य बादशाह के सौभाग्य से अधिकार में आ गया है।" जब सुल्तान सिकन्दर ने यह सुना तो वह बड़ा दुखी हुआ और उसने कहा कि, "वह राज्य हमारे तथा सैयिदों के बीच में दीवार था। अब हमारी दृष्टि सैयिदों के घर में पड़ेगी।" जब सुल्तान सिकन्दर क्रोधित हुआ तो मियां फ़र्मुली का पिता तथा दरिया ख़ां की सेनाएं तिरहुट को छोड़ कर वापस आ गईं। जब नसीब शाह ने देखा कि यह राज्य इस

१ यह शब्द इस प्रकार लिखा है कि 'खूंटा' तथा 'खुन्ना' दोनों हो सकता है।

प्रकार अव्यवस्थित है तो उसने अपनी बहिन के पति को, जिसका नाम मख़दूम आलिम था, सेना सहित भेजा। उसने पहुंच कर हाजीपुर पर अधिकार जमा लिया। जब सुल्तान सिकन्दर ने यह सुना तो उसने हाजीपुर से कोसी नदी तक का राज्य नसीब शाह को दे दिया।

सुल्तान सिकन्दर ने ३५ वर्ष, ९ मास, १३ दिन तथा २४ घड़ी तक राज्य किया।

कहानी नं० २४

ख़ान शाह का रूम के ख़ुन्दकार की पुत्री को देवों द्वारा मँगवाना तथा सुल्तान सिकन्दर को इस बात का ज्ञान प्राप्त होना

(३४ ब) कहा जाता है कि सुल्तान सिकन्दर लोदी के समय में आगरा नगर में ख़ान शाह नामक एक मौला था जो बालकों को शिक्षा प्रदान किया करता था। एक दिन जब वह अपने मिट्टी के घर का निर्माण कर रहा था तो उसे एक पत्थर का दीपक मिला। जब उसने उस दीपक को जलाया तो उसमें से दो देव निकले। मौला ने उन देवों से पूछा कि, "तुम लोग कौन हो?" उन लोगों ने कहा कि, "यह हज़रत सुलेमान का दीपक है और हम लोग उनके मुअक्किल हैं। जो कोई भी दीपक को जलाता है हम उपस्थित हो जाते हैं और वह जिस कार्य का आदेश देता है हम उसे करते हैं।" मौला उनसे थोड़ा बहुत कार्य लेने लगा और वे उन कार्यों को करने लगे। जब उस मौला का कुछ साहस बढ़ा तो उसने उन देवों से कठिन कार्य लेने प्रारम्भ कर दिये। यहाँ तक कि वह बड़ा धनी हो गया और उसने महलों का निर्माण कराया तथा मदिरापान प्रारम्भ कर दिया। एक दिन उसने उन देवों से पूछा कि, "संसार में कोई ऐसी भी रूपवती है जिसके समान कोई अन्य नहीं?" उन देवों ने कहा कि, "हां, ख़ुन्दकार रूम की पुत्री के समान कोई भी अन्य रूपवती संसार में नहीं है।" मौला ने उन देवों को आदेश दिया कि, "उस सुन्दरी को ले आओ।" देव २-३ घड़ी में उस पुत्री को ले आये। मौला ने उसे रात भर अपने घर में रखा। (३५ अ) जब दो घड़ी रात रह गई तो उसने देवों को आदेश दिया कि, "इस पुत्री को इसके घर पहुंचा दो।" वह इस प्रकार हर रात्रि में देवों को आदेश देता था। देव पुत्री को लाते थे और प्रातःकाल उसे उसके घर पहुंचा देते थे। उसकी दाई तथा कनीज़ें जब उसे घर में न पाती थीं तो उससे पूछती थीं कि, "तू रात्रि में कहां रहती है और कहां चली जाती है?" यहां तक कि रूम के सुल्तान को भी यह सूचना मिल गई। रूम के ख़ुन्दकार ने यद्यपि बहुत पूंछतांछ की किन्तु उसे कुछ भी पता न चला। उसने पुत्री से पूछा कि, "तू कहां जाती है और किस प्रकार जाती है?" उसने कहा कि, "इसी प्रकार की एक हवेली है, वहां मुझे ले जाते हैं। उस हवेली में एक व्यक्ति है, वह समस्त रात्रि मुझे अपने साथ रखता है और प्रातःकाल यहां वापस भेज देता है। मुझे अपने आने और जाने के विषय में कोई सूचना नहीं मिलती।" ख़ुन्दकार ने कहा कि, "उस स्थान का नाम पूछ कर आना।" पुत्री ने कहा कि, "मैं किस प्रकार पूछूं? कारण कि वह न तो मुझसे बात करता है और न मैं उससे।" जब कुछ समय व्यतीत हो गया तो उस पुत्री ने उस (३५ ब) मौला से थोड़ी सी हिन्दी भाषा समझनी प्रारम्भ कर दी। जब वह हिन्दी भाषा समझ गई तो उसने कनीज़ों और दाई से कहा कि, "मैं उसकी थोड़ी सी भाषा समझ गई हूं।" दाई ने रूम के सुल्तान को यह समाचार पहुंचाये। रूम के सुल्तान ने पुत्री से कहा कि, "तू उस स्थान तथा उस व्यक्ति का नाम पूछ कर आ।" जब वह पुत्री पूर्व की भांति उस मौला के घर से लौट कर आई तो उसने रूम के सुल्तान को बताया कि, "उस व्यक्ति का नाम ख़ान शाह है और वह बालकों को शिक्षा देता है तथा आगरा नगर में रहता है। आगरा नगर हिन्दुस्तान में है और वहां का बादशाह सुल्तान सिकन्दर है।" उसने अपने ले

जाने का हाल भी सुल्तान को बताया। रूम के सुल्तान ने कहा कि, "जब तू हिन्दुस्तान जाय तो वहां से पान ले आ।" जब वह पुत्री फिर गई तो वह सुल्तान के लिये पान लाई। जब रूम के सुल्तान को इस बात का पूर्ण ज्ञान हो गया तो उसने अपने दो प्रतिनिधि सुल्तान सिकन्दर के पास भेज कर उस पुत्री के विषय में विस्तार से लिखा और यह भी लिखा कि, "मैं उस पुत्री को तुम्हें प्रदान करता हूं।" जब सुल्तान रूम के राजदूत सुल्तान सिकन्दर लोदी के समक्ष आये और इस विषय में उसे अवगत कराया तो उसने (३६ अ) पूछताछ करनी प्रारम्भ की। अन्त में ख़ान शाह का घर मिल गया। ख़ान शाह की पत्नी अपनी सौत के कारण गुप्तचर बन गई। जिस समय ख़ान शाह मदिरापान के उपरान्त असावधान होकर सो रहा था सुल्तान सिकन्दर तथा मियां भूवा ने उस पर आक्रमण कर दिया और उसके घर में प्रविष्ट होकर उस दीपक को बुझा कर अपने अधिकार में कर लिया। ख़ान शाह को बन्दी बना कर तत्काल मार डाला और उस पुत्री को सम्मानपूर्वक अपने घर ले आये और उसे अत्यधिक उपहार देकर रूम के सुल्तान के पास भेज दिया। जब वह पुत्री पहुंची तो रूम का सुल्तान बड़ा प्रसन्न हुआ और उसने सुल्तान सिकन्दर के नाम ख़िलाफ़त का फ़रमान भेज दिया। सुल्तान सिकन्दर ने उस दीपक को तोड़ कर यमुना नदी में फ़ेंक दिया।

कहानी नं० २५

मौलाना जमाली का सिकन्दर से खिन्न होकर प्रस्थान

कहा जाता है कि मौलाना जमाली तथा सिकन्दर में ऐसी मित्रता थी जो किसी अन्य में न थी। अन्त में मियां हाफ़िज़ नामक एक मौला ने मौलाना जमाली तथा बादशाह के बीच मतभेद उत्पन्न करा (३६ ब) दिया। मौलाना जमाली यह देख कर बादशाह के पास से भाग गया और ख़ुरासान चल दिया किन्तु वह क़लन्दरों की भांति खाल को बांध कर तथा भभूत मल कर यात्रा करता था। वह उस नगर में पहुंचा जहां मौलाना जामी शिक्षा प्रदान किया करते थे और उनके पास पहुंच कर भूमि पर बैठ गया। मौलाना जामी ने जमाली को इस अवस्था में देख कर पूछा कि, "तुझमें तथा गधे में क्या अन्तर है?" मौलाना जमाली तथा मौलाना जामी के बीच में एक खाल की दूरी थी जो बैठने के लिये बिछा दी गई थी। जमाली ने कहा, "इसी एक खाल का अन्तर है" और यह संकेत मौलाना जामी की ओर था। तदुपरान्त मौलाना जामी ने क्षण भर ठहर कर पूछा कि, "तू किस स्थान से सम्बन्धित है और कहां से आ रहा है?" जमाली ने कहा कि, "देहली से।" जामी ने पूछा कि, "तूने जमाली को देखा है अथवा उसके विषय में सुना है?" जमाली ने कहा, "हां देखा है और सुना है।" मौलाना जामी ने पूछा, "तुझे जमाली के कुछ पद्य याद हैं?" जमाली ने कहा "हां।" जमाली ने क्षण भर रुक कर यह छन्द पढ़ा :—

"हमारे शरीर पर तेरी गली की धूल का वस्त्र है वह भी सैंकड़ों स्थानों से दामन तक फटा हुआ है।"[1] तदुपरान्त मौलाना जामी ने कहा कि, "सम्भवतः आप ही जमाली हैं।" जमाली ने कहा, "हां। देहली में मुझे भी जमाली कहते हैं।" मौलाना जामी ने उसे सम्मानपूर्वक अपने पास बैठा लिया (३७ अ) और उसके शरीर से धूल साफ़ करवा कर वस्त्र पहिनाये। तदुपरान्त मौलाना जामी ने कहा कि, "यहां की मिट्टी में इतना रक्त है कि जिससे वस्त्र बन जाते हैं।" जमाली ने कहा कि, "तुमने हमारा

१ "मारा अज़ ख़ाके कूयत पीराहन अस्त बर तन आं हम ज़ आबे दीदा सद चाक ता बदामन।"

आगरा नहीं देखा। वहां मिट्टी से फ़रज़ी[1] बना लेते हैं।" तत्पश्चात् जामी तथा जमाली में बड़ी मित्रता हो गई। अमीर ख़ुसरो तथा अमीर हसन के बहुत से छन्दों के विषय में मौलाना जामी ने पूँछताँछ की कारण कि अमीर ख़ुसरो ने अपने पद्यों में हिन्दी शब्द इस प्रकार लिख दिये हैं कि कोई भी फ़ारसी तथा हिन्दी का अन्तर नहीं समझ पाता। इसी कारण अमीर ख़ुसरो तथा हसन देहलवी के छन्द बड़े कठिन दृष्टिगत होते हैं :–

छन्द

"माहे नव कि अस्ले वे अज़ साल अस्त: यक मुहिमे तो गश्त ब देह साल अस्त।"[2]

इस छन्द में अमीर ख़ुसरो ने नौका की प्रशंसा की है जोकि साल के वृक्ष से तैयार की जाती है और १० वर्ष में एक नौका तैयार होती है।

छन्द

"गर मह शवद बर ऊ सितारा शवद बरी
बा ख़्वाने नेमतीये तू कुनद कै बराबरी।"[3]

इस छन्द में अमीर ख़ुसरो ने अपने पीर ख़्वाजा निज़ामुद्दीन[4] औलिया के भोजन की प्रशंसा की है। ओबरी से एक प्रकार का वस्त्र बनाया जाता है। इस प्रकार मौलाना जामी ने अमीर हसन तथा अमीर ख़ुसरो की कविताओं के विषय में जमाली द्वारा ज्ञान प्राप्त किया। ईलवा के (३७ ब) लोग जमाली के इतने भक्त हो गये कि बादशाह को इस बात का संदेह होने लगा कि, "सम्भवत: यह हमारे राज्य में विघ्न डाल देगा।" जमाली यह छन्द लिख कर काबा की ओर चला गया:—

छन्द

"दो सेह गज़ बोरिया व पोस्त यके
दिले पुर दर्दे यार दोस्ते यके।
ईं क़दर बस बुअद जमाली रा,
आशिक़े मस्त ला उबाली रा।"[5]

तदुपरान्त सिकन्दर ने अपने आदमियों को भेजकर जमाली को बुलवाया और इस विषय में बड़ा आग्रह किया। जमाली ने इसका उत्तर कविता में लिखकर भेजा किन्तु जिस दिन उत्तर पहुंचा उसी दिन सुल्तान सिकन्दर की मृत्यु हो गई।

१ शतरंज की रानी।
२ 'यथा चन्द्रमा जो साल से तैयार हुआ और उसकी तैयारी में १० वर्ष लगे।'
३ 'यदि शरीर चन्द्रमा हो जाय तो ओबरी सितारा हो जायगी, तेरे भोजन के थाल की कौन बराबरी कर सकता है।'
४ देहली के प्रसिद्ध सूफ़ी सन्त।
५ 'दो तीन गज़ बोरिया अथवा एक खाल, मित्र का दुःख से परिपूर्ण हृदय किसी का दोस्त, जमाली के लिये यही बहुत है, मस्त आशिक़ी और निश्चिन्त रहना।'

कहानी नं० २६

सुल्तान सिकन्दर का आचरण तथा न्याय

(३८ अ) कहा जाता है कि सुल्तान सिकन्दर सर्वदा नमाज़ पढ़ा करता था और आलिमों तथा विद्वानों की गोष्ठी में रहा करता था। वह पांचों समय की नमाज़ जमाअत[१] के साथ पढ़ता था और अत्यधिक नवाफ़िल[२] पढ़ता था। तहज्जुद[३], चाश्त[४], तथा इशराक़[५] की नमाज़ वह कभी न त्यागता था। यदि कोई फ़रियादी उसके समक्ष आता तो वह उससे पूछता कि, "यह अत्याचार किसने किया है ?" उसके राज्य में अत्याचार का अन्त हो गया था। जब तक वह जीवित रहा राज्य सुव्यवस्थित तथा अनाज सस्ता रहा। उसके राज्यकाल में सन्त, आलिम, विद्वान् तथा कवि विभिन्न स्थानों पर थे और वह स्वयं बड़े गूढ़ छन्द लिखता था। वह न्याय करते समय बाल की खाल निकाल लेता था।

कहा जाता है कि आगरा में एक व्यापारी था। उसके घर में एक अन्य व्यापारी उत्तम तथा बहुमूल्य रत्नों से भरी हुई थैली धरोहर के रूप में मुहर करके रख गया। जब वह लौट कर आया तो व्यापारी ने थैली देखकर कहा कि, "अपनी धरोहर को, जो मुहर सहित है, ले लो।" जब उसने थैली खोली तो देखा कि उसमें उसके रत्न न थे। वह थैली को बादशाह के समक्ष ले गया और उससे वास्तविक घटना का उल्लेख किया और कहा कि, "यह बड़े आश्चर्य की बात है कि मैं अपनी थैली तथा मुहर को तो पाता हूं किन्तु रत्न मेरे नहीं हैं।" बादशाह ने कहा कि, "रत्नों को उसी प्रकार थैली में रख दो और उस पर (३८ ब) अपनी मुहर लगाकर मुझे दे दो।" बादशाह ने थैली ले ली और कहा कि, "जब तक मैं तुझे न बुलाऊं, तू मेरे पास न आ।" अन्त में बादशाह उस थैली को लेकर अपने महल के भीतर गया और उसे अपने शयनागार में रख दिया। संक्षेप में, सुल्तान की यह आदत थी कि जब तक उसके वस्त्र फट न जाते थे वह अन्य वस्त्र धारण न करता था। जब तक उसे खूब नींद न आ जाती वह न सोता था, जब तक खूब भूख न लगती थी वह न खाता था, जब तक वह अपनी रक्षा न कर सकता था उस समय तक वह अपनी पत्नियों से सम्भोग न करता था। एक दिन उसने सफ़ेद वस्त्र धारण किये और जो वस्त्र वह पहले पहिने हुए था उसे थोड़ा सा फाड़ कर धोबी के घर भेज दिया। जब धोबी ने वस्त्र देखा और उसे यह पता चला कि बादशाह का वस्त्र फट गया है तो वह रफ़ू करने वाले के घर पहुंचा और वस्त्र को रफ़ू कराया। जब धोबी उन वस्त्रों को बादशाह के समक्ष लाया तो बादशाह ने कहा, "यह वस्त्र इस स्थान से फटा था, इसे किसने रफ़ू किया है ?" धोबी ने कहा कि, "अमुक रफ़ू करने वाले ने।" बादशाह ने उसे बुलवाया और वह उस रफ़ू करने वाले को एक कोने में ले गया और उसे थैली दिखा कर कहा कि "तूने इस थैली को कहां रफ़ू किया है ?" उस रफ़ू करने वाले ने सच-सच बता दिया कि मैंने इस स्थान पर रफ़ू किया है। बादशाह (३९ अ) ने कहा कि, "इसे पुनः फाड़ो।" रफ़ू करने वाले ने उसे फाड़ा। तदुपरान्त बादशाह ने उस व्यापारी को, जिसके घर में थैली धरोहर के रूप में रक्खी गई थी, बुलवाया। बादशाह ने उससे कहा कि, "उन रत्नों को जो तूने इस थैली से निकाले हैं उसी प्रकार से ले आ ताकि किसी अन्य को पता न चले।" व्यापारी रत्नों को उसी प्रकार बादशाह के समक्ष ले आया। बादशाह ने उन रत्नों को थैली में करके रफ़ू करने वाले से कहा कि "तू उसी प्रकार से इसे रफ़ू कर दे।" थैली के रफ़ू हो जाने के उपरान्त बादशाह ने उस व्यापारी तथा रफ़ू करने वाले को विदा कर दिया। तत्पश्चात् जिस व्यापारी की थैली थी उसे

१ वह नमाज़ें जो सामूहिक रूप से पढ़ी जाती हैं।

२ (४-५) विभिन्न समय की नमाज़ें जो अनिवार्य नहीं हैं।

बुलवाया और उसके हाथ मे थैली देकर कहा कि, "तेरी मुहर है या नहीं ?" उसने कहा, "है।" बादशाह ने कहा कि, "देख तेरे रत्न इसमें हैं या नहीं ?" जब व्यापारी ने उसे खोला तो देखा कि उसमें उसके ही रत्न हैं। बादशाह ने कहा कि, "मैं चोर था। कोई अन्य नहीं। अब तुझे तेरे रत्न मिल गये हैं, तू चला जा।"

कहानी नं० २७

सुल्तान सिकन्दर लोदी तथा बहलोल की मर्यादा का हाल

(३९ब) सुल्तान सिकन्दर की मर्यादा का यह हाल था कि एक दिन एक दाई ने आकर मियां भूवा से कहा कि "बादशाह की पुत्री विवाह योग्य हो गई हैं, उसकी व्यवस्था करनी चाहिये।" मियां भूवा ने उससे कहा कि "जब बादशाह मस्जिद में नमाज़ पढ़ने के लिये बाहर जाय तो समस्त पुत्रियों को चादर उढ़ा कर बादशाह के बिछौने के निकट बैठा दिया जाय। जब बादशाह मस्जिद से नमाज़ पढ़ कर आये तो तू उन्हें (४० अ) वहाँ से चले जाने के लिए कह दे।" संक्षेप में, बादशाह महल से मस्जिद में आया और नमाज़ पढ़ कर महल को चला गया। मियां भूवा उसके साथ था। उसके द्वार पर कोई अन्य व्यक्ति न था। जब बादशाह महल में पहुंचा तो मियां भूवा दरवाज़े पर खड़ा रहा। जब वह महल में पहुंचा तो दाई ने पुत्री को वहां से हटा दिया। इसी बीच में बादशाह की दृष्टि उन पर पड़ी। बादशाह उन्हें देखते ही लौट कर द्वार पर पहुंचा। मियां भूवा द्वार पर खड़ा था। बादशाह ने कहा कि, "हे भूवा ! तूने स्त्री को देखा ?" उसने उत्तर दिया, "हां। बादशाह की पुत्रियां हैं।" यह बात सुनकर वह दीवार की ओर मुंह करके कुछ समय तक खड़ा रहा और उसने ठंडी सांस भर कर कहा, "हे भूवा ! इसकी व्यवस्था कर।" सुल्तान सिकन्दर की क़ौम में रूपवान्, चरित्रवान् तथा योग्य युवक थे। वह उनकी सूची लाया। बादशाह ने जिनके नाम पर चिह्न लगा दिये उनको पुत्रियां रात्रि में विवाह करके प्रदान कर दी गईं और बादशाहों के योग्य जो दहेज था दे दिया गया।

(४० ब) कहा जाता है कि जब सुल्तान सिकन्दर बादशाह हुआ तो उसने मियां ख़्वाजा इस्माईल जलवानी को बुलवा कर कहा कि, "अपनी पुत्री हमें दे दो।" ख़्वाजा इस्माईल ने कहा, "अफ़ग़ानों का विवाह अफ़ग़ानों से होता है किन्तु बादशाह एक सुनार स्त्री के गर्भ से है और पुत्री अफ़ग़ान स्त्री के गर्भ से है। मैं यह सम्बन्ध किस प्रकार कर सकता हूं ?" बादशाह ने कहा कि, "यदि तू मुझे नीच जाति का समझता है तो मेरे राज्य में क्यों रहता है ?" ख़्वाजा इस्माईल सुल्तान सिकन्दर के राज्य से निकल कर बंगाल के बादशाह के राज्य की ओर चला गया। अन्त में सिकन्दर ने अपने दरबार में कहा कि, "यहां इतने अफ़ग़ान, ख़ान तथा अमीर हैं, एक अमीर लज्जावश जा रहा है। कोई ऐसा नहीं है जो उससे यह कहे कि वह उसके अन्न-जल में उसका साथी बन जाय और इस स्थान से प्रस्थान न करे ?" उस दरबार में सभी अमीरों के प्रतिनिधि उपस्थित थे। महमूद खां लोदी शहूखेल कालपी में था। उसका भी प्रतिनिधि उपस्थित था। उसने यह बात महमूद खां को लिखी। जब ख़्वाजा इस्माईल कालपी के निकट पहुंचा तो महमूद खां स्वागतार्थ उपस्थित हुआ और उसने कहा कि, "हे भाई तू क्यों जाता है ? इस स्थान पर रह। यह बांधू का मुल्क है, चिन्ता मत कर", और उसे बन्दी बना लिया[1] तथा अपनी ओर से कुछ परगने उसे दे दिये। इसी बीच में बादशाह ने कहा कि, "मैंने उसके राज्य को परिवर्तित नहीं किया है, उसे उपस्थित होकर अपने राज्य की चिन्ता करनी चाहिए।" वह लौट कर परमान्दल चला गया। उसकी जागीर

१ यह वाक्य स्पष्ट नहीं।

(४१ अ) परमान्दल में थी। एक दिन सिकन्दर चौगान खेल रहा था। १२ सूर अफ़ग़ान सेवा हेतु आये। एक अफ़ग़ान पैदल आया। जो लोग सवार थे उनमें से प्रत्येक ने एक धनुष सुल्तान के समक्ष उपस्थित किया। उस अफ़ग़ान ने जो पैदल था ७ तोके उपस्थित किये। सुल्तान ने ७ तोके अपने हाथ में ले लिये और जिन लोगों ने धनुष भेंट की थी उन्हें अपने राज्य के उच्चाधिकारियों को सौंप दिया और स्वयं महल के भीतर चला गया। भीतर पहुंच कर शहर के निकट का एक ग्राम लिख कर ७ तोकों के स्वामी के पास भिजवा दिया। जब बादशाह का सेवक उस फ़रमान को लेकर बाहर निकला तो उसने कहा कि, "उन ७ तोकों का स्वामी कहां है ? बादशाह ने जागीर में एक ग्राम लिख कर प्रदान किया है।" उसने उपस्थित होकर उस फ़रमान को ले लिया और अपनी जागीर को चला गया। जब ग्रामीणों ने उस व्यक्ति को पैदल देखा तो वे हँसने लगे कि "यह गंवार इस पद के योग्य है ?" अन्त में उन्होंने उसे अधिकार दे दिया। वह तीन वर्ष तक उस ग्राम में रहा। वहां उसकी एक पत्नी द्वारा एक पुत्र का जन्म हुआ और (४१ ब) उसने चार हज़ार रुपये अपने अधिकार में कर लिये। अन्त में वह अपनी मातृभूमि को अपने चाचा की पुत्री से विवाह करने के लिये पहुंचा। विवाह के उपरान्त वह ७ वर्ष तक अपने चाचा के साथ रहा। उस अफ़ग़ान के भी तीन पुत्र हुए। जब वह धन जो उसके पास था व्यय हो गया तो वह पुनः अपने क़बीले के साथ हिन्दुस्तान को चल दिया। जब वह उस ग्राम में पहुंचा तो उसने देखा कि वह ग्राम बढ़कर क़स्बा बन गया है और जिस स्थान पर वह उस स्त्री को छोड़ कर चला गया था वहां एक बहुत बड़े महल का निर्माण हो गया है। उसने समझा कि सम्भवतः यह स्थान किसी अन्य जागीरदार को प्राप्त हो गया होगा कारण कि मैं कई वर्षों के उपरान्त आया हूँ। वह एक कुएं पर जहां लोग पानी भरते थे, पहुंचा और उनसे पूछने लगा कि, "इस ग्राम में अमुक अफ़ग़ान रहता था, वह अपनी पत्नी तथा पुत्र को छोड़कर चला गया था, वह पत्नी तथा पुत्र कहां हैं ?" उन लोगों ने बताया कि, "यह उसी पत्नी की हवेली है।" इसी बीच में उसका पुत्र कुछ दासों सहित बाण चलाने के लिए बाहर निकला। लोगों ने उसे बताया कि "अफ़ग़ान का पुत्र यह आ रहा है।" वह धीरे से द्वार तक उसे देखने हेतु पहुंचा। लोगों ने उसे पहिचान लिया। जब वह भीतर प्रविष्ट हुआ तो उसने देखा कि वही पत्नी चारपाई पर बैठी है (४२ अ) और सिर से पांव तक आभूषणों से लदी हुई है। उसने उन पुराने वस्त्रों को जो वह रोह से पहिन कर आया था उतार दिया और अन्य वस्त्र सिला कर पहिन लिये। कुछ घोड़े क्रय करके वह चारों पुत्रों सहित बादशाह के पास पहुंचा। जब वह दरबार में पहुंचा तो उसने बादशाह को सूचना पहुंचाई कि एक अफ़ग़ान भेंट करने के लिए आया है। बादशाह ने कहलाया कि, "हम एक सिपाही रखते हैं। इस स्थिति में उसके लिये हमारे दरबार में स्थान नहीं।" अफ़ग़ान ने निवेदन किया कि, "हम प्राचीन सेवक हैं। बहुत समय के उपरान्त बादशाह के चरणों के दर्शन हेतु आये हैं।" बादशाह ने कहा कि, "हां, वह सात लोकों का स्वामी आया है। सम्भवतः वह यही कहता होगा कि उस दिन मैं केवल एक था, आज पांच की संख्या में हो गया हूं। अतः वह मांगने आया है।" तदुपरान्त उनको लिख कर इस बात की सूचना कर दी कि "वे अपनी जागीर में जा कर रहें, भेंट की क्या आवश्यकता है ? जब हमें आवश्यकता होगी हम स्वयं बुलवा लेंगे।" इसी कारण सुल्तान सिकन्दर के विषय में कहा जाता था कि वह चमत्कार प्रदर्शित कर सकता है।

कहानी नं० २८

सुल्तान सिकन्दर का फ़र्राश

(४२ ब) एक दिन सुल्तान सिकन्दर ख़ेमों में था। इसी बीच में वर्षा हुई तथा तूफ़ान आ गया, रात

भर वर्षा होती रही और बड़ी तीव्र गति से वायु चलती रही। कोई खेमा भी अपने स्थान पर न रहा। दूसरे दिन जब वायु तथा वर्षा कम हुई तो बादशाह ने दरबारे आम किया और समस्त अमीर अभिवादन हेतु उपस्थित हुए। बादशाह ने अमीरों से पूछा कि, "इस हवा में किसी का खेमा खड़ा रह गया था अथवा नहीं ?" अधिकांश अमीरों ने निवेदन किया कि, "किसी का भी खेमा खड़ा न रहा।" इसी बीच में एक मीर ने कहा कि, "मेरा खेमा खड़ा रहा था। बादशाह ने कहा कि, "किस प्रकार ?" उसने कहा कि "मेरा फ़र्राश अपने सिर पर कम्बल डाले हुए हाथ में मुगरी लिये रात भर खड़ा रहा और जिस स्थान से भी जो खूंटा उखड़ता वह उसे गाड़ देता। इसी प्रकार वह समस्त रात खड़ा रहा। इसी कारण एक खेमा अपने स्थान पर रहा।" बादशाह ने उस फ़र्राश को बुलवाने का आदेश दिया। जब उसने उस फ़र्राश को देखा तो कहा कि, "इस फ़र्राश को मुझे दे दो।" उसने कहा, "अच्छा है यह बादशाह की सेवा में रहे।" अन्त में बादशाह ने उसे अपने बोझ ढोने वाले ऊंटों का दारोग़ा नियुक्त कर दिया। एक दिन बादशाह (४३ अ) ने शीत ऋतु में फ़र्राश को अपने समक्ष बुलवाया। वह फ़र्राश शाही ऊंटों की पीठों का, जो घायल हो गई थीं, उपचार कर रहा था। उसी प्रकार वह हाथों में रक्त लगाये हुए बादशाह की सेवा में पहुँचा। बादशाह ने पूछा कि, "तेरे हाथों में रक्त क्यों लगा है ?" उसने निवेदन किया कि, "बादशाह के ऊँटों की पीठें घायल हो गई थीं, मैं उसका उपचार कर रहा था।" बादशाह ने उस फ़रजी को जो उसके कंधे पर थी, उस फ़र्राश को प्रदान कर दिया। संसार के सुल्तानों की यह प्रथा थी कि जिसे फ़रजी प्रदान करते थे उसे २० हज़ार अश्वारोहियों की जागीर प्रदान की जाती थी। इस प्रकार रणथम्भोर से मालवा तक की सीमा तक के परगने उसकी जागीर में दे दिये गये। वह फ़र्राश स्वयं कामन रूमी के क़िले में रहता था।

एक दिन मान्दू के सुल्तान ग़यासुद्दीन ने अपने अन्तःपुर की स्त्रियों से कहा कि "सिकन्दर मुसलमान है अन्यथा मैं उसे बन्दी बनाकर ले आता।" सुल्तान को यह समाचार प्राप्त हो गये। सुल्तान ने कहा कि, "यह ग़यासुद्दीन स्त्रियों के समक्ष बैठा हुआ वीरता की बातें किया करता है।" उस फ़र्राश के वकील ने जो बादशाह के पास था, यह समाचार फ़र्राश को लिख भेजे कि बादशाह के सामने इस प्रकार की चर्चा (४३ ब) हुई है। जब फ़र्राश ने यह समाचार सुना तो उसने ग़यासुद्दीन पर आक्रमण कर दिया। इस बीच में उसके साथियों ने पूछा कि, "तुम बादशाह के आदेशानुसार आक्रमण कर रहे हो अथवा अपनी इच्छा से ?" उसने कहा कि, "मैं स्वयं आक्रमण कर रहा हूं कारण कि उसने हमारे बादशाह के विषय में अनुचित बात कही है। यदि मैं उसको पराजित कर दूंगा तो यह प्रसिद्ध हो जायेगा कि सुल्तान सिकन्दर के एक फ़र्राश ने मान्दू के सुल्तान ग़यासुद्दीन को पराजित कर दिया।" संक्षेप में, उसने सुल्तान ग़यासुद्दीन पर आक्रमण किया। सुल्तान ग़यासुद्दीन ने अपने राजदूत सुल्तान सिकन्दर के पास भेजकर यह बात कहलाई कि, "आपके फ़र्राश ने हमारे ऊपर आक्रमण किगा है। बह आपके आदेशानुसार आया है अथवा स्वयं आया है ?" सुल्तान सिकन्दर ने कुछ सवार उस फ़र्राश के पास भेजे और कहलाया कि, "हमारे सेवक इसी प्रकार वीरता प्रदर्शित करते हैं। अब तू इस विचार को त्याग दे।" बादशाह के आदेशानुसार सवारों ने फ़र्राश को लौटा कर उसके स्थान पर पहुंचा दिया कारण कि बादशाह का ऐसा आदेश नहीं था। अन्त में कुछ ही दिनों में बादशाह ग़यासुद्दीन की मृत्यु हो गई।

(४४ अ) उसकी मृत्यु का कारण यह बताया जाता है कि उसने एक नदी के बीच में महलों का निर्माण कराया था, जिनके प्रत्येक घर में से पानी बहता था। वहां उसने प्रत्येक स्थान पर चहबच्चे तथा बड़े-बड़े घर बनवाये थे। वह ग्रीष्म ऋतु में उन्हीं उत्तम भवनों में निवास करता था। वे उत्तम भवन उसी प्रकार से अभी तक हैं। एक दिन वह मदिरापान किये हुए चहबच्चे में अपने अन्तःपुर की

स्त्रियों के साथ खेल रहा था। उसमें जल अधिक था। जब वह असावधान तथा बदमस्त हो गया तो चहबच्चे में डूबने लगा। अन्त में एक स्त्री ने उसके केश पकड़कर उसे बाहर निकाला। जब वह सावधान हुआ तो स्त्री ने कहा कि, "बादशाह डूबा जा रहा था, अमुक स्त्री ने उसके केश पकड़कर उसे बाहर निकाला है।" सुल्तान ने जब यह सुना तो उसने आदेश दिया कि उसके हाथ काट डाले जायं। तदनुसार उसके हाथ काट डाले गये। इसी प्रकार वह एक अन्य बार मदिरापान करते हुए असावधान होकर डूबने लगा। स्त्रियों ने भय के कारण उसे न निकाला और वह डूब गया।

कहानी नं० २९

सुल्तान सिकन्दर का मियाँ हुसेन फ़र्मुली को अपने राज्य से निर्वासित करना

(४४ ब) कहा जाता है कि मियां हुसेन फ़र्मुली को सारन में जागीर प्राप्त थी। उसमें तथा सूबे के अधिकारी में शत्रुता उत्पन्न हो गई। इस कारण मियां हुसेन सुल्तान सिकन्दर की सेवा में पहुंचा। अन्त में उससे भी उसकी न निभी। एक दिन सुल्तान चौगान खेल रहा था। मियां हुसेन एक सेना लेकर विश्वासघात के उद्देश्य से पहुंचा। जब सुल्तान ने उनकी दशा देखी तो वह अपने घर की ओर रवाना हो गया। वे लोग अपने सहायकों सहित बादशाह के निकट पहुंचे। इसी बीच में मियां नसीरुद्दीन नोहानी बाज़ार में एक छड़ी लिये हुए जिसे शाली कहते हैं, प्रबन्ध कर रहा था और प्रजा को उससे मार-मार कर बादशाह के निकट से एक ओर कर रहा था। बादशाह मार्ग पाकर महल में चला गया। जब वह भीतर पहुंचा तो उसने कहा कि "नसीरा बड़ा लवन्द[1] है।" इस प्रकार नसीर खां की प्रसिद्धि हो गई और (४५ अ) उस समय से उसका नाम "नसीर खां लवन्द" हो गया। संक्षेप में, मियां हुसेन को आदेश हुआ कि वह राज्य से निकल जाय। वह सेवा से पृथक् कर दिया गया। वह नसीब शाह बंगाले के (हाकिम के) पास पहुंचा। नसीब शाह ने उसको प्रोत्साहन देकर जागीर प्रदान की। एक दिन मियां हुसेन बादशाह के समक्ष बैठा था। उसने अपने एक सेवक से पीने के लिये जल मांगा। उस सेवक ने उस आबरेज़ को जिसमें पानी था प्रस्तुत किया। मियां हुसेन ने उसी आबरेज़ से जल पी लिया। बंगालियों को बड़ा आश्चर्य हुआ कि वह चमड़े में जल पीता है। बादशाह को भी आश्चर्य हुआ। उसने आबरेज़ को मँगवाकर देखा और पूछा कि, "तुम चमड़े में जल पीते हो ?" मियां हुसेन ने कहा कि, "हां।" बादशाह ने आदेश दिया कि, "मियां हुसेन को ३६० बड़े-बड़े गिलास प्रदान कर दिये जायं।" सुल्तान ने हँसी में कहा कि "वह हम लोगों के लिये मशक के समान है।"

इसी बीच में मियां भूवा ने, जो सुल्तान सिकन्दर का वजीर था, कहा कि, "हे बादशाह ! यह मुहम्मद काला पहाड़ ऐसी मशक है कि यदि इसका मुंह खोला जाय तो इसे जिस स्थान पर भी कर दिया जाय, रह जायेगा।" बादशाह इस बात से बड़ा रुष्ट हुआ और उसने कहा कि, "भुवा कौन होता है जिसने इस प्रकार के शब्द हमसे कहे ?"

कहानी नं० ३०

इबराहीम का मियाँ भूवा की हत्या कराना

(४५ ब) कहा जाता है कि सुल्तान इबराहीम राजा मान के पुत्र के प्रति बड़ी कृपादृष्टि प्रदर्शित

1 विलासी।

करता था। एक दिन उसने कहा कि, "उसे खज़ाने से कई लाख रुपये प्रदान कर दिये जायं।" मियां भूवा ने आगे बढ़ कर कहा कि, "बादशाह के पास खज़ाना इस कारण होता है कि वह उसे किसी (उत्तम) कार्य में तथा समय पर व्यय करे, व्यर्थ व्यय करने के लिये खज़ाना नहीं होता। मुझे आदेश दिया जाय तो मैं राज्य से प्रबन्ध करके दे दूं।" इबराहीम यह सुन कर बड़ा क्रोधित हुआ और उसने आदेश दिया कि उसे बन्दी बना लिया जाय। कुछ दिन उपरान्त उसने उसकी हत्या करा दी। उसने मियां मुहम्मद काला पहाड़ से कहा, "तू अपनी जागीर को चला जा और जिस समय तुझे मैं बुलवाऊं उस समय तू आना।"

कहानी नं० ३१

आज़ हुमायूँ का बुलवाया जाना

कहा जाता है कि मियां आज़ हुमायूं को कड़ा से बुलवाया गया। बादशाह स्वयं अधिकांश ब्याना में रहता था। मियां आज़ हुमायूं ज्वर के कारण बड़ा असमर्थ हो चुका था। जब उसके बुलवाने के विषय में सुल्तान इबराहीम का फ़रमान प्राप्त हुआ तो आज़ हुमायूं का पुत्र सलीम खां खीरा में किसी (४६ अ) कार्य हेतु गया था। आज़ हुमायूं ने बादशाह को प्रार्थनापत्र भेजा कि, "सेवक असमर्थ है, जिस समय स्वस्थ होगा राज्य-सिंहासन के समक्ष उपस्थित हो जायगा।" जब यह प्रार्थनापत्र बादशाह को प्राप्त हुआ तो वह बड़ा क्रोधित हुआ और उसने कहा कि, "यह अफ़ग़ान कैसे हैं कि मैं उन्हें बुलवाता हूं और वे बहाने करते हैं।" तदुपरान्त उसने ज़ंजीर भेजी। जब ज़ंजीर पहुंची तो मियां आज़ ने ज़ंजीर छिपा ली और अपने भाइयों तथा सम्बन्धियों को बुलवा कर अपने पास बैठाया और पूछा कि "मैं क्या ऐसा कार्य करूं कि अपने मुंह पर कालिख मल लूं, या ऐसा कार्य करूं कि क़यामत तक सुल्तान इबराहीम के मुंह पर कालिख रहे?" उन लोगों ने कहा कि "आप ऐसा कार्य करें कि इबराहीम का मुंह काला रहे।" तदु-परान्त उसने ज़ंजीर को दिखा कर अपने पैर में डाल लिया और इबराहीम के समक्ष पहुंचा। जब वह इबराहीम के पास पहुंचा तो उसने उसे बन्दीगृह में डलवा दिया। वह कुछ समय तक बन्दीगृह में रहा।

कहानी नं० ३२

आज़ हुमायूँ के पुत्र सलीम ख़ां का विद्रोह

सलीम ख़ां ने अपने पिता के समाचार सुनकर कड़ा में विद्रोह कर दिया और अपने सम्बन्धियों से कहा कि तुम लोगों ने आज़ हुमायूं को इबराहीम के पास जाने दिया और उसे नष्ट करा दिया। (४६ ब) तदुपरान्त उसने कड़ा से जौनपुर की सीमा तक के स्थान अपने अधिकार में कर लिये। सलीम ख़ां, दरिया खां का जामाता था। विवाह के समय सलीम खां को एक मस्त हाथी प्रदान किया गया था। सुल्तान इबराहीम ने दरिया ख़ां को लिखा कि, "सलीम ख़ां को निर्वासित कर दो, और यदि वह हाथ लग जाय तो उसकी हत्या कर दो।" दरिया खां ने सलीम खां पर आक्रमण किया। मार्ग में युद्ध हुआ; दरिया खां पराजित हुआ। उसके पैर बेकार थे इसी कारण वह चुडवल[1] पर सवार था। कहार लोग चुडवल को भूमि पर छोड़ कर भाग गये। दरिया खां मैदान में पड़ा हुआ था कि सलीम ख़ां उसके

१ एक प्रकार की पालकी।

पास पहुंच कर खड़ा हो गया। उसने दरिया ख़ां से कहना प्रारम्भ किया कि, "आपने हमारे ऊपर इतना अत्याचार क्यों किया?" सलीम ख़ां वार्तालाप कर रहा था कि वह हाथी जिसे सलीम ख़ां को दरिया ख़ां ने दिया था पहुंच गया। उस पर दरिया ख़ां का पुराना महावत बैठा हुआ था। महावत ने हाथी सलीम ख़ां के पास ले जाकर सलीम ख़ां को हाथी द्वारा उछलवा कर उसकी हत्या करा दी। दरिया ख़ां ने सलीम ख़ां का सिर काट कर सुल्तान इबराहीम के पास भेज दिया। जब वह सिर इबराहीम को प्राप्त हुआ तो उसने कहा कि, "इस सिर को आज़म हुमायूं के पास ले जाकर पूछो कि यह किसका सिर है।" (४७ अ) आज़म हुमायूं उस समय क़ुरान पढ़ रहा था। जब सलीम ख़ां का सिर आज़म हुमायूं के समक्ष प्रस्तुत किया गया और उससे पूछा गया कि, "यह सिर किसका है?" तो आज़म हुमायूं ने उत्तर दिया कि, "यह सिर उस व्यक्ति का है जिसके जन्म के समय मेरे घर में ख़ुशी के बाजे बजाये गये थे और मृत्यु के समय बादशाह के घर में ख़ुशी के बाजे बजाये जा रहे हैं।" उन्हीं दिनों मियां आज़म हुमायूं की भी हत्या करा दी गयी। सुल्तान इबराहीम जिस अमीर को भी बुलवाता था वह अपने प्राण के भय से उसके पास न जाता था।

कहानी नं० ३३

नसीर ख़ां का विद्रोह

(४७ ब) कहा जाता है कि जब नसीर ख़ां को इबराहीम ने बुलवाया तो नसीर ख़ां भी अपने प्राण के भय से न गया। नसीर ख़ां ने अपने भाई दरिया ख़ां को जो बिहार में था लिखा और क़ुरान की शपथ देकर अपना सहायक बना लिया। इसी बीच में सुल्तान इबराहीम ने मियां बायज़ीद फ़र्मुली को अन्य अमीरों सहित नसीर ख़ां को नष्ट करने के लिये भेजा। जब मियां बायज़ीद फ़र्मुली नसीर ख़ां के पास पहुंचा तो नसीर ख़ां ने अपने ज्येष्ठ पुत्र मुहम्मद ख़ां को तथा मियां शेख़ फ़रीद को, जो उसका नायब था, बायज़ीद के पास भेजा और उनके द्वारा कहलाया कि, "हमने कोई अपराध नहीं किया है। यदि कोई अपराध किया हो तो तुम मध्यस्थ बन कर हमें क्षमा करा दो।" जब वे दोनों मियां बायज़ीद के पास पहुंचे तो मियां बायज़ीद ने उन दोनों को बन्दी बना लिया और उन्हें हाथी के हौदज पर बैठा दिया कारण कि सुल्तान इबराहीम ने इसी प्रकार आदेश दिया था। जब नसीर ख़ां को यह समाचार प्राप्त हुए तो उसने विवश होकर बायज़ीद से युद्ध करने के लिए सेना भेजी और स्वयं सेना के पीछे एक हौज़ के ऊपर वज़ू करके नमाज़ पढ़ी। वह अस्त्र-शस्त्र धारण कर रहा था तो मियां बायज़ीद ने नसीर ख़ां की सेना पर, जो आगे गई हुई थी, आक्रमण कर दिया। नसीर ख़ां की सेना पराजित हुई। नसीर ख़ां थोड़े से सहायकों सहित उस हौज़ पर अस्त्र-शस्त्र धारण कर रहा था और उस हौज़ पर खड़ा था कि इसी बीच में नसीर ख़ां के एक सम्बन्धी का महावत एक हाथी लाया और उसने अपने स्वामी को गाली देते हुए हाथी को उस हौज़ में डाल दिया और कहा कि, "वह मेरा स्वामी नामर्द था, उसने इस हाथी की लीला नहीं देखी और एक-बारगी भाग गया।" नसीर ख़ां ने महावत से कहा कि, "यदि तेरे साथ कोई हो जाय तो तू क्या कर सकेगा?" महावत ने कहा, "क्यों न कर सकूंगा। मैं उपस्थित हूं।" जब हाथी जल पी चुका तो (४८ अ) नसीर ख़ां हाथी पर सवार होकर ३०० अश्वारोहियों सहित बायज़ीद फ़र्मुली से युद्ध करने के लिये आगे बढ़ा। इसी बीच में मियां फ़र्मुली की सेना पराजित लोगों का पीछा करने के कारण छिन्न-भिन्न हो चुकी थी। नसीर ख़ां ने उस हाथी को आगे करके आक्रमण किया। ईश्वर ने नसीर ख़ां को विजय प्रदान की और बायज़ीद फ़र्मुली पराजित होकर भाग गया। विजय के उपरान्त मुहम्मद तथा शेख़ फ़रीद भी मिल गये और उनके पांव से ज़ंजीर निकाल दी गई।

कहानी नं० ३४

ख़्वाजा इस्माईल जलवानी, जिससे इबराहीम ने अफ़ग़ानों को नष्ट करने के विषय में पूछा था

कहा जाता है कि ख़्वाजा इस्माईल जलवानी को, जो परमान्दल में राणा के विरुद्ध रक्खा गया था और वहां का समस्त प्रदेश तथा अजमेर उसकी जागीर में थे, सुल्तान इबराहीम ने कई बार बुलवाया था किन्तु वह प्राण के भय से यह बात स्वीकार न करता था। जब इबराहीम की दुष्टता तथा दुर्व्यवहार सीमा से अधिक बढ़ गया तो उन लोगों ने भी विद्रोह कर दिया और बहुत बड़ी सेना एकत्र करके इबराहीम के विरुद्ध प्रस्थान किया। जब सुल्तान इबराहीम ने यह सुना कि ख़्वाजा इस्माईल आक्रमण कर रहा है तो इबराहीम ने भी युद्ध के लिए प्रस्थान किया। इसी बीच में उसे समाचार प्राप्त हुए कि (४८ ब) ख़्वाजा इस्माईल रात्रि में छापा मारेगा; इस कारण बादशाह अपनी समस्त सेना को डेरों में छोड़ कर पृथक् हो गया। अन्त में ख़्वाजा इस्माईल ने बादशाह के डेरों को घेर लिया। प्रातःकाल बादशाह नक़्क़ारा बजाता हुआ वहां पहुंचा। थोड़ा-सा युद्ध हुआ। अन्त में ख़्वाजा इस्माईल पराजित होकर पुनः परमान्दल में चला गया। सुल्तान इबराहीम की विजय हुई। वह विजय के उपरान्त पुनः ब्याना पहुंचा।

सुल्तान इबराहीम ने अपने वकीलों को मियां ख़्वाजा इस्माईल के पास भेज कर उसे प्रोत्साहन देते हुए क़ुरान की शपथ ली और कहा कि "हम तुझसे कोई विश्वासघात न करेंगे। केवल तू मेरे पास चला आ।" जब वकीलों ने बादशाह की यह बात मियां ख़्वाजा इस्माईल से कही तो मियां ख़्वाजा इस्माईल बादशाह के पास आया। एक दिन ख़्वांजा इस्माईल बादशाह के साथ बैठा था। बादशाह ने उससे कहा कि, "मैं तुझसे एक बात पूछता हूं। क्या तू सच-सच उत्तर देगा?" ख़्वाजा इस्माईल ने कहा कि, "बादशाह के समक्ष क्यों न सच उत्तर दूंगा।" इबराहीम ने पूछा कि "अफ़ग़ानों की जड़ (४९ अ) किस प्रकार नष्ट की जा सकती है?" ख़्वाजा इस्माईल ने कहा कि, "यदि मैं सत्य बात कहूंगा तो आप खिन्न हो जायंगे।" बादशाह ने शपथ ली कि, "मैं कदापि रुष्ट न हूंगा, तू सच बात कह।" ख़्वाजा इस्माईल ने कहा कि, "हे बादशाह! अफ़ग़ानों की जड़ आप हैं। जब आपकी जड़ का अन्त होगा उसी समय अफ़ग़ानों का भी।" ख़्वाजा इस्माईल ने सुल्तान इबराहीम की दुष्टता को बढ़ता हुआ देख कर पुनः विद्रोह कर दिया और बांधू पहुंच कर वहां बैठ रहा।

कहानी नं० ३५

बिहार खां का ख़ुत्बा पढ़वाना

(४९ ब) नसीर खां, जो ग़ाज़ीपुर में था, बिहार पहुंचा और दरिया खां से मिलकर वहीं रह गया। कुछ दिन तक दोनों भाई असमंजस में रहे। दरिया खां का पुत्र बिहार खां अधिकारी बन गया और उसने अपने नाम का ख़ुत्बा पढ़वा लिया और बहुत से लोगों को एकत्र किया उदाहरणार्थ शेरशाह, मुहम्मद खां, चौंधा इत्यादि। उसने सेना एकत्र करके सुल्तान इबराहीम पर आक्रमण किया यहां तक कि वह कड़ा के निकट पहुंच गया। सुल्तान इबराहीम भी सेना एकत्र करके आया और हसुआ नामक ग्राम में युद्ध हुआ। अन्त में बिहार खां की पराजय हुई और वह बिहार लौट गया। सुल्तान ने उस ग्राम का नाम फ़तहपुर रख दिया।

परिशिष्ट

वाक़ेआते मुश्ताक़ी

(लेखक—शेख़ रिज़्क़ुल्लाह मुश्ताक़ी)

(ब्रिटिश म्युज़ियम मैनुस्क्रृप्ट, रियु, भाग २, ८०२ ब)

(१७२) देहली के बादशाह ख़िज्र ख़ां के राज्यकाल में एक ऐसा बढ़ई था जिसके पास प्रत्येक परगने से लोग आते थे और वह उनकी समस्याओं का समाधान कर दिया करता था। इस प्रकार उसने बड़ी प्रसिद्धि प्राप्त कर ली थी। एक दिन उसके पुत्र ने कहा कि, "तू परोक्ष के विषय में आदेश देता है, तुझे क्या मालूम कि परोक्ष में क्या है। यदि तू इस धूर्तता को त्याग देगा तो मैं तेरे घर में रहूंगा अन्यथा चला जाऊंगा।" पिता ने कहा कि, "मुझे ईश्वर ने इतनी शक्ति दी है कि मैं इस बात का पता लगा लेता हूं कि यह सच्चा है या झूठा।" पुत्र ने कहा कि, "परोक्ष का ज्ञान ईश्वर ही को है।" उसने कहा कि, "मुझे भी यह शक्ति ईश्वर ने दी है। मैं अपनी ओर से कुछ नहीं कहता।" पुत्र ने कहा कि, "तू अज्ञानता को नहीं त्यागता, मैं तेरे घर में न रहूंगा।" यह कह कर वह घर से चला गया। दो दिन यात्रा के उपरान्त वह एक ग्राम में पहुंचा। वहां एक ऐसे व्यक्ति का घर था जिसके दो पत्नियां थीं। वह एक से प्रेम करता था और दूसरी से नहीं। दूसरी के एक दूध पीता बच्चा था। उस दिन वह पुरुष घर में न था। वह स्त्री, जो उसे प्रिय थी, भी घर में न थी। किसी कार्य हेतु ग्राम में गई थी। यह दूसरी स्त्री अपने पुत्र का गला काट कर रक्तरंजित चाक़ू उस स्त्री के तकिये के नीचे रख कर स्वयं भी कहीं चली गई। कुछ देर उपरान्त जब वह स्त्री आई तो वह भी पहुंची और पुत्र के पास पहुंच कर रोने लगी। मुहल्ले के लोग एकत्र हो गए। उसने इस स्त्री को अपराधी ठहराया था। जो लोग एकत्र हुए थे उनके साथ वह उसके घर में पहुंची और उसके तकिये के नीचे से रक्तरंजित चाक़ू निकाल कर उस भीड़ में फेंक दिया और कहा कि, "देखो यह चाक़ू इसके सिरहाने से निकला है।" उस स्त्री ने कहा कि, "यह मेरे ऊपर झूठा आरोप लगाती है।" लोगों ने कहा कि, "इसने स्वयं अपने पुत्र का गला न काटा होगा।" अन्त में लोगों ने यह निश्चय किया कि, "इसे उस बढ़ई के पास ले जाकर इस विषय में पता चलाया जाय।" उस बढ़ई के पुत्र ने वहां पहुंच कर इस विषय में समस्त बातों का पता लगाया और वहां से उन लोगों के साथ चल खड़ा हुआ। वे जिस ग्राम में भी पहुंचते थे तो एक-दो व्यक्ति उनके साथ हो जाते थे। वहां पहुंच कर उन लोगों ने बढ़ई को सूचना दी। वह भीड़ में पहुंच कर बैठ गया। बहुत से लोग एकत्र हो चुके थे। उस बालक को जिसकी हत्या हो गई थी उसके समक्ष लाया गया और सब हाल बताया गया। उसने दोनों स्त्रियों को अपने पास बुलवा कर सब हाल पूछा और सिर झुका लिया। थोड़ी देर तक वह सिर झुकाये रहा। तदुपरान्त उसने कहा कि, "केवल एक साक्षी है। इस भीड़ में जो कोई भी शीघ्रातिशीघ्र नंगी होकर आ जाय वही सच्ची होगी।" बालक की मां शीघ्र कपड़े उतार कर नंगी होकर आ गई। दूसरी यह संकोच करती रही कि वह किस प्रकार इस भीड़ में अपमानित हो। बढ़ई ने कहा कि, "तूने अपने पुत्र की इस स्त्री की शत्रुता के कारण हत्या

की है और २ हज़ार व्यक्तियों में निःसंकोच नंगी हो गई।" बढ़ई का पुत्र भी कोने में बैठा हुआ देख रहा था। उसने सोचा कि मैंने समस्त बातें देखी हैं "यदि मेरा पिता पूछेगा तो मैं उससे क्या कहूंगा ?" जब उससे पूछा गया तो उसने सच-सच हाल लोगों को बता दिया और अपने पिता के पांव पर गिर पड़ा।.....

मुख्य सहायक ग्रन्थों की सूची

फ़ारसी

अफ़ीफ़, शम्स सिराज	**तारीख़े फ़ीरोजशाही** (कलकत्ता १८९० ई०)
अबुल फ़ज़्ल	**आईने अकबरी** (नवल किशोर प्रेस १८९२ ई०)
अब्दुल हक़ मुहद्दिस देहलवी	**अख़बारुल अख़ियार** (देहली १३३२ ई०)
अब्दुल्लाह	**तारीख़े दाऊदी** (अलीगढ़ १९५४ ई०)
अमीर ख़ुर्द, सैयिद मुहम्मद मुबारक अलवी	**सियरुल औलिया** (देहली १८८५ ई०)
अमीर ख़ुसरो	**वस्तुल हयात** (अलीगढ़)
	ख़ज़ाइनुल फ़ुतूह (अलीगढ़ १९२७ ई०)
	क़ेरानुस्सादैन (अलीगढ़ १९१८ ई०)
	दिवल रानी तथा ख़िज़्र ख़ां (अलीगढ़ १९१७ ई०)
	मिफ़ताहुल फ़ुतूह (अलीगढ़ १९२७ ई०)
	नुह सिपेहर (इस्लामिक रिसर्च एसोसियेशन १९५० ई०)
	तुग़लुक़ नामा (हैदराबाद १९३३ ई०)
अहमद यादगार	**तारीख़े शाही** (कलकत्ता १९३९ ई०)
एसामी	**फ़ुतूहुस्सलातीन** (मद्रास १९४८ ई०)
कबीर	**अफ़सानये शाहान** (ब्रिटिश म्युज़ियम, लन्दन)
तैमूर सुल्तान (?)	**मलफ़ूतजाते तैमूरी**
निज़ामुद्दीन अहमद	**तबक़ाते अकबरी** (कलकत्ता १९२७ ई०)
फ़िरिश्ता, मुहम्मद क़ासिम हिन्दू शाह	**तारीख़े फ़िरिश्ता** (नवल किशोर प्रेस)
फ़ीरोज़ शाह तुग़लुक़	**फ़ुतूहाते फ़ीरोजशाही** (अलीगढ़)
बदायूनी, अब्दुल क़ादिर	**मुन्तख़बुत्तवारीख़** (कलकत्ता)
बरनी, जियाउद्दीन	**तारीख़े फ़ीरोजशाही** (कलकत्ता १८६०-६२ ई०)
	तारीख़े फ़ीरोजशाही (रामपुर, हस्तलिखित)
	फ़तावाये जहांदारी (इण्डिया आफ़िस लन्दन, हस्तलिखित)
	सहीफ़ये नाते मुहम्मदी (रामपुर, हस्तलिखित)
माहरू	**इन्शाये माहरु** (अलीगढ़)
मुतहर कड़ा	**दीवान** (प्रोफ़ेसर मसऊद हसन रिज़वी अदीब, लखनऊ का हस्तलिखित पुस्तकों का संग्रह)
मुश्ताक़ी, शेख़ रिज़क़ुल्लाह	**वाक़ेआते मुश्ताक़ी** (ब्रिटिश म्युज़ियम, लन्दन)

मुहम्मद विहामद खानी — **तारीखे मुहम्मदी** (हस्तलिखित, ब्रिटिश म्युजियम, लन्दन)

मुहम्मद मासूम — **तारीखे सिन्ध** (पूना १९३८ ई०)

यज़दी, शरफ़ुद्दीन अली — **ज़फ़र नामा भाग २** (कलकत्ता १८८५–८८०)

यहया बिन अहमद सिहरिन्दी — **तारीखे मुबारकशाही** (कलकत्ता १९३१ ई०)

हमीद क़लन्दर — **खैरुल मजालिस** (अलीगढ़)

हसन, अमीर, सिजज़ी — **फ़वायदुल फ़ुआद** (देहली १२७२ हि०)

हाजी अब्दुल हमीद मुर्हरिर — **दस्तूरुल अलबाब फ़ी इल्मिल हिसाब** (हस्तलिखित, रामपुर)

अरबी

इब्ने बत्तूता — **यात्रा का विवरण** (पेरिस १९४९ ई०)

क़लक़शन्दी — **सुबहुल आशा फ़ी सिनआतिल इन्शा** (क़ाहिरा १९१५ ई०)

शिहाबुद्दीन अल उमरी — **मसालिकुल अबसार फ़ी ममालिकुल अमसार**

हाजी-उद्-दबीर — **ज़फ़रुल वालेह** (लन्दन १९१० ई०)

उर्दू

सर सैयिद अहमद खां — **आसारुस्सनादीद** (कानपुर १९०४ ई०)

हिन्दी

रिज़वी, सैयिद अतहर अब्बास — **आदि तुर्क कालीन भारत** (अलीगढ़ १९५६ ई०)

ख़लजी कालीन भारत (अलीगढ़ १९५५ ई०)

तुग़लुक़ कालीन भारत भाग १ (अलीगढ़ १९५६ ई०)

तुग़लुक़ कालीन भारत भाग २ (अलीगढ़ १९५७ ई०)

ENGLISH

Benett, W. C. — *A Report on the Family History of the Chief Clans of Roy Bareilly District* (Lucknow 1870).

Elliot and Dowson — *History of India as told by its own Historians* (London 1887)

Ethe, H. — *Catalogue of the Persian Manuscripts in the Library of the India Office.*

Gibb, H. A. R. — *Ibn Battuta* (London 1929).

Haig, Sir, Welseley — *The Cambridge History of India,* Vol. III (Cambridge 1928).

Hodivala, S. H. — *Studies in Indo-Muslim History* Vol. I, (Bombay 1939). Vol. II. (Bombay 1957)

Ibbetson, Sir, D. — *A Glossary of the Tribes and Castes of the Punjab and North-West Frontier Province* (Lahore 1919).

Mirza, M. W. — *The Life and Works of Amir Khusrau* (Calcutta 1935).

Moreland, W. H. — *The Agrarian System of Moslem India* (Cambridge 1929).

Pande, A. B. — *The First Afghan Empire in India* (Calcutta 1956).

Qureshi, I. H. — *The Administration of the Sultanate of Delhi* (Lahore 1944).

Rieu, C. — *Catalogue of the Persian Manuscripts in the British Museum, London.*

Storey, C. A. — *Persian Literature, A Bio-Bibliographica Survey.*

Thomas, E. — *The Chronicles of the Pathan Kings of Delhi* (London 1871).

Tripathi, R. P. — *Some Aspects of Müslim Administration* (Allahabad 1936).

Wright, H. N. — *The Coinage and Metrology of the Sultans of Delhi* (Delhi 1936).

Archaeological Survey Reports

Journal, Asiatic Society Bengal,

Journal, Royal Asiatic Society Great Britain and Ireland.

पारिभाषिक शब्दों की अनुक्रमणिका

नामानुक्रमणिका